PowerPoint 2007
Das umfassende Praxis-Handbuch

G. O. Tuhls

PowerPoint 2007
Das umfassende Praxis-Handbuch

Überzeugend präsentieren,
PowerPoint effektiv einsetzen,
Ideen kreativ umsetzen

Bibliografische Information Der Deutschen Bibliothek –
Die Deutsche Bibliothek verzeichnet diese Publikation in der
Deutschen Nationalbibliografie; detaillierte bibliografische
Daten sind im Internet über <http://dnb.ddb.de> abrufbar.

ISBN: 978-3-8266-5968-3
1. Auflage 2008

Alle Rechte, auch die der Übersetzung, vorbehalten. Kein Teil des Werkes darf in irgendeiner Form (Druck, Fotokopie, Mikrofilm oder einem anderen Verfahren) ohne schriftliche Genehmigung des Verlages reproduziert oder unter Verwendung elektronischer Systeme verarbeitet, vervielfältigt oder verbreitet werden. Der Verlag übernimmt keine Gewähr für die Funktion einzelner Programme oder von Teilen derselben. Insbesondere übernimmt er keinerlei Haftung für eventuelle aus dem Gebrauch resultierende Folgeschäden.

Die Wiedergabe von Gebrauchsnamen, Handelsnamen, Warenbezeichnungen usw. in diesem Werk berechtigt auch ohne besondere Kennzeichnung nicht zu der Annahme, dass solche Namen im Sinne der Warenzeichen- und Markenschutz-Gesetzgebung als frei zu betrachten wären und daher von jedermann benutzt werden dürften.

Printed in Austria
© Copyright 2008 by REDLINE GMBH, Heidelberg,
www.mitp.de

Lektorat: Sabine Schulz
Sprachkorrektorat: Petra Heubach-Erdmann
Satz: III-satz, Husby, www.drei-satz.de

Inhaltsverzeichnis

Einleitung		23
Präsentieren, visualisieren und illustrieren mit		
PowerPoint 2007: einfach ... wirkungsvoll.		23
Über dieses Buch		24
	Basiswissen	24
	Praxis-Beispiele aus Projekten	24
	Workshops und Workarounds	24
	Die CD zum Buch	24
Konventionen		25
	Der Weg durch die Multifunktionsleiste	25
	Dialoge	25
	Darstellung	26
	Schaltflächen mit übergeordneten Funktionen	27
	Andere Wege	27
	Die Schnellzugriffsleiste	28

Teil I	**Mit PowerPoint arbeiten**		29
1	**PowerPoint kennenlernen**		31
1.1	PowerPoint starten		31
1.2	Arbeitsoberfläche		32
1.3	Die Multifunktionsleiste		34
	1.3.1	Platz schaffen für die Folie	34
	1.3.2	Schaltflächen	34
1.4	Kontextmenüs		35
1.5	Aufgabenbereiche		36
1.6	Smarttags		37
1.7	Termini und Vorgehensweisen		38
	1.7.1	Präsentationen und Folien	38
	1.7.2	Folienelemente und Objekte	38

	1.7.3	Start	42
	1.7.4	Übersetzungsfehler	42
1.8	Ansichten	42
	1.8.1	Die Livevorschau	43
	1.8.2	Ansichtsgröße	44
1.9	Eigene Gestaltung der Oberfläche	45

2	**Basiswissen zur Foliengestaltung**	49
2.1	Zorro und die 3x3-Regel	50
2.2	Begrenzer und seitliche Folientitel	51
2.3	Die Aussage der Folie	52
2.4	Projekt: Das Design	52
	2.4.1	Logo-Schwemme	52
	2.4.2	Form- und Farbgebung	54

3	**Layout und Design**	55
3.1	Präsentationsvorlagen	55
3.2	Designs	55
	3.2.1	Farben ändern	56
	3.2.2	Schriftarten	58
	3.2.3	Effekte	58
3.3	Folienformat	58
3.4	Folienlayout	59
3.5	Folienhintergrund	61
	3.5.1	Hintergrund ändern	61
	3.5.2	Keine Angst vor schwarzem Hintergrund	62
	3.5.3	Hintergrundbild aus einer Präsentation extrahieren	63
3.6	Folien kreativ	64
	3.6.1	Folienmaster	64
	3.6.2	Multimaster	65
	3.6.3	Hintergrund im Master formatieren	68
	3.6.4	Grafische Elemente und Texte im Master	71
	3.6.5	Masterelemente animieren	74
	3.6.6	Folienlayouts verändern und eigene Folienlayouts erzeugen	75
	3.6.7	Eigene Designs und Vorlagen erstellen	75
	3.6.8	Office-Themes	77

4	**Folien und Objekte**		79
4.1	Folienmanagement		79
	4.1.1	Folien sortieren und duplizieren	79
	4.1.2	Folientransfer zwischen verschiedenen Präsentationen	79
4.2	Objektmanagement		80
	4.2.1	Markieren	80
	4.2.2	Verstecken	81
	4.2.3	Objektnamen	82
	4.2.4	Kopieren und verschieben	83
	4.2.5	Skalieren und drehen	83
	4.2.6	Anordnen und ausrichten	85
	4.2.7	Elemente-Stapel	87
	4.2.8	Formatieren	88
4.3	»OLE-Objekte«		89

Teil II	**Text präsentieren**		95
5	**Basiswissen zu Text und Schrift**		97
5.1	Schrift		97
	5.1.1	Schriftfamilien	97
	5.1.2	Besondere Schriften	99
	5.1.3	Darstellung von Schrift	100
5.2	Text auf der Folie		101
5.3	Projekt: Textgestaltung		102
	5.3.1	Apropos Aufzählungszeichen	102
	5.3.2	Aufzählung oder strukturierter Text?	103
6	**Der schnelle Weg zur Textfolie**		105
6.1	Text in Folie eingeben		105
6.2	Text aus anderen Quellen übernehmen		106
	6.2.1	Text als Objekt einfügen	108
	6.2.2	Überschriftenliste aus Word übernehmen	108
6.3	Textdesign wählen		109
7	**Text à la carte**		111
7.1	Text in PowerPoint		111
	7.1.1	Text im Container	111

	7.1.2	Sonderfall Formeln	112
	7.1.3	Gestaltung und Voreinstellungen anpassen	114
	7.1.4	Automatismen anpassen	115
7.2		Text-Container bearbeiten	116
	7.2.1	Containergröße ändern	116
	7.2.2	Containerform ändern	117
	7.2.3	Container mit Rahmen oder Füllung versehen	117
7.3		Text markieren	117
7.4		Abstände ändern	118
	7.4.1	Zeichenabstand	118
	7.4.2	Zeilen- und Absatzabstand	120
7.5		Aufzählungen, Nummerierungen und Einzüge	121
	7.5.1	Einzüge mit der Maus ändern	123
	7.5.2	Gliederungsebenen wechseln	124
7.6		Text ausrichten	125
	7.6.1	Text vertikal ausrichten	125
	7.6.2	Text horizontal ausrichten	125
	7.6.3	Text drehen	125
7.7		Fließtext	126
7.8		Text in Spalten	128
7.9		Textverwaltung mit der Gliederung	129
8		**Schrift kreativ**	**131**
8.1		Textauszeichnungen (Attribute)	132
8.2		Schriftart ändern	133
8.3		Schriftgröße ändern	134
	8.3.1	Automatische Schriftskalierung	134
	8.3.2	Automatische Rahmenskalierung	135
8.4		Schriftfarbe	135
	8.4.1	Teiltransparenz des Textes einstellen	136
8.5		Besondere Schriftfüllungen	136
	8.5.1	Schrift mit Farbverlauf füllen	137
	8.5.2	Schrift mit Bildern füllen	139
8.6		Schriftkontur	141
	8.6.1	Konturen ändern	142
8.7		Texteffekte	144
	8.7.1	Schatten	145

	8.7.2	Spiegelungen	146
	8.7.3	Schriftzug verformen	147
	8.7.4	3D-Effekte für Schrift	147
8.8		Versionskompatibilität der WordArt-Effekte	153

9 Text mit Tabellen strukturieren ... 155

9.1	Der schnelle Weg zur Tabellenfolie		155
	9.1.1	Tabelle einfügen	155
	9.1.2	Markieren innerhalb der Tabelle	157
	9.1.3	Tabellen gliedern	157
9.2	Tabellen à la carte		161
	9.2.1	Tabellen zeichnen	161
	9.2.2	Tabellen importieren	161
9.3	Tabellen gestalten		164
	9.3.1	Zellen einfärben	164
	9.3.2	Zellenrahmen	169
	9.3.3	Tabelleneffekte	170
	9.3.4	Tabellentext gestalten	171
9.4	Tabellen aus Formen		172

10 Text grafisch strukturieren ... 175

10.1	Der schnelle Weg zur SmartArt-Folie		176
	10.1.1	SmartArt via Platzhalter	176
	10.1.2	SmartArt nachträglich in Folien einfügen	177
	10.1.3	SmartArt ausfüllen	177
	10.1.4	Textobjekt in SmartArt umwandeln	178
10.2	SmartArt gestalten		179
	10.2.1	Optische Verbesserungen	180
	10.2.2	Texte in SmartArts bearbeiten	181
	10.2.3	Formen ändern und gestalten	182
10.3	Organigramme und Ablaufpläne		184
	10.3.1	SmartArt-Organigramme	184
	10.3.2	Organigramme mit OrgChart	185
	10.3.3	Organigramme frei erstellen	185
	10.3.4	Ablaufpläne, Datenflusspläne	187

Teil III Zahlen präsentieren 189

11 Basiswissen zum Präsentieren von Zahlen und Daten 191
11.1 3D oder nicht 3D, das ist die Frage 191
11.2 Illustrierte Daten. 193
11.3 Daten entfrachten 194
11.4 Projekt: Tabellen und Diagramme 196

12 Der schnelle Weg zur Diagrammfolie 201
12.1 Neues Diagramm 201
    12.1.1 … via Platzhalter 201
    12.1.2 … nachträglich in Folien einfügen. 202
12.2 Diagrammtyp auswählen 202
12.3 Vorhandenes Diagramm aus Excel importieren 203
12.4 Excel-Diagramm verknüpfen 203
12.5 Datenblatt bearbeiten 204
    12.5.1 Daten und Überschriften ergänzen. 205
    12.5.2 Datenblatt umformatieren 205

13 Diagramme à la carte 207
13.1 Diagrammlayout auswählen 207
13.2 Design zuweisen. 207
13.3 Diagrammtyp wechseln 207
    13.3.1 Diagramm-Mischformen 208
13.4 Diagrammelemente bearbeiten 208
    13.4.1 Diagrammteile gestalten 209
    13.4.2 Diagrammtools. 209
    13.4.3 Diagrammelemente bewegen 212
13.5 Flächenfüllungen 213
    13.5.1 Farbformatierungen der Diagrammteile 213
    13.5.2 Farbverläufe 213
    13.5.3 Diagrammflächen »kacheln« (Texturen) 214
    13.5.4 Diagrammflächen mit Grafiken oder Bildern füllen 214
    13.5.5 Einzelne Datenpunkte formatieren. 215
    13.5.6 Negativwerte hervorheben 216
13.6 Achsen und Abstände. 216
    13.6.1 Intervalle und Skalierungen. 216

	13.6.2	Zweite Achse..	217
	13.6.3	X-Achse verlegen	218
	13.6.4	Abstände der Säulen und Balken	219
13.7	Diagramm beschriften..		220
	13.7.1	Datenpunkte beschriften	220
	13.7.2	Achsenbeschriftung	222
	13.7.3	Datentabelle anzeigen	223
	13.7.4	Zusätzliche Beschriftungen und Grafikobjekte einfügen.....	224
13.8	Interpolationen und Analysen...		224
	13.8.1	Interpolationen..	224
	13.8.2	Linienzug in Kurve umwandeln	225
	13.8.3	Analysen	225
13.9	Versions-Kompatibilität...		226

14	**Diagramme kreativ**		227
14.1	3D-Diagramme im Raum drehen		227
14.2	Grafikeffekte...		228
	14.2.1	Diagramm zur Grafik konvertieren	229
14.3	Manipulationen an Diagrammen		231
	14.3.1	Täuschung durch Perspektive..............................	231
	14.3.2	Täuschung durch Skalierung	232
14.4	Eigene Diagrammtypen gestalten		234
	14.4.1	Benutzerdefinierte Diagrammtypen......................	234

15	**Zahlentabellen präsentieren**		239
15.1	Wenn die Zahlen nur präsentiert, aber nicht bearbeitet werden sollen...		240
	15.1.1	Wenn die Zahlen neu einzugeben sind	240
	15.1.2	Wenn die Zahlen in Excel vorliegen......................	240
	15.1.3	Arbeitsblatt in Folien einfügen	241
	15.1.4	Arbeitsblätter als Objekt importieren	241
15.2	Arbeitsblatt bearbeiten..		241
	15.2.1	Eingebundenes oder verlinktes Arbeitsblatt bearbeiten	241
	15.2.2	Eingebundenes oder verlinktes Arbeitsblatt zur Interaktion im Präsentationsmodus vorbereiten	241

Teil IV	Bilder präsentieren	243

16	Basiswissen zu Bildern und Illustrationen	245
16.1	Fotos in der Präsentation	245
16.2	ClipArts bis zum Abwinken	247
16.3	Die Sprache der Bilder	249
16.4	Bildertechniken	250
16.5	Urheberrecht	251
16.6	Projekt: Illustration	251

17	Bilder, Fotos, Illustrationen präsentieren		253
17.1	Einzelbilder		253
	17.1.1	Bilder nachträglich in Folien einfügen	254
17.2	Diashow & Fotoalbum		255
	17.2.1	Der Fotoalbum-Assistent	255
	17.2.2	Fotoalbum aus Vorlage	258
17.3	Speicherbedarf von Bildern reduzieren		259
17.4	Die Bildtools		262
	17.4.1	Bildhelligkeit ändern	262
	17.4.2	Bildfärbung ändern	263
	17.4.3	Bildhintergrund entfernen	264
	17.4.4	Bild zuschneiden	266
	17.4.5	Bildeffekte	267
	17.4.6	Bild austauschen oder Formatierungen übertragen	267
	17.4.7	Dem Bild eine andere Form geben	268
	17.4.8	Bild rahmen	268
	17.4.9	Weitere Bildeffekte	270

18	Vektorgrafik zeichnen		271
18.1	Formen zeichnen		271
	18.1.1	Linien und Pfeile zeichnen	272
	18.1.2	Flächen zeichnen	272
	18.1.3	Mehrere gleichartige Objekte nacheinander zeichnen	273
	18.1.4	Die Zeichentools	273
18.2	Linienzüge, Polygone und Kurven zeichnen		273
	18.2.1	Bézier-Kurven	274
	18.2.2	Spiegelsymmetrisch zeichnen	277
	18.2.3	Bézierform teilen	279

| 18.3 | Form ändern | 279 |
| 18.4 | Importierte Vektorgrafik in PowerPoint-Vektorgrafik umwandeln | 280 |

19 Bilder und Formen auf der Folie organisieren ... 283
19.1	Formen und Bilder markieren	283
	19.1.1 Formen oder Bilder verstecken	284
	19.1.2 Objektnamen	284
19.2	Verschieben und kopieren	285
	19.2.1 Verschieben	285
	19.2.2 Kopieren und duplizieren	286
	19.2.3 Multiduplikate	286
19.3	Gruppieren	286
	19.3.1 Mehrfach gruppieren	287
	19.3.2 Gruppenteile bearbeiten	287
19.4	Bilder und Formen auf der Folie anordnen	288
	19.4.1 Untereinander ausrichten und verteilen	288
	19.4.2 Am Folienrahmen ausrichten und verteilen	289
	19.4.3 Ausrichtungshilfen	291
19.5	Bilder-Stapel	293
	19.5.1 Stapeln mit dem Auswahl-Werkzeug	294
	19.5.2 Gruppen im Stapel	294
	19.5.3 Zeichnungsebenen kreativ	295

20 Bilder und Formen gestalten ... 297
20.1	Die »Anfasser«	297
	20.1.1 Skalieren und drehen mit der Maus	297
	20.1.2 Skalieren und drehen per Einstellungen	298
	20.1.3 Interne Proportionen skalieren	299
20.2	Linien, Umrisse und Rahmen	300
	20.2.1 Mehrfarbige Linien und Konturen	301
	20.2.2 Linien und Konturen mit Farbverlauf	302
	20.2.3 Linien und Konturen gestalten	303
	20.2.4 Weiche Konturen	305
	20.2.5 Linien-Formatierung vorgeben	307
20.3	Flächen füllen	308
	20.3.1 Farbe ändern	308
	20.3.2 Unsichtbare Formen	308

	20.3.3	Farbverläufe	309
	20.3.4	Flächenfüllungen mit Bildern	311
	20.3.5	Flächenfarbe teiltransparent machen	315
	20.3.6	Füllung austauschen	316
20.4		Schatten und Spiegelungen	317
	20.4.1	Flächen-Formatierungen vorgeben	318

21	**3D-Effekte einsetzen**	**319**
21.1	Die 3D-Funktionen	320
	21.1.1 Kanten brechen	321
	21.1.2 Tiefe geben	323
	21.1.3 Der Fluchtpunkt	325
	21.1.4 Tiefenfarbe	326
21.2	Oberfläche und Beleuchtung	327
21.3	3D-Formen skalieren, drehen und spiegeln	329
21.4	Versionskompatibilität der 3D-Effekte	329
21.5	3D-Effekte in der Praxis	329

22	**Formen und Text**	**347**
22.1	Text in Formen	347
	22.1.1 Textorientierung in Formen einstellen	347
	22.1.2 Text bei 3D-Funktionen mitdrehen	348
22.2	Text als Form	348

23	**Grafik exportieren**	**351**
23.1	Export von Folienelementen	351
23.2	Ganze Präsentation oder Einzelfolien als Grafiken speichern	352

Teil V	**Animiert präsentieren**	**353**

24	**Basiswissen zu Animationen auf Folien**	**355**
24.1	Manche lernen es nie	355
24.2	... die Suppe nicht zu versalzen	356
24.3	Im Ensemble ist jeder Effekt brauchbar	357
24.4	Folieninhalte verbinden	358
24.5	Projekt: Daten durchreichen	359

25	**Der schnelle Weg zur animierten Folie**	361
25.1	Der schnelle Weg zur Text-Animation	361
25.2	Der schnelle Weg zur Tabellen-Animation	362
25.3	Der schnelle Weg zur SmartArt-Animation	362
25.4	Der schnelle Weg zur Diagramm-Animation	363
26	**Rein in die Folie, raus aus der Folie**	365
26.1	Animationstypen	365
26.2	Animation zuweisen und Zuweisung ändern	366
	26.2.1 Animationseffekt testen	368
26.3	Animationsauslöser	368
26.4	Animationen sortieren	369
26.5	Erledigt, wohin damit?	370
	26.5.1 Ausgangs-Animationen	370
	26.5.2 Alles wieder zurück?	371
26.6	Animationsoptionen	371
	26.6.1 Geschwindigkeit der Animation einstellen	372
	26.6.2 Animationsstart verzögern	373
	26.6.3 Weiche Bewegungen	373
	26.6.4 Animation wiederholen	373
26.7	Die Erweiterte Zeitachse	373
26.8	Gruppen animieren	374
27	**Hervorheben**	375
27.1	Hervorheben mit Standardanimationen	375
	27.1.1 Beim Folienzeiger abgeschaut	375
	27.1.2 Auf- und Abblenden	376
27.2	Hervorheben mit den »Hervorgehoben«-Animationen	376
	27.2.1 Dauerhaft oder flüchtig?	378
	27.2.2 Die eigenartige Hervorhebung »Welle«	379
27.3	Sound zur Animation	380
28	**Auf der Folie bewegen**	381
28.1	Vorgefertigte Animationspfade	382
28.2	Benutzerdefinierte Animationspfade	382
28.3	Spezifische Optionen der Pfadanimation	384
	28.3.1 Pfad verschieben	384

	28.3.2	Pfadeffekte	384
28.4		Drehbewegungen	385
28.5		Countdown	388

29 Objektspezifisch animieren — 393

29.1	Text und Textcontainer animieren		393
	29.1.1	Die richtigen Animationstypen und -parameter	393
	29.1.2	Text nach und nach erscheinen lassen	394
	29.1.3	Container animieren	395
	29.1.4	Workshops zur Textanimation	396
	29.1.5	Workarounds für Tabellen-Animation	397
	29.1.6	Workarounds zum Ändern der Animations-Reihenfolge innerhalb eines SmartArts	399
29.2	Diagramme animieren		400
	29.2.1	Die richtigen Animationstypen und -parameter	400
	29.2.2	Datenpunkte nach und nach erscheinen lassen	400
29.3	Illustrationen animieren		411
	29.3.1	Beschränkungen umgehen	411
	29.3.2	Panoramabilder animieren	412

30 Animationen kombinieren — 415

30.1	Kombinations-Beispiele	415
30.2	In der Präsentationsansicht scrollen	418

31 Von Folie zu Folie — 421

31.1	Folienübergänge		421
	31.1.1	Übergangsrichtung	422
	31.1.2	Übergangsgeschwindigkeit	422
	31.1.3	Übergangsgeräusche	422
	31.1.4	Anmerkungen zu Folienübergängen	423
31.2	Folienübergänge kreativ		424
31.3	Informationen von Folie zu Folie »durchreichen«		426

Teil VI Multimedial präsentieren ... 429

32 Basiswissen zu »Multimedia« ... 431
- 32.1 Was geht und was geht nicht? ... 431
- 32.2 Eingebettet oder verknüpft? ... 432

33 Musik, Sprache, Geräusche präsentieren ... 435
- 33.1 Der schnelle Weg zum Sound auf der Folie ... 435
  - 33.1.1 Sound einfügen ... 435
  - 33.1.2 Musik von CD wiedergeben ... 436
  - 33.1.3 MP3 einfügen ... 437
- 33.2 Verknüpfen oder einfügen? ... 438
- 33.3 Sound konfigurieren ... 439
  - 33.3.1 Start- und Endeverhalten bestimmen ... 440
  - 33.3.2 Lautstärke einstellen ... 441
  - 33.3.3 Soundsteuerung während der Präsentation ... 441
- 33.4 Musik von CD konfigurieren ... 441
  - 33.4.1 Start- und Endeverhalten bestimmen ... 443
  - 33.4.2 Lautstärke einstellen ... 444
  - 33.4.3 CD-Steuerung während der Präsentation ... 444
  - 33.4.4 Anmerkung zum Audio-CD-Einsatz ... 444
- 33.5 Sprachaufzeichnung ... 445
  - 33.5.1 Folienbezogene Aufzeichnung ... 445
  - 33.5.2 Präsentationsbezogene Aufzeichnung ... 445

34 Bewegte Bilder präsentieren ... 447
- 34.1 Der schnelle Weg zum Film auf einer Folie ... 447
- 34.2 Filme à la carte ... 449
  - 34.2.1 Start- und Endeverhalten bestimmen ... 451
  - 34.2.2 Lautstärke einstellen ... 452
  - 34.2.3 Filmsteuerung während der Präsentation ... 452
  - 34.2.4 Abgelaufene Filme ... 453
- 34.3 Nicht unterstützte Filmdatei einfügen ... 453
- 34.4 Videos von DVD wiedergeben ... 453
- 34.5 Flash-Objekte ... 454
- 34.6 Animierte GIF-Grafiken ... 455

35	Virtuelle Medien »animieren«	457
35.1	Wiedergabe mit Schaltflächen steuern	457
35.2	Film und Form im animierten Zusammenspiel	458
	35.2.1 Filmflackern vermeiden	458
	35.2.2 Bilder bei laufendem Film wechseln	459
35.3	Problem Synchronisation	461

Teil VII Präsentation vorbereiten ... 463

36	Basiswissen zur Vorbereitung einer Präsentation	465
36.1	Jeder Vortrag ist eine Premiere	465
36.2	Interaktion mit der Zielgruppe	465

37	Präsentation anpassen	467
37.1	Gedruckte Visualisierungsmedien	467
	37.1.1 Drucker einstellen	467
	37.1.2 Gedruckte Themenkarten und Poster	471
	37.1.3 Folien für den Overheadprojektor	472
	37.1.4 Interaktion auf der gedruckten Folie	473
	37.1.5 Druckprobleme	474
37.2	Beamer-Präsentation als Vortragsunterstützung	474
	37.2.1 Rechte Maustaste konfigurieren	475
	37.2.2 Die Startfolie	476
	37.2.3 Die Schlussfolie	478
37.3	Bildschirm-Präsentation zum Betrachten ohne Vortrag	479
	37.3.1 Bedingt steuerbare Präsentation an Messeständen, Ausstellungen etc.	480
	37.3.2 Bedienungsfrei laufende Präsentation	480
37.4	Nicht alle Folien zeigen	481
	37.4.1 Einzelne Folien ausblenden	481
	37.4.2 Zielgruppenorientierte Präsentation	481
	37.4.3 Zielgruppenorientierte Schleife	482
	37.4.4 Zielgruppenorientierte Präsentation drucken	483
37.5	Troubleshooting für Bildschirm- und Beamer-Präsentationen	484
	37.5.1 Die Projektionsauflösung	484
	37.5.2 Farbtiefe verringern	487

	37.5.3	Grafikbeschleunigung nutzen oder nicht nutzen	487
	37.5.4	Grafikbeschleunigung verstellen.	487

38 Interaktion vorbereiten . . . 489
38.1 Unterbrechungen des Vortrags . . . 489
- 38.1.1 Dunkel schalten für Medien- oder Methodenwechsel . . . 489
- 38.1.2 Unvorbereitet unterbrechen . . . 490

38.2 Präsentations-Notizen ermöglichen . . . 491
38.3 In der Präsentation frei navigieren . . . 492
- 38.3.1 Interaktive Schaltflächen . . . 492
- 38.3.2 Hyperlinks und Aktionen . . . 493
- 38.3.3 In der aktuellen Präsentation navigieren . . . 494
- 38.3.4 Thematische Schleife mit automatischer Rückkehr . . . 495
- 38.3.5 Zu anderen Präsentationen wechseln . . . 496

38.4 Interaktion mit Trigger . . . 496
38.5 Programmübergreifend agieren . . . 499
- 38.5.1 Externe Programme und Dokumente aufrufen . . . 499
- 38.5.2 Objekte aufrufen . . . 500
- 38.5.3 Internetseite aufrufen . . . 500
- 38.5.4 Überzogene Sicherheit beim Aufrufen . . . 500

39 Technik vorbereiten . . . 503
39.1 Übersicht bewahren . . . 503
- 39.1.1 Der Zwei-Bildschirme-Modus (Dual-Modus) . . . 503
- 39.1.2 Spickzettel . . . 505

39.2 Raum und Hilfsmittel organisieren . . . 509
39.3 Geräte anschließen . . . 512
- 39.3.1 Notebook und Beamer verbinden . . . 512
- 39.3.2 Standortfragen . . . 513
- 39.3.3 Strom kommt aus der Steckdose … aus welcher Steckdose? . . . 513

Teil VIII Präsentation vorführen und publizieren . . . 515

40 Basiswissen zum Vortrag . . . 517
40.1 Zuwendung . . . 517
40.2 Das Rednerpult . . . 517
40.3 Ich soll … . . . 518

| 40.4 | Der vortragende Mensch | 518 |
| 40.5 | Der ferne Klick | 519 |

41 Mit den klassischen Mitteln präsentieren … 523
41.1	An Tafel und Flipchart	523
41.2	An der Pinnwand	523
41.3	Mit dem Overheadprojektor	524
41.4	Zeigen	525

42 Beamer-Präsentation steuern … 527
42.1	Präsentation starten	527
42.2	Präsentation steuern	528
	42.2.1 Mit Tasten steuern	529
42.3	Steuern per Kontextmenü	531
42.4	Der Zwei-Bildschirme-Modus	532
42.5	Präsentation unterbrechen	533
42.6	Markierungen und Notizen während des Vortrags	534
	42.6.1 Kritzeleien auf der virtuellen Folie	534
	42.6.2 Notizen	535

43 Präsentation weitergeben … 537
43.1	Präsentation überarbeiten	537
	43.1.1 Präsentation versenden	537
	43.1.2 Präsentationen vergleichen	537
	43.1.3 Weitere Bearbeitungs-Funktionen	538
43.2	Präsentationen im Netz veröffentlichen	539
	43.2.1 Folien veröffentlichen	539
	43.2.2 Dokumentenverwaltungsserver	540
43.3	Schutzmechanismen	540
	43.3.1 Versteckte Informationen entfernen	540
	43.3.2 Passwortschutz	541
	43.3.3 Präsentation verschlüsseln	542
	43.3.4 Berechtigungen für vertrauliche Dateien	542
	43.3.5 Abschließen	543
43.4	Versionskompatibilität	544
	43.4.1 Aufwärtskompatibilität der Vorversionen zur Version 2007 herstellen	544

	43.4.2 Alte Dateiversionen ins XML-Format umwandeln	545
	43.4.3 Versions-Kompatibilität der Inhalte	545
43.5	Der PowerPoint-Projektor »Viewer«	547
43.6	Auf CD brennen	547
43.7	Präsentation in andere Dateiformate überführen	548
	43.7.1 PDF	548
	43.7.2 Grafik	549
	43.7.3 HTML	549
	43.7.4 DOC (MS Word)	551
	43.7.5 Open-Document-Format	552
43.8	Drucksachen	552
	43.8.1 Notizseiten	553
	43.8.2 Handzettel	553
43.9	Barrierefreiheit	553
	43.9.1 Bilder (Fotos, Grafiken) mit Alternativtexten versehen	553
	43.9.2 Gesprochene Kommentare hinzufügen	554
44	**Das war's – war's das?**	**555**
A	**Hilfreiches Keyboard**	**557**
A.1	Kombinierter Maus-Tastatur-Einsatz	557
A.2	Die wichtigsten Shortcuts	558
B	**Retten und Reparieren**	**561**
C	**Übersicht Pixelgrafikformate**	**567**
D	**Die CD zum Buch**	**571**
	Stichwortverzeichnis	**575**

Einleitung

Sagst du's mir, so vergesse ich es.
Zeigst du's mir, so merke ich es mir.
Lässt du mich teilhaben, so verstehe ich es.
(Chinesische Rhetorikregel)

Präsentieren, visualisieren und illustrieren mit PowerPoint 2007: einfach ... wirkungsvoll

»Machen Sie doch eben noch für das Meeting morgen zu TOP 2 eine schöne PowerPoint-Präsentation!« Wer hat diesen Satz so oder ähnlich noch nie gehört? Als ob das so einfach aus dem Ärmel zu schütteln ginge. Ist eine »schöne Präsentation« in der Kürze der Zeit eigentlich zu schaffen?

Sie ist zu schaffen – wobei der Begriff »schön« zu interpretieren bleibt.

Ist »schön« = »schön anzusehen«? Oder sollte der Inhalt »schön« im Sinne von »für das Publikum akzeptabel und überzeugend« aufbereitet werden? Beim Inhalt kann Ihnen weder PowerPoint noch ein Buch dazu helfen, der muss schon Ihrer persönlichen Kompetenz entspringen. Für ein gutes Erscheinungsbild dagegen bietet PowerPoint eine Vielzahl von Hilfestellungen an, auch wenn es mal schnell gehen muss.

Schnellschüsse sollten allerdings auf wirkliche »Notfälle« beschränkt bleiben, denn mit etwas mehr Arbeitsaufwand lässt sich jede mit den Standard-Möglichkeiten durchaus passabel gestaltete Präsentation noch verbessern, und dann gibt es noch die sehr speziellen Möglichkeiten im grafischen Bereich, die auch komplizierteren und aufwendigeren Problemstellungen ihre Bedrohlichkeit nehmen. PowerPoint hat mit der Version 2007 gerade in diesem Bereich eine Aufwertung erfahren, die es nahe an grafische Gestaltungsprogramme rückt, ohne deren Anforderungen an die grafische Kompetenz der Benutzer.

Über dieses Buch

Dieses Buch soll allen Aspekten genügen, deshalb ist es problemorientiert aufgebaut; Ausgangsfrage ist jeweils: »Was soll präsentiert, gestaltet, visualisiert werden?«, um Ihnen dann zu zeigen, welche Hilfsmittel Ihnen PowerPoint für dieses Anliegen zur Verfügung stellt. Um auch den Wünschen der Eilbedürftigen zu genügen, ist die Erläuterung zu den Themenbereichen gestuft in

- die schnell angefertigte, aber dennoch ansehnliche Präsentation,
- die gestalterisch aufwendigere Präsentation einschließlich Spezialitäten nebst Tipps und Tricks.

So spannt sich der Bogen von »einfach und wirkungsvoll« bis zu »einfach wirkungsvoll« und soll die Möglichkeiten, die dieses komplexe Hilfsmittel bietet, aus allen Aspekten beleuchten.

Basiswissen

Alle Teile dieses Buches werden eingeleitet mit einem Kapitel »Basiswissen zu ...« mit grundlegenden Informationen zum jeweiligen Thema des Buchabschnitts.

Praxis-Beispiele aus Projekten

Angereichert werden die Basis-Kapitel um Praxisbeispiele, die Erfahrungswerte aus der langjährigen Beschäftigung mit Präsentationstechniken widerspiegeln. Sie sind zum Teil als ein durchgängiges Projekt beschrieben, stammen aber aus diversen Arbeiten für eigene und fremde Präsentationen. Es ist also keineswegs so, dass alle beschriebenen Verbesserungen in dem einen Projekt auftraten, dessen Foliensatz für die Muster herhalten musste.

Workshops und Workarounds

Manche Gestaltungswünsche lassen sich nicht direkt mit den Funktionen von PowerPoint erfüllen, aber auf Umwegen kommt man dennoch (manchmal nur annähernd) ans Ziel. Diese verschlungenen Wege erschließen die *Workarounds* im Buch, Schritt-für-Schritt-Anleitungen zur Ersatzlösung.

Ebenfalls Schritt für Schritt vermitteln die *Workshops* den Weg zur Lösung komplexer Aufgabenstellungen.

Die CD zum Buch

Die CD zu diesem Buch enthält Beispiele, Tutorials und Materialien, hauptsächlich zu den Workshops, die Sie gern in Ihren Präsentationen verwenden dürfen.

Zu mit dem Symbol 💿 gekennzeichneten Textpassagen und Abbildungen gibt es weiterführende Materialien auf der CD.

Im Anhang D finden Sie eine komplette Übersicht über den Inhalt der CD.

Konventionen

Wie in vielen Office-Programmen führen auch bei PowerPoint oft mehrere Wege zum Ziel, in etlichen Fällen gibt es auch »Abkürzungen«. Um diese verschiedenen Wege ökonomisch darstellen zu können, legt dieses Buch folgende Konventionen zugrunde:

Der Weg durch die Multifunktionsleiste

Notwendige Klicks mit der linken Maustaste in der Multifunktionsleiste erkennen Sie an der VERSALSCHREIBWEISE der Bezeichnung des anzuklickenden Symbols oder Registers. Aufeinander folgende Klicks sind durch das Zeichen ▸ voneinander getrennt.

Zur Unterscheidung, welche Register nur zur Orientierung dienen und welche angeklickt werden müssen, sind die *nicht* anzuklickenden *kursiv* gesetzt.

Hier noch einmal visualisiert, weil die Abfolge der Leisten und Register leider etwas unlogisch aufgebaut ist:

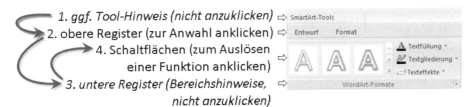

Die Beschreibung

EINFÜGEN ▸ *Illustrationen* GRAFIK

entspricht der Reihenfolge:

Dialoge

Die Dialoge sind häufig mit weiterführenden Schaltflächen ausgestattet, so dass damit ein Geflecht von Bearbeitungspfaden entstehen kann. In den Beschreibungen dieses Buches sind die zusammenhängenden Dialoge und Auswahlen mit wegbeschreibenden Pfeilen visualisiert:

Einleitung

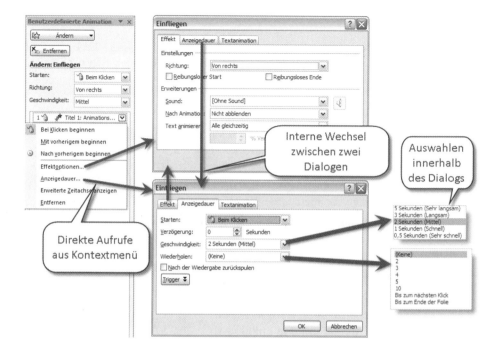

Darstellung

Da Microsoft Office eine besondere Ökonomie in der Multifunktionsleiste betreibt, kann es sein, dass die Darstellung auf Ihrem Bildschirm von den Illustrationen und Erläuterungen dieses Buches abweicht.

Alle Screenshots in diesem Buch sind bei einer Bildschirmauflösung von 1.600 Pixel Breite aufgenommen worden. In dieser Auflösung werden die Multifunktionsleisten komplett dargestellt, es bedarf dazu jedoch eines Monitors von mindestens 20 Zoll Diagonale.

Bei kleineren Auflösungen vermindert das Programm die Vielfalt in den Funktionsleisten:

- Beschriftungen von Schaltflächen werden weggelassen; die verbale Bezeichnung sehen Sie nur in einem Quickhelp, wenn Sie mit dem Mauszeiger auf der Schaltfläche verweilen.

- Bereiche (untere Registerleiste) werden zu einer Schaltfläche umgewandelt; es bedarf dann eines zusätzlichen Klicks auf die Bereichs-Schaltfläche, um zu den darunter verborgenen Funktionen des Bereichs zu gelangen. Sie bekommen daraufhin den kompletten Bereich einschließlich Schnellzugriffs-Schaltfläche für die Dialoge als Fenster eingeblendet.

Schaltflächen mit übergeordneten Funktionen

Es gibt einige Schaltflächensymbole, die in allen Funktionsleisten auftauchen:

zum Aufklappen eines nur teilweise dargestellten Katalogs,

zum Aufklappen einer Liste, von der nur eine Zeile zu sehen ist, oder als Ersatz für den Rechtsklick für das Kontextmenü,

für den schnellen Zugriff auf ausführliche Einstell-Dialoge.

Diese »besonderen« Schaltflächen tauchen in den Funktionswege-Beschreibungen dieses Buches bildlich auf, z. B.

START ▸ *Absatz* ▸ Register TEXTFELD ▸ VERTIKALE AUSRICHTUNG

oder

ENTWURF ▸ *Design* ▸ (Auswahl)

Andere Wege

Bei anderen Wegen zu einer Funktion (häufig alternativ zum Standardweg durch die Multifunktionsleiste) wird ein Symbol vorangestellt:

 Zugriff über den Office-Button

 Zugriff über die linke Maustaste in besonders gelagerten Fällen, auch für linke Maustaste in Zusammenarbeit mit der Tastatur

 Zugriff über das Kontextmenü (Klick mit rechter Maustaste – Rechtsklick)

 Zugriff über eine Tastenkombination (Shortcut) z. B. Strg+Alt+Entf

Stehen mehrere Funktionsaufrufe untereinander, so handelt es sich um wahlweise zu verwendende Varianten.

Aufeinanderfolgende Aufrufe für komplexere Abläufe – vor allem in Workarounds und Workshops – erkennen Sie an der vorangestellten Nummerierung, z. B.

1. START ▸ *Zeichnen* (Formauswahl)
2. Zeichnen Sie die gewünschte Form.
3. *Zeichentools* FORMAT ▸ *Formen einfügen* FORM BEARBEITEN ▸ IN FREIHANDFORM KONVERTIEREN
4. *Zeichentools* FORMAT ▸ *Formen einfügen* FORM BEARBEITEN ▸ PUNKTE BEARBEITEN

Die Schnellzugriffsleiste

Die Schnellzugriffsleiste ist der einzige in Version 2007 individuell konfigurierbare Bereich in PowerPoint. Sie können jede beliebige, häufig benötigte Funktion in die Schnellzugriffsleiste legen (siehe Kapitel 1). Wegen der uneinheitlichen Ausstattung wird auf die Schaltflächen in den Schnellzugriffsleisten nicht eingegangen.

Berlin, im August 2008

Teil I

Mit PowerPoint arbeiten

In diesem Teil:

- **1 PowerPoint kennenlernen** 31
  Arbeitsoberfläche, Multifunktionsleiste,
  Schaltflächen, Kontextmenüs, Aufgabenbereiche

- **2 Basiswissen zur Foliengestaltung** 49
  Zorro und die 3x3-Regel, Folie thematisieren,
  Logo-Schwemme

- **3 Layout und Design** 55
  Vorlagen, Designs, Farben, Schriftarten, Folien-
  format und -layout, Folienmaster, Office-Themes

- **4 Folien und Objekte** 79
  Folien sortieren und duplizieren, Folientransfer,
  Objekte markieren, benennen, kopieren und
  verschieben, skalieren und drehen, anordnen
  und ausrichten

Kapitel 1

PowerPoint kennenlernen

Für alle, die noch nie mit PowerPoint 2007 gearbeitet haben, hier die wichtigsten »Basics«; auf einzelne Grundfunktionen wird zusätzlich in Kapitel 4 vertieft eingegangen.

1.1 PowerPoint starten

Sie starten PowerPoint entweder über das Windows-Startmenü oder indirekt, indem Sie auf eine PowerPoint-Datei (Tabelle 1.1) im Explorer doppelklicken.

.PPT	Präsentationsdatei der Versionen bis 2003; per Doppelklick wird PowerPoint mit dieser Datei im Bearbeitungsmodus gestartet.
.PPTX	Präsentationsdatei der Version 2007 ohne Makros, ansonsten wie vor
.PPTM	Präsentationsdatei der Version 2007 mit Makros, ansonsten wie vor
.POT	Vorlagendatei der Versionen bis 2003; per Doppelklick wird PowerPoint im Bearbeitungsmodus mit einer leeren Datei gestartet, die das Design der Vorlagendatei übernimmt
.POTX	Vorlagendatei der Version 2007 ohne Makros, ansonsten wie vor
.POTM	Vorlagendatei der Version 2007 mit Makros ansonsten wie vor
.PPS	Selbststartende Präsentationsdatei der Versionen bis 2003; per Doppelklick wird PowerPoint mit dieser Datei im Präsentationsmodus gestartet
.PPSX	Selbststartende Präsentationsdatei der Version 2007 ohne Makros, ansonsten wie vor
.PPSM	Selbststartende Präsentationsdatei der Version 2007 mit Makros, ansonsten wie vor
.PPA	abwärtskompatibles Add-In
.PPAM	Add-In für Version 2007

Tabelle 1.1: PowerPoint-Dateiendungen

Start via Startmenü

Für PowerPoint wird bei der Installation ein Aufruf über
START ▸ ALLE PROGRAMME ▸ MICROSOFT OFFICE ▸ MICROSOFT OFFICE POWERPOINT 2007
eingerichtet.

Start über Datei

PowerPoint-Dateien können die in Tabelle 1.1 aufgeführten Endungen haben.

Beachten Sie, dass ältere Versionen mit der neuen XML-Dateistruktur der Version 2007 nichts anzufangen wissen, solange dort nicht das »Microsoft Office Compatibility Pack für Dateiformate von Word, Excel und PowerPoint 2007« installiert ist. Diesen Konverter kann sich jeder registrierte Benutzer der MS-Office-Vorversionen beim Microsoft-Downloadcenter kostenlos herunterladen. Damit wird ermöglicht, Office-Dateien der Version 2007 auch mit der Vorversion zu öffnen, (eingeschränkt) zu bearbeiten und auch wieder im XML-Format zu speichern.

PowerPoint 2007 kann die Dateien der Vorversionen öffnen und arbeitet dann im so genannten Kompatibilitätsmodus. Im Kompatibilitätsmodus bearbeitete Dateien werden wieder im alten Dateiformat abgespeichert, auf Wunsch selbstverständlich auch ins neue Format umgewandelt.

Aus dem Kompatibilitätsmodus im Format 2007 speichern

 SPEICHERN UNTER ▸ Dateityp: POWERPOINT-PRÄSENTATION (*.PPTX)

Sie können PowerPoint 2007 umgekehrt auch zwingen, eine Datei des neuen Formats im alten Format zu speichern:

Aus Version 2007 kompatibel zu 97 bis 2003 speichern

 SPEICHERN UNTER ▸ POWERPOINT 97-2003-FORMAT (*.PPT)

Mit dieser Speichervariante gehen etliche Features der Version 2007 verloren, selbst solche, die von den Vorversionen mit Tricks noch verarbeitet werden könnten. In den folgenden Kapiteln wird im Sachzusammenhang auf Kompatibilitätsfragen eingegangen; darüber hinaus enthält Kapitel 43 eine Zusammenstellung der wichtigsten Inkompatibilitäten.

1.2 Arbeitsoberfläche

Im Zentrum des PowerPoint-Fensters steht die Arbeitsfläche mit der eigentlichen »Folie«. Der graue Bereich darum wird bei Projektion und Druck nicht angezeigt. Überragende Folienelemente werden also rigoros abgeschnitten.

Am rechten unteren Rand finden Sie eine Miniatur-Symbolleiste mit den Schaltflächen für verschiedene Ansichts-/Darstellungsmodi.

Übersichts- und Notizenbereich sind organisatorisch miteinander verbunden, lassen sich nur gemeinsam aus- und wieder einblenden.

1.2
Arbeitsoberfläche

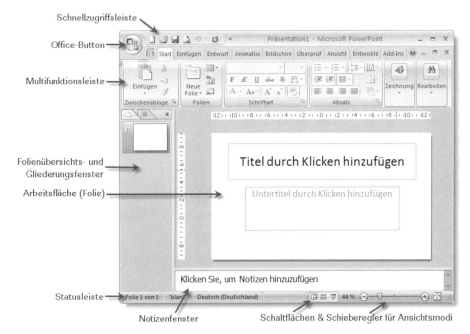

Abb. 1.1: Arbeitsfläche von PowerPoint 2007

Abb. 1.2: Aufbau der Multifunktionsleiste

Haben Sie Übersichts- und Notizenbereich mit Klick auf ✖ ausgeblendet, lassen sie sich wie folgt wiederbeleben:

Übersichts- und Notizenbereich wieder einblenden

ANSICHT ▸ *Präsentationsansichten* NORMAL
oder

Kapitel 1
PowerPoint kennenlernen

1.3 Die Multifunktionsleiste

Die klassische Menüstruktur nach dem SAA-Standard (*Software Application Architecture*) gibt es mit der Office-Version 2007 nicht mehr. An ihre Stelle ist die Multifunktionsleiste getreten, eine kontextsensitive Mischung aus Menüs und Symbolleisten, die sich beständig der aktuellen Arbeitssituation »kontextsensitiv« anpasst. Sie ist in mit Registertabs gekennzeichnete Bereiche (= Funktionsleisten) gegliedert. Ständig präsent sind die Register

- Start
- Einfügen
- Entwurf
- Animationen
- Bildschirmpräsentation
- Überprüfen
- Ansicht
- Add-Ins

Sobald Sie ein Element auf der Folie markieren, werden die dafür ggf. benötigten Register zusätzlich eingeblendet.

> **Tipp**
> Sollten die benötigten Werkzeuge nicht sofort beim Markieren erscheinen, klicken Sie bitte doppelt auf das zu bearbeitende Element.

1.3.1 Platz schaffen für die Folie

Da die Multifunktionsleiste den Bereich für die Foliendarstellung stark einengt, lässt sie sich bis auf die Registertabs ausblenden.

Multifunktionsleiste ausblenden

 Schnellzugriffsleiste rechtsklicken: MULTIFUNKTIONSLEISTE MINIMIEREN

 Registertab doppelklicken

[Strg]+[F1]

Multifunktionsleiste wieder einblenden

 Schnellzugriffsleiste rechtsklicken: MULTIFUNKTIONSLEISTE EINBLENDEN

 Registertab anklicken

[Strg]+[F1]

Wenn Sie den Übersichten- und Notizenbereich mit Klick auf ✗ ebenfalls ausblenden, steht Ihnen fast der komplette Bildschirm als Arbeitsbereich zur Verfügung.

1.3.2 Schaltflächen

Die Funktionen in PowerPoint 2007 werden über Schaltflächen (Icons) aufgerufen. Ein Mausklick (linke Maustaste) auf eine Schaltfläche

- löst entweder die zugehörige Funktion aus oder
- ruft eine untergeordnete Auswahl, einen untergeordneten Dialog mit Einstell-/Eingabemöglichkeiten und weiteren Schaltflächen auf.

Einige Schaltflächen warten mit Besonderheiten auf:

Grafik	**einfache Schaltfläche** Klick löst sofort Funktion aus.	
Anordnen	**Auswahl-Schaltfläche** Klick klappt Funktionsauswahl auf.	
Einfügen	**horizontal geteilte Schaltfläche** Klick in obere Hälfte löst Standard-Funktion aus. Klick in untere Hälfte öffnet Funktionsauswahl. *Für diese Schaltflächen wird im Buchtext der Hinweis (oben) oder (unten) gegeben.*	
Fülleffekt	**vertikal geteilte Schaltfläche** Klick auf Icon wirkt direkt; im hier angegebenen Beispiel »Fülleffekt« wird das markierte Objekt mit der unter dem Symbol angezeigten aktuellen Farbe gefüllt. Klick auf ▼ oder Beschreibungstext öffnet Auswahl von Optionen oder untergeordneten Funktionen. Eine Variante der vertikal geteilten Schaltfläche finden Sie in den Funktionen hinter dem Office-Button . Hier eröffnet der Klick auf ▶ die erweiterte Auswahl.	
▼	**Schaltfläche zum Aufklappen einer Auswahlliste**	
⇅	**Schaltfläche zum Blättern** in einer mehrzeiligen Auswahl der Funktionsleiste	
▽	**Schaltflächen für Zusatzauswahl**, unter der Schaltfläche ⇅ in den Funktionsleisten anzutreffen, öffnet beim Anklicken die komplette Auswahl	
⌐	**Schnellzugriffs-Schaltfläche für Format-Dialog**, in den meisten Bereichs-Registern rechts anzutreffen	

Tabelle 1.2: Schaltflächen mit Spezialitäten

1.4 Kontextmenüs

Die Kontextmenüs funktionieren wie in den Vorversionen. Ein Rechtsklick auf ein beliebiges Objekt auf der Folie öffnet ein Menü mit den wichtigsten und am häufigsten benötigten Befehlen für dieses Objekt.

In nahezu jedem Kontextmenü finden Sie einen Befehl *(Objektname)* FORMATIEREN . Dieser Befehl ruft einen Dialog auf, in dem Sie die wichtigsten Funktionen zur Bearbeitung und Gestaltung des markierten Objekts finden.

Kapitel 1
PowerPoint kennenlernen

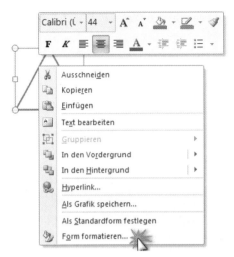

Abb. 1.3: Kontextmenü für ein grafisches Objekt

Eine zusätzliche Hilfe im Stil der Kontextmenüs bietet die *Minisymbolleiste*, die beim Rechtsklick auf Text oder Text enthaltende Container zusätzlich zum Kontextmenü eingeblendet wird und die wichtigsten Formatierungsbefehle unmittelbar bereitstellt.

nur Minisymbolleiste anzeigen: Text doppelklicken

Minisymbolleiste mit Kontextmenü: Rechtsklick auf markierten Text

Minisymbolleiste aktivieren/deaktivieren

 POWERPOINT-EINSTELLUNGEN ▸ PERSONALISIEREN ▸ Option MINISYMBOLLEISTE FÜR DIE AUSWAHL ANZEIGEN

1.5 Aufgabenbereiche

Aufgabenbereiche sind Zusammenstellungen von Funktionen, mit denen bestimmte Arbeitsabläufe systematisiert werden. Die Aufgabenbereiche werden im Kontext mit bestimmten Funktionen vom System eingeblendet.

Aufgabenbereich	Aktion zur Aktivierung
Auswahl und Sichtbarkeit	*Anpassen* AUSWAHLBEREICH IN MEHREREN FUNKTIONSLEISTEN
Benutzerdefinierte Animation	ANIMATIONEN ▸ *Animationen* BENUTZERDEFINIERTE ANIMATION
ClipArt	EINFÜGEN ▸ *Illustrationen* CLIPART

Tabelle 1.3: Die wichtigsten Aufgabenbereiche

Aufgabenbereich	Aktion zur Aktivierung
Folien wiederverwenden	START ▸ *Folien* NEUE FOLIE ▸ FOLIEN WIEDERVERWENDEN
Recherchieren	ÜBERPRÜFEN ▸ *Dokumentprüfung* RECHERCHIEREN oder THESAURUS oder ÜBERSETZEN
Zwischenablage	START ▸ *Zwischenablage*

Tabelle 1.3: Die wichtigsten Aufgabenbereiche (Forts.)

Neben den in Tabelle 1.3 genannten Aufgabenbereichen gibt es noch weitere, die spezielle Workflow-Aufgaben abdecken und nur im Zusammenwirken mit *SharePoint Server* von Bedeutung sind.

Aufgabenbereich verlegen

Der Aufgabenbereich steht standardmäßig am rechten Bildschirmrand, kann aber verlegt werden. Greifen Sie mit der Maus die Titelzeile des Aufgabenbereichs und schieben Sie ihn in die gewünschte Position. Sehr vorteilhaft ist es, den Aufgabenbereich quer am unteren oder oberen Rand über die ganze Bildschirmbreite vor Augen zu haben, wenn Sie z.B. im Aufgabenbereich BENUTZERDEFINIERTE ANIMATION mit der Zeitleiste arbeiten.

Aufgabenbereich schließen

Mit einem Klick auf ✕ lässt sich jeder Aufgabenbereich wieder schließen. Da Aufgabenbereiche vom System nicht geschlossen werden, kann es vorkommen, dass mehrere Aufgabenbereiche nebeneinander angezeigt werden. Die Foliendarstellung wird dabei geschrumpft.

1.6 Smarttags

Smarttags sind Schaltflächen in Objektnähe, die nur angezeigt werden, wenn bestimmte Aktionen durchgeführt wurden.

Abb. 1.4: Smarttag für eingefügten Text

Beim Anklicken von ▾ in der Schaltfläche öffnet sich ein Kontextmenü, mit dem Sie das Ergebnis der Aktion verändern können. Ein Beispiel: Die Grundeinstellung der AutoKorrektur sorgt dafür, dass Zeilenanfänge immer großgeschrieben werden. Mit dem Smarttag lässt sich der Automatismus im Einzelfall revidieren. Es gibt Smarttags für

- AutoKorrektur-Optionen
- Einfügen-Optionen
- Optionen für das automatische Anpassen

auf die in den jeweiligen Kapiteln detailliert eingegangen wird.

1.7 Termini und Vorgehensweisen

1.7.1 Präsentationen und Folien

Zum Präsentieren benutzt man Folien, wenn der Overhead-Projektor verwendet wird. Der Begriff **Folie** wurde in die Terminologie der Präsentationsprogramme übernommen und bezeichnet auch den virtuellen Arbeitsbereich auf dem Bildschirm, der nach Fertigstellung als Folie, Poster oder Handout gedruckt oder direkt an die Wand projiziert wird.

Die Gesamtheit aller Folien ist die **Präsentation** und gleichbedeutend mit der Datei, in der die Präsentation gespeichert wird.

Bildschirmpräsentation ist die aktuelle Form des Präsentierens, indem das Bild vom Computer direkt über einen Projektor (Beamer) an die Wand gestrahlt wird.

1.7.2 Folienelemente und Objekte

Die Bestandteile einer Folie, also Texte, Bilder, Diagramme etc., werden synonym **Objekte** oder **Elemente** genannt. Microsoft benutzt in seinen Anleitungen und Hilfe-Texten das Wort *Objekte* in verschiedenen Zusammenhängen; in der speziellen MS-Terminologie gibt es *Objekte nach dem OLE-Prinzip*, das sind Bestandteile aus anderen Anwendungen, die in eine Folie eingefügt wurden. In diesem Buch wird der Begriff »Objekte« meist in diesem engeren Sinne verwendet.

Zeichenobjekte heißen **Formen**, dazu zählen auch Textfelder und diverse andere grafische Objekte.

Um ein Element zu bearbeiten, muss es **markiert** sein, um dem Programm deutlich zu machen, auf welche(s) Element(e) sich die folgenden Befehle beziehen. Markieren können Sie durch einfachen Klick mit der linken Maustaste auf ein Objekt; Sie erkennen die erfolgreiche Markierung am Rahmen, der um das Objekt aufgebaut wird.

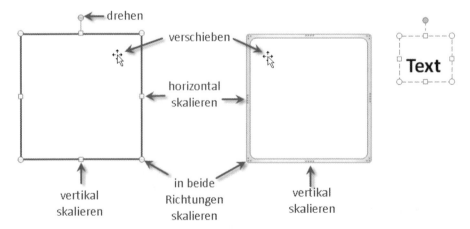

Abb. 1.5: Varianten von Rahmen, die anzeigen, dass ein Element markiert ist, und ihre »Anfasser«

Mehrere Elemente markieren Sie, indem Sie beim Anklicken die Taste ⌂ festhalten oder indem Sie mit dem Mauszeiger auf eine freie Stelle der Folie klicken und bei gedrückter linker Maustaste einen Rahmen *um alle* zu markierenden Elemente ziehen. Der Rahmen muss alle Elemente *umschließen*, einfaches Berühren der Elemente reicht nicht aus.

Manchmal ist es nicht möglich, das gewünschte Element anzuklicken, weil ein anderes Element in der Ebene darüber liegt. Dieses Problem lässt sich auf zwei Wegen umgehen:

1. Sie markieren das darüberliegende Element und betätigen (ggf. mehrmals) ⇥ oder ⌂+⇥, bis das gewünschte Element den Markierungsrahmen zeigt.
2. Sie verwenden die Funktion
   START ▸ *Zeichnen* ANORDNEN ▸ AUSWAHLBEREICH,
   indem Sie dort das zu markierende Element in der Liste anklicken.

Abb. 1.6: Gezielte Auswahl von verdeckten Elementen

Eine Markierung heben Sie wieder auf, indem Sie auf eine freie Stelle der Folie oder in den grauen Rand klicken.

Jedes Element auf der Folie liegt in einer eigenen **Ebene**; die Ebenen stapeln sich über dem Hintergrund (= unterste Ebene) in der Reihenfolge, in der die Elemente angelegt oder importiert wurden. Sie können die Ebenen innerhalb des Stapels mit den Vordergrund-/Hintergrund-Funktionen (auch OBJEKTE SORTIEREN genannt) verlegen, die Sie in etlichen Funktionsleisten finden.

Abb. 1.7: Funktionen zum Ebenenwechsel

Formatieren

Formatieren bezeichnet jede Veränderung der Eigenschaften eines Textes, eines Elements, einer Folie. Für Folienelemente existieren spezielle Format-Dialoge, die Sie am schnellsten mit dem Kontextmenü (rechter Mausklick auf das Objekt) ganz unten mit der Bezeichnung *(Objektname)* FORMATIEREN erreichen.

Die Dialoge sind häufig mit weiterführenden Schaltflächen ausgestattet, so dass damit ein Geflecht von Bearbeitungspfaden entstehen kann. In den Beschreibungen dieses Buches sind die zusammenhängenden Dialoge und Auswahlen mit wegbeschreibenden Pfeilen visualisiert:

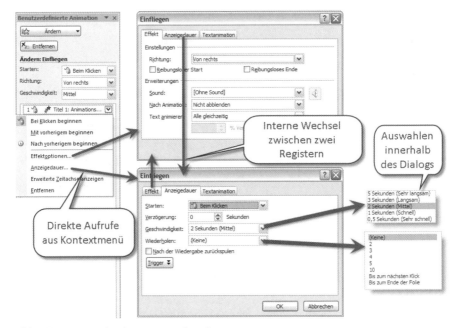

Abb. 1.8: Wege durch Menüs und Dialoge

Innerhalb der Dialoge und Funktionsleisten gibt es **Schaltflächen** zum Aufruf von Funktionen oder Auswahlmöglichkeiten; die Funktion oder der Aufruf wird ausgelöst, indem Sie den Mauszeiger auf die Schaltfläche bringen – die Schaltfläche leuchtet beim Berühren mit dem Mauszeiger auf – und mit der linken Maustaste darauf klicken.

Formatierungen eines Elements auf ein anderes übertragen Sie am einfachsten mit dem »Formatpinsel«, indem Sie das *formatierte* Element markieren (anklicken), dann auf das Werkzeug Format übertragen in der Funktionsleiste START und schließlich auf das *zu formatierende* Element klicken. Ein Doppelklick auf den Formatpinsel bewirkt, dass Sie anschließend nacheinander beliebig viele Objekte anklicken und formatieren können, bis Sie die Schaltfläche Format übertragen erneut anklicken oder die Taste [ESC] drücken.

Register bzw. *Registertabs* sind Ordnungshilfsmittel in den Dialogen und Funktionsleisten der Office-Programme. Wie in einem Karteikasten werden verschiedene Inhalte innerhalb eines Dialogfensters untergebracht, ohne das Fenster zu überladen.

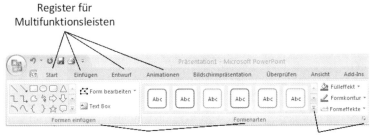

Abb. 1.9: Bedienelemente der Multifunktionsleiste

Der Begriff *Register* ist auf verschiedene Bedienelemente anwendbar.

Die oberen Registertabs der Multifunktionsleiste sind anzuklicken, um sie zu aktivieren. Die unteren Register dienen nur der Orientierung und haben keine Wirkung. Für einige Funktionsleisten werden oberhalb der Register zusätzliche Orientierungsbalken eingeblendet, die ebenfalls nicht klickbar sind:

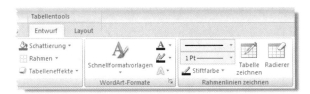

Abb. 1.10: Zusammenfassendes Register für spezifische Funktionsleisten

In Dialogen kann das Auswählen einzelner Optionen ⊙ bewirken, dass in derselben Registerkarte zu dieser Option gehörige Dialogelemente eingeblendet werden – eine weitere Konvention an die kontextorientierte Benutzerführung.

Abb. 1.11: Dialoge in neuer (links) und alter (rechts) Gestaltung

Zusätzlich gibt es noch Dialogfenster im alten Stil der Version 2003, bei denen die Registertabs oben angesetzt sind.

1.7.3 Start

Der Begriff **Start** kann in PowerPoint 2007 zu Verwechslungen führen, weil die Basis-Funktionsleiste in der deutschen Version die Bezeichnung *Start* erhalten hat, zugleich aber Windows XP die Schaltfläche für das Start-Menü permanent in der Taskleiste am unteren Bildschirmrand zeigt. Bei Windows Vista ist diese Verwechslung nicht möglich, weil die Funktion der Start-Schaltfläche dort vom Vista-Button übernommen wird.

In diesem Buch kennzeichnet START die Funktionsleiste dieses Namens; sollte ausnahmsweise das Windows-Startmenü gemeint sein, wird das durch Abbildung der Schaltfläche verdeutlicht.

1.7.4 Übersetzungsfehler

Trotz diverser Hinweise während der Testphase hat es Microsoft auch mit der Version 2007 wieder nicht geschafft, die deutsche Fassung mit durchgängig korrekten Funktionsbezeichnungen zu versehen. Im Gegenteil, die Unverständlichkeiten wurden erweitert: Teilweise wurde mit schlafwandlerischer Sicherheit genau die falsche Übersetzungsvariante gewählt (besonders ärgerlich: *Outline* wurde fast durchgängig mit *Gliederung* übersetzt, auch wenn *Kontur* zutreffend gewesen wäre), an anderen Stellen Formulierungen des Originals 1:1 wortgetreu übersetzt (zum Beispiel: *duplicate selected slide* in *doppelt ausgewählte Folie* statt *ausgewählte Folie duplizieren*).

Tabelle 1.4 erläutert die durchgängig auftretenden Verballhornungen.

Fundstelle	Falscher Begriff	gemeint ist
Durchgängig in allen *Zeichentools*:	Gliederung	Kontur oder Linie
In verschiedenen Auswahllisten:	Beste Suchergebnisse für Dokument	schlicht
Verschiedene Tools FORMAT	Formenarten	Formen-Formate

Tabelle 1.4: Immer wieder auftretende Fehlübersetzungen in PowerPoint 2007

Auf weitere, vereinzelt auftretende Sprachunfälle wird im Kontext eingegangen.

1.8 Ansichten

In der Funktionsleiste ANSICHT finden Sie diverse spezielle Ansichten für das PowerPoint-Fenster zur Auswahl, auf die in den Fachkapiteln eingegangen wird.

Abb. 1.12: Ansichts-Varianten

Daneben gibt es zwei übergeordnete Spezialitäten der Ansicht:

1.8.1 Die Livevorschau

Beim Berühren einer Schaltfläche in der Funktionsleiste mit dem Mauszeiger wird das Ergebnis sofort als Vorschau für das Element angezeigt. Auf das Element angewandt wird ein Effekt erst, wenn Sie die zugehörige Schaltfläche anklicken.

> **Wichtig**
>
> Diese Vorschau funktioniert nicht durchgängig. Etliche Funktionen in den Dialogen und Einstellboxen sind noch nicht auf den neuen Standard angepasst worden. Sie erkennen diese »Altlasten« an der abweichenden, der alten Norm entsprechenden Darstellung.

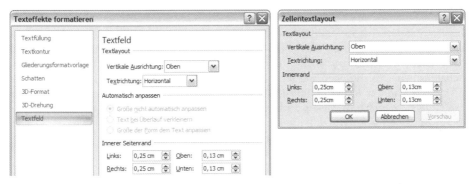

Abb. 1.13: Links neue Darstellung, rechts alte, aber noch vorhandene Variante ohne Vorschaufunktion

Livevorschau aktivieren/deaktivieren

 POWERPOINT-EINSTELLUNGEN ▸ PERSONALISIEREN ▸ Option LIVEVORSCHAU AKTIVIEREN

Die in der Funktionsleiste angezeigten Einstellungen sind häufig nicht abschließend. Am rechten Ende der unteren Registerbeschriftung finden Sie dann das Symbol , mit dem Sie einen ausführlichen, objektbezogenen Dialog oder eine unbeschränkte Auswahlliste aufklappen.

Kapitel 1
PowerPoint kennenlernen

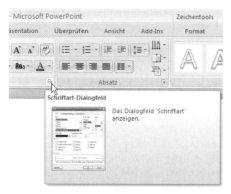

Abb. 1.14: Der Weg zum ausführlichen Dialog oder zur kompletten Auswahl

1.8.2 Ansichtsgröße

In der Standardansicht stellt Ihnen PowerPoint die komplette Folie größtmöglich dar, abhängig von der Auflösung Ihres Bildschirms. Bei geringeren Auflösungen ist die Darstellung notabene kleiner und auch in der Multifunktionsleiste kommt es zu Einsparungen. Schaltflächenbeschriftungen werden eingespart und nur noch das Icon angezeigt, komplette Bereiche der Multifunktionsleiste zu einer Schaltfläche reduziert, deren einzelne Funktionen erst nach Anklicken aufklappen. Sie haben jedoch keine Möglichkeit, dies von Hand zu beeinflussen, um z. B. den einen oder anderen, häufiger benötigten Bereich auf Kosten eines anderen, seltener benötigten zu vergrößern.

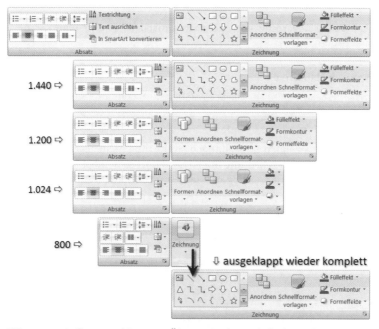

Abb. 1.15: Auflösungsabhängige Ökonomie der Multifunktionsleiste

Feinarbeit

Um bei geringeren Auflösungen feine Details auf der Folie erkennen und bearbeiten zu können, gibt es unten rechts die Zoom-Funktion für das Arbeitsfenster.

Abb. 1.16: Zoom-Einsteller

Mit zwei Schaltflächen und einem Schieberegler lässt sich die Darstellungsgröße der Folie verändern, von 25 % bis hin zu 400 %. Auch bei grafischen Arbeiten kommt diese Funktion zurecht, um feine Details zu bearbeiten oder grafische Elemente exakt zu positionieren.[1]

Wollen Sie zurück zur Darstellung der ganzen Folie im größtmöglichen Format, klicken auf Sie die Schaltfläche rechts neben dem Zoom-Regler.

Abb. 1.17: Foliengröße bestmöglich an Platz anpassen

Sie finden Pendants für die Funktionen des Zoom-Reglers auch in der Funktionsleiste ANSICHT, doch sind sie dort umständlicher zu erreichen als mit den Mini-Schaltflächen unten rechts.

1.9 Eigene Gestaltung der Oberfläche

Schnellzugriffsleiste anpassen

In Version 2007 lässt sich *nur* die Schnellzugriffsleiste frei konfigurieren. Als Standard-Schaltflächen sind darin die Funktionen wie in Abbildung 1.18 gezeigt enthalten, die sich nach dem Öffnen des Konfigurationsmenüs mit ⁼ durch Anklicken aktivieren oder deaktivieren lassen.

> **Dringender Tipp**
>
> Schalten Sie die Schaltfläche SCHNELLDRUCK auf jeden Fall ab! Näheres zum Hintergrund dieser Warnung in Kapitel 37.

Unter der Schaltflächenauswahl finden Sie den Befehl WEITERE BEFEHLE, der zur freien Konfiguration der Schnellzugriffsleiste im ANPASSEN-Dialog führt.

---

[1] Die Zoom-Funktion hat lieferseitig einen Fehler: Wird in vergrößertem Modus eine Markierung aufgehoben, springt der Fokus auf den Folienmittelpunkt. Mit einem Hotfix (siehe Anhang B und Datei »Hotfixes.xms« auf der Buch-CD) kann dieser lästige Fehler behoben werden.

Kapitel 1
PowerPoint kennenlernen

Abb. 1.18: Die Schnellzugriffsleiste und ihre Standard-Schaltflächen

ANPASSEN-Dialogfenster öffnen

 PowerPoint-Einstellungen ▸ Anpassen

 Symbolleiste für den Schnellzugriff anpassen

 Schnellzugriffsleiste: ▸ Weitere Befehle ...

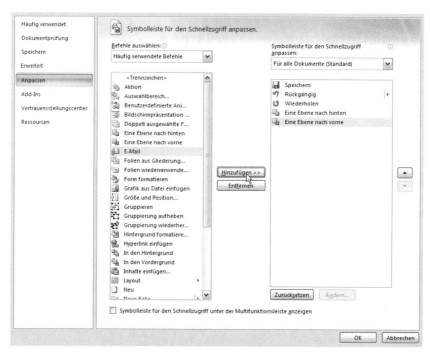

Abb. 1.19: Der ANPASSEN-Dialog

Beliebige Schaltfläche hinzufügen

Im ANPASSEN-Dialog: Befehlsbereich auswählen ▶ gewünschten Befehl im linken Fenster markieren ▶ HINZUFÜGEN

 Rechtsklick auf eine Schaltfläche in einer Funktionsleiste ▶ ZU SYMBOLLEISTE FÜR DEN SCHNELLZUGRIFF HINZUFÜGEN

Schaltfläche löschen

Im ANPASSEN-Dialog: Befehl im rechten Fenster markieren ▶ ENTFERNEN

 Rechtsklick auf eine Schaltfläche in der Schnellzugriffsleiste ▶ AUS SYMBOLLEISTE FÜR DEN SCHNELLZUGRIFF ENTFERNEN

Die Pfeil-Schaltflächen am rechten Rand des ANPASSEN-Dialogs erlauben Ihnen, die Schaltflächen innerhalb der Schnellzugriffsleiste zu verschieben.

Mit dem Befehl SYMBOLLEISTE FÜR DEN SCHNELLZUGRIFF UNTER DER MULTIFUNKTIONSLEISTE PLATZIEREN in ⯆ oder mit der Option gleichen Namens im ANPASSEN-Dialog kann der Standort der Schnellzugriffsleiste wahlweise über oder unter der Multifunktionsleiste festgelegt werden. Unter der Multifunktionsleiste ist mehr Platz für Schaltflächen, die Sie häufiger benötigen.

In einer Auswahlliste rechts oben im ANPASSEN-Dialog können Sie festlegen, ob die Änderungen nur für diese Präsentation oder dauerhaft für Ihre PowerPoint-Installation gelten sollen.

Konfigurieren über die Statusleiste

Am unteren Bildschirmrand finden Sie die so genannte Statusleiste mit Anzeigen zu gewählten Modi, Vorlagen etc. und den Schaltflächen für die Anzeigemodi.

Abb. 1.20: Die Statusleiste: Info-Center und via Kontextmenü auch Konfigurationswerkzeug

Ein Rechtsklick auf diese Leiste führt zur Konfiguration nicht nur der Statusleiste:

Abb. 1.21: Konfigurationen in der Statusleiste

Funktionsleisten verändern

Die aus den Vorversionen bekannte Möglichkeit, Symbolleisten an die eigenen Bedürfnisse anzupassen, existiert nicht mehr. Abhilfe ist nur über XML-Eingriffe oder Zusatzprogramme möglich, z. B. »Ribbon Customizer« von Patrick Schmid (siehe Linkliste auf der Buch-CD).

Kapitel 2

Basiswissen zur Foliengestaltung

PowerPoint gibt ein Folienformat von 25,4 x 19,05 cm (= 10" x 7,5") vor. Zentimeter und Zoll – die alte Orientierung am Papiermaß schlägt da voll durch; auch der Begriff *Folie* zeigt, dass wir uns vom Gegenständlichen der Folie noch nicht verabschiedet haben; und das ist gut so.

Auch wenn mittlerweile der größte Teil der Präsentationen virtuell über den Beamer projiziert wird, darf nicht vergessen werden, dass Präsentieren und Visualisieren immer noch auf »klassische« Weise möglich ist und diese Methoden bei gegebenem Anlass auch eingesetzt werden sollten.

Da wäre zunächst eine der wichtigsten Prämissen für einen guten Vortrag zu erwähnen: die Orientierung an der Zielgruppe. Wenn Sie vor Vertretern der Finanz- und Wirtschaftswelt präsentieren, erwartet das Publikum geradezu eine Hitech-Präsentation. Diese Erwartungshaltung sollten Sie bedienen; es kann aber auch gut sein, mit althergebrachten Kartonkärtchen und aufs Flipchart gespannten Postern zu arbeiten, gerade um sich von der Masse der anderen Präsentatoren abzuheben und damit besondere Aufmerksamkeit zu erzielen. Besonders bei Veranstaltungen, in denen mehrere Vorträge hintereinander »abgearbeitet« werden, können Sie sich darauf verlassen, dass kaum jemand mit etwas anderem als einer Beamer-Präsentation anrückt. Das Publikum weiß es durchaus zu goutieren, wenn es sich von der Eintönigkeit dieser Vortragsform auch mal erholen darf.

Ein Vortrag vor der Bürgerinitiative »Rettet die Feldmark« dagegen schreit geradezu nach Ausdrucken auf Recycling-Karton, die Sie im Jute-Beutel zum Veranstaltungsort mitbringen. (Es gibt auch Pinnnadeln mit Holzkopf!)

Nachdem die Frage des »Trägermaterials« geklärt ist, geht es an die Gestaltung der Folie. Auch hier ist eine Orientierung am Publikum nötig, wenn auch nicht differenziert.

Die Fähigkeiten des Publikums beim Betrachten visualisierter Informationen werden häufig unterschätzt. So geht es mit vielen Details in der Visualisierung: Selbst wenn wir uns dessen gar nicht bewusst sind, werten wir beim Betrachten bestimmte Details als positiv oder negativ und übertragen diese Stimmung auf den Inhalt der Information, die damit vermittelt wurde (oder werden sollte, aber nicht ankam, weil die negativen Aspekte überwogen und uns zum Abwenden veranlassten). Die These, dass optische (und akustische) Eindrücke den Inhalt einer Botschaft dominieren, wird damit stets aufs Neue bewiesen. Sicher, die wenigsten Veranstaltungsteilnehmer kennen sich mit Gestaltung, Farbenlehre, Design, Schriftsatz etc. aus, doch unbewusst bemerken alle, ob eine Visualisierung in sich rund ist oder handwerkliche Fehler begangen wurden. Ungünstige Visualisierung wird als Negativkriterium der Präsentation empfunden und wirkt sich auf die Akzeptanz der zu übermittelnden Information aus. Das zu vermeiden, ist Aufgabe der Foliengestaltung.

2.1 Zorro und die 3x3-Regel

Beim Betrachten einer Projektion, einer Tafel oder eines Posters gehen wir unbewusst nach einem immer gleichen Schema vor. Der Blick fixiert zuerst einen Punkt links oben, wandert nach rechts bis zum Ende des Dargestellten, sucht dann diagonal mit kurzem Verweilen in der Mitte die untere linke Ecke auf, um erneut nach rechts zu gleiten. Diese visuelle Ähnlichkeit mit der »stichhaltigen« Signatur des Don Diego de la Vega drängt sich geradezu auf.

Abb. 2.1: Der Weg des Auges beim Betrachten

Sie sollten deshalb die signifikanten Punkte dieses Sichtweges berücksichtigen, wenn Sie etwas auf Ihrer Folie platzieren, das besonders wichtig ist. Ein Folientitel, der rechts oben steht, rückt nur dann in den Mittelpunkt des Interesses, wenn auf dem Weg von links dorthin nichts vorgefunden wird, was das Auge aufhielt.

Die Titelfolie eines Vortrags in Abbildung 2.1 macht das deutlich: In der Startposition (1) beginnt die wesentliche Information »Es geht um Visualisierung«; der Schriftzug folgt dem Auge auf seinem Weg nach rechts und zeichnet dabei die Krümmung des Bildes nach, auf dessen Zentrum (3) das betrachtende Auge kurze Zeit später stößt: »Aha, das hat irgend etwas mit dem Auge zu tun.« Links unten (4) findet sich nichts, also sucht das Auge den Ausgang nach rechts und trifft dort auf die verbale Erläuterung (5), wie dieser Titel verstanden werden soll. Die »Message« ist überbracht.

Ein anderes Modell zur Folienaufteilung legt nahe, die Folie vertikal und horizontal in drei gleich große Zonen aufzuteilen, die nach folgenden Regeln zu bestücken sind:

- Wichtige Aussagen entlang der Linien orientieren
- Informationen in zusammenhängenden Blöcken konzentrieren
- Kreuzungspunkte für Blickfänger nutzen

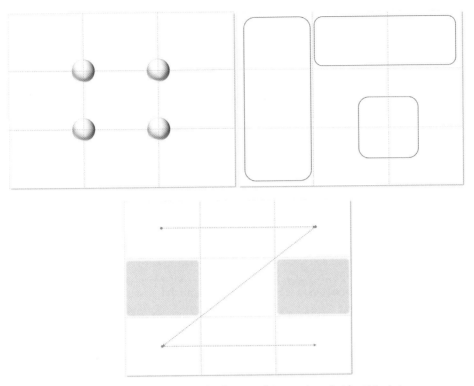

Abb. 2.2: Aufteilung nach der 3x3-Regel (oben) und Anwendung beider Prinzipien gemeinsam (unten)

Wendet man beide Prinzipien zusammen an, stellt man fest, dass sie gut zueinander passen. Das Zorro-Prinzip zeigt dabei auf, dass zwei der neun Bereiche der 3x3-Regel weniger beachtet werden als die übrigen und dass nur zwei der vier Kreuzungspunkte der 3x3-Regel auf der Z-Linie liegen, also leichter fokussiert werden als die anderen beiden.

Aus dieser Erkenntnis resultiert, dass

- Blickfänger möglichst auf die Kreuzungspunkte oben rechts und unten links positioniert werden sollten und
- die äußeren Rechtecke des mittleren Bereichs nur in unmittelbarem Zusammenhang mit ihren Nachbarn zu benutzen sind, niemals allein.

2.2 Begrenzer und seitliche Folientitel

Gern wird ein Folientitel als »nicht alltäglich« vertikal am linken Folienrand eingesetzt, doch dort findet er erst verspätet Beachtung, denn sein *Ende* liegt zwar evtl. am *Beginn* des Betrachtungspfads, wird dort jedoch als uninteressant eingestuft, wir erwarten oben links einen Startpunkt und nicht das Ende eines Textes; das Auge wandert weiter und erst beim zweiten Richtungswechsel nimmt es den Titel wahr, der es beim Verfolgen des Textes zurück zum Ausgangspunkt führt.

Andererseits nimmt ein senkrechter Balken am linken Rand eine wichtige Führungsrolle ein: Er zeigt, wo die Folie anfängt und gibt dem betrachtenden Auge eine Stütze. Wenn Sie sich vorgefertigte Foliendesigns anschauen, werden Sie feststellen, dass dort häufig vertikale Elemente am linken Rand anzutreffen sind. Auch horizontale Linien helfen, die Folie in Bereiche (z. B. Titel-, Text- und Fußzeilenbereich) zu gliedern.

Allerdings reichen dafür schmale, unaufdringliche Linien völlig aus. Solche optischen Hilfen werden gern angenommen, obwohl die meisten Betrachter den visuellen Zusammenhang gar nicht erkennen.

2.3 Die Aussage der Folie

Bei manchen Vorträgen hat man den Eindruck, dass die Folieninhalte sehr schluderig erarbeitet wurden. Als habe jemand sich mit einem Textmarker an den Redetext gesetzt und wichtige Passagen angestrichen, die dann 1:1 in die Präsentation übernommen und bei »Textüberlauf« zur nächsten Folie umbrochen wurden.

Jede Folie soll ein Thema haben, das im Folientitel genannt wird – der Folientitel dient als thematische Klammer für die Stichpunkte. Die Zuschauer wissen dann, worum es aktuell im Vortrag geht, und können den eigentlichen Folieninhalt leichter einordnen.

Sind zu viele Stichpunkte zu einem Thema vorhanden, um sie auf einer Folie unterzubringen, kann das Thema gern auf der folgenden Folie fortgesetzt werden, die dann denselben Titel, aber mit fortlaufender Nummerierung erhält. Bei mehr als drei Folien zum selben Thema sollten Sie allerdings überlegen, ob Sie das Thema tiefer gliedern können.

2.4 Projekt: Das Design

Eine Präsentation mit einem einfachen Verlaufshintergrund lag vor, dem Veranstalter war dies aber nicht eindrucksvoll genug, und sie sollte vom Präsentations-Coach aufgewertet werden.

2.4.1 Logo-Schwemme

Zum Corporate Design des Veranstalters gehört die Wiedergabe des eigenen Logos rechts oben, zwei Rottöne für die Schrift auf weißem Grund. Ebenfalls anzugeben waren die Logos des Mitveranstalters (dunkelblaue Schrift auf hellblauem Grund) und des Projektträgers (schwarze Schrift auf gelbem Grund mit zwei grau abgesetzten Flächen); außerdem bedurfte es der EU-Fahne, weil das Projekt Fördermittel bekam.

Ein Verantwortlicher des Veranstalters hatte auch schon ein gefälliges Design gefunden, das allerdings noch mehr Farbe ins Spiel brachte: blaue Linien mit violetten Akzentflächen (Abbildung 2.3 und die Datei *Designvergleich.pdf* auf der Buch-CD).

Der weiße Hintergrund des vorgestellten Designs war schon ganz brauchbar, denn der weiße Hintergrund des Veranstalter-Logos und der diffuse Rand des Ostsee-Logos links unten kollidierten mit jeder anderen Hintergrundfarbe. Die Linien und Flächen betonten die Lesehilfen, allerdings war das Gewusel aus unterschiedlich breiten blauen Linien am linken Rand eher das Auge beunruhigend denn führend, und die Farbgestaltung korrespondierte mit keinem einzigen der Logos.

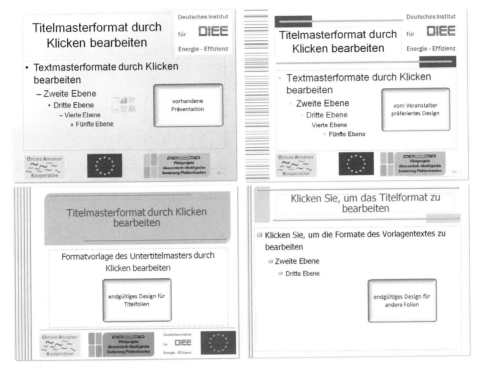

Abb. 2.3: Werdegang eines Foliendesigns

Das Logo des Veranstalters wurde in das schon bestehende Logo-Band unten eingereiht. Es muss nicht an der exponierten und Platz greifenden Stelle rechts oben die Folie dominieren. Damit stand für die Folientitel die volle Breite zur Verfügung und konnte in der Höhe reduziert werden. Die Folie wirkt damit ruhiger und aufgeräumter.

Titelmaster und Folienmaster erhielten unterschiedliche Layouts; die Logoleiste taucht nur noch im Titelmaster auf, in den Inhaltsfolien ist sie entbehrlich und beansprucht nur Platz.

Wichtig

Es ist ein bei Public-Relations-Managern weitverbreiteter Irrtum, auf jeder Folie müsse partout das Logo des präsentierenden Unternehmens zu sehen sein, um einen bleibenden Eindruck zu hinterlassen. Dieses *Branding* nervt das Publikum, ebenso wie ein am unteren Rand der Folie permanent auftauchender Name des Vortragenden. Beide Angaben werden nur ein- bis zweimal benötigt: unbedingt auf der Titelfolie und evtl. auf der Schlussfolie.

(Gerade die für PR und CI verantwortlichen Menschen sind die schärfsten Gegner einer kreativen Foliengestaltung. Meine Erfahrung mit diesen Mitmenschen hat mir jedoch gezeigt, dass sie häufig knallharten präsentationsfachlichen Argumenten nichts entgegenzusetzen haben. Sie kochen alle nur mit Wasser, und den Style Guide haben sie sich meist von externen Grafikern anfertigen lassen, ohne selbst um die Hintergründe der grafischen Gestaltung zu wissen.)

Wenn zur Corporate ID oder zum Style-Guide ein Farbschema gehört, kann das gern in die Foliengestaltung einfließen, das grenzt die Kreativität nicht ein, wohl aber breit und bräsig auf allen Folien herumliegende Logos.

2.4.2 Form- und Farbgebung

Da der zentrale Punkt der Präsentation das PPööSP-Projekt sein sollte, wurde dessen Logo für das Foliendesign als Grundlage benutzt: Die Logo-Farben des Projekts nahmen Einzug in die farbliche Gestaltung der geometrischen Akzente: Grau für Linien und Gelb für Flächen[1]. Die Form der Logoflächen mit zwei Ecken und zwei Rundungen wurde aufgenommen als Grundform für nahezu jede flächige Darstellung in der Präsentation, natürlich auch für die Akzente im Foliendesign.

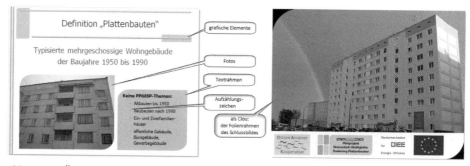

Abb. 2.4:   Übernahme der Logoform ins Foliendesign

Die kurzen horizontalen Linien am linken Rand wurden ersetzt durch durchgehende vertikale Linien, sechs für den Titelmaster und damit immer noch schmaler als die ursprüngliche Form, nur zwei für den Folienmaster, wiederum aus Platzgründen.

Zur optischen Aufwertung bekamen alle Linien 3D-Effekte zugewiesen, die ihnen ein plastisches Aussehen geben.

---

[1]   Zum korrekten Feststellen von Farbwerten am Bildschirm eignet sich das Freeware-Tool »PK-Color-Picker« von www.pkworld.de.

Kapitel 3

Layout und Design

Die Basis jeder Präsentation ist die Folie und deren Design. Dabei unterstützt Sie PowerPoint mit diversen vorinstallierten Hilfsmitteln, gestattet aber auch Ihrer Kreativität freie Entfaltung. (Letzteres zum Missfallen der PR-Manager, denn es gibt in PowerPoint keine Möglichkeit, ein Corporate Design vor Veränderung zu schützen.)

3.1 Präsentationsvorlagen

In den Unterpunkten von ▸ Neu finden Sie verschiedene Möglichkeiten, sich an Vorlagen zu orientieren:

- **Leer und zuletzt verwendet:** Angeboten wird die »Leere Präsentation« neben den zuletzt verwendeten Vorlagen. Die »Leere Präsentation« ist eine nahezu designfreie Vorlage, die immer geöffnet wird, wenn Sie PowerPoint direkt starten.
- **Installierte Vorlagen:** Es werden auf Ihrem PC vorhandene Musterpräsentationen angezeigt; diese Vorlagen sind komplette Präsentationsdateien, die Sie auf Ihre Bedürfnisse abwandeln können. Wie bei Neu von vorhandenem wird eine Kopie der Musterdatei angelegt, die Musterdatei bleibt unverändert.
- **Installierte Designs:** Es werden auf Ihrem PC vorhandene Designvorlagen angezeigt, von denen lediglich die Gestaltung für Ihre neue Präsentation übernommen wird.
- **Meine Vorlagen:** PowerPoint öffnet einen Standardordner mit Vorlagendateien, ansonsten ist das Vorgehen wie zu *Installierte Vorlagen*.
- **Microsoft Office Online:** Nach Klick auf eine der angezeigten Kategorien baut PowerPoint eine Online-Verbindung zum Microsoft-Downloadcenter auf. Wenn Sie diese Funktion zum ersten Mal nutzen, wird die Gültigkeit Ihrer Office-Lizenz geprüft.

3.2 Designs

Mit der Auswahl eines Designs werden Hintergrundgestaltung, Farbpalette, Schriftarten und Grafikgestaltung komplett zugewiesen.

Entwurf ▸ *Designs* ▸ (gewünschtes Design anklicken)
Entwurf ▸ *Designs* ▸ Nach Designs suchen ▸ (Dateiauswahl)

Zugewiesene Designs lassen sich mit den Befehlen Farben, Schriftarten und Effekte neben der Design-Auswahl individuell verändern (siehe folgende Abschnitte *Farben, Schriftarten* und *Effekte*).

Die 20 Vorgabedesigns sind durchgängig mit den in Abbildung 3.1 gezeigten Namen versehen. Sie finden diese Namen in der Funktionsleiste Entwurf, Bereich *Designs* sowohl in

Kapitel 3
Layout und Design

- der DESIGN-Auswahl als auch in
- der Palettenauswahl FARBEN, ergänzt um eine Palette *Graustufen*,
- der Auswahl SCHRIFTARTEN (mit *Larissa* in vier Varianten) und
- der EFFEKTE-Auswahl (= Gestaltung der grafischen Elemente).

Die Namensgleichheit soll signalisieren, dass Palette, Schriftarten-Zusammenstellung und Grafik-Effekte gleichen Namens harmonieren und den Einstellungen des gleichnamigen Designs entsprechen.

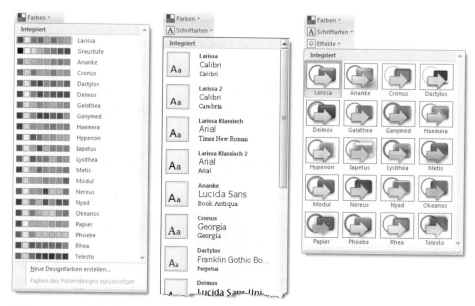

Abb. 3.1: Die globalen Design-Effekte

> **Wichtig**
>
> Designs sind den Änderungen mit FARBEN, SCHRIFTARTEN und EFFEKTE übergeordnet; sobald Sie ein Design zuweisen, werden zuvor durch FARBEN, SCHRIFTARTEN oder EFFEKTE getroffene Änderungen »übergebügelt«.
>
> Jedoch bleiben in Folien mit den Format-Werkzeugen vorgenommene individuelle Änderungen davon unbeeinflusst! Diese müssen ausdrücklich mit
>
> START ▸ *Folien* ZURÜCKSETZEN
>
> wieder dem Design angepasst werden.

3.2.1 Farben ändern

Jedes Design verfügt über eine Standardpalette von zwölf Farben mit Zuordnung zu bestimmten Folienelementen, das heißt, diese Farben dienen als Standardfarben beim Anlegen eines neuen Textes, einer Form, eines Diagramms etc. Nachträglich können die

Farben der Elemente mit den Farbauswahlen der Format-Werkzeuge verändert werden (siehe Folgekapitel); die Farbpalette ist auch in diesen Auswahlen als Basis für Abtönungen wiederzufinden. Für die zügige Arbeit mit PowerPoint und im Sinne eines einheitlichen Erscheinungsbildes ist allerdings zu raten, eine auf das Design abgestimmte Palette beizubehalten.

Die konkrete Zuordnung von Farben zu Folienelementen erfahren Sie, wenn Sie den Befehl NEUE DESIGNFARBEN ERSTELLEN am unteren Ende der Auswahl anklicken.

Farbpalette ändern oder neu anlegen

ENTWURF ▸ *Designs* FARBEN ▸ NEUE DESIGNFARBEN ERSTELLEN

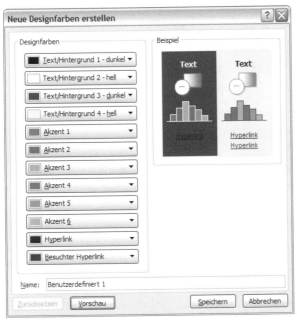

Abb. 3.2: Die Zuordnung der Designfarben

> **Wichtig**
>
> Achten Sie bei der Farbgestaltung darauf, dass der Vordergrund genügend mit dem Hintergrund kontrastiert. Als Hintergrund sollten Sie keine grellen Farben verwenden, sondern gedeckte, ruhige Töne.

> **Vorsicht**
>
> Vermeiden Sie auf jeden Fall die Kombination von roten und grünen Tönen, denn diese beiden Farben können von Menschen mit Farbsehschwäche meist nicht unterschieden werden. Die Kontraste der Farben lassen sich mit ANSICHT ▸ *Farbe/Graustufe* GRAUSTUFE kontrollieren.

3.2.2 Schriftarten

Hier werden die Standardschriften der Platzhalter für Folientitel und Folieninhalte festgelegt. Die obere Schriftart steht für die Folientitel, die untere für alle anderen Platzhalter sowie für grafische Folienelemente und Textfelder, in Titelfolien für den Untertitel.

Vorgabe-Schriftarten ändern oder neu anlegen

ENTWURF ▸ *Designs* SCHRIFTARTEN ▸ NEUE DESIGNSCHRIFTARTEN ERSTELLEN

Abb. 3.3: Vorgabeschriften ändern

3.2.3 Effekte

Die Effekte bezeichnen die farbliche und plastische Gestaltung der Formen. Die Unterschiede sind teilweise nur beim genauen Hinsehen zu erkennen! Bei den Effekten besteht keine Möglichkeit, individuelle Vorgaben zu erstellen.

Die Symbole in der Effekte-Auswahl sind nicht sehr aussagekräftig, am besten erkennen Sie die Auswirkungen durch die Livevorschau.

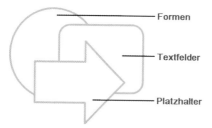

Abb. 3.4: Unglücklich visualisiert: die Zuordnung der Symbole zur Effektvorschau

3.3 Folienformat

Beim Start von PowerPoint bzw. beim Erstellen einer neuen Präsentation ist ein Querformat mit dem Namen »Bildschirmpräsentation« voreingestellt. Dieses Format mit einem Seitenverhältnis 4:3 entspricht den üblichen Bildschirm- und Beamer-Aspekten. In einer Auswahlliste finden Sie weitere Folienformate, u. a. auch eines für das 16:9-Monitorformat. Beachten Sie bitte, dass aktuell nur sehr wenige Beamer dieses Format besitzen!

Das Standardformat »Bildschirmpräsentation« mit 25,4 x 19,05 cm (= 10" x 7,5" = Seitenabmessungen eines 12,5-Zoll-Monitors) ist immer eine gute Wahl, denn es kann von jedem Monitor und Beamer wiedergegeben werden und passt im Ausdruck auch auf eine A4-Seite.

Wenn Sie andere Formate, z. B. für die Druckausgabe, benötigen, können Sie unter verschiedenen anderen Formaten wählen.

ENTWURF ▸ *Seite einrichten* SEITE EINRICHTEN

Sofern das gewünschte Format nicht dabei ist, stellen Sie die benötigten Maße unter BENUTZERDEFINIERT ein.

Nur ein Folienformat!

Einer Präsentation kann nur ein einziges Format zugewiesen werden. Es ist nicht möglich, einzelnen Folien ein anderes Format zuzuweisen. Auch das häufig nachgefragte Drehen der Ausrichtung quer oder hochkant ist nicht möglich, aber entbehrlich, denn bei der Ausgabe auf Monitor oder Beamer wird ein Hochformat auf die Höhe des Querformats gestaucht – nicht anders, als würden Sie ein hochformatiges Bild manuell in eine querformatige Folie einpassen.

Hinweis

Die Option 35-MM-DIAS benötigt zur Ausgabe ein entsprechendes Belichtungsgerät; es ist nicht möglich, damit Diastreifen auf OHP-Folien zu drucken.

Vorsicht

Wenn Sie nachträglich das Format einer Präsentation verändern und dabei ein anderes Seitenverhältnis wählen, werden alle Folieninhalte verzerrt!

Posterdruck

Für Großformatdrucker ist es nicht erforderlich, ein entsprechend großes Format vorzugeben. Die Treiber dieser Drucker vergrößern die Folien selbsttätig. Der dabei entstehende Qualitätsverlust kann vernachlässigt werden, denn Poster werden auf Entfernung betrachtet.

3.4 Folienlayout

Folienlayouts sind vorgefertigte Aufteilungen einer Folie in Bereiche für Text, Grafik, Diagramme etc.

Abb. 3.5: Inhaltslayout-Symbol (links) und Aktivierungs-Schaltflächen in den Platzhaltern

Folienlayouts wählen Sie in der illustrierten Liste aus, die nach Anklicken von

START ▸ *Folien* FOLIE HINZUFÜGEN (untere Hälfte der Schaltfläche)

erscheint. Es gibt in der Grundeinstellung folgende Arten von Layouts:

- mit Textplatzhaltern (nur leere Rahmen im Symbol),
- mit Inhaltsplatzhaltern, wobei der Inhalt durchaus auch Text sein darf (Rahmen mit Icons),
- mit sowohl Text- als auch Inhaltsplatzhaltern (leere Rahmen und Icons),
- mit Text- und Bild-Platzhalter (Symbol).

Ob ein Inhaltsplatzhalter für Text oder andere Inhalte verwendet wird, entscheiden Sie nach dem Erscheinen der Folie. Geben Sie im Platzhalter sofort Text ein, verschwinden die Auswahl-Icons für andere Inhalte. Wollen Sie einen anderen Inhalt als Text eingeben, wählen Sie die Inhaltsart durch Anklicken des Icons in der Kombi-Schaltfläche.

Platzhalter umwandeln

Haben Sie in einen Platzhalter Text eingetragen, ist er als Objekt-Platzhalter nicht mehr geeignet – aber nicht endgültig. Löschen Sie den Text im Platzhalter vollständig und drücken Sie [ESC], dann taucht das Inhaltssymbol wieder auf.

Sie sind nicht auf die Vorgaben der Platzhalter in den vorgegebenen Folienlayouts angewiesen; die Lage und Größe der Platzhalter lässt sich mit Hilfe der Anfasser frei verändern und sofern keine der Zusammenstellungen Ihren Wünschen entspricht, können Sie die beiden neutralen Layouts LEERE FOLIE oder NUR TITEL verwenden und die Folienstruktur aus Textfeldern, Grafiken und anderen Objekten selbst zusammenbauen.

Folienlayout wechseln

Sie können nachträglich ein anderes Folienlayout zuweisen:

START ▸ *Folien* LAYOUT

Die erste Folie sollte immer eine Titelfolie sein, weil sie dem Publikum vermittelt, welches Thema nun behandelt werden soll.

Folien reformatieren

Haben Sie Formatierungen von Text, Farbe, Aufzählungszeichen etc. in einzelnen Folien manuell verändert, wollen aber alles wieder in den ursprünglichen Zustand zurückversetzen, gibt es einen schnellen Weg.

START ▸ *Folien* ZURÜCKSETZEN

Sie können die Befehle zum Wechseln oder Zurücksetzen des Layouts auf mehrere Folien zugleich anwenden, wenn diese zuvor in der Foliensortierung oder der Übersichtsleiste gemeinsam markiert wurden.

3.5 Folienhintergrund

Ein weißer Folienhintergrund wirkt langweilig, deshalb ist eine Farbgestaltung immer empfehlenswert. Da eine Präsentation ein einheitliches Bild bieten soll, werden Folienhintergründe zentral im *Master* der Präsentation festgelegt und für alle Folien übernommen. Die Gestaltung der Hintergründe ist deshalb in Abschnitt 3.6.1 bei den Funktionen zur Gestaltung der Folienmaster ausführlich beschrieben. Hier an dieser Stelle finden Sie lediglich Hinweise, mit denen Sie im Bedarfsfall »am Master vorbei« die Hintergrundgestaltung einzelner Folien verändern können.

3.5.1 Hintergrund ändern

ENTWURF ▸ *Hintergrund* HINTERGRUNDFORMATE

PowerPoint bietet Ihnen zunächst drei Hintergrundvarianten in vier Farben, vollflächig und in zwei Varianten verlaufend, abgeleitet vom Design der Präsentation an.

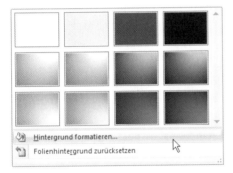

Abb. 3.6: Erste Auswahl für die meistbenutzten Hintergrundfüllungen

Mehr Gestaltungsspielraum erhalten Sie, wenn Sie den Befehl HINTERGRUND FORMATIEREN darunter aufrufen oder gleich im Bereichsregister auf klicken. Sie gelangen in den Formatierungsdialog für den Hintergrund, dessen oberes Register FÜLLUNG die einzelnen Fülleffekte bereitstellt.

Sollten Sie mit der Hintergrundgestaltung für diese Folie nicht zufrieden sein, passen Sie den Hintergrund mit der Funktion

ENTWURF ▸ *Hintergrund* HINTERGRUNDFORMATE ▸ FOLIENHINTERGRUND ZURÜCKSETZEN

wieder dem Standard des gewählten Designs an.

Objekte des Folienmasters ausblenden

In die Masterfolie eingebundene Grafiken oder andere Objekte lassen sich aus einzelnen Folien einer Präsentation auch wieder ausblenden.

ENTWURF ▸ HINTERGRUND ▸ Option HINTERGRUNDGRAFIKEN AUSBLENDEN einschalten

Damit werden *alle* Elemente des Folienmasters oder Layouts ausgeblendet, die *nicht* Platzhalter sind, also auch Textfelder! Diese Option hat eine Entsprechung im Format-Dialog für die Hintergrundgestaltung.

Abb. 3.7: Korrespondierende Option für Hintergrundgrafiken aus dem Design

3.5.2 Keine Angst vor schwarzem Hintergrund

Viel zu selten sieht man Präsentationen, bei denen der Hintergrund schlicht glattschwarz ist. Sicher, für gedruckte Präsentationen ist das wirklich keine gute Wahl, aber bedenken Sie bitte, dass Schwarz für eine projizierte Präsentation das ist, was Weiß für die gedruckte Form darstellt: Nichts!

- Weiße Flächen sind Flächen, an denen der Drucker nichts druckt.
- Schwarze Flächen sind Flächen, an denen der Projektor nichts projiziert.

Eine projizierte Folie mit schwarzem Hintergrund hat keinen Hintergrund, die Folienelemente allein werden auf die Wand gestrahlt.

Denken Sie bei der Planung Ihrer nächsten Präsentation mal darüber nach.

Objekt	**Darstellungsfehler**	**Abhilfe**
WordArt	Tiefenfarbe wird schwarz	keine
Diagramme	weißer Text bleibt weiß	andere Textfarbe als weiß verwenden
	Datenpunkte bleiben ohne Füllung	Linienfarbe ändern
importierte Vektorgrafik und ClipArt	werden in Grauwerten gedruckt, wodurch davor stehender Text unlesbar werden kann	in PowerPoint-Grafik umwandeln (siehe Kap. 12)
Formen mit 3D-Effekten		Textfarbe ändern, Textschatten zuweisen
Fotos		
Aufzählungszeichen	werden in Grauwerten gedruckt	kein Problem

Tabelle 3.1: Darstellungsfehler beim Druckmodus »Reines Schwarzweiß«

Wollen Sie von einer Präsentation mit schwarzem (oder andersfarbig dunklem) Hintergrund Ausdrucke für Dokumentationen erzeugen, gerät das nicht zu einer Tonerschlacht, wenn Sie im Druckdialog bei FARBE UND GRAUSTUFE die Option REINES SCHWARZWEISS wählen. In diesem Druckmodus bleiben Hintergrund und Flächenfüllungen weiß, während Schrift und Konturen schwarz gedruckt werden. Leider funktioniert dieser Druck-Trick nur mit Text und internen Formen korrekt, nicht mit den in Tabelle 3.1 genannten Objekten. Wenn Sie also problematische Objekte in Ihrer Präsentation haben, müssen Sie tricksen.

Weitere Details zum Graustufen- und Schwarzweiß-Druckmodus finden Sie in Kapitel 28.

3.5.3 Hintergrundbild aus einer Präsentation extrahieren

 HINTERGRUND SPEICHERN

Diese Kontextfunktion ist nur verfügbar, wenn der Hintergrund ein Bild enthält; Farbverläufe lassen sich damit nicht abspeichern. Falls Sie so etwas benötigen, verwenden Sie ein folienfüllendes Rechteck mit Farbverlauf und exportieren es mit

 ALS GRAFIK SPEICHERN

In beiden Fällen haben Sie im darauf folgenden Speichern-Dialog die Auswahl zwischen diversen Grafikformaten; zu empfehlen sind

- JPEG, wenn es sich um ein Foto handelt,
- PNG, wenn es sich um eine Grafik handelt,
- EMF oder WMF, wenn die Export-Datei in einem Vektorprogramm weiterbearbeitet werden soll,
- TIFF, wenn das Bild für eine professionelle Druckvorlage verwendet werden soll.

Warum exportieren, wenn die Grafikdatei doch schon vorliegt?

Sie können auch per Windows-Explorer in Ihre Präsentationsdatei eingreifen, das neue XML-Speicherformat von Office 2007 macht's möglich. Benennen Sie die Dateiendung von .PPTX in .ZIP um. (Keine Sorge, das können Sie jederzeit wieder revidieren; ignorieren Sie also die Warnung von Windows getrost!) Das Dateiicon ändert sich in jenes eines Archivordners , den Sie per Doppelklick öffnen können. Darin finden Sie neben einigen weiteren Dateien einen Unterordner »ppt« und darin einen weiteren »media«, in dem PowerPoint alle in der Präsentation benötigten Bild- und Multimediadateien verwahrt.

Abb. 3.8: PowerPoints Schatzkästlein

3.6 Folien kreativ

3.6.1 Folienmaster

Was für Word-Dokumente die Formatvorlagen, sind für PowerPoint-Präsentationen die Folienmaster. Statt jeder Folie separat Layout (Hintergrund plus Platzhalter), Schrift (Schriftart, -größe), Farben (für Schrift und Objekte), Grafiken (z. B. Logos, Diagramme) zuzuweisen, lassen sich generelle Einstellungen vornehmen, um Ihrer Präsentation ohne großen Aufwand ein einheitliches Gesicht zu geben.

Folienmaster anzeigen

ANSICHT ▸ *Präsentationsansichten* FOLIENMASTER

> **Wichtig**
>
> In der Masteransicht stehen Ihnen die üblichen Funktionsleisten weiterhin zur Verfügung; links von START wird ein zusätzliches Register FOLIENMASTER vorangestellt. Die weiteren Funktionsleisten haben in der Masteransicht zum Teil andere, speziell auf Folienmaster bezogene Funktionen!

In der Masteransicht finden Sie links eine Übersicht der Folienlayouts, oben darüber etwas größer der eigentliche Folienmaster. Die Formatierung des Folienmasters wirkt sich auf alle an ihm hängenden Layouts aus; Sie können aber jedes einzelne Layout von Hand abweichend vom Master formatieren, wenn dies notwendig sein sollte.

Im Arbeitsbereich sehen Sie das in der Übersicht markierte Layout oder den Master mit Platzhaltern für Formatierungen.

Master	Folienhintergrund, Gestaltung von Schrift und Aufzählungszeichen, Logos, Verwaltungsangaben für alle Layouts und Folien
Layout	Menge, Art, Größe und Anordnung der Platzhalter

Tabelle 3.2: Zuständigkeiten von Master und Layout

Die Masteransicht ähnelt der eines noch unausgefüllten Folienlayouts. Allerdings stehen die Platzhalter hier nicht für Inhalte, sondern

- für Formatierungen und
- für die Führungstexte, die in den Platzhaltern einer neuen Folie erscheinen.

So wie Sie die Masterfolie formatieren, werden alle Folien und die Texte in Platzhaltern formatiert.

Abb. 3.9: Masterbearbeitung

Masteransicht verlassen

Um zur Folienbearbeitung zurückzukehren, stehen wieder vielfältige Wege bereit:

FOLIENMASTER ▸ *Schließen* MASTERANSICHT SCHLIESSEN

3.6.2 Multimaster

PowerPoint bietet die Möglichkeit, mehrere Designs innerhalb einer Präsentation zu verwenden.

Design innerhalb der Präsentation wechseln

ENTWURF ▸ *Designs* ▸ (im Kontextmenü Anwendungsumfang wählen)

Abb. 3.10: Designwechsel innerhalb der Präsentation

Kapitel 3
Layout und Design

> **Wichtig**
>
> Das funktioniert nur mit den integrierten Designs, nicht mit aus Dateien zu übernehmenden per NACH DESIGNS SUCHEN! Diese lassen sich nur für die komplette Präsentation übernehmen.

Workaround zur Übernahme mehrerer Designs aus anderen Präsentationen

1. Wechseln Sie in die Foliensortierung und markieren Sie die Folien, denen ein anderes Design zugewiesen werden soll.
2. START ▸ *Folien* NEUE FOLIE ▸ FOLIEN WIEDERVERWENDEN
3. (im Aufgabenbereich FOLIEN WIEDERVERWENDEN) DURCHSUCHEN ▸ DATEI DURCHSUCHEN
4. Wählen Sie die Datei mit dem gewünschten Design aus.
5. auf Folie im Aufgabenbereich FOLIEN WIEDERVERWENDEN ▸ DESIGN FÜR AUSGEWÄHLTE FOLIEN ÜBERNEHMEN

> **Wichtig**
>
> Mit jeder Übernahme eines zusätzlichen Designs wird ein weiterer Master angelegt.

> **Tipp**
>
> Verwenden Sie nicht zu viele unterschiedliche Designs innerhalb einer Präsentation; das wirkt zu unruhig. Bei längeren Präsentationen hat sich bewährt, »kapitelweise« mit unterschiedlichen Designs zu arbeiten.

Weitere Folienmaster erzeugen

Sie können innerhalb einer Präsentation mehrere Master anlegen und diese einzelnen Folien oder -gruppen zuweisen.

FOLIENMASTER ▸ *Master bearbeiten* FOLIENMASTER EINFÜGEN

 (in der Übersichtsleiste) EINFÜGEN ▸ NEUER FOLIENMASTER

 [Strg]+[M]

Der so erzeugte neue Master ist unformatiert. Wollen Sie einen Master auf der Basis eines anderen Designs anlegen, wechseln Sie anschließend das Design oder Sie legen den neuen Master gleich auf nahezu demselben Weg mit neuem Design an:

1. FOLIENMASTER ▸ *Design bearbeiten* DESIGNS (Auswahl)
2. a) Linksklick übernimmt das Design für den aktuellen Master.

   b) Rechtsklick erlaubt Neuanlegen eines Masters auf der Basis dieses Designs.

3.6
Folien kreativ

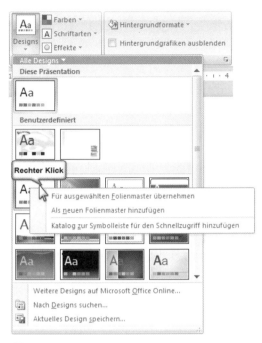

Abb. 3.11: Master um Designs erweitern

Master duplizieren

Ein dritter Weg zum neuen Master führt über das Duplizieren und Abwandeln eines vorhandenen Masters:

START ▸ *Folien* NEUE FOLIE ▸ DOPPELT AUSGEWÄHLTE FOLIEN (gemeint ist: Folie duplizieren)

 EINFÜGEN ▸ FOLIENMASTER DUPLIZIEREN

 DRAG&DROP IN DER ÜBERSICHTSLEISTE BEI GEDRÜCKTER Strg-Taste

So können Sie auf einem vorhandenen Master aufbauend ähnliche erstellen, ohne die ganze Prozedur der Gestaltung von vorn zu beginnen.

Nicht benötigte Master entfernen

Nicht benötigte Master können Sie von Hand löschen.

FOLIENMASTER ▸ *Master Bearbeiten* LÖSCHEN

 MASTER LÖSCHEN (in der Übersichtsleiste)

 Entf (in der Übersichtsleiste)

> **Vorsicht**
>
> PowerPoint verwaltet die Master automatisch und löscht nicht zugewiesene Master beim Schließen der Datei aus der Sammlung!

Sie können Master gegen automatisches Löschen schützen:

FOLIENMASTER ▸ *Master bearbeiten* BEIBEHALTEN

 in der Übersichtsleiste: MASTER BEIBEHALTEN

Die so gesicherten Master werden in der Übersicht mit einer Pinnnadel gekennzeichnet.

3.6.3 Hintergrund im Master formatieren

Als Hintergrundfarben für Folien eignen sich am besten Dunkelblau, Beige und zarte Grautöne. Knallige Farben an die Wand projiziert sind nervtötend. Häufig werden Farbverläufe von Nachtblau nach Königsblau oder von Blau nach Hellgrau verwendet, die sehr angenehm wirken.

Hintergrundfarbe ändern

FOLIENMASTER ▸ HINTERGRUND ▸ HINTERGRUNDFORMATE

PowerPoint bietet Ihnen zunächst drei Hintergrundvarianten in vier Farben, vollflächig und in zwei Varianten verlaufend, abgeleitet vom Design der Präsentation an.

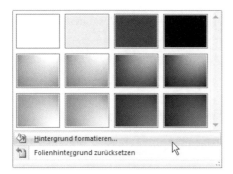

Abb. 3.12: Erste Auswahl für die meistbenutzten Hintergrundfüllungen

Mehr Gestaltungsspielraum erhalten Sie, wenn Sie den Befehl HINTERGRUND FORMATIEREN darunter aufrufen. Sie gelangen in den Formatierungsdialog für den Hintergrund, dessen oberes Register FÜLLUNG die einzelnen Fülleffekte bereitstellt.

Ein glatter, durchgängig gefärbter Hintergrund ist nicht unbedingt empfehlenswert, weil er langweilig anmuten kann.

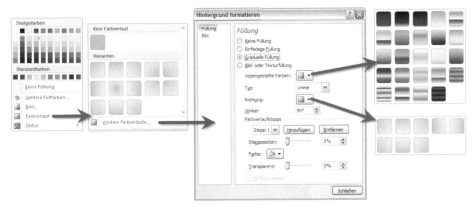

Abb. 3.13: Farbverlauf für den Hintergrund

Graduelle Füllung

Hier lassen sich unterschiedliche Farbverläufe erzeugen.

1. Wählen Sie in VOREINGESTELLTE FARBEN einen Farbverlauf aus. Von diesen Verläufen sind allerdings nur wenige als Hintergrund für seriöse Präsentationsfolien geeignet, deshalb sollten Sie sie nacharbeiten:
2. Bestimmen Sie mit TYP die Verlaufsform.
3. Bestimmen Sie ggf. mit RICHTUNG den Winkel des Verlaufs.
4. Nun das Wichtigste: Mildern Sie zu krasse Farbunterschiede im Verlauf, indem Sie die Farben an den Stoppstellen ändern. Dazu wählen Sie nacheinander die Stoppstellen über ▼ und klicken Sie anschließend auf ▼ in ⬛ ▼ darunter. Wählen Sie eine besser zum Verlauf passende Farbe und wechseln Sie zur nächsten Stoppstelle.
5. Löschen Sie ggf. nicht benötigte Stoppstellen mit ENTFERNEN.

Sie können selbstverständlich auch ohne Vorlage eigene Verläufe erstellen, indem Sie direkt mit dem Einfärben von Stoppstellen beginnen. Standardmäßig sind drei Stopps angelegt, die Sie mittels HINZUFÜGEN erweitern können.

Die Abstufungen der Designfarben machen es Ihnen leicht, saubere Ton-in-Ton-Verläufe zu definieren.

Eine Sonderstellung nimmt die Verlaufsform »Schattierung des Titels« ein. Sie orientiert sich am Platzhalter des Folientitels und nimmt dessen Rahmen als Verlaufsmitte.

Die Verlaufsform »Pfad« ist für die Hintergrundgestaltung identisch mit »Rechteckig«, jedoch ohne deren Varianten, sondern nur auf den Folienmittelpunkt fokussiert.

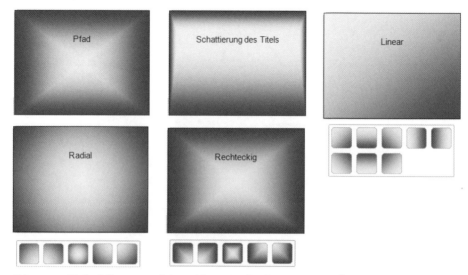

Abb. 3.14: Verlaufsformen und deren Varianten für den Hintergrund

Bild- und Texturfüllung

FOLIENMASTER ▸ HINTERGRUND ▸ HINTERGRUNDFORMATE ▸ HINTERGRUND FORMATIEREN ▸ Register FÜLLUNG ▸ Option BILD- ODER TEXTURFÜLLUNG ▸ EINFÜGEN AUS: oder TEXTUR

Zu den Unterschieden der einzufügenden Grafiktypen und -wege sei auf Kapitel 17 verwiesen. Beim Klick auf DATEI oder CLIPART öffnen sich Auswahldialoge, aus denen Sie das gewünschte Hintergrundmotiv aussuchen können.

Den Unterschied zwischen Bild- und Texturfüllung macht die Option BILD NEBENEINANDER ALS TEXTUR anordnen aus:

- Ist sie **inaktiv**, wird das Bild auf Foliengröße gestreckt. Mit den DEHNUNGSOPTIONEN lässt sich das Seitenverhältnis wiederherstellen und die Position der Grafik auf der Folie bestimmen. Wählen Sie in diesem Fall unbedingt eine Bildgröße, die die Foliengröße überragt, um Ränder zu vermeiden! (Es ist natürlich immer besser, wenn das Seitenverhältnis des Hintergrundbildes gleich dem der Folie entspricht. Empfehlung: Richten Sie das Bild extern mit einem Bildbearbeitungsprogramm passend zu, bevor Sie es einfügen.)

- Ist sie **aktiv**, wird ein eingefügtes Bild in Originalgröße eingefügt und so oft dupliziert, dass es die Folie *kachelnd* füllt. Die KACHELOPTIONEN dienen dazu, das Bild in der Größe zu beeinflussen, zu spiegeln und den Startpunkt für die erste Kachel zu setzen.

Eigene Texturen

Texturen wirken nur gut, wenn ihre Ränder aufeinander abgestimmt sind, das heißt, sie müssen so gestaltet sein, dass rechte und linke rsp. obere und untere Kanten *nahtlos* zueinander passen.

Die Einstellungen zum SPIEGELUNGSTYP erlauben es Ihnen, für Texturen an sich ungeeignete, weil nicht sauber ineinander übergehende Bilder zu verwenden:

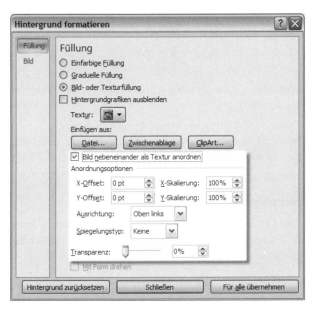

Abb. 3.15: Einstellungen für eigene Texturen

Farbintensität ändern

Bedenken Sie bei Fotos und Bildern, dass die Details und Farben den Text Ihrer Folien nicht erdrücken dürfen. Mit dem Schieberegler TRANSPARENZ oder mit den Einstellungen des Registers BILD lässt sich das Hintergrundbild aufhellen.

Abb. 3.16: Hintergrundbild aufhellen

3.6.4 Grafische Elemente und Texte im Master

Die Formatierungen der Platzhalter im Master sind ausschließlich Textformatierungen, wie sie ausführlich im Teil II beschrieben werden.

Zusätzlich zum Festlegen der Formatierungen lassen sich in Masterfolien auch Inhalte unterbringen, die in allen Folien gezeigt werden, zum Beispiel Logos.

EINFÜGEN ▸ *Illustrationen* GRAFIK oder CLIPART

- Haben Sie GRAFIK gewählt, öffnet sich eine Dateiauswahl, aus der Sie die Grafikdatei auswählen können.
- Haben Sie CLIPART gewählt, erscheint der Aufgabenbereich ClipArt, aus dem Sie eine Grafik auswählen können.

Zur weiteren Bearbeitung der eingefügten Grafik sei auf die ausführlichen Erläuterungen in Teil IV verwiesen.

Wollen Sie einen durchgängigen Text auf allen Folien zeigen, so bietet sich dazu der Fußzeilen-Platzhalter (siehe nächster Abschnitt) an. Alternativ können Sie auch ein Textfeld oder einen beliebigen anderen Textcontainer (siehe Teil II) auf der Masterfolie anlegen, der dann auf allen Folien wiederholt wird.

Foliennummern und weitere Verwaltungsdaten

Die Master enthalten am unteren Rand Platzhalter für Verwaltungsangaben zu Ihrer Präsentation. Davon ist eigentlich nur die Foliennummer sinnvoll, weil Sie damit Ihre gedruckte Präsentation leichter sortieren können.

Tipp

Wenn Sie die Foliennummer in Hintergrundfarbe formatieren, erscheint sie nur auf Schwarzweiß-Ausdrucken und stört nicht während der Präsentation. Weitere Angaben wie das Datum und Uhrzeit der Bearbeitung bringen meist nicht viel und verwirren nur Ihr Auditorium.

Hinweis

In die Rubrik überflüssiger Informationen gehört auch die immer wieder nachgefragte Funktion einer Dateipfad-Angabe in der Folie. Auch so etwas enthält keine für die Zielgruppe einer Präsentation interessante Information und deshalb gibt es dafür auch keine Funktion in PowerPoint. Das häufig benutzte Argument, solche Angaben würden für die Bearbeitungsphase einer Präsentation im Team benötigt, zieht angesichts der Funktionen zur Zusammenarbeit (Kapitel 43) auch nicht.

Foliennummerierung nicht bei 1 beginnen

Voreingestellt beginnt PowerPoint die Folienzählung mit 1. Da in manchen Fällen die Titelfolie nicht mitgezählt werden soll, lässt sich der Zählerbeginn verändern.

FOLIENMASTER ▸ *Seite einrichten* SEITE EINRICHTEN ▸ NUMMERIERUNG BEGINNT BEI: ...
oder
ENTWURF ▸ *Seite einrichten* SEITE EINRICHTEN ▸ NUMMERIERUNG BEGINNT BEI: ...

Hinweis

Es gibt nur *eine* durchgängige Folienzählung, beginnend beim Startwert und mit jeder folgenden Folie um 1 inkrementiert. Die Reihenfolge in der Übersichtsleiste/Foliensortierung gibt die Reihenfolge der Foliennummern vor. Ausgeblendete Folien werden mitgezählt.

Masterdaten organisieren

Die Möglichkeiten, in den Fußzeilenbereich etwas einzutragen, sind etwas eigenartig organisiert.

EINFÜGEN ▸ *Text* KOPF- UND FUSSZEILE oder
EINFÜGEN ▸ *Text* DATUM UND UHRZEIT oder
EINFÜGEN ▸ *Text* FOLIENNUMMER

In jedem Fall gelangen Sie zum selben Einstelldialog.

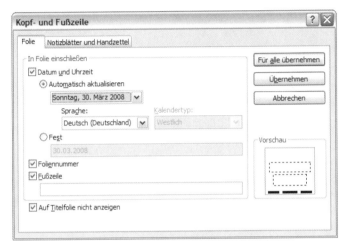

Abb. 3.17: Verwaltungsdaten auf der Folie anzeigen

Hier können Sie für die Fußzone freie Texte eintragen, die in allen Folien – wahlweise einschließlich der Titelfolie (unterste Option) – angezeigt werden.

Masterelemente deaktivieren und reaktivieren

Nicht benötigte Felder der Masterfolien lassen sich in diesem Dialog (Abbildung 3.17) gezeigten durch Wegklicken des Häkchens unterdrücken oder direkt in der Masteransicht löschen.

Wenn Sie in der Masterfolie Elemente gelöscht haben, können Sie diese nicht im Dialog Kopf- und Fußzeile wiederherstellen, sondern müssen für den Master diesen Weg gehen:

FOLIENMASTER ▸ *Masterlayout* MASTERLAYOUT

Haben Sie in einem Layout einen oder mehrere Platzhalter in der Fußzeile gelöscht, werden durch einen Klick auf

FOLIENMASTER ▸ *Masterlayout* FUSSZEILEN

alle Platzhalter der Fußzeile wieder komplettiert.

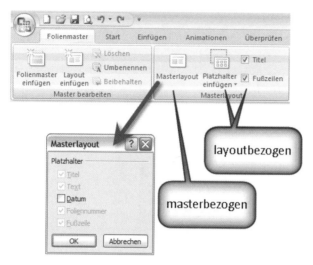

Abb. 3.18: Der Bereich *Masterlayout* organisiert die Elemente des Masters

3.6.5 Masterelemente animieren

Sie können den Elementen auf dem Folienmaster Animationen zuordnen, die für jede neu erstellte Folie übernommen werden. Das ist bei statischen Elementen wie durchgängigen Logos nicht anzuraten, wohl aber für Platzhalter, denn die Master-Animation wird auf die Inhalte der Platzhalter angewandt. Wenn Sie also alle Textfolien mit der Animation »Wischen« absatzweise von links ausstatten wollen, reicht dafür die einmalige Vorgabe im Master, auf den Einzelfolien müssen Sie sich darum nicht kümmern.

Die Master-Animation gilt allerdings auch für andere Inhalte der Platzhalter. Da für ein Säulendiagramm andere Animationsempfehlungen als für eine Textaufzählung gelten, müssen Sie entweder die Master-Animation bei anderen als Textfolien einzeln nacharbeiten oder für jeden Folientyp ein eigenes Layout mit passenden Master-Animationen anlegen (siehe nachfolgenden Abschnitt).

Zum einzelnen Nacharbeiten auf der Folie müssen Sie zunächst aus der vom Master übernommenen Animation eine folieninterne machen:

 im Aufgabenbereich BENUTZERDEFINIERTE ANIMATION Rechtsklick auf die Animation ▸ EFFEKTE AUF FOLIE KOPIEREN

Abb. 3.19: Animation aus Master auf Folie separat ändern

Zu den Details der Animationen sei auf Teil V verwiesen, speziell auf Kapitel 29 mit spezifischen Erläuterungen zu den Animationen der jeweiligen Folienelemente.

3.6.6 Folienlayouts verändern und eigene Folienlayouts erzeugen

Mit Version 2007 ist es erstmals möglich, auch eigene Folienlayouts zu gestalten. Dazu müssen Sie zunächst in die Folienmaster-Ansicht mit eigener Funktionsleiste wechseln.

Neue Layoutbasis erzeugen

ANSICHT ▸ FOLIENMASTER ▸ *Master bearbeiten* LAYOUT EINFÜGEN

 in der Übersichtsleiste: LAYOUT EINFÜGEN

Layoutbasis aus vorhandenem Layout erzeugen

 in der Übersichtsleiste des Folienmaster-Fensters: LAYOUT DUPLIZIEREN

Im erstgenannten Fall erhalten Sie ein fast leeres Layout mit einem Titel-Platzhalter und den Verwaltungsdaten in der Fußzeile. Im zweiten Fall wird ein Duplikat des markierten Layouts erzeugt, damit Sie auf dieser Basis eine Layout-Variante erstellen.

Sodann wählen Sie via

FOLIENMASTER ▸ *Master bearbeiten* PLATZHALTER EINFÜGEN

einen Platzhaltertyp aus und formatieren ihn in Ihrer Layout-Folie.

Sie können auch die Führungstexte »Text durch Klicken hinzufügen« etc. durch eigene, zielführendere Texte ersetzen.

Vergessen Sie nicht, dem so erzeugten Layout einen »sprechenden« Namen zu geben, unter dem es in der Liste beim Aufruf von NEUE FOLIE angezeigt wird.

Abb. 3.20: Mögliche Platzhalter für selbst gestaltete Folienlayouts

3.6.7 Eigene Designs und Vorlagen erstellen

Jede PowerPoint-Präsentation ist als Vorlage geeignet, soi sie denn mindestens einen Master enthält. *Master* und *Design* sind quasi synonym, jeder Master einer Präsentationsvorlage wird als Design in die Designauswahl der Funktionsleiste ENTWURF eingestellt.

Wollen Sie also ein eigenes Präsentationsdesign erstellen, gestalten Sie den oder die Master und erzeugen mit

🗔 SPEICHERN UNTER (links) bzw. 🗔 SPEICHERN UNTER (rechts) ▸ ANDERE FORMATE ▸ Auswahl des Dateityps POWERPOINT-VORLAGE (*.potx, *.potm)

eine Vorlagendatei.

Damit Sie später direkten Zugriff darauf haben und nicht erst mühsam danach suchen müssen, sollten Sie Vorlagendateien an dem voreingestellten Ort speichern:

```
C:\Dokumente und Einstellungen\(Username)\Anwendungsdaten\Microsoft\
Templates
```

Selbst erstellte Designs erscheinen in der Designauswahl in der Rubrik *Benutzerdefiniert*.

Eine Sonderstellung besitzt die Präsentationsvorlage `blank.potx`. Darin sind die Grundeinstellungen für Ihre PowerPoint-Installation gespeichert. Wollen Sie bestimmte Designs und Master von vornherein für jede neu zu erstellende Präsentation vorgeben, gehen Sie wie folgt vor:

1. Erstellen Sie eine Präsentation mit Master.
2. 🗔 ▸ SPEICHERN UNTER (links)
3. Dateiname: BLANK.POTX, Dateityp: POWERPOINT-VORLAGE

Für Version 2007 muss die Endung nicht zwingend .potx lauten, so dass Sie auch auf eine alte `blank.pot` zurückgreifen können, ohne diese zu konvertieren. Existieren `blank.pot` und `blank.potx` nebeneinander, öffnet PowerPoint 2007 jene mit der Endung .potx.

Tipp

Es hat sich bewährt, bei vorgegebenem Corporate Design diese als `Blank.potx` in den zentralen Gruppenvorlagen-Ordner zu legen, damit beim Aufruf durch die Nutzer sofort das Standard-Design geladen wird.

Hinweis

Um ein Design einer anderen Präsentation zu übernehmen, muss die Vorlage keine Datei mit der Endung .pot/.potx/.potm sein, jede andere PowerPoint-Datei ist ebenfalls geeignet, ihr Design mit der Funktion NACH DESIGNS SUCHEN auszulesen. Maßgeblich ist nur, dass in der Quelldatei ein *Master* (Abschnitt 3.6.1) angelegt ist. Die Dateiendungen .pot/.potx/.potm dienen lediglich im Windows-Explorer zur Identifizierung, wenn eine Vorlagendatei doppelgeklickt wird. In diesem Fall wird die Datei nicht geöffnet, sondern PowerPoint mit einer neuen Präsentation geöffnet, die die Designvorgaben der angeklickten Datei übernimmt.

Mit oder ohne Folien übernehmen?

Designvorlagen enthalten üblicherweise nur den/die Master und keine Folien. Sind Folien in einer als Vorlage benutzten Datei enthalten, werden sie

- beim Neuanlegen einer Datei anhand der Vorlage in die neue Präsentation übernommen, jedoch
- beim Zuordnen eines Designs zu einer bestehenden Präsentation werden die Folien der Vorlage ignoriert und nur die Masterdaten übernommen.

3.6.8 Office-Themes

Mit MS Office 2007 ist eine neue Form der Designvorlagen hinzugekommen, die »Themes«. Sie sind applikationsübergreifende Designvorlagen, das heißt, sie gelten auch für Dokumente in Word und Excel (daselbst zu finden in der Funktionsleiste SEITENLAYOUT). Damit wird das Einhalten eines Corporate Designs applikationsübergreifend vereinfacht. Themes unterscheiden sich in der Benutzung als verfügbare Designs nicht von den .potx-Vorlagen, sie werden ebenso im Bereich EFFEKTE ▶ *Design* angezeigt. Sie können Themes auch selbst erstellen, indem Sie eine durchgestaltete PowerPoint-Präsentation (mit Master!) auf folgendem Weg speichern:

 SPEICHERN UNTER (links) ▶ DATEITYP: OFFICE-DESIGN (thmx)

oder

ENTWURF ▶ *Design* ▼ ▶ AKTUELLES DESIGN SPEICHERN

oder in der Masteransicht

Design bearbeiten DESIGNS ▶ AKTUELLES DESIGN SPEICHERN

Standard-Theme festlegen

1. ENTWURF ▶ *Design* ▼
2. AUF DAS GEWÜNSCHTE DESIGN ▶ ALS STANDARDDESIGN VERWENDEN

Gespeichert werden Themes in einem Unterordner \Document Themes des Vorlagenordners \Templates.

Kapitel 4

Folien und Objekte

4.1 Folienmanagement

4.1.1 Folien sortieren und duplizieren

Solange es nur darum geht, druckbare Folien herzustellen, ist deren Sortierung unerheblich. Sobald Sie aber eine wie auch immer geartete Dokumentation erstellen oder Ihre Folien direkt vom Computer aus vorführen wollen, muss selbstverständlich die Reihung der Folien in der Präsentation der Vortragsreihenfolge entsprechen.

Foliensortierungsansicht einschalten

ANSICHT ▸ *Präsentationsansichten* FOLIENSORTIERUNG

Die Ansicht FOLIENSORTIERUNG ist eine ausführlichere Darstellungsform des Registers FOLIEN in der seitlichen Übersichtsleiste. Viele der Funktionen der Foliensortierung lassen sich dort ebenso aufrufen; auch das Kontextmenü in der Foliensortierung ist mit dem der Übersichtsleiste identisch.

Sie können Folien bequem per Drag&Drop hin und her schieben und löschen, durch Ziehen mit der Maus bei gedrückter [Strg]-Taste auch duplizieren.

Mehrere Folien markieren Sie wie Dateien im Explorer, indem Sie beim Anklicken die [⇧]-Taste bzw. die [Strg]-Taste festhalten:

- [⇧] + 🖱: Folien zwischen erstem und letztem Mausklick werden markiert. (Aufeinander folgende Folien können durch Aufspannen eines Rahmens mit dem Mauszeiger markiert werden.)
- [Strg] + 🖱: Jede angeklickte Folie wird markiert.

4.1.2 Folientransfer zwischen verschiedenen Präsentationen

Über die Zwischenablage lassen sich Folien in andere Präsentationen übernehmen – auch gruppenweise, wenn sie zuvor markiert wurden.

In der Quelldatei:

1. Markieren Sie die zu kopierenden Folien in der Foliensortierung oder in der Übersichtsleiste.
2. START ▸ *Zwischenablage* KOPIEREN oder [Strg]+[C]

In der Zieldatei:

3. Setzen Sie den Cursor in der Foliensortierung oder in der Übersichtsleiste an die Position, an der die Folien eingefügt werden sollen.
4. START ▸ *Zwischenablage* EINFÜGEN (oben) oder [Strg]+[V]

> **Hinweis**
>
> Beim Kopieren kompletter Folien von einer Präsentation in eine andere wird auf die kopierten Folien das Design der empfangenden Präsentation angewandt; es kann aber mit Hilfe des beim Einfügen erscheinenden Smarttags noch verändert werden. Eventuell hat die Übernahme des Designs Auswirkungen auf die Textjustierung, deshalb sollten Sie nach solchen Austauschaktionen unbedingt alle importierten Folien in der Folienansicht kontrollieren.

Eine noch bequemere Methode, Folien zwischen verschiedenen Dateien auszutauschen:

1. START ▸ *Folien* NEUE FOLIE (unten) ▸ FOLIEN WIEDERVERWENDEN
2. Klicken Sie im Aufgabenbereich FOLIEN WIEDERVERWENDEN auf DURCHSUCHEN und navigieren Sie zum Ordner mit der Quelldatei.
3. Wählen Sie die Quelldatei aus und klicken Sie auf OK. Die Quelldatei wird geöffnet und alle Folien als Miniatur dargestellt.
4. Wenn Sie die gewünschte Folie anklicken, erscheint sie in der Zieldatei. Der Aufgabenbereich bleibt geöffnet, so dass Sie weitere Folien übernehmen können.

Mit der Option URSPRÜNGLICHE FORMATIERUNG BEIBEHALTEN am unteren Ende des Aufgabenbereichs können Sie entscheiden, ob das Layout an die empfangende Präsentation angepasst werden soll oder nicht.

4.2 Objektmanagement

An dieser Stelle gibt es einige grundsätzliche Hinweise über gemeinsame Vorgehensweisen zur Behandlung der Bestandteile einer Folie, z. B. Platzhalter, Grafiken, Diagramme etc. In den Folgekapiteln wird auf die Spezialitäten der einzelnen Arten von Folienelementen noch näher eingegangen.

4.2.1 Markieren

Sie markieren ein Objekt (Folienelement) auf der Folie, indem Sie es anklicken. Mit gedrückter [⇧]-Taste werden nacheinander angeklickte Elemente gemeinsam markiert.

> **Wichtig**
>
> Diese Logik ist anders als im Explorer und in der Foliensortierung!

Oder Sie spannen bei gedrückter linker Maustaste mit dem Mauszeiger einen Rahmen um die zu markierenden Elemente.

Eine Markierung heben Sie wieder auf, indem Sie auf eine freie Stelle der Folie oder in den grauen Rand klicken.

> **Tipp**
> Alle Elemente auf einer Folie markieren Sie am schnellsten mit [Strg]+[A].

Ist erst mal ein Element markiert, können Sie zum Wechsel der Markierung auf das »nächste« Element auch [⇥] sowie [⇧]+[⇥] zum Markieren des »vorigen« Elements verwenden. Dabei richtet sich die Reihenfolge nach der internen Sortierung, die zunächst einmal der Reihenfolge entspricht, in der Sie die Objekte angelegt haben. Änderungen der Reihenfolge sind möglich und werden in Abschnitt 4.2.7 beschrieben.

Zum gezielten Auffinden verdeckter Elemente verwenden Sie die Funktion

START ▶ *Zeichnen* ANORDNEN ▶ AUSWAHLBEREICH

und klicken im damit erscheinenden Aufgabenbereich AUSWAHL UND SICHTBARKEIT das zu markierende Element in der Liste an. (Diesen Aufgabenbereich können Sie auch in allen FORMAT-Funktionsleisten der verschiedenen *Tools* unter ANORDNEN aktivieren.)

Abb. 4.1:   Gezielte Auswahl von verdeckten Elementen

4.2.2 Verstecken

Manchmal ist es nicht erwünscht, alle Objekte auf einer Folie zu zeigen, sondern einige von ihnen sollen in einer bestimmten Präsentation »außen vor« bleiben. Zu diesem Zweck müssen Sie an der Präsentation nicht viel verändern, denn mit dem Aufgabenbereich AUSWAHL UND SICHTBARKEIT lassen sich einzelne Folienelemente unsichtbar machen. Diesem Zweck dient das Symbol 👁 rechts neben den Objektbezeichnungen. Ein Klick darauf blendet das zugehörige Objekt aus; das fehlende Auge im Symbol ☐ zeigt in der Liste die Unsichtbarkeit an. Um das Objekt wieder sichtbar zu machen, bedarf es eines erneuten Klicks auf ☐ oder auf die Schaltfläche ALLE ANZEIGEN am unteren Rand des Aufgabenbereichs.

4.2.3 Objektnamen

Beim Anlegen oder Einfügen neuer Objekte benennt PowerPoint diese mit der Art des Objekts, gefolgt von einer laufenden Nummer. Bei komplexen Folien sind diese Namen nicht sehr hilfreich, doch im Aufgabenbereich AUSWAHL UND SICHTBARKEIT können Sie diese Namen ändern. Diese Namen tauchen auch bei den Benutzerdefinierten Animationen im Regiezentrum auf, so dass Sie sich mit der Namensvergabe auch dort die Arbeit erheblich erleichtern.

> **Hinweis**
>
> Sind in der Folie gestaffelt gruppierte Objekte enthalten, so lassen sich im Aufgabenbereich AUSWAHL UND SICHTBARKEIT nur der Name der obersten Gruppenebene und die Namen der Einzelobjekte ändern, nicht jene der Untergruppen.

> **Tipp**
>
> Sie können diese Einschränkung umgehen, indem Sie bereits nach dem Gruppieren einer Untergruppe und noch vor dem Einbeziehen in eine höhere Gruppenhierarchie dieser Gruppe einen neuen Namen geben.

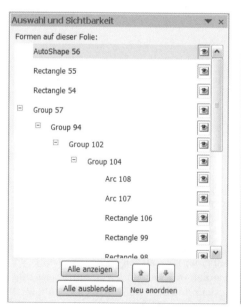 

Abb. 4.2: Für Einzelelemente und Gruppen in oberster Ebene lassen sich die Namen ändern.

4.2.4 Kopieren und verschieben

Verschieben

Per Drag&Drop oder mit den Pfeiltasten ⎡←⎤, ⎡→⎤, ⎡↑⎤, ⎡↓⎤ lassen sich markierte Folienelemente verschieben.

Wollen Sie ein Objekt in eine andere Folie verschieben, schneiden Sie es mit ⎡Strg⎤+⎡X⎤ aus und fügen es in der Zielfolie mit ⎡Strg⎤+⎡V⎤ wieder ein. Es wird in der empfangenden Folie an derselben Stelle eingefügt, an der es in der abgebenden Folie stand.

Kopieren

Verschieben Sie ein Element mit gedrückter ⎡Strg⎤-Taste, wird eine Kopie dieses Elementes angelegt. Sie können es auch mit ⎡Strg⎤+⎡D⎤ duplizieren.

Wollen Sie eine Kopie in eine andere Folie bringen, kopieren Sie das Objekt mit ⎡Strg⎤+⎡C⎤ in die Zwischenablage und fügen es in der Zielfolie mit ⎡Strg⎤+⎡V⎤ wieder ein. Es wird in der empfangenden Folie an derselben Stelle eingefügt, an der es in der abgebenden Folie stand.

> **Hinweis**
>
> Elemente jedweder Art lassen sich auch aus dem weißen Folienrahmen hinausschieben. Diese Elemente sind dann zwar im Folienfenster vorhanden, aber auf dem Ausdruck oder in der Bildschirmpräsentation nicht zu sehen. Alles wird am Folienrahmen radikal abgeschnitten.
>
> Diese Beschränkung lässt sich effektvoll nutzen, zum Beispiel um titellos gezeigten Folien einen Titel in der Gliederung zu geben oder bei Animationen.

4.2.5 Skalieren und drehen

Ist ein Element markiert (= angeklickt), wird die Markierung durch einen Rahmen deutlich gemacht:

- Ein Platzhalter, eine Form oder ein Bild wird von neun Punkten umgeben. Die acht weißen »Ziehpunkte« dienen der Größenänderung, der grüne »Drehpunkt« der Änderung des Lagewinkels.
- Handelt es sich um ein eingefügtes Objekt, sehen Sie nach dem Markieren den Objektrahmen. Seine Eck- und Randmarkierungen erfüllen dieselben Zwecke wie die Anfasser von Formen; einen Drehpunkt gibt es nicht.
- Greifen Sie mit der Maus einen der quadratischen Anfasser oder bei Objektrahmen eine der Vier-Punkte-Markierungen an den Seiten, folgt diese Seite des Elements den Bewegungen der Maus in horizontaler bzw. vertikaler Richtung.
- Greifen Sie mit der Maus einen der runden Anfasser oder bei Objektrahmen eine der Drei-Punkte-Markierungen an den Ecken, folgt diese Ecke des Elements den Bewegungen der Maus.

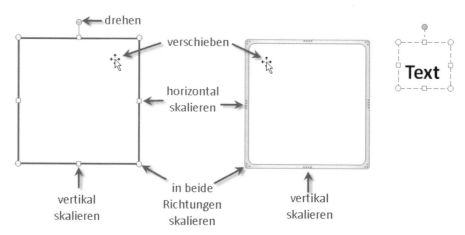

Abb. 4.3: Rahmen und Anfasser

Das Skalieren eines Elements geht üblicherweise so vonstatten, dass Bezugspunkt der dem »greifenden« Mauszeiger gegenüberliegende Punkt ist. Bei gedrückter [Strg]-Taste wird auf den Element-Mittelpunkt bezogen skaliert, das heißt, die gegenüberliegende Ecke/Seite macht die Bewegungen spiegelverkehrt mit.

Zieht man mit gedrückter [⇧]-Taste an einer Ecke, werden die Seitenverhältnisse des Elements beibehalten. So können Verzerrungen vermieden werden.

Bei importierten Grafiken ist dieses Beibehalten des Aspektverhältnisses beim Ziehen an einem Eckpunkt obligatorisch.

Achse der Drehung ist der Mittelpunkt des Elements. Wenn Sie beim Drehen [Strg] gedrückt halten, ist der dem Anfasser/Drehpunkt gegenüberliegende Anfasser Achse.

Bei gedrückter [⇧]-Taste lässt sich jedes Element nur in 15°-Schritten drehen.

Bei gedrückter [Alt]-Taste ist vom Raster unabhängiges Skalieren und Schieben möglich.

> **Vorsicht**
>
> Werden Textfelder oder Text enthaltende Felder gedreht, macht der Text diese Drehung mit. Das ist nur in PowerPoint so, in den anderen Office-Applikationen funktioniert das nicht. Im Gegenteil: Von PowerPoint nach Word übernommene Textfelder werden rigoros auf die normale waagerechte Textausrichtung zurückgesetzt.

Skalieren und drehen per Einstellungen

Neben der »freihändigen« Arbeit am Objekt lassen sich die Größen und Lagewinkel der Folienelemente auch exakt über Werteeingaben und mittels vorgegebener Standard-Funktionen beeinflussen. In den Funktionsleisten ist rechts außen ein Bereich *Größe*, in dem die Abmessungen des aktuell markierten Objekts dargestellt sind und durch direkte Eingabe verändert werden können.

4.2 Objektmanagement

Abb. 4.4: Korrekte Größen- und Positionseinstellungen

Ein Klick auf ⬚ führt zum umfassenden Dialog GRÖSSE UND POSITION, in dem auch der Lagewinkel beeinflusst werden kann.

Da es beim Drehen von Objekten meist um 90°-Winkel oder Spiegelungen (in PowerPoint zur Abgrenzung vom Effekt »Spiegelung« KIPPEN genannt) geht, gibt es in START *Zeichnung* ▸ ANORDNEN, *Bildtools* FORMAT ▸ *Anordnen* und *Zeichentools* FORMAT ▸ *Anordnen* jeweils eine Schaltfläche DREHEN, die zu den vier gebräuchlichsten Dreh- und Spiegelaktionen führt.

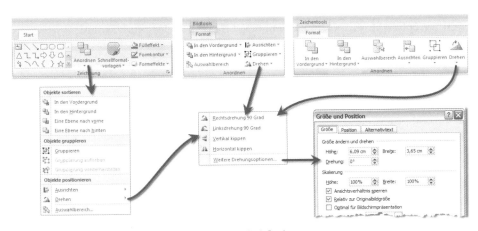

Abb. 4.5: Drehungen und Spiegelungen per Schaltflächen

4.2.6 Anordnen und ausrichten

Wenn Sie beim Platzieren oder beim Anlegen von Elementen exakt arbeiten wollen, finden Sie im Dialog RASTER UND LINIEN hilfreiche »Fangfunktionen«:

Raster anzeigen/ausblenden

ANSICHT ▸ *Einblenden/Ausblenden* GITTERNETZLINIEN

Rastereinstellungen aufrufen

START ▸ *Zeichnung* ANORDNEN ▸ RASTEREINSTELLUNGEN oder
...*Tools* FORMAT ▸ *Anordnen* AUSRICHTEN ▸ RASTEREINSTELLUNGEN

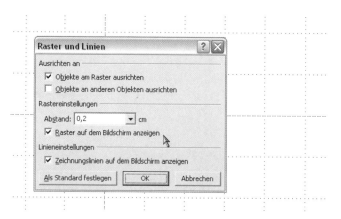

Abb. 4.6: Raster und Führungslinien einstellen

Gegenseitig orientieren

Möchten Sie, dass Ihre Folienelemente immer mit anderen Folienelementen fluchten, aktivieren Sie im Dialog RASTER UND LINIEN die Option OBJEKTE AN ANDEREN OBJEKTEN AUSRICHTEN. Sobald Sie mit einem Element in die Nähe einer der *unsichtbar über den gesamten Bildschirm verlängerten* Begrenzungslinien eines anderen Elements kommen, wird es punktgenau an dieser Linie orientiert, sobald Sie die Maustaste wieder loslassen.

Rasterorientierung

Im Hintergrund jeder PowerPoint-Folie liegt ein Orientierungs- und Fangraster, das standardmäßig zwar eingeschaltet, aber nicht sichtbar ist. Sie können Ihre Elemente nicht beliebig platzieren, sondern nur in bestimmten, wenn auch kleinen Schritten. Um das Raster anzuzeigen, aktivieren Sie im Dialog RASTER UND LINIEN die Option RASTER AUF DEM BILDSCHIRM ANZEIGEN.

Stört Sie die Fangfunktion des Rasters, können Sie sie durch Deaktivieren der Option OBJEKTE AM RASTER AUSRICHTEN abschalten.

> **Hinweis**
>
> Sie arbeiten bei abgeschalteter Rasterorientierung pixelgenau. Die Pixelgenauigkeit ist abhängig von der gewählten Ansichtsvergrößerung. Je größer Sie den Zoom einstellen, desto kleinteiliger lässt sich ein Objekt positionieren.[1]

Rasterorientierung ad hoc ausschalten

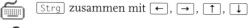

Strg zusammen mit ←, →, ↑, ↓

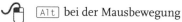

Alt bei der Mausbewegung

Hilfslinien

Die *Zeichnungslinien* sind ein mittig orientiertes Fadenkreuz, dessen Achsen Sie mit der Maus verschieben können. Eingeblendet werden sie durch Aktivieren der Option ZEICHNUNGSLINIEN AUF DEM BILDSCHIRM ANZEIGEN im Dialog RASTER UND LINIEN.

Sie dienen nicht nur Ihrer Orientierung beim Zeichnen, sondern haben ebenfalls eine Fangfunktion, die allerdings im Urzustand nicht auffällt, weil die normalen Führungslinien im Fangraster liegen.

Die Führungslinien lassen sich mit der Maus im Rasterabstand verschieben, bei gleichzeitig gedrückter [Alt]-Taste auch pixelgenau.

Benötigen Sie weitere Hilfslinien dieser Art, halten Sie beim Schieben [Strg] gedrückt. Bis zu acht Führungslinien waagerecht und senkrecht sind möglich.

Wichtig
Egal ob Zeichnungslinien und Raster angezeigt werden oder nicht, sie sind immer »magnetisch«, solange die Option OBJEKTE AM RASTER AUSRICHTEN eingeschaltet ist!

Hinweis
Raster- und Führungslinien werden nicht mitgedruckt und auch bei der Präsentation nicht angezeigt. Sie müssen sie also zu diesen Zwecken nicht abschalten.

4.2.7 Elemente-Stapel

Jedes Element auf der Folie liegt in einer eigenen **Ebene**; die Ebenen stapeln sich über dem Hintergrund (= unterste Ebene) in der Reihenfolge, in der die Elemente angelegt oder importiert wurden.

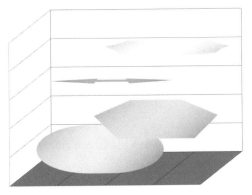 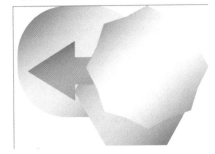

Abb. 4.7: Prinzip der Ebenen

Sie können die Ebenen innerhalb des Stapels mit den Vordergrund-/Hintergrund-Funktionen verlegen, die Sie in mehreren Funktionsleisten finden.

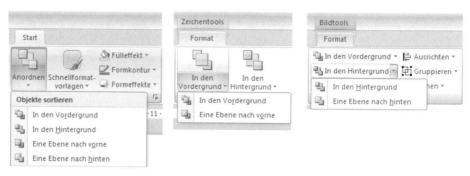

Abb. 4.8:   Erscheinungsformen der Ebenen-Verwaltung

Hinterste (= unterste), nicht antastbare Ebene ist der Hintergrund der Folie. Der Befehl IN DEN HINTERGRUND bewirkt, dass das Element in die unterste Ebene *über dem Hintergrund* gestellt wird. EINE EBENE NACH VORNE und EINE EBENE NACH HINTEN lässt das markierte Element seinen Platz in der Ebenenabfolge mit dem Nachbarn tauschen.

Die Schaltflächen IN DEN VORDERGRUND und IN DEN HINTERGRUND sind geteilt, mal waagerecht, mal senkrecht, wie Abbildung 4.8 zeigt.

- Bei den **waagerecht** geteilten Schaltflächen bewirkt ein Klick auf den *oberen* Teil, dass das markierte Element ganz nach oben bzw. ganz nach unten gestellt wird.

Mit einem Klick in den *unteren* Teil klappt die Auswahl auf, die neben dem extremen auch das schrittweise Versetzen erlaubt.

- Bei den **senkrecht** geteilten Schaltflächen bewirkt ein Klick *auf Symbol oder Beschriftung*, dass das markierte Element ganz nach oben bzw. ganz nach unten gestellt wird.

Mit einem Klick auf ▼ rechts daneben klappt die Auswahl auf, die neben dem extremen auch das schrittweise Versetzen erlaubt.

Stapeln mit dem Auswahl-Werkzeug

Der unter 4.2.1 beschriebene Aufgabenbereich AUSWAHL UND SICHTBARKEIT hilft auch beim Verschieben der Elemente zwischen den Ebenen. Die Auflistung der Elemente entspricht der Lage der Ebenen; ganz unten im Aufgabenbereich sind zwei Schaltflächen NEU ANORDNEN mit Pfeilen ⇧⇩, die das markierte Element im Stapel aufwärts oder abwärts bewegen.

4.2.8 Formatieren

Für fast alle Folienelemente gibt es Format-Dialoge, in denen eine Vielzahl von Einstellmöglichkeiten zusammengefasst sind.

Format-Dialog aufrufen

Der Weg zu diesem Dialog ist für alle Arten von Elementen identisch:

Folienelement-TOOLS ▶ FORMAT *Formenarten* ▶

   Folienelement FORMATIEREN

Folienelement steht hier für den Typ des jeweiligen Folienelements, also z.B. *Platzhalter, Form* etc.

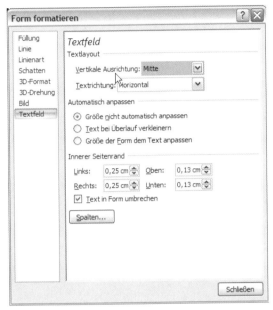

Abb. 4.9:   Format-Dialog mit aufgeklapptem Register TEXTFELD

Format übertragen

Wollen Sie einem Folienelement die Formatierungen eines anderen Elements zuweisen, bedienen Sie sich des »Formatpinsels« , eines Werkzeugs, das Sie in der Funktionsleiste START, Bereich *Zwischenablage*, und in der Minisymbolleiste finden. Markieren Sie das bereits formatierte Element, klicken Sie dann auf das Symbol und klicken Sie anschließend auf das zu formatierende Element. Bei zu formatierendem Text streichen Sie mit dem Mauszeiger über diesen Textabschnitt.

Wollen Sie ein Format auf mehrere andere Elemente übertragen, klicken Sie das Symbol doppelt, die Formatpinsel-Funktion bleibt dann so lange erhalten, bis Sie sie durch erneuten Klick auf oder mit ESC wieder abwählen.

4.3   »OLE-Objekte«

Eigentlich sind ja alle Elemente einer Folie in irgendeiner Weise Objekte. Microsoft verwendet den Begriff »Objekt« im Besonderen für ein spezielles Verfahren der Dateiverknüpfung: »Object Linking and Embedding – OLE«, *Objekte verknüpfen und einbetten*. In Folien lassen sich Objekte der unterschiedlichsten Art und Herkunft einfügen, wenn das erstellende Programm in Ihrem Windows-System registriert ist.

Objekt einfügen (einbetten)

Sie fügen ein solches Objekt in eine Folie ein, indem Sie entweder ein Folienlayout mit Objektplatzhalter wählen und nachfolgend auf den Platzhalter doppelklicken oder mit

EINFÜGEN ▸ *Text* OBJEKT

Danach müssen Sie zunächst in einer Auswahlbox die Art des Objektes bestimmen.

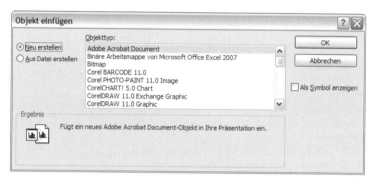

Abb. 4.10: Objekte anderer Anwendungen einbinden

Objekt neu erstellen

Nach der Auswahl mit NEU ERSTELLEN öffnet sich ein Fenster des zugehörigen Bearbeitungsprogramms und Sie können damit ein Objekt des gewählten Typs erzeugen. Sie können das am leichtesten mit dem Objekttyp BITMAP ausprobieren, das die Windows-Standardapplikation »Paint« startet.

Sie erstellen in dieser Anwendung Ihr einzufügendes Objekt; der einzige Unterschied in der Bearbeitung ist, dass ein SPEICHERN-Befehl im aufgerufenen Programm keine Datei anlegt, sondern den Inhalt in PowerPoint überträgt.

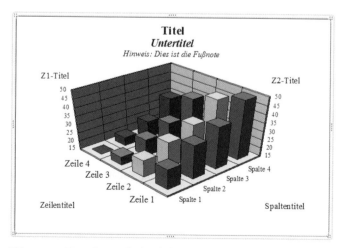

Abb. 4.11: Eingefügte Objekte haben bei Markierung einen besonderen Rahmen.

Vorhandenes Objekt übernehmen

Wenn Sie fertige Objekte einfügen möchten, die schon vorab mit anderen Programmen bearbeitet wurden, benutzen Sie die Option AUS DATEI ERSTELLEN und wählen dann die einzufügende Datei aus.

Objekt verknüpfen

Der Option VERKNÜPFEN kommt eine besondere Bedeutung zu: Ist sie aktiviert, wird nicht das Objekt an sich eingefügt, sondern ein Verweis auf die Quelldatei. Damit soll erreicht werden, dass die eingebundenen Objekte stets aktuell gehalten werden.

> **Vorsicht**
>
> Das hat aber auch erhebliche Nachteile: So müssen die Daten auch ständig verfügbar sein. Außerdem kann es vorkommen, dass im Netzbetrieb von anderer Seite wesentliche Veränderungen erfolgen, die Ihre Präsentation beeinflussen könnten, ohne dass Sie etwas davon mitbekommen.

> **Tipp**
>
> Verzichten Sie deshalb besser auf Verknüpfungen und betten Sie Objekte unveränderbar in Ihre Präsentation ein. In bestimmten Fällen kommen Sie allerdings um Verknüpfungen gar nicht herum, weil PowerPoint einige Dateitypen nicht einfügen kann und stattdessen ausschließlich verknüpft. Das betrifft insbesondere Multimedia-Daten – in einigen Fällen ist die Fähigkeit zum Einfügen auch von der Dateigröße abhängig. Ist das der Fall, müssen Sie sicher sein, dass bei einer Präsentation auf einem anderen Gerät auch die verknüpften Dateien mitgenommen werden. Da PowerPoint zu allem Übermaß auch noch Probleme mit dem Wiederauffinden von Verknüpfungen hat, ist es am sichersten, wenn alle verknüpften Dateien zusammen mit der Präsentation in *einem* Ordner stehen.

> **Tipp**
>
> Um das sichere »Einpacken« zu erleichtern, sei die Funktion VERPACKEN AUF CD empfohlen, siehe Kap. 43.

> **Vorsicht**
>
> Das OLE-System kennt nicht alle Ihre Programme auf der Festplatte. Wenn Sie eines der eingebetteten »Objekte« doppelklicken und dazu gar kein Bearbeitungsprogramm auf Ihrem Rechner installiert ist, hängt sich der Rechner womöglich auf!

Daten aus Word und Excel

Leider gibt es noch weitere Einschränkungen: Wenn Sie Word- oder Excel-Tabellen übernehmen – egal ob mit der OLE-Funktion oder über die Zwischenablage –, werden die Tabellenlayouts verändert und von großen Tabellen Teile abgeschnitten. Bei Tabellen aus Fremdanwendungen ist die Verstümmelungsgefahr noch größer.

Kapitel 4
Folien und Objekte

Mit

START ▸ *Zwischenablage* EINFÜGEN (untere Symbolhälfte) ▸ INHALTE EINFÜGEN

lassen sich einige Probleme umgehen.

Nur interaktives Symbol einbetten

Die Option ALS SYMBOL ANZEIGEN bewirkt, dass das Objekt nicht permanent angezeigt wird, sondern lediglich durch ein Symbol repräsentiert wird. Damit lässt sich auf einer Folie Ordnung schaffen, wenn Sie zwecks Interaktion mehrere Objekte auf einer Folie unterbringen müssen.

Sofern die Quellanwendung nicht mit MS Office kompatibel ist, wird ein eingebundenes Objekt auf jeden Fall als Symbol angezeigt. Ein Doppelklick auf das Symbol startet die Anwendung. Sie können das Objekt nicht mit den internen Mitteln von PowerPoint bearbeiten.

> **Tipp**
>
> Sie können Dateien bzw. Teile davon sehr bequem über die Windows-Zwischenablage aus jeder beliebigen Anwendung nach PowerPoint übernehmen.

Objekt bearbeiten

Von anderen Applikationen übernommene Folieninhalte lassen sich nur mit dem zugehörigen Programm bearbeiten. Unabhängig von der Art des Einbindens lässt sich die Quellanwendung solcher »Fremdobjekte« aus PowerPoint heraus im Bearbeitungsmodus wie folgt aufrufen:

 ... OBJEKT ▸ BEARBEITEN

Eingebundenes oder verlinktes Objekt oder Symbol zur Interaktion im Präsentationsmodus vorbereiten

Während der Präsentation lassen sich die Objekte oder symbolisierte Objekte nur anklicken, wenn Sie sie mit Aktionseinstellungen dafür präparieren:

EINFÜGEN ▸ *Hyperlinks* HYPERLINK oder AKTION

> **Wichtig**
>
> Die Einstellungen im Register MOUSEOVER sind identisch mit denen im Register MAUSKLICK, doch weniger gut geeignet, denn dabei würde jede Berührung mit dem Mauszeiger den Bearbeitungsmodus starten.

Wenn Sie aus dem Präsentationsmodus heraus ein Fremdobjekt bearbeiten, legt sich ein Bearbeitungsfenster über die Projektion. Um zurück zur Präsentation zu gelangen, reicht es nicht, neben diesem Fenster in das Präsentationsbild zu klicken. Damit wird lediglich das Vordergrundfenster gewechselt, das Bearbeitungsfenster tritt in den Hintergrund, bleibt aber aktiv. PowerPoint signalisiert das damit, dass das in der Präsentation eingebettete

Objekt oder Symbol schraffiert wird. Sie müssen das Bearbeitungsfenster schließen, wenn die Interaktion beendet ist.

Objekt konvertieren

In gewissem Rahmen sind innerhalb von PowerPoint auch Konvertierungen möglich. Rufen Sie dazu im Kontextmenü ...-OBJEKT ▶ KONVERTIEREN auf. Das funktioniert allerdings nur eingeschränkt, weil die Office-Engine im Hintergrund entscheidet, welche anderen Quellprogramme dafür in Betracht kommen. Sie haben leider keinen Einfluss auf den Umfang der Auswahl.

> **Tipp**
>
> Im Grunde kann PowerPoint jedes Objekt in ein eigenes grafisches Objekt umwandeln, obwohl die Auswahl im KONVERTIEREN-Dialogfenster stark beschränkt ist. Auf einem auf den ersten Blick abstrusen Weg gelingt das dennoch in vielen Fällen.

Fremdes Objekt umwandeln in Office-Vektorgrafik

START ▶ *Zeichnen* ANORDNEN ▶ GRUPPIERUNG AUFHEBEN

  ZEICHNEN ▶ GRUPPIERUNG AUFHEBEN

  [Strg]+[⇧]+[H]

Die darauf folgende Warnung können Sie getrost bestätigen, denn eben das, wovor gewarnt wird, wollen Sie ja erreichen.

Je nach Art des Objekts ist es nach dieser Konvertierung noch einmal erforderlich, die Gruppierung aufzuheben (diesmal mit ihrem eigentlichen Zweck), um in PowerPoint bearbeitbare Folienelemente zu produzieren.

Teil II

Text präsentieren

In diesem Teil:

- 5 **Basiswissen zu Text und Schrift** 97
  Textgestaltung, Aufzählung oder strukturierter Text?

- 6 **Der schnelle Weg zur Textfolie** 105
  Textcontainer, Text eingeben und aus anderen Quellen übernehmen, Textdesign

- 7 **Text à la carte** 111
  Gestaltung, Voreinstellungen und Automatismen anpassen, Text-Container bearbeiten, Text zurichten

- 8 **Schrift kreativ** 131
  Schriftart ändern, Textauszeichnungen, Schriftfarben und -füllungen, Texteffekte

- 9 **Text mit Tabellen strukturieren** 155
  Tabelle einfügen, importieren, gestalten

  Workshops: Durchgehende Farbverläufe, Tabellen aus Formen

- 10 **Text grafisch strukturieren** 175
  Textobjekt in SmartArt umwandeln, SmartArt gestalten, Organigramme und Ablaufpläne, Datenflusspläne

  Workshop: Organigramme frei erstellen

Kapitel 5

Basiswissen zu Text und Schrift

Der überwiegende Teil aller Präsentationsfolien enthält Text und nichts anderes als Text. Man sollte glauben, dass Menschen, die den Umgang mit Sprache gewohnt sind, beim Präsentieren von Text keine Fehler machen, doch weit gefehlt: Das Beherrschen von Sprache und das Beherrschen von Text sind zwei grundverschiedene Dinge.

Auf der Buch-CD finden Sie eine PDF-Datei »Wie viele Schriften braucht der Mensch« mit einem Aufsatz zum Thema Schrift.

5.1 Schrift

Typographie, die Lehre von der Schrift und dem Schriftsatz, ist elementares Wissen für alle, die Präsentationen gestalten. Werden die Grundregeln der Satzkunst missachtet, fällt das unbewusst auch dem nichtkundigen Publikum auf und sorgt für schlechtere Aufnahme.

Schrift ist seit ihrer Erfindung vor einigen tausend Jahren mancher Veränderung unterworfen gewesen, sowohl in ihrer Form als auch in der Schreibtechnik. Nach Bilder auf Papyrus malenden Ägyptern, Keile in Tontäfelchen kerbenden Sumerern und Buchstaben in Stein klopfenden Griechen und Römern gab es eine Renaissance des Schreibens auf Häuten und Papier, bis Gutenberg um 1500 herum den Buchdruck mit beweglichen Lettern erfand. Diese Form der Vervielfältigung hat die meisten Einflüsse auf die heutige, elektronische Schrifterzeugung.

Mit der Weiterentwicklung des Buchdrucks einher gingen diverse Entwicklungen der Form unserer »lateinischen Schrift«. Die heutige Schriften-Vielfalt birgt Gefahren, z. B. den Reiz, möglichst viele der (teilweise recht ausdrucksvollen) Schriften einzusetzen. Daraus wird dann in der Regel ein Tohuwabohu, das das Lesen keinesfalls zur Freude geraten lässt. Man muss beim Gestalten von Text sparsam mit Schriften umgehen; am besten ist es, *eine* durchgängige Schrift zu verwenden. Gegebenenfalls kann eine zweite Schrift z. B. für Überschriften Verwendung finden, aber dann muss Schluss sein mit der Vielfalt.

5.1.1 Schriftfamilien

Zunächst einmal gibt es eine generelle Unterscheidung in *Serifenschriften* und *serifenlose Schriften*. Serifen sind die kleinen Abschlussstriche an den Enden der Linien, aus denen ein Buchstabe zusammengesetzt ist. Es gibt unterschiedliche Formen der Serifen, stärker oder schwächer ausgeprägt, gerade oder schräg angesetzt. Schriften mit Serifen laufen auch unter der Bezeichnung *Antiqua*-Schriften, serifenlose werden in Europa als *Grotesk*-Schriften bezeichnet, in Übersee als *Gothic*.

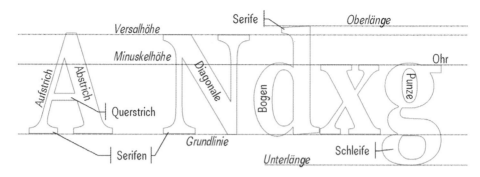

Abb. 5.1: Setzer-Fachbegriffe

Ob man Schriften mit oder ohne Serifen einsetzt, hängt in erster Linie vom Verwendungszweck ab! Wichtigste Prämisse ist immer die Forderung, dass ein Text gut lesbar sein muss. Im Fließtext kommen meist Serifenschriften zum Einsatz, weil die unteren Serifen beim Sprung in die Folgezeile eine optische Unterstützung bieten.

Es spricht aber nichts gegen serifenlose Schriften im Mengentext, wenn sie gut lesbar sind. Häufiger sind sie jedoch als Überschriften oder im Plakatbereich, »Akzidenzsatz« genannt, zu finden. Ein Muss sind sie für Vortragsfolien, denn auf Entfernung liest sich serifenlos besser. Die »Lesehilfe« der Serifen benötigen wir hier nicht, weil Fließtext auf Vortragsfolien nichts zu suchen hat, sondern nur Schlagworte und kurze Sätze den Vortrag optisch unterstützen, ohne abzulenken.

Allerdings bedeutet das nun nicht, dass Sie ausschließlich Groteskschriften in Präsentationen verwenden dürfen. Themabezogen kann (z. B. bei Vorträgen zu Geschichte oder Kunst) eine Serifenschrift oder eine (nicht zu verspielte) Schmuckschrift wesentlich stimmiger erscheinen. Sie müssen dann aber beachten, dass Sie eine weit laufende Schrift benutzen; die engen Schriften sind wieder nur für Fließtext gedacht.

Arial *	Antons Guppy fraß gern Mager-Quark mit Wurst.
Calibri **	Antons Guppy fraß gern Mager-Quark mit Wurst.
Corbel **	Antons Guppy fraß gern Mager-Quark mit Wurst.
Franklin Gothic	Antons Guppy fraß gern Mager-Quark mit Wurst.
Frutiger	Antons Guppy fraß gern Mager-Quark mit Wurst.
Helvetica	Antons Guppy fraß gern Mager-Quark mit Wurst.
Tahoma *	Antons Guppy fraß gern Mager-Quark mit Wurst.
Trebuchet *	Antons Guppy fraß gern Mager-Quark mit Wurst.
Univers	Antons Guppy fraß gern Mager-Quark mit Wurst.
Verdana *	Antons Guppy fraß gern Mager-Quark mit Wurst.

Abb. 5.2: Für Präsentationen geeignete Grotesk-Schriften
* = Standard-Office-Schriften; ** = zusätzliche Schriften in Office 2007

Book Antiqua *	Antons Guppy fraß gern Mager-Quark mit Wurst.
Bookman Old Style *	Antons Guppy fraß gern Mager-Quark mit Wurst.
Cambria **	Antons Guppy fraß gern Mager-Quark mit Wurst.
Constantia **	Antons Guppy fraß gern Mager-Quark mit Wurst.
Century Schoolbook *	Antons Guppy fraß gern Mager-Quark mit Wurst.
Georgia *	Antons Guppy fraß gern Mager-Quark mit Wurst.

Abb. 5.3: Für Präsentationen geeignete Serifenschriften
* = Standard-Office-Schriften; ** = zusätzliche Schriften in Office 2007

5.1.2 Besondere Schriften

In vielen Unternehmen bestehen *Style-Guides* für die durchgängige Gestaltung aller Veröffentlichungen. Dazu zählen selbstverständlich auch Präsentationen im Namen der Firma, doch die Erfahrung lehrt, dass bei der Gestaltung der Vorlagen für Präsentationen mehr Wert auf Einhaltung der Corporate Identity gelegt wird als auf die Erkennbarkeit. Versuchen Sie in solchen Fällen, die Grenzen des Style-Guides auszureizen, um die Visualisierung dennoch zu unterstützen. (Wenn *Arial narrow* als Standard-Präsentationsschrift eines Unternehmens vorgegeben ist, können Sie davon ausgehen, dass die CI-Verantwortlichen keine Ahnung von Schrift haben und überhaupt nicht bemerken, wenn ihnen eine Präsentation mit *Tahoma* untergeschoben wird.)

Manchmal ist eine Schmuckschrift gewünscht, um den Charakter der Präsentation besonders zu unterstreichen. Beachten Sie bitte, dass Schriften so etwas wie »Charakter« haben, sie transportieren Assoziationen und Stimmungen. Deshalb ist es wichtig, dass Schrift und Aussage auch zueinander passen.

Abb. 5.4: Text & Message

5.1.3 Darstellung von Schrift

Letztlich spielt auch die Abbildungsqualität auf dem Monitor und über den Beamer eine Rolle. Da selbst höchstauflösende Bildschirme gröber sind als Drucker, können kleine Schriftgrößen (unter 10 pt) auf dem Bildschirm in Normalansicht nicht mehr korrekt abgebildet werden. Hier hat WYSIWYG (*What you see is what you get*) seine Grenzen. Bei dünnen Strichstärken können dann schon mal einige Linien verschwinden, wenn nicht »Hints« (Hinweise) im Font sind, die dem Programm sagen, wie kleine Schriftgrößen annähernd sauber abgebildet werden sollen.

Ein weiteres Verfahren zur Verbesserung der Darstellung von Schrift auf dem Bildschirm ist die *Kantenglättung*, die Sie unbedingt aktivieren sollten. Kontrastreiche Übergänge werden dabei »aufgeweicht« und durch Zwischentöne aufgefüllt; diese Unschärfe gaukelt dem Auge bogenförmige Konturen statt der technisch bedingten »Pixeltreppchen« vor.

Abb. 5.5:   Kantenglättung

Kantenglättung aktivieren

🖱 *(auf Windows-Desktop!)* ▸ Eigenschaften ▸ Register Darstellung ▸ Effekte ▸

Option Folgende Methode zum Kantenglätten aktivieren und darunter »ClearType« wählen.

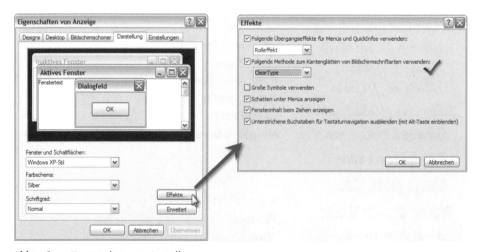

Abb. 5.6:   Kantenglättung einstellen

5.2 Text auf der Folie

Die richtige Schrift allein macht aber noch keine gute Folie. Zweiter wesentlicher Einflussfaktor sind die Menge und die Struktur des Textes.

Vortragsfolien sollen keine Romane erzählen, sondern das Gehörte optisch unterstützen, darum haben längere Texte dort nichts zu suchen. Reduzieren Sie den Text, den Sie vortragen wollen, auf einige prägnante Begriffe, Schlagworte, kurze (Halb-)Sätze, die vom Publikum schnell aufgenommen und Ihren Worten zugeordnet werden können.

 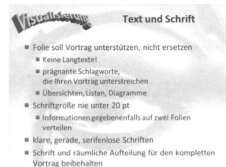

Abb. 5.7: Vortragstext (links) gehört nicht auf die Folie.

Abbildung 5.7 stellt zwei Folien zum selben Vortragstext gegenüber. Links wurden typische Fehler zusammengewürfelt, rechts nach Visualisierungsregeln gearbeitet:

linke Folie	rechte Folie
Textkörperschrift mit Serifen (aus Microsoft-Foliendesign »Ananke«)	serifenlose Schrift
zu kleine Schriftgröße (14 pt)	ausreichende Schriftgröße (26/28 pt)
wenig Kontrast zum Hintergrund	ausreichender Kontrast zum (thematisch passenden) Hintergrund
Folientext identisch mit Vortragstext (Vorlesung)	auf Schlagworte und kurze Sätze zu wesentlichen Inhalten reduziert
Nummerierung nicht eingerückt	Nummerierung durch Gliederung mit Einzügen ersetzt
für Hervorhebungen Stile und weitere Schriftarten gemixt	Hervorhebungen durch Schlagworte und Gliederung entbehrlich

Tabelle 5.1: Die Unterschiede in Abbildung 5.7

5.3 Projekt: Textgestaltung

In PowerPoint 2003, mit dem die Beschäftigten des Auftraggebers arbeiten, ist *Arial* als Standardschrift eingestellt. Gut, das ist immerhin schon ein Fortschritt gegenüber der bis zur Version 2000 vorgegebenen *Times New Roman* für PowerPoint – einer der für Präsentationen ungeeignetsten Schriften schlechthin.

Aber *Arial* ist keine schöne Schrift. Sie wirkt mit ihren sehr geschlossenen Formen bei vergleichsweise kräftiger Strichstärke abweisend. Abgeleitet aus der *Helvetica*, die zwar auch geschlossene Bögen besitzt, aber eine zartere Linienstärke, wird *Arial* von Insidern als die plumpe Schwester der *Helvetica* bezeichnet.

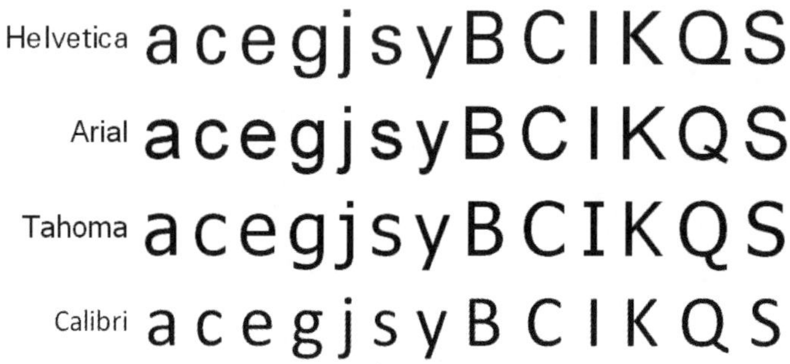

Helvetica acegjsyBCIKQS
Arial acegjsyBCIKQS
Tahoma acegjsyBCIKQS
Calibri acegjsyBCIKQS

Abb. 5.8: Einige typische Buchstaben im Schriftarten-Vergleich

Mit Version 2007 ist ein neues Office-Schriftenpaket zum Einsatz gekommen, von denen die *Calibri* das Zeug hat, zur neuen Standard-Präsentationsschrift zu werden. Problem dabei ist nur, dass sie nur dort vorhanden ist, wo auch Office 2007 oder das *Microsoft Office Compatibility Pack für Dateiformate von Word, Excel und PowerPoint 2007* (siehe Kapitel 43) installiert ist.

Intention des Veranstalters war aber, den anderen Institutionen, die auf der Tagung vortragen sollten, ein einheitliches Design in Form von Präsentationsvorlagen zu offerieren, wobei nicht sichergestellt war, dass alle über die Schriften aus Office 2007 verfügten. Mittelweg war dann die *Tahoma*, eine Schrift, die schon von jeher zum Office-Schriftenpaket gehört und bis zur Version 2003 die von Schriftkundigen präferierte Präsentationsschrift darstellte. So waren keine Kompatibilitätsprobleme bei den Schriften zu erwarten.

Die Aufzählungszeichen für die Text-Platzhalter wurden der Standardform für alle grafischen Elemente angepasst, indem eine mit 3D-Effekten versehene Form als Grafik exportiert und als grafisches Aufzählungszeichen reimportiert wurde.

5.3.1 Apropos Aufzählungszeichen

Zu Aufzählungszeichen gibt es wie so häufig zwei Lager in Expertenkreisen. Die einen finden sie hilfreich, anderen sind sie verpönt, weil sie nur zum Gliedern längerer Texte nützten.

Die Wahrheit liegt wie immer irgendwo dazwischen. Fließtext hat auf Präsentationsfolien grundsätzlich nichts zu suchen – daraus allerdings zu schließen, Aufzählungszeichen seien in Textfolien entbehrlich, schießt über das Ziel hinaus. Genau wie ein grafisches Element am Folienrand markieren Aufzählungszeichen die linke Kante der Texte, die nach der 7x7-Regel, also maximal sieben Stichpunkte zu maximal je sieben Wörtern, auch schon mal mehrzeilig werden können. Mit Zeilen- und Absatzabständen allein ist dann keine brauchbare Orientierungshilfe möglich.

Interessanterweise ist diese Diskussion in englischsprachigen Ländern wesentlich ausgeprägter als hierzulande. Das verwundert einerseits, ist aber andererseits auch verständlich, denn die englische Sprache mit kurzen Wörtern und schlichtem Satzbau geht ökonomischer mit dem Folienplatz um, mehrzeilige Stichpunkte sind seltener als bei uns. Man käme also häufig ohne Aufzählungszeichen aus. Jedoch ist gerade auf Business-Folien aus den USA eine Bullet-Point-Manie festzustellen, die der Auslöser für diese Diskussion ist.

Entbehrlich sind Aufzählungszeichen natürlich bei zwei bis drei Stichpunkten auf der Folie; sie sind wirklich durch Abstände leicht zu gliedern.

Entbehrlich sind auch die Standard-Aufzählungszeichen von PowerPoint! Dröge und von Ebene zu Ebene wechselnd – kein Wunder, wenn Ästheten zusammenzucken und den Verzicht predigen. Aufzählungszeichen sollen unauffällig und einheitlich, aber dennoch Blickfang sein.

Abb. 5.9: Genese der Aufzählungszeichen: Standard PowerPoint, über die Ebenen vereinheitlicht, interessanteres Zeichen aus Wingdings und grafisches Aufzählungszeichen passend zum Design (von links)

5.3.2 Aufzählung oder strukturierter Text?

Eine weitere Maßnahme zur optischen Verbesserung von Folientexten sind grafische Strukturen als Container, also Tabellen und SmartArts.

Bei allem Vorbehalt gegenüber Tabellen in Präsentationen, manchmal sind sie deutlich besser zur Vermittlung geeignet als eine Aufzählung oder Liste. Da gab es im Projektbericht zum Beispiel eine Ranking-Liste in reiner Text-Aufzählungsform, die als Tabelle eindrucksvoller wirkte.

Abb. 5.10: Rankingliste als Aufzählung und Tabelle

Kapitel 5
Basiswissen zu Text und Schrift

Die Inhalte beider Darstellungen sind völlig identisch, dennoch kommen bei der strukturierten Tabellenform wesentliche Erkenntnisse leichter beim Publikum an, zum Beispiel, dass dem zweimaligen Auftreten der Effizienzklasse 1 kein Tippfehler, sondern ein Gleichstand bei den Amortisationszeiten zugrunde liegt. Auch sind die Amortisationszeiten in tabellarischer Form leichter vergleichbar.

Bei wenig Text sind die SmartArts ausgezeichnete Hervorhebungsmittel für Text, wie Abbildung 5.11 in Umsetzung der Aufzählung

»Optimale Förderung:

- Günstiges Darlehen
- Aus einer Hand
- Deckung der Sanierungskosten bis 100 %«

anhand einiger SmartArt-Beispiele zeigt. Das Zusammenspiel der Bedingungen wird durch die grafische Aufbereitung deutlicher. Und was das Schönste dabei ist: Es bedarf nur weniger Mausklicks von der Aufzählung zur Grafik.

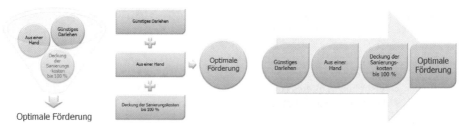

Abb. 5.11: Text wird optisch durch SmartArts aufgewertet.

Kapitel 6

Der schnelle Weg zur Textfolie

1. Legen Sie eine neue Folie an: START ▸ *Folien* NEUE FOLIE
2. Wählen Sie eines der Inhalts-Layouts mit dem Symbol .
3. Klicken Sie in den Platzhalter für den Folientitel und geben Sie eine Überschrift ein.
4. Klicken Sie in einen der Inhalts-Platzhalter und geben Sie Ihren Text ein.

6.1 Text in Folie eingeben

Sie geben Texte ein wie in einem Textprogramm. Zeilenumbrüche werden automatisch eingefügt.

Texteingabe-Spezialitäten

Gegenüber Textprogrammen weicht PowerPoint bei der Texteingabe in einigen Punkten ab:

- Mit [Enter] wechseln Sie zum nächsten Aufzählungspunkt. Mit [⇧]+[Enter] erzeugen Sie einen Zeilenwechsel innerhalb des Aufzählungspunktes.
- Mit [⇥] gliedern Sie den Aufzählungspunkt eine Ebene tiefer, mit [⇧]+[⇥] eine Ebene höher.
- Die geschützten Leerschritte und Bindestriche funktionieren nicht über die aus Word gewohnten Tastenkombinationen; wenn Sie sie benötigen, müssen Sie die Codeeingabe über die Tasten des Ziffernblocks wählen:
    - geschützter Leerschritt = [Alt]+[0] [1] [7] [3]
    - geschützter Bindestrich = [Alt]+[0] [1] [6] [0]
- Mit Aa ▾ in der Symbolleiste START, Bereich *Schriftart* lassen sich Vertipper bei Groß- und Kleinschreibung leicht reparieren:

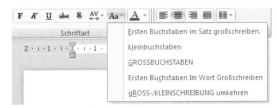

Abb. 6.1: Tippfehler oder vergessene [⇧] schnell korrigieren

Silbentrennung

Immer wieder wird gefragt, wie denn die automatische Silbentrennung in PowerPoint aktiviert werden könne. Überhaupt nicht! Es gibt keine Silbentrennautomatik in PowerPoint, ebenso wenig kennt PowerPoint Trennfugen. In Präsentationen soll möglichst überhaupt keine Silbentrennung vorkommen, denn es geht darum, dass die Texte vom Auditorium schnell erfasst werden. Am schnellsten nehmen wir Texte nach der *Ganzheitsmethode* auf; eine Silbentrennung am Zeilenende würde dem entgegenstehen. Wenn schon aus Platzgründen eine Silbentrennung unumgänglich ist, bleibt Ihnen nur die *harte* Trennung mit [-].

6.2 Text aus anderen Quellen übernehmen

Häufig werden Präsentationstexte nicht eigens für die Präsentation geschrieben, sondern liegen bereits in anderen Dokumenten vor. Grundsätzlich lässt sich jeder Text über die Zwischenablage in Textelemente übernehmen.

Mit dem Einbinden von Objekten lassen sich komplette Textdokumente aus anderen Anwendungen in Folien importieren, was aber wenig zu empfehlen ist, denn Fließtext hat nun mal in einer Präsentation nichts zu suchen. Deshalb sollte solch eine Einbindung auf Ausnahmefälle begrenzt sein, in denen z.B. auf Nachfrage aus dem Publikum bestimmte Stellen in einem Dokument vorgeführt werden (siehe dazu Kapitel 38).

Die schnellste und sicherste Methode der Textübernahme aus anderen Quellen ist der Weg über die Zwischenablage:

1. Markieren Sie den Text im Quelldokument.
2. Kopieren Sie den markierten Text mit [Strg]+[C] in die Zwischenablage.
3. Wechseln Sie zum PowerPoint-Fenster und klicken Sie in den Platzhalter.
4. Fügen Sie den Text aus der Zwischenablage mit [Strg]+[V] ein.

Diese Form des Einfügens hat unterschiedliche Auswirkungen, je nachdem, ob

- Ihr Textcursor beim Import in einem Text steht,
  - dann wird der importierte Text an dieser Stelle in den Text eingefügt, oder
- ein kompletter Platzhalter, ein Textfeld oder eine Form markiert ist,
  - dann wird der Inhalt des Containers mit dem Import überschrieben.

Darüber hinaus unterscheidet sich der Umgang mit importiertem Text, der in der Quellanwendung formatiert wurde, auch noch je nach der Art des Containers, in den der Text eingefügt wird:

Text einfügen in Platzhalter oder Textfelder

Die Formatierung des importierten Textes wird beibehalten; der Container passt sich in der Höhe der Textmenge an. Die Textformatierung kann per Smarttag angepasst werden.

Abb. 6.2: Smarttag zur Anpassung des importierten Textes in Formen

> **Hinweis**
>
> Leider sind die Formulierungen im Smarttag (schon seit mehreren Versionen) irreführend:
>
> URSPRÜNGLICHE FORMATIERUNG BEIBEHALTEN trifft zu,
>
> ZIELDESIGN VERWENDEN übernimmt nur die Schriftgröße des Containers, während
>
> NUR DEN TEXT ÜBERNEHMEN alle Formatierungen des Containers auf den Import übernimmt.

Der Platzhalter kann mittels FORMAT ▸ FOLIENLAYOUT ▸ ERNEUT ÜBERNEHMEN dem des Masters angepasst werden.

Ist viel Text in einen Platzhalter eingefügt worden, erleichtert ein weiteres Smarttag die Textmengen-Verwaltung.

Abb. 6.3: Anpassen des Platzhalters bei reichlichem Textimport

Text einfügen in Formen

Die Textfarbe der Form wird für den Text übernommen, alle anderen Formatierungen des importierten Textes bleiben erhalten. Die Größe der Form passt sich *nicht* der Textmenge an.

Die Formatierungen können über ein Smarttag wie in Abbildung 6.2 variiert werden; allerdings sind die Optionen anders zu interpretieren:

- URSPRÜNGLICHE FORMATIERUNG BEIBEHALTEN trifft zu,
- ZIELDESIGN VERWENDEN übernimmt nur die Textfarbe der aufnehmenden Form, während bei
- NUR DEN TEXT ÜBERNEHMEN alle Formatierungen der Form übernommen werden.

Text in eine Folie einfügen, ohne dass ein Container markiert ist

PowerPoint erzeugt ein Textfeld, in das der importierte Text platziert wird; Schriftart, -größe und -attribute bleiben erhalten, können aber mit einem Smarttag wie beim Textfeld den vorgegebenen Standards für Formen angepasst werden.

6.2.1 Text als Objekt einfügen

Ein indirekter Weg bietet weitere Vielfalt beim Einfügen von Text. Der Text wird in der Textverarbeitung wie oben gezeigt kopiert, aber nicht direkt mit [Strg]+[V], sondern als Objekt eingefügt.

START ▸ *Zwischenablage* EINFÜGEN (unten) ▸ INHALTE EINFÜGEN

Im Dialogfenster können Sie festlegen, in welchem Format der Text eingefügt werden soll. Diese Formatwahl hat Auswirkungen auf die übernommenen Formatierungen und künftigen Möglichkeiten zur Bearbeitung.

Format	übernommene Formatierungen	bearbeitbar als
HTML	alle, auch Absatzformate	Text
Word-Objekt	alle, auch Absatzformate	Text (im Word-Fenster)
Bild (beide Varianten)	alle	Bild
Formatierter Text (RTF)	alle Textformate	Text
Unformatierter Text	keine	Text

Tabelle 6.1: Unterschiede der Formate bei INHALTE EINFÜGEN (Text)

Mit der Option VERKNÜPFUNG EINFÜGEN beim INHALTE EINFÜGEN reduzieren Sie die Auswahl auf

- *Verknüpfung mit Word-Objekt*, also eine indirekte Verbindung zu der Datei mit der Folge, dass die Ursprungsdatei immer am selben Ort verfügbar sein muss, und
- *Hyperlink*, was dem Einfügen eines Objekts als Symbol entspricht, es wird also kein Text angezeigt, sondern in der Präsentation erscheint nur ein Verweis auf die Datei, die beim Anklicken mit Word geöffnet wird.

Als Bild eingefügten Text wieder als Text bearbeitbar machen

START ▸ *Zeichnung* ANORDNEN ▸ GRUPPIERUNG AUFHEBEN

6.2.2 Überschriftenliste aus Word übernehmen

PowerPoint bietet eine Schnittstelle an, mit der die Struktur eines Word-Dokuments zu Folien umgearbeitet werden kann. Dazu muss der Text mit Überschriften-Formatvorlagen formatiert sein! Die Überschriften werden als Gliederungsebenen verwendet.

START ▸ *Folien* NEUE FOLIE (unten) ▸ FOLIEN AUS GLIEDERUNG

So zu übernehmender Text aus Word oder einer Office-kompatiblen Textverarbeitung muss mit *Überschriften-Formatvorlagen* formatiert worden sein. PowerPoint übernimmt die Überschriften der Formatvorlagen *Überschrift* nach folgendem Schema in die Präsentation:

- Überschrift1 → Folientitel (zugleich Signal, eine neue Folie anzulegen)
- Überschrift2 → Haupteintrag
- Überschrift3 → 2. Einzugsebene
- etc.

Der Fließtext der Textdatei und alle nicht mit Überschriften-Formaten versehenen Textteile bleiben unberücksichtigt.

Weitere Möglichkeiten der Textübernahme sind ausführlich in Kapitel 7 beschrieben.

6.3 Textdesign wählen

Wählen Sie in ENTWURF *Designs* ▸ ▼ ein für Ihre Präsentation passendes Design aus. Folie und Text werden in den Vorgaben des gewählten Designs formatiert.

Die Texte in allen Folien übernehmen Formatierungen für Schriftattribute, Aufzählungszeichen und Einzüge nach Vorgaben der Designs und Folienmaster.

Farbschema wechseln: ENTWURF *Designs* ▸ FARBEN

Schriftart wechseln: ENTWURF *Designs* ▸ SCHRIFTARTEN

Kapitel 7

Text à la carte

7.1 Text in PowerPoint

7.1.1 Text im Container

PowerPoint benötigt für Text *Container*; es ist nicht möglich, Text direkt auf der Folie zu platzieren – notfalls legt sich PowerPoint selbsttätig einen Container an, wenn purer Text in eine Folie eingefügt wird (vgl. Kapitel 6).

Als Container kommen infrage:

Platzhalter, die nur in Folienlayouts vorhanden und nicht manuell zu erzeugen sind;

Textfelder, die als Form TEXTFELD in der *Formenauswahl** zu finden sind;

Tabellen, die Sie

- als Auswahl in Folienlayouts finden, aber auch
- per EINFÜGEN ▸ TABELLE jeder beliebigen Folie hinzufügen können;

SmartArts, die Sie

- als Auswahl in Folienlayouts finden, aber auch
- per EINFÜGEN ▸ *Illustrationen* SMARTART jeder beliebigen Folie hinzufügen oder
- via Kontextmenü aus Text-Platzhaltern, Textfeldern oder Formen mit Text erzeugen können;

Formen aus der *Formenauswahl**; nahezu jede Form ist als Textcontainer geeignet.

*) Die *Formenauswahl* tritt an verschiedenen Stellen auf:

- Funktionsleiste START, im Bereich *Zeichnung*;
- Funktionsleiste EINFÜGEN, im Bereich *Illustrationen* ▸ FORMEN;
- Funktionsleiste *Zeichentools* FORMAT, ganz links im Bereich *Formen einfügen*;
- Funktionsleiste *Diagrammtools* LAYOUT, im Bereich *Einfügen* FORMEN.

Die verschiedenen Container besitzen unterschiedliche Eigenschaften und Voreinstellungen, die in den Tabellen 7.1 und 7.2 gegenübergestellt sind.

	Platzhalter	Textfelder	Tabellen	SmartArts	Formen
Drehbar	ja	ja	nein	nur innere Objekte	ja
Masterformat	wird angewandt	wird ignoriert	wird angewandt	wird ignoriert	wird ignoriert
Gliederung	Text geht in Gliederung ein	keine Verbindung zur Gliederung	keine Verbindung zur Gliederung	keine Verbindung zur Gliederung	keine Verbindung zur Gliederung
in SmartArt umwandelbar	ja	ja	nein	–	ja

Tabelle 7.1: Eigenschaften der Textcontainer

	Platzhalter	Textfelder	Tabellen	SmartArts	Formen
Zeilenumbruch	ja	ja	ja	ja	nein
Anpassung Textgröße an Form	ja	nein	nein	ja	nein
Anpassung Form an Text	nein	ja	ja	nein	nein
Textausrichtung	linksbündig	linksbündig	linksbündig	variiert je nach Form	zentriert
Textausrichtung vertikal	oben	oben	oben	oben	zentriert

Tabelle 7.2: Voreinstellungen der Textcontainer

7.1.2 Sonderfall Formeln

Formeln sind ein oft überschätztes Element in Präsentationen. Nur bei Technikern und Wissenschaftlern im Publikum finden Formeln positive Aufnahme, alle anderen Arten der Vortragsteilnehmer sind eher an den Ergebnissen denn an deren Herleitung interessiert.

Wenn Sie unbedingt Formeln in einer Präsentation benötigen, gibt es dafür drei (genaugenommen zweieinhalb) Methoden.

Formeln grafisch zusammenbasteln

Wenn Sie Formeln äußerst selten in Präsentationen benötigen, müssen Sie sich nicht in die Bedienung eines der Formeleditoren einarbeiten. Viele Formeln bedürfen nicht einmal eines besonderen Werkzeuges, sondern lassen sich linear aus normalen Textzeichen aufbauen. Sobald es an Brüche, Wurzeln oder komplexere Formeln wie Summen, Integrale und Matrizen geht, lässt sich das auch grafisch erledigen, indem Sie aus mehreren Textfeldern für die einzelnen Komponenten die Formel erstellen.

Der »eigene« Formeleditor

PowerPoint 2007 bringt einen Formeleditor mit, der allerdings nicht integriert ist, sondern als Objekt eingebunden werden muss:

EINFÜGEN ▸ *Text* OBJEKT ▸ MICROSOFT FORMEL-EDITOR 3.0

Diesen Formeleditor zu bedienen, ist von der Symbolik der Schaltflächen her etwas gewöhnungsbedürftig, aber immerhin lassen sich damit Formeln doch leichter darstellen als von Hand.

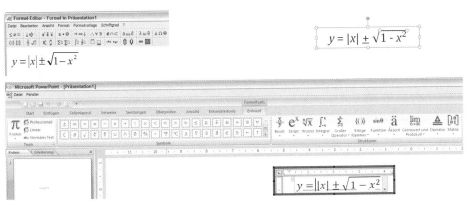

Abb. 7.1: Formel-Editor 3.0 (links oben), Formeltools aus Word 2007 (unten) und aus Text und Grafik zusammengestellte Formel (rechts oben)

Die Formeltools von Word 2007

Bequemer zu bedienen ist der Formeleditor, der in Word 2007 bereits integriert ist. Aufbau und Symbole sind leichter verständlich, jedoch sind die Minuszeichen immer noch zu lang. Sie können die Formel über die Zwischenablage nach PowerPoint transferieren:

1. Markieren Sie die Formel (im Editor-Fenster als Text) und kopieren Sie sie dann mit [Strg]+[C] in die Zwischenablage.

2. Holen Sie die Formel mit
   START ▸ *Zwischenablage* EINFÜGEN (untere Hälfte) ▸ INHALTE EINFÜGEN ▸ »Word-Objekt« in die Folie.

Der Weg über INHALTE EINFÜGEN ist erforderlich, denn werden Formeln direkt mit EINFÜGEN oder [Strg]+[V] in die Folie geholt, bekommen sie unschöne Farbsäume am Rand, was vor allem bei farbigen Hintergründen stört (Abbildung 7.2).

Sie können die Formel auch als *Erweiterte Metadatei* einfügen, die Darstellung unterscheidet sich nicht vom Word-Objekt, aber Sie begeben sich damit eines Bearbeitungsvorteils. Ist eine Formel als Word-Objekt eingefügt, öffnet ein Doppelklick darauf die Formel-Werkzeuge von Word (siehe Abbildung 7.1 unten), die Ihnen damit auch in PowerPoint zur Verfügung stehen.

$$y = |x| \pm \sqrt{1-x^2}$$ Formel-Editor 3.0

$$y = |x| \pm \sqrt{1-x^2}$$ Word-2007-Formeleditor, direkt über Zwischenablage

$$y = |x| \pm \sqrt{1-x^2}$$ Word-2007-Formeleditor, Inhalte eingefügt

Abb. 7.2: Unterschiedliche Ergebnisse bei der Formel-Eingabe und -Übernahme

7.1.3 Gestaltung und Voreinstellungen anpassen

Platzhalter übernehmen Formatierungen für Schriftattribute, Aufzählungszeichen und Einzüge nach Vorgaben der Designs und Folienmaster.

> **Hinweis**
>
> Für Textfelder, SmartArts und Formen gelten die Einstellungen der Folienmaster nicht! Hier müssen Sie von Hand formatieren (vgl. Kapitel 10 und 20).

Text-Eigenschaften für alle Container-Typen vorgeben

ENTWURF ▸ *Designs* (Auswahl)

Text- Eigenschaften für Platzhalter und Tabellen vorgeben

1. Wechseln Sie in die Masteransicht:
   ANSICHT ▸ FOLIENMASTERANSICHT oder

    auf

2. Markieren Sie in der Randleiste die aktuell gültige Masterfolie.

3. Markieren Sie auf der Folie den/die Platzhalter.

4. Stellen Sie die gewünschten Formatierungen am Mustertext im Master ein (vgl. folgende Abschnitte sowie Kapitel 20).

5. Wechseln Sie zurück in die Standardansicht:
   MASTERANSICHT SCHLIESSEN oder einfacher Mausklick auf

Text- Eigenschaften für Textfelder und Formen vorgeben

1. Erstellen Sie ein Textfeld oder eine Form.

2. Wechseln Sie in den Format-Dialog:
   FORMAT ▸ *Formenarten* ▸ Register TEXTFELD oder
   ▸ FORM FORMATIEREN ▸ Register TEXTFELD

3. Stellen Sie die voreingestellten Eigenschaften auf die gewünschten um.

4. Klicken Sie auf OK.
5. 🖱 ▸ ALS STANDARDTEXTFELD/STANDARDFORM FESTLEGEN.

Text-Formatierungen im Textfeld vorgeben

1. Erstellen Sie ein Textfeld und tragen Sie Text ein.
2. Formatieren Sie den Text mit den Werkzeugen in
   Zeichentools FORMAT ▸ *WordArt-Formate*
3. Formatieren Sie den Container mit den Werkzeugen in
   Zeichentools FORMAT ▸ *Formenarten*
4. 🖱 ▸ ALS STANDARDTEXTFELD FESTLEGEN.

Hinweis für Versionsumsteiger

Im Gegensatz zu den Vorversionen besitzen in Version 2007 Textfelder, Formen und Linien jeweils eigene Standards.

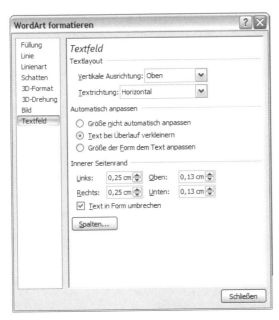

Abb. 7.3: Textverhalten in Containern steuern

7.1.4 Automatismen anpassen

PowerPoint verfügt über dieselben Rechtschreibprüfungsmechanismen wie die anderen Office-Komponenten. Das bedeutet, dass unbekannte Wörter mit einer roten Schlangenlinie unterstrichen werden. Wenn Sie das stört, lässt es sich abschalten.

Rechtschreibfehler nicht markieren lassen

 ▸ POWERPOINT-OPTIONEN ▸ DOKUMENTPRÜFUNG ▸ Option RECHTSCHREIBFEHLER AUSBLENDEN aktivieren

Weiter stört die Voreinstellung, wonach Texte in neuen Absätzen oder Tabellenzellen immer mit Großbuchstaben beginnen; auch das lässt sich abstellen.

Unerwünschte AutoKorrektur-Optionen abschalten

 ▸ POWERPOINT-OPTIONEN ▸ DOKUMENTPRÜFUNG ▸ AUTOKORREKTUR-OPTIONEN ▸ Register AUTOKORREKTUR ▸ Optionen JEDEN SATZ MIT EINEM GROSSBUCHSTABEN BEGINNEN und ERSTEN BUCHSTABEN IN TABELLENZELLEN GROSS abschalten

7.2 Text-Container bearbeiten

7.2.1 Containergröße ändern

Alle Container besitzen so genannte Anfasser: kleine Kreise an jeder Ecke und kleine Quadrate in der Mitte jeder Kante (Abbildung 7.4). Sie können diese Anfasser mit dem Mauszeiger »greifen« und bei gedrückter Maustaste verschieben. Damit ändern Sie die Größe des Containers.

- Mit den seitlichen quadratischen Anfassern lässt sich die Begrenzungslinie jeweils waagerecht oder senkrecht bewegen.
- Mit den runden Anfassern an den Ecken lassen sich beide anliegenden Begrenzungslinien frei bewegen.
  - Bei gleichzeitig gedrückter ⟨⇧⟩-Taste bleibt beim Skalieren das Seiten-Höhen-Verhältnis erhalten (nur bei den runden Eck-Anfassern).
- Bei gleichzeitig gedrückter ⟨Strg⟩-Taste bezieht sich das Skalieren auf den Container-Mittelpunkt statt auf den gegenüberliegenden Anfasser.
- Greifen Sie den Rahmen an einer beliebigen Stelle, können Sie den Container verschieben.
  - Wenn Sie dabei ⟨⇧⟩ gedrückt halten, können Sie nur waagerecht oder senkrecht verschieben.
  - Wenn Sie dabei ⟨Strg⟩ gedrückt halten, erzeugen Sie ein Duplikat des Containers einschließlich enthaltenem Text.
- Die Sonderfunktionen der »Drück-mich-nicht-allein-Tasten« können bei gleichzeitig gedrückter ⟨⇧⟩- und ⟨Strg⟩-Taste gemeinsam angewendet werden, also die Proportionen wahrendes Skalieren auf den Mittelpunkt bezogen bzw. Erzeugen eines waagerecht oder senkrecht fluchtenden Duplikats.
- Mit dem grünen Anfasser lässt sich der Container drehen. Halten Sie dabei ⟨⇧⟩ gedrückt, lässt sich der Container nur in 15°-Schritten drehen.

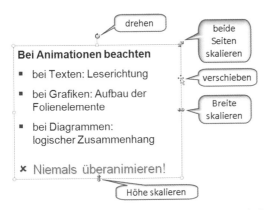

Abb. 7.4: Anfasser und Cursorformen zur Platzhalterskalierung

7.2.2 Containerform ändern

Zeichentools ▸ FORMAT *Formen einfügen* ▸ FORM BEARBEITEN ▸ FORM ÄNDERN

> **Vorsicht**
>
> Die so erzeugten Formen reagieren auf Größenänderungen beim Textumbruch etc. wie ein Textfeld, nicht wie ein Grafikelement (vgl. Kapitel 18).

7.2.3 Container mit Rahmen oder Füllung versehen

Zeichentools ▸ FORMAT ▸ *Formenarten* FORMKONTUR bzw. FÜLLEFFEKT

Details zu Füll- und Rahmenfarben finden Sie in Kapitel 20.

7.3 Text markieren

Steht der Cursor in einem Wort, beziehen sich alle Formatierungen auf dieses Wort. Wollen Sie eine andere Textmenge formatieren, bedarf es der vorherigen Markierung:

 bei gedrückter linker Maustaste mit dem Cursor über Text streichen

 Doppelklick: Wort markieren
Dreifachklick: Absatz markieren

 ⇧+←, ⇧+→

 ganzen Text in einem Textelement markieren: Strg+A

Markierung zum nächsten Textelement wechseln

 Strg+Enter

Platzhalter, Textfeld oder Form komplett markieren

  Form formatieren

  F2 (nicht bei Formen)

- auf Platzhalter-/Textfeldrahmen klicken
- bei Formen in die Form, aber außerhalb des Textes klicken

nächstes Objekt markieren

⟶| oder ⇧+⟶|

PowerPoint kann auch den kompletten Inhalt eines Platzhalters oder Textfeldes auf einen Schlag ändern. Sie müssen dazu nicht den Text im Textelement markieren, sondern Sie klicken auf den Rahmen des Containers. Die Rahmengestaltung ändert sich von gestrichelten zu durchgängigen Linien und zeigt damit an, dass sich alle nun folgenden Formatierungen auf den kompletten Containerinhalt beziehen.

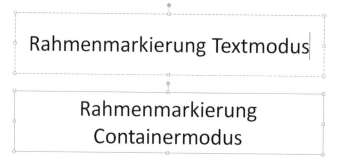

Abb. 7.5:   Die unterschiedlichen Markierungsarten von Textcontainern

7.4 Abstände ändern

7.4.1 Zeichenabstand

Bei schmalen Schriften lässt sich die Lesbarkeit verbessern, wenn die Abstände zwischen den Buchstaben vergrößert werden (»Sperren«).

Ziele der Präsentation:
- informieren
- überzeugen
- motivieren

Ziele der Präsentation:
- informieren
- überzeugen
- motivieren

Abb. 7.6:   Vorteil gesperrter Schrift

Anderseits kann ein (geringfügiges) Verdichten der Buchstabenabstände hilfreich sein, wenn eine zusätzliche kurze Zeile vermieden werden soll.

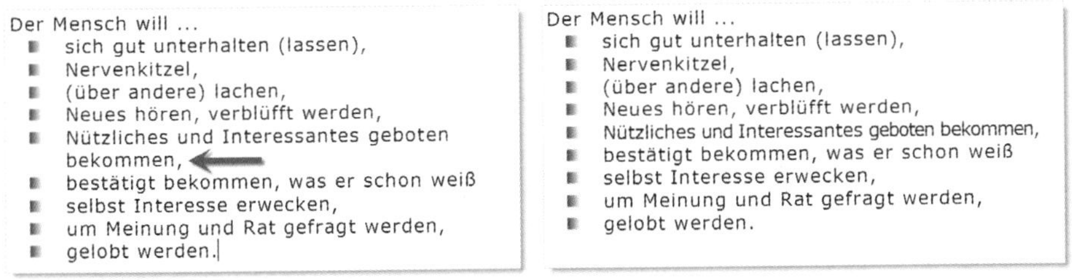

Abb. 7.7: Umbruch vermeiden durch Verdichten

Zeichenabstände ändern und Unterschneidungen einstellen

START ▸ *Schriftart*

Wörter werden auf dem Bildschirm und beim Drucken durch Aneinanderreihen von Buchstaben gebildet. Jeder Buchstabe beansprucht dabei seine eigene Breite für sich, der folgende Buchstabe setzt erst danach an – eine Binsenweisheit. Wenn ausladenden Großbuchstaben wie T, V, W, Y allerdings Kleinbuchstaben oder Großbuchstaben mit schrägem Aufstrich folgen, können die dabei entstehenden Leerräume störend wirken. Diesem Schönheitsfehler hilft die *Unterschneidung* ab, mit der diese Buchstabenpaare enger zusammengerückt werden.

1. Markieren Sie mindestens die Buchstaben, die unterschnitten werden sollen; bei dem Wort »Text« also das T und das e.
2. START ▸ *Schriftart* (▸ Register ZEICHENABSTAND) ▸ Option UNTERSCHNEIDUNG AB: aktivieren.
3. Schriftgrößeneintrag auf 20 pt setzen.

Unterschneidung lohnt sich nur bei Schriftgrößen von 14 pt aufwärts, jedoch haben wir es damit in PowerPoint ja ausschließlich zu tun, weshalb sich eine Standardaktivierung der Unterschneidung lohnt.

Abb. 7.8: Unterschneidung gegen hässliche Abstände

Kapitel 7
Text à la carte

> **Wichtig**
>
> PowerPoint unterstützt nur automatisches Unterschneiden, manuelle Einstellungen dazu sind nicht möglich. Das bedeutet, dass es nur mit qualitativ guten (kommerziellen) Schriften funktioniert, die Listen mit »Kerningpaaren« enthalten. Kerning ist der englische Ausdruck für Unterschneiden, in den Kerninglisten sind alle in Frage kommenden Zeichenpaare mit dem individuellen Grad der Unterschneidung aufgeführt und werden vom Programm entsprechend zusammengeschoben. Billige Schriften sind nicht so ausgestattet, deshalb hat die Unterschneidungseinstellung bei ihnen keinen Einfluss.

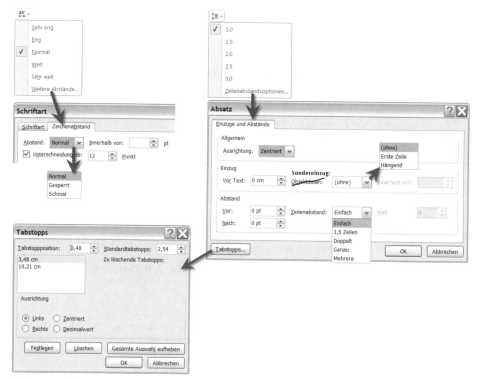

Abb. 7.9: Übersicht Abstandseinstellungen: links Zeichen, rechts Zeilen

7.4.2 Zeilen- und Absatzabstand

Auch der vertikale Abstand einer Schrift kann das Lesen unterstützen. Folgen Zeilen zu eng aufeinander, lässt sich der Text schwerer lesen.

Abb. 7.10: Mehr Abstand, und Text der wirkt nicht mehr gedrängt.

Zeilen- und Absatzabstände ändern

START ▸ *Absatz* ▸

> **Wichtig**
>
> Beim ersten Absatz in einem Container wird der Abstand vor dem Absatz unterdrückt. Daraus folgt folgende Irritation: Wenn Sie im Master den Absatzabstand verändern, bemerken Sie keine Veränderung, weil dort ja nur erste Absätze existieren. Beim Ausfüllen eines Textplatzhalters wird der im Master eingestellte Abstand aber realisiert.

Abstände des Textes zum Containerrand ändern

Zeichentools FORMAT ▸ *WordArt-Formate* ▸ Register TEXTFELD ▸ INNERER SEITENRAND (gemeint ist der Containerrand)

Zeichentools FORMAT ▸ *Formenarten* ▸ Register TEXTFELD ▸ INNERER SEITENRAND (gemeint ist der Containerrand)

START ▸ *Absatz* ▸ *Einzug* VOR TEXT (nur für linken Rand)

Die Abstände zum Containerrand sind nur dann relevant, wenn der Container auch sichtbar, also mit einem Rahmen oder einer Füllung versehen ist. Dazu müssen Sie keineswegs eine Form als Basis nehmen. *Jedes Textfeld und jeder Platzhalter* spricht auch auf die Grafikattribute an, so dass Grafik-Formatierungen auch auf diese Textcontainer angewandt werden können.

Beim Einzug ist wieder mal ein Bezeichnungsfehler zu beklagen: Wie auch immer der Begriff »Objektdaten« hier hineingeraten ist, so ist doch ein »Sondereinzug« der ersten Zeile gemeint.

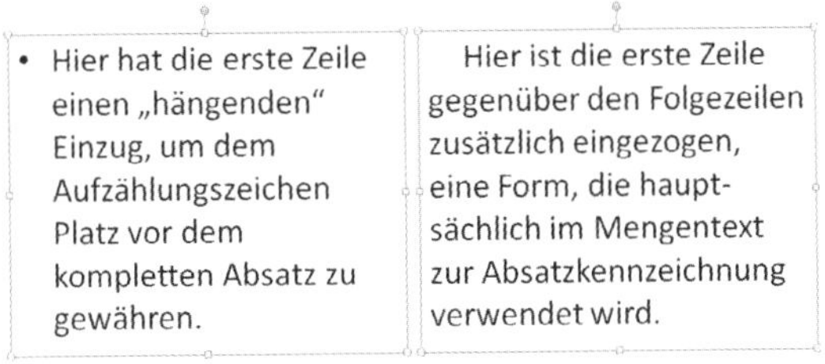

| • Hier hat die erste Zeile einen „hängenden" Einzug, um dem Aufzählungszeichen Platz vor dem kompletten Absatz zu gewähren. | Hier ist die erste Zeile gegenüber den Folgezeilen zusätzlich eingezogen, eine Form, die hauptsächlich im Mengentext zur Absatzkennzeichnung verwendet wird. |

Abb. 7.11: Sondereinzüge der ersten Zeile eines Absatzes

7.5 Aufzählungen, Nummerierungen und Einzüge

In den Folienlayouts finden sich ein- und zweispaltige Varianten für Aufzählungen. Die Aufzählungszeichen lassen sich jedoch auch nachträglich (de)aktivieren. In Textfeldern und Formen lassen sich ebenfalls Aufzählungszeichen einblenden.

Aufzählungszeichen/Nummerierungen (de)aktivieren und bearbeiten

START ▸ *Absatz* ▸

AUFZÄHLUNGSZEICHEN bzw. NUMMERIERUNGEN

Der Klick auf die Schaltflächen bzw. die Befehlsbezeichnung im Kontextmenü schaltet die Aufzählung bzw. Nummerierung an und aus. Ein Klick auf ▼ bzw. ▸ daneben eröffnet die Einstellmöglichkeiten.

Während Sie bei den Nummerierungen auf die vorgegebenen Formate angewiesen sind, lassen sich die Aufzählungszeichen über die Schaltfläche ANPASSEN freier gestalten, indem Sie in einer Sonderzeichenauswahl ein beliebiges Symbol einer beliebigen Schriftart auswählen, skalieren und färben können.

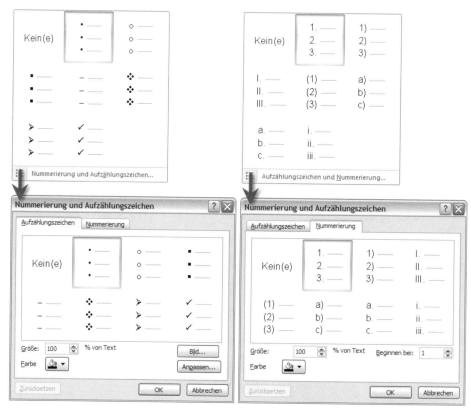

Abb. 7.12: Einstellmöglichkeiten für Aufzählungszeichen und Nummerierungen

Tipp

Empfehlenswert für besondere Aufzählungszeichen ist die Schriftart *Wingdings*.

Sie sind für Aufzählungen nicht auf Sonderzeichen aus Fontdateien beschränkt, sondern können über die Schaltfläche BILD auch Grafiken als Aufzählungszeichen verwenden. Mit der Schaltfläche IMPORTIEREN lassen sich beliebige Grafiken aus Ihrem Datenbestand dafür verwenden.

👀 Auf der Buch-CD finden Sie einige weitere als Aufzählungszeichen geeignete Grafiken im Ordner zu Teil II.

Achten Sie beim Wechsel der Aufzählungszeichen auf korrekte Einzüge!

> **Hinweis**
>
> Animierte GIF-Dateien als Aufzählungszeichen bleiben in der Bildschirmpräsentation statisch! Nur als Grafik in die Folie eingefügte GIF-Dateien werden abgespielt.

Die **Nummerierung** bezieht sich auf die jeweilige Folie; folienübergreifende Nummerierungen sind nur manuell möglich, indem Sie den Wert in »Beginnen bei:« erhöhen.

Um Nummerierungen effektvoller zu gestalten, können Sie auf die Möglichkeiten der Aufzählungszeichen zurückgreifen, allerdings rein manuell, die Zählautomatik funktioniert dann nicht mehr.

Im Zeichensatz »Wingdings« finden Sie zwei Sätze umrandeter Zahlen von 0 bis 10, die Sie als Aufzählungszeichen oder als Sonderzeichen vor jeden Absatz separat von Hand setzen.

Noch exklusiver ist es, selbstgestaltete grafische Aufzählungszeichen mit Nummern zu verwenden. Auf der Buch-CD finden Sie einen kompletten Satz Pool-Billardkugeln, die dafür geeignet sind.

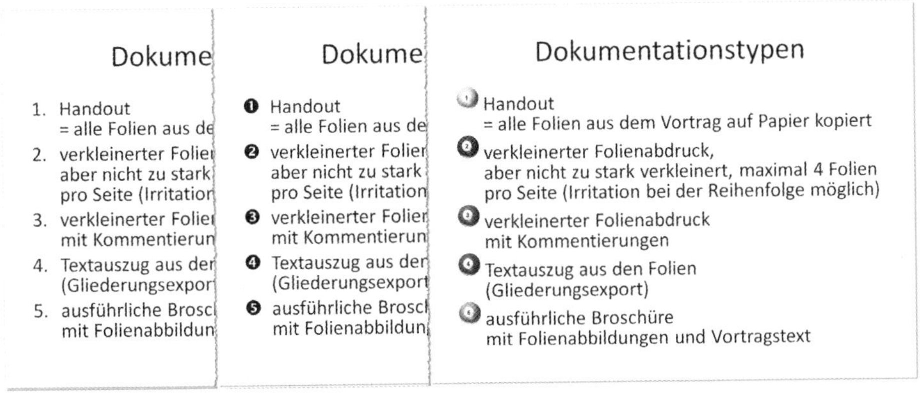

Abb. 7.13: Unterschiedliche Nummerierungstypen: links Standard, Mitte Symbole aus Wingdings, rechts grafische Symbole

7.5.1 Einzüge mit der Maus ändern

START ▸ *Absatz* ▸ *Einzug* OBJEKTDATEN

(*Objektdaten* ist wieder eine Fehlübersetzung; gemeint ist der Sondereinzug der ersten Zeile)

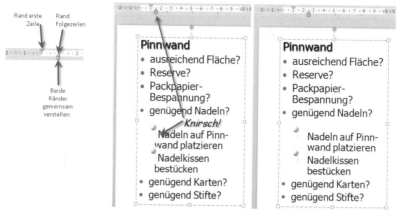

Abb. 7.14: Einzüge im Lineal einstellen

Neben den Einstellungen im Absatz-Dialog lassen sich die Einzüge auch visuell einstellen. Dazu müssen Sie ggf. das Lineal einblenden mit

Ansicht ▸ *Einblenden/Ausblenden* Option Lineal aktivieren.

Greifen Sie im Lineal

das obere Dreieck, so verschieben Sie den linken Rand der ersten Zeile,

das untere Dreieck, so verschieben Sie den linken Rand der Folgezeilen,

das Rechteck, so verschieben Sie beide linken Randmarken gemeinsam.

Dabei werden Sie feststellen, dass es nicht möglich ist, die Randmarke einer tieferen Gliederungsebene mit der Einzugsmarke der nächst höheren Ebene zur Deckung zu bringen. Allerdings nur, solange Sie nicht die [Strg]-Taste beim Verschieben der Marken gedrückt halten, mit ihr werden diese Grenzen außer Kraft gesetzt.

7.5.2 Gliederungsebenen wechseln

Mit

Start ▸ *Absatz*

[Alt]+[⇧]+[→] / [Alt]+[⇧]+[←]
oder
[⇥] / [⇧]+[⇥]

lassen sich bestehende Absätze in andere Gliederungsebenen schieben und weitere Gliederungsebenen einrichten, bis maximal neun. Sie sollten diese Ebenen nicht ausreizen; bereits eine dritte Gliederungsebene muss auf Ausnahmefälle beschränkt bleiben. Wenn die strukturierte Darstellung eine dritte Gliederungsebene verlangt, sollten Sie sie besser auf mehrere Folien aufteilen.

7x7-Regel

Eine Faustregel sagt, dass auf einer Textfolie maximal sieben Gliederungspunkte (Unterebenen mitgezählt) mit jeweils maximal sieben Wörtern Platz finden. Mehr ist nicht schnell genug aufzunehmen.

7.6 Text ausrichten

7.6.1 Text vertikal ausrichten

START ▸ *Absatz* TEXT AUSRICHTEN

7.6.2 Text horizontal ausrichten

	linksbündig	zentriert	rechtsbündig	Blocksatz
START ▸ *Absatz*				
	Strg + L	Strg + E	Strg + R	Strg + J

Zusätzlich gibt es eine Ausrichtungsvariante »Verteilt«, bei der die Buchstaben eines Wortes über die volle Breite des Textcontainers auseinander gezogen werden – die Lesbarkeit leidet darunter erheblich und es erhebt sich die Frage nach dem Sinn einer solchen Option.

7.6.3 Text drehen

Text lässt sich innerhalb eines Containers nur um jeweils 90° im oder gegen den Uhrzeigersinn drehen.

START ▸ *Absatz*

Abweichend vom mathematischen Drehsinn sind die Drehungen als 90° für -90° und als 270° für +90° bezeichnet. Daneben gibt es noch senkrechtes Stapeln, also aufrechte Buchstaben bei senkrechter Leserichtung.

Abb. 7.15: Freies Drehen von Text

> **Hinweis**
>
> Wollen Sie Text in einem anderen Winkel drehen, muss der Container markiert und mit dem grünen Drehpunkt gedreht werden. Halten Sie beim Drehen ⇧ gedrückt, lässt sich der Container nur in 15°-Schritten drehen.

7.7 Fließtext

Mengentext oder Fließtext ist der Feind jedweder Visualisierung. Text als Visualisierung soll pointiert den Vortrag unterstützen, also durch Schlagwörter, Stichpunkte, kurze Formulierungen.

Dennoch kommt man um längere Texte manchmal nicht herum, zum Beispiel wenn es gilt, ein Originalzitat aus einer Norm, einem Konzept o. ä. parat zu haben, das in der Veranstaltung diskutiert werden soll.

Fließtext geringeren Umfangs

Handelt es sich dabei um eine vergleichsweise geringe Textmenge (max. 2 Seiten A4), so kann dieser Text in die Folie einbezogen werden, jedoch nicht komplett im Platzhalter, sondern als besonderes, scrollbares Textfeld.

Die dafür benötigte Technik findet sich nicht in den üblichen Funktionsleisten, sondern muss erst eingerichtet werden:

 ▸ POWERPOINT-OPTIONEN ▸ Register HÄUFIG VERWENDET ▸ Option ENTWICKLUNGSREGISTERKARTE IN DER MULTIFUNKTIONSLEISTE ANZEIGEN

Bei Aktivierung dieser Option erweitert sich die Multifunktionsleiste um das Register ENTWICKLERTOOLS. Darin finden Sie Werkzeuge zum Anlegen spezieller Objekte, u. a. von Textfeldern mit Scrollbar.

1. ENTWICKLERTOOLS ▸ *Steuerelemente* |abl| TEXTFELD
2. Zeichnen Sie mit diesem Werkzeug den Rahmen für das Textfeld auf die Folie.
3. 🖱 EIGENSCHAFTEN
4. In der daraufhin erscheinenden, umfänglichen Einstellungsliste müssen Sie für den angestrebten Zweck mindestens folgende Änderungen vornehmen, um Zeilenumbrüche zuzulassen und den Rollbalken anzuzeigen:
   - Feld MULTILINE: true
   - Feld SCROLLBARS: 2 – fmScrollBarsVertical
   - Weitere Anpassungen der Parameter bleiben dem persönlichen Geschmack vorbehalten.
5. Schließen Sie die Einstellungen mit einem Klick auf ✕.
6. 🖱 TEXTFELD-OBJEKT ▸ BEARBEITEN
7. Tragen Sie nun Ihren Text in das Feld ein oder fügen Sie ihn via Zwischenablage aus dem Original ein. Der Text lässt sich nicht formatieren, lediglich die Schriftart ist mit FONT in den EIGENSCHAFTEN wählbar.

7.7
Fließtext

> **Wichtig**
> Im Präsentationsmodus steht das Textfeld auf der Folie als bearbeitbares Feld zur Verfügung, das heißt, Sie können den Text während der Präsentation ändern. Die Änderungen werden in der Präsentation gespeichert.

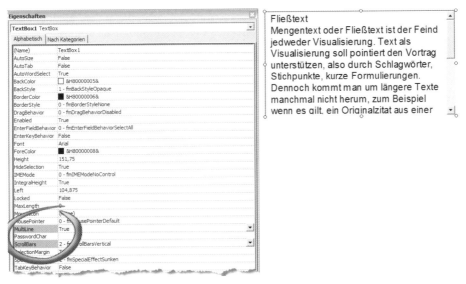

Abb. 7.16: Ein scrollbares Textfeld und seine Einstellungen

Diese Form des Textfeldes hat einen erheblichen Nachteil: Sie ist nicht animierbar und steht immer im Vordergrund – also häufig im Weg. Darum ist zu empfehlen, sie auf eine eigene, versteckte Folie auszulagern, die mit einem Hyperlink (Kapitel 38) nur bei Bedarf angesteuert wird.

1. Klicken Sie die Folie mit dem Textfeld in der Übersichtsleiste links an.
2. FOLIE AUSBLENDEN
3. Zeichnen Sie an einer unverfänglichen Stelle der Folie eine kleine Form als aufrufende Schaltfläche.
4. EINFÜGEN ▸ *Hyperlinks* AKTION ▸ Option HYPERLINK ZU ▸ ZULETZT ANGESEHENE FOLIE ... ▸ OK
5. Wechseln Sie zu der Folie, von der aus Sie den Text ggf. aufrufen möchten.
6. Zeichnen Sie an einer unverfänglichen Stelle der Folie eine kleine Form als aufrufende Schaltfläche.
7. EINFÜGEN ▸ *Hyperlinks* AKTION ▸ Option HYPERLINK ZU ▸ FOLIE ... ▸ (besagte versteckte Folie auswählen) ▸ OK

Während der Präsentation klicken Sie auf die Schaltfläche der aufrufenden Folie und wechseln damit zu der versteckten Folie, in der Sie den langen Text zeigen und ggf. auch bearbeiten können.

Nach Erledigung der Aufgaben kehren Sie mit dem Klick auf die Schaltfläche in der versteckten Folie auf die aufrufende Folie zurück. Wollen Sie nicht dorthin zurück, müssen Sie die versteckte Folie nach der aufrufenden Folie einreihen. Dann geht es bei einem Mausklick *außerhalb* der Schaltfläche direkt weiter zur nächsten Folie.

Umfangreiche Dokumente

Wollen Sie auf längere Dokumente zugreifen, empfiehlt sich eine andere Methode. Das Dokument bleibt datentechnisch außen vor, und Sie greifen während der Veranstaltung per Hyperlink darauf zu.

1. Zeichnen Sie an einer unverfänglichen Stelle der Folie, aus der heraus Sie den Text aufrufen möchten, eine kleine Form als aufrufende Schaltfläche.
2. EINFÜGEN ▸ *Hyperlinks* AKTION ▸ Option HYPERLINK ZU ▸ ANDERE DATEI ▸ (Datei auswählen)

Während der Präsentation bewirkt ein Klick, dass die Datei mit dem zum Explorer gehörenden Programm geöffnet wird, so dass Sie den kompletten Text in diesem Programm zeigen können.

> **Wichtig**
>
> Das per Hyperlink verknüpfte Dokument muss natürlich beim Vorführen zur Verfügung stehen. PowerPoint kennt keine relative Adressierung, deshalb wird es exakt an dem in der Adresse stehenden Pfad erwartet. Also sollten Sie die Verknüpfung immer auf dem Vorführgerät einrichten oder die Funktion VERPACKEN FÜR CD (Kapitel 43) verwenden.

> **Hinweis**
>
> Sollte es beim Aufruf von Hyperlinks zu Warnmeldungen kommen, lesen Sie bitte die einschlägigen Hinweise in Kapitel 38.

Wollen Sie eine bestimmte Stelle in der Datei ansteuern, zum Beispiel einen Paragrafen in einer Vorschrift, so können Sie den Hyperlink darauf einstellen:

1. Markieren Sie die Schaltfläche.
2. HYPERLINK BEARBEITEN
3. Ergänzen Sie im Feld ADRESSE den Eintrag um eine Raute #, gefolgt von dem Text, zu dem gesprungen werden soll, also zum Beispiel #§ 44.
4. OK

7.8 Text in Spalten

Spaltensatz ist eine Spezialität des Fließtextes, also für Vortragsfolien ungeeignet und nur in Ausnahmefällen einsetzbar. Für Synopsen oder Aufzählungen in mehreren Spalten sind die Folienlayouts mit mehreren Text-Platzhaltern vorzuziehen.

START ▸ *Absatz* ▸ ggf. WEITERE SPALTEN

> **Vorsicht**
>
> Die Auswahl nach Anklicken der Schaltfläche gibt bis zu drei Spalten vor. Sie müssen dennoch mit WEITERE SPALTEN den Einstelldialog öffnen, denn voreingestellt ist ein Spaltenabstand von 0, den Sie dort korrigieren können!

7.9 Textverwaltung mit der Gliederung

Zum folienübergreifenden Textmanagement ist die *Gliederung* das probate Mittel.

Gliederungsansicht einschalten

Normalansicht, Seitenregister GLIEDERUNG

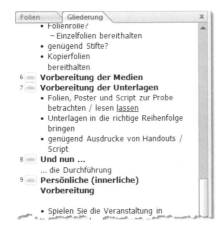

Abb. 7.17: Inhaltliche Organisationshilfe: die Gliederungsansicht mit ihren Werkzeugen im Kontextmenü

> **Hinweis**
>
> Die Gliederungswerkzeuge finden Sie im Kontextmenü der Gliederung.

Mit den Pfeil-Schaltflächen lassen sich die Textelemente einer Präsentation besonders bequem bearbeiten. Sie können Platzhalter hintereinander ausfüllen und haben einen Überblick über die Zusammenhänge der einzelnen Folien. Mit den waagerechten Pfeilen ⇦ ⇨ ziehen Sie das gerade markierte Textelement mehr oder weniger ein. Reduzieren Sie den Einzug eines Absatzes der ersten Ebene, wird eine neue Folie angelegt!

Mit den senkrechten Pfeilen ⇧ ⇩ verschieben Sie markierte Absätze innerhalb der Folie oder auch von einer Folie zur anderen.

 Per Drag&drop lassen sich markierte Absätze in der Gliederung ebenfalls folienübergreifend verschieben.

Kapitel 8

Schrift kreativ

Hinweis

Formatierungen werden auf den markierten Text angewandt. Wenn Sie keinen Text markiert haben, bezieht sich die Textformatierung auf das Wort, in dem der Textcursor gerade steht.

Wichtig

Schriftart, -farbe und -größe lassen sich auch im Master vorgeben, doch bezieht sich diese Formatierung *nur auf Texte in Platzhaltern*; Texte in Formen behalten die Grundformatierung bei. Umformatierungen im Master bewirken, dass *auch die Platzhalter bereits bestehender Folien* angepasst werden.

Aber

Master-Änderungen beeinflussen nicht *manuell* geänderte Formatierungen. Diese müssen Sie ggf. manuell auf Master-Standard zurücksetzen:

START ▸ *Folien* ZURÜCKSETZEN

Die elementaren Gestaltungswerkzeuge für Schrift finden Sie mit identischen Symbolen und Bezeichnungen im Bereich *Schriftart* der Funktionsleiste START sowie in der *Minisymbolleiste*, die als Kontextmenü immer dann eingeblendet wird, wenn Sie mit der rechten Maustaste in einen Text klicken (unabhängig vom Containertyp).

Abb. 8.1: Schriftgestaltungs-Werkzeuge in der Funktionsleiste und in der Minisymbolleiste

8.1 Textauszeichnungen (Attribute)

Um Schrift zu gestalten, bedient sich die Satztechnik verschiedener Möglichkeiten:

Auszeichnung	🖱	⌨
Schriftart	Calibri (Überschrif ▼)	—
Schriftgröße	44 ▼ A˘ A˘	vergrößern: Strg+⇧+. verkleinern: Strg+⇧+,
Textauszeichnungen (Attribute) fett, kursiv, unterstrichen und durchgestrichen	F K U abc	Strg+⇧+F Strg+⇧+K Strg+⇧+U Strg+⇧+D
Textfarbe	A ▼	—
Textschatten	S	—
Textformatierungen auf Standard zurücksetzen	Aa	Strg+⇧+Z

Tabelle 8.1: Basis-Schriftgestaltungswerkzeuge

Die Schriftstile **fett**, *kursiv* und unterstrichen sollten Sie in Präsentationen behutsam einsetzen. Und bitte immer für ein ganzes Element bzw. als durchgängigen Stil für alle Textelemente einer Gliederungsebene. Stilwechsel halten beim Lesen auf, doch Folien sollen schnell erfassbar sein. Wollen Sie einzelne Wörter hervorheben, ist ein Farbattribut besser geeignet.

> **Hinweis**
>
> Beachten Sie bitte diese Grundregel für Texthervorhebungen: **Fettdruck** eignet sich, um das Auge beim Betrachten auf eine bestimmte Stelle zu lenken. *Kursivdruck* dagegen sorgt im Fließtext dafür, dass der Lesefluss »stolpert«, ist deshalb für Präsentationen ohnehin nicht probat. Unterstreichungen stammen aus der Zeit vor der Textautomation und liegen in ihrer Wirkung irgendwo dazwischen.

Strecken

Mit der Auszeichnung *Strecken* werden Kleinbuchstaben auf Versalhöhe gestreckt; der Lesbarkeit ist das nicht dienlich.

START ▸ *Schriftart* 🔲 ▸ Option ZEICHENHÖHE ANGLEICHEN

8.2 Schriftart ändern

In den Designvorlagen sind bereits Schriftarten vorgegeben, häufig die für Präsentationen sehr gut geeignete Schrift *Calibri*, doch es tauchen auch ungeeignete Designschriften auf! Wenn Ihnen die voreingestellte Schrift des Designs nicht zusagt, können Sie sie individuell auswechseln.

> **Hinweis**
>
> In der Schriftenauswahl finden Sie zwei Schriften mit der Klammerergänzung »Überschrift« oder »Textkörper«, die die im Design vorgegebenen Schriftarten kennzeichnen. Mit diesen Ergänzungen gewählte Schriften passen sich bei Auswahl eines anderen Designs den Vorgaben an, während alle anderen Schriftzuweisungen als manuelle Formatierung Vorrang vor Design- und Masterschriften haben.

Ein »durchgreifender« Weg zum Anpassen der Schriftart führt über ein Instrument, das ursprünglich dazu gedacht ist, fremd erstellte Präsentationen mit auf dem Zielcomputer nicht installierten Schriften bestmöglich an die hiesigen Verhältnisse anzupassen.

Schriftart ersetzen

START ▸ *Bearbeiten* ERSETZEN ▼ SCHRIFTARTEN ERSETZEN

In der oberen Liste erscheinen Schriften, die in der Präsentation verwendet werden, aber nicht auf dem Computer installiert sind, mit einem Fragezeichen anstelle des Font-Icons.

Abb. 8.2: Krasse Unterschiede bei automatisch substituierter Schrift

Auch zum Ersetzen unerwünschter Vorgabe-Schriften eignet sich diese Funktion bestens. Diese Ersetzung wirkt sich auch auf Textfelder und Formen aus.

Problemfall Unicode-Schriften

Wenn Sie die eben beschriebene Methode auf eine so genannte *Unicode*- oder *Double-Byte-Schrift* anzuwenden versuchen, wird PowerPoint evtl. mit der Fehlermeldung streiken, dass eine Double-Byte-Schrift nicht durch eine Single-Byte-Schrift zu ersetzen ist. Denselben Hintergrund hat eine abstruse Fehlermeldung beim Öffnen einer Datei, dass *nicht darstellbare asiatische Schriften* in der Präsentation enthalten seien.

Unicode-Schriften haben gegenüber herkömmlichen *TrueType-* und *OpenType-Schriften* ein erweitertes Dateiformat, eben die doppelt lange Codierung. Während sich mit Single-Byte-Schriften nur 255 Zeichen darstellen lassen, von denen die ersten 31 für Steuerbefehle draufgehen, erlaubt das Double-Byte-Format 2^{16}-1 = 65.535 Zeichen zu adressieren. Wenn Sie in EINFÜGEN ▸ SYMBOL die Schrift *Arial Unicode MS* öffnen, werden Sie dort neben dem lateinischen Alphabet und diversen Sonderzeichen auch fremdsprachliche Alphabete finden. Beim Ersetzen einer solchen Schrift durch eine Single-Byte-Schrift können Zeichen aus dem Bereich oberhalb von 255 verloren gehen.

8.3 Schriftgröße ändern

In PowerPoint gibt es über die direkte Einstellung der Schriftgröße per Auswahlliste hinaus die Möglichkeit, die Schriftgröße mit den danebenliegenden Schaltflächen A▲ und A▼ schrittweise zu ändern.

Tipp

In den Einstellungen des Dialogfensters zum Schriftgrad können Sie jeden Wert einstellen, auch eine Stelle nach dem Komma. Sie müssen diese Eingabe mit [Enter] bestätigen, damit sie wirksam wird.

Wichtig

Verwenden Sie keine Schriftgrößen unter 20 Punkt (pt), sie wären zu schlecht lesbar. Denken Sie an die Leute in der letzten Reihe!

8.3.1 Automatische Schriftskalierung

Wenn Sie die Größe eines Platzhalters ändern (mit dem Mauszeiger einen der acht Griffe, die das Element umgeben, greifen und ziehen), wird bei gesetzter Option

 ▸ POWERPOINT-OPTIONEN ▸ DOKUMENTPRÜFUNG ▸ AUTOKORREKTUR-OPTIONEN ▸ Optionen TITELTEXT bzw. UNTERTITELTEXT AN PLATZHALTER AUTOMATISCH ANPASSEN

der Text im Platzhalter neu umbrochen und die Schriftgröße so verändert, dass der Text den Rahmen optimal füllt.

Hinweis

Die Optionsbezeichnung »Untertiteltext« ist irreführend, gemeint sind alle Text-Platzhalter neben dem Titel-Platzhalter.

Vorsicht

Sie sollten mit der automatischen Anpassung der Textgröße vorsichtig umgehen. Leicht wird die Schriftgröße dabei zu klein, PowerPoint kennt leider auch in der »intelligenten« Anpassung keine untere Begrenzung der Schriftgröße.

Bei Größenänderungen an Textfeldern ändert sich die Schriftgröße *nicht*, der Text wird aber neu umbrochen – sofern diese Option aktiviert ist.

Eine automatische Skalierung von Text bei Größenänderungen an Textfeldern bietet dieses Workaround:

1. START ▸ *Zwischenablage* AUSSCHNEIDEN
2. START ▸ *Zwischenablage* EINFÜGEN (untere Hälfte der Schaltfläche!) ▸ INHALTE EINFÜGEN

Skalierbarkeit wieder aufheben:

Zeichentools ▸ FORMAT *Anordnen* ▸ GRUPPIERUNG ▸ GRUPPIERUNG AUFHEBEN

Vorsicht

Wenn Sie ein über INHALTE EINFÜGEN erzeugtes Pseudo-Textfeld disproportional skaliert haben, wird beim Rückwandeln der Text wieder in normal weite Buchstaben umgewandelt, was zum Ineinanderlaufen oder Sperren der Schrift führen kann.

8.3.2 Automatische Rahmenskalierung

Eine Anpassung des Textrahmens an die Textmenge gibt es auch:

Zeichentools FORMAT ▸ *WordArt-Formate* ▸ Register TEXTFELD ▸ Option GRÖSSE DER FORM DEM TEXT ANPASSEN

8.4 Schriftfarbe

Schrift lässt sich in PowerPoint auch farbig attributieren:

in allen Containertypen: START ▸ *Schriftart* ▸ TEXTFÜLLUNG
in Textfeldern und Formen: *Zeichentools* FORMAT ▸ *WordArt-Formate* ▸ A ▾

 Minisymbolleiste: A ▾

Hinweis

Klicken Sie auf das Symbol ▾ neben dem A, um in die Farb- und Effektauswahl zu gelangen! Ein Klick auf das A weist dem markierten Text die zuletzt verwendete Füllfarbe zu, die im Balken unter dem A angezeigt wird.

Zur farblichen Hervorhebung finden Sie zehn Vorgabefarben in jeweils sechs Abstufungen, darunter zehn Standardfarben und die Option KEINE FÜLLUNG für transparenten Text (Abbildung 8.3).

Ein Klick auf WEITERE FÜLLFARBEN öffnet Ihnen das komplette Farbangebot.

Die zuletzt gewählte Farbe wird in die Liste der Standardfarben eingestellt, so dass Sie dort immer die letzten acht benutzten Farben zur Verfügung haben.

Kapitel 8
Schrift kreativ

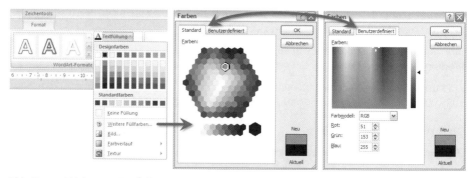

Abb. 8.3: Dialog zur Textfüllung

Gehen Sie mit der Schriftfarbe sparsam um. Beschränken Sie sich auf maximal zwei gut zum Hintergrund kontrastierende Farben für Texte.

8.4.1 Teiltransparenz des Textes einstellen

Der Farbwahldialog für Texte weicht vom gleichen Dialog für Formfüllungen in einem Punkt ab: Teiltransparente Farbfüllungen für Text sind hier nicht möglich, sondern nur im Format-Dialog zu finden:

Zeichentools FORMAT ▸ *WordArt-Formate* 🔲 ▸ Register TEXTFÜLLUNG

Weitere Transparenzeinstellungen für Text finden Sie in den Graduellen Textfüllungen:

Zeichentools FORMAT ▸ *WordArt-Formate* 🔲 ▸ Register TEXTFÜLLUNG ▸ Option GRADUELLE FÜLLUNG

und in den Texteffekten:

Zeichentools FORMAT ▸ *WordArt-Formate* 🔲 ▸ Register 3D-FORMAT ▸ MATERIAL

8.5 Besondere Schriftfüllungen

Schrift lässt sich in PowerPoint mit verschiedenen Füllungen attributieren:

- glatte Farbe (wie oben beschrieben)
- Farbverlauf
- Textur- oder Bildfüllung
- Außenkontur

Einige Design-abhängige Standard-Formatierungen erreichen Sie, wenn Sie neben den dargestellten Mustern in ZEICHENTOOLS *WordArt-Formate* auf ▼ klicken. Bei Auswahl eines dieser Muster werden alle gestalterischen Attribute des markierten Textes auf einen Schlag dem Muster angepasst.

Freie Möglichkeiten der Gestaltung der Schriftattribute finden Sie im Dialog WORDART FORMATIEREN:

Format-Dialog aufrufen

Zeichentools FORMAT ▸ *WordArt-Formate* ▸

TEXTEFFEKTE FORMATIEREN

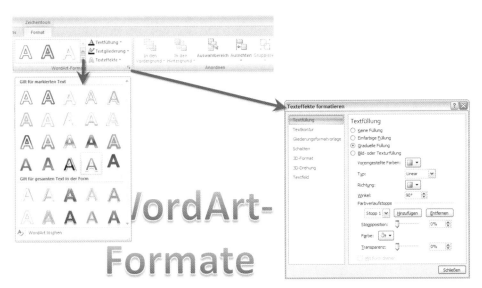

Abb. 8.4: Auswahl für vorgefertigte Schriftdesigns (links) und freie Gestaltung im Format-Dialog (rechts)

Hinweis
In vielen Dialogen für Schriftattribute finden Sie ein Symbol, das meist synonym für steht und in die Farbauswahl nach Abbildung 8.3 führt, ohne in den folgenden Texten nochmals erläutert zu werden.

Aber:
In der Minisymbolleiste sind beide Symbole enthalten und sie haben unterschiedliche Funktionen: beeinflusst die Schriftfarbe, während für die Hintergrundfarbe des Containers zuständig ist!

8.5.1 Schrift mit Farbverlauf füllen

Texte lassen sich nicht nur glatt einfarbig füllen, sondern auch mit Farbverläufen versehen, wobei folgende Besonderheiten zu beachten sind:

- Als Begrenzungen für den Verlauf werden die Außengrenzen des Textes zugrunde gelegt, nicht des Containers.
- Diese Füllfunktion arbeitet wortorientiert! Für jedes neu begonnene Wort beginnt der Fülleffekt neu. Abbildung 8.5 zeigt, dass bei verbundenen Wörtern sogar der Bindestrich als eigenes Wort gerechnet und mit separatem Verlauf versehen wird.

Farbverlauf

Farb-Verlauf

Abb. 8.5: Wortabhängiger Verlauf der Farben

Zeichentools FORMAT ▸ *WordArt-Formate* TEXTFÜLLUNG ▸ FARBVERLAUF
Zeichentools FORMAT ▸ *WordArt-Formate* ▸ Register FÜLLUNG ▸
Option GRADUELLE FÜLLUNG

TEXTEFFEKTE FORMATIEREN ▸ Register FÜLLUNG ▸ Option GRADUELLE FÜLLUNG

Die Auswahl über die Funktionsleiste bringt nur eine beschränkte Auswahl an Verläufen. Mit dem Format-Dialog haben Sie volle Gestaltungsfreiheit, den Sie auch mit einem Klick auf WEITERE FARBVERLÄUFE erreichen. Die Option GRADUELLE FÜLLUNG schaltet die zugehörigen Bedienelemente im unteren Teil des Dialogs ein.

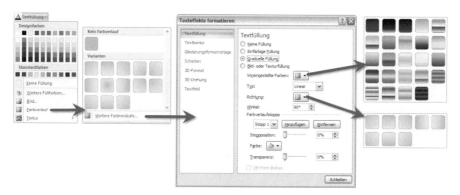

Abb. 8.6: Eingeschränkte Auswahl (links) und volle Freiheit (rechts) der Farbverläufe

Mit TYP und RICHTUNG stellen Sie die Verlaufsform und den Verlaufswinkel ein.

> **Wichtig**
> Ein Wechsel des Verlaufstyps führt immer dazu, dass die Verlaufsrichtung auf die Grundeinstellung zurückgestellt wird.

8.5 Besondere Schriftfüllungen

Die FARBVERLAUFSSTOPPS gestatten Ihnen, Verläufe über mehrere Farben zu kombinieren. An der jeweiligen STOPPPOSITION, die als Prozentangabe bezogen auf den Gesamtverlauf anzugeben ist, wird die gewählte Farbe als reiner Ton dargestellt; zwischen den Stopps errechnet PowerPoint die Farbverläufe.

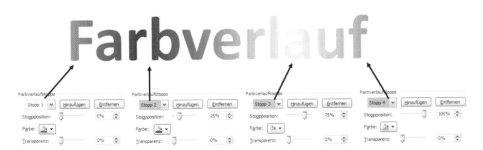

Abb. 8.7: Farbverlauf mit Stopppositionen

In der Auswahl VOREINGESTELLTE FARBEN finden Sie einige vorgefertigte Verläufe, die Sie über die Stopps einzeln verändern können.

Jeder Stoppposition lässt sich eine eigene Transparenz zuordnen, so dass Sie die Graduelle Füllung auch als Verlauf zwischen verschiedenen Graden der Durchsichtigkeit einsetzen können, was jedoch häufiger im Formbereich als im Textbereich eine Rolle spielt.

Teiltransparenten Verlauf erzeugen

1. Wählen Sie
   Zeichentools FORMAT ▸ *WordArt-Formate* TEXTFÜLLUNG ▸ FARBVERLAUF ▸ WEITERE FARBVERLÄUFE
   oder
   FORMAT ▸ *WordArt-Formate* 🖼 ▸ Register FÜLLUNG ▸ Option GRADUELLE FÜLLUNG
2. Weisen Sie STOPP 1 und STOPP 2 bei FARBE identische Eigenschaften und unterschiedliche TRANSPARENZ zu.

8.5.2 Schrift mit Bildern füllen

Schrift lässt sich auch mit Bildern füllen; beachten Sie jedoch bitte, dass dazu nur fette Schriften geeignet sind, weil sonst das Motiv der Füllung nicht erkennbar ist.

PowerPoint bietet zwei Varianten der Füllung mit Bildern an: vollflächig auf die Dimensionen des Textcontainers gestreckt und als Textur innerhalb der zu füllenden Fläche »gekachelt«. Bei der Kachelversion müssen Sie beachten, ein sehr kleinteiliges Muster zu verwenden, weil es sonst nicht erkennbar ist.

Schrift mit Bildern kacheln

Zeichentools FORMAT ▸ *WordArt-Formate* TEXTFÜLLUNG ▸ TEXTUR

 TEXTEFFEKTE FORMATIEREN ▸ Register FÜLLUNG ▸ Option BILD- ODER TEXTURFÜLLUNG

Hier finden Sie einige Texturen (gekachelte Flächenfüllungen), die Sie so übernehmen müssen, wie sie in der Auswahl vorliegen, eine Nachbearbeitung ist intern nicht möglich. Nach einem Klick auf DATEI, ZWISCHENABLAGE oder CLIPART lassen sich in einer Dateiauswahl andere Texturen aus Bitmap-Dateien von Ihrer Festplatte nachladen.

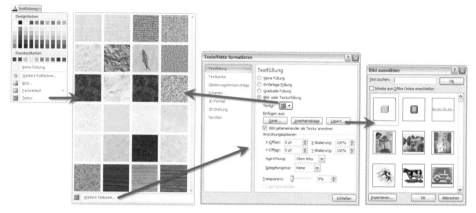

Abb. 8.8: Dialoge zur Füllung mit Texturen

Mit den *Kacheloptionen* lassen sich die Motive versetzen, skalieren und abwechselnd gespiegelt über die Fläche verteilen. Die Spiegelungen sind dann wichtig, wenn Sie für Texturen ungeeignete Bilder benutzen. Echte Texturen müssen so aufeinander abgestimmt sein, dass rechte und linke sowie obere und untere Ränder exakt zueinander passen, so dass nach dem Zusammenfügen keine Naht erkennbar bleibt. Mit gespiegelten Kacheln umgehen Sie diese Vorgabe.

Auf der CD zum Buch finden Sie weitere Texturen im gleichnamigen Ordner.

Schrift mit Einzelbild füllen

Vorsicht
Diese Füllfunktion arbeitet wortorientiert wie die graduelle Füllung (siehe Abbildung 8.5)! Für jedes neue Wort wird die Füllung separat eingepasst.

Zeichentools FORMAT ▸ *WordArt-Formate* TEXTFÜLLUNG ▸ BILD

 TEXTEFFEKTE FORMATIEREN ▸ Register FÜLLUNG ▸ Option BILD- ODER TEXTURFÜLLUNG FÜLLUNG

Im Unterschied zu einer Textur wird hier die Grafik an die Rahmenmaße des Containers angepasst, also gestaucht oder gestreckt, auch unproportional. Die *Dehnungsoptionen* bei der Bildfüllung von Formen stehen für Text leider nicht zur Verfügung. Sie können dieser Verzerrung nur begegnen, indem Sie das Füllmaterial entweder extern mit einem Grafikprogramm an die Proportionen des Textcontainers anpassen oder die Beschnittfunktion in PowerPoint (Kapitel 17) dafür verwenden:

Abb. 8.9: Textfüllung mit Foto, oben mit automatischer Größenanpassung, unten mit vorab angepasstem Ausschnitt

Workaround: Bild-Füllung an Textcontainer anpassen

1. Ermitteln Sie die Abmessungen des zu füllenden Wortes, nicht die Abmessungen des Textcontainers. Das Lineal leistet dabei gute Dienste:
   ANSICHT ▸ *Einblenden/Ausblenden* Option LINEAL aktivieren.
2. Fügen Sie das Bild, das zur Füllung benötigt wird, zunächst als Bild auf der Folie ein: EINFÜGEN ▸ *Illustrationen* GRAFIK
3. *Bildtools* FORMAT ▸ *Schriftgrad* ZUSCHNEIDEN
4. Beschneiden Sie das Bild so, dass die wichtigen Teile zu sehen sind und das Seitenverhältnis dem des Schriftzuges entspricht; ganz rechts in der Funktionsleiste *Bildtools* FORMAT sind die Abmessungen des beschnittenen Bildes zu sehen.
5. Verschieben Sie das zugeschnittene Bild mit Strg+X in die Zwischenablage.
6. Klicken Sie in den zu füllenden Schriftzug.
7. 🖱 TEXTEFFEKTE FORMATIEREN ▸ Register TEXTFÜLLUNG ▸ Option *Bild- ODER TEXTURFÜLLUNG* ▸ ZWISCHENABLAGE

8.6 Schriftkontur

Neben der Textfüllung lassen sich die Umrisslinien der Buchstaben mit einem wie bei der Textfüllung gestalteten Dialog separat einfärben – eine Option, die sich nur für sehr große und fette Schriften eignet.

> **Tipp**
>
> Die Umrisslinie kann aber auch bei leichten Schriftschnitten sinnvoll sein, wenn Sie eine Schrift verwenden, für die es keinen deutlich erkennbaren Fett-Schnitt gibt. Ein Umriss in gleicher Farbe wie die Textfüllung macht diese Schrift zur Fettschrift.

Kapitel 8
Schrift kreativ

8.6.1 Konturen ändern

Zeichentools ▸ FORMAT *Wordart-Formate* ▸ TEXTGLIEDERUNG*

 Minisymbolleiste:

 TEXTEFFEKTE FORMATIEREN ▸ Register TEXTKONTUR und GLIEDERUNGSFORMATVORLAGE

*) Der Übersetzungsteufel hat in diesem Funktionsbereich heftig zugeschlagen! Das Wort *Outline* wurde in der Beta-Phase durchgängig mit *Gliederung* übersetzt. Auf Hinweise der Betatester wurde es an einigen Stellen in *Kontur* oder *Linie* korrigiert, aber nicht komplett, so dass Sie bei Konturen betreffenden Funktionen von PowerPoint immer wieder auf den Begriff *Gliederung* stoßen – es ist aber dennoch die Kontur gemeint!

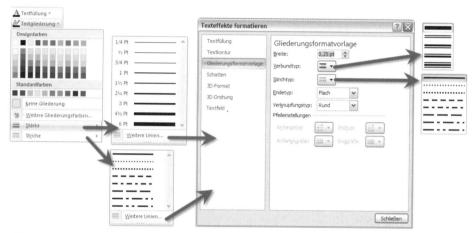

Abb. 8.10: Einstellmöglichkeiten für Textkonturen

Einstellungen für Textkonturen	im Format-Dialog	via Funktionsleiste
Farbe	Register TEXTKONTUR	TEXTGLIEDERUNG ▸ DESIGNFARBEN/STANDARDFARBEN/WEITERE FARBEN
Linienstärke	Register GLIEDERUNGSFORMATVORLAGE ▸ BREITE	TEXTGLIEDERUNG ▸ STÄRKE
Doppellinie	Register GLIEDERUNGSFORMATVORLAGE ▸ VERBUNDTYP	(fehlt)
Unterbrochene Linie	Register GLIEDERUNGSFORMATVORLAGE ▸ STRICHTYP	TEXTGLIEDERUNG ▸ STRICHE

Tabelle 8.2: Einstellungen für Textkonturen

Weiche Konturen

Mit dem Effekt LEUCHTEN lässt sich um Text herum ein diffuser Farbkranz erzeugen, der als Vorgaben nur

- sechs Farben
- in vier Verlaufsbreiten

umfasst und deshalb keine weiteren Einstellungen im Format-Dialog bietet. Nachdem Sie einen Leuchtkranz in beliebiger Farbe zugewiesen haben, können Sie jedoch durch nochmaligen Aufruf der Auswahl über WEITERE LEUCHTFARBEN eine andere als die vorgegebenen fünf Farben wählen. Allerdings muss dann die Breite des Verlaufs endgültig bestimmt sein, denn diese lässt sich nur mit einer der Vorgabefarben gemeinsam neu einstellen.

Zeichentools FORMAT ▸ *WordArt-Formate* TEXTEFFEKTE ▸ LEUCHTEN

 TEXTEFFEKTE FORMATIEREN ▸ Register LEUCHTEN

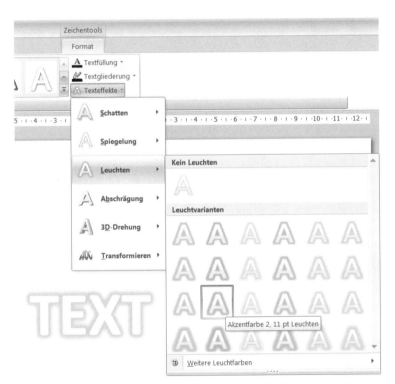

Abb. 8.11: Die Leuchteffekte sind nur im Rahmen der Vorgaben variierbar.

> **Hinweis**
> Den Effekt WEICHE KANTEN aus den Formeffekten gibt es für Text nicht.

8.7 Texteffekte

Neben den im vorigen Abschnitt beschriebenen »üblichen« Textformatierungen bietet PowerPoint mit den *WordArt*-Funktionen einige überraschende grafische Gestaltungsmöglichkeiten. Der Begriff *WordArt* mag Umsteiger von den PowerPoint-Vorversionen irritieren, weil er dort für grafischen Text reserviert war. In Version 2007 beziehen sich alle WordArt-Funktionen auf jedweden Text.

Es gibt zwar noch den separaten Aufruf EINFÜGEN ▸ *Text* WORDART, doch können Sie vorhandenen Text in jeder Art von Container mit den *WordArt-Formatierungen* der Funktionsleiste *Zeichentools* FORMAT bearbeiten.

Für Vortragsfolien sollten Sie diese Funktionen vorsichtig angehen, denn mit Ausnahme der einfarbigen Textfüllung sind diese nur für einen sehr pointierten Einsatz und auch dann mit möglichst dezenten Effekten zu gebrauchen.

TEXT TEXT TEXT

TEXT TEXT TEXT

Abb. 8.12: Einige WordArt-Effekte, die auch getrost für Überschriften und Hinweise in Folien zu verwenden sind (oben aus den WordArt-Formaten, unten frei gestaltet)

Etwas mehr Spielraum können Sie sich gönnen, wenn Sie Symbole und Zahlen für Aufzählungszeichen grafisch aufwerten möchten. Allerdings lassen sich die Zahlen der automatischen Nummerierung separat nur umfärben, weitergehende Schriftattribute werden vom Text übernommen.

Für grafisch gestaltete Aufzählungszeichen können Sie die Automatik erhalten, indem Sie ein mit WordArt formatiertes Symbol aus einem Symbol-Font als Grafik exportieren und dann über die Symbolauswahl als Aufzählungszeichen reimportieren.

1. Wählen Sie ein Symbol aus Wingdings o. ä. aus.
2. Gestalten Sie es mit WordArt-Effekten.
3. ALS GRAFIK SPEICHERN
4. Markieren Sie die Aufzählung,
   NUMMERIERUNG UND AUFZÄHLUNGSZEICHEN, Schaltfläche BILD
5. Schaltfläche IMPORTIEREN, Bildauswahl
6. Ordnen Sie das importierte Symbol Ihrer Aufzählung per Doppelklick zu.

Abb. 8.13: Vom WordArt-Buchstaben zum Aufzählungszeichen

8.7.1 Schatten

Zur besseren optischen Wirkung lassen sich flächige Elemente mit unterschiedlichen Schatten und Spiegelungen versehen.

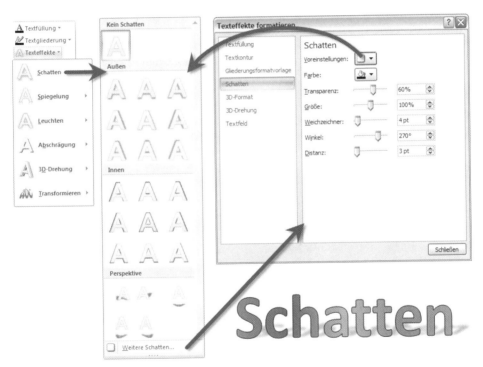

Abb. 8.14: Spiegelungen und Schatten

Für beide Effekte finden sich bereits voreingestellte Standardgestaltungen in der Auswahl der WordArt-Effekte . Für Spiegelungen sind die dort auswählbaren Effekte abschließend, während Sie bei den Schatten über WEITERE SCHATTEN zum Format-Dialog, Register SCHATTEN gelangen.

Kapitel 8
Schrift kreativ

Schattenwerkzeuge aufrufen

Zeichentools FORMAT ▶ *WordArt-Formate* TEXTEFFEKTE ▶ SCHATTEN ▶ WEITERE SCHATTEN

TEXTEFFEKTE FORMATIEREN ▶ Register SCHATTEN

Die Einstellungen für Farbe, Transparenz, Größe (im Verhältnis zur Form), Weichzeichner (für den Rand), Winkel und Distanz sind weitgehend selbsterklärend.

Wichtig

Innere und perspektivische Schatten können Sie mit den Einstellungen des Dialogs allein nicht erzeugen. Dazu müssen Sie aus den Voreinstellungen eine Schattenform auswählen, die sich anschließend aber mit den manuellen Einstellungen nacharbeiten lässt.

Vorsicht

Haben Sie einem Zeichenelement, das als Text-Container dient, einen Schatten zugewiesen, wird dieser auch auf den Text angewandt und ist bei (teil)transparenten Formfüllungen zu sehen. Wollen Sie, dass nur der Rahmen Schatten wirft, aber nicht der Text, müssen Sie in den WordArt-Einstellungen die Schatten-Attribute zurücksetzen.

Textschatten S

PowerPoint kennt einen weiteren Schatten: den Textschatten im Bereich START *Schriftart*. Im Gegensatz zum grafischen Schatten lässt sich dieser nicht verändern.

8.7.2 Spiegelungen

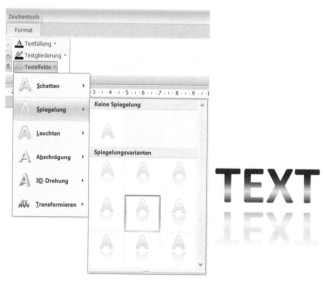

Abb. 8.15: Spiegelungen sind nur im Rahmen der Vorgaben variierbar.

Ein den Schatten ähnlicher Texteffekt ist das Spiegeln, allerdings nur im Rahmen der Vorgaben

- senkrecht zur Grundlinie
- in drei Spiegelungsabständen und
- drei Spiegelungstiefen

veränderbar und deshalb auch nicht im Format-Dialog zu finden.

Zeichentools FORMAT ▸ *WordArt-Formate* TEXTEFFEKTE ▸ SPIEGELN

8.7.3 Schriftzug verformen

Die TEXTEFFEKTE enthalten als untersten Auswahlpunkt TRANSFORMIEREN, mit dem die Umrissform des Textes an unterschiedlich geformten Grundlinien orientiert werden kann.

Transformierte WordArt-Objekte lassen sich in ihrer Darstellung mit Hilfe der violetten Rauten verändern, vergleichbar zu den gelben Rauten der meisten Formen (vgl. Kapitel 20). Beim Bewegen der Raute mit der Maus zeigt ein Rahmen die künftige Containerform für den Schriftzug an.

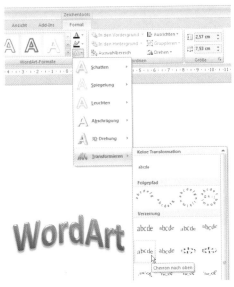

Abb. 8.16: Text verformen mit der violetten Raute

Abb. 8.17: Vielfältige Möglichkeiten für Textpfade und -formen mit der WORDART-TRANSFORMATION

8.7.4 3D-Effekte für Schrift

In *Zeichentools* FORMAT ▸ *WordArt-Formate* finden Sie eine kleine Auswahl an 3D-Effekten, die nach einem Klick auf verfeinert werden können; mehr dazu in den folgenden Detailbeschreibungen.

> **Hinweis**
>
> In den Design-Vorlagen (Entwurf Design) finden Sie bereits einige durchgestaltete 3D-Designs, bei denen ohne Drehung im Raum allein mit der Abschrägung und passenden Lichteffekten ein plastischer Eindruck hervorgerufen wird..

Mit den 3D-Funktionen bietet PowerPoint Assistenz-Funktionen, die einem flächigen Objekt, auch Text, scheinbare Tiefe verleihen. Die Funktionen sind aufgeteilt in zwei Bereiche:

Zeichentools FORMAT ▸ WordArt-Formate TEXTEFFEKTE ▸ ABSCHRÄGUNG*
Zeichentools FORMAT ▸ WordArt-Formate TEXTEFFEKTE ▸ 3D-DREHUNG
WordArt- Format-Dialog: Register 3D-FORMAT* und 3D-DREHUNG

*) *Die Termini* ABSCHRÄGUNG *aus den Formeffekten und* 3D-FORMAT *aus dem Format-Dialog stehen synonym für dieselben Effekte.*

Der räumliche Eindruck entsteht durch grafische Tricks, mit denen den Objekten scheinbar eine räumliche Tiefe verliehen wird; der technische Fachausdruck dafür lautet *extrudieren*. (Weitere Informationen zu Tiefenwirkungen, Perspektiven etc. finden Sie ausführlich in Kapitel 21.)

Reines Extrudieren erreichen Sie mit den Einstellungen zur

 TEXTEFFEKTE FORMATIEREN ▸ Register 3D-FORMAT ▸ *Tiefe* TIEFE

Sie weisen damit dem ausgewählten Text eine dritte Dimension *in die Tiefe des Monitors hinein* zu. Von der sehen Sie allerdings noch nichts, weil Sie quasi von oben auf den Text schauen. Sichtbar wird der Effekt erst, wenn Sie die Betrachtungsrichtung des Textes verändern, indem Sie ihn *im Raum drehen* (Abbildung 8.18):

 TEXTEFFEKTE FORMATIEREN ▸ 3D-DREHUNG ▸ VOREINSTELLUNGEN oder Einstellen der Drehwinkel unter DREHUNG

Sie können die Drehung in allen drei Raumachsen mit den Grad-Einstellungen manuell vornehmen oder eine der voreingestellten Drehungen verwenden und dann von Hand fein einstellen.

Die voreingestellten Drehungen sind in drei Rubriken eingeteilt.

- **Parallel:** Die Tiefenkanten stehen parallel zueinander. Diese Extrusion erreichen Sie auch, wenn Sie nur mit den Grad-Reglern arbeiten.
- **Perspektive:** Die Tiefenkanten laufen aufeinander zu. Diese Extrusion können Sie mit dem Perspektive-Regler einstellen.
- **Schräg:** Die Tiefenkanten stehen parallel zueinander; die Form selbst wird nicht verzerrt. Diese Extrusion können Sie mit den Grad-Reglern nicht einstellen, aber nacharbeiten, wenn sie einmal aus den Voreinstellungen gewählt ist.

> **Hinweis**
>
> Die Drehungen allein enthalten noch keine Extrusion! Es wird nur die flache Form so verzerrt, dass sie wirkt, als werde sie nicht mehr frontal betrachtet.

8.7 Texteffekte

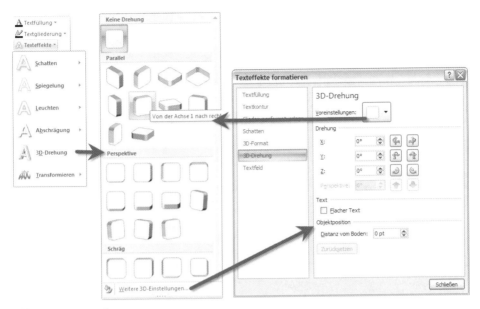

Abb. 8.18: 3D-Drehung

Abb. 8.19: Oben flacher Text, unten extrudierter Text, links ungedreht, rechts gedreht

> **Vorsicht**
> Die Schaltfläche AUF 2D ZURÜCKSETZEN entfernt alle 3D-Attribute der Form nachhaltig! Sie ist nicht zu verwechseln mit der nur temporären Wirkung der Schaltfläche IN 2D BEARBEITEN der SmartArts!

Abb. 8.20: Unterschiedliche Drehwinkel

Tiefenfarbe

Die Farbe der extrudierten Flächen lässt sich individuell im WordArt-Format-Dialog: Register 3D-FORMAT ▸ *Tiefe* FARBE beeinflussen. Die interessanteren Seitengestaltungen erzielen Sie jedoch, wenn Sie dort die Einstellung AUTOMATISCH wählen, denn damit wird die Farbe der Textkontur für die Tiefe übernommen. Das allein wäre noch nicht spektakulär, wenn Sie allerdings Ihrer Schrift keine Textkontur zugewiesen haben, übernimmt die Extrusion die Füllfarbe – vom Rand! Das bedeutet, dass bei nicht einfarbiger Textfüllung (also bei Farbverläufen, Bild- und Texturfüllungen) interessante Muster auf den Extrusionsflächen entstehen können.

Abb. 8.21: Extrusion übernimmt Randfarbe – detailgenau; von links: glatte Füllung, Farbverlauf, Textur

Kanten brechen

Die Abschrägungen bieten zwölf verschiedene Möglichkeiten, die Kanten der Schrift zu brechen. Dieser Effekt wird bereits ohne Drehung im Raum sichtbar, weil zugleich auch Oberflächen- und Beleuchtungseffekte aktiviert werden, die der noch liegenden Schrift Plastizität verleihen.

Bei *Zeichentools* FORMAT ▸ *WordArt-Formate* TEXTEFFEKTE ▸ ABSCHRÄGUNGEN finden Sie die Grundformen der Kantengestaltung, die Abmessungen und weiteren Attribute stellen Sie im Format-Dialog, Register 3D-FORMAT ein, das auch via WEITERE 3D-EINSTELLUNGEN unterhalb der voreingestellten Abschrägungen erreichbar ist. Umgekehrt gelangen Sie vom WordArt-Format-Dialog durch einen Klick auf die Schaltflächen für die obere und die untere Abschrägung wieder zur grundlegenden Kantengestaltung (Abbildungen 8.22 und 8.23).

Oberfläche und Beleuchtung

Die *wirklich guten* räumlichen Effekte erzielen Sie erst, wenn Sie die Oberflächenbeschaffenheit und die Beleuchtung richtig eingerichtet haben. Die Bezeichnungen der einzelnen Effekte geben nicht viel her. Es ist deshalb nötig, unterschiedliche Kombinationen von

- Oberflächengestaltung,
- Beleuchtungsart und
- Beleuchtungswinkel

zu erproben und zu verwerfen, bis das optimale Ergebnis erzielt ist.

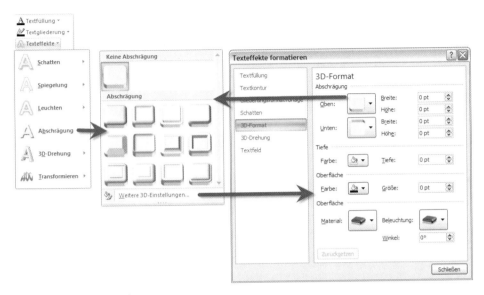

Abb. 8.22: 3D-Effekte für Text

Abb. 8.23: Verschiedene Formen und Einstellungen der »Abschrägung«

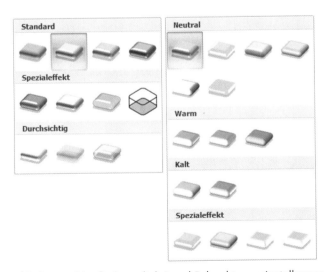

Abb. 8.24: Oberflächen- (links) und Beleuchtungseinstellungen (rechts)

Kapitel 8
Schrift kreativ

Oberflächen			
Standard			
Matt	Warm matt	Plastik	Metall
Spezialeffekt			
Dunkle Kante	Helle Kante	Flach	Drahtmodell
Durchsichtig			
Pulver	Durchsichtiges Pulver	Transparent	

Tabelle 8.3: Verbale Bezeichnungen der Oberflächeneinstellungen

Die Rubrik DURCHSICHTIG enthält mit PULVER auch einen nicht-transparenten Effekt. Mit den beiden Oberflächen DURCHSICHTIGES PULVER und TRANSPARENT dagegen werden die Zeichen durchsichtig.

Beleuchtung			
Neutral			
Drei Lichtpunkte	Gleichmäßig	Weich	Hart
Flutlicht	Kontrast		
Warm			
Früher Morgen	Sonnenaufgang	Sonnenuntergang	
Kalt			
Kühl	Kalt		
Spezialeffekt			
Zwei Lichtpunkte	Flach	Leuchten	Heller Raum

Tabelle 8.4: Verbale Bezeichnungen der Beleuchtungseinstellungen

Abb. 8.25: Wirkung unterschiedlicher Beleuchtungen (von links: Drei Lichtpunkte 0°, 90°, 180°, Zwei Lichtpunkte 0°)

Tipps zu 3D-Schrift

Erproben und verwerfen Sie unterschiedliche Kombinationen, bis das optimale Ergebnis erzielt ist.

> **Tipps zu 3D-Schrift**
> Verwerfen Sie einen Oberflächeneffekt nicht zu früh; probieren Sie erst aus, wie er unter anderen Beleuchtungswinkeln oder -varianten wirkt.

> **Vorsicht**
> Lassen Sie sich bitte nicht von der Vielfalt der Möglichkeiten verführen! WordArt-Objekte sind sehr pointiert einzusetzen, denn die grafische Verfremdung – selbst wenn sie nur sparsam eingesetzt wird – erschwert häufig die Lesbarkeit. Setzen Sie deshalb WordArt nur für besonders hervorzuhebende, kurze Texte ein, zum Beispiel für Logos, Titel oder Überschriften.

8.8 Versionskompatibilität der WordArt-Effekte

WordArt-Objekte der Vorversionen werden von Version 2007 einwandfrei übernommen und lassen sich weiterbearbeiten.

Die Vorversionen erkennen WordArt-Objekte in Dateien, die im kompatiblen Format gespeichert wurden, als Grafik, die sich nicht bearbeiten und nicht in ein PowerPoint-Objekt umwandeln lässt.

> **Hinweis**
> Unter EINFÜGEN ▶ *Text* finden Sie auch eine Auswahlmöglichkeit, ein WordArt-2.0-Objekt einzufügen, damit starten Sie eine WordArt-Version aus Office 95.

Kapitel 9

Text mit Tabellen strukturieren

Strukturierte Texte werden häufig in Tabellenform dargestellt. Bedenken Sie dabei aber bitte, die Anzahl der Tabellenzellen klein zu halten, weil sonst die Folie überladen wird. 12 bis 15 Zellen gelten als Obergrenze der Darstellbarkeit.

9.1 Der schnelle Weg zur Tabellenfolie

Es gibt drei Möglichkeiten, Tabellen in PowerPoint einzurichten:

- mit Hilfe eines Folienlayouts mit Tabellen-Platzhalter,
- durch Anlegen einer Tabelle in einer beliebigen Folie,
- durch Import aus einer Textverarbeitung.

9.1.1 Tabelle einfügen

Tabelle via Platzhalter

Wählen Sie nach dem Anlegen einer Folie ein Folienlayout mit dem *Inhalt*-Symbol:

START ▸ *Folien* LAYOUT

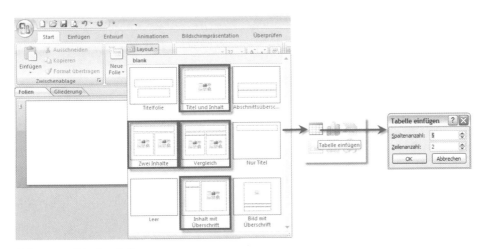

Abb. 9.1: Tabellen-Folie erzeugen

Klicken Sie darin auf das Tabellen-Symbol in der Kombi-Schaltfläche und stellen Sie im nachfolgenden Dialog die gewünschte Anzahl Spalten und Zeilen ein. Eine Tabelle in der gewählten Größe wird eingefügt, deren Zellen sich wie Textfelder bearbeiten lassen.

Tabellen nachträglich in Folien einfügen

Unabhängig vom Folienlayout lassen sich Tabellen in jede beliebige Folie einfügen.

EINFÜGEN ▸ *Tabelle* TABELLE

In der Funktionsleiste führt ein Klick auf die Schaltfläche TABELLE EINFÜGEN zu einem grafischen Dialog, in dem Sie durch Überstreichen mit dem Mauszeiger die Tabellenzellen festlegen (vgl. Abbildung 9.2). Der Befehl TABELLE EINFÜGEN unterhalb führt zu einer Abfrage nach Spalten und Zeilen wie beim Platzhalter.

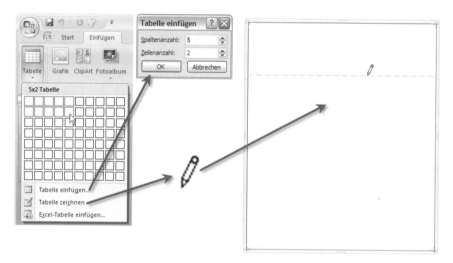

Abb. 9.2:   Drei Möglichkeiten, die Tabellengröße zu wählen

Die Möglichkeit, eine Tabelle frei zu zeichnen, zählt nicht zu den schnellen Methoden und wird deshalb in Abschnitt 9.2.1 erläutert.

Text in Tabellen eingeben

Sie geben Daten in Ihre Tabellenfelder (Zellen) ein wie normalen Text. Mittels EINFÜGEN ▸ GRAFIK ist es auch möglich, Bilder in Zellen einzustellen.

Zwischen den Zellen bewegen Sie sich mit ⇥ und ⇧+⇥ oder durch Anklicken der gewünschten Zelle mit der Maus. Benötigen Sie innerhalb einer Zelle einen Tabsprung, müssen Sie zusätzlich zu ⇥ die Taste Strg gedrückt halten.

> **Hinweis**
>
> Drücken Sie ⇥ in der letzten Zelle rechts unten, wird eine neue Zeile unter der letzten Zeile angelegt.

Tabellarischen Text aus anderen Dokumenten übernehmen

Der schnellste und sicherste Weg, eine Tabelle aus einem anderen Dokument in eine Folie einzufügen, besteht darin, die Tabellen in der Quellanwendung zu markieren und mit [Strg]+[C] in die Zwischenablage zu kopieren. Anschließend wechseln Sie zu PowerPoint und fügen die Tabelle mit [Strg]+[V] dort ein. PowerPoint erzeugt eine eigene Tabelle mit den importierten Inhalten.

Dieses Verfahren funktioniert genauso, wenn Sie nur Teile einer Tabelle importieren möchten: Sie markieren in der Quellanwendung die zu übernehmenden Zellen, kopieren sie mit [Strg]+[C] in die Zwischenablage und holen sie in PowerPoint mit [Strg]+[V] als interne Tabelle dort wieder heraus.

Wenn Sie eine in PowerPoint vorhandene Tabelle um Daten aus einer anderen Anwendung ergänzen wollen, gehen Sie ebenso vor: Stellen Sie den Cursor in die erste Zelle, in die die erste Zelle des Imports eingefügt werden soll, und betätigen dann [Strg]+[V]; so werden die Zelleninhalte ab der aktuellen Cursorposition in die Zellen der aufnehmenden Tabelle eingefügt.

9.1.2 Markieren innerhalb der Tabelle

Aktuelle Bearbeitungsselektion ist immer die Zelle, in der der Cursor sich gerade befindet. Dabei ist der Cursor grundsätzlich im Textmodus, Sie markieren also den Text, solange Sie sich innerhalb einer Zelle bewegen.

Am linken Zellenrand nimmt der Mauszeiger die Form ⬈ an; wenn Sie jetzt klicken, wird die komplette Zelle markiert.

Wollen Sie mehrere Zellen gleichzeitig bearbeiten, fahren Sie mit dem Mauszeiger bei gedrückter linker Maustaste über alle gewünschten Zellen. Die markierten Zellen werden invers dargestellt.

Wollen Sie komplette Zeilen oder Spalten markieren, bewegen Sie den Mauszeiger an den linken oder oberen Rand der Tabelle, wo er die Form ➡ für Zeilenmarkierung bzw. ⬇ für Spaltenmarkierung annimmt. Ein Klick auf die linke Maustaste markiert die komplette Zeile bzw. Spalte. Bei gedrückter Maustaste können Sie durch Ziehen mehrere Zeilen bzw. Spalten markieren.

9.1.3 Tabellen gliedern

Für die Gestaltung Ihrer Tabelle finden Sie die Werkzeuge in den beiden Registern der *Tabellentools*, wobei die Registerbezeichnungen ENTWURF und LAYOUT nicht sonderlich aussagekräftig sind. Die wichtigsten Funktionen zur Organisation und Verwaltung der Tabellendetails stehen im Register LAYOUT.

Abb. 9.3: Zellenverwaltung in der Funktionsleiste *Tabellentools* LAYOUT

Zeilen- und Spaltenabmessungen vergrößern oder verkleinern können Sie, indem Sie die Zellenrahmen mit der Maus greifen und an die neue Position schieben. Genaues Arbeiten ist natürlich auch möglich, dazu verwenden Sie die Eingabefelder im Bereich *Tabellentools* LAYOUT *Zellengröße*. Mit ZEILEN VERTEILEN und SPALTEN VERTEILEN erhalten Sie gleichmäßige Höhen und Breiten der Zellen.

Abb. 9.4:   Mauszeigerform beim Verschieben der Zellenbegrenzungen

Im Bereich ZELLENGRÖSSE der *Tabellentools* LAYOUT finden Sie Maßangaben zu den Zellen, die Sie durch Eingabe oder mit den Schaltflächen ▲ ▼ verändern können. Die Schaltflächen ZELLEN VERTEILEN und SPALTEN VERTEILEN daneben teilen den Platz für die markierten Zeilen rsp. Spalten gleichmäßig auf.

Abb. 9.5:   Genaues Einstellen der Zellengröße

> **Tipp**
>
> Eine Tabelle im Vortrag ist ohnehin schon eine Belastung für das Publikum; deshalb sollten Sie gerade den Zellenabmessungen besondere Aufmerksamkeit widmen. Es geht nicht um exakte Abmessungen und auch nicht um Gleichmäßigkeit, in erster Linie prägend ist der optische Eindruck, und den können Sie am besten beurteilen, indem Sie die Tabelle betrachten und die Zellenbegrenzungen manuell verändern.

Zellen teilen

Mit der Schaltfläche *Tabellentools* ENTWURF ▸ *Zeilen und Spalten* ZELLEN TEILEN können Sie aus einer Zelle mehrere machen; wie diese Teilung durchzuführen ist, geben Sie in einem Mini-Dialog vor, nachdem Sie die Schaltfläche angeklickt haben.

Abb. 9.6:   Zellteilung

Zellen verbinden

Mit der Schaltfläche ENTWURF ▶ *Zeilen und Spalten* ZELLEN VERBINDEN werden nebeneinander oder übereinander liegende markierte Zellen zu einer zusammengefasst.

Abb. 9.7: Auswahl von Löschaktionen

Zellen, Zeilen, Spalten löschen

Wollen Sie einzelne Spalten oder Zeilen löschen, bedienen Sie sich der Schaltfläche LÖSCHEN im Bereich *Zeilen und Spalten*. Sie funktioniert abhängig von der Markierung in der Tabelle:

- Sind Zellen markiert oder steht der Cursor in einer Zelle, klappt eine Auswahl auf, ob die Spalte oder die Zeile gelöscht werden soll. Es werden dann alle Spalten bzw. Zeilen gelöscht, zu denen die markierten Zellen gehören bzw. zu denen die Zelle gehört, in der der Cursor gerade steht.
- Ist der Tabellenrahmen markiert, wird die komplette Tabelle gelöscht.

Zellen, Zeilen, Spalten einfügen

Benötigen Sie zusätzliche Zeilen oder Spalten, helfen diese Werkzeuge:

- Ein ⇥ in der letzten Zelle rechts unten fügt eine neue Zeile an.
- DARÜBER EINFÜGEN fügt eine leere Zeile über der Position des Cursors ein; sind mehrere Zeilen markiert, fügt die Funktion dieselbe Anzahl leerer Zeilen über der Markierung ein.
- DARUNTER EINFÜGEN fügt eine leere Zeile unter der Position des Cursors ein; sind mehrere Zeilen markiert, fügt die Funktion dieselbe Anzahl leerer Zeilen unter der Markierung ein.
- LINKS EINFÜGEN fügt eine leere Spalte links neben der Position des Cursors ein; sind mehrere Spalten markiert, fügt die Funktion dieselbe Anzahl leerer Spalten links von der Markierung ein.
- RECHTS EINFÜGEN fügt eine leere Spalte rechts neben der Position des Cursors ein; sind mehrere Spalten markiert, fügt die Funktion dieselbe Anzahl leerer Spalten rechts von der Markierung ein.

In allen Fällen wird die Tabelle um den benötigten Platz vergrößert und kann evtl. über die Folie hinausragen; dann müssen die Zellenmaße geändert werden, indem Sie die Zellenrahmen mit der Maus greifen und an die neue Position schieben. Genaues Arbeiten ist natürlich auch möglich, dazu verwenden Sie die Eingabefelder im Bereich *Tabellentools* LAY-

OUT *Zellengröße*. Mit ZEILEN VERTEILEN und SPALTEN VERTEILEN erhalten Sie gleichmäßige Höhen und Breiten der Zellen.

Gestalten und gliedern

In der Funktionsleiste *Tabellentools* ENTWURF finden Sie grundlegende Gestaltungsmittel für die schnelle optische Aufwertung einer Tabelle.

Abb. 9.8: Grundlegende Gestaltungsmittel für Tabellen

Der mittlere Bereich *Tabellenformatvorlagen* bietet Ihnen die durch das Design bestimmten Farbpaletten als Tabellengrundfarben an. Der Bereich *Optionen für Tabellenformat* links daneben erlaubt Ihnen, bestimmte Zeilen und Spalten der Tabelle farblich abzuheben. Klicken Sie die Ankreuzfelder der Optionen an, so werden die Zeilen oder Spalten in Ihrer Tabelle und auch in den Symbolen der *Tabellenformatvorlagen* hervorgehoben.

Abb. 9.9: Zeilen und Spalten bequem hervorheben

Hinweis

Die Bezeichnungen VERBUNDENE ZEILEN und VERBUNDENE SPALTEN sind irreführend; sie haben nichts mit verbundenen Zellen zu tun. Gemeint ist vielmehr, dass beim Ankreuzen dieser Optionen *jede zweite Zeile oder Spalte* farblich abgesetzt wird, im Farbton zwischen der Zellengrundfarbe und der Hervorhebungsfarbe für die äußeren Zeilen und Spalten liegend.

Tipps zu Hervorhebungen

Verwenden Sie die Hervorhebung jeder zweiten Zeile oder Spalte als Orientierungshilfe erst ab fünf Spalten oder Zeilen; bei kleineren Tabellen ist sie überflüssig.

Verwenden Sie die Hervorhebung jeder zweiten Zeile oder Spalte niemals kumulativ, es wirkt unruhig (kleinkariert im Sinne des Wortes) und hilft wenig bei der Orientierung. Heben Sie jede zweite Spalte hervor, wenn die Tabelle mehr Spalten besitzt als Zeilen, und umgekehrt.

> **Hinweis**
> Eine weitere Irreführung findet sich mit ⊞ Tabelle löschen am unteren Ende der Auswahl der Tabellenformatvorlagen. Hier wird mitnichten die Tabelle gelöscht, sondern lediglich deren Formatierung zurückgesetzt.

9.2 Tabellen à la carte

9.2.1 Tabellen zeichnen

Neben den in Abschnitt 9.1 beschriebenen Möglichkeiten gibt es eine weitere Methode, eine Tabelle zu erzeugen: den freien Zeichenmodus für Tabellen.

Wählen Sie dazu EINFÜGEN ▸ TABELLE ▸ TABELLE ZEICHNEN unterhalb der grafischen Größenwahl.

Ein Zeichenstift erscheint als Mauszeiger, mit dem Sie zuerst den Gesamtrahmen der Tabelle auf die Folie zeichnen, der zu einem Objektrahmen umgewandelt wird, in dem Sie anschließend Spalten und Zeilen durch Linienziehen frei festlegen können. Mit dem Radierer-Werkzeug in den Tabellentools, die sich beim Beginn des Zeichnens als Funktionsleiste einblenden, lassen sich überflüssige Tabellenlinien wieder entfernen.

Abb. 9.10: Werkzeug zum freien Zeichnen von Tabellen

Mit den Attributen links neben den beiden Werkzeug-Schaltflächen bestimmen Sie die Art, Stärke und Farbe der Begrenzungslinien. Sie können die Begrenzungslinien einer Tabelle im Nachhinein durch erneutes Zeichnen oder mit dem Werkzeug ENTWURF ▸ *Tabellenformatvorlagen* RAHMEN verändern (siehe Abschnitt 9.3.1).

Sie beenden das Tabellenzeichnen, indem Sie beginnen, Text einzugeben, oder indem Sie durch erneuten Klick auf das Werkzeug den Zeichenmodus wieder abwählen.

9.2.2 Tabellen importieren

> **Hinweis**
> Wie schon in Abschnitt 9.1 beschrieben, führt die beste Methode, eine Tabelle in Power-Point einzufügen, über die Zwischenablage. Sie tun sich damit einen großen Gefallen, denn wie Sie nachfolgend sehen werden, ist der »offizielle« Importweg erstens komplizierter, zweitens mit Problemen behaftet und drittens können Sie die (schöneren) Power-Point-Tabellenformatierungen für so eingefügte Tabellen nicht benutzen.

Es gibt nur eine Existenzberechtigung für den Tabellenimport: die Verknüpfung mit der Quellanwendung, mit der extern Daten fortgeschrieben und in der Präsentation aktualisiert werden.

Mit Hilfe des OLE lassen sich Tabellen aus anderen Dokumenten importieren, zum Beispiel aus Word.

EINFÜGEN ▶ *Text* OBJEKT

Im folgenden Dialog wählen Sie die Option AUS DATEI und klicken auf DURCHSUCHEN.

Das einzufügende Objekt (= Datei) muss ein Dokument (z. B. aus Word) sein, das nur die Tabelle enthält. Für diese Tabelle wird dann ein passender Objektrahmen auf der Folie erstellt und dort die Tabelle eingefügt.

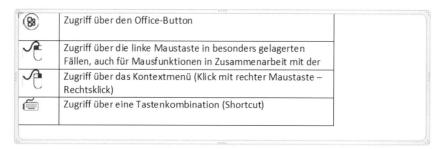

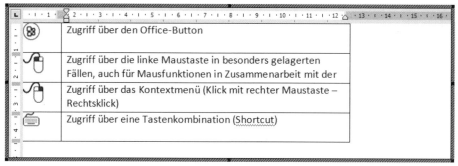

Abb. 9.11: Tabelle im Objektrahmen, unten nach Doppelklick bearbeitbar

Der Unterschied zu den intern erzeugten Tabellen besteht darin, dass PowerPoint zum Bearbeiten importierter Tabellen auf das Quellprogramm zurückgreift. Intern erzeugte Tabellen werden also mit bordeigenen Mitteln (die im Grunde auf dieselben Programmmodule wie Word zurückgreifen) bearbeitet, während zum Bearbeiten einer aus einem Word-Dokument eingebetteten Tabelle eine Word-Instanz in PowerPoint gestartet wird.

Per OLE importierte Tabellen sind nicht mit den PowerPoint-Tabellenwerkzeugen zu bearbeiten und zu formatieren! Stattdessen wird der Kopf der erzeugenden Anwendung eingespielt; nur mit deren Werkzeugen ist die Tabelle zu bearbeiten.

> **Vorsicht**
> Wenn die Quellanwendung auf dem aktuellen Computer nicht zur Verfügung steht, kann die Tabelle nicht bearbeitet werden!

> **Wichtig**
> Ist eine Word-Quelldatei im alten Word-Format (.doc) gespeichert, erscheint im PowerPoint-Fenster die Menüleiste der alten Word-Version. Ist die Datei im 2007-XML-Format (.docx) gespeichert, sehen Sie die Tabellen-Funktionsleiste von Word 2007.

> **Vorsicht**
> Beachten Sie, dass für die so übernommenen Tabellen in PowerPoint Maximalgrößen bestehen, die zu einem nicht behebbaren Beschneiden der Tabellen während des Imports führen können.

Workarounds führen über die Zwischenablage:

Weg 1: Sofern die Tabelle nur Text und keine Grafiken enthält, kopieren Sie sie in der Quellanwendung in die Zwischenablage und fügen Sie sie in PowerPoint in die Folie ein.

Weg 2: Sollte die Tabelle auf diesem Weg nicht vollständig in der Folie erscheinen, benutzen Sie den Weg über START ▸ *Zwischenablage* EINFÜGEN ▸ INHALTE EINFÜGEN im HTML-Format.

Weg 3: In einer Tabelle enthaltene Bilder und Grafiken bringen den geordneten Import nach Weg 1 und 2 durcheinander. Hier funktioniert es besser, die Tabelle ebenfalls in die Zwischenablage zu kopieren, aber dann mit INHALTE EINFÜGEN als WINDOWS METADATEI oder ERWEITERTE METADATEI in die Folie einzufügen.

Als Metadatei eingefügte Tabelle textlich bearbeitbar machen
START ▸ *Zeichnung* ANORDNEN ▸ GRUPPIERUNG AUFHEBEN

Darstellungsprobleme

Wenn in einer importierten Text-Tabelle einige Rahmenlinien nicht zu erkennen sind, bedeutet das noch lange nicht, dass sie verschwunden wären. Beim Drucken sind sie komplett, nur in der Bildschirmanzeige fehlen sie. Wegen der gegenüber dem Drucker erheblich geringeren Auflösung *fallen* dünne Linien durch das Pixelraster des Monitors. Wenn Sie Ihre Tabelle mit dem Beamer projizieren wollen, sollten die Linienstärken bereits in der Quellanwendung auf mindestens 1 pt hochgesetzt werden.

Sind die äußeren Linien einer Tabelle nicht sichtbar, muss das Bearbeitungsfenster vergrößert werden; ziehen Sie den Objektrahmen ein wenig in die Breite bzw. in die Höhe.

9.3 Tabellen gestalten

Sobald Sie in eine Tabelle in einer Folie klicken, können Sie darin arbeiten. Sie funktioniert im Grunde wie ein in Zellen unterteilter Platzhalter. Um eine Tabelle auf der Folie zu verschieben oder zu skalieren, müssen Sie sie wie einen Text-Platzhalter oder ein Textfeld am Rahmen greifen.

Beim Arbeiten in der Tabelle erscheinen in der Multifunktionsleiste die *Tabellentools* mit ENTWURF und FORMAT, in denen Sie alle Hilfsmittel zur Gestaltung der Tabelle finden.

Abb. 9.12: Die Funktionsleisten ENTWURF (oben) und LAYOUT (unten) zur Tabellenbearbeitung

Zellenabmessungen verändern

Zeilen- und Spaltenabmessungen vergrößern oder verkleinern können Sie, indem Sie die Zellenrahmen mit der Maus greifen und an die neue Position schieben. Genaues Arbeiten ist natürlich auch möglich, dazu verwenden Sie die Eingabefelder im Bereich *Tabellentools* LAYOUT *Zellengröße*. Mit ZEILEN VERTEILEN und SPALTEN VERTEILEN erhalten Sie gleichmäßige Höhen und Breiten der Zellen.

Zellen mit den Tabellentools teilen

Mit der Schaltfläche ENTWURF ▸ *Zeilen und Spalten* ZELLEN TEILEN können Sie aus einer Zelle mehrere machen; wie diese Teilung durchzuführen ist, geben Sie in einem Mini-Dialog vor, nachdem Sie die Schaltfläche angeklickt haben.

Denselben Effekt erreichen Sie, indem Sie mit dem Werkzeug TABELLE ZEICHNEN weitere senkrechte oder waagerechte Linien in eine Zelle zeichnen.

Zellen mit den Tabellentools verbinden

Mit der Schaltfläche ENTWURF ▸ *Zeilen und Spalten* ZELLEN VERBINDEN werden nebeneinander oder übereinander liegende markierte Zellen zu einer zusammengefasst.

Mit dem Werkzeug RADIERGUMMI erreichen Sie denselben Effekt, indem Sie die Trennlinie(n) zwischen Zellen »wegradieren«.

9.3.1 Zellen einfärben

Die mit den Tabellenformatvorlagen vorgegebenen Formatierungen der Zellen lassen sich mit den Werkzeugen rechts am Rand des Bereichs *Tabellenformatvorlagen* nacharbeiten. Es gibt auch einen Format-Dialog für Tabellen, den Sie nur per Kontextmenü ▸ FORM FORMATIEREN erreichen, das Symbol fehlt an diesem Bereich.

9.3 Tabellen gestalten

Bitte beachten Sie

Die Formatierungen mit diesen Werkzeugen betreffen entweder markierte Zellen oder, falls der Tabellenrahmen angeklickt wurde, die komplette Tabelle.

Aber:

Bei Farbverläufen und Bildern wird deutlich, dass jede Zelle für sich formatiert wird, das heißt, jeder Verlauf und jedes Bild wiederholen sich von Zelle zu Zelle. Lediglich in den Tabellenformatvorlagen sind einige Verläufe über die ganze Tabelle anwählbar. Über die gesamte Tabelle reichende Bilder sind nur mit der Funktion TABELLENHINTERGRUND (siehe unten), selbstgestaltete Verläufe mit dem auf Seite 168 beschriebenen Workaround möglich.

Die Schaltfläche ENTWURF ▸ *Tabellenformatvorlagen* SCHATTIERUNG bestimmt die Gestaltung der Zellen; hier sind

- einfarbige Flächenfüllungen,
- Farbverläufe und
- Füllung mit Bildern

möglich.

Hinweis

Klicken Sie auf das Symbol ˅ neben dem »Farbeimer«, um in die Farb- und Effektauswahl zu gelangen! Ein Klick auf das Eimersymbol weist der Tabelle oder den markierten Zellen die zuletzt verwendete Füllfarbe zu, die im Balken unter dem Eimer angezeigt wird.

Zur farblichen Hervorhebung finden Sie zehn Vorgabefarben in jeweils sechs Abstufungen, darunter zehn Standardfarben und die Option KEINE FÜLLUNG für transparente Zellen.

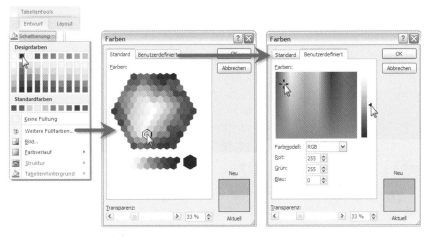

Abb. 9.13: Füllfarbe für Tabellenzellen

Die zuletzt gewählte Farbe wird in die Liste der Standardfarben eingestellt, so dass Sie dort immer die letzten zehn benutzten Farben zur Verfügung haben.

Farbverläufe

Die Wahl der Funktion FARBVERLAUF bringt eine beschränkte Auswahl an Verläufen. Ein Klick auf WEITERE FARBVERLÄUFE bringt Sie zur Option GRADUELLE FÜLLUNG im FÜLLUNG-Register des abgespeckten Format-Dialogs für Tabellen.

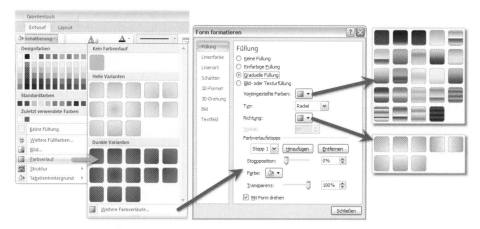

Abb. 9.14: Eingeschränkte Auswahl (links) und volle Freiheit (rechts) der Farbverläufe

In der Auswahl VOREINGESTELLTE FARBEN finden Sie einige vorgefertigte Verläufe über bis zu zehn Stopps. Mit TYP und RICHTUNG stellen Sie die Verlaufsform und den Verlaufswinkel ein.

> **Wichtig**
> Ein Wechsel des Verlaufstyps führt immer dazu, dass die Verlaufsrichtung auf die Grundeinstellung zurückgestellt wird.

Wirkungsfaktoren	Äußere Erscheinung	Sprache	Inhalt
dazu gehören	Kleidung	Lautstärke	Thema
	Gestik	Dialekt, Soziolekt	Details
	Mimik		
	Auftreten	Verständlichkeit	
Wirkungsgrad	55 %	38 %	7 %

Abb. 9.15: Simple Farbverläufe sind für die attraktive Tabellengestaltung völlig ausreichend.

Die FARBVERLAUFSSTOPPS gestatten Ihnen, Verläufe über mehrere Farben zu kombinieren. An der jeweiligen STOPPPOSITION, die als Prozentangabe bezogen auf den Gesamtverlauf anzugeben ist, wird die gewählte Farbe als reiner Ton dargestellt; zwischen den Stopps errechnet PowerPoint die Farbverläufe. In Tabellen sollten Sie allerdings auf aufwendig selbst gestaltete Verläufe verzichten; sie irritieren angesichts ihrer ständigen Wiederholung in den Zellen und erschweren das Lesen. Einfache plastische Effekte lassen sich mit den Standardverläufen erzielen und sind für diesen Zweck völlig ausreichend. Für weitere Informationen zu den Farbverläufen sei deshalb auf Kapitel 20 verwiesen.

Zellenfüllung mit Bildern

PowerPoint bietet zwei Varianten der Füllung mit Bildern an: vollflächig auf die Dimensionen der Zelle gestreckt und als Textur innerhalb der zu füllenden Fläche »gekachelt«. Bei der Kachelversion müssen Sie beachten, ein sehr kleinteiliges Muster zu verwenden, weil es sonst nicht erkennbar ist.

Zellen mit Bildern kacheln

Tabellentools ENTWURF ▸ *Tabellenformatvorlagen* SCHATTIERUNG ▸ STRUKTUR

Hier finden Sie einige Texturen (kachelfähige Bilder), die Sie so übernehmen müssen, wie sie in der Auswahl vorliegen, eine Nachbearbeitung ist intern nicht möglich. Nach einem Klick auf DATEI, ZWISCHENABLAGE oder CLIPART lassen sich in einer Dateiauswahl andere Texturen aus Bitmap-Dateien von Ihrer Festplatte nachladen.

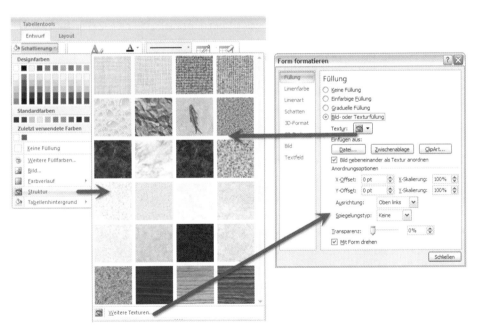

Abb. 9.16: Füllung mit Texturen

Mit den *Kacheloptionen* lassen sich die Motive versetzen, skalieren und abwechselnd gespiegelt über die Fläche verteilen. Die Spiegelungen sind dann wichtig, wenn Sie für Texturen ungeeignete Bilder benutzen. Echte Texturen müssen so aufeinander abgestimmt sein, dass rechte und linke sowie obere und untere Ränder exakt zueinander passen, so dass nach dem Zusammenfügen keine Naht erkennbar bleibt. Mit gespiegelten Kacheln umgehen Sie diese Vorgabe.

Auf der CD zum Buch finden Sie weitere Texturen.

Zellen mit Einzelbildern füllen

Tabellentools ENTWURF ▸ *Tabellenformatvorlagen* SCHATTIERUNG ▸ BILD

Im Unterschied zu einer Textur wird hier die Grafik an die Rahmenmaße der Zelle angepasst, also gestaucht oder gestreckt, auch unproportional. Sie können diesem Effekt mit den *Dehnungsoptionen* im Format-Dialog begegnen.

> **Wichtig**
>
> Wenn Sie Bilder oder Texturen als Zellenfüllung nehmen, achten Sie bitte darauf, dass diese den Text nicht »erschlagen«. Schwächen Sie die Bilder ggf. mit den Bildtools oder mit externen Bildbearbeitungsprogrammen ab.

Tabellenhintergrund

Die Funktion *Tabellentools* ENTWURF ▸ *Tabellenformatvorlagen* SCHATTIERUNG ▸ TABELLENHINTERGRUND erlaubt die durchgängige Farbgestaltung der Tabelle über alle Zellen hinweg. Das unterscheidet sich bei einfarbiger Füllung nicht von der »Schattierung« der Einzelzellen, doch bei Füllungen mit Bildern wiederholt sich das Motiv nicht in allen Zellen, sondern es wird nur einmal tabellenfüllend eingefügt.

Selbst gestaltete Farbverläufe über die gesamte Tabelle sind damit nicht möglich, dazu bedarf es eines Workarounds:

Workaround: Durchgehende Farbverläufe

Wollen Sie einen Farbverlauf als Hintergrund für die gesamte Tabelle verwenden, hilft nur ein Workaround:

Zeichnen Sie eine Rechteckform in den Dimensionen der Tabelle:
START ▸ *Zeichnen* FORMEN ▸ RECHTECK

Richten Sie die Kanten von Tabelle und Rechteck korrekt aneinander aus:
[Strg]+[←]/[Strg]+[→]/[Strg]+[↑]/[Strg]+[↓]

Weisen Sie dem Rechteck einen Farbverlauf als Füllung zu:
Zeichentools FORMAT ▸ FÜLLFARBE ▸ FARBVERLAUF

Bringen Sie das Rechteck in den Hintergrund der Tabelle:
Zeichentools FORMAT ▸ *Anordnen* IN DEN HINTERGRUND (oben)

Weisen Sie der Tabelle eine transparente Füllung zu:
Tabellentools LAYOUT ▸ SCHATTIERUNG ▸ KEINE FÜLLUNG

9.3.2 Zellenrahmen

Beachten Sie bitte den Unterschied zwischen Zellenrahmen und Gitternetzlinien:

- **Gitternetzlinien** zeigen im Bearbeitungsmodus virtuell die Struktur der Tabellenzellen an und werden im Präsentationsmodus ausgeblendet. Sie können Sie mit *Tabellentools* LAYOUT ▸ *Tabelle* GITTERNETZLINIEN ANZEIGEN auch im Bearbeitungsmodus wahlweise ein- oder ausblenden.

- **Zellenrahmen** sind echte Linien, die sowohl im Bearbeitungs- als auch im Präsentationsmodus angezeigt werden und zu bearbeiten sind
    - einzeln mit den Werkzeugen TABELLE ZEICHNEN und RADIERER; welche Farbe, Stärke und Art die Rahmenlinie hat, stellen Sie mit den Schaltflächen links daneben ein,
    - für die gesamte Tabelle die Tabellenformatvorlagen in den *Tabellentools* ENTWURF,
    - für markierte Zellen mit *Tabellentools* ENTWURF ▸ *Tabellenformatvorlagen* ▸ RAHMEN.

Klicken Sie auf das Symbol ▸ der Schaltfläche RAHMEN , um in die Auswahl der Rahmenlinien zu gelangen! Ein Klick auf das Rahmensymbol weist der Tabelle oder den markierten Zellen die zuletzt verwendete Rahmenart zu, die stilisiert als Symbol angezeigt wird.

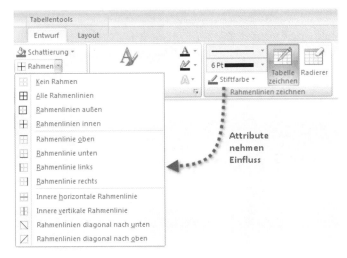

Abb. 9.17: Zusammenwirken von Zeichenformaten und Rahmenwerkzeug

Die Schaltfläche ist nur für die Auswahl zuständig, welche Rahmenlinien angezeigt werden. Die Farbe der Rahmenlinien ist damit nicht änderbar, sondern es werden die Attribute übernommen, die zuletzt im Bereich *Rahmenlinie zeichnen* benutzt worden sind.

> **Wichtig**
>
> Sobald Sie die Rahmenlinien von Hand verändern, wirken auch bei einer Rücknahme der Änderungen die Automatismen der Tabellenformatvorlage nicht mehr. Sie müssen sie erneut zuweisen, um alle Formatierungen wieder zu erhalten.

9.3.3 Tabelleneffekte

Interessanter als mit Rahmenlinien lässt sich eine Tabelle mit den Abschrägungen aus den ▼ TABELLENEFFEKTEN gestalten, wie Abbildung 9.18 zeigt.

Es werden drei unterschiedliche Effekte angeboten, wobei Schatten und Spiegelung sich auf die vollständige Tabelle beziehen, während Abschrägung einzelne Zellen formatiert. Bei den Spiegelungen und bei den Abschrägungen sind Sie auf die in der Auswahl angebotenen Varianten angewiesen. Im Gegensatz zum sehr freien Gestalten der Abschrägungen bei Formen und Schrift lässt dieser Effekt bei Tabellen nur ein leichtes Abfasen der Zellenkanten zu.

	Moderation	Präsentation		Moderation	Präsentation
Veranstaltung	Zielfindungsprozess	Vermittlung von Inhalten	Veranstaltung	Zielfindungsprozess	Vermittlung von Inhalten
Zielgruppe	aktiv, involviert	passiv, aufnehmend	Zielgruppe	aktiv, involviert	passiv, aufnehmend
Zentralfigur	distanziert	engagiert	Zentralfigur	distanziert	engagiert

Abb. 9.18: Gegenüberstellung einfach gestalteter Tabelle (links) zu plastischer Version mit Zellenabschrägungen (rechts)

Die Schatten können frei formatiert werden. Die Einstellungen für Farbe, Transparenz, Größe (im Verhältnis zur Form), Weichzeichner (für den Rand), Winkel und Distanz sind weitgehend selbsterklärend.

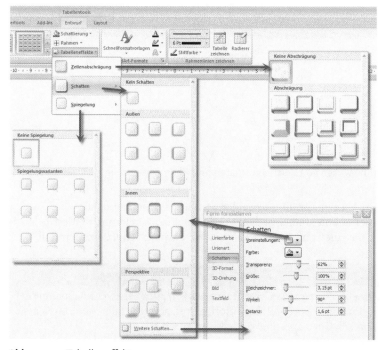

Abb. 9.19: Tabelleneffekte

9.3.4 Tabellentext gestalten

Der textliche Inhalt einer Tabelle lässt sich ebenso formatieren wie Text in Platzhaltern und Textfeldern, siehe Kapitel 7 und 8. Zu diesem Zweck gibt es in den *Tabellentools* ENTWURF auch die WORDART-FORMAT-Werkzeuge.

Die Textposition innerhalb einer Zelle bestimmen Sie mit den Schaltflächen ▤ ▤ ▤ und ▤ ▤ ▤ in den *Tabellentools* LAYOUT, Bereich *Ausrichtung*.

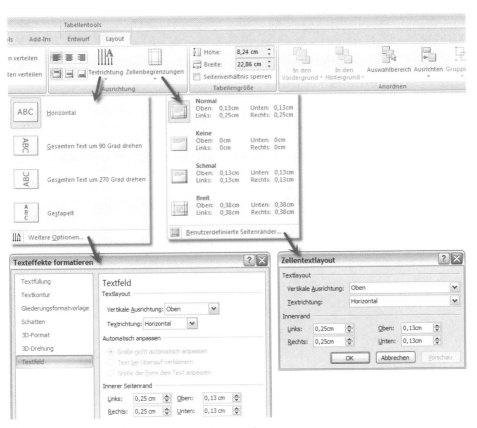

Abb. 9.20: Anpassen des Textfeldes in Tabellenzellen

Text ausrichten

Die **Laufrichtung des Textes** lässt sich mit

Tabellentools LAYOUT ▸ *Ausrichtung* TEXTRICHTUNG

in vier Varianten wählen, von denen neben dem waagerechten Standardtext vor allem die um 270° gedrehte Form (also +90° oder eine Vierteldrehung gegen den Uhrzeigersinn) für Überschriften in der ersten Spalte aus Platzersparnisgründen interessant sein dürfte. Grundsätzlich gilt jedoch, dass gekippter Text schlecht lesbar ist und deshalb in Vortragsfolien vermieden werden sollte.

Da Text »auf Knirsch« an den Zellenrändern nicht gut aussieht, sind standardmäßig **Abstände zum Zellenrand** vorgesehen, die Sie in

Tabellentools LAYOUT ▸ *Ausrichtung* ZELLENBEGRENZUNGEN

als Standardabstände NORMAL, KEINE, SCHMAL und BREIT wählen oder via BENUTZERDEFINIERTE SEITENRÄNDER völlig frei einstellen können. Der so aufgerufene Dialog ZELLENTEXTLAYOUT kommt noch im alten Dialog-Design daher; das mit WEITERE OPTIONEN in *Tabellentools* LAYOUT ▸ *Ausrichtung* TEXTRICHTUNG aufzurufende Register TEXTFELD im Format-Dialog besitzt identische Einstellmöglichkeiten. Die in beiden Dialogen vorhandenen Einstellungen zur Vertikalen Ausrichtung und zur Textrichtung entsprechen den direkt in der Funktionsleiste ansprechbaren Schaltflächen und .

9.4 Tabellen aus Formen

Tabellen haben einen strengen Aufbau, der gelegentlich auch zu sachlich wirken kann. Präsentationsprofis verwenden deshalb auch für strukturierte Darstellungen nicht unbedingt Tabellen, sondern behelfen sich mit aufgelockerten Formen, zum Beispiel einzelnen Kästchen oder anderen Formen, in denen die Informationen zwar tabellenähnlich, aber dennoch nicht zu streng erscheinen. Die plastischen Zellen bieten zwar schon einen Fortschritt in der Gestaltung, jedoch lassen sich einzelne Grafikelemente in der Bildschirmpräsentation freizügiger gestalten und animieren.

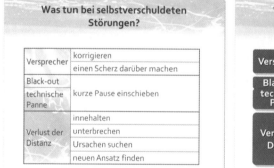 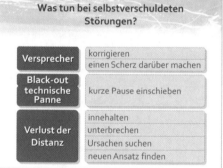

Abb. 9.21: Einzelobjekte aus Formen (rechts) wirken weniger streng als eine Tabelle (links)

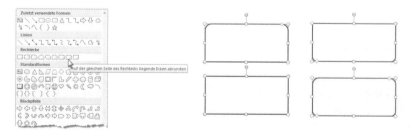

Abb. 9.22: Freie Wahl der Eckenabrundung für den Textbaukasten

> **Hinweis**
>
> Die Formen in Abbildung 9.21 rechts sind durchweg jene mit der seltsamen Bezeichnung »Auf der gleichen Seite des Rechtecks liegende Ecken abrunden«. Bei ihnen lassen sich sowohl die oberen als auch die unteren Ecken abrunden, allerdings immer nur paarig, was aber für die Zusammensetzungen der rechten »Spalte« völlig richtig ist.

Kapitel 10

Text grafisch strukturieren

Häufig erschließen sich Sachverhalte leichter, wenn die Texte/Schlagwörter räumlich gegliedert und illustriert werden. MS Office stellt dafür seit jeher automatisierte Hilfsmittel bereit, begonnen beim einfachen Organigramm der Versionen 97 und 2000 über die Schematischen Darstellungen der Versionen 2002 und 2003 bis hin zu den SmartArts der Version 2007. SmartArts sind die grafisch aufgepeppte Version der reinen Textfolien.

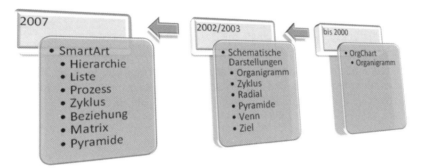

Abb. 10.1: Historische Entwicklung der grafisch strukturierten Texte in PowerPoint, als SmartArt »Akzentprozess« gestaltet

Typ	Einsatzzweck
Hierarchie	Strukturen, Hierarchien, Organigramme
Liste	Grafische Aufwertung von Text
Prozess	Entwicklungen
Zyklus	Verfahrensabläufe, Rückkopplungen
Beziehung	Gegenüberstellungen, Komponentenbezüge
Matrix	Beziehung innerhalb von Quadranten
Pyramide	Mengen, Hierarchien, Abläufe

Tabelle 10.1: Typen und Einsatzzwecke für strukturierte Darstellungen

In grafisch betonter Textpräsentation ist für Text nur wenig Platz vorhanden. SmartArts sind also nur dann sinnvoll in einer Präsentation einsetzbar, wenn kurze Begriffe in die Elemente einzutragen sind.

Kapitel 10
Text grafisch strukturieren

Kompatibilität

Schematische Darstellungen der Versionen 2003 und 2002 können von Version 2007 gelesen und entweder in SmartArts oder in Grafiken konvertiert werden. Eine entsprechende Abfrage sehen Sie, wenn Sie die Schematische Darstellung doppelklicken.

Organigramme der Versionen 97 und 2000 können von Version 2007 bearbeitet werden (siehe Abschnitt 10.3.2). Dazu öffnet sich beim Doppelklick auf ein altes Organigramm das in Version 2007 wieder integrierte OrgChart-Modul.

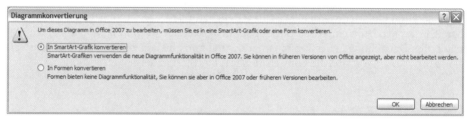

Abb. 10.2: Konvertierungsoptionen Schematische Darstellungen zu SmartArt

Im Kompatibilitäts-Speichermodus werden SmartArts in Grafiken umgewandelt, die mit den Vorversionen nicht bearbeitbar sind. Öffnen Sie eine derart präparierte Datei wieder mit PowerPoint 2007, sind die SmartArt-Fähigkeiten voll erhalten geblieben.

10.1 Der schnelle Weg zur SmartArt-Folie

Es gibt drei Methoden, ein SmartArt zu erzeugen:

- mit Hilfe eines Folienlayouts mit SmartArt-Platzhalter,
- durch Anlegen eines SmartArts in einer beliebigen Folie,
- durch Umwandeln aus einer Textaufzählung.

10.1.1 SmartArt via Platzhalter

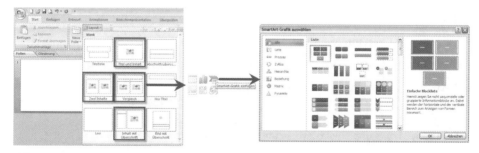

Abb. 10.3: SmartArt-Folie erzeugen

Wählen Sie nach dem Anlegen einer Folie ein Folienlayout mit dem *Inhalt*-Symbol:

START ▸ *Folien* LAYOUT

Klicken Sie darin auf das Tabellen-Symbol in der Kombi-Schaltfläche und bestimmen Sie in der nachfolgenden Auswahl die gewünschte Form.

10.1.2 SmartArt nachträglich in Folien einfügen

EINFÜGEN ▸ *Illustration* SMARTART ▸ (Auswahl)

10.1.3 SmartArt ausfüllen

Wenn Sie sich für eine Form entschieden und durch Anklicken ausgewählt haben, erscheint ein leeres SmartArt der gewählten Form in Ihrer Folie bzw. wird das Textelement in die grafische Form umgewandelt. Gliederungsebenen des Textelements werden in der Zuordnung zu den Strukturen des SmartArts berücksichtigt, sofern die Form das zulässt.

Links neben dem SmartArt sehen Sie den Textbereich, in dem die unformatierten Texte wiederholt werden. Sie können Texte direkt in die Formen des SmartArts eingeben oder in den Textbereich.

> **Vorsicht**
>
> Es besteht ein wesentlicher Unterschied zwischen der Eingabe im SmartArt oder im Textbereich! Mit [Enter] erzeugen Sie im SmartArt einen Absatz innerhalb der Form, im Textbereich dagegen baut ein [Enter] einen neuen Aufzählungspunkt und damit eine neue Form im SmartArt auf.

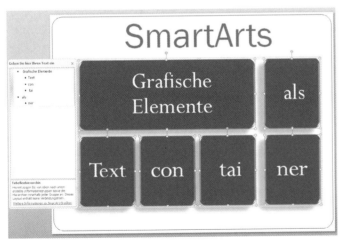

Abb. 10.4: SmartArt mit angehängtem Texteingabefeld

Stört der Textbereich, so lässt er sich separat verschieben, indem Sie ihn bei der Titelleiste greifen oder schließen.

Kapitel 10
Text grafisch strukturieren

> **Wichtig**
>
> In SmartArt-Formen eingetragener Text wird umbrochen und in der Größe dem zur Verfügung stehenden Platz angepasst. Dabei nehmen die Texte in allen anderen SmartArt-Formen derselben Ebene dieselbe Schriftgröße an! Sie können die Schriftgröße aber manuell für jede SmartArt-Form separat verändern (siehe Kapitel 7).

Textbereich ein- und ausblenden

SmartArt-Tools ENTWURF ▸ *Grafik erstellen* TEXTBEREICH

 TEXTBEREICH EIN-/AUSBLENDEN

 zum Schließen: ✘
bei ausgeblendetem oder verschobenem Textbereich:

10.1.4 Textobjekt in SmartArt umwandeln

Sie haben einen Text-Platzhalter oder ein Textfeld bereits mit Text bestückt und wollen diesen Text grafisch aufbereiten. Setzen Sie Ihre Schreibmarke irgendwo in den Text innerhalb des Containers und gehen Sie wie folgt vor:

START ▸ *Absatz* 🔽 oder 🖱 IN SMARTART KONVERTIEREN

Bestimmen Sie in der nachfolgenden Auswahl die gewünschte Form. Ein Klick auf WEITERE SMARTART-GRAFIKEN führt zur kompletten Auswahl wie der Weg über die Funktionsleiste.

> **Hinweis**
>
> Es gibt keinen direkten Weg, ein SmartArt in eine reine Textaufzählung zurückzuverwandeln. Sie müssen dazu den Text aus dem Textbereich (dem kleinen Gliederungsfenster links neben dem SmartArt) mit [Strg]+[C] in die Zwischenablage kopieren und mit [Strg]+[V] in einen leeren Platzhalter einfügen.

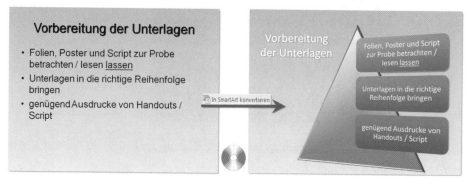

Abb. 10.5: Vom Textfeld (links) zum SmartArt (rechts)

SmartArts um Grafiken ergänzen

Manche SmartArts erwarten Grafiken in einzelnen Elementen; mit einem auf den darin vorgegebenen Bild-Platzhalter fügen Sie beliebige Grafiken via Dateiauswahl direkt in die einzelne Form des SmartArts ein.

Haben Sie sich geirrt, können Sie das Bild mittels

FORM ZURÜCKSETZEN

wieder aus dem Platzhalter entfernen.

Sie können natürlich auch in jede beliebige Form mit Hilfe der freien Formatierung eine Grafik einfügen.

> **Hinweis**
>
> Animierte GIF-Dateien in SmartArts bleiben in der Bildschirmpräsentation statisch! Nur als freie Grafik in die Folie eingefügte GIF-Dateien werden abgespielt.

10.2 SmartArt gestalten

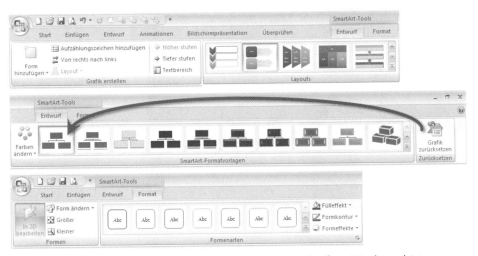

Abb. 10.6: Die Werkzeuge zur Gestaltung von SmartArts sind auf zwei Funktionsleisten verteilt.

Die SmartArts sind eine große Arbeitserleichterung für die Gestaltung von Textfolien, doch haben die Programmentwickler den Weg dorthin mit verbalen Dornen gepflastert. Nicht nur, dass die Werkzeuggruppen einigermaßen unsortiert auf die beiden Funktionsleisten ENTWURF und FORMAT verteilt wurden, lassen auch die Bezeichnungen der Bereiche kaum intuitive Assoziationen zu. So finden sich Funktionen zum Gliedern bestehender SmartArts im Bereich ENTWURF *Grafik erstellen* und der Bereich FORMAT *Formenarten* ist für die individuelle Formatierung zuständig.

Kapitel 10
Text grafisch strukturieren

Andere SmartArt-Gestalt zuweisen

SmartArt-Tools ENTWURF ▸ *Layouts* ⇟ oder 🖱 LAYOUT ÄNDERN

10.2.1 Optische Verbesserungen

Die für die schnelle Bearbeitung des Erscheinungsbildes nötigen Funktionen befinden sich im Bereich ENTWURF *SmartArt-Formatvorlagen*.

Design wählen

SmartArt-Tools FORMAT ▸ *Formenarten* ⇟

Erscheinungsbild und Effekte wählen

SmartArt-Tools ENTWURF ▸ *SmartArt-Formatvorlagen* ⇟

Design zurücksetzen

SmartArt-Tools ENTWURF ▸ *Zurücksetzen* GRAFIK ZURÜCKSETZEN

Der Befehl GRAFIK ZURÜCKSETZEN verwirft alle Änderungen und weist die Standard-Formatvorlage (erste oben links in der Auswahl) zu.

Farbschema wählen

SmartArt-Tools ENTWURF ▸ *Farben ändern*

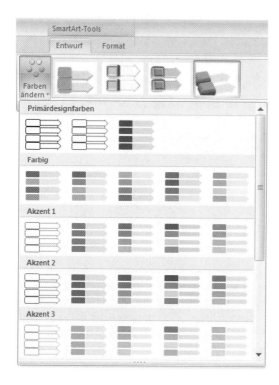

Abb. 10.7: Mit »Farben ändern« wird das komplette Farbschema des SmartArts beeinflusst.

10.2.2 Texte in SmartArts bearbeiten

Zusätzliche Texteinträge

SmartArt-Tools ENTWURF ▸ *Grafik erstellen* AUFZÄHLUNGSZEICHEN HINZUFÜGEN
oder im Textbereich: Enter

Selbstverständlich wird damit nicht nur ein Aufzählungszeichen hinzugefügt, sondern ein kompletter neuer Stichpunkt in dieser Gliederungsebene. Die Aufzählungszeichen bearbeiten Sie auch in SmartArts mit den Funktionen der Funktionsleiste START.

Um in einem dreidimensional gestalteten SmartArt leichter Text zu bearbeiten, lässt sich die Darstellung temporär nach 2D wechseln:

Zum Bearbeiten vorübergehend in 2D-Darstellung wechseln

SmartArt-Tools FORMAT ▸ *Formen* IN 2D BEARBEITEN

Text einziehen

SmartArt-Tools ENTWURF ▸ *Grafik erstellen* TIEFER STUFEN

Texteinzüge höher stufen

SmartArt-Tools ENTWURF ▸ *Grafik erstellen* HÖHER STUFEN

Zusätzliche Hauptpunkte einfügen

SmartArt-Tools ENTWURF ▸ *Grafik erstellen* FORM HINZUFÜGEN

 FORM HINZUFÜGEN

Diese Schaltfläche in der Funktionsleiste ist zweigeteilt. Ein Klick auf die obere Hälfte fügt eine neue Form in derselben Weise ein wie der letzte Einfügevorgang. Mit der unteren Hälfte öffnen Sie eine Auswahl mit mehreren Möglichkeiten, wo die Form hinzugefügt werden soll.

 Beim Kontextmenü führt der Befehl FORM HINZUFÜGEN immer zur Auswahl.

Um diese Funktion zu nutzen, muss der Textcursor in der obersten Einzugsebene stehen!

Textformate = WordArt

Die Textformate innerhalb eines SmartArt-Elements ändern Sie über START ▸ *Schriftart* oder die Minisymbolleiste. Allerdings beeinflussen Sie damit nur die Schrift innerhalb *dieses* Elements.

Um die Schrift einheitlich im kompletten SmartArt umzustellen, markieren Sie den Text im Textbereich und wählen im Kontextmenü SCHRIFTART.

Texteffekte werden mit den in der Funktionsleiste *SmartArt-Tools* FORMAT vorhandenen WordArt-Funktionen zugewiesen, wie in Kapitel 8 ausführlich beschrieben.

Aufzählungszeichen und Nummerierungen

Für SmartArts fehlt die Möglichkeit, Aufzählungszeichen und Nummerierungen zu bearbeiten. Das ist vordergründig auch völlig normal, denn die Struktur ergibt sich aus der grafischen Gestaltung. Dennoch enthalten manche SmartArt-Typen in den unteren Ebenen Listen mit Aufzählungszeichen, die jedoch mit einem • sehr stereotyp und nicht zu ändern sind.

Sie können allerdings SmartArt-Formen, die *keine* Aufzählungszeichen enthalten, auf einem Umweg damit ausstatten:

1. Fügen Sie Text direkt in die SmartArt-Form ein und umbrechen Sie am Ende jedes Stichpunktes mit [Enter].
2. Erzeugen Sie außerhalb des SmartArts ein Textfeld und formatieren es mit Nummerierung oder Aufzählungszeichen, wie in Kapitel 7 beschrieben.
3. Markieren Sie den Text des Textfeldes (nicht den Rahmen!).
4. Wählen Sie das Werkzeug START ▸ *Zwischenablage* FORMAT ÜBERTRAGEN.
5. Überstreichen Sie mit dem Formatpinsel den Text im SmartArt.

Bei SmartArt-Formen, die bereits ab Werk mit Aufzählungszeichen ausgestattet sind, funktioniert diese Methode nicht, die Aufzählungszeichen werden falsch interpretiert, Nummerierungen in die Standard-Aufzählungszeichen • umgesetzt.

10.2.3 Formen ändern und gestalten

Sie können jederzeit einem SmartArt eine andere Typ-Variante zuweisen.

SmartArt-Tools ENTWURF ▸ *Layouts* oder LAYOUT ÄNDERN

Achten Sie beim Benutzen des Kontextmenüs darauf, wohin Sie rechtsklicken. Ein Rechtsklick

- in einen freien Bereich des SmartArt-Rahmens bringt das Kontextmenü für das SmartArt,
- auf eines der Elemente das formbezogene Kontextmenü und
- auf den Text eines SmartArt-Elements das textbezogene Kontextmenü.

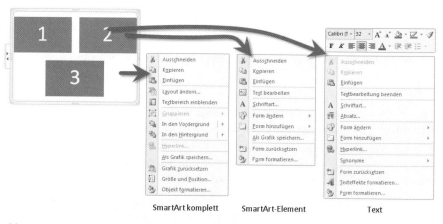

Abb. 10.8: Unterschiedliche Kontextmenüs für SmartArt-Teile

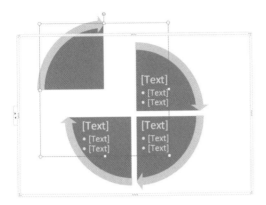

Abb. 10.9: Teile eines SmartArts separat bearbeiten

Sie können innerhalb eines SmartArts jede Form einzeln bearbeiten! Neben dem Kontextmenü dient dafür der Bereich *Formen* in der Funktionsleiste FORMAT.

SmartArt-Formen bearbeiten

Andere Einzelform zuweisen

SmartArt-Tools FORMAT ▸ *Formen* FORM ÄNDERN

Größe einer Einzelform ändern

SmartArt-Tools FORMAT ▸ *Formen* GRÖßER/KLEINER
oder
zum vertikalen Vergrößern: ⇧+↑
zum horizontalen Vergrößern: ⇧+→
zum vertikalen Verkleinern: ⇧+↓
zum horizontalen Verkleinern: ⇧+←

Jedes grafische Element eines SmartArts ist frei innerhalb des Objektrahmens per Drag&drop oder Pfeiltasten ← → ↑ ↓ verschiebbar. Beim Anklicken wird ein Elementrahmen mit Anfassern angezeigt, mit dem Sie das Element wie ein grafisches Element skalieren und drehen können.

Freies Formatieren von SmartArts

SmartArt-Tools FORMAT ▸ *Formenarten* FÜLLEFFEKT/FORMKONTUR/FORMEFFEKTE
oder

 Rechtsklick auf den Objektrahmen: OBJEKT FORMATIEREN
Rechtsklick auf eine interne Form im SmatArt: FORM FORMATIEREN

Formatieren revidieren

SmartArt-Tools ENTWURF ▸ *Zurücksetzen* GRAFIK ZURÜCKSETZEN
oder

 Rechtsklick auf den Objektrahmen: GRAFIK ZURÜCKSETZEN
Rechtsklick auf eine interne Form im SmatArt: FORM ZURÜCKSETZEN

SmartArt ein Farbkonzept zuweisen

SmartArt-Tools ENTWURF ▸ *SmartArt-Formatvorlagen* FARBEN ÄNDERN

Beachten Sie bitte folgende Unterschiede:

- OBJEKT FORMATIEREN bezieht sich auf den Hintergrund des SmartArts.
- GRAFIK ZURÜCKSETZEN bezieht sich auf das komplette SmartArt und setz dessen Formatierung auf die erste Variante in der Auswahl des Bereichs *SmartArt-Formatvorlagen* zurück.
- FORM FORMATIEREN bezieht sich auf das markierte oder rechts angeklickte Element.
- FORM ZURÜCKSETZEN bezieht sich auf das markierte oder rechts angeklickte Element und setzt dessen mit FORM FORMATIEREN individuell geänderten, vom Standard der in *SmartArt-Formatvorlagen* gewählten Formatierung abweichenden Attribute zurück.

Prozessrichtung

Bei Abläufen und Prozessen sind Richtungen durch Formen oder Pfeile vorgegeben, die Sie in toto wechseln können.

10.3 Organigramme und Ablaufpläne

10.3.1 SmartArt-Organigramme

Organigramme sind SmartArts der Gruppe *Hierarchie*. Sie sind genauso einzufügen und zu bearbeiten wie alle anderen SmartArts. Organigramme lassen sich in andere SmartArt-Formen umwandeln und umgekehrt.

Sie können auch die Verbindungslinien eines hierarchischen SmartArts markieren, um deren Attribute zu ändern; Lage und Größe sind aber nicht beeinflussbar.

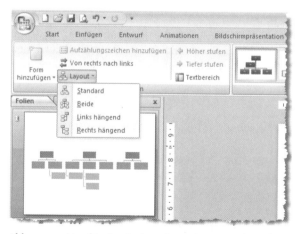

Abb. 10.10: Nur für ein einziges SmartArt einsetzbar: die Anbindungsoptionen für Organigramm-Verbindungen

Das SmartArt *Organigramm* aus dem Bereich *Hierarchie* verfügt über eine ureigenste Option, die für kein anderes SmartArt aktiv ist, es aber dennoch an eine prominente Position in der Funktionsleiste *SmartArt-Tools* ENTWURF geschafft hat: Die Schaltfläche LAYOUT ist zuständig für die Anbindung der untergeordneten Ebenen an die Führungsebenen und bietet eine kleine, selbsterklärende Auswahl an.

10.3.2 Organigramme mit OrgChart

Sofern Sie ein Organigramm der Versionen 97 oder 2000 in Ihrer Präsentation vorfinden, lässt es sich ohne weiteres in Version 2007 bearbeiten; zu diesem Zweck ist PowerPoint 2007 zusätzlich mit dem veralteten Modul *OrgChart* ausgerüstet worden.

Auf der Buch-CD finden Sie im Ordner zum Teil II eine Anleitung für dieses Modul.

Vorsicht

Die Organigramm-Funktionen der Versionen 2000 und 97 sind stark fehlerbehaftet, besonders im Netzbetrieb. Deshalb raten Experten grundsätzlich davon ab, dieses Modul zu benutzen; SmartArts oder die in Abschnitt 10.3.3 beschriebene Methode sind sicher und auch vielseitiger.

10.3.3 Organigramme frei erstellen

Völlig frei in der Organigrammgestaltung sind Sie, wenn Sie die *Formen* benutzen. Diese Methode bietet zudem die Möglichkeit, dass Sie bei der Animation des Organigramms völlig freie Hand haben.

Abb. 10.11: Verschiedene Linienarten, um Objekte zu verbinden (nicht verwendbar sind die drei rechten Linientypen)

Ausgangspunkt sind zunächst mindestens zwei Formen auf Ihrer Folie.

Sodann verbinden Sie die Formen untereinander mit Linien.

1. Linientyp wählen
   START ▸ *Zeichnen* (Formenauswahl) ▸ LINIEN,
2. bewegen Sie den Mauszeiger auf die Ausgangsform für Ihre Verbindung,
3. klicken dort einmal auf einen der am Rand aufleuchtenden Punkte und
4. bewegen den Mauszeiger zum Zielelement;
5. welche Punkte dort in Frage kommen, wird Ihnen signalisiert, sobald Sie das Zielobjekt mit dem Mauszeiger erreichen;
6. docken Sie das Linienende an den gewünschten Punkt an.

Solange Sie das Linienende frei bewegen, ist der Linienendpunkt weiß, beim »Andocken« wechselt die Farbe auf Rot.

Zwischen beiden Objekten baut sich eine Linie auf, während Sie die Maus bewegen; beim Klick auf einen der Randpunkte des Zielelementes wird die Linie fixiert und kann mit den Linien-Werkzeugen bearbeitet werden.

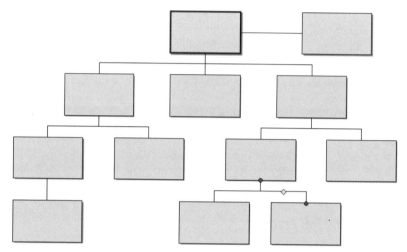

Abb. 10.12: Aus Formen und Verbindungslinien erstelltes Organigramm

Die Verbindungslinie macht jede Bewegung von Start- oder Zielelement mit.

Verbindungen nach Verschieben der Objekte optimieren

Zeichentools FORMAT ▸ *Formen einfügen* FORM BEARBEITEN ▸ VERBINDUNGEN NEU ERSTELLEN

Verbindungstyp wechseln (gerade, gewinkelt, gekrümmt)

 VERBINDUNGSTYPEN ▸ GERADE/GEWINKELTE/GEKRÜMMTE VERBINDUNG

Wollen Sie eine Verbindung lösen, markieren und löschen Sie einfach die Linie mit [Entf].

Mit den gelben Rauten lassen sich die Proportionen abgeknickter oder gebogener Verbindungslinien verändern.

Um eine Verbindung zu ändern, greifen Sie das Linienende mit dem Mauszeiger und ziehen es auf den gewünschten neuen Anschlusspunkt.

Andockpunkte

Verbindungen lassen sich nur an den beim Herstellen gezeigten Andockpunkten der Elemente anbringen. Das sind

- bei Linien die Endpunkte,
- bei Ellipsen acht Punkte im 45°-Raster an der Außenseite,

- bei Rechtecken die Mittelpunkte der Seiten,
- bei Pfeilen die Pfeilspitze, die Ecken des Pfeils und der Mittelpunkt des Schwanzes,
- bei den meisten anderen Formen die Mittelpunkte der Seiten des umschließenden Rechtecks und
- in einigen Ausnahmefällen, die jedoch für Organigramme seltener geeignet sind, prägnante Punkte der Form, z.B. bei Vielecken und Sternen bis zu 16 Ecken/Strahlen jeder Eckpunkt.

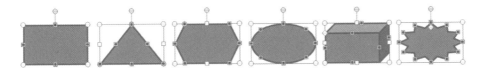

Abb. 10.13: Beispiele für Andockpunkte verschiedener Formen

Workshop: Andockpunkte erweitern

Trick 1: Die Formen mit mehr als vier Andockpunkten lassen sich durch Verschieben der gelben Proportionsrauten zu anderen Formen verändern, z.B. Rechtecken, behalten aber die Andockpunkte bei.

Trick 2: Elemente mit beliebig vielen Anschlusspunkten lassen sich zeichnerisch erzeugen. Zeichnen Sie dazu eine Form, z. B. ein Rechteck.

1. START ▶ *Zeichnen* (Formauswahl)
2. *Zeichentools* FORMAT ▶ FORM BEARBEITEN ▶ IN FREIHANDFORM KONVERTIEREN
3. *Zeichentools* FORMAT ▶ FORM BEARBEITEN ▶ PUNKTE BEARBEITEN
4. Mauszeiger an der Stelle der Formkontur platzieren, an der der zusätzliche Andockpunkt benötigt wird
5. PUNKT HINZUFÜGEN

Tipp

Sie sollten den letzten Schritt bei höchster Zoom-Stufe der Ansicht durchführen, um die Kontur sauber zu treffen.

10.3.4 Ablaufpläne, Datenflusspläne

Wie Organigramme lassen sich mit Formen und Verbindungen auch Ablaufpläne zeichnen. Hierfür existiert in der Formenauswahl auch eine spezielle Rubrik *Flussdiagramm*.

Kapitel 10
Text grafisch strukturieren

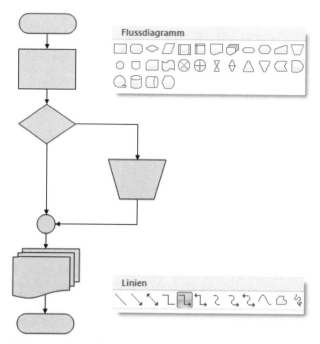

Abb. 10.14: Flussdiagramm aus Formen und Linien

Teil III

Zahlen präsentieren

In diesem Teil:

- **11 Basiswissen zum Präsentieren von Zahlen und Daten** 191
  3D oder nicht 3D, Illustrierte Daten, Daten entfrachten

- **12 Der schnelle Weg zur Diagrammfolie** 201
  Diagrammtypen, Diagramm aus Excel importieren, Datenblatt bearbeiten

- **13 Diagramme à la carte** 207
  Diagrammlayout und -design, Diagrammteile gestalten, Achsen und Abstände, Intervalle und Skalierungen, Diagramme beschriften, Interpolationen und Analysen

- **14 Diagramme kreativ** 227
  3D-Diagramme, Grafikeffekte, Manipulationen an Diagrammen, Benutzerdefinierte Diagrammtypen

  Workshops: Diagramm entfrachten, Synoptische Balkendiagramme, Bilderstapeldiagramme

- **15 Zahlentabellen präsentieren** 239
  Interne und externe Tabellen, Excel-Arbeitsblätter

Kapitel 11

Basiswissen zum Präsentieren von Zahlen und Daten

Zahlen sind ein wesentlicher Bestandteil geschäftlicher Präsentationen. Obwohl ihnen so große Bedeutung zukommt, werden bei ihrer Visualisierung häufig prägnante Fehler gemacht, die die Mühe des Vortrags konterkarieren.

Es ist immer sinnvoller, Zahlen in Diagrammform zu präsentieren, weil Werte damit besser visualisiert werden als durch erst im Gehirn in Werte umzugestaltende Zahlen. Besonders bei der Gegenüberstellung verschiedener Werte ist deren grafische Darstellung wesentlich eingängiger als nebeneinander oder untereinander angeordnete Zahlen.

Dennoch können auch Diagramme verwirrend oder nichtssagend sein. Ein häufiger Fehler ist die falsche Diagrammwahl. In PowerPoint erhalten Sie zur Diagrammtyp-Auswahl eine ausführliche Beschreibung der Diagrammtypen und ihrer Einsatzmöglichkeiten, wenn Sie die Schaltfläche [?] im Auswahldialog drücken.

11.1 3D oder nicht 3D, das ist die Frage

Mit der neuen Benutzerführung in PowerPoint 2007 sollte einer der häufigsten Negativeffekte bei der Diagrammgestaltung erledigt sein: das 3D-Diagramm. Leider sind die Umsteiger von den früheren PowerPoint-Versionen noch so den damals standardmäßig vorgegebenen 3D-Säulen verhaftet, dass es wohl länger dauert, bis diese »Tradition« beendet ist.

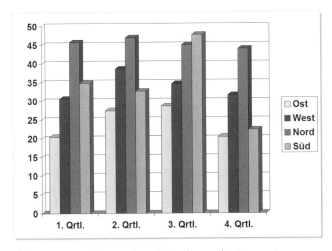

Abb. 11.1: Die »klassische«3D-Säule aus den Vorversionen

Getreu dem guten alten Anwendermotto »Was vorgegeben ist, kann nicht verkehrt sein!« begegnete uns diese Diagrammform in den letzten zehn Jahren allüberall, egal, ob sie gut oder nicht gut aussah, ob sie zutreffend war oder nicht – immer wieder das 3D-Säulendiagramm! Wenn möglich auch noch in den drögen Farben des Standard-Farbschemas.

Zudem hat diese Gestaltung einen Ablesefehler quasi eingebaut: Die Rückseite der Säule gibt auf der Skala den Wert an! Beim 3. Wert im 3. Quartal können Sie das sehr gut erkennen, denn der Betrag ist exakt 45. Wir sind es aber gewohnt, der Vorderseite Beachtung zu schenken, und deren Oberkante schneidet die 45er-Skalierung bei einem Wert von 45,7 (1. Quartal, 3. Wert).

Wirklich gut ablesbar sind nur plane Diagramme! Die müssen deshalb nicht hässlich aussehen. Schon in den Vorversionen war es möglich, Diagrammen ohne diesen abgelutschten 3D-Effekt Tiefe zu verleihen. Dass Farbverläufe sich als Flächenfüllung für Datenpunkte gut machen, bemerkt man natürlich nicht, wenn das Diagramm schon diesen Pseudo-3D-Effekt aufweist; im Gegenteil, da sieht ein Verlauf albern aus. (Den Rohr-Effekt gibt es auch in Version 2007 noch, siehe Kapitel 14.)

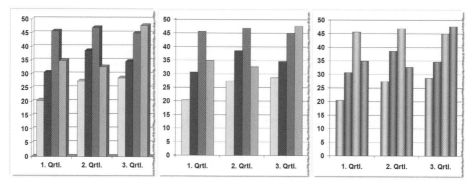

Abb. 11.2: Niemand soll behaupten, es hätte vor 2007 nur den Pseudo-3D-Effekt (links) oder langweilige plane Diagramme (Mitte) gegeben.

Aber es hat überlebt, das 3D-Säulendiagramm ist immer noch im Angebot und sieht (in den Grundeinstellungen) schlimmer aus als zuvor. Es ist noch schlechter abzulesen, es ist windschief; fast sehnt man sich nach dem alten, geraden Diagramm der Vorversionen zurück. Zwar kann die Schieflage durch eigene Eingriffe geändert werden, doch wie oben schon erwähnt: Was vorgegeben ist, ...

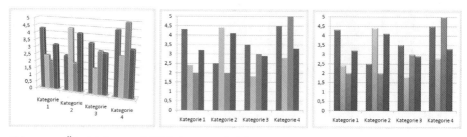

Abb. 11.3: Übertriebener 3D-Effekt in 2007 (links)

Versöhnen kann nur die neue Gestaltung zweidimensionaler Diagramme; der Workaround über die Verlaufsfüllungen ist nicht mehr nötig. Bereits in den Standard-Formatvorlagen für Diagramme sind zwei Reihen Varianten mit gebrochenen Kanten enthalten, so dass auch bei eiliger Bearbeitung ein gefälliges Aussehen zu erzielen ist.

Abb. 11.4: Die Diagramm-Formatvorlagen

11.2 Illustrierte Daten

Zwar ist ein Diagramm schon eine Illustration, aber einige grafische Applikationen können die Wirkung und die Aufmerksamkeit des Publikums steigern.

Abb. 11.5: Ein trockenes Diagramm wird durch ein passendes Clipart interessanter.

Abbildung 11.5 zeigt ein Diagramm zu einem nicht sonderlich aufregenden Sachverhalt, interessant eher für Statistiker bei Justizbehörden. Es ist handwerklich einwandfrei gemacht, zwar schlicht, aber sogar eine Trendlinie wurde zugefügt; doch wenn Sie die linke mit der rechten Variante vergleichen, zeigt sich, dass allein das thematisch passende Bildchen den »Hinguck-Effekt« erheblich verbessert.

Scheuen Sie sich deshalb nicht, Diagrammen zusätzlich zum »Aufbrezeln« mit den grafischen Gestaltungsmitteln einen externen Blickfang hinzuzufügen, um die Aufmerksamkeit des Publikums zu erheischen.

Kapitel 11
Basiswissen zum Präsentieren von Zahlen und Daten

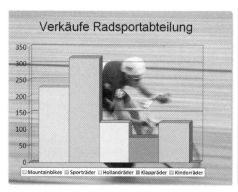

Abb. 11.6: Diagramm ins Subjekt integrieren

Häufig werden Diagramme mit Hilfe einschlägiger Hintergrundbilder illustriert. Häufig harmonieren Aussage und Illustration zwar inhaltlich, aber rein technisch lassen sich Diagramm und Illustration nicht ohne gegenseitige Beeinträchtigung auf der Folie platzieren. Abbildung 11.6 zeigt links zwar im Hintergrund einen Radrennfahrer, aber das eigentliche Subjekt der dargestellten Verkaufsstatistik, das Fahrrad, ist kaum zu sehen, weil es zum größten Teil von der Säulengrafik verdeckt wird. Die rechte Darstellung dagegen integriert Diagramm und Illustration, und wenn Sie genau hinschauen, erkennen Sie auch, wie Titelbeschriftung, Fahrradrahmen und Diagramm der Z-Linie folgen.

11.3 Daten entfrachten

Zahlen werden meist von Menschen präsentiert, die viel mit Zahlen zu tun haben: Statistiker, Buchhalter, Controller etc. Deren heiligster Lebenszweck ist die Erfassung und Pflege von Datenbeständen, von allen Beruf(ung)sfremden abschätzig »Datenfriedhöfe« genannt. Hat man diese Berufsgruppe endlich soweit, dass sie statt Tabellen Diagramme präsentieren, ist das erst der halbe Weg zur gekonnten Datenpräsentation. In der irrigen Annahme, *alle* Teilnehmer einer Konferenz, einer Tagung, eines Meetings müssten sich für *alle* Daten zu einem Sachverhalt interessieren, präsentieren sie *alle* Daten in einem Diagramm, wie zum Beispiel in Abbildung 11.7. Ein Vergleich von Kennzahlen verschiedener Firmen-Niederlassungen zu einem bestimmten Sachverhalt ist sicher interessant, aber nicht in epischer Breite.

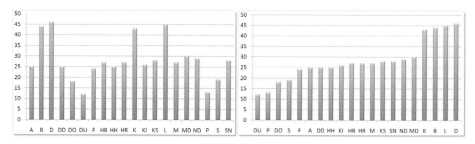

Abb. 11.7: Grabsteine auf dem Datenfriedhof

Das rechte, nach Werten sortierte Diagramm in Abbildung 11.7 lässt erkennen, dass es einen gewissen Standardstreubereich gibt, und der ist absolut uninteressant für das Auditorium, für die Geschäftsführung, für die Entscheidungsträger. Das Augenmerk gerade der Entscheider richtet sich auf die »Ausreißer«, also sollte sich die grafische Umsetzung auf diese kaprizieren und den durchschnittlichen Rest nur nachrichtlich im Diagramm aufführen.

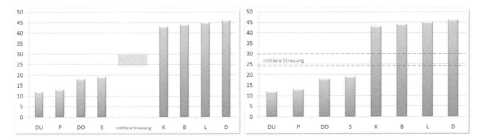

Abb. 11.8: Auf die signifikanten Daten und referenzierte Standards reduziert

Eine Anleitung, wie Abbildung 11.8 aus Abbildung 11.7 entstand, finden Sie im Workshop »Diagramm entfrachten« in Kapitel 14.

Ein anderes Überfrachtungsproblem zeigt Abbildung 11.9. Im oberen Diagramm einer Personalstatistik wurden noch diverse andere Daten untergebracht, die das Diagramm unlesbar werden lassen. Verständlich werden die zusätzlichen Angaben im Diagramm nur durch Studium der Legendentexte am Rand.

Diese Fülle von Daten musste entzerrt werden; die Daten wurden auf zwei Folien verteilt: auf der ersten (Abbildung 11.9 unten links) die absoluten Angaben mit einigen Aufbereitungen, zum Beispiel Verzicht auf die Ranking-Reihenfolge der Säulen. Personalbestände sind kein Wettbewerbstatbestand, deshalb sind die Daten in der Neufassung nach Abteilungen sortiert angegeben. Die Kennzeichnung der Abteilungsgröße in drei Kategorien durch Farbgebung war wenig hilfreich und vergeudete die Möglichkeit, Männer- und Frauenanteil als Stapelsäule aufzudröseln; mit der %-Angabe im Original ist beim Betrachten wirklich wenig anzufangen.

In der Neufassung wurde die Zuordnung zu Größen-Kategorien durch drei Zonen der Größenskala ersetzt, so wurde das Säuleninnere frei für den Gender-Vergleich (unten links).

Eigentlich hätte mit der Folie unten links die Neufassung ihr Bewenden haben können, doch die Gender-Beauftragte des Unternehmens bestand auf zusätzlichen vergleichenden Darstellungen, die dann im zweiten Diagramm losgelöst von der absoluten Darstellung und deutlicher visualisiert ihren Platz fanden.

Kapitel 11
Basiswissen zum Präsentieren von Zahlen und Daten

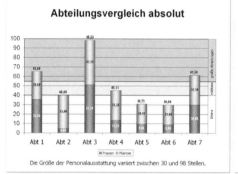 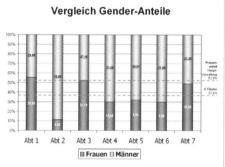

Abb. 11.9: Mehr Textfolie denn Diagramm (oben)

11.4 Projekt: Tabellen und Diagramme

Die Präsentation des Projektes war sehr datenlastig und ein Verzicht auf Tabellen deshalb nicht möglich. Allerdings waren in der Ursprungsversion die Tabellen 1:1 aus Excel übernommen worden, was zu einem sehr tristen Layout in PowerPoint führte. Gewiss, Experten sind mit solchen Darstellungen zufrieden, orientieren sich ohnehin lieber an den ausführlicheren Darstellungen im Handout, aber nun ging es um eine öffentliche Vorstellung der Projektergebnisse vor nicht ausschließlich fachkundigem Publikum. Da musste schon eine ansprechendere Aufbereitung her.

Um es gleich zu sagen: Das ist mühsame Handarbeit! Kein Tool kann Ihnen die gefällige Darstellung einer Tabelle wirklich abnehmen. Zwar bietet PowerPoint 2007 mit den Tabellentools schon eine enorme Unterstützung, doch ganz ohne korrigierende Eingriffe geht es nicht.

(Die Tabellenformatierung in den Vorversionen war ja überhaupt nicht unterstützt, weshalb vielfach auf Word ausgewichen und dort mit den Tabellen-Autoformaten gearbeitet wurde, um die so gestalteten Tabellen nach PowerPoint zu übernehmen. Inzwischen ist es umgekehrt: PowerPoint besitzt die besseren Tabellentools als Word, weshalb nun auch viele Tabellen für Word in PowerPoint gestaltet werden.)

Bei allem Fortschritt fehlen auch den Tabellenformatierungen in Version 2007 noch ein paar Spezialitäten, die von Hand nachzuarbeiten sind.

Abb. 11.10: Links übernommene Excel-Tabelle, rechts auf wesentliche Daten reduziert, dem Design angepasst und Ergebnisse hervorgehoben

Wo es nur irgend ging, wurden Tabellen in Diagramme überführt. Das hatte auch der Auftraggeber zum Teil schon getan, mehr oder weniger erfolgreich.

Was tun bei Datenstreuung?

Ein großes Problem bereiten Diagramme mit weit auseinander liegenden Werten – egal in welchem Diagrammtyp. Vor diesem Problem stand auch das Projekt, in dem Wohnungsbestände von zwei großen und drei kleinen Staaten einander gegenübergestellt wurden. Ganz klar, dass die großen dabei wesentlich höhere Werte einbrachten als die kleinen. Eine Möglichkeit in solchen Fällen ist die logarithmische Achsenskalierung, die aber nur Fachleuten zugemutet werden darf. Eine breite Öffentlichkeit benötigt lineare Skalierungen, um Irritationen zu vermeiden.

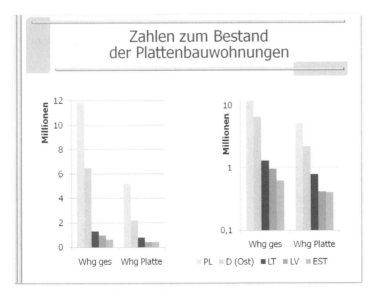

Abb. 11.11: Lineare (links) und logarithmische (rechts) Darstellung derselben Daten

Die Projektmitarbeiter hatten sich damit beholfen, dass sie die Diagramme auf zwei Folien verteilten, auf der ersten Folie die großen Werte mit Datenbeschriftung und die kleinen nur grafisch, quasi nachrichtlich; auf der zweiten Folie folgten dann die ausführlich beschrifteten Werte für die kleinen Länder.

Mit solchen Aufteilungen machen Sie professionellen Visualisierungskritikern eine große Freude, denn eines ihrer Hauptargumente ist, dass in solchen Präsentationen zusammenhängende Informationen aus Platzgründen auseinander gerissen würden, wodurch dem Publikum die Zusammenhänge verborgen bleiben.

Mit nur wenig Aufwand ließ sich zusammenfügen, was zusammen gehört, wie Abbildung 11.12 rechts zeigt.

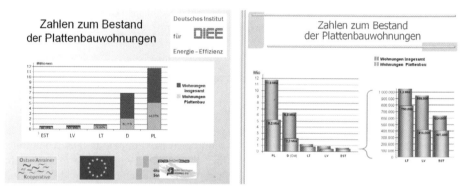

Abb. 11.12: Kleine und große Werte in unterschiedlich skalierten Diagrammen, aber Relationen und Zusammenhang bleiben erhalten

In Abbildung 11.12 ist noch eine andere Verbesserung gegenüber der Urform zu erkennen: Es sind Gesamtbestände und daraus Teilbestände gegenübergestellt. Die leicht versetzten Säulen lassen die Höhe der »Gesamt-Säulen« besser erkennen, links wirken sie wie aufgesetzte Stapeldiagramme.

Thermometer-Diagramm

Eine Aufwertung durch grafische Mittel kam an anderer Stelle zum Einsatz: Die für das Sanierungsvorhaben und dessen Ökonomie wichtigen klimatischen Basisdaten waren gegenüberzustellen. Aus Excel übernommene Diagramme lagen bereits vor. Ein einfacher Schritt wäre gewesen, sie mit den Diagrammeffekten optisch aufzuwerten, aber wir gingen ein bis zwei Schritte weiter: Ein Thermometer ist ja in gewisser Weise ein Datenpunkt eines Säulendiagramms. Also wurden die Säulen in Grafik umgewandelt, »Kugeln« und eine Skala darangehängt, fertig waren fünf Thermometer, die nun nicht durch Länderkennzeichen, sondern der Abwechslung halber durch Länderfarben als Füllung der Thermometer-Vorratsbehälter zugeordnet wurden. Das ist zwar abstrakter als internationale Kfz-Kennzeichen, aber den Kongressteilnehmern, die sich mit diesen Ländern eingehend befasst hatten, durchaus verständlich.

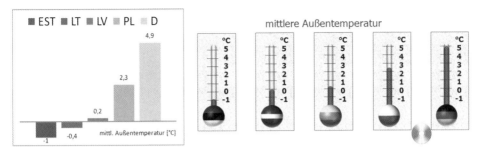

Abb. 11.13: Grafische Effekte auch bei wissenschaftlichen Daten

Wenn dabei die negativen Durchschnittstemperaturen nicht wie im Original als negative Graphen erscheinen, sondern als weniger hohe positive, ist das sogar wissenschaftlich korrekter, denn im streng wissenschaftlichen Sinne gibt es gar keine negativen Temperaturen. Dass die Skalen in Abbildung 11.13 dennoch nicht in Kelvin, sondern in Grad Celsius beschriftet sind, ist wiederum dem Verständnis der breiten Öffentlichkeit geschuldet.

Mit dem Diagramm durch die Wand

Um die Vorteile isolierender Wandverkleidungen zu verdeutlichen, sollte eine Messreihe visualisiert werden, die den Temperaturverlauf in einer Außenwand zeigt, einmal reiner Beton, einmal isoliert. Die Projektgruppe hatte dazu schon zwei Graphen als Excel-Diagramm ausgedruckt und mit Bleistift skizziert, wie ein Querschnitt durch die Wand mit den Graphen korrelieren könnte.

Für ein Fachpublikum hätte es diese Bleistiftskizze schon getan; für die geplante öffentliche Vorstellung jedoch musste die Visualisierung verbessert werden.

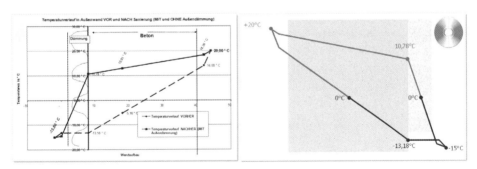

Abb. 11.14: Originale Messkurve und aufbereitete Version

Zunächst wurde das Prinzip »Weniger ist mehr« angewandt und alle für die publikumswirksame Kernaussage entbehrlichen Angaben weggelassen. Vermittelt werden sollte vor allem, dass bei isolierten Wänden der Frostpunkt in der Isolierung liegt, bei unisolierten Wänden mitten im Beton; das macht den erheblichen Wärmeverlust unisolierter Wände deutlich. Also wurden in das endgültige (nachgezeichnete!) Diagramm nur die Werte für

- Raum- und Außentemperatur,
- Temperatur an der Beton-Außenseite und
- die Nulldurchgänge

dargestellt. Alles, was in der ursprünglichen Darstellung an Angaben enthalten war, gehört in den Vortrag; in einer Dokumentation dagegen darf es schon eine Legende zur Grafik geben.

Ganz wichtig war, das Diagramm zu spiegeln, denn in unserem Kulturkreis ist die bevorzugte Leserichtung von links nach rechts, und es ging ja um den Wärmeverlust von drinnen nach draußen. Also müssen die Temperaturkurven von links nach rechts sinken und nicht steigen.

Im gezeichneten Diagramm gehen beide Graphen durch die Dämmschicht, obwohl sie nur für den oberen zutrifft. Das verwirrt und wurde in der bearbeiteten Fassung korrigiert.

Die Farbgebung trug zur Verdeutlichung bei: Betonwand und Isolierschicht erhielten unterschiedliche Flächenfüllungen aus den Standard-Texturen, die Graphen wurden rot und blau für positive und negative Celsius-Werte angelegt.

Das i-Tüpfelchen bildete dann die Animation dieser Folie, bei der zuerst nur die Betonwand mit dem unteren Graphen sichtbar ist. Der obere Graph baut sich erst auf (Wischen-Animation von links), nachdem von oben die Dämmschicht eingeschoben wurde, selbstverständlich nur so weit, dass der untere Graph »unisoliert« bleibt.

Kapitel 12

Der schnelle Weg zur Diagrammfolie

Ab Version 2007 arbeitet PowerPoint direkt mit Excel zusammen, das heißt, bei der Bearbeitung von Diagrammen läuft parallel zu PowerPoint eine Excel-Instanz, in die bei etlichen Funktionen umgeleitet wird, um die Daten direkt im Excel-Arbeitsblatt zu bearbeiten. Das Excel-Icon kennzeichnet im Folgenden bei kombinierten Vorgängen Arbeitsschritte im Excel-Fenster zur Unterscheidung von Arbeitsschritten im PowerPoint-Fenster .

Die enge Verbindung mit Excel bedeutet aber nicht, dass PowerPoint über keine interne Diagrammdaten-Verarbeitung mehr verfügt, im Gegenteil:

- Die Daten für in PowerPoint angelegte Diagramme werden als *Arbeitsblatt in PowerPoint* gespeichert.
- Die Daten für aus einer Excel-Arbeitsmappe nach PowerPoint importierte Diagramme werden weiter separat *als Excel-Arbeitsmappe* gespeichert.

> **Kein Excel?**
> Sofern Excel nicht auf Ihrem Rechner installiert sein sollte, wird das Chart-Modul aus Office 2003 für die Datenbearbeitung verwendet, das nicht so komfortabel ist wie Excel. Hierzu finden Sie eine Kurzanleitung auf der Buch-CD im Ordner zu Teil III.

Es gibt drei Möglichkeiten, Diagramme in PowerPoint einzurichten:

- mit Hilfe eines Folienlayouts mit Diagramm-Platzhalter,
- durch Anlegen eines Diagramms in einer beliebigen Folie,
- durch Import aus einem Kalkulationsprogramm.

12.1 Neues Diagramm ...

12.1.1 ... via Platzhalter

Wählen Sie nach dem Anlegen einer Folie ein Folienlayout mit dem *Inhalt*-Symbol:

1. START ▸ *Folien* LAYOUT
2. Klicken Sie auf das Diagramm-Symbol in der Kombi-Schaltfläche.

Kapitel 12
Der schnelle Weg zur Diagrammfolie

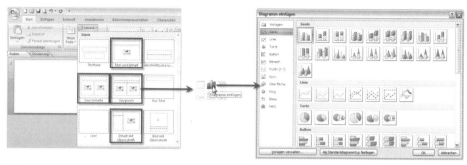

Abb. 12.1: Diagramm-Folie erzeugen

12.1.2 ... nachträglich in Folien einfügen

Unabhängig vom Folienlayout lassen sich neue Diagramme in jede beliebige Folie einfügen.

EINFÜGEN ▶ *Illustrationen* DIAGRAMM

12.2 Diagrammtyp auswählen

Beide Wege führen zur Auswahl des Diagrammtyps. PowerPoint bietet eine Vielzahl unterschiedlicher Diagrammtypen an. Zur Verwendung der verschiedenen Diagrammtypen gibt es in den Quick-Helps brauchbare Hinweise, wenn Sie mit dem Mauszeiger darüberfahren.

Sobald Sie einen Diagrammtyp durch Doppelklick selektiert haben, wird das PowerPoint-Fenster verkleinert, daneben eine Excel-Instanz mit Musterwerten gestartet und ein dazu passendes Diagramm gemäß Ihrer Auswahl in die PowerPoint-Folie gestellt. Sie bearbeiten die Daten in Excel und formatieren das Diagramm in PowerPoint.

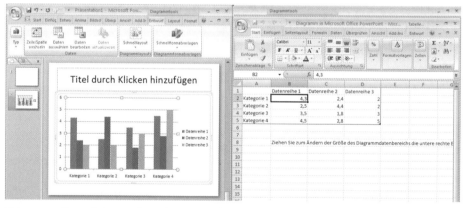

Abb. 12.2: PowerPoint- und Excel-Instanz arbeiten im Diagrammmodus unmittelbar zusammen.

12.3 Vorhandenes Diagramm aus Excel importieren

■ Diagramm in die Zwischenablage kopieren

1. Diagramm durch Anklicken markieren
2. START ▶ *Zwischenablage* KOPIEREN oder [Strg]+[C]

■ Diagramm einfügen

3. START ▶ *Zwischenablage* EINFÜGEN ▶ EINFÜGEN (oben) oder [Strg]+[V]

Um zu vermeiden, dass die Beschriftung eines Excel-Diagramms beim Importieren nach PowerPoint verzerrt wird, formatieren Sie das Diagramm bereits in Excel so, dass sein Design mit dem PowerPoint-Design übereinstimmt. Die Diagrammtools von Excel sind nahezu identisch mit denen von PowerPoint, so dass Sie die Erläuterungen dieses Buches ebenso in Excel anwenden können.

Sollte beim eingefügten Diagramm dennoch etwas »schräg« aussehen, gestattet Ihnen ein Smarttag, die Formatierung zu korrigieren.

Das Smarttag bietet auch die Möglichkeit, das importierte Diagramm in eine Grafik umzuwandeln, so dass Sie ein uneingeschränktes Abbild des Excel-Diagramms in PowerPoint erhalten – allerdings mit dem Manko, dass dabei keine weitere Bearbeitung des Diagramms in PowerPoint und keine separaten Animationen von Datenreihen oder Kategorien möglich sind.

Als Grafik können Sie ein Diagramm auch importieren, indem Sie statt des vorgenannten Schritts 3 die EINFÜGEN-Schaltfläche im unteren Teil anklicken und INHALTE EINFÜGEN mit einer der BILD-Optionen wählen.

Abb. 12.3: Smarttag zum Anpassen eines importierten Diagramms

12.4 Excel-Diagramm verknüpfen

Ein Diagramm aus Excel lässt sich als Verknüpfung einfügen, das heißt, die Daten für das Diagramm werden weiter in der Excel-Arbeitsmappe verwaltet und beim Öffnen der Präsentation von dort aktuell abgerufen. Sollte die bezogene Excel-Arbeitsmappe nicht am registrierten Standort gefunden werden (weil sie inzwischen gelöscht wurde, weil Sie die Präsentation auf einem Notebook mitgenommen haben, weil keine Verbindung zum Netzwerk besteht), so ist das kein Beinbruch, denn der letzte Stand des Diagramms bleibt in der Präsentation gespeichert – Sie können Ihre Präsentation also lückenlos vorführen. Wenn Sie jedoch versuchen sollten, mit DATEN AUSWÄHLEN, DATEN BEARBEITEN oder DATEN AKTUALISIEREN auf die Arbeitsmappe zuzugreifen, gibt es eine Fehlermeldung:

Abb. 12.4: Meldung bei fehlender verknüpfter Datei

Sie können die Verknüpfung mit VERKNÜPFUNGEN BEARBEITEN noch reparieren, sofern Sie Zugriff auf eine Kopie der Arbeitsmappe haben, aber die Fehlermeldung schweigt sich über die Fundstelle dieses Befehls aus, was umso schwerer wiegt, als er gut versteckt ist.

Verknüpfung zur Arbeitsmappe reparieren

1. ▸ VORBEREITEN ▾ (auf den Balken mit ▾ am unteren Ende der Liste klicken)
2. VERKNÜPFUNGEN MIT DATEIEN BEARBEITEN
3. In einer Liste werden Ihnen die in der Präsentation bestehenden Verknüpfungen gezeigt; Sie markieren durch Anklicken die zutreffende und können nun mit QUELLE ÄNDERN auf die richtige Arbeitsmappe umleiten.

Wenn Sie keine neue Quelle wählen, sondern auf VERKNÜPFUNG AUFHEBEN klicken, legt PowerPoint ein internes Arbeitsblatt mit den gespeicherten Daten dieses Diagramms an.

Sie umgehen derartige Probleme von Anfang an, indem Sie im Smarttag die Option EXCEL-DIAGRAMM (GESAMTE ARBEITSMAPPE) wählen mit dem Erfolg, dass Sie auf keine Verknüpfung Rücksicht zu nehmen brauchen.

> **Vorsicht**
>
> Wenn Sie eine Präsentationsdatei mit Diagrammen weitergeben wollen, überzeugen Sie sich, ob durch eingefügte Arbeitsmappen evtl. Daten weitergegeben werden, die Sie besser unter Verschluss behalten hätten. Denn beim Bearbeiten der Diagrammdaten steht die komplette Arbeitsmappe zur Verfügung!

12.5 Datenblatt bearbeiten

Sie können die Musterwerte im Excel-Fenster beliebig verändern, formatieren, Zeilen und Spalten entfernen, hinzufügen und verschieben.

Da ein vollwertiges Excel-Arbeitsblatt als Datenblatt fungiert, können Sie hier alle Excel-Funktionen, auch Formeln, verwenden.

Excel-Fenster ein- und ausblenden

einblenden: *Diagrammtools* ENTWURF ▸ *Daten* DATEN BEARBEITEN

ausblenden: ✕

12.5.1 Daten und Überschriften ergänzen

1. *Diagrammtools* ENTWURF ▸ *Daten* DATEN BEARBEITEN
2. Füllen Sie die zusätzlichen Zellen aus.
3. Passen Sie den blauen Rahmen an den neuen Inhalt an, indem Sie dessen rechte untere Ecke anklicken und verschieben.

Zeilen oder Spalten hinzufügen bzw. entfernen

Zeile oder Spalte durch Klick auf den Tabellenkopf markieren

Einfügen: START ▸ *Zellen* EINFÜGEN oder [Strg]+[+]

Entfernen: START ▸ *Zellen* LÖSCHEN oder [Strg]+[-]

Anzeige von Zeilen oder Spalten unterdrücken

Im Diagramm werden nur diejenigen Daten angezeigt, die auch im Datenblatt zu sehen sind.

vorab zum Ausblenden: Spalte oder Zeile markieren

vorab zum Einblenden: benachbarte Spalten oder Zeilen markieren

START ▸ *Zellen* FORMAT ▸ AUSBLENDEN & EINBLENDEN

> **Hinweis**
> Unterdrückte Spalten oder Zeilen im Datenblatt lassen im Diagramm die zugehörigen Kategorien oder Serien verschwinden, ohne dass die Werte verloren gehen.

12.5.2 Datenblatt umformatieren

Zahlenformat ändern: START ▸ *Zahl* ...

Schriftart, -größe, -format ändern: START ▸ *Schriftart* ...

Spaltenbreite im Datenblatt ändern

START ▸ *Zellen* FORMAT ▸ SPALTENBREITE

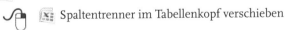 Spaltentrenner im Tabellenkopf verschieben

Spalten-Zeilen-Orientierung umkehren

Die Spalten des Datenblatts sind den *Kategorien* und die Zeilen den *Datenreihen* zugeordnet. Um diese Zuordnung umzukehren, verwenden Sie

Diagrammtools ENTWURF ▸ *Daten* ZEILE/SPALTE WECHSELN

Kapitel 12
Der schnelle Weg zur Diagrammfolie

Reihenfolge der Daten umkehren

Bei Balkendiagrammen kann die Sortierung der Balken im Diagramm umgekehrt zu den Zeilen im Datenblatt sein. Wenn Sie das bei der Bearbeitung stört, weil Sie zum Beispiel interaktiv in einer Präsentation ins Datenblatt neue Werte eintragen wollen, gibt es Abhilfe:

1. Achsenbeschriftung anklicken
   oder
   Diagrammtools FORMAT ▸ *Aktuelle Auswahl* ▾ ▸ VERTIKAL (WERT) ACHSE
2. *Diagrammtools* FORMAT ▸ *Aktuelle Auswahl* AUSWAHL FORMATIEREN
   oder 🖱 Rechtsklick auf Achse ▸ WERTEACHSE FORMATIEREN
3. Register ACHSENOPTIONEN ▸ Option WERTE IN UMGEKEHRTER REIHENFOLGE

Diese Umkehrung funktioniert für die drei Achsen *Kategorienachse*, *Reihenachse* und *Werteachse*. Wird die Werteachse umgekehrt sortiert, erhalten Sie ein »hängendes« Diagramm.

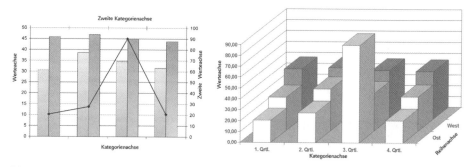

Abb. 12.5:   Bezeichnungen der Diagrammachsen

Kapitel 13

Diagramme à la carte

PowerPoint hält eine Vielzahl vorgefertigter Standard-Layouts und -Designs für Diagramme vor, die Sie in der Funktionsleiste *Diagrammtools* ENTWURF unter *Diagrammlayouts* und *Diagrammformatvorlagen* finden.

13.1 Diagrammlayout auswählen

Diagrammtools LAYOUT ▸

Diagrammlayouts geben bestimmte Strukturen innerhalb des Diagramms vor, also ob Diagramm- und Achsentitel, Gitternetzlinien etc. angezeigt werden, ob und wo die Legende gezeigt wird, welche Abstände die Datenpunkte zueinander einnehmen und ähnliches.

Die Abbildungen in der Layout-Auswahl sind leider winzig, deshalb kaum aussagekräftig, und wechseln in Anzahl und Gestaltung mit dem Diagrammtyp. *Trial and Error* ist die einzig probate Art, mit diesem Tool umzugehen.

13.2 Design zuweisen

Sie finden in

Diagrammtools ENTWURF ▸ *Diagrammformatvorlagen*

sowohl mehrfarbige als auch Ton-in-Ton-Farbschemata vor. Bedenken Sie bei den Ton-in-Ton-Farben, dass diese evtl. zu kontrastarm sein können und Betrachtern mit Sehschwächen das Differenzieren erschweren.

13.3 Diagrammtyp wechseln

Sie können nachträglich noch von einem Diagrammtyp in den anderen wechseln:

Diagrammtools ENTWURF ▸ *Typ* DIAGRAMMTYP ÄNDERN

> **Wichtig**
>
> Wenn Sie in einem Diagramm bereits einige Formatierungen geändert haben und danach den Diagrammtyp wechseln, funktioniert die automatische Farbvergabe nicht mehr! Zum Beispiel werden in einem Kreisdiagramm in diesem Fall alle Sektoren in derselben Farbe dargestellt. Stellen Sie also unbedingt immer erst den Diagrammtyp ein und formatieren Sie anschließend.

> **Hinweis**
>
> Einige Diagrammtypen (z. B. finanzmathematische Diagramme in der Rubrik KURS) erwarten eine bestimmte Datenstruktur im Datenblatt, die beim Aufruf des Diagrammtyps auch exemplarisch im Excel-Arbeitsblatt vorgegeben wird. Wollen Sie von einem bestehenden Diagramm zu einem dieser Diagrammtypen wechseln, erhalten Sie ggf. eine Fehlermeldung mit Hinweisen zur korrekten Datenblattstruktur.

13.3.1 Diagramm-Mischformen

Sie sind nicht auf *eine* durchgängige Darstellung des Diagramms beschränkt. Durch Markierung *einer* Datenreihe können Sie dieser einen anderen Diagrammtyp zuweisen, also z. B. in einem Säulendiagramm eine Datenreihe als Liniendiagramm definieren. Solche Darstellungsformen wählt man u. a. zur besseren Darstellung einer gemeinsamen Bezugsgröße für alle anderen Datenreihen. Das funktioniert allerdings nur in 2D-Diagrammen!

Markieren Sie die Datenreihe, die anders gestaltet werden soll, und weisen Sie ihr mit DIAGRAMMTYP einen anderen Typ zu.

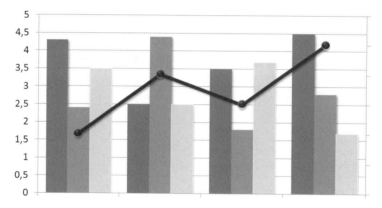

Abb. 13.1: Gemischtes Diagramm

13.4 Diagrammelemente bearbeiten

Sie können sowohl Ihre Diagramme als auch einzelne Bestandteile der Diagramme sehr weitreichend gestalten. Die ausführlichsten Bearbeitungen führen über den Format-Dialog; dorthin führen diverse Wege, hier die üblichen:

Format-Dialogfenster öffnen

vorab gewünschtes Diagrammelement markieren

Diagrammtools FORMAT ▸ *Formenarten*

 (Diagrammelement) FORMATIEREN

oder:

1. *Diagrammtools* FORMAT ▸ *Aktuelle Auswahl* DIAGRAMMBEREICH (auswählen)
2. *Diagrammtools* ▸ FORMAT ▸ *Aktuelle Auswahl* AUSWAHL FORMATIEREN

Einige der grafischen Funktionen im Format-Dialog funktionieren bei Diagrammen nur eingeschränkt.

13.4.1 Diagrammteile gestalten

Für die Diagrammbestandteile kennt PowerPoint folgende Termini:

- Achsen
- Beschriftungen
- Datenpunkte*
- Datenreihen
- Datentabelle
- Diagrammbereich
  (= Hintergrund des eigentlichen Diagramms)
- Fehlerindikatoren und Trendlinien
- Gitternetzlinien
- Legende
- Wände und Boden (bei 3D)
- Zeichnungsfläche (= Hintergrund)

*) *Der Begriff »Datenpunkt« steht auch für eine einzelne Säule eines Diagramms, was mathematisch korrekt, für Laien jedoch leicht verwirrend ist, weil man damit eher einen Punkt in einem Liniendiagramm assoziiert.*

13.4.2 Diagrammtools

Für die Diagrammbearbeitung gibt es die *Diagrammtools* mit drei zusätzlichen Funktionsleisten ENTWURF, LAYOUT und FORMAT, die nur dann in der Multifunktionsleiste eingeblendet werden, wenn ein Diagramm markiert ist.

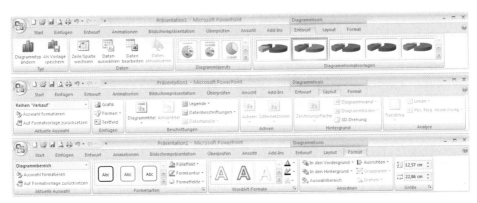

Abb. 13.2: Die Funktionsleisten der Diagrammtools

Bei markiertem Diagramm erscheinen in der Multifunktionsleiste die *Diagrammtools* mit den Registern ENTWURF, LAYOUT und FORMAT.

Register	Bereiche	Funktionen
Entwurf	Typ	Diagrammtyp wechseln und eigene Vorlagen erstellen
	Daten	Schnittstelle zum Datenbereich in Excel, Zuordnung der Daten
	Diagrammlayouts	festlegen, welche Angaben zum Diagramm angezeigt werden sollen (Datenblatt, Überschriften, Werte, Legende, ...)
	Diagrammformatvorlagen	farbliche Gestaltung des Diagramms
Layout	Aktuelle Auswahl	einzelne Diagrammbereiche formatieren
	Einfügen	einfügen von Grafiken, Formen und Textfelder
	Beschriftungen	Detailformatierungen zu Datenblatt, Überschriften, Werten, Legende ...
	Achsen	Anzeige von Achsen und Gitternetzlinien sowie Darstellung der Achsenwerte
	Hintergrund	Diagrammbegrenzungen (Wände, Boden) gestalten und Lage im Raum beeinflussen
	Analyse	Funktionen für statistische Auswertungen
Format	Aktuelle Auswahl	einzelne Diagrammteile formatieren
	Formenarten	
	WordArt-Formate	
	Anordnen	auf zusätzliche Objekte (Layout ▶ Formen) im Diagramm bezogen
	Größe	Größe des Diagramms

Tabelle 13.1: Die Funktionen der Diagrammtools

Um Diagrammteile zu bearbeiten, bieten sich folgende Wege an:

Die Anklick-Methode

1. zu bearbeitendes Teil durch Anklicken markieren
2. in *Diagrammtools* ▶ Format mit den Befehlen in *Formenarten* und *WordArt-Formate* bearbeiten

Die Kontext-Methode

1. 🖱 *(Element-Bezeichnung)* Formatieren
2. im Format-Dialog bearbeiten

Die Layout-Methode

In *Diagrammtools* ▸ *Layout* BESCHRIFTUNGEN, ACHSEN oder HINTERGRUND die Optionen für das zu formatierende Element aufrufen, ggf. über WEITERE ... zum Format-Dialog wechseln.

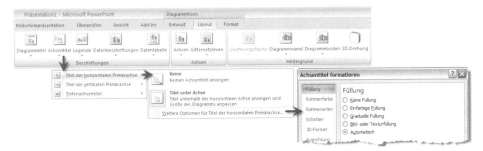

Abb. 13.3: Zum Format-Dialog über Layout-Einstellungen

Die Auswahl-Methode

1. *Diagrammtools* ▸ FORMAT oder LAYOUT *Aktuelle Auswahl* ▸
2. zu bearbeitendes Element in der Liste anklicken
3. AUSWAHL FORMATIEREN
4. im Format-Dialog bearbeiten

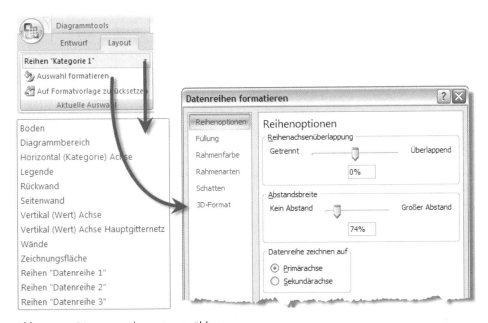

Abb. 13.4: Diagrammelement auswählen

> **Hinweis**
>
> Da die letztgenannte Methode die sicherste und zweifelsfrei zu beschreibende ist, wird sie im Folgenden beginnend mit *Aktuelle Auswahl* ▾ angegeben, wenn der Format-Dialog eines Diagrammelements benötigt wird.

13.4.3 Diagrammelemente bewegen

Einige Elemente eines Diagramms lassen sich frei innerhalb der Diagrammfläche per Drag&drop bewegen:

- Diagramm- und Achsentitel,
- Legende,
- Sektoren eines Kreis- oder Ringdiagramms.
  - Wenn Sie in einen Sektor klicken und gleich die Maustaste zum Ziehen festhalten, werden alle Sektoren des Diagramms (des Ringes bei konzentrischen Ringdiagrammen) bewegt.
  - Wenn Sie nach dem Anklicken die Maustaste loslassen und zum Ziehen erneut anklicken, wird nur der angeklickte Sektor bewegt.

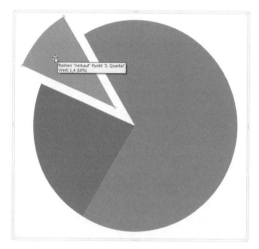

Abb. 13.5: Separierter Sektor

Diese Methode zur Veränderung der Sektorenabstände arbeitet sehr ungenau. Sicherer ist es, wenn Sie mit den Einstellungen zur »Kreisexplosion« arbeiten:

Aktuelle Auswahl ▾ ▸ Reihen »xxx« ▸ Auswahl formatieren ▸ Register Reihenoptionen

> **Vorsicht**
>
> Wenn der Platz im Diagrammrahmen nicht ausreicht, werden die Sektoren zugunsten der Abstände verkleinert!

13.5 Flächenfüllungen

Die voreingestellten Farben des Diagramms orientieren sich am Farbschema. Dort gibt es veränderliche Farben, die sich zum Teil auf mehrere Objektarten auswirken, auch auf die Füllbereiche der Datenpunkte.

Die im Farbschema mit *Akzent1* bis *Akzent6* bezeichneten Farben sind die Farben für die ersten sechs Datenreihen.

13.5.1 Farbformatierungen der Diagrammteile

Aktuelle Auswahl ▾ ▸ (Element auswählen) ▸ AUSWAHL FORMATIEREN ▸ Register FÜLLUNG

Sie sind nicht auf glatte, einfarbige Kolorierung flächiger Diagrammteile angewiesen, Sie können auch Verläufe, Texturen und Bilder verwenden. Im Format-Dialog finden Sie dazu die notwenigen Hilfsmittel.

Grundeinstellung der Füllung ist die Option AUTOMATISCH, das heißt,

- die Farbauswahl für die Datenpunkte richtet sich nach den Akzentfarben des Farbschemas,
- alle flächigen Bereiche außerhalb der Datenpunkte wie Diagrammwände, Beschriftungshintergrund etc. werden weiß oder schwarz gefüllt, abhängig von der *Diagrammformatvorlage*.

Mit manueller Flächenfüllung können Sie jedem Element eine von AUTOMATISCH abweichende Farbe geben.

13.5.2 Farbverläufe

Aktuelle Auswahl ▾ ▸ (Element auswählen) ▸ AUSWAHL FORMATIEREN ▸ Register FÜLLUNG ▸ Option GRADUELLE FÜLLUNG

Hier lassen sich unterschiedliche Farbverläufe erzeugen.

1. Wählen Sie in VOREINGESTELLTE FARBEN einen Farbverlauf aus.
2. Bestimmen Sie mit TYP die Verlaufsform.
3. Bestimmen Sie ggf. mit RICHTUNG den Winkel des Verlaufs.

Sofern Ihnen der Farbverlauf nicht zusagt, können Sie über die *Stoppstellen* nachbessern:

1. Wählen Sie nacheinander die Stoppstellen über ▾ und klicken Sie anschließend auf ▾ in ▾ darunter. Wählen Sie eine besser zum Verlauf passende Farbe und wechseln Sie zur nächsten Stoppstelle.
2. Löschen Sie ggf. nicht benötigte Stoppstellen mit ENTFERNEN.

Sie können selbstverständlich auch ohne Vorlage eigene Verläufe erstellen, indem Sie direkt mit dem Einfärben von Stoppstellen beginnen. Standardmäßig sind drei Stopps angelegt, die Sie mittels HINZUFÜGEN erweitern können.

Die Abstufungen der Designfarben machen es Ihnen leicht, saubere Ton-in-Ton-Verläufe zu definieren.

Exemplarisch für das Beispiel in Abbildung 13.6 gehen Sie wie folgt vor:

Verlaufsfüllung zuweisen

1. Klicken Sie eine Säule an (die komplette Reihe, zu der diese Säule gehört, wird markiert).
2. *Aktuelle Auswahl* ▸ DATENREIHE X ▸ AUSWAHL FORMATIEREN ▸ Register FÜLLUNG
3. Option GRADUELLE FÜLLUNG
4. TYP: linear, WINKEL: 180°
5. Wählen Sie STOPP 1, STOPP 2 und STOPP 3 nacheinander aus und bessern Sie die Verlaufsfarben mit nach; STOPP 3 muss dieselbe Farbe haben wie STOPP 1.

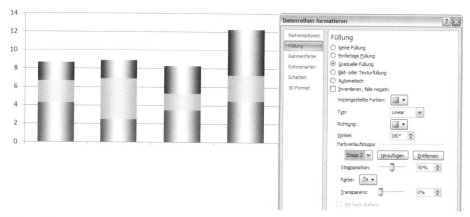

Abb. 13.6: Mit einem senkrechten, symmetrischen Farbverlauf können flache Diagramme Plastizität gewinnen.

13.5.3 Diagrammflächen »kacheln« (Texturen)

Aktuelle Auswahl ▸ (Element auswählen) ▸ AUSWAHL FORMATIEREN ▸ Register FÜLLUNG ▸ Option BILD- ODER TEXTURFÜLLUNG ▸ Auswahl TEXTUR

Gefallen Ihnen die angebotenen Texturen nicht, können Sie eigene Bilder verwenden, indem Sie mit EINFÜGEN AUS: Grafiken aus Dateien, der Zwischenablage oder einer ClipArt-Sammlung wählen und die Option BILD NEBENEINANDER ALS TEXTUR ANORDNEN aktivieren.

13.5.4 Diagrammflächen mit Grafiken oder Bildern füllen

Aktuelle Auswahl ▸ (Element auswählen) ▸ AUSWAHL FORMATIEREN ▸ Register FÜLLUNG ▸ Option BILD- ODER TEXTURFÜLLUNG ▸ EINFÜGEN AUS: ...

Natürlich ist das nur bei größeren Flächen sinnvoll, also bei den Diagrammwänden, bei Flächen- und Kreisdiagrammen. Für Diagrammwände sollten Sie besser aufgehellte Bilder benutzen, um die Datenpunkte nicht zu »verstecken«. Bei dünnen Liniendiagrammen verbietet sich eine andere als einfarbige Gestaltung des Hintergrunds ohnehin.

Bei dreidimensional gestalteten Diagrammen werden auch die Außenflächen in die Flächenfüllung einbezogen.

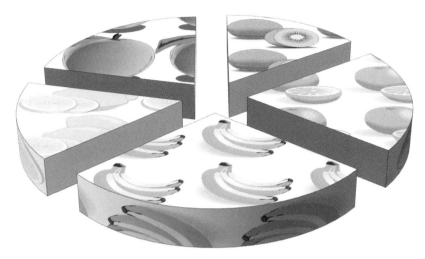

Abb. 13.7: Flächenfüllung mit ClipArts »gekachelt«

13.5.5 Einzelne Datenpunkte formatieren

Änderungen wirken sich grundsätzlich auf alle zu einer Objektgruppe gehörenden Bestandteile aus, also z. B. alle Beschriftungen der vertikalen Achse oder die Farbe aller zu einer Datenreihe gehörenden Säulen etc. Sie erkennen das daran, dass beim Anklicken *eines* Elements *alle* zu einer Datenreihe gehörenden Teile markiert werden.

Ein *zweiter Klick* (kein Doppelklick!) separiert ein zuvor in der Gruppe markiertes Element und dieses kann unabhängig von den anderen verändert werden, zum Beispiel zur Hervorhebung. Dieser Zweitklick gilt auch für Liniendiagramme, so dass sich auf einzelne Abschnitte einer Kurve zwischen zwei Datenpunkten andere Attribute anwenden lassen als für den Rest.

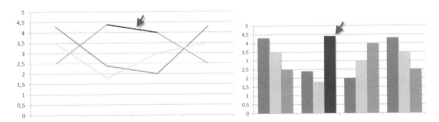

Abb. 13.8: Separat formatierte Datenpunkte

13.5.6 Negativwerte hervorheben

Flächige Datenreihendarstellungen lassen sich für Negativwerte invertieren, was allerdings nicht bedeutet, die Füllfarbe würde durch ihre komplementäre Farbe ersetzt.

Aktuelle Auswahl ▾ ▸ (Element auswählen) ▸ AUSWAHL FORMATIEREN ▸ Register FÜLLUNG ▸ Option INVERTIEREN FALLS NEGATIV

Diese Option wirkt nur für Farbverläufe in Richtung der Werteachse als Datenpunktfüllung; die Verlaufsrichtung wird bei negativen Werten umgekehrt. Eine einfarbige Flächenfüllung wird bei dieser Option in eine weiße Füllung umgewandelt.

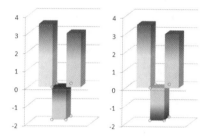

Abb. 13.9: Farbverlaufsumkehr beim Negativwert

13.6 Achsen und Abstände

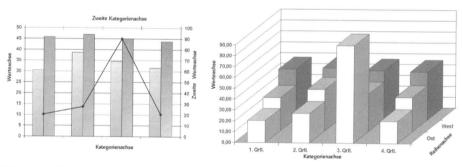

Abb. 13.10: Bezeichnungen der Diagrammachsen

13.6.1 Intervalle und Skalierungen

Für alle auf die Diagrammachsen bezogenen Einstellungen ist das Register ACHSENOPTIONEN heranzuziehen:

Aktuelle Auswahl ▾ ▸ (Achse) ▸ AUSWAHL FORMATIEREN ▸ Register ACHSENOPTIONEN

Abb. 13.11: Einstellen der logarithmischen Skalierung

Dort finden Sie neben den Intervalleinteilungen der Skalierung auch eine Möglichkeit, den grundsätzlich linear skalierten Achsen eine logarithmische Teilung zuzuweisen.

13.6.2 Zweite Achse

Gerade bei gemischten Diagrammtypen, aber auch bei homogenen Diagrammen benötigt man gelegentlich unterschiedliche Skalierungen, um eine bestimmte Datenreihe, deren Wertebereich von den anderen erheblich abweicht, dennoch im selben Diagramm darzustellen. Dazu können Sie die beiden X-Achsen wie auch die Y-Achsen unterschiedlich skalieren.

Sekundärachsen sind beschränkt auf Linien-, Flächen-, Netz- und Blasendiagramme; bei den anderen Diagrammtypen wäre eine solche Funktion nicht sinnvoll nutzbar. Es reicht, wenn innerhalb eines Diagramms wenigstens eine Datenreihe in einem dieser Diagrammtypen dargestellt ist.

Sekundärachse aktivieren

Aktuelle Auswahl ▶ REIHEN »xxx« ▶ AUSWAHL FORMATIEREN ▶ Register REIHENOPTIONEN ▶ *Datenreihe zeichnen auf* ▶ Option SEKUNDÄRACHSE

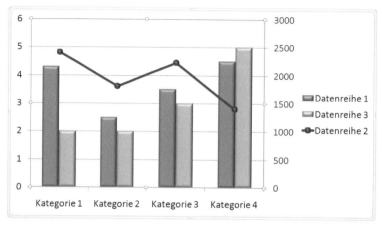

Abb. 13.12: Gemischtes Diagramm mit Sekundärachse

13.6.3 X-Achse verlegen

Die X-Achse (Kategorien-Achse) steht gewöhnlich auf der Nulllinie der Werteachse. Es können aber auch andere Positionen sinnvoll sein, zum Beispiel um ein hängendes Diagramm zu erzeugen, bei dem die Komplemente der Werteangaben bezogen auf den Maximalwert angezeigt werden.

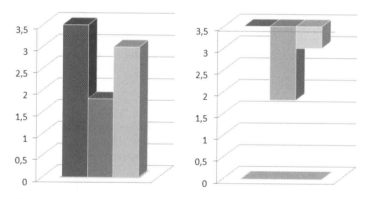

Abb. 13.13: Hängendes Diagramm mit Basis auf dem Maximalwert

Diagrammtools FORMAT ▸ *Aktuelle Auswahl* ▸ VERTIKAL (WERT) ACHSE ▸ AUSWAHL FORMATIEREN ▸ Register ACHSENOPTIONEN (Abbildung 13.14)

Wenn Sie bei ACHSENWERT eine Zahl zwischen dem Minimum und dem Maximum der Wertetabelle einsetzen, so werden alle Werte, die kleiner sind als dieser Wert, hängend dargestellt.

Wertangaben außerhalb des Wertebereichs führen zur automatischen Setzung der X-Achse auf den oberen bzw. unteren Extremwert der Tabelle.

Abb. 13.14: Optionen zur Platzierung der X-Achse

13.6.4 Abstände der Säulen und Balken

Die Abstände der Datenpunkte im Diagramm bestimmen Sie über die Reihenoptionen:

Aktuelle Auswahl ▼ ▶ (Element auswählen) ▶ AUSWAHL FORMATIEREN ▶ Register REIHENOPTIONEN

Säulen- und Balkendiagramm flach   Säulen- und Balkendiagramm 3D   Kreis- und Ringdiagramm

Abb. 13.15: Unterschiedliche Abstandsdefinitionen der Diagrammtypen

Leider sind die Bezeichnungen der Abstände nicht selbsterklärend:

Bezeichnung	Erläuterung
Abstandsbreite	Abstand der Kategorien zueinander und zum Seitenrand des Diagramms/Diagrammbodens
Abstandstiefe	3D: Abstand der Datenreihen zueinander und zu Vorder- und Hinterkante des Diagrammbodens Liniendiagramm: Breite der Abweichungsdarstellung
Diagrammtiefe	3D: Tiefe des Diagrammbodens
Reihenachsenüberlappung	2D: Abstand (negative Werte) und Überlappung (positive Werte) der Datenreihen zueinander

Tabelle 13.2: Termini für Abstände im Diagramm

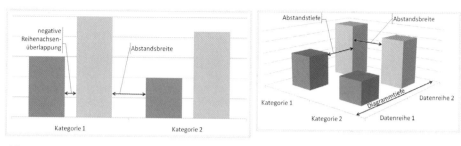

Abb. 13.16: Termini für Abstände in Diagrammen

13.7 Diagramm beschriften

Ein Diagramm visualisiert Werte, aber um konkrete Informationen zu vermitteln, kommt man ohne Zahlen doch nicht aus. Auch müssen die Linien, Säulen, Tortenstücke etc. in irgendeiner Form den dargestellten Sachverhalten zuzuordnen sein, weshalb es auch einer Legende bedarf.

Dafür stehen etliche Optionen und Werkzeuge bereit.

Diagrammtools ENTWURF ▸ *Diagrammlayouts* ... (pauschal)
oder
Diagrammtools LAYOUT ▸ *Beschriftungen* ... (detailliert)

Datenbeschriftungen lassen sich nachträglich wie ein Textfeld bearbeiten!

> **Hinweis**
>
> Die Größe eines Beschriftungselements lässt sich nur indirekt über die Schriftgröße verändern.

13.7.1 Datenpunkte beschriften

Skalierte Achsen sind zwar eine übliche Form der Zuordnung von Werten zu Datenpunkten, aber in manchen Fällen nicht genau genug oder nicht gut ablesbar. Darum tritt der Wunsch auf, direkt am Graphen die Werte der Datenpunkte anzugeben.

Diagrammtools LAYOUT ▸ *Beschriftungen* DATENBESCHRIFTUNGEN

Verschiedene Anzeigemöglichkeiten stehen zur Verfügung und können auch kombiniert werden. Die Auswahl der *Trennzeichen* wird wirksam, wenn mehrere Daten zu einem Datenpunkt angezeigt werden; die Option NEUE ZEILE dürfte dafür die sinnvollste sein (Abbildung 13.17).

Je nach Diagrammtyp und Elementtyp stehen verschiedene Varianten zum Positionieren der angezeigten Werte zur Verfügung (Abbildung 13.18).

13.7 Diagramm beschriften

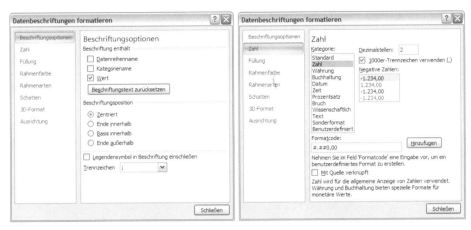

Abb. 13.17: Formatierung der Beschriftungen

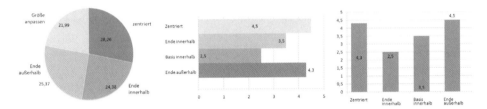

Abb. 13.18: Möglichkeiten, die Datenbeschriftung zu positionieren

Beschriftungstexte formatieren

 Minisymbolleiste

Zahlendarstellung einstellen

Diagrammtools LAYOUT ▸ *Beschriftungen* DATENBESCHRIFTUNG ▸ WEITERE DATENBESCHRIFTUNGSOPTIONEN ▸ Register ZAHL

 DATENBESCHRIFTUNG FORMATIEREN ▸ Register ZAHL

Der Dialog zur Zahlendarstellung ist identisch mit jenem, mit dem Sie in Excel Zahlen in Zellen formatieren. Sollten Sie Ihre Excel-Wertetabelle bereits sauber formatiert haben, kann Ihr Diagramm in PowerPoint daran partizipieren, indem Sie die Option MIT QUELLE VERKNÜPFT aktivieren.

Sollte in der Vielzahl der angebotenen Zahlenformate nicht das passende zu finden sein, bleibt Ihnen der Weg über BENUTZERDEFINIERT.

Tragen Sie im Feld FORMATCODE bis zu vier Musterstrings aus folgenden Zeichen ein:

Kapitel 13
Diagramme à la carte

\# für anzuzeigende Ziffern (unterdrückt führende Nullen),

0 für anzuzeigende Ziffern mit führenden Nullen,

. als Tausender-Trennzeichen,

, als Dezimalkomma,

; als Trenner zwischen zwei Musterstrings.

Alle anderen Zeichen werden in Verbindung mit der Zahl direkt angezeigt, z. B. Einheiten. Zusätzlich sind Farbfestlegungen, etwa für rote negative Zahlen, möglich, indem Sie dem Codestring eine Farbangabe in eckigen Klammern voranstellen:
[schwarz] [grün] [rot] [blau] [zyan] [magenta] [gelb] [weiß].

Die vier durch Semikola zu trennenden Musterstrings gelten der Reihe nach für positive Zahlen; negative Zahlen; Nullwerte; Text.

Ein Codestring #.##0,00; [rot] -#.##0,00 steht also für Zahlen mit Tausender-Trennpunkt, zwei Stellen nach dem Komma und Unterdrückung führender Nullen, negative Zahlen werden rot und mit vorangestelltem Minuszeichen abgebildet.

Weitere Hinweise finden Sie in der Excel-Hilfe zum Stichwort »Zahlenformat«.

13.7.2 Achsenbeschriftung

Bei sehr großen Zahlen kann die Achsenbeschriftung unübersichtlich werden. PowerPoint kann die Werte aber intern umrechnen und die Angaben um jeweils Tausender-Potenzen verkürzt anzeigen.

Diagrammtools LAYOUT ▶ *Achsen* ACHSEN ▶ VERTIKALE ...-ACHSE ▶ ACHSE IN TAUSENDEN/MILLIONEN/MILLIARDEN ANZEIGEN

Reicht das noch nicht, hilft ein Klick auf WEITERE OPTIONEN FÜR DIE VERTIKALE -ACHSE, um zum Dialog ACHSE FORMATIEREN zu gelangen, wo Sie im Bereich *Anzeigeeinheiten* noch Billionen und einige Zwischenwerte an Zehnerpotenzen finden.

Abb. 13.19: Bessere Übersicht durch Nullen-Unterdrückung

Achsenbeschriftung drehen

Die Beschriftung von Achsen steht gemäß Standard-Einstellung waagerecht. Bei Platzproblemen passt sich die Richtung der Beschriftung dem zur Verfügung stehenden Platz automatisch an.

Sie können die Achsenbeschriftung auch manuell drehen:

Aktuelle Auswahl ▸ HORIZONTAL (KATEGORIE) ACHSE ▸ AUSWAHL FORMATIEREN ▸ Register AUSRICHTUNG

Abb. 13.20: Textausrichtung der Achsen

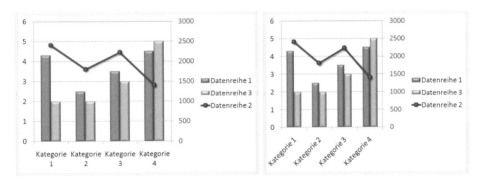

Abb. 13.21: Textausrichtung der Achsen

13.7.3 Datentabelle anzeigen

Das Excel-Datenblatt steht nur im Bearbeitungsmodus zur Verfügung. Egal ob es dort beim Präsentationsstart ein- oder ausgeblendet ist, im Präsentationsmodus fehlt es.

Ersatzweise kann aber eine Datentabelle in das Diagramm einbezogen werden, die dann selbstverständlich auch in der Präsentation angezeigt wird.

Diagrammtools LAYOUT ▸ *Beschriftungen* DATENTABELLE

Die Datentabelle wird unter das Diagramm gestellt und nimmt diesem leider Platz weg. Sie können diesen Platzverlust reduzieren, indem Sie die Tabelle verkleinern, was wie bei allen Textelementen innerhalb eines Diagramms nur über die Textgröße möglich ist:

 Minisymbolleiste 44 ▾ A˙ A˙

13.7.4 Zusätzliche Beschriftungen und Grafikobjekte einfügen

Wenn Ihnen die Möglichkeiten der Standard-Beschriftungen nicht ausreichen, können Sie mit

Diagrammtools LAYOUT ▸ *Formen* GRAFIK oder FORMEN oder TEXTFELD

zusätzliche Elemente wie weitere Legenden, Hinweispfeile, Logos etc. in Ihr Diagramm einfügen.

So eingefügte Bilder oder Formen werden in das Diagramm übernommen, das heißt, Sie können sie nur innerhalb des Diagrammrahmens bewegen.

Unabhängig davon können Sie auch mit den Werkzeugen der Funktionsleiste EINFÜGEN andere Objekte in Ihre Folie bringen, die nicht an den Diagrammrahmen gebunden sind.

> *Vorsicht*
>
> *Bei markiertem Diagramm tritt ein eigenartiger Effekt auf, wenn Sie eine Form im Bereich des Rahmens zeichnen: Diese Form wird ebenfalls Bestandteil des Diagramms und lässt sich nicht über den Rahmen hinaus bewegen.*

13.8 Interpolationen und Analysen

13.8.1 Interpolationen

Wenn in einer Datenblattzelle gar nichts steht, interpretiert das Diagramm in der Grundeinstellung das als Zeichen zum Unterdrücken dieses Wertes. In Säulen- und Balkendiagrammen ist das nicht weiter tragisch; der Balken fehlt dann halt.

Liniendiagramme jedoch werden durch diese Grundeinstellung entstellt und weisen eine Lücke auf. Die Lücke kann durch zwei Alternativen gefüllt werden: als Nullwert oder interpoliert.

1. *Diagrammtools* ENTWURF *Daten* DATEN AUSWÄHLEN
2. innerhalb des Dialogs DATENQUELLE AUSWÄHLEN: Schaltfläche AUSGEBLENDETE UND LEERE ZELLENEINSTELLUNGEN
3. passende Option LÜCKE, NULL oder DATENPUNKTE MIT EINER LINIE VERBINDEN aktivieren

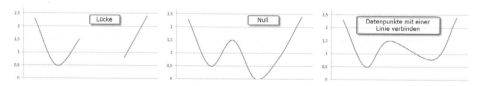

Abb. 13.22: Verschiedene Möglichkeiten, fehlende Werte im Diagramm zu interpretieren

Für Balken- und ähnliche Diagramme empfiehlt sich die Option NULL, so wird der Boden des Diagramms an dieser Stelle in der Farbe der zugehörigen Säule eingefärbt. Eine Interpolation ist hier nicht möglich!

Für Liniendiagramme und vergleichbare wählen Sie DATENPUNKTE MIT EINER LINIE VERBINDEN, so wird der Kurvenverlauf anhand der umgebenden Datenpunkte interpoliert.

13.8.2 Linienzug in Kurve umwandeln

Liniendiagramme werden eckig dargestellt mit geradlinigen Verbindungen zwischen den Datenpunkten. Daraus lässt sich auch eine gerundete Kurve machen:

Aktuelle Auswahl ▸ HORIZONTAL (KATEGORIE) ACHSE ▸ AUSWAHL FORMATIEREN ▸ Register LINIENART ▸ Option LINIE GLÄTTEN

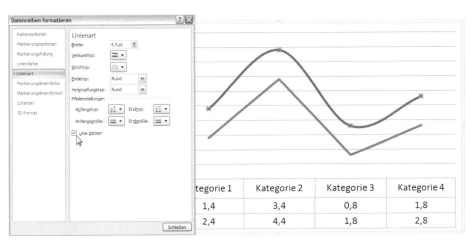

Abb. 13.23: Eckige (unten) und geglättete Kurve (oben)

13.8.3 Analysen

Den Diagrammen können Trendlinien und Indikatoren zugefügt werden, die anhand spezifischer statistischer Formeln die Datenverläufe kommentieren und analysieren:

- Trendlinien
- Bezugs- und Spannweitenlinien
- Abweichungen
- Fehlerindikatoren

> **Hinweis**
> Diese Zusätze sind eigenständige Bestandteile des Diagramms und werden der Liste der bearbeitbaren Diagrammelemente hinzugefügt.

Sie finden alle Funktionen im Bereich *Diagrammtools* LAYOUT ▸ *Analyse*.

Zu den Trendlinien existieren im *Format-Dialog* besondere Einstellungen und Optionen.

Kapitel 13
Diagramme à la carte

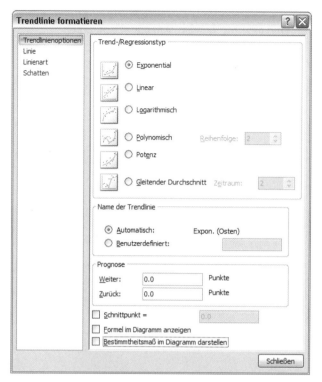

Abb. 13.24: Optionen für Trendlinien

13.9 Versions-Kompatibilität

Die Diagramme der Version 2007 sind abwärtskompatibel, sofern Sie bei der empfangenden älteren Version das Kompatibilitätspaket installiert haben. Damit setzt PowerPoint der älteren Versionen das 2007-Diagramm in ein eingebettetes Excel-Diagramm um.

Kapitel 14

Diagramme kreativ

Sie sind aus Präsentationen nicht mehr wegzudenken, die »dreidimensionalen« Diagramme. Alle einschlägigen Programme bieten Funktionen an, ein simples flächiges Diagramm virtuell in die dritte Dimension zu extrudieren und es damit »interessanter« zu machen.

Eigentlich sind dreidimensionale Diagramme eher visualisierungsfeindlich, denn sie erschweren die Zuordnung der Datenpunkte zu den Achsenbeschriftungen!

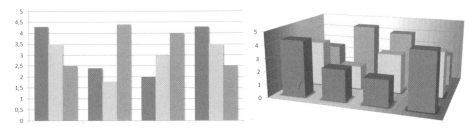

Abb. 14.1: In 3D lassen sich Datenpunkte schlechter interpretieren!

Vermeiden Sie deshalb starke Verdrehungen oder Verzerrungen und ungewohnte, steile Betrachtungswinkel des Diagramms, um in Ihrem Vortrag Daten in schnell erfassbarer Form zu präsentieren.

14.1 3D-Diagramme im Raum drehen

Für dreidimensionale Diagramme lassen sich Betrachtungswinkel und perspektivische Verzeichnung individuell einstellen.

Diagrammtools LAYOUT ▸ *Hintergrund* 3D-DREHUNG

Mittels Richtungsschaltflächen lassen sich die Neigungswinkel des Diagramms verändern, sie werden in der Livevorschau unmittelbar übernommen.

Achten Sie in diesem Dialog besonders auf die Optionen zur Diagrammskalierung; Abbildung 14.2 zeigt deutlich, welche Verzerrungen damit zugunsten einer besseren Verständlichkeit ausgeglichen werden können.

Kapitel 14
Diagramme kreativ

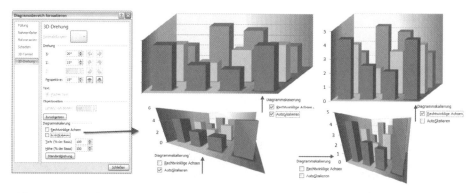

Abb. 14.2: Räumliche Drehung von Diagrammen

Wichtig
Bei Tortendiagrammen können zu flache Sichtwinkel den Eindruck erwecken, die hinteren Sektoren seien kleiner als die vorderen. Diese Erkenntnis, gekoppelt mit der Möglichkeit, den signifikanten Sektor in der 3D-Ansicht nach vorn zu drehen, kann wiederum hilfreich sein, um die für Ihren Vortrag wichtigen Daten zu betonen (siehe dazu Abschnitt 14.2.1).

14.2 Grafikeffekte

Diagrammtools FORMAT ▸ *Formenarten* FORMEFFEKTE

Die Grafikeffekte kommen auch den Diagrammen zugute und gestatten es, optisch ansprechende Diagramme ohne die Probleme der 3D-Effekte zu gestalten.

Diese Effekte unterliegen bei Diagrammen einigen Beschränkungen.

Effekt	2D-Diagramme	3D-Diagramme
SCHATTEN	für alle Elemente, auch Graphen und Datenpunkten	nur für Diagrammfläche
ABSCHRÄGUNGEN	für alle flächigen 2D-Diagramme und für Datenpunkt-Markierungen der Liniendiagramme, jedoch ohne freie Maßwahl	NUR BEI WENIGEN TYPEN MÖGLICH; NUR ALS ABRUNDUNG, Maße für Höhe und Breite beeinflussbar
BELEUCHTUNG	FREI WÄHLBAR	FEST VORGEGEBEN
LEUCHTEN WEICHE KANTEN	FREI WÄHLBAR (ABER KONTRAPRODUKTIV)	NICHT MÖGLICH

Tabelle 14.1: Effektmöglichkeiten in Diagrammen

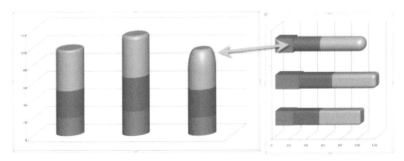

Abb. 14.3: Unterschiedliche Wirkung der Abschrägung auf 3D-Diagrammtypen bei identischen Einstellungen

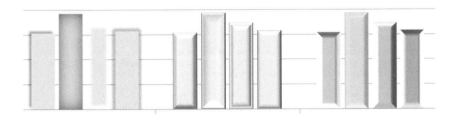

Abb. 14.4: Formeffekte

Abbildung 14.4 zeigt exemplarisch einige der Effekte an einem planen Säulendiagramm:

- linke Gruppe: Schatten außen, Schatten innen, weiche Kanten, Leuchten (von links);
- mittlere Gruppe: verschiedene Abschrägungen;
- rechte Gruppe: Variationen mit Material und Beleuchtung an abgeschrägten Objekten.

> **Tipp**
> Als favorisierte Effekte gelten äußere Schatten und dezente Abschrägungen.

14.2.1 Diagramm zur Grafik konvertieren

In früheren Versionen war es durch simples Entgruppieren möglich, Diagramme in ihre Einzelteile zu zerlegen und damit allen grafischen Gestaltungsmöglichkeiten zugänglich zu machen. Das ist mit Version 2007 nur bedingt möglich – aber möglich.

1. Legen Sie ein Diagramm des gewünschten Typs an, aber nur in der zweidimensionalen Grundform! Alle Grafikeffekte werden später im Zeichenmodus angelegt. Dreidimensionale Diagramme lassen sich nicht zur Weiterbearbeitung in Grafik konvertieren (Abbildung 14.5)!
2. Stellen Sie das Diagramm von den Werten, Skalierungen und Schrift- und Achsenformatierungen her fertig; aber ändern Sie nichts an den Grafik-Formatierungen der Datenpunkte!

Kapitel 14
Diagramme kreativ

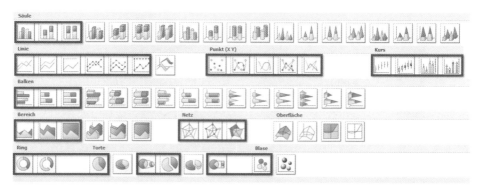

Abb. 14.5: Nur die eingerahmten, planen Diagrammtypen sind in bearbeitbare Grafik konvertierbar.

3. Markieren Sie das Diagramm.
4. Bringen Sie das Diagramm mit [Strg]+[X] in die Zwischenablage.
5. Markieren Sie den leeren Platzhalter auf der Folie.
6. [Entf]
7. START *Zwischenablage* ▸ EINFÜGEN (untere Hälfte) ▸ INHALTE EINFÜGEN ▸ »Bild (Erweiterte Metadatei)«

Nur mit der Erweiterten Metadatei (EMF) funktioniert dieser Trick!

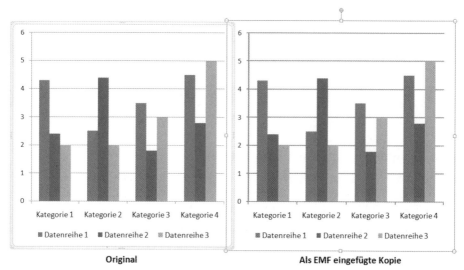

Abb. 14.6: Geringfügige Abweichungen der Linien zeigt die Erweiterte Metadatei gegenüber dem Original-Diagramm.

8. Markieren Sie das eingefügte Diagramm. Sie werden erkennen, dass es nun keinen Objektrahmen mehr, sondern einen Grafikrahmen besitzt.

9. Heben Sie die Gruppierung mit [Strg]+[⇧]+[H] auf.
10. Klicken Sie den Hinweis mit OK weg.

Das Diagramm liegt nun als gruppierte PowerPoint-Grafik vor und kann mit den Werkzeugen der Zeichentools (siehe Kapitel 19 ff) bearbeitet werden. Auch die Animationsmöglichkeiten sind nun weniger eingeschränkt.

Aber es bestehen Einschränkungen:

- Die Einzelgraphen zusammengehöriger Datenreihen sowie die Gitternetzlinien sind nicht trennbar. Alle Effekte werden im Verbund angewandt, wie im Diagrammmodus gewohnt.
- Beachten Sie bitte beim grafischen Bearbeiten ehemaliger Kreisdiagramme, dass Sie die Teile vorher gruppieren, weil sie sonst beim Anwenden von 3D-Effekten nicht miteinander fluchten.

Abb. 14.7: EMF-Kreisdiagramm mit 3D-Effekten, links ungruppiert, rechts gruppiert

14.3 Manipulationen an Diagrammen

Sir Winston Churchill hat einmal gesagt, er traue keiner Statistik, die er nicht selbst gefälscht habe. Das war zu einer Zeit, als Statistiken und sonstige Zahlenanhäufungen noch als Zahlen präsentiert wurden. Heute würde Churchill vermutlich sagen, er traue keinem Diagramm, das er nicht selbst manipuliert habe.

14.3.1 Täuschung durch Perspektive

Diagrammtools LAYOUT ▸ *Hintergrund* 3D-DREHUNG

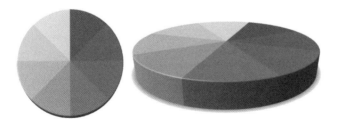

Abb. 14.8: Planform und perspektivisch verformt führen zu verschiedenen Interpretationen.

Kapitel 14
Diagramme kreativ

Abbildung 14.8 zeigt deutlich, wie ein Kreisdiagramm durch perspektivische Verzeichnung den Eindruck vermittelt, die vorderen Sektoren seien größer als die hinteren.

Abb. 14.9: Diese Einstellungen ergeben den Effekt in Abbildung 14.8 rechts.

Wird die 3D-Drehung ergänzt durch eine Abschrägung der Diagrammkanten, erscheinen hinten liegende Teile noch kleiner, weil die hinten nicht sichtbaren Abschrägungen nicht mitberücksichtigt werden, vorne wohl, weil sichtbar. Mäßige Abrundungen lassen die Diagramme gefälliger wirken, zu starke verfremden leicht die Aussage. In Abbildung 14.10 zeigt der eingeblendete Markierungsrahmen des Tortendiagramms, der die eigentlichen Abmessungen repräsentiert, wie viel »Fleisch« durch die Abrundung verloren gehen kann.

Abb. 14.10: Die Markierungsrahmen zeigen, wie die Kantenabschrägung die Wirkung beeinträchtigen kann.

14.3.2 Täuschung durch Skalierung

Sowohl bei der Kurve als auch beim Säulen- oder Balkendiagramm fällt die Manipulation leicht. Wichtig ist die Bezugslinie der Größen-/Werteachse, denn von ihr hängt es ab, wie die Kurven, Säulen oder Balken auf den Betrachter wirken.

14.3
Manipulationen an Diagrammen

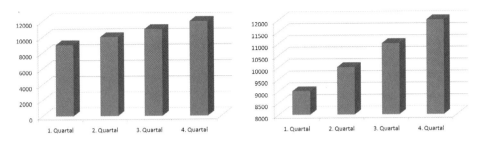

Abb. 14.11: Durch die hochgezogene Nulllinie wird das rechte Diagramm bei gleichen Werten dynamischer.

Werden die drei Werte 9.000, 10.000, 11.000 und 12.000 in einem Säulendiagramm mit einer Bezugslinie bei Null präsentiert, so unterscheiden sie sich in der Höhe nur unwesentlich. Liegt die Grundlinie aber bei 8.000, dann sind die Unterschiede deutlicher, die Steigerung wirkt dramatischer. Andersherum sollten Sie natürlich bei fallenden Tendenzen die Grundlinie möglichst tief ansetzen, um den Negativtrend flacher erscheinen zu lassen. Die geeigneten »Fälscher-Werkzeuge« finden Sie in den Einstellungen für die *Werteachse*.

Diagrammtools FORMAT ▸ *Aktuelle Auswahl* ▸ VERTIKAL (WERT) ACHSE ▸ AUSWAHL FORMATIEREN ▸ Register ACHSENOPTIONEN

Abb. 14.12: Die Skalierungseinstellungen erlauben Manipulationen, aber auch Verdeutlichungen in einem Diagramm.

14.4 Eigene Diagrammtypen gestalten

14.4.1 Benutzerdefinierte Diagrammtypen

Eigene Diagrammvorlage speichern

Diagrammtools ENTWURF ▸ *Typ* ALS VORLAGE SPEICHERN

Eigene Diagrammvorlage zuweisen

Diagrammtools ENTWURF ▸ *Typ* DIAGRAMMTYP ÄNDERN ▸ Register VORLAGEN

Mit der Schaltfläche VORLAGEN VERWALTEN im Auswahldialog öffnet sich ein Explorerfenster mit dem Ordner der Musterdateien, dort können Sie Ihre selbst gestalteten Diagrammvorlagen auch umbenennen, löschen etc.

> **Hinweis**
>
> PowerPoint und Excel speichern »Benutzerdefinierte Diagrammtypen« als Dateien mit der Endung .CRTX im Ordner C:\Dokumente und Einstellungen\(Username)\Anwendungsdaten\Microsoft\Vorlagen\Charts. Wenn Sie »Benutzerdefinierte Diagramme« weitergeben wollen, müssen Sie die zugehörige CRTX-Datei versenden.

Sie können mit PowerPoint erzeugte CRTX-Dateien in Excel verwenden und umgekehrt.

Workshop: Diagramm entfrachten

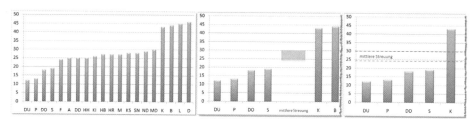

Abb. 14.13: Diagramm-Diät aus Kapitel 11

Um ein überfrachtetes Diagramm wie aus dem Beispiel in Kapitel 11 vom Ballast zu befreien, bedarf es nur weniger gestalterischer Eingriffe:

Methode 1: Streubereich als Balkenfragment

1. *Diagrammtools* ENTWURF ▸ *Daten* DATEN BEARBEITEN
2. Markieren Sie die zwischen den beiden Grenzwerten des typischen Streubereichs liegenden Zeilen.
3. AUSBLENDEN
4. Zeichnen Sie ein Rechteck über die beiden grenzwertigen Säulen wie in Abbildung 14.14 rechts.

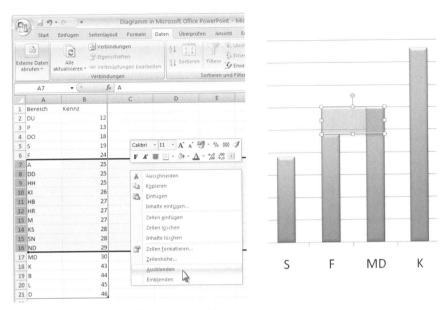

Abb. 14.14: Aktionen für die Diagramm-Diät

5. 🖼️ 🖱️ FORM FORMATIEREN ▸ Register FÜLLUNG

6. 🖼️ Formatieren Sie das Rechteck passend zum Säulen-Layout und weisen Sie ihm eine Transparenz von 50 % zu.

7. Markieren Sie die Säule des unteren Grenzwertes separat.

8. 🖼️ 🖱️ DATENPUNKT FORMATIEREN ▸ Register FÜLLUNG ▸ »keine«

9. 🖼️ Markieren Sie die Säule des oberen Grenzwertes separat.

10. 🖼️ 🖱️ DATENPUNKT FORMATIEREN ▸ Register FÜLLUNG ▸ »keine«

Methode 2: Streubereich als Gitternetzlinien

1. 🖼️ Zeichnen Sie in Höhe des unteren und des oberen Grenzwertes des Streubereiches eine waagerechte Linie über das komplette Gitternetz.

2. 🖱️ FORM FORMATIEREN ▸ Register LINIENFARBE/LINIENART ▸ (formatieren Sie die Linien nach Gutdünken)

3. 📊 Markieren Sie die im typischen Streubereich liegenden Zeilen.

4. 📊 🖱️ AUSBLENDEN

Methode 3: Streubereich als Farbbalken

1. Gehen Sie vor wie in der Kennzeichnung durch Gitternetzlinien, aber zeichnen Sie statt der beiden Linien ein Rechteck über das komplette Diagramm, dessen Ober- und Unterkante die Grenzwerte des Streubereichs angeben.

2. 🖱️ FORM FORMATIEREN ▸ Register FÜLLUNG ▸ (formatieren Sie das Rechteck nach Gutdünken, aber ohne Kontur und mit mindestens 50 % Transparenz)

Workshop: Synoptische Balkendiagramme

Um zwei Wertegruppen gegenüberzustellen, benutzen Statistiker gern synoptische Diagramme, z. B. die bekannten *Alterspyramiden*. In PowerPoint erreichen Sie diese Form wie folgt:

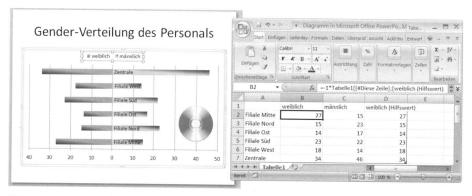

Abb. 14.15: Synoptisches Balkendigramm

1. Wählen Sie den Diagrammtyp *Gestapeltes Balkendiagramm*.
2. Geben Sie die linke Datenreihe in Spalte D (!) und die rechte Datenreihe in Spalte C ein.
3. Geben Sie in Zelle B2 die Formel »=-1*D2« ein.
4. Duplizieren Sie die Formel von B2 bis zur letzten Zeile Ihrer Wertepaare in Spalte B.
5. Rechtsklicken Sie den Spaltenkopf von Spalte D und wählen Sie im Kontextmenü AUSBLENDEN.
6. Um die Minuswerte in der Beschriftung der linken Werteachse auszutricksen, bedarf es einer besonderen Zahlenformatierung:
   Rechtsklicken Sie den Spaltenkopf von Spalte B und wählen Sie im Kontextmenü ZELLEN FORMATIEREN.
7. Wählen Sie das Register ZAHLEN und geben Sie unter BENUTZERDEFINIERT das Format vor (siehe 13.7.1), wobei nach dem ersten Semikolon eine Null ohne Vorzeichen folgen muss!
8. Im PowerPoint-Fenster wird das Diagramm bereits in der gewünschten Form angezeigt, jedoch muss noch die Formatierung der Zellen in der Tabelle auf die X-Achse übertragen werden:
   Rechtsklicken Sie die Beschriftung der X-Achse und wählen Sie im Kontextmenü ACHSE FORMATIEREN.
9. Wählen Sie das Register ZAHL und aktivieren Sie dort die Option MIT QUELLE VERKNÜPFT.

14.4
Eigene Diagrammtypen gestalten

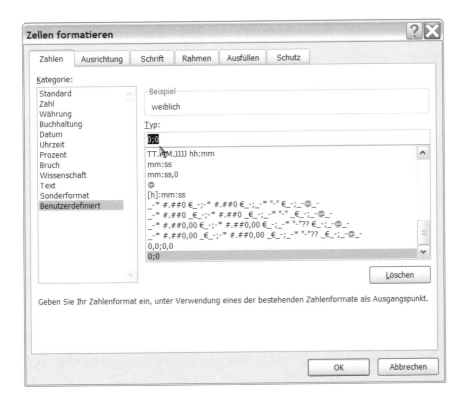

Tipp

Für das beidseitige Balkendiagramm eignet sich als Animation gut der sonst eher unpassende Effekt »Teilen« mit der Richtung »Vertikal aus«.

Workshop: Bilderstapeldiagramme

Eine besondere Diagrammform lässt sich mit den Grafik-Flächenfüllungen erzeugen, das Bilderstapeldiagramm. Piktogramme werden als Säulen oder Balken gestapelt. Da wird dann die Anzahl durch kleine Bildchen dargestellt, wobei die Anzahl der Symbole in direkter Relation zum Zahlenwert steht. Diese Darstellung ist auch ohne Text verständlich und deshalb bei internationalen Konferenzen gut geeignet. Sie lassen sich auch mit PowerPoint erzeugen, sind allerdings nicht direkt in den Diagrammtypen anwählbar, sondern müssen mit einer speziellen Flächenfüllung aus Säulen- oder Balkendiagrammen umgeformt werden (Abbildung 14.16).

Sie können Datenpunkte mit in PowerPoint erzeugten oder importierten Grafiken füllen.

Die einfachere Methode ist die interne:

1. Erzeugen Sie außerhalb des Diagramms ein Zeichenelement, das Sie als Füllung verwenden möchten und bringen Sie es (z. B. mit [Strg]+[C]) in die Zwischenablage.
2. Wechseln Sie in den Diagramm-Modus.

3. *Aktuelle Auswahl* ▸ AUSWAHL FORMATIEREN ▸ Register FÜLLUNG ▸ BILD-ODER TEXTUR-FÜLLUNG ▸ ZWISCHENABLAGE

4. Aktivieren Sie die Option BILD NEBENEINANDER ALS TEXTUR ANORDNEN.

5. Stellen Sie die Skalierungen der X- und Y-Werte so ein, dass die Bilder den gewünschten Effekt erzielen (Abbildung 14.17).

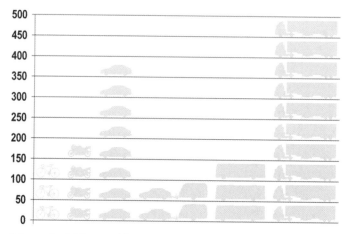

Abb. 14.16: Bilderstapeldiagramm, auch NATO-Diagramm genannt, kommen bei geeigneter Motivwahl ohne Legende aus.

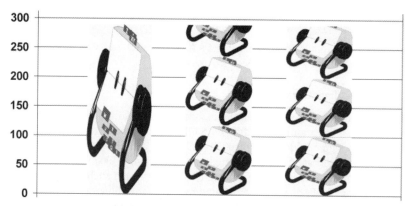

Abb. 14.17: Stapeldiagramm-Skalierungs-Varianten

Kapitel 15

Zahlentabellen präsentieren

Der größte Fehler ist, Folien mit Zahlen zu überfrachten. Wie bei Texttabellen sollten Sie auch bei Zahlentabellen eine maximale Größe einhalten, bis zu der Sie Ihrem Publikum Aufmerksamkeit abverlangen dürfen. Da in Zellen von Arbeitsblättern meist weniger Zeichen stehen, können es mehr Zellen sein als in Text-Tabellen, aber spätestens ab 20 Zeilen reicht der Platz nicht mehr aus für eine lesbare Zeichengröße von 20 pt. Abgesehen davon überfordert ein zu großer Zahlenwust die Betrachter. Eine an die Wand geworfene Kalkulation mit 10 Spalten und 25 Zeilen ist keine Visualisierung, sondern eine Missachtung des Publikums. Umfangreiche Datenblätter werden sich zwar nicht immer vermeiden lassen, doch ist es dann erforderlich, dem Auditorium diese Zahlenwüste in ausgedruckter Form an die Hand zu geben und parallel dazu an der Projektion vorzutragen.

	Zahlungsdatum	Startsaldo	Planmäßige Zahlung	Zusatzzahlung	Zahlungen gesamt	Kreditbetrag	Zinsen	Schlusssaldo	Kumulierte Zinsen
18	01.11.2008	50.000,00 €	526,14 €	- €	526,14 €	196,14 €	330,00 €	49.803,86 €	330,00 €
19	01.12.2008	49.803,86 €	526,14 €	- €	526,14 €	197,43 €	328,71 €	49.606,43 €	658,71 €
20	01.01.2009	49.606,43 €	526,14 €	- €	526,14 €	198,73 €	327,40 €	49.407,70 €	986,11 €
21	01.02.2009	49.407,70 €	526,14 €	- €	526,14 €	200,05 €	326,09 €	49.207,65 €	1.312,20 €
22	01.04.2009	49.207,65 €	526,14 €	- €	526,14 €	201,37 €	324,77 €	49.006,28 €	1.636,97 €
23	01.05.2009	49.006,28 €	526,14 €	- €	526,14 €	202,70 €	323,44 €	48.803,59 €	1.960,41 €
24	01.06.2009	48.803,59 €	526,14 €	- €	526,14 €	204,03 €	322,10 €	48.599,55 €	2.282,51 €
25	01.07.2009	48.599,55 €	526,14 €	- €	526,14 €	205,38 €	320,76 €	48.394,17 €	2.603,27 €
26	01.08.2009	48.394,17 €	526,14 €	- €	526,14 €	206,74 €	319,40 €	48.187,44 €	2.922,67 €
27	01.10.2009	48.187,44 €	526,14 €	- €	526,14 €	208,10 €	318,04 €	47.979,34 €	3.240,71 €
28	01.11.2009	47.979,34 €	526,14 €	- €	526,14 €	209,47 €	316,66 €	47.769,86 €	3.557,37 €
29	01.12.2009	47.769,86 €	526,14 €	- €	526,14 €	210,86 €	315,28 €	47.559,01 €	3.872,65 €
30	01.01.2010	47.559,01 €	526,14 €	- €	526,14 €	212,25 €	313,89 €	47.346,76 €	4.186,54 €
31	01.02.2010	47.346,76 €	526,14 €	- €	526,14 €	213,65 €	312,49 €	47.133,11 €	4.499,03 €
32	01.04.2010	47.133,11 €	526,14 €	- €	526,14 €	215,06 €	311,08 €	46.918,05 €	4.810,11 €
33	01.05.2010	46.918,05 €	526,14 €	- €	526,14 €	216,48 €	309,66 €	46.701,57 €	5.119,77 €
34	01.06.2010	46.701,57 €	526,14 €	- €	526,14 €	217,91 €	308,23 €	46.483,67 €	5.428,00 €
35	01.07.2010	46.483,67 €	526,14 €	- €	526,14 €	219,35 €	306,79 €	46.264,32 €	5.734,79 €
36	01.08.2010	46.264,32 €	526,14 €	- €	526,14 €	220,79 €	305,34 €	46.043,53 €	6.040,14 €
37	01.10.2010	46.043,53 €	526,14 €	- €	526,14 €	222,25 €	303,89 €	45.821,28 €	6.344,02 €
38	01.11.2010	45.821,28 €	526,14 €	- €	526,14 €	223,72 €	302,42 €	45.597,56 €	6.646,45 €
39	01.12.2010	45.597,56 €	526,14 €	- €	526,14 €	225,19 €	300,94 €	45.372,37 €	6.947,39 €

Abb. 15.1: Übersichtlich ist anders: zu viele Zahlen auf einen Schlag

Versuchen Sie deshalb, Ihre Zahlen in Präsentationen knapp zu halten. Lässt sich das nicht vermeiden, verteilen Sie Handouts mit den kompletten Tabelleninhalten. (Aber bitte schon vor Beginn; Verteilen während des Vortrages stört!)

Wenn Sie umfangreiche Kalkulationen, Arbeitsblätter, Spreadsheets oder Zahlentabellen in Ihrer Präsentation benötigen, sollten Sie berücksichtigen, dass PowerPoint nicht über die Funktionen von Excel oder anderen einschlägigen Programmen verfügt, sondern nur vorhandene Daten abbildet. Zum interaktiven Arbeiten müssen Sie in die Kalkulationsanwendung wechseln. Das lässt sich zwar über die Objekteinbindung und Aktionseinstellungen erreichen, aber das ist lediglich ein anderer Weg als das direkte Umschalten zwischen zwei Anwendungen mit der Tastenkombination ⌈Alt⌉+⌈↹⌉.

15.1 Wenn die Zahlen nur präsentiert, aber nicht bearbeitet werden sollen

15.1.1 Wenn die Zahlen neu einzugeben sind

Erstellen Sie eine Texttabelle, geben Sie Werte und Erläuterungen ein und formatieren Sie die Tabelle, wie in Kapitel 9 ausführlich beschrieben.

15.1.2 Wenn die Zahlen in Excel vorliegen

Kopieren Sie die Daten der Quellanwendung in die Zwischenablage und fügen Sie sie in PowerPoint in die Folie ein.

1. Daten kopieren: START ▸ *Zwischenablage* KOPIEREN oder Strg+C
2. Daten einfügen: START ▸ *Zwischenablage* EINFÜGEN ▸ EINFÜGEN oder Strg+V

Der Inhalt der Zwischenablage wird als *Texttabelle* eingefügt und kann mit den in Kapitel 9 beschriebenen Mitteln optisch aufbereitet werden.

Inhalte einfügen

Sollte die Tabelle auf dem eben beschriebenen Weg nicht vollständig in der Folie erscheinen, benutzen Sie diesen Weg:

START ▸ *Zwischenablage* EINFÜGEN ▸ INHALTE EINFÜGEN

Im darauf folgenden Dialogfenster finden Sie folgende Einfüge-Optionen:

optionales Daten-Format	übernommene Formatierungen	bearbeitbar als
Microsoft Office Excel-Arbeitsmappe-Objekt	alle	Arbeitsblatt
HTML-Format	alle	Text
Bitmap (zwei Varianten)	alle	Pixelgrafik (extern)
Bild (zwei Varianten)	alle	gruppierte Vektorgrafik
Formatierter Text (RTF)	alle Textformate	Text
Unformatierter Text	keine	Text

Tabelle 15.1: Unterschiede der Formate bei INHALTE EINFÜGEN (Arbeitsblatt)

Mit der Option VERKNÜPFUNG EINFÜGEN verändern Sie die Auswahl auf

- *Verknüpfung mit Excel-Arbeitsblatt-Objekt*, also eine indirekte Verbindung zu der Datei mit der Folge, dass die Ursprungsdatei zum Bearbeiten verfügbar sein muss, und
- *Hyperlink*, was dem Einfügen eines Objekts als Symbol entspricht, es wird also kein Arbeitsblatt angezeigt, sondern in der Präsentation erscheint nur ein Verweis auf die Excel-Datei, die beim Anklicken mit Excel geöffnet wird.

15.1.3 Arbeitsblatt in Folien einfügen

Sie können in jede Folie Arbeitsblätter einfügen, sofern eine Office-kompatible Tabellenkalkulation installiert ist. Die folgenden Beschreibungen orientieren sich notabene an Microsoft Excel.

EINFÜGEN ▸ *Tabelle* TABELLE ▸ EXCEL-TABELLE EINFÜGEN
oder
EINFÜGEN ▸ *Text* OBJEKT ▸ MICROSOFT EXCEL-ARBEITSBLATT mit Option NEU ERSTELLEN

Ein Arbeitsblatt erscheint auf Ihrer Folie im Objektrahmen, das Sie wie eine Excel-Tabelle ausfüllen können. Alle Excel-Funktionen stehen Ihnen dafür zur Verfügung, denn die Funktionsleiste wird bei aktiviertem Arbeitsblattmodus auf Excel-Standard umgestellt.

15.1.4 Arbeitsblätter als Objekt importieren

Mit Hilfe des OLE lassen sich ausgefüllte Arbeitsblätter aus anderen Dokumenten importieren; auch hier wieder exemplarisch an Excel gezeigt.

EINFÜGEN ▸ *Text* OBJEKT ▸ MICROSOFT EXCEL-ARBEITSBLATT mit Option AUS DATEI ERSTELLEN

PowerPoint greift zum Bearbeiten so importierter Tabellen auf die Quellanwendung zurück, es wird also eine Excel-Instanz gestartet, während bei der oben beschriebenen Methode mit »eingespiegelten« Werkzeugen gearbeitet wird.

15.2 Arbeitsblatt bearbeiten

15.2.1 Eingebundenes oder verlinktes Arbeitsblatt bearbeiten

WORKSHEET-OBJEKT ▸ BEARBEITEN oder ÖFFNEN

Mit BEARBEITEN gelangen Sie zum internen Bearbeitungsmodus in PowerPoint, während ÖFFNEN eine Excel-Instanz startet, in der das Arbeitsblatt bearbeitet werden kann.

Doppelklick auf Arbeitsblatt

Sobald Sie außerhalb des Tabellenrahmens klicken, verschwindet der Rahmen und Menü und Symbolleiste werden in den normalen Status zurückgesetzt.

15.2.2 Eingebundenes oder verlinktes Arbeitsblatt zur Interaktion im Präsentationsmodus vorbereiten

Ein Arbeitsblatt lässt sich *während der Präsentation* durch Anklicken im Bearbeitungsmodus öffnen, wenn Sie es wie folgt präparieren:

EINFÜGEN ▸ *Hyperlinks* AKTION ▸ Register MAUSKLICK ▸ OBJEKTAKTION ▸ BEARBEITEN oder ÖFFNEN

Während der Präsentation genügt ein Mausklick auf die Tabelle, um eine Excel-Instanz zu starten.

Mit BEARBEITEN startet Excel im Vollbild, während ÖFFNEN zu einem Excel-Fenster vor dem Hintergrund der Präsentation führt.

Unabhängig von der Darstellung des Excel-Fensters gelangen Sie in den Präsentationsmodus von PowerPoint zurück, indem Sie Excel mit ✕ schließen.

Teil IV

Bilder präsentieren

In diesem Teil:

- **16 Basiswissen zu Bildern und Illustrationen........... 245**
  Fotos in der Präsentation, ClipArts bis zum Abwinken, die Sprache der Bilder

- **17 Bilder, Fotos, Illustrationen präsentieren 253**
  Einzelbilder, Diashow und Fotoalbum, Speicherbedarf von Bildern reduzieren, Bildhelligkeit und -färbung ändern, Bildhintergrund entfernen, Bilder zuschneiden und rahmen

  Workshop: Freistellen

- **18 Vektorgrafik zeichnen 271**
  Formen und Linien, Linienzüge, Polygone, Kurven, Bézier-Kurven, Importierte Vektorgrafik in PowerPoint-Vektorgrafik umwandeln

  Workshops: Symmetrisch zeichnen, Spezialformen

- **19 Bilder und Formen auf der Folie organisieren 283**
  Verschieben, kopieren, duplizieren, gruppieren, anordnen, ausrichten und verteilen

- **20 Bilder und Formen gestalten 297**
  Skalieren und drehen, Umrisse, Konturen und Rahmen, Flächen füllen, Farbverläufe, Flächenfüllungen mit Bildern, Schatten und Spiegelungen

  Workshops: Gemusterte und gestreifte Linien, fluffige Konturen, plastisches Bild, Blick durchs Schlüsselloch u.a.

- **21 3D-Effekte einsetzen**.. **319**
  Kanten brechen, Tiefe geben, Fluchtpunkte,
  Oberfläche und Beleuchtung

  Workshops: Vom Kegelstumpf zum Glas Bier,
  Säulen, Bleistift, Pinnnadeln, Figuren, Schach u.a.

- **22 Formen und Text**... **347**
  Text in Formen, Text als Form

- **23 Grafik exportieren** **351**
  Folienelemente exportieren, Präsentation oder
  Einzelfolien als Grafiken speichern

Kapitel 16

Basiswissen zu Bildern und Illustrationen

In diesem Teil des Buches entfällt die Unterteilung nach *À la carte* und *Kreativ*. Zur Arbeit mit Bildern und Formen gehört immer ein Mindestmaß an Kreativität, deshalb sind die aus dem Rahmen fallenden Beispiele und Workshops gleich in die jeweils zugehörigen Themenbereiche eingearbeitet.

Eine reine Text- und Diagramm-Präsentation kann trocken wirken; ergänzende Illustrationen visualisieren besser als verbale Beschreibungen. Es kann aber auch sein, dass ein Bild an sich Gegenstand der Darstellung auf der Folie ist. Dieses Kapitel beschäftigt sich mit Bildern jedweder Art, die in Folien verwendet werden können: Fotos und Grafik, formatfüllend, illustrierend und schmückend.

Verwenden Sie aber bitte ergänzende Illustrationen nur dort, wo sie als Blickfang sinnvoll sind oder ergänzende Informationen vermitteln. Zu leicht lenken die Bilder vom Text ab, werden für den Betrachter wichtiger als der ganze Vortrag. Besonders »gefährlich« können animierte GIF-Grafiken in Bildschirmpräsentationen sein. Sie lenken sehr leicht ab und sind deshalb nur besonders pointiert einzusetzen, zum Beispiel als bewegter Pfeil oder blinkender Punkt, um ein wichtiges Stichwort auf der Folie zu kennzeichnen.

Sofern ein Bild die wesentliche Aussage der Folie trägt, darf der Hintergrund nicht stören! Blenden Sie notfalls die Hintergrundgrafik für diese Folie aus und verwenden Sie stattdessen einen neutralen, farblich zum Gesamtlayout oder zum Bild passenden Hintergrund.

16.1 Fotos in der Präsentation

Fotos können der eigentliche Anlass einer Präsentation sein (Diaschau), überwiegend werden sie illustrierend eingesetzt, um Texte visuell zu unterstützen.

Diaschau

Mit dem Fotoalbum-Assistenten lassen sich schnell ganze Chip-Inhalte aus der Kamera in eine Diaschau verwandeln, doch hat diese Technik ein ganz erhebliches Manko: Alle Folien haben dieselbe Struktur! Also entweder immer ein flächenfüllendes Bild oder immer zwei, vier Bilder in identischer Anordnung. Damit ist der Langweiler-Effekt schon vorgegeben.

Kapitel 16
Basiswissen zu Bildern und Illustrationen

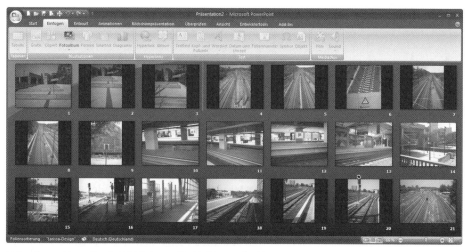

Abb. 16.1: Ermüdend, Bild folgt auf Bild folgt auf Bild ...

Wenn es Ihnen auf einen interessanten Fotovortrag ankommt, sollten Sie etwas mehr Mühe investieren und die Folien von Hand abwechslungsreich gestalten.

Kombinieren Sie zum Beispiel Bilder auf der Folie, indem Sie ein großes Bild als Folienhintergrund verwenden und Details oder damit korrespondierende Bilder als kleinere Bilder darüberlegen. Am besten wirkt das selbstverständlich mit Animationen, die die kleinen Bilder nach und nach auf dem großen Bild erscheinen lassen.

Abb. 16.2: Interessanter: Detailbilder mit variierenden Formen, per Animation in großes Bild eingefügt

Mit den *Bildtools* können Sie den eingeblendeten kleineren Bildern auch andere Rahmen geben als die immer gleiche Rechteckform. Achten Sie aber darauf, dass sich die kleinen Bilder durch einen eigenen Rahmen vom Hintergrund abheben.

Bild und Text

Wenn Fotos Text in Präsentationen visualisieren, werden sie häufig neben den Text gestellt, was zu einer recht strengen Anordnung führt: Text im rechteckigen Textrahmen, dazu rechteckiges Foto.

Es geht auch lockerer. Ein erster Schritt ist der Verzicht auf die rechteckige Bildform. Noch besser wirkt es aber, wenn der Text ins Foto integriert wird, das Foto also den Textrahmen *und* die Illustration bildet.

Abb. 16.3: Warum Text und Bild nebeneinander stellen, wenn man sie kombinieren kann.

Diese Anregung gilt nicht nur für metaphorische Bilder wie in Abbildung 16.3; auch sachlich-informative Fotos kommen häufig besser zur Geltung, wenn sie flächenfüllend abgebildet werden mit dem zugehörigen Text direkt im Bild. Wird der Text bei unruhigen Bildern schlecht lesbar, lässt sich abhelfen mit Textschatten oder einer halbtransparenten Füllung des Textcontainers. Formen Sie im letzten Fall bitte den Container zu einem abgerundeten Rechteck um, das wirkt gefälliger als eckig.

16.2 ClipArts bis zum Abwinken

Für die Verwendung von ClipArts gibt es ein paar grundlegende Regeln, die Sie unbedingt einhalten sollten, wenn Sie Ihre Präsentation nicht kaputtillustrieren wollen:

- Verwenden Sie möglichst nicht mehr als eine Illustration pro Folie.
- Achten Sie auf stilistische Gleichheit der verwendeten Bilder.
- Verwenden Sie auf keinen Fall die immer wiederkehrenden Standard-ClipArts aus der Standard-ClipArt-Sammlung von Microsoft, die seit gefühlten fünfzig Jahren Präsentationen begleiten.

Kapitel 16
Basiswissen zu Bildern und Illustrationen

Abb. 16.4: Immer wieder dieselben Bilder in Präsentationen – man mag sie einfach nicht mehr sehen.

- Es gibt diverse Sammlungen mit weit mehr, besseren und nicht so abgegriffenen Bildchen für wenig Geld. Sicher, von den Sammlungen auf CD oder DVD sind meist nur zehn Prozent wirklich brauchbar, aber die »Investition« von ein paar Euro lohnt sich dennoch.
- Im Internet finden Sie Bilderdienste zuhauf, die Ihnen bessere Illustrationen für jeden passenden Anlass liefern.
- Oder Sie machen sich Ihre Illustrationen selbst, Originale und Unikate langweilen nicht. Die nachfolgenden Kapitel geben dazu ausführliche Hilfestellungen.

Eigene ClipArts katalogisieren?

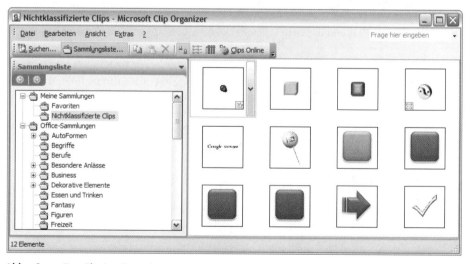

Abb. 16.5: Der ClipArt-Organizer

ClipArts werden häufig als Sammlungen vertrieben, in denen Tausende mehr oder weniger brauchbarer Bildchen in programmübergreifenden Datenformaten enthalten sind. Auch MS Office liefert eine solche Sammlung mit. Zur Sammlung gehört ein kleines Verwaltungsprogramm im Aufgabenbereich CLIPART, mit dem sich die Bildersuche erleichtern.

Die Katalogfunktionen der ClipArt-Werkzeuge mögen auf den ersten Blick hilfreich sein, doch angesichts von CD und DVD mit Millionen von ClipArts relativiert sich der Katalogisierungsaufwand gegenüber dem Suchen im Moment des Bedarfs. Darum kann die Katalogfunktion nur bedingt empfohlen werden.

Mit den CLIP ORGANIZER-Funktionen lassen sich Bilder aus anderen Quellen hinzufügen und kategorisieren. Die automatische Suchwortvergabe ist allerdings nicht sonderlich hilfreich, denn dazu wird lediglich der Dateipfad des Bildes in seine Bestandteile zerlegt und so in die Suchfunktion integriert. Auch die mitgelieferten Schlagwortlisten sind nicht immer zielführend.

Physisch besteht kein nennenswerter Unterschied zwischen ClipArts und anderen Grafikdateien. Es sind gewöhnliche Grafikdateien, meist im Format WMF (Windows Metafile), einem universellen Vektorformat, oder unterschiedlichen Bitmap-Formaten.

Abb. 16.6: Download bei Microsofts »Design Gallery Live«

> **Tipp**
>
> Ergänzende ClipArts finden Sie in der »Design Gallery Live« auf Microsofts Homepage, zu der Sie auch durch Anklicken des Hyperlinks CLIPS ONLINE gelangen. Diese Galerie enthält übrigens noch mehr Auswahl, wenn Sie die Sprache auf Englisch umstellen.

16.3 Die Sprache der Bilder

Bedenken Sie, dass häufig der Symbolcharakter eines Bildes wichtiger ist als das tatsächlich Dargestellte (Abbildung 16.7).

Machen Sie die Probe aufs Exempel: Betrachten Sie die Bilder in Abbildung 16.7. Was fällt Ihnen zu den abgebildeten Gegenständen ein? Sie stehen nicht nur für die dargestellten Gegenstände, sondern lösen weitergehende Gedankengänge aus.

Wir konnotieren zu bestimmten Gegenständen abstrakte Sachverhalte oder konkrete Dinge, die zusammen mit einem Textbeitrag zu übertragenden Deutungen führen. Kein Klammeraffe wird unser Hirn befreien können, aber das Bild löst die dazu passende Assoziation aus und ist zugleich ein gutes Beispiel für seine eigene Aussage (Abbildung 16.8).

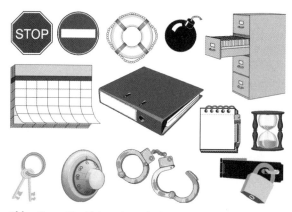

Abb. 16.7:   Ein kleiner Assoziationstest

Abb. 16.8:   Deutung und Bedeutung

Achten Sie ganz besonders beim Einsatz von Illustrationen auf die Z- und 3x3-Regel. Eine Illustration im mittleren Feld der rechten Spalte wird übersehen! Wenn Sie also Wert darauf legen, dass eine Illustration als Bereicherung der Visualisierung wahrgenommen wird, platzieren Sie sie auf dem Z-Pfad.

16.4   Bildertechniken

Die wichtigste Unterscheidung bei Computergrafiken ist der technische Aufbau.

- **Bitmapgrafiken** sind mit ihren Farbwerten pro Bildpunkt (Pixel) gespeichert und werden bei der Wiedergabe Punkt für Punkt aufgebaut.
- **Vektorgrafiken** dagegen werden als Datenbank mit den Eigenschaften der Objekte gespeichert und zur Wiedergabe aus diesen Daten neu konstruiert.

Aus diesem Unterschied ergeben sich unterschiedliche Bearbeitungsmöglichkeiten in PowerPoint:

- **Bitmapgrafiken** sind nur insgesamt veränderbar; jede Änderung wirkt sich auf das ganze Bild aus, Detailarbeiten sind nicht möglich. Dazu müssen Sie auf Grafikprogramme zurückgreifen, die den direkten Zugriff auf einzelne Pixel ermöglichen. Damit lassen sich auch so wichtige Aufgaben wie Gammakorrektur und das Umfärben rotgeblitzter Augen erledigen.
- **Vektorgrafiken** sind in allen Details veränderbar. **Aber:** Solange Sie eine Vektorgrafik nur importiert, aber noch nicht ins Office-Vektorformat konvertiert haben, wird sie behandelt wie eine Bitmapgrafik!

16.5 Urheberrecht

Beachten Sie das Urheberrecht! Mediendaten, also auch Bilder, sind urheberrechtlich geschützt. Sie riskieren eine Abmahnung und Lizenznachforderungen, wenn Sie aus dem Internet heruntergeladene Bilder öffentlich vorführen. Der Hinweis auf das Urheberrecht ist häufig versteckt auf den Internetseiten untergebracht, aber gültig.

Wenn Sie Illustrationen benötigen, wenden Sie sich an urheberrechtlich bedenkenlose Quellen, z. B. das Microsoft Download Center, professionelle Bilderagenturen oder käufliche ClipArt/Foto-Sammlungen auf CD oder DVD; bei diesen Quellen erwerben Sie das Recht zur Verwendung in eigenen Präsentationen.

16.6 Projekt: Illustration

Zu den in den Folien des Projektberichtes verwendeten Fotos war ja eingangs schon erwähnt worden, dass sie der Logoform angepasst wurden. Mehr Bearbeitung war für eingebundene Fotos nicht erforderlich.

An einigen Stellen sind Texte um Grafiken ergänzt oder gar ersetzt worden; so auch im folgenden Beispiel:

Abb. 16.9: Landkarte statt Tabelle

Die Aussage der Tabelle ist klar und deutlich, wirkt aber ... wie eine Tabelle eben. Da die Folie nur wenig Text enthält, stand Platz zur Verfügung, um die Fakten umfangreich zu illustrieren. Die Nadeln mit Köpfen in Nationalfarben schaffen die Verbindung zwischen Text und Karte.

Manchmal ist allerdings eine grafische Darstellung weniger hilfreich, wie das nachfolgende Beispiel zeigt. Die Unterschiede und Gemeinsamkeiten von Eigentümer-/Mieterbeteiligungsrechten sollten dargestellt werden. Abbildung 16.10 zeigt links den Versuch einer grafischen Umsetzung der Zusammenhänge; rechts die tabellarische Form.

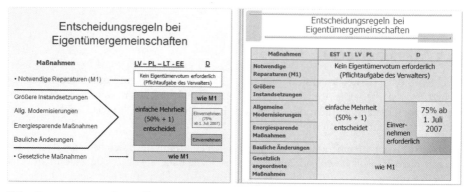

Abb. 16.10: Verwirrende Grafik, verständliche Tabelle

Kapitel 17

Bilder, Fotos, Illustrationen präsentieren

17.1 Einzelbilder

Bilder via Folienlayout (Platzhalter) einfügen

Wählen Sie beim Anlegen einer Folie ein Folienlayout mit dem *Inhalt*-Symbol. Klicken Sie darin auf eines der Grafik-Symbole in der Kombi-Schaltfläche.

Der Unterschied zwischen CLIPART und GRAFIK AUS DATEI liegt im weiteren Vorgehen:

- Beim **ClipArt** öffnet sich der Aufgabenbereich mit der Office-internen ClipArt-Sammlung.
    1. Geben Sie ggf. einen Suchbegriff im FELD SUCHEN nach ein.
    2. Klicken Sie auf OK.

    Die dem Suchbegriff entsprechenden (oder alle) ClipArts werden angezeigt.

    Der ClipArt-Organizer ist ein Katalog und zeigt auch Bilder an, die nicht zur Verfügung stehen, weil z. B. von einer CD katalogisiert, inzwischen gelöscht, im zur Zeit nicht zugänglichen Netzwerk befindlich etc. Allerdings werden fehlende Bilder in ihrer Miniatur mit dem Symbol ⊠ gekennzeichnet, so dass Sie sich eine Fehlermeldung sparen, indem Sie derart signierte Bilder nicht auswählen.

    3. Wählen Sie ein ClipArt aus; beim Anklicken wird es in die Folie eingefügt.
- Bei **Grafik** öffnet sich ein Dateiauswahl-Dialog.
    1. Navigieren Sie zu dem Ordner, in dem das einzufügende Bild steht.
    2. Markieren Sie das einzufügende Bild.
    3. Klicken Sie auf OK.

Es gibt ein weiteres Layout mit Grafik-Platzhalter, genannt *Bild mit Überschrift*. Der Grafik-Platzhalter dieses Layouts unterscheidet sich vom Inhalts-Layout mit Kombi-Schaltfläche in der Behandlung importierter Grafiken (siehe Tabelle 17.1) und ist wegen seines rigiden Umgangs mit den Bildern kaum einsetzbar.

Kapitel 17
Bilder, Fotos, Illustrationen präsentieren

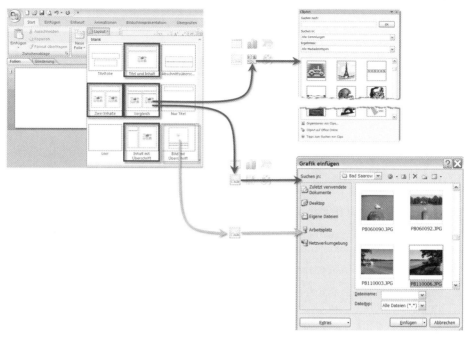

Abb. 17.1: Layouts für Grafik

17.1.1 Bilder nachträglich in Folien einfügen

ClipArt nachträglich einfügen

EINFÜGEN ▸ *Illustrationen* CLIPART ▸ (weiter wie am Anfang des Kapitels für ClipArt beschrieben)

Bild aus Datei nachträglich einfügen

EINFÜGEN ▸ *Illustrationen* GRAFIK ▸ (weiter wie am Anfang des Kapitels für Grafik beschrieben)

Sie können auch mit einem externen Bildbearbeitungs- oder Bildbetrachtungsprogramm das Bild auswählen und über die Zwischenablage in die Folie bringen.

Bild aus der Zwischenablage einfügen

START ▸ *Zwischenablage* EINFÜGEN (obere Hälfte der Schaltfläche)

Hinweis

Diese Methode kann im Gegensatz zu den Vorversionen für PowerPoint 2007 bedenkenlos empfohlen werden; die Speicherverwaltung geht jetzt intelligenter mit Grafiken um als früher.

> **Wichtig**
>
> Ist beim nachträglichen Einfügen eines Bildes ein Platzhalter markiert oder steht die Schreibmarke in einem Inhalts-Platzhalter, wird das Bild zu den in Tabelle 17.1 aufgelisteten Platzhalter-Konventionen in den Platzhalter eingefügt.
>
> Ist kein Platzhalter markiert, wird das Bild mittig auf der Folie platziert.

Einfügemethode	Bild ist größer als Folie/Platzhalter	Bild ist kleiner als Folie/Platzhalter
Inhalts-Platzhalter	Bild wird proportional so skaliert, dass es komplett im Platzhalter zu sehen ist	Platzhalter passt sich den Bildmaßen an
Bild-Platzhalter	Bild wird disproportional an die Größe des Platzhalters angepasst	Bild wird proportional auf Höhe des Platzhalters vergrößert und zentriert, überkragende Teile werden nicht gezeigt
EINFÜGEN ▸ Illustrationen GRAFIK/CLIPART	Bild wird proportional so skaliert, dass es komplett auf der Folie zu sehen ist	Bild bleibt unverändert
via Zwischenablage auf Folie	Bild bleibt unverändert, überkragende Teile werden nicht gezeigt	Bild bleibt unverändert
via Zwischenablage in Inhalts-Platzhalter	Bild wird proportional so skaliert, dass es komplett im Platzhalter zu sehen ist	Bild wird proportional so skaliert, dass es den Platzhalter in mindestens einer Richtung komplett ausfüllt

Tabelle 17.1: Varianten des Bild-Imports

17.2 Diashow & Fotoalbum

Haben Sie eine größere Anzahl von Bildern einzufügen oder ist die geplante Präsentation als virtueller Diavortrag gedacht, erleichtern Ihnen die Fotoalbum-Funktionen die Arbeit.

17.2.1 Der Fotoalbum-Assistent

EINFÜGEN ▸ *Illustrationen* FOTOALBUM (obere Hälfte der Schaltfläche)

Fotos auswählen

Klicken Sie auf DATEI/DATENTRÄGER und wählen Sie die benötigten Bilder aus. Die Namen der Bilder werden zunächst in die Liste in der Mitte des Fotoalbum-Dialogs aufgenommen; rechts sehen Sie zu jedem Bild eine Vorschau, wenn Sie es in der Liste markieren. Das erleichtert Ihnen nachträglich das Sortieren der Bilder mit den Pfeil-Schaltflächen unter der Liste.

Kapitel 17
Bilder, Fotos, Illustrationen präsentieren

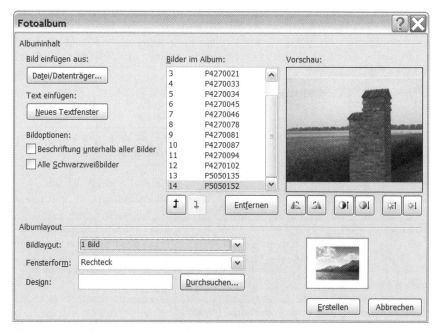

Abb. 17.2: Der Assistent zum Erstellen eines Fotoalbums

Album gestalten

Im Bereich *Albumlayout* finden Sie einige Optionen für die Gestaltung Ihres Fotoalbums:

- AN FOLIE ANPASSEN füllt jede Folie mit einem Foto; es ist nicht möglich, Texte zuzuordnen.
- 1, 2 oder 4 BILDER MIT oder ohne TITEL auf einer Folie sind selbsterklärend.
- FENSTERFORM bedeutet, dass die Bilder gerahmt werden. Der Album-Assistent benutzt dazu eine Auswahl der Rahmengestaltungen, die nach Abschluss des Assistenten auch manuell (aus einer reichhaltigeren Palette, aber einzeln pro Folie) zugewiesen werden können.
- Mit ENTWURFSVORLAGEN ist das Foliendesign gemeint. Setzen Sie es behutsam ein, denn ein unruhiger Hintergrund kann bei der Betrachtung stören. Von den mitgelieferten Designs sind folgende geeignet:

gut geeignet		bedingt geeignet
Cronus	Okeanos	Ananke
Dactylos	Phoebe	Iapetus
Ganymed	Rhea	Papier
Nyad		Telesto

Tabelle 17.2: Designs für Fotoalben

Mit den Werkzeugen unterhalb der Bildvorschau im FOTOALBUM-Dialog lassen sich die importierten Bilder bereits in der Vorschau drehen, aufhellen oder abdunkeln und im Kontrast verändern. Das kann aber auch nach Fertigstellung des Albums noch mit der Werkzeugleiste *Bildtools* FORMAT erfolgen – mit deren vollem Funktionsspektrum! Ebenso sind die Bildgrößen und Rahmenformen auch nachträglich noch zu verändern.

Fotos beschriften

Mit NEUES TEXTFENSTER fügen Sie dem Album einen Textplatzhalter in Bildgröße hinzu, den Sie im fertigen Album mit Text bestücken können.

In den BILDLAYOUTS gibt es Varianten mit Beschriftungen; dabei wird unter jedes Bild schmaler Textplatzhalter gestellt.

Unabhängig davon können Sie die Option BESCHRIFTUNG UNTERHALB ALLER BILDER aktivieren, auch das ergibt einen schmalen Textplatzhalter unter jedem Bild.

Album fertigstellen

Ein Klick auf ERSTELLEN baut eine Präsentation nach den Vorgaben dieses Dialogs mit den ausgewählten Bildern auf.

Abb. 17.3: Eine fertige Albumseite

Kapitel 17
Bilder, Fotos, Illustrationen präsentieren

Fotoalbum nacharbeiten

Das fertige Album lässt sich manuell in allen Belangen umgestalten, also Bilder entfernen und hinzufügen, Bild- und Textpositionen verändern, Texte bearbeiten und umformatieren etc.

EINFÜGEN ▸ *Illustrationen* FOTOALBUM (untere Hälfte der Schaltfläche) ▸ FOTOALBUM BEARBEITEN

Die Bilder eines PowerPoint-Fotoalbums sind auch nichts anderes als in Formen eingefügte Grafiken. Die in den folgenden Kapiteln beschriebenen Techniken lassen sich deshalb auf diese Bilder ebenso anwenden.

17.2.2 Fotoalbum aus Vorlage

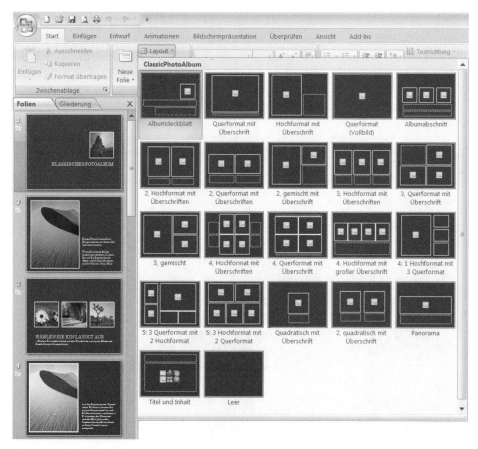

Abb. 17.4: Fotoalbum-Vorlage mit Layout-Vielfalt

Zum Lieferumfang von PowerPoint gehören zwei Vorlagendateien »Klassisches Fotoalbum« und »Zeitgenössisches Fotoalbum«, die Sie in der Auswahl von NEU finden. Dort sind mittels zusätzlicher Folienlayouts Vorlagenseiten mit verschiedenen Bildkompositionen enthalten, die ein Album weniger eintönig wirken lassen.

Sie können die Muster-Bilder dieses Albums durch eigene Bilder ersetzen:

Bildtools FORMAT ▸ *Anpassen* BILD ÄNDERN

 BILD ÄNDERN

Damit stehen Ihnen allerdings nur die für die Musterfolien verwendeten Layouts zur Verfügung. Mit

START ▸ *Folien* NEUE FOLIE (untere Hälfte)

gelangen Sie zur Auswahl aller Folienlayouts, die allerdings mit einem heftigen Makel aufwarten: Die Platzhalter sind durchweg Bildplatzhalter, die sich beim Einfügen wenig um die Abmessungen und Seitenverhältnisse der Bilder scheren, sondern gnadenlos disproportional an die Platzhaltermaße anpassen.

Anmerkung zu Diashows und Fotoalben mit PowerPoint

Mit PowerPoint erstellte Fotoalben oder Diashows haben einen wesentlichen Nachteil: Sie lassen sich nur abspielen, wenn auf dem Zielrechner PowerPoint oder der PowerPoint-Viewer vorhanden ist. Gerade Fotoalben werden ja häufig nicht nur zum internen Gebrauch, sondern auch zum Versenden erstellt. Spezielle Bildvorführprogramme sind für eine Diashow um einiges geeigneter als PowerPoint, weil sie u. a. unterhaltsamere Bildübergänge bieten, frei lauffähige EXE-Dateien ausgeben und meist auch eine Export-Funktion zum DVD-Format bieten, mit denen das Album auf TV-Geräten angesehen werden kann.

17.3   Speicherbedarf von Bildern reduzieren

Eingebundene Pixelgrafiken, also alle Fotos und diverse andere Grafiken, soweit sie nicht Vektorgrafiken sind, können die Dateigröße Ihrer Präsentation heftig aufblähen, obwohl die Informationen der Grafik für den Zweck der Präsentation gar nicht benötigt werden. Die Größe importierter Grafiken wird an die Folien- oder Platzhaltergröße angepasst, jedoch nur virtuell, die Informationen für das gesamte Bild, also z. B. 7 Megapixel (= rd. 1,5 MB) sind immer noch vorhanden, ohne benötigt zu werden.

- Reduzieren Sie Bildgröße und Auflösung bereits extern mit einem Grafikprogramm. Für eine gedruckte Präsentation genügen 150 bis 300 dpi, für eine Bildschirmpräsentation 96 dpi.
- Wenn Sie mehr zum Thema Grafikarten und -formate wissen möchten, konsultieren Sie bitte die PDF-Datei zum Thema auf der Buch-CD im Ordner zu diesem Kapitel.
- Es gibt eine interne Funktion zum Komprimieren von Grafiken, durch die sich Auflösung, Farbtiefe etc. reduzieren lassen, um Speicherplatz zu sparen. Auch die abgeschnittenen Ränder eines zugeschnittenen Objekts lassen sich damit dauerhaft entfernen. Von dieser Option sollten Sie bei Präsentationen mit vielen Bildern unbedingt Gebrauch machen, um die Dateigröße zu reduzieren.

Kapitel 17
Bilder, Fotos, Illustrationen präsentieren

Bildtools FORMAT ▸ *Anpassen* BILDER KOMPRIMIEREN

 ▸ SPEICHERN UNTER (linke Seite der Schaltfläche anklicken) ▸ EXTRAS ▸ BILDER KOMPRIMIEREN

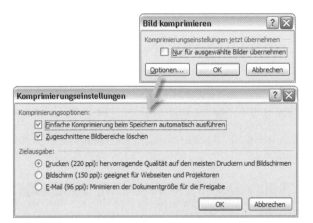

Abb. 17.5: Spart Speicherplatz: eingebundene Bilder komprimieren

Tipp
Sie sollten importierte Bilder sofort komprimieren, bevor Sie mit ihnen in PowerPoint arbeiten oder die Präsentation speichern. Sie ersparen sich damit Ärger, Wartezeiten und evtl. sogar Abstürze, denn an zu großen Präsentationen »verschluckt« sich auch ein leistungsfähiger Computer gelegentlich.

Abb. 17.6: Vermeidbare Verzugsmeldung, durch zu große Bilder verursacht

Vorsicht
Im Gegensatz zu den Vorversionen ist beim Speichern eine automatische Komprimierung auf 150 ppi bereits voreingestellt! Wollen Sie eine bessere Qualität erhalten, z. B. weil Sie die Präsentation ausdrucken möchten, sei ein Abschalten der Automatik dringend angeraten, indem Sie EINFACHE KOMPRIMIERUNG BEIM SPEICHERN AUTOMATISCH AUSFÜHREN deaktivieren.

Grafik-Auflösung an Ausgabemedium anpassen

Bildtools FORMAT ▸ *Größe* ▸ Register GRÖSSE ▸ *Skalierung* Option OPTIMAL FÜR BILDSCHIRMPRÄSENTATION

 ▸ GRÖSSE UND POSITION ▸ Register GRÖSSE ▸ *Skalierung* Option OPTIMAL FÜR BILDSCHIRMPRÄSENTATION

Damit wird die Größe des Bildes auf der Folie so eingestellt, dass bei der Ausgabe ein Pixel des Bildes exakt einem Pixel des Ausgabemediums entspricht, also keine Umrechnungen zwecks Anpassung notwendig sind, was der Darstellungsqualität zugutekommt.

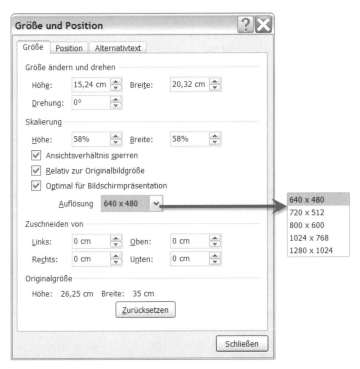

Abb. 17.7: Die Größe von Fotos sollte den Möglichkeiten des Ausgabemediums angepasst sein.

Dass das Bild auf der Folie bei steigender Auflösung immer kleiner wird, mag auf den ersten Blick verwundern, aber es ist eben eine umgekehrte Proportion. Auf einer Projektion mit 800 x 600 Punkten nimmt ein 800 x 600 Punkte großes Bild den kompletten Platz ein. Ist die Auflösung höher, zum Beispiel aktuell gängige 1.024 x 768 Beamer-Pixel, so hat dasselbe Bild darin reichlich Platz. Ein alter Beamer mit VGA-Qualität dagegen kann das 800 x 600 Pixel große Bild gar nicht originalgetreu abbilden, hier muss es skaliert werden.

Abb. 17.8: Ein 580 x 510 px großes Bild erscheint in verschiedenen Anpassungsgrößen, angegeben ist jeweils die Größe der Projektionsfläche.

Kapitel 17
Bilder, Fotos, Illustrationen präsentieren

17.4 Die Bildtools

Haben Sie ein Grafik-Element markiert, erscheint die Funktionsleiste *Bildtools* ▸ FORMAT mit speziellen Bearbeitungswerkzeugen für importierte Grafik-Elemente. Sie ist untergliedert in die Bereiche

- *Anpassen* mit Werkzeugen zur Änderung von Farbe und Form,
- *Bildformatvorlagen* mit dem wesentlichen Teil der neuen Bildbearbeitungsfunktionen,
- *Anordnen* mit Befehlen zum Gruppieren, Drehen und Ausrichten,
- *Schriftgrad* (Beschriftungsfehler, gemeint ist *Größe*), mit Befehlen zum Beschneiden und zur Größeneinstellung.

Abb. 17.9: Die Bildtools, eigenartig aufgeteilt und benannt

Bis auf TRANSPARENTE FARBE BESTIMMEN wirken sich die Bildtools sowohl auf Bitmaps als auch auf nicht konvertierte Vektorgrafiken gleichermaßen aus.

Hinweis für Versionsumsteiger
Diese Technik weicht erheblich von der Umfärbetechnik für Vektorgrafiken in den Vorversionen ab.

Vorsicht
Der an mehreren Stellen anzutreffende Befehl GRAFIK ZURÜCKSETZEN hat durchschlagende Wirkung, denn er nimmt *alle* mit den Bildtools vorgenommenen Änderungen auf einmal zurück! Die Grafik wird in ihren Urzustand nach dem Import versetzt.

17.4.1 Bildhelligkeit ändern

Bildtools FORMAT ▸ *Anpassen* HELLIGKEIT und KONTRAST
Bildtools FORMAT ▸ Bildformatvorlagen ▸ Register BILD

 GRAFIK FORMATIEREN ▸ Register BILD

HELLIGKEIT und KONTRAST lassen sich in 10%-Schritten regulieren; feinere Abstimmungen sind im Format-Dialog möglich, den Sie mit einem Klick auf OPTIONEN FÜR BILDKORREKTUREN erreichen.

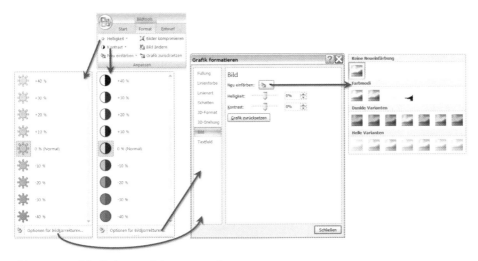

Abb. 17.10: Bildhelligkeit und -kontrast ändern

17.4.2 Bildfärbung ändern

Mit diesen Farbänderungen können Sie ein eingefügtes Bild der Farbstimmung des Foliendesigns anpassen.

Bildtools FORMAT ▸ *Anpassen* NEU EINFÄRBEN

Bildtools FORMAT ▸ Bildformatvorlagen 🔲 ▸ Register BILD ▸ NEU EINFÄRBEN

GRAFIK FORMATIEREN ▸ Register BILD ▸ NEU EINFÄRBEN

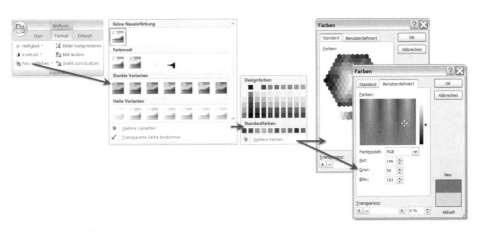

Abb. 17.11: Bildfärbung ändern

Hier ist keine Einflussnahme auf die eigentlichen Farben der Bitmap möglich, sondern es wird ein Bild nach Helligkeitsstufen in einem bestimmten Grundfarbton erstellt – ähnlich einem Graustufenbild (was der ersten Option im Bereich *Farbmodi* entspricht). So lassen sich Bilder, die nur der Illustration dienen, dem Hintergrunddesign leicht anpassen und wirken damit nicht wie ein Fremdkörper auf der Folie.

Hinweis

Die Option AUSGEBLICHEN bewirkt eine starke Aufhellung des Bildes, um so z. B. ein farbschwaches Bild für Folienhintergründe zu erzeugen. Sie wirkt meist zu stark, deshalb sollten Sie derartige Aufhellungen manuell mit den oben beschriebenen Werkzeugen vornehmen.

Wichtig

Der Befehl WEITERE FARBEN führt zur Standard-Farbauswahl, bei der aus unerfindlichen Gründen die Transparenz-Einstellungen enthalten sind, die aber für die Bildeinfärbung keinerlei Auswirkung haben.

17.4.3 Bildhintergrund entfernen

Bildtools FORMAT ▸ *Anpassen* NEU EINFÄRBEN ▸ TRANSPARENTE FARBE BESTIMMEN

TRANSPARENTE FARBE BESTIMMEN funktioniert nur mit Bitmaps!

Mit einem Auswahlwerkzeug klicken Sie im Bild die Farbe an, die nicht angezeigt werden soll. Es ist nur *eine* transparente Farbe möglich! Damit lässt sich die Hintergrundfarbe einer Bitmapgrafik unterdrücken und das Bild freistellen.

Hinweis

Reicht Ihnen die Qualität der Freistellung nicht aus (meist wird sie fransig), muss die Grafik extern mit einem Bildbearbeitungsprogramm freigestellt werden. Das Bild muss dann im Format GIF oder PNG gespeichert werden, weil andere Formate die Transparenz nicht bewahren.

Wichtig

Die Freistellung mittels TRANSPARENTE FARBE BESTIMMEN bezieht sich auf jedes Auftreten der Farbe im Bild. Wenn Sie weißen Hintergrund des Bildes unterdrücken wollen, werden auch alle anderen weißen Stellen des Bildes transparent.

Workaround: Transparenz auf Bildhintergrund begrenzen

Abbildung 17.12 zeigt ein typisches Beispiel: Das eingefügte Bild hat den weißen Rahmen; wird dieser transparent geschaltet, dringt die Hintergrundfarbe der Folie auch an anderen weißen Stellen durch (Abbildung 17.12 oben rechts).

Für Abhilfe sorgen weiße Flächen, die großzügig über die durchscheinenden Stellen gezeichnet (wie das geht, erklärt Kapitel 18) und anschließend in den Hintergrund gelegt werden. Damit verdecken sie den Folienhintergrund und lassen die transparenten Stellen wieder weiß erscheinen.

Abb. 17.12: Transparenz total (oben rechts), weiße Flächen zwischen Bild und Hintergrund helfen ab (unten rechts).

Workshop: Freistellen via Vektorgrafik

Mit etwas Geduld lässt sich auch der Umriss des freizustellenden Bildteils als geschlossene Bézier-Kurve nachzeichnen (siehe Kapitel 18). Haben Sie die Kurve gezeichnet, gehen Sie wie folgt vor:

1. Markieren Sie das Bild.
2. Schieben Sie die Bildränder mit dem ZUSCHNEIDEN-Werkzeug (siehe Abschnitt 17.4.4) bis »auf Knirsch« an die gezeichnete Kontur heran.
3. Verschieben Sie das beschnittene Bild mit [Strg]+[X] in die Zwischenablage.
4. Markieren Sie die selbst gezeichnete Form.
5. FORM FORMATIEREN ▸ Register FÜLLUNG ▸ BILD- ODER TEXTURFÜLLUNG ▸ ZWISCHENABLAGE
6. Register LINIENFARBE ▸ »keine«

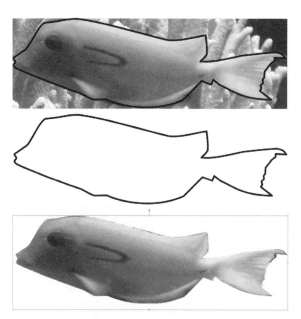

Abb. 17.13: Freistellen mit Hilfe einer nachgezeichneten Kontur

17.4.4 Bild zuschneiden

Mit

Bildtools FORMAT ▸ *Schriftgrad* ZUSCHNEIDEN

lassen sich periphere Teile einer eingefügten Grafik verstecken. Setzen Sie dazu den nach Anklicken des Befehls veränderten Cursor auf einen der ebenfalls anders dargestellten Anfasser am Rand der Grafik, wird die Grafik beim Bewegen nach innen nicht verkleinert, sondern gestutzt.

Abb. 17.14: Bild beschneiden; der Pfeil weist auf die virtuelle Schnittlinie

> **Wichtig**
>
> Beim Zuschneiden werden die Randbereiche nicht wirklich beschnitten, nur versteckt, und können jederzeit mit dem ZUSCHNEIDEN-Werkzeug wieder freigelegt werden. Nur mit Komprimieren (Abschnitt 17.3) beseitigen Sie die gestutzten Teile tatsächlich.

17.4.5 Bildeffekte

Der Bereich *Bildformatvorlagen* enthält einige vorgefertigte Bildeffekte, mit denen sich eingefügte Bilder schnell mit Rahmen und Effekten versehen lassen. Die Bildformatvorlagen sind nichts anderes als eine Auswahl von Kombinationen verschiedener Effekte aus den rechts daneben angeordneten Einzelwerkzeugen BILDFORM, GRAFIKRAHMEN und BILDEFFEKTE.

Weitere vorgefertigte Kombinationen, aufwendiger als in der Auswahl der Bildformatvorlagen, finden Sie unter

Bildtools FORMAT ▸ *Bildformatvorlagen* BILDEFFEKTE ▸ VOREINSTELLUNG

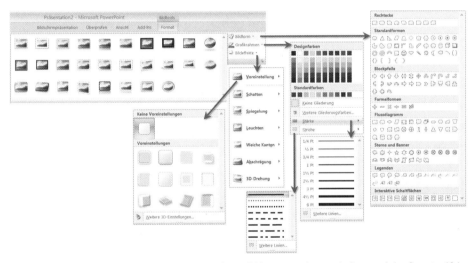

Abb. 17.15: Einige vorgefertigte Designs in den Bildformatvorlagen (links) und die freie Vielfalt mit den Bildformat-Werkzeugen (rechts)

17.4.6 Bild austauschen oder Formatierungen übertragen

Um einen Effekt auf ein anderes Bild zu übertragen, gibt es den »Formatpinsel« in START ▸ *Zwischenablage*. Markieren Sie das formatierte Bild, wählen Sie FORMAT ÜBERTRAGEN und klicken Sie dann das unformatierte Bild an. Das zweite Bild erhält alle Effekte des ersten.

Ein Austausch des Bildes (= Flächenfüllung der Form) führt zum vergleichbaren Ergebnis, das Bild wird durch ein anderes ersetzt, das die Formatierung des ersetzten Bildes übernimmt.

Bildtools FORMAT ▸ *Anpassen* BILD ÄNDERN

 BILD ÄNDERN

> **Wichtig**
> Die Form des Bildes passt sich bei diesem Wechsel den Proportionen des neuen Bildes an!

Abb. 17.16: Auch in einer Gruppierung lässt sich das Bild austauschen.

17.4.7 Dem Bild eine andere Form geben

Bildtools FORMAT ▸ *Bildformatvorlagen* BILDFORM ▸ (Auswahl einer Form)

Dem Bild wird eine vom Standard-Rechteck abweichende Form gegeben mit folgenden Konditionen:

- Die Form passt sich den Maßen und Proportionen des Bildes an.
- Außerhalb der Form liegende Bildteile werden nicht angezeigt, bleiben aber erhalten.
- Sie können jederzeit eine andere Bildform auf demselben Wege zuweisen.

Abb. 17.17: Bildform ändern mit zwei Mausklicks

17.4.8 Bild rahmen

Bildtools FORMAT ▸ *Bildformatvorlagen* GRAFIKRAHMEN

Mit Auswahl einer Rahmenfarbe, -stärke und Strichart wird das Bild in dieser Weise eingerahmt. Für die Rahmen ist auch eine graduelle Transparenz einstellbar, wenn Sie zu den WEITERE GLIEDERUNGSFARBEN weiterschalten.

17.4 Die Bildtools

Murks

Bei den Begriffen KEINE GLIEDERUNG und WEITERE GLIEDERUNGSFARBEN hat die fehlerhafte Übersetzung fröhliche Urständ gefeiert; gemeint sind KEIN RAHMEN und WEITERE RAHMENFARBEN.

Leider funktioniert in der mit WEITERE GLIEDERUNGSFARBEN erreichbaren ausführlichen Farbauswahl die Livevorschau nicht, so dass Sie immer erst auf OK klicken müssen, um einen gewählten Effekt beurteilen zu können.

Die volle Freiheit über die Rahmengestaltung erhalten Sie mit

Bildtools FORMAT ▸ *Bildformatvorlagen* GRAFIKRAHMEN ▸ STÄRKE oder STRICHE ▸ WEITERE LINIEN ▸ Register LINIENFARBE und LINIENART

Bildtools FORMAT ▸ *Bildformatvorlagen* ▸ Register LINIENFARBE und LINIENART

GRAFIK FORMATIEREN ▸ Register LINIENFARBE und LINIENART

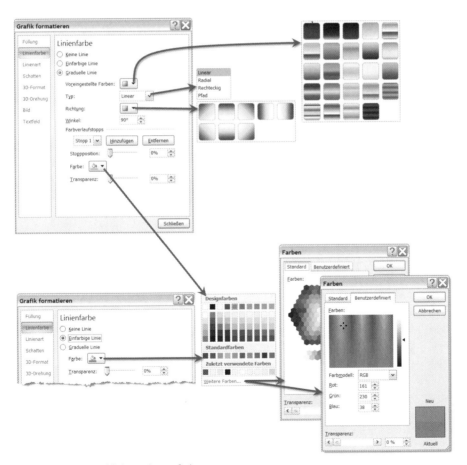

Abb. 17.18: Auswahl der Rahmenfarbe

17.4.9 Weitere Bildeffekte

Weitere Gestaltungsmöglichkeiten für Bilder sind identisch mit denen für Vektorgrafiken und gemeinsam mit diesen in Kapitel 19 ff beschrieben. Diese Gleichheit beruht darauf, dass Bilder beim Einfügen – auf welchem Weg auch immer – in eine Form eingebettet werden, deren Attribute sich auf das Bild als Flächenfüllung auswirken.

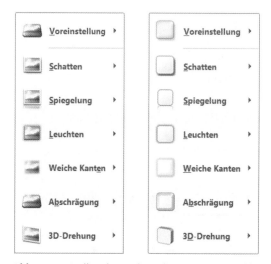

Abb. 17.19: Völlig identisch, nicht nur im Auswahlmenü: die Bild- und Formeffekte

Kapitel 18

Vektorgrafik zeichnen

Die Applikationen von MS Office beherrschen durchgängig das Erzeugen und Bearbeiten von Vektorgrafik.

Zusammengenommen sind die Zeichenfunktionen derart komplex, dass sich damit auch aufwendige Illustrationen herstellen lassen, die weit über das übliche Leistungsspektrum von Geschäftsgrafik hinausgehen.

Bis Version 2003 hießen die Zeichenobjekte »AutoFormen«, mit Version 2007 beschränkte man sich auf die Bezeichnung »Formen«.

Formen sind die Basis aller Zeichenaktivitäten in PowerPoint und neben den Platzhaltern das zweite programminterne Folienelement. Jedes in eine Folie importierte Text- oder Grafikobjekt wird in eine Form gezwängt, auch wenn das zunächst nicht augenfällig ist. Selbst die Bestandteile der SmartArts lassen sich wie Formen behandeln.

Selbst gestaltete Grafiken können vielfältige Einsatzzwecke haben, zum Beispiel um eine »trockene« Diagrammfolie etwas netter zu gestalten oder auch als Illustration für Dokumentationen und Bücher.

18.1 Formen zeichnen

Um eine erste Form auf einer Folie zu erzeugen, benutzen Sie die Formenauswahl der Funktionsleiste START ▶ *Zeichnung*.

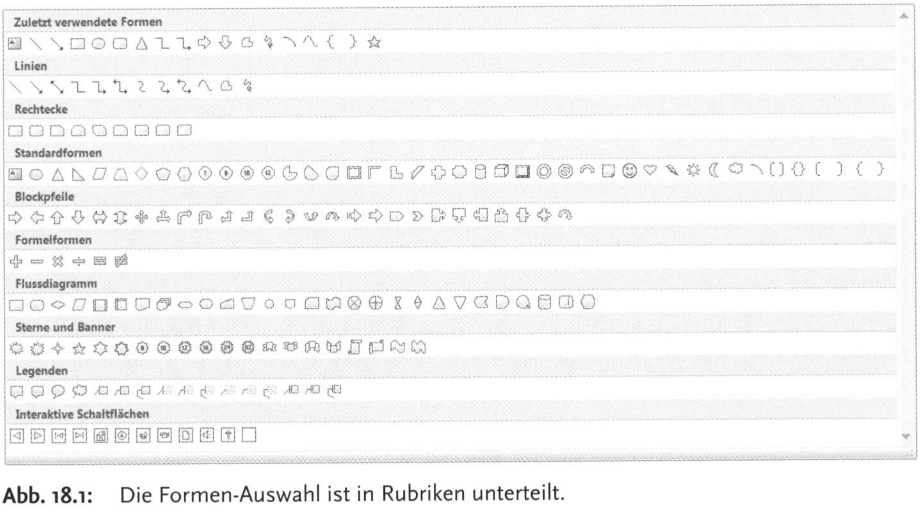

Abb. 18.1: Die Formen-Auswahl ist in Rubriken unterteilt.

Sobald Sie eine Form ausgewählt haben, ändert der Mauszeiger seine Form zum Kreuz; damit können Sie auf der Folie ein Zeichnungsobjekt der gewählten Form erzeugen.

18.1.1 Linien und Pfeile zeichnen

START ▸ *Zeichnung* ▸ (Formauswahl) ggf. ▼ Linie anklicken

Nach Auswahl des Werkzeugs setzen Sie den Cursor auf die Arbeitsfläche und zeichnen mit gedrückter linker Maustaste eine Linie auf die Arbeitsfläche.

> **Tipp**
>
> Wollen Sie eine genau senkrechte oder genau waagerechte Linie zeichnen, halten Sie beim Zeichnen die ⇧-Taste fest; dann erlaubt PowerPoint nur Zeichenwinkel im 15°-Raster.

Linienenden ändern

Zeichentools FORMAT ▸ *Formenarten* FORMKONTUR ▸ PFEILE

Zeichentools FORMAT ▸ *Formenarten* ▸ Register LINIENART ▸ *Pfeileinstellungen*

🖱 Form formatieren ▸ Register LINIENART ▸ *Pfeileinstellungen*

> **Hinweis**
>
> Jede Linie lässt sich zum Pfeil umwandeln; umgekehrt lassen sich aus Pfeilen einfache Linien machen, indem Sie die Spitzen in den Pfeileinstellungen abwählen.

18.1.2 Flächen zeichnen

Eine der hilfreichsten Funktionen von PowerPoint sind die vorgefertigten Formen. Mit ihnen lassen sich sauber gestaltete Standardformen, aber auch komplexere Figuren, sehr leicht zeichnen und variieren.

START ▸ *Zeichnung* (Formauswahl) ggf. ▼ ▸ Form anklicken

Mit dem Cursor ziehen Sie nach der Werkzeugauswahl bei gedrückter linker Maustaste den umgebenden Rahmen für die Form auf die Arbeitsfläche.

> **Tipps**
>
> Wollen Sie eine Form mit gleichen Kantenlängen/Radien zeichnen, halten Sie beim Zeichnen die ⇧-Taste fest.
>
> Klicken Sie nach Anwahl des Werkzeugs einmal kurz auf Ihre Arbeitsfläche, dann entsteht die Form innerhalb eines quadratischen Rahmens von 2,54 cm Kantenlänge.

18.1.3 Mehrere gleichartige Objekte nacheinander zeichnen

 Rechtsklick auf das gewünschte Werkzeug ▸ ZEICHENMODUS SPERREN

Im gesperrten Modus zeichnen Sie so lange Formen desselben Typs, bis Sie den Sperrmodus wieder aufheben.

Gesperrten Modus wieder aufheben

 erneuter Rechtsklick auf das gesperrte Werkzeug ▸ ZEICHENMODUS SPERREN

18.1.4 Die Zeichentools

Sobald Sie eine Form gezeichnet oder eine bestehende Form markiert haben, erscheinen in der Multifunktionsleiste die *Zeichentools* mit dem einzigen Register FORMAT.

Wesentliche Teile der Funktionsleiste *Zeichentools* FORMAT sind redundant auch in anderen Funktionsleisten vorhanden, z. B. im Bereich START ▸ *Zeichnung* und in *Bildtools* FORMAT.

Abb. 18.2: Zeichentools-Funktionsleiste

Die Bereichs-Bezeichnungen der Funktionsleiste *Zeichentools* FORMAT sind irreführend, so findet sich in *Formen einfügen* auch der Aufruf FORM BEARBEITEN mit vier wichtigen Funktionen zum Verändern von Formen, und mit *Formenarten* ist *Formformat* gemeint.

Die Bereiche *Formenarten* und *WordArt-Formate* sind quasi identisch, ihre Funktionen beziehen sich auf die Form selbst oder auf den in der Form enthaltenen Text. Hier sind die wesentlichen gestalterischen Werkzeuge zu finden.

18.2 Linienzüge, Polygone und Kurven zeichnen

START ▸ *Zeichnung* ▸ ▽ ▸

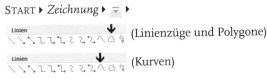

Zum Zeichnen klicken Sie am Startpunkt Ihres geplanten Linienzugs in die Arbeitsfläche und *lassen die Maustaste wieder los*! Klicken Sie anschließend auf den nächsten gewünschten Eck- bzw. Scheitelpunkt usw. Es ist egal, ob Sie mit der linken oder rechten Maustaste kli-

Kapitel 18
Vektorgrafik zeichnen

cken. Beenden Sie den Zeichenvorgang mit einem Doppelklick. Entspricht der Endpunkt dem Startpunkt, wird ein Polygon bzw. eine geschlossene Fläche mit »sauber gebogenen« Außenlinien erzeugt.

Hinweise

Wenn Sie beim Zeichnen eines Eckpunktes mit der Maus eine ganz kurze, schnelle Bewegung machen, wird der Linienzug an dieser Stelle zur Kurve.

Innerhalb eines Linienzuges sind auch unregelmäßige Freihandlinien möglich, wenn Sie *von einem Eckpunkt aus mit gedrückter Maustaste weiterzeichnen*. Loslassen der Maustaste erzeugt wieder einen Eckpunkt und der Linienzug kann fortgesetzt werden.

Freihandlinien werden mit gedrückter Maustaste gezeichnet. Ein »Stift« zeichnet jede Bewegung mit. Beenden Sie den Zeichenvorgang mit einem Doppelklick. Endet die Skizze am Startpunkt, wird eine geschlossene unregelmäßige Fläche erzeugt.

START ▸ *Zeichnung* ▸

Tipp

Mit etwas Geduld ist es möglich, nicht zu komplizierte Bitmaps (Symbole, Karten u. ä.) in Vektorgrafiken umzuwandeln, indem Sie die Linienzüge nachzeichnen (siehe Kap. 17).

Ein weiterer, nicht gleich ins Auge fallender Einsatzzweck sind transparente (nicht ungefüllte!) Flächen, die man mit Hyperlinks versehen zum Navigieren über importierte Bitmap-Landkarten legen kann. In der Präsentation »Britzer_Garten.pptx« finden Sie diesen Einsatz, bei dem anhand eines Übersichtsplans Fotostrecken zu den einzelnen Parkarealen angesteuert werden können.

Sie können einen offenen Linienzug nachträglich zur geschlossenen Form umdefinieren und umgekehrt:

Linienzug oder offene Kurve zur geschlossenen Form umwandeln

 PFAD SCHLIESSEN

Polygon oder geschlossene Kurve öffnen

 1. Kontur an der gewünschten Stelle rechtsklicken
2. PFAD ÖFFNEN

18.2.1 Bézier-Kurven

Das Beste an diesen Zeichnungselementen ist, dass sie intern in *Bézier-Kurven* umgerechnet werden. So lassen sich auch Freihandfiguren (die nie so richtig »schön« werden) im Nachhinein noch verbessern.

18.2 Linienzüge, Polygone und Kurven zeichnen

Werkzeug zum Bearbeiten

Zeichentools FORMAT ▸ *Formen einfügen* FORM BEARBEITEN ▸ PUNKTE BEARBEITEN

 PUNKTE BEARBEITEN

In der markierten Form wird Ihnen nun jeder Eck- und Tangentenpunkt angezeigt. Leider gibt es keine unterschiedlichen Symbole für die Punktarten.

> **Tipp**
>
> Es empfiehlt sich, die Bildschirmdarstellung mit dem Zoom-Werkzeug zu vergrößern, dann lassen sich die Punkte leichter und exakter bearbeiten. Benutzen Sie das Scrollrad der Maus bei gleichzeitig gedrückter `Strg`-Taste, bleibt beim Zoomen der Mittelpunkt des markierten Objekts in der Bildmitte.

Sie können mit der Maus jeden dieser Punkte separat greifen und verschieben, die Verbindungslinien zu den Nachbarpunkten machen diese Bewegung mit. Im Kontextmenü zu den Punkten finden Sie darüber hinaus Befehle zur Veränderung der Punktart, Sie können einzelne Punkte oder Verbindungen entfernen, neue Punkte hinzufügen oder offene Linienzüge nachträglich schließen.

Abb. 18.3: Polygon im Modus PUNKTE BEARBEITEN

 Das Hinzufügen neuer Punkte geht auch ohne Kontextmenü, indem Sie die Kurve an der Stelle anklicken, an der der neue Punkt benötigt wird, und bei gedrückter linker Maustaste ziehen.

Tangenten bearbeiten

An den Scheitel- und Eckpunkten entstehen beim Anklicken blaue Linien mit weißen Quadraten an den Enden. Mit Hilfe dieser Linien können Sie Winkel und Steigung der Tangenten in diesem Punkt verändern, indem Sie einfach einen der weißen Endpunkte greifen und bewegen. Oder Sie verwenden die Funktionen des Kontextmenüs zur Punktumwandlung: Übergangspunkt, Punkt glätten und Eckpunkt.

Abb. 18.4: Bézier-Punkte bearbeiten: Mitte durch manuelles Ziehen der Tangentenenden, rechts automatisch mit Punkt glätten im Kontextmenü

Die Tangentenbearbeitung macht die eigentliche Bézier-Technik aus, denn mit ihr werden Formen ausschließlich durch die Koordinaten der Scheitelpunkte sowie die Lage und Länge der Tangenten beschrieben.

Vorsicht

Das Bézierwerkzeug ist ein Sensibelchen: Wenn Sie einen Punkt nicht exakt treffen, reagiert es nicht auf die Punktbearbeitung und bietet im Kontextmenü auch nur die Werkzeuge zur Kurvenbearbeitung an. Erst wenn die Tangenten sichtbar sind, kann der Punkt bearbeitet werden.

Abb. 18.5: Unterschiedliche Cursorformen und Kontextmenüs bei der Bézier-Bearbeitung

Wermutstropfen

Im Bézier-Modus versagen die Hilfen für korrektes Zeichnen und Bewegen mit den Pfeiltasten sowie den Tasten [Strg] und [⇧] völlig. Sie können Punkte und Tangentenenden nur freihändig mit der Maus verschieben – zum Glück steht die Rasteraufhebung mit [Alt] noch zur Verfügung!

Eine kleine Hilfe gibt es dennoch: Es reicht, wenn Sie eine Tangentenhälfte verändern; die andere Hälfte wird symmetrisch in Lagewinkel und Länge angepasst, wenn Sie anschließend im Kontextmenü Übergangspunkt wählen. Mit der Funktion Punkt glätten nach einer manuellen Tangentenänderung wird die Steigung der gegenüberliegenden Tangentenhälfte in denselben Winkel gebracht, ihre Länge bleibt aber unverändert.

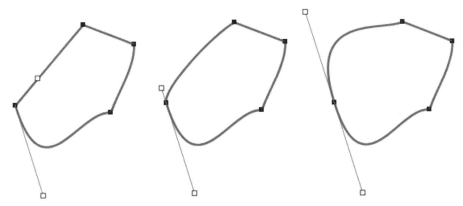

Abb. 18.6: Links manuell geänderte untere Tangenhälfte, Mitte mit Punkt glätten automatisch nachgearbeitet, rechts mit Übergangspunkt

18.2.2 Spiegelsymmetrisch zeichnen

Was bei den Formen obligatorisch ist, bedarf bei frei gezeichneten Kurven der Handarbeit: symmetrische Kurven. Sie kommen ohne ein Workaround nicht aus, wenn die Punkte exakt fluchten sollen.

Sie benötigen dazu ein gespiegeltes Duplikat der halben Form, dessen Punkte Ihnen die Lage der fehlenden Hälfte zeigen, so dass Sie sich beim Zeichnen daran orientieren können. Dass die Punkte nur im Bearbeitungsmodus Punkte bearbeiten zu sehen sind, den Sie aber beim Zeichnen für die erste Hälfte benötigen, in der Referenzhälfte also nur Eckpunkte, aber keine Übergangspunkte und geglätteten Punkte zu erkennen sind, erschwert das Ganze, aber es gibt ein simples Hilfsmittel: Legen Sie einen Screenshot der halben Form im Modus Punkte bearbeiten an, den Sie gespiegelt mit der Kurve zur Deckung bringen und anhand der darin erkennbaren Punkte die fehlenden Punkte der anderen halben Form platzieren.

Workshop: Symmetrisch zeichnen

1. Zeichnen Sie zunächst eine Hälfte der Gesamtform; schließen Sie die Form über die Spiegelebene.
2. Setzen Sie den Zoomfaktor der Ansicht auf 100 %, das erleichtert das Zusammenfügen von Form und Screenshot.
3. Punkte bearbeiten
4. Drücken Sie auf der Tastatur die Taste mit der Aufschrift »Druck«, »PrintScreen« o. ä. Damit wird ein Screenshot des gesamten Bildschirms in die Zwischenablage gestellt.

5. ESC (um die Markierung der halben Form aufzuheben)
6. Fügen Sie den Screenshot mit Strg+V in die Folie ein.
7. *Bildtools* FORMAT ▸ *Schriftgrad* ZUSCHNEIDEN,
8. Beschneiden Sie den Screenshot so weit, dass nur der benötigte Teil sichtbar ist.
9. *Bildtools* FORMAT ▸ *Anordnen* DREHEN ▸ HORIZONTAL KIPPEN oder VERTIKAL KIPPEN
10. *Bildtools* FORMAT ▸ IN DEN HINTERGRUND
11. Bringen Sie mit Strg+←, →, ↑, ↓ die gemeinsame Symmetrielinie von Kurve und gespiegeltem Abbild zur Deckung.
12. Markieren Sie die halbe Form.
13. 🖱 PUNKTE BEARBEITEN
14. Klicken Sie in die provisorische Verbindungslinie und ziehen Sie einen neuen Punkt zum ersten Punkt des Screenshots.
15. Richten Sie die Tangenten aus.
16. Wiederholen Sie die Schritte 13. und 14. solange, bis die Kurve komplett ist.
17. Markieren Sie den Screenshot.
18. Entf

Abbildung 18.7 zeigt dazu ein einfaches Beispiel anhand des Profils eines Eisenbahnwaggons mit folgenden Besonderheiten: Neu wurde nur der rechte Übergangspunkt angelegt (Schritt 13); beim oberen Punkt genügte es, die rechte Tangente symmetrisch zur linken einzustellen, und der untere rechte Punkt konnte entfallen, wurde deshalb auf die rechte untere Ecke gezogen.

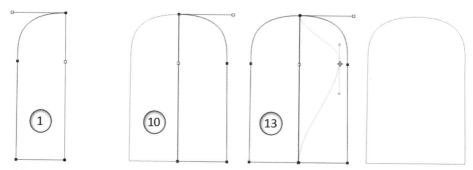

Abb. 18.7: Symmetrisches Zeichnen mittels Screenshot

Tipp

Bei weniger simplen Formen kann es lohnen, wenn Sie mehrere Screenshots anfertigen, jeweils mit anderen markierten Punkten, um die Lage und Länge der Tangenten ebenfalls leicht anpassen zu können.

18.2.3 Bézierform teilen

Um eine selbst gezeichnete Form in zwei Teile zu zerlegen, ist ebenfalls Handarbeit angesagt, denn ebenso wie es in PowerPoint keine Verschmelzen-Funktion gibt, mangelt es auch an einer Zerlegen-Funktion.

Sie bedürfen dazu eines Duplikats der Form. In jeder der beiden Formen markieren Sie im Modus PUNKTE BEARBEITEN nacheinander diejenigen Punkte, die nicht benötigt werden, und löschen sie.

18.3 Form ändern

Gefällt Ihnen eine gewählte oder gezeichnete Form nicht, können Sie sie nachträglich problemlos ändern.

Zeichentools FORMAT ▸ *Formen einfügen* FORM BEARBEITEN ▸ FORM ÄNDERN

> **Hinweis**
> Diese Änderungsoption schließt auch Elemente von SmartArts ein.

Vorgefertigte Formen aus der Formenauswahl lassen sich in Bézierkurven umwandeln:

Zeichentools FORMAT ▸ *Formen einfügen* FORM BEARBEITEN ▸ IN FREIHANDFORM KONVERTIEREN

> **Vorsicht**
> Sie können die so umgewandelten Formen frei bearbeiten. Beachten Sie aber, dass konvertierte Formen ihre gelben Rauten verlieren, also die internen Proportionen nur noch mit dem Bézierwerkzeug PUNKTE BEARBEITEN verändert werden können!

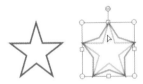

Abb. 18.8: Oben eingeschränkte, symmetrische Bearbeitung mit dem Form-Werkzeug, unten nach Umwandlung frei mit dem Bézierwerkzeug

Kapitel 18
Vektorgrafik zeichnen

Workshop: Spezialformen

Diese Abwandlung vorgefertigter Formen hilft beim Gestalten von Bildern passend zum Thema, hier am Osterei demonstriert, aber für jeden Anlass in ähnlicher Form anzuwenden.

Aufgabenstellung: Es liegt ein Foto vor, das eine besondere Rahmenform erhalten und plastisch wirken soll.

1. Zeichnen Sie eine aufrecht stehende Ellipse.

Eine Ellipse ist kein Ei, deshalb muss ein wenig nachgeholfen werden:

2. *Bildtools* FORMAT ▸ *Formen einfügen* FORM BEARBEITEN ▸ IN FREIHANDFORM KONVERTIEREN

3. PUNKTE BEARBEITEN

4. Schieben Sie den unteren Kurvenpunkt der Ellipse ein Stück nach oben und den oberen ebenfalls, schon sieht die Ellipse einem Ei viel ähnlicher.

Nun gilt es noch, mit einem frühlingshaften Motiv und ein paar 3D-Effekten das Ei zum Osterei zu vollenden:

5. GRAFIK FORMATIEREN ▸ Register FÜLLUNG ▸ Option BILD- ODER TEXTURFÜLLUNG ▸ DATEI ▸ (passendes Bild auswählen)

6. GRAFIK FORMATIEREN ▸ Register 3D-EFFEKTE ▸ OBEN ▸ »Kreis«

7. Lesen Sie in *Zeichentools* FORMAT ▸ *Größe* die Maße der Ellipse ab.

8. Tragen Sie im Register 3D-EFFEKTE für die Höhe und Breite der Abschrägung jeweils den halben Betrag des kleineren Durchmessers ein.

Abb. 18.9: Von der Ellipse zum Osterei (Schritte 1, 4, 5 und 8)

18.4 Importierte Vektorgrafik in PowerPoint-Vektorgrafik umwandeln

Zum Konvertieren markieren Sie die Grafik und wählen (auch wenn es auf den ersten Blick absurd erscheint)

Bildtools FORMAT ▸ *Anordnen* GRUPPIEREN ▸ GRUPPIERUNG AUFHEBEN

 GRUPPIEREN ▸ GRUPPIERUNG AUFHEBEN

 Strg + ⇧ + H

Damit konvertieren Sie nach Bestätigen einer Warnmeldung das ClipArt in ein Office-Zeichenobjekt, so der korrekte Name einer Vektorgrafik in MS Office.

Abb. 18.10: Sie sind auf dem richtigen Weg zur Vektorgrafik-Konvertierung

Mit dem Konvertieren einher geht eine Veränderung in der Multifunktionsleiste. Waren für das importierte Objekt noch die *Bildtools* eingeblendet, erscheinen nach dem Konvertieren die *Zeichentools*, also jene Werkzeuge, mit denen PowerPoint eigene Vektorgrafik bearbeitet.

So funktioniert in der konvertierten, aber noch gruppierten Grafik bereits die selektive Markierung von Bestandteilen einer Gruppe.

Erst mit dem zweiten GRUPPIERUNG AUFHEBEN zerlegt PowerPoint das Objekt in seine Bestandteile.

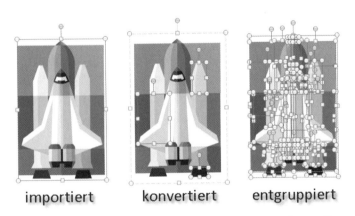

Abb. 18.11: Stufen der Umwandlung einer importierten Vektorgrafik

Nun sind Sie frei bei der Bearbeitung einer eingefügten Vektorgrafik, können Teile entfernen oder hinzufügen, umfärben, gestalten etc.

Wenn Sie sich nicht sicher sind, ob eine importierte Grafik Bitmap oder Vektor ist, versuchen Sie einfach, den Befehl GRUPPIERUNG AUFHEBEN darauf anzuwenden;

- entweder ist er von vornherein ausgegraut, dann ist das gesamte Objekt eine Bitmap,
- oder Sie erhalten im Verlauf des Entgruppierens einen Hinweis, dass eine Bitmap gefunden wurde, dann war die eingefügte Grafik zwar eine Vektordatei, in der allerdings eine Bitmap eingeschlossen ist.

Abb. 18.12: Eine Bitmapgrafik lässt sich nicht in eine Vektorgrafik verwandeln.

> **Hinweis**
>
> Seit Version 2002 lassen sich auch importierte Bitmap-Grafiken drehen und spiegeln wie Vektorgrafiken, was in den Vorversionen nicht möglich war. Daraus resultiert ein vermeintlicher Kompatibilitätsfehler: Zwar waren die einschlägigen Werkzeuge in den Vorversionen nicht auf Bitmaps anwendbar, doch beim Maus-Skalieren über den Nullpunkt hinaus wurden auch in diesen Versionen bereits Bitmaps gespiegelt – es wurde nur nicht so dargestellt. So können Grafiken, die in der alten Version korrekt dargestellt wurden, in den neuen Versionen plötzlich seitenverkehrt sein oder auf dem Kopf stehen. Auf den Dokumentenseiten von Microsoft gibt es eine Beschreibung, wie diesem Problem abgeholfen werden kann (auf Englisch), einfacher ist es jedoch meist, solche Fehler manuell mit den Funktionen bei *Anordnen* DREHEN zu korrigieren.

> **Hinweis**
>
> Im Gegensatz zu den Vorversionen fügt Version 2007 importierte Grafiken nicht als selbständiges Objekt ein, sondern als Füllung einer rechteckigen Form. Damit stehen für importierte Grafiken, Bilder und Fotos auch alle Funktionen der Grafikbearbeitung zur Verfügung. Bessere Ergebnisse bei der Nachbearbeitung – speziell mit den 3D-Werkzeugen – erhalten Sie aber, wenn Sie diesen Container in eine der Form des ClipArt angepasste Kontur umwandeln.

Kapitel 19

Bilder und Formen auf der Folie organisieren

19.1 Formen und Bilder markieren

Um ein Element auf der Folie zu bewegen oder zu bearbeiten, muss es markiert sein.

Sie markieren eine Form, indem Sie sie anklicken. Mit gedrückter ⇧-Taste werden nacheinander angeklickte Formen oder Bilder gemeinsam markiert.

> **Wichtig**
> Diese Logik ist anders als im Explorer und in der Foliensortierung!

Oder Sie spannen mit dem Mauszeiger einen Rahmen um die zu markierenden Elemente. Dieser Rahmen muss die zu markierenden Formen total umschließen, bloßes Berühren wie in manchen anderen Grafik-Programmen reicht hier nicht!

Ist erst mal ein Bild oder eine Form markiert, können Sie zum Wechsel der Markierung auf das »nächste« Element ⇥ sowie ⇧+⇥ zum Markieren des »vorigen« Elements verwenden. Dabei richtet sich die Reihenfolge nach der internen Sortierung, die zunächst einmal der Reihenfolge entspricht, in der Sie die Objekte angelegt haben. Änderungen der Reihenfolge sind möglich und werden am Schluss dieses Kapitels beschrieben.

Zum gezielten Auffinden verdeckter Formen verwenden Sie die Funktion

START ▸ *Zeichnen* ANORDNEN ▸ AUSWAHLBEREICH
Bildtools/Zeichentools FORMAT ▸ *Anordnen* AUSWAHLBEREICH

und klicken im so erscheinenden Aufgabenbereich AUSWAHL UND SICHTBARKEIT das zu markierende Element in der Liste an.

Abb. 19.1: Gezielte Auswahl von verdeckten Elementen

Eine Markierung heben Sie wieder auf, indem Sie auf eine freie Stelle der Folie oder in den grauen Randbereich klicken.

> **Tipp**
> Alle Elemente auf einer Folie markieren Sie am schnellsten mit Strg+A.

19.1.1 Formen oder Bilder verstecken

Manchmal ist es nicht erwünscht, alle Objekte auf einer Folie zu zeigen, sondern einige von ihnen sollen in einer bestimmten Präsentation »außen vor« bleiben. Zu diesem Zweck müssen Sie an der Präsentation nicht viel verändern, denn mit dem Aufgabenbereich AUSWAHL UND SICHTBARKEIT lassen sich einzelne Folienelemente unsichtbar machen. Dazu dient das Symbol [Auge] rechts neben den Objektbezeichnungen. Ein Klick darauf blendet das zugehörige Objekt aus; das fehlende Auge im Symbol [ ] zeigt in der Liste die Unsichtbarkeit an. Um das Objekt wieder sichtbar zu machen, bedarf es eines erneuten Klicks auf [ ] oder auf die Schaltfläche ALLE ANZEIGEN am unteren Rand des Aufgabenbereichs.

19.1.2 Objektnamen

Beim Anlegen oder Einfügen neuer Bilder oder Formen benennt PowerPoint diese mit der Art des Objekts, gefolgt von einer laufenden Nummer. Bei komplexen Folien sind diese Namen nicht sehr hilfreich, doch im Aufgabenbereich AUSWAHL UND SICHTBARKEIT können Sie die Namen ändern. Diese Namen tauchen auch bei den Benutzerdefinierten Animationen im Regiezentrum auf, so dass Sie sich mit der Namensvergabe auch dort die Arbeit erheblich erleichtern.

> **Hinweis**
>
> Sind in der Folie gestaffelt gruppierte Objekte enthalten, so lassen sich im Aufgabenbereich AUSWAHL UND SICHTBARKEIT nur der Name der obersten Gruppenebene und die Namen der Einzelobjekte ändern, nicht jene der Untergruppen.

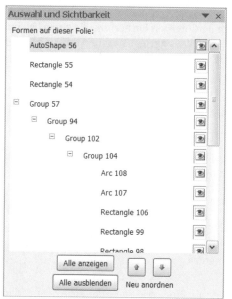 

Abb. 19.2: Für Einzelelemente und Gruppen in oberster Ebene lassen sich die Namen ändern.

Tipp

Sie können diese Einschränkung umgehen, indem Sie bereits nach dem Gruppieren einer Untergruppe und noch vor dem Einbeziehen in eine höhere Gruppenhierarchie dieser Gruppe einen eigenen Namen geben.

19.2 Verschieben und kopieren

19.2.1 Verschieben

Per Drag&Drop oder mit den Pfeiltasten ←, →, ↑, ↓ lassen sich markierte Bilder und Formen verschieben.

Wollen Sie ein Objekt in eine andere Folie verschieben, schneiden Sie es mit Strg+X aus und fügen es in der Zielfolie mit Strg+V wieder ein. Es wird in der empfangenden Folie an derselben Stelle eingefügt, an der es in der abgebenden Folie stand.

Verschieben per Einstellungen

Neben der »freihändigen« Arbeit am Objekt lassen sich die Größen und Lagewinkel der Formen und Bilder auch exakt über Werteeingaben und mittels vorgegebener Standard-Funktionen beeinflussen. In den Funktionsleisten ist rechts außen ein Bereich *Größe* (bei den Bildtools unsinnigerweise *Schriftgrad* genannt), in dem die Abmessungen des aktuell markierten Objekts dargestellt sind und durch direkte Eingabe verändert werden können.

Abb. 19.3: Korrekte Größen- und Positionseinstellungen

Ein Klick auf [icon] führt zum umfassenden Dialog GRÖSSE UND POSITION, in dem auch der Lagewinkel und die Position auf der Folie durch Werteeingaben beeinflusst werden können.

Hinweis

Elemente jedweder Art lassen sich auch aus dem weißen Folienrahmen hinausschieben. Diese Elemente sind dann zwar im Folienfenster vorhanden, aber auf dem Ausdruck oder in der Bildschirmpräsentation nicht zu sehen. Alles wird am Folienrahmen radikal abgeschnitten.

Diese Beschränkung lässt sich effektvoll nutzen, zum Beispiel um titellos gezeigten Folien einen Titel in der Gliederung zu geben oder bei Animationen.

19.2.2 Kopieren und duplizieren

Kopieren über die Zwischenablage

Kopieren	Einfügen
START ▸ *Zwischenablage* KOPIEREN	START ▸ *Zwischenablage* EINFÜGEN (obere Hälfte der Schaltfläche)
⌨ [Strg]+[C]	⌨ [Strg]+[V]

Direktes Duplizieren auf derselben Folie

⌨ [Strg]+[D]

🖱 Form mit der Maus bewegen und dabei [Strg] festhalten

Wollen Sie eine Kopie einer Form in eine andere Folie bringen, kopieren Sie sie mit [Strg]+[C] in die Zwischenablage und fügen sie in der Zielfolie mit [Strg]+[V] wieder ein. Sie wird in der empfangenden Folie an derselben Stelle eingefügt, an der sie in der abgebenden Folie stand.

19.2.3 Multiduplikate

Mehrere Kopien lassen sich komfortabel mit [Strg]+[D] anlegen. Beim ersten Betätigen erscheint eine Kopie leicht rechts nach unten versetzt. Wenn Sie nun die Kopie mit der Maus oder den Pfeiltasten an eine neue Position schieben, werden alle weiteren mit [Strg]+[D] erzeugten Kopien in die gleiche Relativposition zum zuletzt erzeugten Duplikat gebracht wie die erste Kopie zum Original. Damit sind Serienkopien eines Elements sehr leicht möglich.

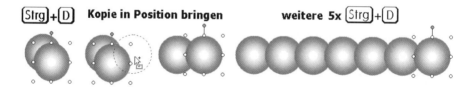

Abb. 19.4: Die Phasen einer Serienkopie mit [Strg]+[D]

19.3 Gruppieren

Speziell beim Zeichnen komplexer Grafiken ist es häufig erforderlich, mehrere Formen zusammenzufassen, damit sie beim Weiterarbeiten nicht versehentlich wieder auseinandergerissen werden.

Gruppierte Elemente werden wie ein Element behandelt, alle Lage- und Größenänderungen betreffen alle erfassten Elemente gleichermaßen.

	Formen gruppieren	Gruppierung auflösen	Gelöste Gruppierung wiederherstellen
in div. Funktionsleisten	ANORDNEN ▸ GRUPPIEREN	ANORDNEN ▸ GRUPPIERUNG AUFHEBEN	ANORDNEN ▸ GRUPPIERUNG WIEDERHERSTELLEN
🖱	GRUPPIEREN ▸ GRUPPIEREN	GRUPPIEREN ▸ GRUPPIERUNG AUFHEBEN	GRUPPIEREN ▸ GRUPPIERUNG WIEDERHERSTELLEN
⌨	Strg + ⇧ + G	Strg + ⇧ + H	Strg + ⇧ + J

Tabelle 19.1: Übersicht der Gruppierungsfunktionen

GRUPPIERUNG WIEDERHERSTELLEN erspart Ihnen beim Regruppieren einer aufgelösten Gruppe das Markieren. PowerPoint merkt sich alle Bestandteile der zuletzt bearbeiteten Gruppe und fügt sie mit dieser Funktion automatisch wieder zusammen.

Wichtig
Sobald ein Platzhalter markiert ist, wird der GRUPPIEREN-Befehl ausgegraut. Platzhalter sind nicht gruppierbar!

Hinweis
Das Gruppieren ändert nichts an der Eigenständigkeit der Elemente einer Gruppe. Eine Verschmelzen-Funktion mit anschließend optimierter gemeinsamer Außenkontur, wie Sie es vielleicht von anderen Vektorgrafik-Programmen her kennen, kennt PowerPoint nicht.

19.3.1 Mehrfach gruppieren

Es ist möglich, gruppierte Elemente mit anderen Gruppen wiederum zu gruppieren. Beim Aufheben der Gruppierung wird eine solche Gruppe dann zunächst in die Teilgruppen zerlegt.

19.3.2 Gruppenteile bearbeiten

Es ist nicht nötig, zum Bearbeiten eines Teils der Gruppe die Gruppe aufzulösen. Klicken Sie einmal auf eine Gruppe, so spannt sich ein Markierungsrahmen um die komplette Gruppe. Klicken Sie nun innerhalb der markierten Gruppe eines der Teileelemente an, wird dieses markiert, um die Gruppe wird eine gestrichelte Rahmenlinie angezeigt. Wenn Sie nun Formatierungen vornehmen oder die markierte Form bewegen, bleibt der Rest der Gruppe davon unberührt.

Kapitel 19
Bilder und Formen auf der Folie organisieren

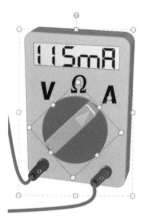

Abb. 19.5: Der gestrichelte Rahmen zeigt, dass die markierte Form Teil einer Gruppe ist.

19.4 Bilder und Formen auf der Folie anordnen

Auf alle Arten von Elementen lassen sich die AUSRICHTEN-Befehle anwenden, die in diversen Funktionsleisten auftauchen.

START ▶ *Zeichnung* ANORDNEN ▶ AUSRICHTEN
Bildtools FORMAT ▶ *Anordnen* AUSRICHTEN
Zeichentools FORMAT ▶ *Anordnen* AUSRICHTEN

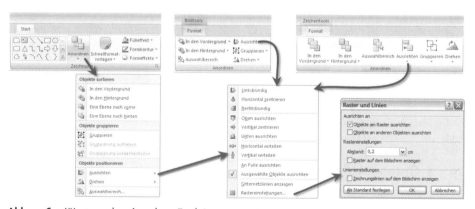

Abb. 19.6: Wege zu den *Anordnen*-Funktionen

Es gibt zwei Methoden des Ausrichtens und Verteilens:

19.4.1 Untereinander ausrichten und verteilen

Ist die Option AUSGEWÄHLTE OBJEKTE AUSRICHTEN aktiv, müssen zum Ausrichten mindestens zwei und zum Verteilen mindestens drei Formen oder Bilder markiert sein.

- Orientierung beim **Ausrichten** ist die äußerste Kante oder Ecke der in Ausrichtungsrichtung am weitesten auswärts liegenden Form; beim **zentrierten Ausrichten** ist Bezugslinie die Mittellinie zwischen den beiden zuäußerst liegenden Formen.
- Orientierung beim **Verteilen** sind die Außenkanten der beiden in Verteilrichtung am weitesten außen liegenden Elemente, zwischen denen die anderen Objekte so verteilt werden, dass alle Abstände untereinander gleich groß sind.

19.4.2 Am Folienrahmen ausrichten und verteilen

Ist die Option AN FOLIE AUSRICHTEN aktiv, müssen zum Ausrichten mindestens ein und zum Verteilen mindestens zwei Formen oder Bilder markiert sein.

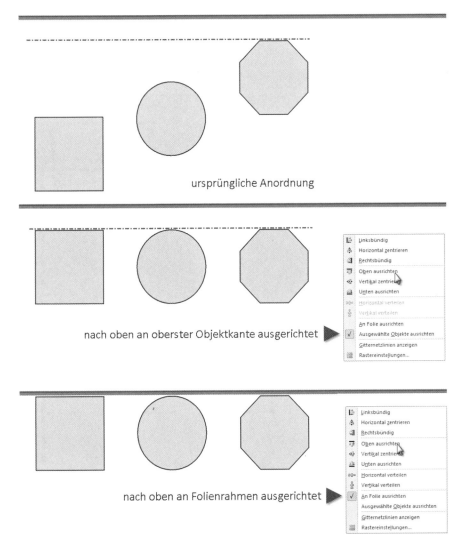

Abb. 19.7: Ausrichten

- Orientierung beim **Ausrichten** ist der in Ausrichtungsrichtung liegende Folienrand; beim **zentrierten Ausrichten** ist es die Folienmitte.
- Orientierung beim **Verteilen** sind die in Verteilrichtung liegenden Folienränder, zwischen denen die anderen Objekte so verteilt werden, dass alle Abstände untereinander und zum Folienrand gleich groß sind.

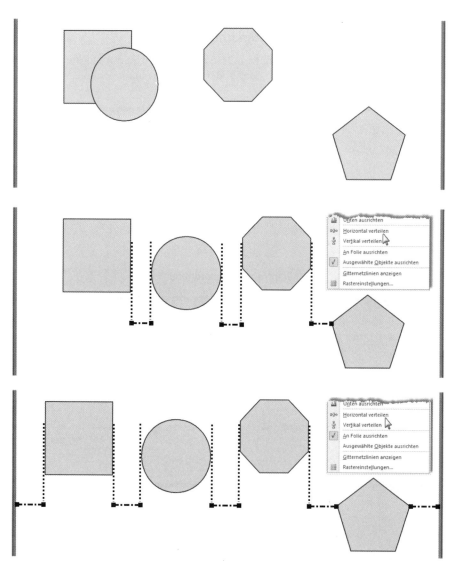

Abb. 19.8: Verteilen

> **Hinweis**
>
> Die Optionen AUSGEWÄHLTE OBJEKTE AUSRICHTEN und AN FOLIE AUSRICHTEN entsprechen nicht der Standardbedienung. Die Häkchen als Markierung vermitteln den Eindruck, man könne die Option durch erneutes Anklicken wieder abwählen. Das ist nicht der Fall, eine der beiden Optionen muss immer aktiv sein, und gewechselt wird durch Anklicken der jeweils anderen Option, als wären sie mit ⊙ anzuwählen.

19.4.3 Ausrichtungshilfen

Wenn Sie schon beim freien Platzieren oder beim Anlegen von Elementen exakt arbeiten wollen, finden Sie im Dialog RASTER UND LINIEN hilfreiche »Fangfunktionen«:

Raster anzeigen/ausblenden

ANSICHT ▸ *Einblenden/Ausblenden* GITTERNETZLINIEN

Rastereinstellungen aufrufen

START ▸ *Zeichnung* ANORDNEN ▸ RASTEREINSTELLUNGEN
Bildtools FORMAT ▸ *Anordnen* AUSRICHTEN ▸ RASTEREINSTELLUNGEN
Zeichentools FORMAT ▸ *Anordnen* AUSRICHTEN ▸ RASTEREINSTELLUNGEN

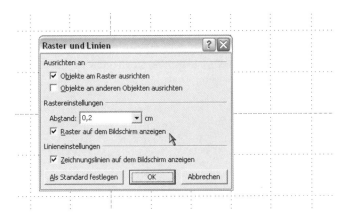

Abb. 19.9: Raster und Führungslinien einstellen

Gegenseitig orientieren

Möchten Sie, dass Ihre Formen beim Zeichnen wie auch beim Verschieben immer mit anderen Folienelementen fluchten, aktivieren Sie im Dialog RASTER UND LINIEN die Option OBJEKTE AN ANDEREN OBJEKTEN AUSRICHTEN. Sobald Sie mit einer Form in die Nähe einer der »unsichtbar über den gesamten Bildschirm verlängerten« Begrenzungslinien eines anderen Elements kommen, wird sie punktgenau an dieser Linie orientiert, sobald Sie die Maustaste wieder loslassen.

Rasterorientierung

Im Hintergrund jeder PowerPoint-Folie liegt ein Orientierungs- und Fangraster, das standardmäßig zwar eingeschaltet, aber nicht sichtbar ist. Sie können Ihre Elemente nicht beliebig platzieren, sondern nur in bestimmten, wenn auch kleinen Schritten.

Raster anzeigen/ausblenden

Dialog RASTER UND LINIEN ▸ Option RASTER AUF DEM BILDSCHIRM ANZEIGEN

Stört Sie die Fangfunktion des Rasters, können Sie sie durch Deaktivieren der Option OBJEKTE AM RASTER AUSRICHTEN abschalten.

Fangfunktion dauerhaft ein- und ausschalten

Dialog RASTER UND LINIEN ▸ Option OBJEKTE AM RASTER AUSRICHTEN

Fangfunktion ad hoc ausschalten

[Strg] zusammen mit [←], [→], [↑], [↓]

[Alt] bei der Mausbewegung

> **Hinweis**
>
> Sie arbeiten bei abgeschalteter Rasterorientierung pixelgenau. Die Pixelgenauigkeit ist abhängig von der gewählten Ansichtsvergrößerung. Je größer Sie den Zoom einstellen, desto kleinteiliger lässt sich ein Objekt positionieren.

Zoomfaktor verändern

Hilfslinien

Die *Zeichnungslinien* sind ein mittig orientiertes Fadenkreuz, dessen Achsen Sie mit der Maus verschieben können. Eingeblendet werden sie durch Aktivieren der Option ZEICHNUNGSLINIEN AUF DEM BILDSCHIRM ANZEIGEN im Dialog RASTER UND LINIEN.

Sie dienen nicht nur Ihrer Orientierung beim Zeichnen, sondern haben ebenfalls eine Fangfunktion, die allerdings im Urzustand nicht auffällt, weil die normalen Führungslinien im Fangraster liegen.

Die Führungslinien lassen sich mit der Maus im Rasterabstand verschieben, bei gleichzeitig gedrückter [Alt]-Taste auch pixelgenau.

Benötigen Sie weitere Hilfslinien dieser Art, halten Sie beim Schieben [Strg] gedrückt. Bis zu acht Führungslinien waagerecht und senkrecht sind möglich.

> **Wichtig**
> Egal ob Zeichnungslinien und Raster angezeigt werden oder nicht, sie sind immer »magnetisch«, solange die Option OBJEKTE AM RASTER AUSRICHTEN eingeschaltet ist!

> **Hinweis**
> Weder Raster- noch Führungslinien werden mitgedruckt und auch bei der Präsentation nicht angezeigt. Sie müssen sie also zu diesen Zwecken nicht abschalten.

19.5 Bilder-Stapel

Jedes Element auf der Folie liegt in einer eigenen **Ebene**; die Ebenen stapeln sich über dem Hintergrund (= unterste Ebene) in der Reihenfolge, in der die Elemente angelegt oder importiert wurden.

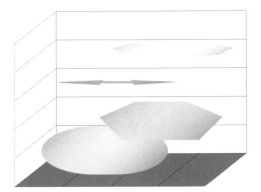

Abb. 19.10: Prinzip der Ebenen

Sie können eine Ebene mitsamt dem darauf liegenden, markierten Element innerhalb des Stapels mit den Vordergrund-/Hintergrund-Funktionen verlegen, die Sie in mehreren Funktionsleisten finden.

Abb. 19.11: Erscheinungsformen der Ebenen-Verwaltung

Hinterste (= unterste), nicht antastbare Ebene ist der Hintergrund der Folie. Der Befehl IN DEN HINTERGRUND bewirkt, dass die markierte Form in die unterste Ebene *über dem Hintergrund* gestellt wird. EINE EBENE NACH VORN und EINE EBENE NACH HINTEN lässt die markierte Form ihren Platz in der Ebenenabfolge mit dem Nachbarn tauschen.

Die Schaltflächen IN DEN VORDERGRUND und IN DEN HINTERGRUND sind geteilt, mal waagerecht, mal senkrecht, wie Abbildung 19.11 zeigt.

- Bei den **waagerecht** geteilten Schaltflächen bewirkt ein Klick auf den *oberen* Teil, dass die markierte Form ganz nach oben bzw. ganz nach unten gestellt wird.

  Mit einem Klick in den *unteren* Teil klappt die Auswahl auf, die neben dem extremen auch das schrittweise Versetzen erlaubt.

- Bei den **senkrecht** geteilten Schaltflächen bewirkt ein Klick *auf Symbol oder Beschriftung*, dass die markierte Form ganz nach oben bzw. ganz nach unten gestellt wird.

  Mit einem Klick auf ▼ rechts daneben klappt die Auswahl auf, die neben dem extremen auch das schrittweise Versetzen erlaubt.

19.5.1 Stapeln mit dem Auswahl-Werkzeug

Der Aufgabenbereich AUSWAHL UND SICHTBARKEIT

START ▸ *Zeichnen* ANORDNEN ▸ AUSWAHLBEREICH

Bildtools/Zeichentools FORMAT ▸ *Anordnen* AUSWAHLBEREICH

(siehe Abschnitt 19.1) hilft auch beim Verschieben der Formen und Bilder zwischen den Ebenen. Die Auflistung der Elemente entspricht der Lage der Ebenen; ganz unten im Aufgabenbereich sind zwei Schaltflächen NEU ANORDNEN mit Pfeilen ⇧ ⇩, die das markierte Element im Stapel aufwärts oder abwärts bewegen.

19.5.2 Gruppen im Stapel

Sind mehrere Elemente markiert, so bewegen sie sich gemeinsam durch die Ebenen, behalten beim schrittweisen Bewegen allerdings ihren Abstand bei.

Sind alle Elemente markiert, so werden sie beim schrittweisen Bewegen zyklisch miteinander vertauscht.

Beim Gruppieren von Formen nimmt die Gruppe die Ebene der zuoberst liegenden Form der Gruppe ein.

Wird die Gruppe wieder aufgelöst, erstellt das Programm neue Ebenen unter dieser Ebene, in die sich die Formen der Gruppe in ihrer alten Reihenfolge einordnen. Sie gelangen beim Auflösen der Gruppe nicht in ihre ursprünglichen Ebenen zurück!

Die Sortierbefehle lassen sich sowohl auf Gruppen insgesamt als auch auf Formen innerhalb einer Gruppe anwenden, allerdings sind Vordergrund und Hintergrund in letzterem Fall die Ebenen der jeweils obersten und untersten Form der Gruppe. Über die Ebenen einer Gruppe hinaus lässt sich keine Form bewegen. Außerdem ist es nicht möglich, Untergruppen einer Gruppe eine andere Ebene innerhalb der Gruppe zuzuweisen!

Abbildung 19.12 illustriert die Zusammenhänge: Rechteck und Ellipse gehören zur Gruppe 1, die wiederum in höherer Gruppierung mit dem Dreieck zur Gruppe 2 zusammengefasst ist.

- Gruppe 2, der Pfeil und der Stern können gegeneinander verschoben werden.
- Gruppe 1 kann im Stapel nicht bewegt werden.
- Das Dreieck kann unter die Ebene von Gruppe 1 bewegt werden, womit indirekt doch eine Bewegung von Gruppe 1 verursacht wird.
- Das Rechteck und die Ellipse können nur innerhalb der Ebenen der Gruppe 1 bewegt (vertauscht) werden.

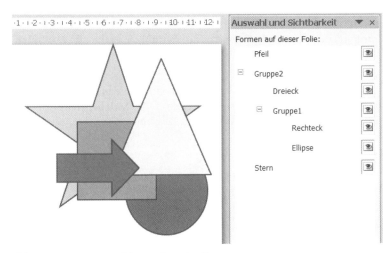

Abb. 19.12: Gruppen-Abhängigkeit der Ebenen

19.5.3 Zeichnungsebenen kreativ

Die Zeichnungsebenen können mit etwas Phantasie eingesetzt zu überraschenden Effekten führen.

3D-Durchdringung

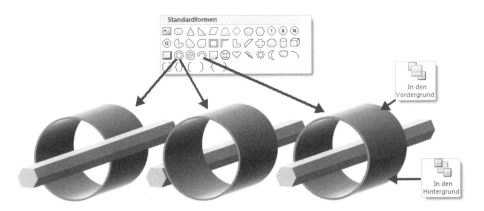

Abb. 19.13: Geschickte Wahl von Formen und Ebenen

Kapitel 19
Bilder und Formen auf der Folie organisieren

👓 Abbildung 19.13 zeigt ein Beispiel: Ein Ring – die Form RAD mit dem Formeffekt TIEFE zum Rohr gestaltet – kann nie von einer anderen Form – mit dem Formeffekt TIEFE zum Stab gestaltet – durchdrungen werden. Entweder liegt das Rohr vorn oder der Stab (linke Abbildungen). Mit einem Trick ist aber der Durchdringungseffekt dennoch möglich: Statt der Form RAD wird die Form HALBBOGEN verwendet, dies zweimal, allerdings mit umgekehrten Proportionen.

> **Wichtig**
>
> Die untere Hälfte ist nicht um 180° gedreht, sondern mit den gelben Rauten umgestaltet! Bei der 180°-Drehung würden die 3D-Effekte nicht mit der oberen Hälfte abzustimmen sein.

Die obere Hälfte des Rohres, also der obere Halbbogen, kommt in den Vordergrund; die untere Hälfte, also der untere Halbbogen, in den Hintergrund. Der Stab liegt dann automatisch dazwischen und scheint ein komplettes Rohr zu durchdringen.

Ebenen austricksen 👓

Wie man mit ein wenig Trickserei, aber ausschließlich mit PowerPoint-Bordmitteln die Ebenen überwinden kann, zeigt das Tutorial »Escher.pptx« auf der Buch-CD.

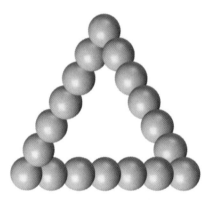

Abb. 19.14: Eschers unmögliche Grafiken, auch in PowerPoint möglich

Kapitel 20

Bilder und Formen gestalten

PowerPoint macht beim grafischen Bearbeiten keinen Unterschied zwischen Zeichnungsobjekten, Textfeldern, SmartArt- oder WordArt-Objekten. Alle können mit identischen, jedoch in unterschiedlichen Funktionsleisten und Dialogen untergebrachten Werkzeugen bearbeitet werden.

20.1 Die »Anfasser«

Ist ein Element markiert (= angeklickt), wird die Markierung durch einen Rahmen deutlich gemacht:

- Eine Form oder ein Bild wird von neun Punkten umgeben. Die acht weißen »Ziehpunkte« dienen der Größenänderung, der grüne »Drehpunkt« der Änderung des Lagewinkels.

- Gerade Linien besitzen nur zwei Anfasser, je einen an jedem Ende. Kurven und Polygone werden von einem Zeichnungsrahmen mit denselben Anfassern wie flächige Formen umgeben.

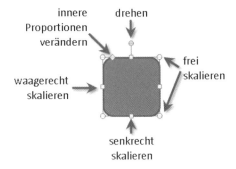

Abb. 20.1: Der Rahmen und die Anfasser

20.1.1 Skalieren und drehen mit der Maus

Das Skalieren einer Form geht üblicherweise so vonstatten, dass Bezugspunkt der dem »greifenden« Mauszeiger gegenüberliegende Punkt ist. Bei gedrückter [Strg]-Taste wird auf den Element-Mittelpunkt bezogen skaliert, das heißt, die gegenüberliegende Ecke/Seite macht die Bewegungen spiegelverkehrt mit.

- Greifen Sie mit der Maus einen der quadratischen Anfasser an den Seiten, folgt diese Seite des Elements den Bewegungen der Maus in horizontaler rsp. vertikaler Richtung.

- Greifen Sie mit der Maus einen der runden Anfasser an den Ecken, folgt diese Ecke des Elements den Bewegungen der Maus.
- Zieht man mit gedrückter ⇧-Taste an einer Ecke, werden die Seitenverhältnisse des Elements beibehalten. So können Verzerrungen vermieden werden. (Bei importierten Grafiken ist dieses Beibehalten des Aspektverhältnisses beim Ziehen an einem Eckpunkt obligatorisch.)

Bei Linien ist Bezugspunkt das gegenüberliegende Ende der Linie, das in seiner Position bleibt, es sei denn, Sie halten bei der Mausbewegung die Taste Strg fest, dann macht das gegenüberliegende Ende die Bewegungen spiegelverkehrt mit.

- Halten Sie bei der Linienbearbeitung über die Endpunkte die Taste ⇧ fest, so bleibt der Lagewinkel der Linie erhalten.[1]

Bei gedrückter Alt -Taste ist vom Raster unabhängiges Skalieren und Schieben möglich.

Drehen mit der Maus

Linien:
einen der Endpunkte mit dem Mauszeiger greifen und an neue Position ziehen

Flächen:
grünen Anfasser mit dem Mauszeiger greifen und drehen

Die beim Drehen gleichzeitig gedrückte ⇧-Taste erlaubt in beiden Fällen nur Drehungen in 15°-Schritten.

> **Wichtig**
>
> PowerPoint dreht in Gegenrichtung zum mathematischen Drehsinn: Positive Grad-Werte drehen im Uhrzeigersinn!

> **Vorsicht**
>
> Werden Text enthaltende Formen gedreht, macht der Text diese Drehung mit. Das ist nur in PowerPoint so, in den anderen Office-Applikationen funktioniert das nicht. Im Gegenteil: Von PowerPoint nach Word übernommene Textcontainer werden rigoros auf die normale waagerechte Textausrichtung zurückgesetzt.

20.1.2 Skalieren und drehen per Einstellungen

Neben der »freihändigen« Arbeit am Objekt lassen sich die Größen und Lagewinkel der Formen und Bilder auch exakt über Werteeingaben und mittels vorgegebener Standard-Funktionen beeinflussen. In den Funktionsleisten ist rechts außen ein Bereich *Größe* (bei den Bildtools unsinnigerweise *Schriftgrad* genannt), in dem die Abmessungen des aktuell markierten Objekts dargestellt sind und durch direkte Eingabe verändert werden können.

---

[1] Das lagegetreue Ändern von Linien mit ⇧ hat lieferseitig einen Fehler: Die so bearbeitete Linie verändert sich unvorhersehbar. Mit einem Hotfix (siehe Anhang B und Datei »Hotfixes.xps« auf der Buch-CD) kann dieser lästige Fehler behoben werden.

Abb. 20.2: Korrekte Größen- und Positionseinstellungen

Ein Klick auf 🔲 führt zum umfassenden Dialog GRÖSSE UND POSITION, in dem auch der Lagewinkel und die Position auf der Folie durch Werteeingaben beeinflusst werden können.

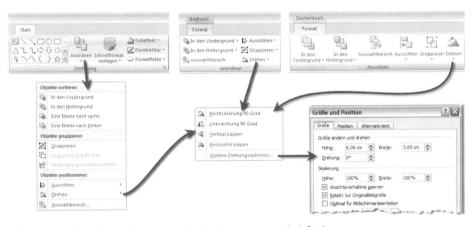

Abb. 20.3: Schnelle Drehungen und Spiegelungen per Schaltflächen

Da es beim Drehen von Objekten meist um 90°-Winkel oder Spiegelungen (in PowerPoint zur Abgrenzung vom Effekt »Spiegelung« KIPPEN genannt) geht, gibt es in

START *Zeichnung* ▸ ANORDNEN

Bildtools FORMAT ▸ *Anordnen*

Zeichentools FORMAT ▸ *Anordnen*

jeweils eine Schaltfläche DREHEN, die zu den vier gebräuchlichsten Dreh- und Spiegelaktionen führt.

20.1.3 Interne Proportionen skalieren

Die meisten Formen besitzen zusätzlich zu den Anfassern eine oder selten mehrere kleine gelbe Rauten, die ebenfalls mit dem Mauszeiger gegriffen werden können; hiermit lassen sich die internen Proportionen von Formen ändern, z. B. das Verhältnis einer Pfeilspitze zum Korpus. Diese Veränderungen können bis zur Entartung des Objekts führen.

Kapitel 20
Bilder und Formen gestalten

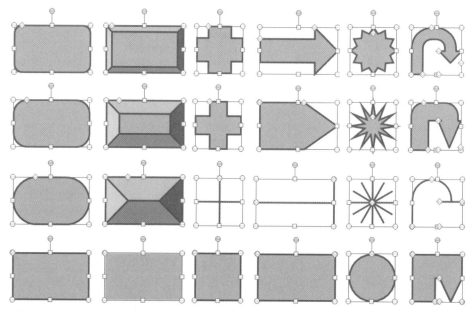

Abb. 20.4: Verformen der Formen mit den gelben, rautenförmigen Anfassern; oberste Reihe = Standard-Proportionen

20.2 Linien, Umrisse und Rahmen

Alle zeichnerischen Funktionen für *Linien* gelten gleichermaßen für die *Konturen* von Formen und für die *Rahmen* importierter Bilder.

Sie finden die Optionen zur Liniengestaltung im Format-Dialog für Formen, den Sie mit

Bildtools FORMAT ▸ *Bildformatvorlagen*
Zeichentools FORMAT ▸ *Formenarten*

erreichen; darüber hinaus mit eingeschränkter Auswahl in

Bildtools FORMAT ▸ *Bildformatvorlagen* GRAFIKRAHMEN
Zeichentools FORMAT ▸ *Formenarten* FORMKONTUR

Dabei ist es egal, ob es sich um freie Linien oder Umrisslinien handelt, die Werkzeuge sind dieselben:

Linienstärke	Register LINIENART ▸ BREITE
Doppellinie	Register LINIENART ▸ VERBUNDTYP
Unterbrochene Linie	Register LINIENART ▸ STRICHTYP
Farbe	Register LINIENFARBE

> **Vorsicht**
>
> Benutzen Sie beim Einfärben von Linien, bei denen es auf die korrekte Farbe ankommt, keine der Designfarben! Sollte die Abbildung in eine andere Präsentation übernommen werden, passen sich die Farben dem dortigen Design an. Benutzen Sie stattdessen die Funktion WEITERE GLIEDERUNGSFARBEN.

20.2.1 Mehrfarbige Linien und Konturen

In den Vorversionen gab es die Möglichkeit, einer Linie ein Muster zuzuweisen, sie damit also zweifarbig zu gestalten. Diese Funktion ist in PowerPoint 2007 entfallen, in Word 2007 aber noch enthalten. So können Sie eine Linie in Word erstellen, dort mit dem Muster versehen und via Zwischenablage nach PowerPoint bringen.

Workaround: Gemusterte Linie

1. Zeichnen Sie eine Linie:
   EINFÜGEN *Illustrationen* ▶ FORMEN ▶ (Linienauswahl)

2. Füllen Sie die Linie mit einem Muster:
   Zeichentools FORMAT ▶ *Formenarten* FORMKONTUR ▶ MUSTER

3. Kopieren Sie die Linie mit [Strg]+[C] in die Zwischenablage.

4. Fügen Sie die Linie mit [Strg]+[V] aus der Zwischenablage in die Folie ein.

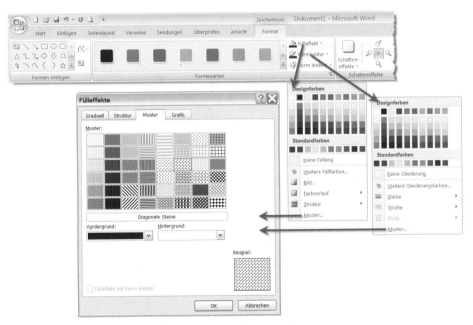

Abb. 20.5: Die alte Muster-Funktion ist in Word 2007 noch anzutreffen.

> **Wichtig**
>
> Diese Linie behält in PowerPoint ihre Zweifarbigkeit, auch wenn Sie sie verändern – nur an den Farbeinstellungen dürfen Sie nicht rühren, dann ist das Muster dahin.

Workaround: Gestreifte Linie

Sie können zweifarbige Linien auch ohne den Ausflug nach Word erstellen.

1. Zeichnen Sie eine Linie.
2. 🖱 FORM FORMATIEREN ▸ Register LINIENFARBE ▸ (Farbauswahl)
3. Register LINIENART ▸ (BREITE und ENDETYP nach Bedarf einstellen)
4. Register LINIENART ▸ STRICHTYP »Uni«
5. Register LINIENART ▸ (Breite, Strichtyp und Endetyp wählen)
6. Duplizieren Sie die Linie mit [Strg]+[D].
7. 🖱 (auf Duplikat) ▸ FORM FORMATIEREN ▸ Register LINIENFARBE ▸ (andere Farbe auswählen)
8. Register LINIENART ▸ STRICHTYP (eine der gestrichelten Varianten wählen)
9. Markieren Sie beide Linien (nacheinander bei gedrückter Taste [Strg] anklicken).
10. *Zeichentools* FORMAT ▸ *Anordnen* AUSRICHTEN ▸ LINKSBÜNDIG
11. *Zeichentools* FORMAT ▸ *Anordnen* AUSRICHTEN ▸ OBEN AUSRICHTEN

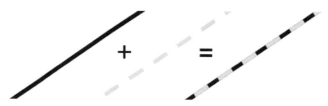

Abb. 20.6: Zwei unterschiedlich formatierte Linien zur Deckung gebracht = zweifarbige Linie

20.2.2 Linien und Konturen mit Farbverlauf

Im Format-Dialog, Register LINIENFARBE finden Sie unter GRADUELLE LINIE auch Einstellungen zu Farbverläufen von Bildrahmen.

> **Wichtig**
>
> Ein Wechsel des Verlaufstyps führt immer dazu, dass die Verlaufsrichtung auf die Grundeinstellung zurückgestellt wird.

Die FARBVERLAUFSSTOPPS gestatten Ihnen, Verläufe über mehrere Farben zu kombinieren. An der jeweiligen STOPPPOSITION, die als Prozentangabe bezogen auf den Gesamtverlauf

20.2 Linien, Umrisse und Rahmen

anzugeben ist, wird die gewählte Farbe als reiner Ton dargestellt; zwischen den Stopps errechnet PowerPoint die Farbverläufe.

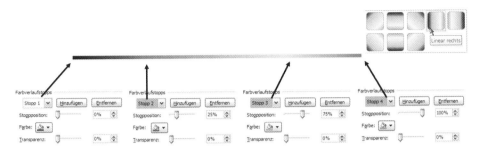

Abb. 20.7: Farbverlauf mit Stopppositionen als Bildrahmen

In der Auswahl VOREINGESTELLTE FARBEN finden Sie einige vorgefertigte Verläufe über bis zu zehn Stopps.

Jeder Stoppposition lässt sich eine eigene Transparenz zuordnen, so dass Sie die GRADUELLE FÜLLUNG auch als Verlauf zwischen verschiedenen Graden der Durchsichtigkeit einsetzen können, was jedoch häufiger im Formbereich als bei Rahmen eine Rolle spielt.

20.2.3 Linien und Konturen gestalten

Außer der Farbe lassen sich auch einige Anmutungen der Rahmen verändern:

Zeichentools FORMAT ▸ *Formenarten* ▸ Register LINIENART
Bildtools FORMAT ▸ *Bildformatvorlagen* ▸ Register LINIENART

GRAFIK FORMATIEREN ▸ Register LINIENART

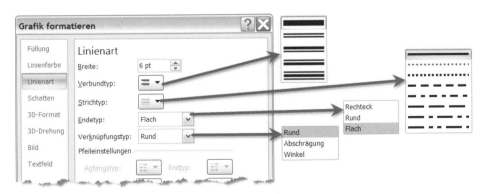

Abb. 20.8: Weitere Darstellungsoptionen für Rahmenlinien

Mit VERKNÜPFUNGSTYP ist die Eckengestaltung geknickter Linien gemeint.

Der ENDETYP ist für den Abschluss nicht geschlossener Linien gedacht, wirkt sich aber auch auf die Teilstücke unterbrochener Linien aus den STRICHTYPEN aus!

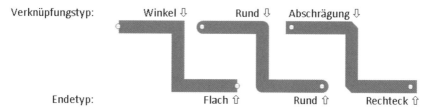

Abb. 20.9: Linienknicke und -enden

Unterbrochene Linien als Formkontur oder Bildrahmen sollten Sie meiden, denn vor allem an den Ecken kommt es zu hässlichen Erscheinungen, wenn Bildmaße und Strichproportionen nicht harmonieren.

Abb. 20.10: Beispiele für schlechte Rahmenanpassung

Die VERBUNDTYPEN sind mit den fünf dargestellten Varianten abschließend. Weitere Rahmenarten lassen sich nur durch manuelles Zeichnen weiterer Rahmen herstellen.

20.2.4 Weiche Konturen

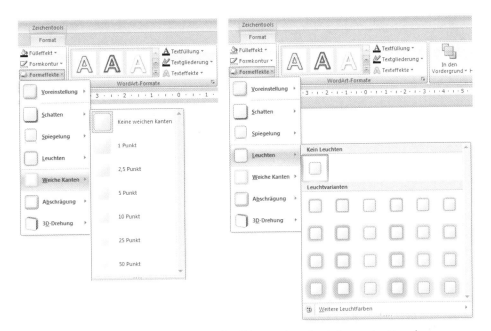

Abb. 20.11: Die Weichen Kanten und Leuchteffekte sind nur im Rahmen der Vorgaben variierbar.

Mit dem Effekt LEUCHTEN lässt sich um eine Form herum ein diffuser Farbkranz erzeugen, der als Vorgaben nur

- sechs Farben
- in vier Verlaufsbreiten

umfasst und deshalb keine weiteren Einstellungen im Format-Dialog bietet. Nachdem Sie einen Leuchtkranz in beliebiger Farbe zugewiesen haben, können Sie jedoch durch nochmaligen Aufruf der Auswahl über WEITERE LEUCHTFARBEN eine andere als die vorgegebenen fünf Farben wählen. Allerdings muss dann die Breite des Verlaufs endgültig bestimmt sein, denn diese lässt sich nur mit einer der Vorgabefarben gemeinsam neu einstellen.

Zeichentools FORMAT ▶ *Formenarten* FORMEFFEKTE ▶ LEUCHTEN

Der »Reflex« in Abbildung 16.7 entstand mit Hilfe dieser weichen Konturen: Eine Form »Stern mit 8 Zacken« wurde in ihren internen Proportionen so stark verändert, dass ein Stern mit sehr schmalen Strahlen entstand; darauf wurde dann der Effekt LEUCHTEN angewandt.

Kapitel 20
Bilder und Formen gestalten

Abb. 20.12: Der Weg zum leuchtenden Stern

Workshop: Leuchtender Stern

1. Zeichnen Sie eine Form »Stern mit 8 Zacken«. Diese Form muss nicht vollsymmetrisch sein, Highlights können auch verzerrt sein.
2. Greifen Sie die Form mit der Maus am Drehpunkt und drehen Sie sie um einen geringen Winkel, damit sie nicht mehr so exakt aussieht.
3. *Zeichentools* FORMAT ▸ *Formenarten* FORMKONTUR ▸ KEINE GLIEDERUNG
4. Greifen Sie mit der Maus die gelbe Raute und ziehen sie sie nach innen, bis der Stern schmale Strahlen hat.
5. *Zeichentools* FORMAT ▸ *Formenarten* FÜLLEFFEKT ▸ (weiß oder hellgelb)
6. *Zeichentools* FORMAT ▸ *Formenarten* FORMEFFEKTE ▸ LEUCHTEN ▸ (Effekt auswählen)
7. ggf. *Zeichentools* FORMAT ▸ *Formenarten* FORMEFFEKTE ▸ LEUCHTEN ▸ WEITERE LEUCHT-FARBEN ▸ (Leuchtfarbe an Füllfarbe anpassen)

Der Effekt LEUCHTEN hat unterschiedliche Auswirkungen auf gruppierte und nicht gruppierte Objekte, wie in Abbildung 20.13 zu sehen ist: Sind die Objekte gruppiert, wird der Effekt nur auf die äußere Kontur der Gruppe angewandt (3), bei ungruppierten auf jedes Objekt separat (2).

Abb. 20.13: Wirkungen der Effekte LEUCHTEN und WEICHE KANTEN: 1. einfache Linienkontur, 2. Effekt LEUCHTEN ungruppiert, 3. Effekt LEUCHTEN auf Gruppe angewandt, 4. wie 3. aber zuvor WEICHE KANTEN angewendet

Zeichentools FORMAT ▸ *Formenarten* FORMEFFEKTE ▸ WEICHE KANTEN

Der Effekt WEICHE KANTEN ist dem Effekt LEUCHTEN ähnlich, jedoch nach innen gewandt und *nicht* auf gruppierte Objekte anwendbar. Wenn aber WEICHE KANTEN auf mehrere Einzelobjekte angewandt wird und diese danach gruppiert werden, bleibt er erhalten und lässt sich mit LEUCHTEN kombinieren.

Workshop: Fluffige Konturen

Bild 4 in Abbildung 20.13 zeigt den Effekt WEICHE KANTEN gemeinsam mit dem LEUCHTEN aus Bild 3. Um ihn zu erzielen muss die Reihenfolge der Bearbeitung exakt eingehalten werden:

(Vorbemerkung: Bei dem Beispiel mit dem berühmten Pelztier bleiben Augen und Nase außen vor, sie sollen mit klaren Linien erscheinen, werden deshalb nicht mit den beschriebenen Effekten behandelt.)

1. Gesamtform aus einzelnen Formen zusammensetzen, Füllfarbe zuweisen, Formkontur: keine (!)
2. alle Formen markieren, aber noch nicht gruppieren
3. *Zeichentools* FORMAT ▸ *Formenarten* FORMEFFEKTE ▸ WEICHE KANTEN ▸ (Auswahl der Verlaufsbreite)
4. *Zeichentools* FORMAT ▸ *Anordnen* GRUPPIEREN
5. *Zeichentools* FORMAT ▸ *Formenarten* FORMEFFEKTE ▸ LEUCHTEN ▸ (Auswahl von Farbe und Verlaufsbreite)

Die Wirkungsweise der weichen Konturen

Der Effekt WEICHE KANTEN erzeugt einen Transparenzverlauf von 100 % am äußeren Rand auf 0 % in der gewählten Breite. Der Hintergrund schimmert durch den transparenten Anteil hindurch.

Der Effekt LEUCHTEN legt hinter der Form eine weitere Form an, die um das Maß der »Leuchtbreite« größer ist. Dieser Form wird wie bei WEICHE KANTEN ein Transparenzverlauf zugeordnet, der durch den Rand der Basisform begrenzt wird. Unter der Form ist der »Leuchtschatten« vollflächig vorhanden, was sich sehr leicht nachprüfen lässt, indem der Flächenfüllung der Basisform eine Transparenz zugewiesen wird. Bei Formen ohne Flächenfüllung gibt es kein Leuchten!

Sind der Basisform WEICHE KANTEN *und* LEUCHTEN zugewiesen, scheint die »Hintergrundfarbe« des Leuchteffekts durch den Transparenzverlauf der weichen Kante. Auf diese Weise wird Bild 4 in Abbildung 20.13 rundum plüschig.

20.2.5 Linien-Formatierung vorgeben

Um einen bestimmten Linienstandard beizubehalten, können Sie anhand eines Musters dessen Eigenschaften für alle nachfolgend gezeichneten Linien vorgeben:

1. Zeichnen Sie eine Linie.
2. Formatieren Sie die Linie mit den Werkzeugen in *Zeichentools* FORMAT ▸ *Formenarten*
3. 🖱 ▸ ALS STANDARDLINIE FESTLEGEN.

> **Hinweis für Versionsumsteiger**
>
> Im Gegensatz zu den Vorversionen besitzen in Version 2007 Textfelder, Formen und Linien jeweils eigene Standards. Das als Linienstandard vorgegebene Format wirkt sich nicht auf Formkonturen aus.

Handelt es sich also um eine Kontur, die Sie festlegen möchten, lässt sich dies nur gemeinsam mit der Formatierung der Form erledigen, also

1. Zeichnen Sie eine Form.
2. Formatieren Sie die Kontur mit den Werkzeugen in
   Zeichentools FORMAT ▸ *Formenarten*
3. 🖱 ▸ ALS STANDARDFORM FESTLEGEN.

20.3 Flächen füllen

Sie finden die Optionen zur Liniengestaltung im Format-Dialog für Formen, den Sie mit

Zeichentools FORMAT ▸ *Formenarten* 🔲 ▸ Register FÜLLUNG

erreichen; darüber hinaus mit eingeschränkter Auswahl in

Zeichentools FORMAT ▸ *Formenarten* FÜLLEFFEKT

20.3.1 Farbe ändern

Zeichentools FORMAT ▸ *Formenarten* FÜLLEFFEKT
Zeichentools FORMAT ▸ *Formenarten* 🔲 ▸ Register FÜLLUNG

> **Vorsicht**
>
> Benutzen Sie beim Einfärben von Formen, bei denen es auf die korrekte Farbe ankommt, keine der Designfarben! Sollte die Abbildung in eine andere Präsentation übernommen werden, passten sich die Farben dem dortigen Design an. Benutzen Sie stattdessen die Funktion WEITERE FÜLLFARBEN.

20.3.2 Unsichtbare Formen

Wenn Sie sowohl für die Flächenfüllung als auch für die Kontur »Keine« gewählt haben, lässt sich eine Form nicht mehr durch Anklicken markieren!

Sie müssen entweder mit dem Mauszeiger einen Rahmen aufspannen, der die Form erfasst oder über

START ▸ *Bearbeiten* MARKIEREN ▸ AUSWAHLBEREICH

den Aufgabenbereich AUSWAHL UND SICHTBARKEIT öffnen, wo Sie den Eintrag für die unsichtbare Form anklicken.

Allerdings können Sie dem vorbeugen und, wenn Sie unsichtbare Formen benötigen, statt »Keine Füllung« im Format-Dialog, Register FÜLLUNG, eine Transparenz von 100 % zuweisen:

20.3 Flächen füllen

Zeichentools FORMAT ▸ *Formenarten* 🗖 ▸ Register FÜLLUNG ▸ TRANSPARENZ

Transparente Formen haben zwar optisch keine Füllung, aber für den Mauszeiger sind sie dennoch greifbar. Abbildung 20.14 zeigt den Unterschied: Während der Mauszeiger auf den Kreis ohne Füllung nur am Rand reagiert, weil der Rand eine Füllung besitzt, ist das mit einer 100 % transparenten Farbe gefüllte Quadrat auch zwischen den Konturen für den Mauszeiger erkennbar und greifbar.

Abb. 20.14: Kreis ohne Füllung, Quadrat mit 100 % transparenter Füllung

20.3.3 Farbverläufe

Sie sind nicht auf glatte, einfarbige Kolorierung flächiger Grafikelemente angewiesen, Sie können mehrere farbige, teiltransparente Flächen übereinander legen, damit Farbmischungen entstehen, oder auch Verläufe, Texturen und Bilder als Flächenfüllung verwenden.

Zeichentools FORMAT ▸ *Formenarten* FÜLLEFFEKT ▸ FARBVERLAUF

Zeichentools FORMAT ▸ *Formenarten* 🗖 Register FÜLLUNG ▸ Option GRADUELLE FÜLLUNG

🖱 ▸ FORM FORMATIEREN ▸ Register FÜLLUNG ▸ Option GRADUELLE FÜLLUNG

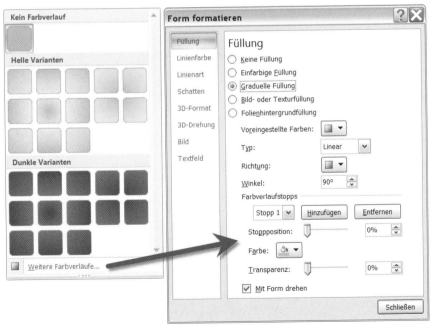

Abb. 20.15: Eingeschränkte Auswahl (links) und volle Freiheit (rechts) der Farbverläufe in Version 2007

Kapitel 20
Bilder und Formen gestalten

Die Auswahl über die Funktionsleiste bringt nur eine beschränkte Auswahl an Verläufen. Mit dem Format-Dialog haben Sie volle Gestaltungsfreiheit, den Sie auch mit einem Klick auf WEITERE FARBVERLÄUFE erreichen. Die Option GRADUELLE FÜLLUNG schaltet die zugehörigen Bedienelemente im unteren Teil des Dialogs ein.

Mit TYP und RICHTUNG stellen Sie die Verlaufsform und den Verlaufswinkel ein.

> **Wichtig**
>
> Ein Wechsel des Verlaufstyps führt immer dazu, dass die Verlaufsrichtung auf die Grundeinstellung zurückgesetzt wird.

Die FARBVERLAUFSSTOPPS gestatten Ihnen, Verläufe über mehrere Farben zu kombinieren. An der jeweiligen STOPPPOSITION, die als Prozentangabe bezogen auf den Gesamtverlauf anzugeben ist, wird die gewählte Farbe als reiner Ton dargestellt, dazwischen ein Übergang zum Farbton des nächsten Stopps errechnet.

Abb. 20.16: Farbverlauf mit Stopppositionen

In der Auswahl VOREINGESTELLTE FARBEN finden Sie einige vorgefertigte Verläufe über bis zu zehn Stopps.

Bei geschickter Wahl der Farbverläufe lässt sich Flächen Plastizität verleihen. Besonders die symmetrischen Verläufe von innen hell nach außen dunkel sind dafür hervorragend geeignet.

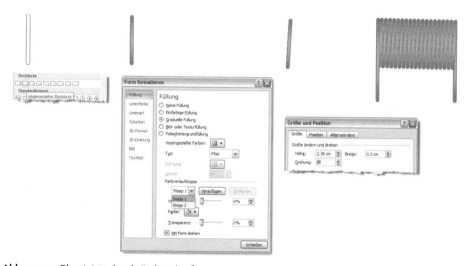

Abb. 20.17: Plastizität durch Farbverlauf

Workshop: Plastisches Bild einer Spule (zu Abbildung 20.17)

1. Zeichnen Sie eine sehr schmale Form »Abgerundetes Rechteck«
2. *Zeichentools* FORMAT ▸ *Formenarten* FORMKONTUR ▸ KEINE GLIEDERUNG
3. *Zeichentools* FORMAT ▸ *Formenarten* [Symbol] ▸ Register FÜLLUNG
4. Stellen Sie ein: ⊙ Graduelle Füllung, Typ: Pfad
5. Richten Sie zwei Stoppstellen ein:
   - Stopp 1 bei 0%, helle Farbe
   - Stopp 2 bei 100%, dunkle Farbe
6. *Zeichentools* FORMAT ▸ *Größe* [Symbol] ▸ Register GRÖSSE ▸ Drehung: 3°
7. Duplizieren Sie die Form mit [Strg]+[D].
8. Richten Sie das Duplikat sauber neben dem Original aus.
9. Wiederholen Sie [Strg]+[D], bis die Spule lang genug erscheint.

20.3.4 Flächenfüllungen mit Bildern

Formen mit Bildern kacheln

Zeichentools FORMAT ▸ *Formenarten* FÜLLEFFEKT ▸ TEXTUR

Register FÜLLUNG ▸ Option BILD- ODER TEXTURFÜLLUNG ▸ Option BILD NEBENEINANDER ALS TEXTUR ANORDNEN

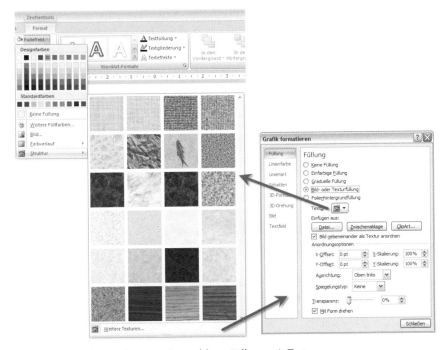

Abb. 20.18: Dialog und interne Auswahl zur Füllung mit Texturen

Kapitel 20
Bilder und Formen gestalten

Hier finden Sie einige Texturen (gekachelte Flächenfüllungen), die Sie so übernehmen müssen, wie sie in der Auswahl vorliegen, eine Nachbearbeitung ist intern nicht möglich. Nach einem Klick auf DATEI, ZWISCHENABLAGE oder CLIPART lassen sich in einer Dateiauswahl andere Texturen aus Bitmap-Dateien von Ihrer Festplatte nachladen.

Mit den *Kacheloptionen* lassen sich die Motive versetzen, skalieren und abwechselnd gespiegelt über die Fläche verteilen. Die Spiegelungen sind dann wichtig, wenn Sie für Texturen ungeeignete Bilder benutzen. Echte Texturen müssen so aufeinander abgestimmt sein, dass rechte und linke sowie obere und untere Ränder exakt so zueinander passen, dass nach dem Zusammenfügen keine Naht erkennbar bleibt. Mit gespiegelten Kacheln umgehen Sie diese Vorgabe.

Auf der Buch-CD finden Sie im Ordner TEXTUREN weitere geeignete Grafiken.

Formen mit Einzelbild füllen

Zeichentools FORMAT ▸ *Formenarten* FÜLLEFFEKT ▸ BILD
Register FÜLLUNG ▸ Option BILD- ODER TEXTURFÜLLUNG

Abb. 20.19: Dialog für Grafik als Flächenfüllung

Auch Bilder und Fotos lassen sich zur Flächenfüllung heranziehen. Im Unterschied zu einer Textur und zu den *Bildtools* wird diese Grafik aber an die Rahmenmaße des Elementes angepasst, also gestaucht oder gestreckt, auch unproportional. Sie müssen ggf. etwas herumprobieren, damit diese Füllung auch optisch stimmt, oder »vorbauen«:

Fügen Sie Bilder in der Funktionsleiste EINFÜGEN mit *Illustrationen* GRAFIK AUS DATEI ein und bearbeiten Sie anschließend durch Zuweisen einer Form die »äußere Hülle«. Dabei bleiben die Proportionen des Bildes erhalten und die Form passt sich an.

Sie können auf diese Weise aus einem rechteckigen Bild beliebige Formen »herausstanzen«, denn sichtbar ist nur der Teil innerhalb der Form.

Abb. 20.20: Ausstanzeffekt beim Foto als Flächenfüllung

Füllung mitdrehen oder nicht

Wird eine GRADUELL, mit TEXTUR oder BILD gefüllte Form gedreht, bleibt die Füllung davon unberührt, die Form dreht sich also, ohne dass die Füllung diese Drehung mitmacht. Ein Schalter MIT FORM DREHEN am unteren Rand des Dialogs besorgt die Koppelung der Füllung an den Lagewinkel der Form.

Abb. 20.21: Links: Originaler Farbverlauf, Mitte: Farbverlauf bleibt von Drehung des Knebels unberührt, rechts: Farbverlauf mitgedreht

Füllung aus dem Hintergrund

Eine sehr wirkungsvoll nutzbare Füllung ist der HINTERGRUND. Diese Einstellung finden Sie ausschließlich im Dialog; über die FÜLLEFFEKTE der Funktionsleiste FORMAT ist sie nicht zu erreichen.

Damit übernimmt die Form das Motiv des Folienhintergrunds *an dieser Stelle*. Eine mit Flächenfüllung HINTERGRUND vor ein anderes Objekt gestellte Fläche erzeugt den Effekt eines Gucklochs.

Wichtig

Wird eine mit dem Hintergrund gefüllte Fläche an eine andere Position geschoben, wandert die Füllung nicht mit, sondern es wird der Bereich des Hintergrunds übernommen, der hinter der neuen Position steht. Das gilt aber nur für den Bearbeitungsmodus!

Verschieben Sie im Präsentationsmodus eine mit Hintergrund gefüllte Fläche per Animation über die Folie, wird die Füllung mitgenommen!

Abb. 20.22: Ein virtueller Blick durchs Schlüsselloch

Workshop: Blick durchs Schlüsselloch

1. ENTWURF ▶ *Hintergrund* HINTERGRUNDFORMATE ▶ Option BILD- ODER TEXTURFÜLLUNG ▶ AUS DATEI
2. Zeichnen Sie eine beliebige, nicht transparente Form auf die Folie.
3. Zeichnen Sie in die eben gezeichnete Form eine andere beliebige Form, die kleiner ist als die vorherige.
4. 🖱 (auf die zuletzt gezeichnete Form) ▶ FORM FORMATIEREN ▶ Register FÜLLUNG ▶ Option FOLIENHINTERGRUNDFÜLLUNG

Die beiden (oder mehr) Formen können gruppiert werden, ohne dass sich der »Schlüsselloch-Effekt« verliert.

Ein absonderliches Verhalten ist festzustellen, wenn Sie einer anderen Form per Formatpinsel die Eigenschaften einer hintergrundgefüllten Form übertragen: Die zweite Form erhält den Hintergrunds-Inhalt der ersten Form, ggf. auf die Maße der neuen Form skaliert.

Mit Muster füllen

In den Vorversionen gab es die Möglichkeit, einer Form ein Muster zuzuweisen, sie damit also zweifarbig zu gestalten. Diese Funktion ist in PowerPoint 2007 entfallen, in Word 2007 aber noch enthalten. So können Sie eine Form in Word erstellen, dort mit dem Muster versehen und via Zwischenablage nach PowerPoint bringen.

Workaround: Muster-Füllung

1. Form anlegen: EINFÜGEN ▸ *Illustrationen* FORMENARTEN ▸ (Formauswahl)
2. Form mit Muster füllen: *Zeichentools* FORMAT ▸ *Formenarten* FÜLLEFFEKT ▸ MUSTER
3. Kopieren Sie die Form mit [Strg]+[C] in die Zwischenablage.
4. Fügen Sie die Form mit [Strg]+[V] aus der Zwischenablage in die Folie ein.

Diese Form behält in PowerPoint ihre Zweifarbigkeit, auch wenn Sie sie verändern – nur an den Farbeinstellungen dürfen Sie nicht rühren, dann ist das Muster dahin.

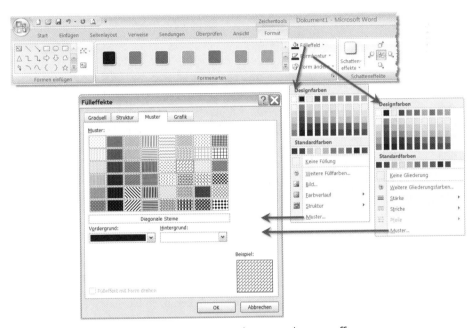

Abb. 20.23: Die alte Muster-Funktion ist in Word 2007 noch anzutreffen.

Muster als Flächenfüllung sind nur für kleinere Flächen geeignet, großformatig geraten sie leicht zum »Augenpulver«.

20.3.5 Flächenfarbe teiltransparent machen

Zeichentools FORMAT ▸ *Formenarten* FÜLLEFFEKT ▸ WEITERE FÜLLFARBEN ▸ Einstellregler TRANSPARENZ

Zeichentools FORMAT ▸ *Formenarten* ▸ Register FÜLLUNG ▸ Einstellregler TRANSPARENZ

FORM FORMATIEREN ▸ Register FÜLLUNG ▸ Einstellregler TRANSPARENZ

Kapitel 20
Bilder und Formen gestalten

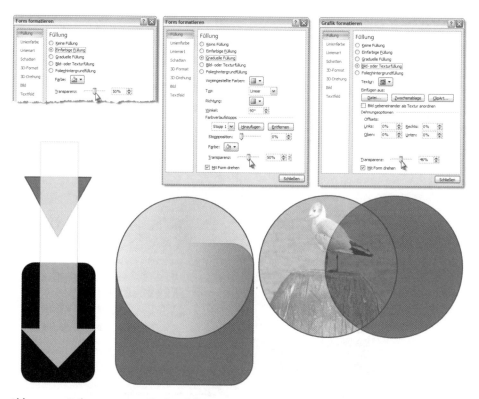

Abb. 20.24: Teiltransparente Flächenfüllungen

20.3.6 Füllung austauschen

Um einer Form eine andere Flächenfüllung zu geben, benutzen Sie dieselben Funktionen, mit denen eine Füllung zugewiesen wird.

Einfacher wird es, wenn die Form ein Bild als Füllung enthält, denn da greifen die Bildtools mit sehr kurzen Wegen.

Bildtools FORMAT ▸ *Anpassen* BILD ÄNDERN

 BILD ÄNDERN

Wichtig
Die Form passt sich bei diesem Wechsel den Proportionen des neuen Bildes an!

20.4 Schatten und Spiegelungen

Zur besseren optischen Wirkung lassen sich flächige Elemente mit unterschiedlichen Schatten und Spiegelungen versehen.

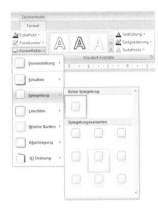

Abb. 20.25: Spiegelungen und Schatten

Für beide Effekte finden sich bereits voreingestellte Standardgestaltungen in der Auswahl der Formeffekte. Für Spiegelungen sind die dort auswählbaren Effekte abschließend, während Sie bei den Schatten über WEITERE SCHATTEN zum Format-Dialog, Register SCHATTEN gelangen.

Zeichentools FORMAT ▸ *Formenarten* FORMEFFEKTE ▸ SCHATTEN ▸ WEITERE SCHATTEN

Zeichentools FORMAT ▸ *Formenarten* ▸ Register SCHATTEN

Wichtig
Innere und perspektivische Schatten können Sie mit den Einstellungen des Dialogs allein nicht erzeugen. Dazu müssen Sie aus den Voreinstellungen eine Schattenform auswählen, die sich anschließend mit den manuellen Einstellungen nacharbeiten lässt.

Vorsicht
Haben Sie einer Form, die als Text-Container dient, einen Schatten zugewiesen, wird dieser auch auf den Text angewandt und ist bei (teil)transparenten Formfüllungen zu sehen.

Kapitel 20
Bilder und Formen gestalten

20.4.1 Flächen-Formatierungen vorgeben

Um einen bestimmten Standard bei der Gestaltung von Flächen beizubehalten, können Sie anhand eines Musters dessen Eigenschaften für alle nachfolgend gezeichneten Formen vorgeben:

1. Zeichnen Sie eine Form.
2. Formatieren Sie die Form mit den Werkzeugen in
   Zeichentools FORMAT ▶ *Formenarten*
3. 🖱️ ▶ ALS STANDARDFORM FESTLEGEN.

> **Hinweis für Versionsumsteiger**
>
> Im Gegensatz zu den Vorversionen besitzen in Version 2007 Textfelder, Formen und Linien jeweils eigene Standards. Das als Konturenstandard vorgegebene Format wirkt sich nicht mehr auf Linien aus.

Kapitel 21

3D-Effekte einsetzen

Abb. 21.1: Lassen Sie Ihr Publikum Bauklötze staunen.

Das Auge will betrogen sein

Um gegenständlich zu illustrieren, ist scheinbar räumliche Darstellung sehr hilfreich. Formen, Kurven und Polygone, selbst Buchstaben lassen sich mit Hilfe der 3D-Werkzeuge zu interessanten räumlichen Gebilden umgestalten.

Das gesamte »dreidimensionale« Geschehen auf einer Folie ist nur eine optische Täuschung; Sehgewohnheiten werden überlistet. So ist es mit einfachen Mitteln möglich, dem Auge »Tiefe« vorzugaukeln. Die Effekte von PowerPoint helfen uns, solche optischen Täuschungen zustande zu bringen. Vieles lässt sich durch Experimentieren zurechtrücken, bei Nichtgefallen gibt es ja die Rücknahmefunktion oder [Strg]+[Z]. Ein bisschen Eidetik ist aber dennoch vonnöten, um eine Idee für eine komplexe Grafik zu entwickeln. Dieser Abschnitt soll ein paar Anregungen dazu geben.

Schon mit ein paar simplen Farbverläufen lassen sich plastische Effekte erzeugen, wie Abbildung 21.2 zeigt. Alle Formen sind mit Verläufen von innen hell nach außen dunkel gefüllt. Das ist ganz einfach mit drei Verlaufsstopps zu erreichen, wobei Stopp 1 und Stopp 3 dieselbe dunklere Farbe erhalten, Stopp 2 auf Position 50 % einen helleren Ton. Dadurch erscheint der äußere, dunkle Teil vom Betrachter abgewandt. Linearer Verlauf bringt einen zylindrischen Effekt, kreisförmiger einen Kugeleffekt.

Abb. 21.2: Plastische Darstellung nur mit Farbverläufen

Die eigentlichen 3D-Effekte in PowerPoint sind allerdings besonders ausgeklügelte Kombinationen aus Verläufen, Lichteffekten und fliehenden Linien.

21.1 Die 3D-Funktionen

Mit den 3D-Funktionen bietet PowerPoint Assistenz-Funktionen, die einem flächigen Objekt, auch Text, scheinbare Tiefe verleihen. Die Funktionen sind aufgeteilt in zwei Bereiche:

Zeichentools FORMAT ▸ *Formenarten* FORMEFFEKTE ▸ ABSCHRÄGUNG*

Zeichentools FORMAT ▸ *Formenarten* FORMEFFEKTE ▸ 3D-DREHUNG

Zeichentools FORMAT ▸ *Formenarten* 🔲 ▸ Register 3D-FORMAT* und 3D-DREHUNG

*) Die Termini ABSCHRÄGUNG *aus den Formeffekten und* 3D-FORMAT *aus dem Formatdialog stehen synonym für dieselben Effekte.*

Hinweis

Auf dem Weg über *Zeichentools* FORMAT ▸ *Formenarten* FORMEFFEKTE ▸ ABSCHRÄGUNG verändern Sie nur die *oberen* Kanten.

Mit *Zeichentools* FORMAT ▸ *Formenarten* FORMEFFEKTE ▸ VOREINSTELLUNGEN kommen Sie zu einer kleinen Auswahl an 3D-Effekten, die nach einem Klick auf WEITERE 3D-EINSTELLUNGEN verfeinert werden können; mehr dazu in den folgenden Detailbeschreibungen.

Hinweis

In den Design-Vorlagen (ENTWURF *Design*) finden Sie bereits einige durchgestaltete 3D-Designs, bei denen ohne Drehung im Raum allein mit der Abschrägung und passenden Lichteffekten ein plastischer Eindruck hervorgerufen wird.

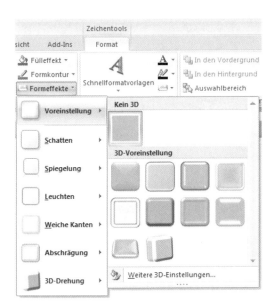

Abb. 21.3: Voreingestellte Effektauswahl

21.1.1 Kanten brechen

Die ABSCHRÄGUNGEN bieten zwölf verschiedene Möglichkeiten, die Kanten der Form zu brechen, zu *fasen*. Dieser Effekt wird bereits ohne Drehung im Raum sichtbar, weil zugleich auch Oberflächen- und Beleuchtungseffekte aktiviert werden, die der liegenden Form Plastizität verleihen.

Bei

Zeichentools FORMAT ▸ *Formenarten* FORMEFFEKTE ▸ ABSCHRÄGUNGEN

finden Sie die Grundformen der Kantengestaltung; die Abmessungen und weiteren Attribute stellen Sie im Format-Dialog, Register 3D-FORMAT ein, das auch via WEITERE 3D-EINSTELLUNGEN unterhalb der voreingestellten Abschrägungen erreichbar ist. Umgekehrt gelangen Sie vom Form-Format-Dialog durch einen Klick auf die Schaltflächen für die obere und die untere Abschrägung wieder zur grundlegenden Kantengestaltung.

Abb. 21.4: Verschiedene Formen und Einstellungen der »Abschrägung«

Ein weiterer räumlicher Eindruck entsteht durch das Darstellen der Kanten, die quasi in den Monitor hineinragen. Den Formen wird damit scheinbar eine räumliche Tiefe verliehen; der technische Fachausdruck dafür lautet *Extrudieren*.

Kapitel 21
3D-Effekte einsetzen

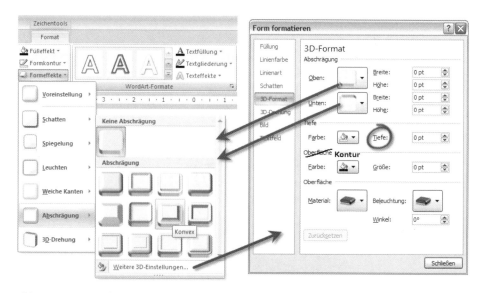

Abb. 21.5: Die Tiefe ist bei den Abschrägungen zu finden.

Eine seltsame Abschrägung

Die »Ringförmige Absenkung« (unten links in der Auswahl der Abschrägungen) entwickelt bei bestimmten Parametern gar eigenartige Formen, zum Beispiel den Schubladengriff.

Bei noch höheren Werten der Breite schwebt das Mittelstück gar frei im Raum, wie in Abbildung 21.6 rechts zu erkennen ist.

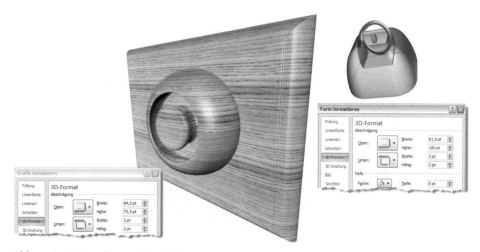

Abb. 21.6: Eine seltsame Abschrägung

21.1.2 Tiefe geben

Reines Extrudieren erreichen Sie mit den Einstellungen zur Tiefe.

Zeichentools FORMAT ▸ *Formenarten* ▸ Register 3D-FORMAT ▸ *Tiefe* TIEFE

FORM FORMATIEREN ▸ Register 3D-FORMAT ▸ *Tiefe* TIEFE

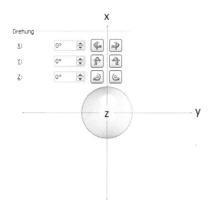

Abb. 21.7: Die Drehachsen einer Form

Sie weisen damit der ausgewählten Form eine dritte Dimension *in die Tiefe des Monitors hinein* zu. Von der sehen Sie allerdings noch nichts, weil Sie quasi von oben auf die Form draufschauen. Sichtbar wird der Effekt erst, wenn Sie die Betrachtungsrichtung der Form verändern, indem Sie sie *im Raum drehen*:

Zeichentools FORMAT ▸ *Formenarten* ▸ Register 3D-DREHUNG ▸ VOREINSTELLUNGEN oder Einstellen der Drehwinkel unter DREHUNG

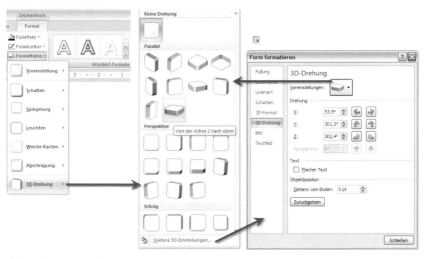

Abb. 21.8: 3D-Drehung

> **Hinweis**
>
> Die Drehungen allein enthalten noch keine Extrusion! Es wird nur die flache Form so verzerrt, dass sie wirkt, als werde sie nicht mehr frontal betrachtet.

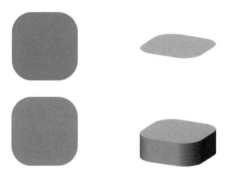

Abb. 21.9: Oben flache Form, unten extrudierte Form, links ungedreht, rechts gedreht

Sie können die Drehung in allen drei Raumachsen mit den Grad-Einstellungen manuell vornehmen oder eine der voreingestellten Drehungen verwenden und dann von Hand fein einstellen.

Die voreingestellten Drehungen sind in drei Rubriken eingeteilt.

Parallel: Die Tiefenkanten stehen parallel zueinander. Diese Extrusion erreichen Sie auch, wenn Sie nur mit den Grad-Reglern arbeiten.

Perspektive: Die Tiefenkanten laufen aufeinander zu. Diese Extrusion können Sie mit dem Perspektive-Regler einstellen.

Schräg: Die Tiefenkanten stehen parallel zueinander; die Form selbst wird nicht verzerrt. Diese Extrusion können Sie mit den Grad-Reglern nicht erzeugen, aber nacharbeiten, wenn sie einmal aus den Voreinstellungen gewählt ist.

> **Hinweis**
>
> Die Rubriken sind die klassischen Arten der Perspektive; leicht unsachgemäß wurde der Begriff »Perspektive« bei den Bezeichnungen auf die Zentralperspektive beschränkt.

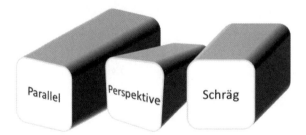

Abb. 21.10: Varianten der Perspektive

Abb. 21.11: Unterschiedliche Drehwinkel

> **Vorsicht**
>
> Die Schaltfläche AUF 2D ZURÜCKSETZEN entfernt alle 3D-Attribute der Form nachhaltig! Sie ist nicht zu verwechseln mit der nur temporären Wirkung der Schaltfläche IN 2D BEARBEITEN der SmartArts!

21.1.3 Der Fluchtpunkt

Die Sache mit dem Fluchtpunkt hat leider einen Haken: Sie können den Fluchtpunkt in PowerPoint nicht direkt bestimmen und PowerPoint erstellt für jede extrudierte Form einen eigenen Fluchtpunkt. Deshalb macht das Ausrichten mehrerer extrudierter Formen auf einen gemeinsamen Fluchtpunkt, um damit eine perspektivisch korrekte und überzeugende Darstellung zu finden, Schwierigkeiten. Folgende Wege zur Abhilfe gibt es:

Workshop: Fluchtpunkte

1. Gruppieren Sie die zu extrudierenden Formen. Für die Gruppe wird ein gemeinsamer Fluchtpunkt gewählt (Abbildung 21.12, a).
2. Ermitteln Sie den Fluchtpunkt einer extrudierten Form und richten Sie die anderen Formen darauf aus.
3. Zeichnen Sie die fliehenden Linien der Referenzform mit dem Linienwerkzeug nach und verlängern Sie sie in die Tiefe; der gemeinsame Schnittpunkt ist der Fluchtpunkt (b).
4. Ziehen Sie von den Ecken der daran auszurichtenden Form Linien zum Fluchtpunkt (c).
5. Verändern Sie die 3D-Drehung der Form so, dass die extrudierten Kanten mit den gezeichneten Fluchtlinien deckungsgleich sind (d).

Diese Methode klappt nicht immer zufriedenstellend, deshalb hier ein Workaround ganz ohne 3D-Effekte:

1. Ermitteln Sie den Fluchtpunkt *einer* extrudierten Form, indem Sie die fliehenden Linien der Referenzform mit dem Linienwerkzeug nachzeichnen und in die Tiefe verlängern; der gemeinsame Schnittpunkt ist der Fluchtpunkt (Abbildung 21.13).
2. Ziehen Sie von den Ecken der daran auszurichtenden Form Linien zum Fluchtpunkt.
3. Zeichnen Sie mit dem Werkzeug FREIHANDFORM die fliehenden Flächen von Hand so nach, dass sich ein schiefes Viereck in Form der perspektivischen Seitenfläche ergibt.

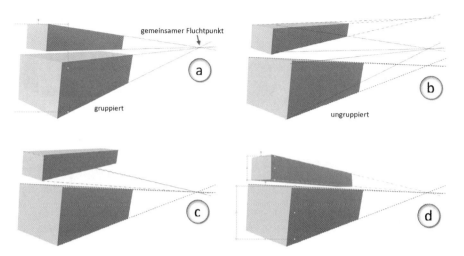

Abb. 21.12: Methode zum Extrudieren unabhängiger Objekte mit gemeinsamem Fluchtpunkt

Abb. 21.13: Fake-Methode zum Zeichnen pseudo-perspektivischer Formen

21.1.4 Tiefenfarbe

Die Farbe der extrudierten Flächen lässt sich individuell in

Zeichentools FORMAT ▸ *Formenarten* ▸ Register 3D-FORMAT ▸ TIEFE ▸ FARBE

beeinflussen. Die interessanteren Seitengestaltungen erzielen Sie jedoch, wenn Sie dort die Einstellung AUTOMATISCH wählen, denn damit wird die Farbe der Kontur für die Tiefe übernommen. Das allein wäre noch nicht spektakulär, wenn Sie allerdings Ihrer Form keine Kontur zugewiesen haben, übernimmt die Extrusion die Füllfarbe – vom Rand! Das bedeutet, dass bei nicht einfarbiger Flächenfüllung (also bei Farb-

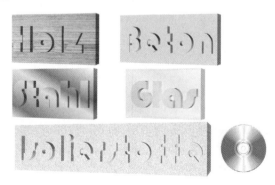

Abb. 21.14: Extrusion übernimmt Randfarbe – detailgenau

verlaufen, Bild- und Texturfüllungen) interessante Muster auf den Extrusionsflächen entstehen können.

21.2 Oberfläche und Beleuchtung

Die *wirklich guten* räumlichen Effekte erzielen Sie erst, wenn Sie die Oberflächenbeschaffenheit und die Beleuchtung richtig eingerichtet haben. Die Bezeichnungen der einzelnen Effekte geben nicht viel her. Es ist deshalb nötig, unterschiedliche Kombinationen von

- Oberflächengestaltung,
- Beleuchtungsart und
- Beleuchtungswinkel

zu erproben und zu verwerfen, bis das optimale Ergebnis erzielt ist.

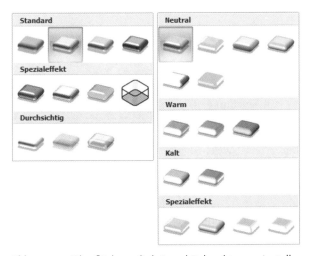

Abb. 21.15: Oberflächen- (links) und Beleuchtungseinstellungen (rechts)

Oberflächen			
Standard			
Matt	Warm matt	Plastik	Metall
Spezialeffekt			
Dunkle Kante	Helle Kante	Flach	Drahtmodell
Durchsichtig			
Pulver	Durchsichtiges Pulver	Transparent	

Tabelle 21.1: Verbale Bezeichnungen der Oberflächeneinstellungen

Die Rubrik DURCHSICHTIG enthält mit PULVER auch einen nicht-transparenten Effekt. Mit den beiden Oberflächen DURCHSICHTIGES PULVER und TRANSPARENT dagegen werden die Formen durchsichtig.

Neben den hier wählbaren Transparenz-Effekten lässt sich auch auf 3D-Formen die einstellbare Transparenz aus dem Format-Dialog, Register FÜLLUNG ▸ Einstellregler TRANSPARENZ anwenden. Abbildung 21.16 zeigt die drei Transparenzmöglichkeiten in der Gegenüberstellung.

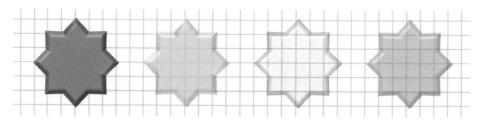

Abb. 21.16: Transparenzeffekte, von links: Oberfläche Pulver (keine Transparenz), Oberfläche Durchsichtiges Pulver, Oberfläche Transparent, 50 % Transparenz in Fülleffekten eingestellt

Beleuchtung			
Neutral			
Drei Lichtpunkte	Gleichmäßig	Weich	Hart
Flutlicht	Kontrast		
Warm			
Früher Morgen	Sonnenaufgang	Sonnenuntergang	
Kalt			
Kühl	Kalt		
Spezialeffekt			
Zwei Lichtpunkte	Flach	Leuchten	Heller Raum

Tabelle 21.2: Verbale Bezeichnungen der Beleuchtungseinstellungen

Abb. 21.17: Wirkung unterschiedlicher Beleuchtungen (von links: Drei Lichtpunkte, Weich, Flach, Zwei Lichtpunkte)

21.3 3D-Formen skalieren, drehen und spiegeln

Jede Veränderung an der Grundform einer 3D-Form führt dazu, dass die 3D-Effekte neu berechnet werden, allerdings anders als man das beim Entwerfen gern hätte. Der 3D-Effekt bleibt identisch, orientiert sich aber am neuen zweidimensionalen Abbild der Form. Abbildung 21.18 zeigt das sehr deutlich anhand einer komplexen 3D-Grafik.

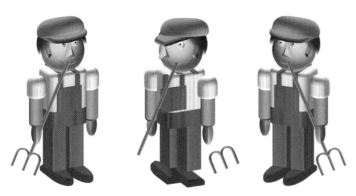

Abb. 21.18: Links Original, Mitte gespiegelte Gruppe, rechts gespiegelt nach EMF-Konvertierung

Das rechte Bild in Abbildung 21.18 entstand auf Umwegen: Das Original wurde erst in die Zwischenablage kopiert und dann mit

START ▸ *Zwischenablage* EINFÜGEN (unten) ▸ INHALTE EINFÜGEN ▸ »Bild (Erweiterte Metadatei)«

zurückgeholt. Diese EMF-Grafik lässt sich skalieren, drehen und spiegeln, aber nicht mehr mit Grafik-Effekten bearbeiten.

21.4 Versionskompatibilität der 3D-Effekte

> **Wichtig**
>
> PowerPoint 2007 setzt nahezu alle 3D-Grafiken der Vorversionen richtig um, es sei denn, sie enthalten **extrudierte Linien**! Auf den ersten Blick scheinen sie zu fehlen, aber sie sind noch vorhanden, nur werden sie farblos dargestellt. Markieren Sie eine solche nicht angezeigte Linie (ggf. über den AUSWAHLBEREICH) und weisen Sie ihr mit *Zeichentools* FORMAT ▸ *Formenarten* FORMKONTUR eine Farbe zu, dann wird sie wieder angezeigt.

21.5 3D-Effekte in der Praxis

- Erproben und verwerfen Sie unterschiedliche Kombinationen, bis das optimale Ergebnis erzielt ist.
- Verwerfen Sie einen Oberflächeneffekt nicht zu früh; probieren Sie erst aus, wie er unter anderen Beleuchtungswinkeln oder -varianten wirkt.

Kapitel 21
3D-Effekte einsetzen

- Wenn Sie mehrere Formen zu einem komplexeren Objekt vereinen möchten, arbeiten Sie zum Erzielen schneller gleicher Effekte am besten mit dem Formatpinsel. Weisen Sie der nächsten Form das Format der vorigen zu und bessern Sie nur die Abweichungen nach.

Abschrägungen und Tiefe sind die elementaren Bestandteile der räumlichen Darstellung in PowerPoint. Damit lassen sich simple Fläche zu vermeintlichen Körpern umgestalteten. Mehrere Formen lassen sich zu komplexen Figuren zusammenfügen, wenn auf das gute Zusammenwirken der Effekte geachtet wird.

Abb. 21.19: Mit ein paar Mausklicks werden aus flachen Formen Körper.

Workshop: 3D-Körper

1. Zeichnen Sie einen Kreis.
2. 🖱 FORM FORMATIEREN ▸ Register 3D-DREHUNG
3. VOREINSTELLUNGEN ▸ (in der Auswahl auf VON DER ACHSE 2 NACH OBEN klicken, siehe auch Abbildung 21.8)
4. Register 3D-EFFEKTE ▸ OBEN ▸ (in der Auswahl auf STARKE ABSCHRÄGUNG klicken)
5. Verändern Sie die Werte für BREITE und HÖHE und beobachten Sie, wie die Kegelform davon beeinflusst wird. Wird die Breite der Abschrägung auf null gesetzt, ist das gleichbedeutend mit dem Verzicht auf eine Abschrägung wie in den linken Beispielen in Abbildung 21.19.
6. *Zeichentools* FORMAT ▸ *Formen einfügen* FORM BEARBEITEN ▸ FORM ÄNDERN

Andere Grundformen führen zu anderen Körpern, z. B. zur Pyramide, wenn die Grundform ein Quadrat ist.

Workshop: Vom Kegelstumpf zum Glas

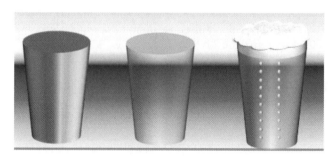

Abb. 21.20: Ein frisch gezapftes Bier erkennt man an den Perlen, die im Glas aufsteigen.

Ein Kegelstumpf, bei dem die Abschrägung UNTEN eingestellt wird, ergibt einen Becher.

1. Zeichnen Sie einen Kreis.
2. 🖱 FORM FORMATIEREN ▸ Register 3D-DREHUNG
3. VOREINSTELLUNGEN ▸ (in der Auswahl auf VON DER ACHSE 2 NACH OBEN klicken)
4. Register 3D-EFFEKTE ▸ UNTEN ▸ (in der Auswahl auf STARKE ABSCHRÄGUNG klicken)
5. Verändern Sie die Werte für BREITE und HÖHE, bis die gewünschte Glasform erreicht ist. Noch wirkt das Glas aber wie ein Becher, weil die Wand opak ist.
6. Register 3D-EFFEKTE ▸ MATERIAL: Transparent

Ein leeres Glas ist deprimierend, da muss eine Flüssigkeit hinein, am besten eine mit Schaum oben drauf.

7. Register FÜLLUNG ▸ Option EINFARBIGE FÜLLUNG ▸ (Farbauswahl gelb)
8. Register 3D-EFFEKTE ▸ TIEFE ▸ (Wert eingeben, so dass auf dem Glas ein kleiner Zylinder entsteht als Schaumkrone)
9. Register 3D-EFFEKTE ▸ TIEFENFARBE: weiß
10. *Zeichentools* FORMAT ▸ *Formen einfügen* (Formauswahl: Form »Wolke«)
11. Ziehen Sie mit den Anfassern der Form die Größe so, dass der Durchmesser geringfügig größer ist als das obere Ende des Glases.
12. 🖱 FORM FORMATIEREN ▸ Register 3D-DREHUNG
13. VOREINSTELLUNGEN ▸ (in der Auswahl auf VON DER ACHSE 2 NACH OBEN klicken)
14. Register 3D-EFFEKTE ▸ OBEN ▸ (in der Auswahl auf KREIS klicken)
15. Register FÜLLUNG ▸ Option BILD- ODER TEXTURFÜLLUNG ▸ TEXTUR ▸ (Auswahl *Zeitungspapier*)
16. Schieben Sie mit der Maus den »Schaum« auf das »Glas«.
17. Zeichnen Sie einen Kreis.
18. *Zeichentools* FORMAT ▸ *Größe* ▸ (1 mm für Höhe und Breite eintragen)
19. 🖱 FORM FORMATIEREN ▸ Register FÜLLUNG ▸ Option EINFARBIGE FÜLLUNG ▸ (Farbauswahl weiß mit 50 % Transparenz)
20. Register 3D-EFFEKTE ▸ OBEN ▸ (in der Auswahl auf KREIS klicken)
21. Register 3D-EFFEKTE ▸ UNTEN ▸ (in der Auswahl auf KREIS klicken)
22. Geben Sie in allen Feldern für Höhe und Breite der Abschrägung den Wert 0,5 mm ein.
23. Schieben Sie die »Blase« auf den »Boden« des »Glases«.
24. Duplizieren Sie die Blase mit [Strg]+[D].
25. Bewegen Sie das Duplikat der Blase mit [↑] und [←] über das Original.
26. Betätigen Sie [Strg]+[D] solange, bis das letzte Duplikat kurz unter dem »Schaum« steht.
27. Markieren Sie alle Blasen.
28. *Zeichentools* FORMAT ▸ *Anordnen* IN DEN HINTERGRUND

Workshop: Kronkorken

Da wir gerade beim Thema Bier sind, hier eines meiner ersten spektakulären Ergebnisse mit den 3D-Funktionen:

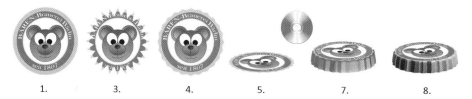

1.   3.   4.   5.   7.   8.

Abb. 21.21: Vom Brauereilogo zum Kronkorken

Zuerst benötigen Sie ein rundes Brauereilogo als Bilddatei.

1. EINFÜGEN *Illustrationen* ▸ GRAFIK
2. Dieses Logo bringen Sie auf die gewünschte Größe.
3. *Bildtools* FORMAT ▸ *Bildformatvorlagen* BILDFORM (Form »Stern mit 24 Zacken« zuweisen)

Korrekt wäre natürlich ein Stern mit 21 Zacken, aber eine solche Form steht nicht zur Auswahl.

4. Greifen Sie die gelbe Raute im Stern und ziehen Sie sie so dicht an den Rand, dass aus dem Stern fast ein Polygon wird.
5. GRAFIK FORMATIEREN ▸ Register 3D-DREHUNG ▸ VOREINSTELLUNGEN ▸ (Auswahl »Von der Achse 1 nach oben«)
6. Register 3D-EFFEKTE ▸ OBEN ▸ »Leichte Abschrägung«
7. Stellen Sie für die Abschrägung 10 pt Breite und 30 pt Höhe ein.
8. Register 3D-EFFEKTE ▸ MATERIAL ▸ »Metall«

Workshop: Bitte ein Bit

Nein, auch wenn es angesichts der Bier-Beispiele naheläge, hier geht es um ein anderes Bit, nämlich den Werkzeugeinsatz, mit dem ein Beispiel für mehr oder weniger komplexe Illustrationen aus mehreren Formen mit 3D-Effekten gegeben werden soll:

Abb. 21.22: Werkzeug-Bit aus Sechseck und Stern

1. Zeichnen Sie die Form »Sechseck«.
2. GRAFIK FORMATIEREN ▸ Register FÜLLUNG ▸ Option EINFARBIGE FÜLLUNG »grau«
3. Register 3D-DREHUNG ▸ VOREINSTELLUNGEN ▸ (Auswahl »Perspektive rechts (Stufe 2)«)
4. Register 3D-EFFEKTE ▸ TIEFE (ca. dreifacher Wert des Sechseck-Durchmessers)

5. Zeichnen Sie die Form »Stern mit 4 Zacken«
6. Wenden Sie dieselben Effekte wie in den Schritten 2. und 3. auf das Sechseck an. (Tipp: Benutzen Sie den Formatpinsel, übertragen Sie das Format vom Sechseck auf den Stern und bessern Sie in den Folgeschritten nur noch nach.)
7. Register 3D-Effekte ▸ Tiefe (ca. 10 % des Stern-Durchmessers)
8. Register 3D-Effekte ▸ Oben ▸ »Leichte Abschrägung«
9. Register 3D-Effekte ▸ Breite (ca. 30 % des Stern-Durchmessers), Höhe (= Stern-Durchmesser)

Workshop: Säulen

1. Zeichnen Sie einen Kreis.
2. Form formatieren ▸ Register Füllung ▸ »weiß«
3. Register Linienfarbe ▸ »keine«
4. Register 3D-Drehung ▸ Voreinstellungen ▸ »Von der Achse 1 nach oben«
5. Register 3D-Effekte ▸ Tiefe (mindestens 10-facher Wert des Kreisdurchmessers)

Das wäre nun erst mal die Säule an sich. Es fehlen ein Sockel und ein Kapitell.

6. Zeichnen Sie einen Kreis mit einem größeren Durchmesser als jenem des Kreises, aus dem die Säule extrudiert wurde.
7. Wie Schritte 2. bis 4.
8. Register 3D-Effekte ▸ Tiefe (ca. 10 % des Kreisdurchmessers)
9. Register 3D-Effekte ▸ Oben ▸ »Konvex«
10. Markieren Sie die Säule.
11. *Zeichentools* Format ▸ *Anordnen* In den Vordergrund
12. Schieben Sie die Säule auf ihren Sockel.
13. Makieren Sie den Sockel.
14. Duplizieren Sie den Sockel mit [Strg]+[D].
15. Form formatieren ▸ Register 3D-Effekte ▸ Oben ▸ »keine«
16. Register 3D-Effekte ▸ Unten ▸ »Konvex«
17. Schieben Sie das Kapitell auf die Säule.

Abb. 21.23: Säulenvariationen

Kapitel 21
3D-Effekte einsetzen

Sie können mit dieser Säule weitere Formexperimente anstellen, indem Sie an der Säule wie auch an Sockel und Kapitell sowohl andere 3D-Effekte als auch andere Basisformen mit

Zeichentools FORMAT ▸ *Formen einfügen* FORM BEARBEITEN ▸ FORM ÄNDERN

erproben. In Abbildung 21.23 sind neben den Einzelteilen auch die jeweiligen Grundformen abgebildet, um zu verdeutlichen, zu welchen Effekten ein wenig Variation führen kann. Der Einsatz der gelben Rauten kann zu überraschenden Ergebnissen führen.

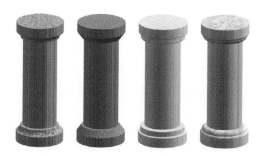

Abb. 21.24: Variationen der Sockel-Abschrägungen und Flächenfüllungen

Workshop: Bleistift

Abb. 21.25: Lediglich zwei Kreise werden extrudiert und zum Bleistift zusammengefügt.

1. Zeichnen Sie einen Kreis.
2. GRAFIK FORMATIEREN ▸ Register FÜLLUNG ▸ Option BILD- ODER TEXTURFÜLLUNG ▸ TEXTUR ▸ (Auswahl »Holz«)
3. Register 3D-DREHUNG ▸ X = 20°, Y = 10°
4. Register 3D-EFFEKTE ▸ TIEFE ▸ (mindestens den fünffachen Wert des Kreisdurchmessers eingeben)
5. Register 3D-EFFEKTE ▸ TIEFENFARBE ▸ (Farbauswahl)
6. Register 3D-EFFEKTE ▸ OBEN ▸ »Starke Abschrägung«
7. Stellen Sie Höhe und Breite der Abschrägung so ein, dass keine Spitze, sondern ein Kegelstumpf entsteht.
8. Zeichnen Sie einen weiteren Kreis.
9. *Zeichentools* FORMAT ▸ GRÖSSE

10. Tragen Sie als Durchmesser für diesen Kreis einen Wert ein, der sich ergibt aus: Durchmesser des ersten Kreises minus doppelter Wert der Breite der Abschrägung.
11. GRAFIK FORMATIEREN ▸ Register FÜLLUNG ▸ Option EINFARBIGE FÜLLUNG ▸ (dieselbe Farbe wie die Tiefenfarbe des Schaft-Objektes)
12. Register 3D-DREHUNG ▸ X = 20°, Y = 10°
13. Register 3D-EFFEKTE ▸ OBEN ▸ »Starke Abschrägung«
14. Stellen Sie Höhe und Breite der Abschrägung so ein, dass eine Spitze entsteht, die die Abschrägung des »Holzes« verlängert.
15. Register 3D-EFFEKTE ▸ OBERFLÄCHE ▸ »Plastik«

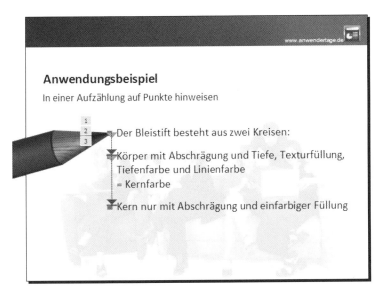

Abb. 21.26: Ein animierter Bleistift als Marker auf der Folie – wie am OHP

Workshop: 3D auch für die leere Kontur

Jeder Linie und auch jeder Form ohne Flächenfüllung lässt sich eine Abschrägung und eine Tiefe zuweisen: So entsteht ein »Drahtgestell« oder ein hohler Rahmen.

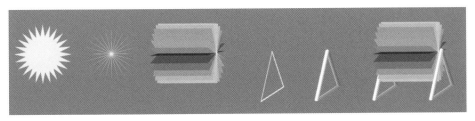

Abb. 21.27: Eine Rolodex-Kartei aus nur drei Formen, davon eine verdoppelt

Kapitel 21
3D-Effekte einsetzen

1. Zeichnen Sie die Form »Gleichschenkliges Dreieck«.
2. 🖱 GRAFIK FORMATIEREN ▸ Register FÜLLUNG ▸ Option EINFARBIGE FÜLLUNG ▸ KEINE FÜLLUNG
3. Register LINIENART ▸ BREITE 3 pt, LINIENFARBE weiß
4. Register 3D-DREHUNG ▸ VOREINSTELLUNG ▸ (beliebig)
5. Register 3D-EFFEKTE ▸ OBEN ▸ »Kreis«
6. Register 3D-EFFEKTE ▸ UNTEN ▸ »Kreis«

Damit ist ein Triangel für die Karteiaufhängung fertig. Weiter geht es mit der Kartei:

7. Zeichnen Sie die Form »Stern mit 32 Zacken«.
8. Ziehen Sie die gelbe Raute fast bis zur Mitte der Form, so dass vom Stern nur noch Strahlen stehen bleiben.
9. 🖱 GRAFIK FORMATIEREN ▸ Register FÜLLUNG ▸ Option EINFARBIGE FÜLLUNG ▸ (Farbauswahl: beige)
10. Register LINIENFARBE ▸ Option KEINE
11. Register 3D-DREHUNG ▸ VOREINSTELLUNG ▸ (wie zu Schritt 2)
12. Register 3D-EFFEKTE ▸ TIEFE (ungefähr 125 % des Stern-Durchmessers)
13. Schieben Sie die »Kartei« in eine passende Position vor die »Aufhängung«.
14. Markieren Sie die Aufhängung.
15. Duplizieren Sie die Form mit [Strg]+[D].
16. Schieben Sie die Kopie der »Aufhängung« in eine passende Position vor die »Kartei«.

Workshop: Vom Kreis zur Kugel

Es ist erstaunlich, in wie vielfältiger Form in Präsentationen Kugeln zum Einsatz kommen können. Mit den 3D-Funktionen ist es ein Kinderspiel, sie optisch zu erzeugen.

1. Zeichnen Sie einen Kreis.
2. 🖱 GRAFIK FORMATIEREN ▸ Register 3D-EFFEKTE ▸ OBEN ▸ »Kreis«
3. Register 3D-EFFEKTE ▸ UNTEN ▸ »Kreis«
4. Lesen Sie in *Zeichentools* FORMAT ▸ *Größe* den Kreisdurchmesser ab.

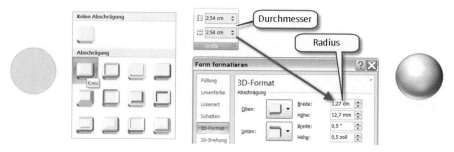

Abb. 21.28: Vom Kreis zur Kugel

5. Tragen Sie im Register 3D-Effekte für die Höhen und Breiten der Abschrägungen jeweils den halben Betrag dieses Durchmessers ein. Sie müssen nicht in pt umrechnen, die Eingabefelder akzeptieren auch cm, mm, Zoll und " als Maßeinheiten.

Die Drehung und der »Äquator«

Sie können im Register 3D-Drehung den Betrachtungswinkel der Kugel einstellen, wobei Sie feststellen, dass sie eine seltsame Markierung entlang ihres Äquators besitzt.

Abb. 21.29: Beim 3D-Drehen kommt der »Äquator« zum Vorschein.

> **Achtung**
> Drehmittelpunkt ist nicht der Mittelpunkt der virtuellen Kugel, sondern der des zugrunde liegenden Kreises!

Im Gegensatz zu den Vorversionen hat bei den 3D-Funktionen der Version 2007 die Kontur einer Form Auswirkungen auf den 3D-Effekt.

Wählen Sie im Register Linienfarbe die Option Keine Linie, so verschwindet auch der Äquator.

Abb. 21.30: Der »Äquator« ist die Extrusion der Konturfarbe des Kreises.

> **Merke:**
> Die Randfarbe wird bei der Tiefenwirkung berücksichtigt! Die Kugeloberfläche übernimmt die Farbe der zugrunde liegenden Form.

Mittels Oberflächengestaltungen Material und Beleuchtung im Register 3D-Format werden räumliche Effekte noch verbessert.

Kapitel 21
3D-Effekte einsetzen

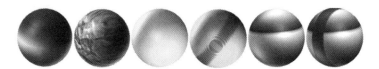

Abb. 21.31: Füll- und Linieneffekte bei virtuellen Kugeln (v.l.): Graduelle Füllung aus voreingestellten Farben, Texturfüllung, Einfarbige Füllung, Einfarbige Füllung mit Linienfarbe, Texturfüllung, Texturfüllung mit Linienfarbe

Workshop: Kugel aus Bild

Eine alternative Methode der Kugelerzeugung geht vom Bild aus, das mittels PowerPoint in eine Kugelform gebracht werden soll.

1. EINFÜGEN *Illustrationen* ▶ GRAFIK
2. Sie benötigen eine Bilddatei in quadratischer (!) Form. Sollte Ihnen nur ein rechteckiges Bild zur Verfügung stehen (Bilddateien sind immer rechteckig), beschneiden Sie es mit *Bildtools* FORMAT ▶ *Schriftgrad* ZUSCHNEIDEN.
3. Geben Sie in *Bildtools* FORMAT ▶ *Schriftgrad* die gewünschte Größe des Quadrats (= Durchmesser des entstehenden Kreises) ein.
4. *Bildtools* FORMAT ▶ *Bildformatvorlagen* BILDFORM ▶ »Oval« (Nur bei quadratischer Bildvorlage ergibt diese Aktion eine kreisrunde Form.)
5. *Bildtools* FORMAT ▶ *Bildformatvorlagen* ▶ Register 3D-EFFEKTE ▶ OBEN ▶ »Kreis«
6. Register 3D-EFFEKTE ▶ UNTEN ▶ »Kreis«
7. Tragen Sie im Register 3D-EFFEKTE für die Höhen und Breiten der Abschrägungen jeweils den halben Betrag des Durchmessers gem. Schritt 3. ein.
8. Sollten Kugel und Hintergrund zueinander kontrastarm sein, ist ein Teil der Rundung bei der Standard-Beleuchtungseinstellung häufig nicht zu erkennen; die Kugel wirkt dann, als wäre sie eingedellt. Wählen Sie in diesem Fall bei BELEUCHTUNG einen anderen Effekt.

Abb. 21.32: Kugeln aus quadratischen Bildern geformt

Die Billardkugeln in Abbildung 21.32 lassen sich zum Beispiel gut in einer Präsentation verwenden, die eine Zielstrategie vorstellt – idealerweise in acht Schritten = Folien. Jede Folie wird mit einem nummerierten Billardball illustriert und das Ziel steht dann natürlich auf der Folie mit dem »8-Ball«.

Das Bild in der Kugel lässt sich nachträglich gegen jedes andere Bild austauschen, es muss nur quadratisch sein:

 BILD ÄNDERN

Workshop: Pinnnadeln

Pinnnadeln sind aus der klassischen Präsentationstechnik nicht wegzudenken, deshalb begegnet man ihnen symbolisch auch in virtuellen Präsentationen immer wieder.

Runder Nadelkopf

Für den Nadelkopf können Sie eine der eben beschriebenen Kugeln benutzen, mit farbiger Füllung oder auch mit Bildfüllung. Es versöhnt zum Beispiel die PR-Abteilung Ihres Unternehmens mit Ihren zugunsten der besseren Erkennbarkeit Ihrer Präsentationen begangenen Verstößen gegen die Corporate Identity, wenn Sie zum Ausgleich virtuelle Pinnnadeln mit dem Unternehmenslogo als Marker verwenden.

Abb. 21.33: Das Verlags-Logo auf einen Nadelkopf gebracht

Zylindrischer Nadelkopf

Ein Nadelkopf in zylindrischer Form lässt sich ebenfalls leicht konstruieren:

1. Zeichnen Sie einen Kreis.
2. GRAFIK FORMATIEREN ▶ Register 3D-DREHUNG ▶ VOREINSTELLUNG ▶ beliebige Richtung
3. 3D-EFFEKTE ▶ OBEN ▶ »Starke Abschrägung«
4. 3D-EFFEKTE ▶ TIEFE (= Betrag der Höhe bei der Abschrägung)
5. Zeichnen Sie einen Kreis mit einem Durchmesser wie den ersten Kreis abzüglich des doppelten Betrages der Abschrägungsbreite; so passt der nun entstehende Zylinder exakt auf den Kegelstumpf.
6. GRAFIK FORMATIEREN ▶ Register 3D-DREHUNG ▶ VOREINSTELLUNG ▶ (Richtung wie Schritt 2)

Kapitel 21
3D-Effekte einsetzen

7. 3D-EFFEKTE ▶ TIEFE (ca. doppelter Betrag des Durchmessers)
8. Schieben Sie den »Zylinder« passgenau auf den »Kegelstumpf«.
9. Markieren Sie den »Kegelstumpf«.
10. Duplizieren Sie den Kegelstumpf mit [Strg]+[D].
11. GRAFIK FORMATIEREN ▶ Register 3D-EFFEKTE ▶ UNTEN ▶ »Starke Abschrägung«
12. Register 3D-EFFEKTE ▶ OBEN ▶ »Keine Abschrägung«
13. Schieben Sie den »umgedrehten Kegelstumpf« passgenau auf den »Zylinder«.
14. Reduzieren Sie den Durchmesser desjenigen Kegelstumpfes geringfügig, der das Kopfende darstellen soll.

Die Nadel an sich

Für die Nadel bedienen wir uns wiederum eines Kreises:

1. Zeichnen Sie einen Kreis mit ca. 5 % des Durchmessers des Kopfes; bedienen Sie sich der Maßeinstellungen in *Zeichentools* FORMAT ▶ *Größe*, denn in so kleinen Dimensionen fällt das akkurate Zeichnen schwer.
2. GRAFIK FORMATIEREN ▶ Register 3D-DREHUNG ▶ VOREINSTELLUNG ▶ (Bei zylinderförmigem Kopf nehmen Sie dieselbe Richtung wie die des Kopfes, bei kugelförmigem Kopf ist die Richtung egal.)
3. Register FÜLLUNG ▶ Option EINFARBIGE FÜLLUNG ▶ »weiß«
4. Register LINIENFARBE ▶ Option KEINE
5. Register 3D-EFFEKTE ▶ UNTEN oder OBEN (je nach Richtung) ▶ »Starke Abschrägung«
6. Register 3D-EFFEKTE ▶ BREITE (= Hälfte des Nadel-Durchmessers), HÖHE (ca. 10-facher Nadel-Durchmesser), TIEFE (ca. 30-facher Nadel-Durchmesser)
7. Schieben Sie die Nadel so an den Kopf heran, dass sie »natürlich« zueinander passen.

Abb. 21.34: Virtuelle Pinnnadeln

Für eine »eingestochene« Nadel gibt es keine passende Abschrägung, hier kommen Sie nur mit einem Trick weiter, indem Sie eine Nadel in die Zwischenablage kopieren, mit START *Zwischenablage* ▶ EINFÜGEN (untere Hälfte) ▶ INHALTE EINFÜGEN als Grafik zurückholen und mit dem Beschnittwerkzeug unten »entschärfen«.

Workshop: Menscheln

Bereits die beiden Formen Kugel und Kegel ergeben gemeinsam eine Figur, wie wir sie immer wieder benötigen, wenn es darum geht, stilisierte Menschen zu visualisieren.

Abb. 21.35: Die simpelste Form, um »Leben« auf die Folie zu bringen

Workshop: Schachfiguren

Wenn Ihnen die »Spielfiguren« zu verspielt erscheinen, lassen sie sich durch einfaches Ändern der Proportionen ein wenig ernsthafter darstellen. Schachfiguren zum Beispiel sind über jeden Zweifel an der Seriosität erhaben. Spielen wir das mal exemplarisch an einer Bauernfigur durch:

Abb. 21.36: Der Bauer und seine Bestandteile

1. Zeichnen Sie fünf Kreise.
2. Markieren Sie alle fünf Kreise gemeinsam.
3. *Zeichentools* Format ▸ *Formenarten* ▸ Register 3D-DREHUNG ▸ VOREINSTELLUNGEN ▸ »Von der Achse 1 nach oben«
4. Register FÜLLUNG ▸ EINFARBIGE FÜLLUNG ▸ »hellgrau« oder »dunkelgrau«
5. Register LINIENFARBE ▸ »keine«
6. Formatieren Sie nacheinander jeden der Kreise separat mit den Eigenschaften und Maßen gemäß Tabelle 21.3.
    - *Zeichentools* Format ▸ *Größe* (Tabellenwert)
    - FORM FORMATIEREN ▸ Register 3D-EFFEKTE ▸ OBEN (Abschrägungstyp siehe Tabelle)
    - UNTEN (Abschrägungstyp siehe Tabelle)
    - Tragen Sie Breiten- und Höhenmaße aus der Tabelle für OBEN und UNTEN ein.
7. Wiederholen Sie Schritt 6. für jeden der Kreise.
8. Schieben Sie die Einzelteile so übereinander, dass der Eindruck der Spielfigur entsteht.

Kapitel 21
3D-Effekte einsetzen

	Kreis Nr.	1	2	3	4	5
	Ø [cm]	3	2,5	2,2	1,3	2
Oben	Typ	Art deco	Kreis	Starke Abschr.	Leichte Absenkung	Kreis
Oben	Breite [pt]	14,5	6	21	7,5	28,5
Oben	Höhe [pt]	29	6	80	5,5	28,5
Unten	Typ	—	Leichte	—	Kreis	Kreis
Unten	Breite [pt]	—	14	—	6	28,5
Unten	Höhe [pt]	—	11,5	—	6	28,5

Tabelle 21.3: Maße und Abschrägungen für die Figurenteile in Abbildung 21.36

Die anderen Figuren entstehen auf dieselbe Weise, im Wesentlichen durch Variation der Proportionen der Einzelteile. Die Zinnen des Turms basieren auf der Form »Halbbogen«, die mit der gelben Raute zum Achtelbogen reduziert wird. Das Kreuz des Königs ist die Form »Kreuz«, lediglich die Silhouette des Springers muss als Polygon frei gezeichnet werden.

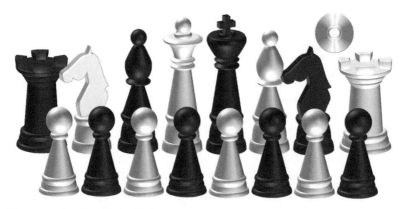

Abb. 21.37: Der komplette Hofstaat

Workshop: Schachbrett

1. Zeichnen Sie ein Quadrat.
2. FORM FORMATIEREN ▸ Register FÜLLUNG ▸ Option EINFARBIGE FÜLLUNG (weiß)
3. Duplizieren Sie das Quadrat mit [Strg]+[D].
4. Schieben Sie das Duplikat bündig neben das Original, so dass sich die Konturen berühren.
5. Wiederholen Sie [Strg]+[D] noch sechs Mal.
6. Markieren Sie alle Quadrate mit [Strg]+[A].
7. Duplizieren Sie die Quadratreihe mit [Strg]+[D].

8. Schieben Sie die Duplikatreihe bündig unter die Originalreihe, so dass sich die Konturen berühren.
9. Wiederholen Sie [Strg]+[D] noch sechs Mal.
10. Markieren Sie jedes zweite Quadrat.
11. 🖱 FORM FORMATIEREN ▶ Register FÜLLUNG ▶ Option EINFARBIGE FÜLLUNG (dunkelgrau!)
12. Markieren Sie alle Quadratreihen mit [Strg]+[A]
13. 🖱 GRUPPIERUNG ▶ GRUPPIEREN
14. 🖱 FORM FORMATIEREN ▶ Register 3D-Effekte ▶ TIEFE (1 cm)
15. Register 3D-DREHUNG ▶ Y = 290°

Durch die Gruppierung erhalten die Einzelquadrate einen gemeinsamen Fluchtpunkt.

Perspektivisch korrekte Größenänderung

Leider können gruppierte 3D-Formen nicht skaliert werden, weil die Linienstärken und 3D-Werte fest sind und beim Skalieren nicht mitverwaltet werden. Wollen Sie dieselbe Figur mehrfach, aber in unterschiedlicher Größe in Ihrem Bild verwenden, müssen Sie sich eines Kunstgriffes bedienen, wenn Sie nicht jede Figur einzeln mit eigenen Proportionen herstellen möchten.

1. Markieren Sie die gruppierte Figur.
2. Kopieren Sie die Figur mit [Strg]+[C] in die Zwischenablage.
3. START *Zwischenablage* ▶ EINFÜGEN (untere Hälfte) ▶ INHALTE EINFÜGEN als »Bild (Erweiterte Metadatei)«.

Diese Kopie lässt sich frei skalieren und alle Attribute übernehmen die Skalierung.

Abb. 21.38: Ein simples Anwendungsbeispiel für Schachfiguren

Workshop: Menschenähnliche Figuren 🖱

Wenn Sie die Figuren noch realistischer haben möchten, beachten Sie bitte, dass Vortragsfolien Symbole sind. Sie sollen die Realität nur dann abbilden, wenn diese Realität Gegenstand des Vortrags ist. Auflockernde Illustrationen dürfen nicht nur, sondern sollen sogar abstrahiert sein, um zwar als Blickfang zu wirken, aber dem eigentlichen Inhalt des Vortrags nicht die Schau zu stehlen.

Playmobil und *Lego* (hier mal als Synonym für abstrakte Figuren im Spielalltag verwendet) sind ein guter Mittelweg zwischen realistischer und Brettspielfigur. Eine Kugel bietet die Basis für den Kopf.

1. Zeichnen Sie einen Kreis.
2. 🖱 GRAFIK FORMATIEREN ▸ Register 3D-EFFEKTE ▸ OBEN ▸ »Kreis«
3. Register 3D-EFFEKTE ▸ UNTEN ▸ »Kreis«
4. Register LINIENFARBE ▸ Option KEINE LINIE
5. Register FÜLLUNG ▸ Option EINFARBIGE FÜLLUNG ▸ (Hautton)
6. Lesen Sie in *Zeichentools* FORMAT ▸ *Größe* den Kreisdurchmesser ab.
7. Tragen Sie im Register 3D-EFFEKTE für die Höhen und Breiten der Abschrägungen jeweils den halben Betrag dieses Durchmessers ein.
8. Für die Augen zeichnen Sie einen Kreis mit sehr viel geringerem Durchmesser.
9. Register LINIENFARBE ▸ Option KEINE LINIE
10. Register FÜLLUNG ▸ Option EINFARBIGE FÜLLUNG ▸ (weiß)
11. Lesen Sie in *Zeichentools* FORMAT ▸ *Größe* den Kreisdurchmesser ab.
12. Tragen Sie im Register 3D-EFFEKTE für die Höhen und Breiten der Abschrägungen jeweils den halben Betrag dieses Durchmessers ein (Glupschaugen, wenn Sie es nicht ganz so basedowsch mögen, verringern Sie die Abschrägungshöhe).
13. Zeichnen Sie einen noch viel kleineren Kreis für die Pupille.
14. Register FÜLLUNG ▸ Option EINFARBIGE FÜLLUNG ▸ (schwarz)
15. Schieben Sie die Pupille auf die passende Stelle des Auges.
16. Markieren Sie Auge und Pupille.
17. 🖱 GRUPPIERUNG ▸ GRUPPIEREN
18. Schieben Sie das Auge auf die passende Stelle des Kopfes.
19. Duplizieren Sie das Auge mit [Strg]+[D].
20. Schieben Sie das Duplikat des Auges auf die passende Stelle des Kopfes (Abbildung 21.39).
21. Stilisierte Ohren erhalten Sie aus der Form »Akkord« (auch wieder so eine Fehlübersetzung von Chord = Sehne!).
22. Für die Nase gibt es mehrere Varianten, Dreieck oder Oval oder gar Blockpfeil ..., jeweils mit Abschrägung (rund oder spitz) versehen, aber ohne Tiefe (vgl. Abbildung 21.40).
23. Der Mund ist die Form »Bogen« in Hautfarbe (oder bei Damen rot), ebenfalls mit Abschrägung »Kreis«.

Abb. 21.39: Erinnert stark an Playmobil: virtuelles Illustrationsmännchen

24. Körper, Arme und Beine basieren auf der Form »Abgerundetes Rechteck«, sind nur leicht abgeschrägt, aber mit ausreichend Tiefe versehen.
25. Die Schuhe stammen von der Form »Verzögerung« aus dem Bereich *Flussdiagramm*, mit Abschrägung und mit einer Oberflächenfarbe (die falsch übersetzten *Kontur*-Parameter für Extrusionsbereiche) für die Sohle versehen.
26. Auch für die Hände reicht eine Andeutung, wie bei den Spielzeugfiguren. Zugrunde liegt eine ovale Form, die »Spiegelung« wird erreicht durch einen um 180° gedrehten Beleuchtungswinkel im Register 3D-EFFEKTE.

Kommen wir zu den Haaren: Die nächstliegende Möglichkeit, einer Figur Haare zu verpassen, wäre eine halbkugelige Form über den Kopf zu stülpen, wie es bei den Spielzeugfiguren ja auch üblich ist. Viel schöner sieht es jedoch aus, wenn wir uns dafür der transparenten graduellen Flächenfüllungen bedienen.

27. Einer Kugelform mit etwas größerem Durchmesser als der Kopf wird ein Farbverlauf zugeordnet, der auch die Transparenz von opak bis klar abstuft. So ist mehr als die Hälfte der Kugel durchscheinend.
28. Zwei dieser Formen werden sauber »gescheitelt« über den Kopf platziert.

Auf dieser Basis lässt sich eine Vielfalt von Figuren ableiten, auf der Buch-CD finden Sie eine Auswahl.

Abb. 21.40: Varianten menschenähnlicher Illustrationen

Kapitel 21
3D-Effekte einsetzen

Workshop: ClipArts mit 3D-Effekten ansehnlicher machen

Die ClipArts jedweder Sammlung sind meist flach. Mit ein paar Klicks lassen sie sich ansehnlicher gestalten:

1. Fügen Sie mit EINFÜGEN ▸ *Illustrationen* CLIPART ein ClipArt in Ihre Folie ein.
2. *Bildtools* FORMAT ▸ *Bildformatvorlagen* BILDFORM (Form entsprechend der Form des Clip-Arts zuweisen)
3. Allein mit dem Zuweisen einer Form zu einem ClipArt ist schon ein Verbesserungseffekt erreicht, denn damit werden überflüssige weiße Hintergründe der immer rechteckigen ClipArts zumindest teilweise getilgt.
4. *Bildtools* FORMAT ▸ *Bildformatvorlagen* BILDFORM (Form entsprechend der Form des Clip-Arts zuweisen)
5. GRAFIK FORMATIEREN ▸ Register 3D-EFFEKTE ▸ OBEN ▸ (zum ClipArt passende Abschrägung auswählen)
6. Regeln Sie bei HÖHE und BREITE der Abschrägung noch nach und geben Sie dem aufgebrezelten ClipArt mit MATERIAL und BELEUCHTUNG den letzten Schliff.

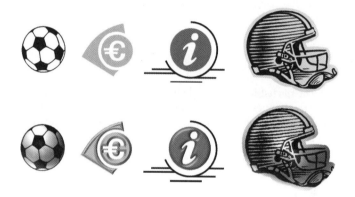

Abb. 21.41: Original-Cliparts (oben) und mit 3D-Effekten gehübschte (unten)

ClipArt-Teile aufpolieren

Eine andere Methode, drögen, flächigen ClipArts eine besondere Note zu verleihen, ist das Bearbeiten nur von Teilen dieser Grafik (mittlere Bilder in Abbildung 21.41).

1. Fügen Sie mit EINFÜGEN ▸ *Illustrationen* CLIPART ein ClipArt in Ihre Folie ein.
2. GRUPPIEREN ▸ GRUPPIERUNG AUFHEBEN
3. Bestätigen Sie die Sicherheitsabfrage mit OK.
4. Markieren Sie innerhalb der Gruppe das zu formatierende Element.

... und los geht's, nach Herzenslust die möglichen Effekte an diesem Teil und seine Wirkung auf das gesamte ClipArt auszuprobieren.

Kapitel 22

Formen und Text

22.1 Text in Formen

In jedes flächige Zeichenelement lassen sich Texte einfügen, indem Sie das Element anklicken und dann ohne weiteren Zwischenschritt Text eingeben. Das Werkzeug TEXTFELD würde ein zusätzliches Textelement anlegen, was die folgende Arbeit erschwert, denn Sie müssten das Textfeld am Zeichenelement ausrichten und beide miteinander gruppieren, damit sie alle folgenden Aktionen gemeinsam mitmachen.

Jede Form außer Linien und Pfeilen kann als Träger für einen Text herhalten, der einfach in das markierte Element per Tastatur (Form markieren und drauflos tippen) oder aus der Zwischenablage per [Strg]+[V] eingefügt wird.

Text in einer Form kann wie in einem Textfeld mit den Textwerkzeugen oder mit der Minisymbolleiste bearbeitet werden.

Der eingegebene Text richtet sich bei den voreingestellten Standards allerdings nicht nach den Begrenzungen des Zeichenelements, sondern wird über dessen Grenzen hinausgeschoben. In der Registerkarte TEXTFELD des Format-Dialogs für Formen sind neben Angaben zur Ausrichtung und Rändern auch Optionen für Zeilenumbruch und Rahmenorientierung des Textes enthalten. Nähere Informationen hierzu finden Sie in Kapitel 7.

22.1.1 Textorientierung in Formen einstellen

 FORM FORMATIEREN ▸ Register TEXTFELD

> **Wichtig**
>
> Ist dort die Option GRÖSSE DER FORM DEM TEXT ANPASSEN gewählt, wird der Bereich *Größe* in den *Zeichentools* FORMAT deaktiviert.

> **Vorsicht**
>
> Werden Textfelder oder Text enthaltende Formen gedreht, macht der Text diese Drehung mit. Das ist nur in PowerPoint so, in den anderen Office-Applikationen funktioniert das nicht. Im Gegenteil: Von PowerPoint nach Word übernommene Textfelder werden rigoros auf die normale waagerechte Textausrichtung zurückgesetzt.

22.1.2 Text bei 3D-Funktionen mitdrehen

REGISTER 3D-DREHUNG ▸ *Text* OPTION FLACHER TEXT abschalten

Darüber hinaus können Sie den Text in einer Form noch separat mit den WordArt-Werkzeugen gestalten.

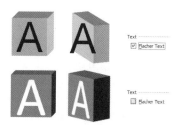

Abb. 22.1: Text in Formen macht 3D-Effekte nur mit, wenn die Option FLACHER TEXT deaktiviert ist.

22.2 Text als Form

Wie in Kapitel 8 ausführlich dargestellt, lassen sich die meisten Grafik-Effekte via WordArt auch auf Text anwenden. Diese Parallelität können Sie dazu nutzen, auch Silhouetten, die Sie nicht in den Formen finden, ohne Zeichenaufwand und Béziertechnik zu 3D-Objekten zu verwandeln.

Dafür kommen nicht nur Buchstaben zum Einsatz, Sie können jedes beliebige, in einer Schriftart vorkommende Zeichen dafür verwenden, selbst das so berüchtigte »Zeichen fehlt«-Substitut bekommt hier einen Nutzwert, wie Abbildung 22.2 ganz rechts zeigt.

Abb. 22.2: Aus Buchstaben (T, L, H und Fontfehlerzeichen) erzeugte »Stahlprofile«

Es lohnt sich, zu diesem Zweck in den Zeichensätzen zu stöbern, denn diese Arabeske kann das Illustrieren erleichtern, zum Beispiel für den in Abbildung 22.3 links zu sehenden Hufeisenmagneten als Basis für die anschauliche Darstellung eines Elektromotors. Ein simples U kommt nicht in Betracht, weil die anderen Teile in Layern zwischen beiden Schenkeln zu platzieren sind. Das Hufeisen ist also in Einzelteilen zu basteln, von denen das untere und hintere Teil hinter den Ebenen der Rotor-Bestandteile liegen, das obere davor. Statt die Schenkel als Bézier-Kurven zu zeichnen, genügt auch ein Zeichen aus dem Zeichensatz ARIAL UNICODE; es handelt sich um eine Sonderform des arabischen Alef und ist durch Eingabe des Hex-Codes FE8E im Feld ZEICHENCODE der Symbolauswahl zu finden.

Abb. 22.3: Buchstaben als Grafikhilfe

Mit Oberflächengestaltung, Extrusion und 3D-Drehung ist so die Grundform gegeben. Wen das Werden des Motor-Bildes interessiert, sei auf das Modellbau-Tutorial im Ordner zu Teil IV der Buch-CD verwiesen.

Kapitel 23

Grafik exportieren

23.1 Export von Folienelementen

In einer Folie enthaltene Grafiken lassen sich als separate Dateien exportieren. PowerPoint bedient damit die Bitmap-Formate .bmp, .gif, .jpg, .tif und .png sowie die Vektorformate .wmf und .emf. Mit dem Export als WMF-Datei lassen sich eigene ClipArts erzeugen.

Folienelemente als Grafik exportieren

 ALS GRAFIK SPEICHERN

Sie haben im darauf folgenden Speichern-Dialog die Auswahl zwischen diversen Grafikformaten (vgl. auch Anhang C):

- JPEG, wenn es sich um ein Foto handelt,
- PNG, wenn es sich um eine Grafik handelt,
- EMF oder WMF, wenn die Grafik in einem Vektorprogramm weiterbearbeitet werden soll,
- TIFF, wenn das Bild für eine professionelle Druckvorlage verwendet werden soll.

Warum exportieren, wenn die Grafikdatei doch schon vorliegt?

Sie können per Windows-Explorer in Ihre Präsentationsdatei eingreifen, das neue XML-Speicherformat von Office 2007 macht's möglich. Benennen Sie die Dateiendung von .PPTX in .ZIP um. (Keine Sorge, das können Sie jederzeit wieder revidieren; ignorieren Sie also die Warnung von Windows getrost!) Das Dateiicon ändert sich in jenes eines Archivordners, den Sie per Doppelklick öffnen können. Darin finden Sie neben einigen weiteren Dateien einen Unterordner ppt und darin einen weiteren media, in dem PowerPoint alle in der Präsentation benötigten Bild- und Multimediadateien verwahrt.

Abb. 23.1: PowerPoints Schatzkästlein

Kapitel 23
Grafik exportieren

Grafik nach Word exportieren

Word 2007 verfügt nicht über die Grafikfunktionen von PowerPoint 2007; es ist diesbezüglich auf dem Standard der Vorversionen stehen geblieben. Darum werden Grafiken von Word als importierte, nicht bearbeitbare Grafikobjekte interpretiert.

Abb. 23.2: Grafikeffekt-Werkzeuge aus den Vorversionen und Grafikumwandlung in Word 2007

Für Excel bestehen derartige Probleme nicht, denn Excel 2007 verfügt über dieselben Grafik-Funktionen wie PowerPoint 2007.

23.2 Ganze Präsentation oder Einzelfolien als Grafiken speichern

 SPEICHERN UNTER ...

 F12

Wählen Sie ein Grafikformat aus, empfehlenswert ist PNG. Eine Abfrage zum Umfang des Exports muss noch beantwortet werden, dann

- exportiert PowerPoint die aktuelle Folie als Grafikdatei in den Zielordner oder
- legt PowerPoint im Zielordner einen Unterordner mit dem Namen der Präsentationsdatei an und exportiert alle Folien als Grafikdateien in diesen Ordner.

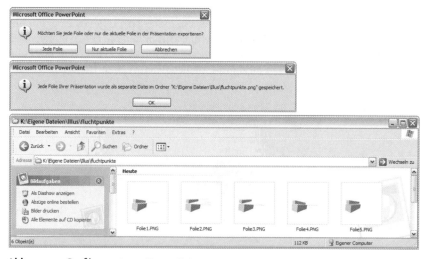

Abb. 23.3: Grafikexport aus PowerPoint

Teil V

Animiert präsentieren

In diesem Teil:

- **24 Basiswissen zu Animationen auf Folien**............. 355
  Manche lernen es nie, Salz in der Suppe
  oder Suppe versalzen?

- **25 Der schnelle Weg zur animierten Folie**.............. 361
  Voreingestellte Animationen für Text,
  Tabellen, SmartArts und Diagramme

- **26 Rein in die Folie, raus aus der Folie**................... 365
  Animationstypen, Animationsauslöser, Animationen
  sortieren, Animationsoptionen, Erweiterte Zeitachse

- **27 Hervorheben** 375
  Auf bestimmte Punkte der Folie
  aufmerksam machen

  Workshops: Springender Marker, Spezialeffekte

- **28 Auf der Folie bewegen**....................................... 381
  Vorgefertigte und Benutzerdefinierte
  Animationspfade, Spezifische Optionen
  der Pfadanimation

  Workshops: Gleitender Marker, Uhr, Countdown

- **29 Objektspezifisch animieren**................................ 393
  Text oder Datenpunkte nach und nach
  erscheinen lassen, andere Animationen
  zwischenschieben, Workarounds für
  Tabellen- und SmartArt-Animation

  Workshops: Textfeld austauschen, Schlagworte
  extrahieren, Geschwindigkeiten im Diagramm
  angleichen, der verflixte Tortenmittelpunkt,
  dynamischer Wertevergleich, Panoramafotos
  animieren u.a.

- **30 Animationen kombinieren** **415**
  Workshops: Rollender Ball, dynamisch unterstreichen, den »Kurzen Blick« verlängern, in der Präsentationsansicht scrollen

- **31 Von Folie zu Folie** **421**
  Folienübergänge, Übergangsrichtung und -geschwindigkeit, Informationen von Folie zu Folie durchreichen

Kapitel 24

Basiswissen zu Animationen auf Folien

Animationen sind nützlich für eine computergestützte Präsentation, aber sie können verheerend wirken, wenn sie falsch eingesetzt werden. Um dabei Fehler zu machen, muss man sich gar nicht mal groß anstrengen; es reicht schon, Microsofts Voreinstellungen für Animationen unverändert beizubehalten.

24.1 Manche lernen es nie ...

Ob die Microsofties das jemals hinbekommen werden? Seit es animierte Objekte in PowerPoint gibt (anfangs nur Texte), bewegen sie sich von der Standardeinstellung her falsch, z. B. »Text von links« in den frühen Versionen. Text von links einfliegen zu lassen, ist so ziemlich die dümmste Animation im westlichen Kulturkreis; in Nahost und Nordafrika dürfte diese Richtung passen. Seit Version 2002 kommt in den Standard-Animationen der fliegende Text zwar von unten, was unserem Leseverhalten eher entgegenkommt, aber der für Textanimation immer zu empfehlende »Wischen«-Effekt wischt gemäß Voreinstellung völlig abwegig ebenfalls von unten nach oben.

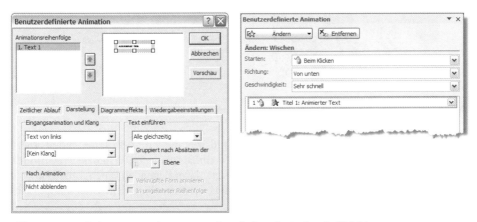

Abb. 24.1: Sie bekommen es bei Microsoft einfach nicht in den Griff: fehlgesteuerte Standardanimationen, ein Ärgernis seit Generationen.

Gewiss, das lässt sich nachbessern, aber es verursacht vermeidbare Arbeitsschritte, und ärgerlich ist es auch, dass diese Fehler über Generationen hinweg im Programm bleiben, zumal Einsteiger häufig davon ausgehen, dass alles, was voreingestellt ist, gut und richtig sein muss.

Kapitel 24
Basiswissen zu Animationen auf Folien

Wir haben bestimmte Erwartungshaltungen an die Ablaufrichtung von Animationen:

- Ein Text muss sich in Leserichtung aufbauen, also von links nach rechts oder von oben nach unten. Das bedeutet einfliegen von rechts oder unten, wischen von links oder oben.

Abb. 24.2: Richtungen der Standard-Textanimationen

- Ein Säulendiagramm muss von unten nach oben wachsen oder bei gemischten positiven und negativen Werten von null zum jeweiligen Maximum. Wischen von unten oder »Kurzer Blick« von unten sind die probaten Animationen; eine Datensäule, die von oben »ins Diagramm gestellt« wird, wirkt eigenwillig, genauso wie der voreingestellte Effekt »Einfliegen von unten«, bei dem sich die Datensäulen von unten durch den Diagrammboden bohren.

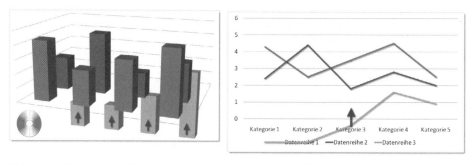

Abb. 24.3: Eigenartige Wirkung der Standard-Animation »Einfliegen von unten«

- In einem dreidimensionalen Diagramm müssen die hinteren Datenreihen zuerst erscheinen und sich nach vorn aufbauen, manchmal schon aus existenziellen Gründen, um wenigstens vorübergehend hinter größeren, davor liegenden Datenpunkte bemerkt zu werden. Das klappt mit den Automatismen von PowerPoint leider überhaupt nicht, sondern muss von Hand arrangiert werden.

24.2 ... die Suppe nicht zu versalzen

Animationen können das Salz in der Präsentationssuppe sein – oder auch die Suppe gehörig versalzen. Positiv ist die Möglichkeit, Texte absatzweise und Datenpunkte in Diagrammen gruppenweise ins Bild zu bringen und so deutlich besser mit dem Vortrag zu synchronisieren. Bei zu starker Aufdröselung jedoch wird der Vortrag unruhig, Sie kommen aus dem Klicken nicht mehr heraus.

Gehen Sie deshalb sparsam mit den Effekten um, also

- Animation nur da, wo sie wirklich sinnvoll ist,
  - Textanimationen nicht bis in die letzte Gliederungsebene aufteilen,
  - Diagramme mindestens als Kategorien oder Reihen gemeinsam animieren, nicht jeden einzelnen Datenpunkt separat erscheinen lassen,
- kein ständiger Wechsel der Effekte und
- Verzicht auf allzu spektakuläre Effekte.

Die besonders auffälligen Effekte können sinnvoll sein, wenn Sie zu Werbezwecken eine selbst laufende Show erstellen möchten. Dort stören sie keinen Vortrag und bieten einen zusätzlichen Anreiz für den Betrachter, der ja in diesem Fall durch die Dauerberieselung aufmerksam werden soll, ohne dass ihn jemand darauf hinweist.

In den nachfolgenden Kapiteln finden Sie gezielte Hinweise zur Frage der zum jeweiligen Element passenden Animation.

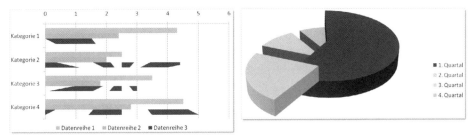

Abb. 24.4: Geräderte Balken und hüpfendes Tortenstück – nanu?

Aber auch wenn Sie diese Grundregeln beherzigen, bleiben noch genügend Stolperfallen. So sieht man immer wieder, dass Objekte von oben in eine Folie hineinbewegt werden, obwohl da schon der Folientitel steht. Das sieht unprofessionell aus! Bereits auf der Folie zu sehende Elemente dürfen nur in Ausnahmefällen »überfahren« werden. (Genau das tat auch der berüchtigte »Text von links«-Effekt, wenn das Design am linken Rand einen auffälligen Begrenzer hatte.)

24.3 Im Ensemble ist jeder Effekt brauchbar

Für sich allein sind viele Effekte ein Witz und einer seriösen Animation abträglich. Im Verbund mit anderen Effekten jedoch erschließt auch der auf den ersten Blick abenteuerlich anmutende Effekt ganz neue Formen der Animation. In den Workshops des Kapitels 30 und in den Musterpräsentationen auf der Buch-CD finden Sie deshalb Beispiele zu kombinierten Animationen, die Ihnen Anregung sein sollen für eigene Kombinationen.

Abbildung 24.5 zeigt unvollkommen einen Ausschnitt aus einer komplexen Animation, die Sie auf der CD finden. Stromfluss, Ladestand und Leuchten werden durch Animationen dargestellt und sind weit eindrucksvoller als eine bloße Wiedergabe der einzelnen Phasen des Ablaufs.

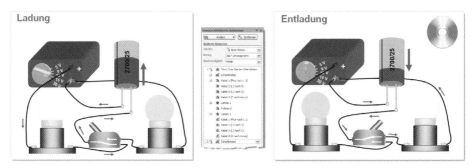

Abb. 24.5: Zwischenstadien einer komplexen Animation

Das Animationsscript in Abbildung 24.5 zeigt nur den ersten Teil des »Films« bis zum Abschalten der Versorgungsspannung. Um die Übersicht beim Arbeiten an sehr komplexen Animationen zu wahren, kann immer wieder empfohlen werden, sie auf mehrere Folien zu verteilen.

Das Beispiel zeigt auch den Nutzen der Namensvergabe an Objekte auf der Folie. Das Bild setzt sich aus 82 Formen und Gruppen zusammen; da wird es beim Animieren schon mal unübersichtlich, wenn die Objekte nur mit durchnummerierten Kategorienamen bezeichnet sind.

Anmerkung zum Kondensator-Experiment

Ursprünglich benötigte ich nur die beiden in Abbildung 24.5 gezeigten Bilder als Illustrationen für ein Modellbau-Buch. Beim Arbeiten daran kam mir die Idee, dass die animierte Fassung ein gutes Beispiel für PowerPoint-Trainings (und vielleicht auch für den Physik-Unterricht) sein kann.

24.4 Folieninhalte verbinden

Ein oft gehörter Vorwurf der Visualisierungskritiker ist die angeblich fehlende Vermittlung inhaltlicher Zusammenhänge zwischen den einzelnen Stichpunkten und Folien. Gewiss, es ist schon so, dass auf Grund der Vorgaben an den maximalen Inhalt einer Folie komplexe Informationen auf mehrere Folien verteilt werden müssen; es ist aber nicht so, dass deshalb dem Publikum diese Zusammenhänge verschleiert würden. Es gibt durchaus Methoden, Informationen folienübergreifend für das Publikum als »roten Faden« aufzubereiten.

Sie müssen nur dafür sorgen, dass beim Wechsel zur nächsten Folie nicht alle Inhalte ausgetauscht werden, denn beim radikalen Folienwechsel muss das Publikum sich erst neu orientieren und verliert beim Suchen nach Ansatzpunkten vielleicht den Anschluss an den vorgetragenen Sachverhalt.

Sie können dieses Suchen vermeiden, indem Sie auf der Folgefolie Teile der alten Folie wiederholen und erst dann die neuen Informationen per Animation dazutun. So hat das Publikum die gerade erkannten Ergebnisse der Vorfolie noch im Blick und findet sich auf der Folgefolie besser zurecht. (Vgl. Abbildung 24.6; in den Kapiteln 30/31 werden solche Kombinationen ausführlich erläutert.)

Diese Techniken werden von den Verfechtern der so genannten »PowerPoint-Legende« aber ignoriert, sie orientieren sich mit ihrer Kritik ausschließlich an schlechten Vorträgen und propagieren die Abkehr von der computerunterstützten Visualisierung, empfehlen stattdessen, nur Flipchart, Tafel, Pinnwand zu benutzen. Fühlt man ihnen allerdings auf den Zahn, stellt man sehr schnell fest, dass sie mit den klassischen Mitteln genau dasselbe tun wie die Benutzer von Präsentationsprogrammen: Sie visualisieren ebenfalls – nur nicht so elegant und lesbar.

Interessant ist übrigens, dass die größten Visualisierungsgegner im Lager professioneller Redenschreiber zu finden sind, also den Vertretern der rein verbalen Vortragsform. Wie es in einem nicht visuell unterstützten Vortrag allerdings gelingen soll, komplexe Zusammenhänge leicht verständlich zu vermitteln, darüber schweigen sich diese Herrschaften aus. Die Praxis »politischer Debatten« belegt empirisch die Unsinnigkeit des Verzichts auf Visualisierung.

24.5 Projekt: Daten durchreichen

Auch im Projekt trat angesichts größerer Kalkulationen mehrfach die Notwendigkeit ein, Tabellen auf mehrere Folien zu verteilen. Um dabei die Anschlüsse verfolgen zu können, »blieben die Ergebnisse der jeweils ersten Folie stehen«, weil sie in exakt positionierten Textfeldern auf der ansonsten leeren Folgefolie als Kopie auftauchten. Der Folienwechsel (»Wischen« von links) löschte also scheinbar alle Folieninhalte bis auf die Ergebniswerte.

Eine Pfadanimation brachte diese Textfelder dann an ihre Position in der Tabelle der Folgefolie. So konnten alle Zuschauer diese Werte im Auge behalten, wenn sich dann scheinbar die neue Tabelle (wiederum Folienwechsel »Wischen« von links) darum gruppierte.

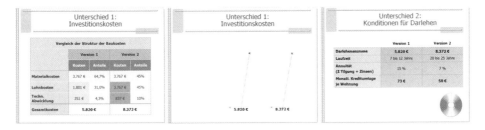

Abb. 24.6: Die Zwischenfolie stellt Zusammenhänge her.

Gelegentlich ist es aber gar nicht erforderlich, eine Verbindung zwischen zwei Folien herzustellen, weil es sich beim genaueren Hinschauen erübrigt, die Daten auf zwei Folien zu verteilen. Abbildung 24.7 unten zeigt, wie bei erträglich reduzierter Schriftgröße (28 zu 20 pt) und gestauchter Y-Achse des Diagramms der Platzgewinn durch Wegfall der Logo-Leiste genutzt werden konnte, um zwei zusammengehörende Folien zu vereinen.

Kapitel 24
Basiswissen zu Animationen auf Folien

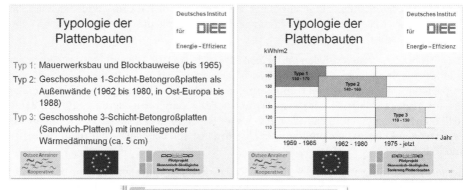

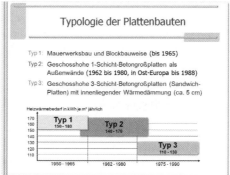

Abb. 24.7: Mit ein wenig Geschick lassen sich ohne Qualitätsverlust zusammengehörige Folien kumulieren.

Kapitel 25

Der schnelle Weg zur animierten Folie

Eine bequeme Methode, eine Präsentation schnell mit Animationen zu versehen, bietet die Auswahl in

ANIMATIONEN ▸ *Animationen* ANIMIEREN

Sie bietet für alle Arten von Folienelementen die Standardanimationen *Verblassen*, *Wischen von unten* und *Einfliegen von unten* an. Dazu gibt es geringfügige Varianten je nach Art des Elements.

Diese »Schnellschüsse« bei der Animation von Formen und Bildern sind nur für Komplettillustrationen geeignet und für als »Marker« eingesetzte Formen, die an genau vorbestimmten Stellen der Folie platziert werden sollen. Der komplexe Aufbau von Grafiken aus Einzelteilen mit Hilfe der Animation bedarf größeren Aufwands, mehr dazu in den Folgekapiteln.

> **Tipp**
>
> Zumindest bei Markern sollten Sie wenigstens die Animationsrichtung nachbessern, denn das Publikum erwartet bei pfeilförmigen Hinweis-Bildchen, dass sie auch in Pfeilrichtung animiert werden, und diese Richtung ist nun mal in den seltensten Fällen *von unten*.

25.1 Der schnelle Weg zur Text-Animation

Abb. 25.1: Kontextsensitive Schnellanimation für Texte ohne (links) und mit Gliederung (rechts)

Die Animations/Kombinationen sind sehr stereotyp und leider ist der WISCHEN-Effekt so nicht brauchbar, weil er die für Texte unglückliche Standardeinstellung VON UNTEN verwendet. Wenn Sie den WISCHEN-Effekt verwenden möchten (er ist einer der am besten geeigneten Effekte für Textanimation) müssen Sie auf jeden Fall in der BENUTZERDEFINIERTEN ANIMATION die Effektrichtung auf »von links« umstellen:

BENUTZERDEFINIERTE ANIMATION ▶ RICHTUNG: »von links«

Um den in der Projektion angezeigten Text dem Vortrag direkt anpassen zu können, gestattet Ihnen PowerPoint, einzelne Absätze nach und nach auf Mausklick in die Folie zu bringen. Dem dient die Variante BEI 1. ABSCHNITTSEBENE, die für gegliederte Texte angeboten wird.

> **Empfehlung**
>
> Verwenden Sie zur separaten Animation keine tiefere Gliederungsebene als die 1. Abschnittsebene, es sei denn, in einer tieferen Ebene erwartet die Zuschauer eine besondere Überraschung. Im Normalfall wirkt das ständige Neueinblenden kleinster Unterpunkte zu unruhig.

25.2 Der schnelle Weg zur Tabellen-Animation

Tabellen-Animationen (auch bei der BENUTZERDEFINIERTEN ANIMATION) sind immer auf die komplette Tabelle bezogen. Es gibt keine Möglichkeit, einzelne Zellen, Spalten oder Zeilen separat zu animieren. Abhilfe schaffen hier Workarounds, die in Kapitel 29 beschrieben sind.

> **Empfehlung**
>
> Sie sollten auf Animationen von Tabellen grundsätzlich verzichten. Meist sind sie ohnehin so formatfüllend, dass eine Animation nach Einblenden der Folie lediglich eine Verzögerung darstellte.

25.3 Der schnelle Weg zur SmartArt-Animation

Wie bei allen vornehmlich Text enthaltenden Folien muss auch bei der Animation von SmartArts auf die Leserichtung geachtet werden, womit der WISCHEN-Effekt wiederum der Nachbearbeitung in der BENUTZERDEFINIERTEN ANIMATION bedarf, um die ungeeignete voreingestellte Animationsrichtung VON UNTEN zu korrigieren.

BENUTZERDEFINIERTE ANIMATION ▶ RICHTUNG: ...

Von diesem Problem abgesehen, ist die Auswahl an Standard-Animationsvarianten für SmartArts schon hinreichend. Sie können je nach Bedarf das komplette SmartArt auf einen Schlag (ALS EINZELNES OBJEKT) oder Teile davon bis hin zum einzelnen Aufzählungspunkt nacheinander (SCHRITTWEISE) erscheinen oder einfliegen lassen. Die Variante ALLE GLEICHZEITIG lässt zwar *eine* Animation ablaufen, aber jedes Element bewegt sich für sich, nicht im Gesamtverband.

SmartArt-Animationen sollten Sie wegen der stärkeren Präsenz der grafisch aufbereiteten Texte noch behutsamer einsetzen als bei reinen Textfolien.

Abb. 25.2: Viele Animationsvarianten schon in den Standardanimationen für SmartArts

25.4 Der schnelle Weg zur Diagramm-Animation

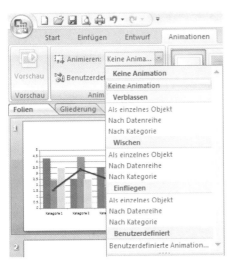

Abb. 25.3: Kontextsensitive Schnellanimation für Diagramme

Bei Diagrammen muss besonderer Wert auf die korrekte Animationsrichtung und -abfolge gelegt werden; achten Sie deshalb bereits in der Life-Vorschau darauf, ob der gewählte Effekt seriös erscheint. Der EINFLIEGEN-Effekt mit seiner Voreinstellung VON UNTEN ist zum Beispiel für Säulendigramme wenig brauchbar, *bohren* sich die Säulen doch durch den Diagrammboden. Die Abfolge NACH DATENREIHEN wirkt bei 3D-Diagrammen ungeschickt, wenn sich zuerst die vorderste Datenreihe aufbaut und die folgenden später dahinter.

Kapitel 26

Rein in die Folie, raus aus der Folie

Wenn Sie Folienelemente völlig frei animieren möchten, wählen Sie

ANIMATIONEN ▶ *Animationen* BENUTZERDEFINIERTE ANIMATION

Es erscheint der Aufgabenbereich BENUTZERDEFINIERTE ANIMATION mit allen Werkzeugen für Animationen.

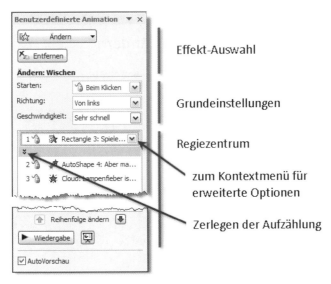

Abb. 26.1: Der Aufgabenbereich BENUTZERDEFINIERTE ANIMATION

26.1 Animationstypen

PowerPoint kennt vier Arten der Animation:

Eingangs-Animationen (grüne Symbole) sind das ideale Werkzeug, um die Elemente einer Folie am Vortragstext orientiert nach und nach aufzubauen.

Ausgangs-Animationen (rote Symbole) – fälschlicherweise »Beenden« genannt, was immer wieder zu Verwirrung bei PowerPoint-Einsteigern führt – sind für komplexe Folien gedacht, bei denen bereits sichtbare Elemente wieder entfernt oder ausgetauscht werden sollen.

Hervorhebungen (unterschiedliche Symbole und -farben) sind ein gutes Mittel, um den Fokus des Publikums auf bestimmte Stellen der Folie zu lenken.

Animationspfade (Liniensymbol) sind dazu gedacht, Objekte über die Folie zu bewegen.

> **Hinweis**
>
> Für virtuelle Medien gibt es darüber hinaus noch spezielle Steuermechanismen, die ebenfalls im Aufgabenbereich BENUTZERDEFINIERTE ANIMATION zu finden sind, wenn ein Medienobjekt markiert ist. Mehr dazu erfahren Sie in Teil VI.

Die Bezeichnungen der Animationen sind teilweise nicht sehr aussagekräftig, das beginnt schon bei den Rubriken, die mit EINGANG für Eingangs-Animationen und BEENDEN für Ausgangs-Animationen bezeichnet werden. Diese verbale Verwirrung setzt sich fort bei den eigentlichen Bezeichnungen der Animationen, z. B. VERBLASSEN als Eingangs-Animation, denn das Objekt verblasst beim Eingangseffekt ja nicht, im Gegenteil. Im Gegenzug gibt es korrespondierende Eingangs- und Ausgangseffekte mit total unterschiedlichen Bezeichnungen. Und dann sind da noch die Effekte, deren Verbalisierung total unverständlich ist ...

26.2 Animation zuweisen und Zuweisung ändern

EFFEKT HINZUFÜGEN ▸ (Animationsart und Animation per Klick auswählen)

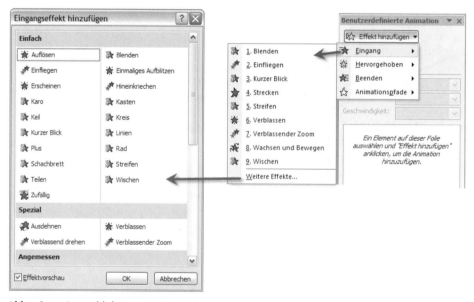

Abb. 26.2: Auswahl der Animation

Nach Auswahl einer Animation wird das Objekt mit seiner kryptischen internen Bezeichnung oder mit dem von Ihnen im AUSWAHLBEREICH zugewiesenen Namen in einer nummerierten Liste im Aufgabenbereich BENUTZERDEFINIERTE ANIMATION dargestellt. Die Animationsnummer finden Sie links neben dem animierten Objekt wieder.

26.2 Animation zuweisen und Zuweisung ändern

- Wenn Sie ein *Objekt auf der Folie* markieren, werden alle zu diesem Objekt gehörenden Effekte in der Liste markiert.
- Wenn Sie eine *Animation in der Liste* markieren, wird die Animationsnummer am Objekt hervorgehoben.

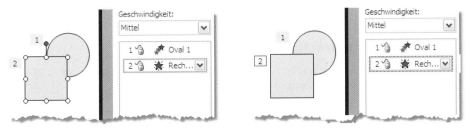

Abb. 26.3: Unterschiedliche Darstellung der Markierungen, wenn das Objekt markiert ist (links) und wenn die Animation markiert ist (rechts)

An der Bezeichnung der Schaltfläche oben links im Aufgabenbereich können Sie erkennen, welchen Bearbeitungsmodus der Animationen Sie gerade aktiviert haben:

[Effekt hinzufügen] Wird ein *Element auf der Folie markiert*, lautet die Knopfbeschriftung EFFEKT HINZUFÜGEN. Dem Objekt wird damit eine Animation zugewiesen, unabhängig davon, ob bereits eine andere zugewiesen wurde.

[Ändern] Wird eine *Animation in der Liste markiert*, lautet die Knopfbeschriftung ÄNDERN. Der zugehörigen Illustration wird damit eine andere Animation zugewiesen; die bisherige Zuweisung wird überschrieben.

Sie können einem Objekt beliebig viele Animationen zuweisen, auch solche, die zeitgleich ablaufen; Beispiel: Eine Form wird mit *Einfliegen* von außerhalb an seine Position in der Folie bewegt und zugleich mit *Verblassen* immer kräftiger.

Workshop: Ein Text fliegt ein und gewinnt dabei an Farbe ●●

1. Zeichnen Sie ein Textfeld und tragen Sie Text ein.
2. Markieren Sie das Textfeld (Rahmen!).
3. Klicken Sie auf EFFEKT HINZUFÜGEN und wählen Sie EINFLIEGEN.
4. Markieren Sie das Textfeld.
5. Klicken Sie auf EFFEKT HINZUFÜGEN und wählen Sie VERBLASSEN.
6. Markieren Sie in der Liste beide Effekte ([Strg] beim Anklicken festhalten).
7. Ordnen Sie ihnen bei GESCHWINDIGKEIT eine identische Einstellung zu.
8. Markieren Sie in der Liste die zweite Animation und weisen Sie ihr die Startoption MIT VORIGER zu.

Kapitel 26
Rein in die Folie, raus aus der Folie

> **Grundprinzip**
>
> EINGANGS-Animationen holen ein Bild von »außerhalb« in die Folie!
>
> BEENDEN-Animationen entfernen ein Bild vollständig aus der Folie!
>
> Wenn es nur über die Folie bewegt und »in die Ecke gestellt« werden soll, bedarf es der Pfadanimation.

26.2.1 Animationseffekt testen

Im Hauptfenster wird die gewählte Animation gleich vorgestellt, wenn Sie die AUTOVORSCHAU-Option am unteren Ende des Aufgabenbereichs aktiviert haben.

Wollen Sie das Zusammenspiel mehrerer Animationen testen, so gibt es am unteren Rand des Aufgabenbereichs und in der linken Ecke der Funktionsleiste ANIMATIONEN dazu passende Schaltflächen.

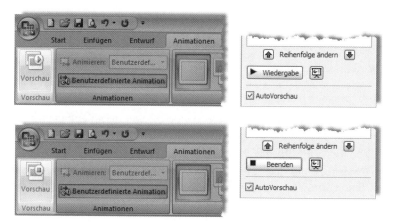

Abb. 26.4: Redundante Vorschau-Schaltflächen in der Funktionsleiste (links) und im Aufgabenbereich (rechts)

Während die Schaltflächen VORSCHAU und WIEDERGABE die Animation im Bearbeitungsfenster zeigen, wechseln Sie mit der Schaltfläche [icon] in den Präsentationsmodus und sehen die Animation als Vollbild in Echtzeit.

26.3 Animationsauslöser

Oberhalb dieser Liste erkennbar ist der Auslöser für die Animation:

- [icon] steht für Starten per Mausklick,
- [icon] steht für Starten *nach* Ende der vorherigen Animation,
- kein Symbol bedeutet, dass die Animation *zeitgleich* mit der vorherigen startet, beide Animationen also zeitlich parallel laufen.

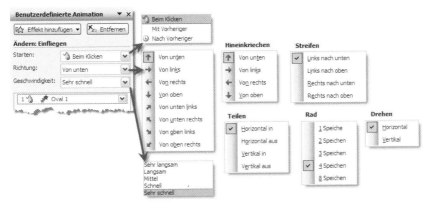

Abb. 26.5: Generelle Einstellungen für Animationen; RICHTUNG variiert je nach Effekt.

Von der Reihenfolge abweichen

Zusätzlich gibt es mit dem *Trigger* einen weiteren speziellen Auslöser:

Normal laufen die Animationen in der Reihenfolge ab, in der sie aufgelistet sind. Der Trigger gestattet individuelle und situationsbezogene Abweichungen. Dazu bedarf es einer Auslöseform, auf die geklickt wird, und dieser gezielte Klick löst die Animation des Bildes oder der Form aus. Zum Vorbereiten und zum Einsatz des Triggers gibt Kapitel 38 erschöpfend Auskunft.

26.4 Animationen sortieren

Jede Animation lässt sich innerhalb der Liste beliebig mit Hilfe der beiden Pfeil-Schaltflächen oder per Drag&Drop verschieben.

Abb. 26.6: Zwei Möglichkeiten, um die Animationsreihenfolge zu ändern

26.5 Erledigt, wohin damit?

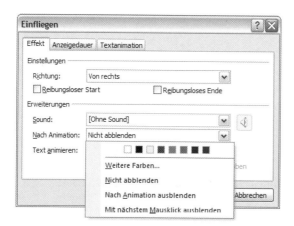

Abb. 26.7: Verhalten nach der Eingangs-Animation wählen

Für Eingangs-Animationen können Sie im Register EFFEKT unter NACH ANIMATION wählen, ob das Bild nach dem Einblenden sichtbar bleibt (NICHT ABBLENDEN) oder MIT DEM NÄCHSTEN MAUSKLICK AUSGEBLENDET werden soll. Das sofortige Verschwinden NACH ANIMATION AUSBLENDEN ist wohl nur selten sinnvoll einzusetzen.

Diese von den Versionen 97 und 2000 stammenden Abblendeffekte werden durch die Ausgangs-Animationen (BEENDEN) und die HERVORHEBUNGEN noch um zahlreiche Effekte erweitert.

26.5.1 Ausgangs-Animationen

Wenn Sie in der Animationsauswahl eine BEENDEN-Animation wählen, wird damit ein auf der Folie befindliches Objekt wieder aus der Folie entfernt. Die Animationen entsprechen weitgehend den EINGANGS-Animationen, nur in umgekehrter Wirkrichtung. Auch die Optionen sind identisch, so dass Sie fast alle Möglichkeiten der EINGANGS-Animationen auch für die BEENDEN-Animationen in den Registern EFFEKT und ANZEIGEDAUER wiederfinden.

In einigen Fällen ist es schwierig, die zu einem EINGANGS-Effekt passende BEENDEN-Animation zu finden, weil die Namen unterschiedlich sind. Tabelle 26.1 hilft bei der Zuordnung.

> **WICHTIG**
> BEENDEN-Animationen entfernen einen Text vollständig aus der Folie!

EINGANGS-Animation	BEENDEN-Animation
Auflösen	Auflösend hinaus
Ausdehnen	Zusammenziehen
Beruhigen	(kein Pendant)
Einfliegen	Hinausfliegen
Erheben	Untergehen
Erscheinen	Verschwinden
Hineinkriechen	Langsam hinaus
Komprimieren	Dehnen
Kurzer Blick	Blickend hinaus
Spirale	Spirale hinaus
Strecken	Reduzieren
(kein Pendant)	Abschwächen

Tabelle 26.1: Gegenüberstellung der Animationen-Pendants mit unterschiedlichen Namen

26.5.2 Alles wieder zurück?

Eine weitere Option im Register ANZEIGEDAUER lautet NACH DER WIEDERGABE ZURÜCKSPULEN, das heißt jedoch nicht, die Animation würde in umgekehrter Richtung wiederholt. Sie sorgt nach einer Animation nur dafür, dass der Zustand *vor* der Animation wiederhergestellt wird, also

- ein mit EINGANGS-Animation in die Folie gekommenes Bild verschwindet wieder,
- ein mit BEENDEN-Animation aus der Folie entferntes Bild taucht am alten Platz wieder auf,
- ein mit einer PFADANIMATION bewegtes Bild springt vom Ende des Pfades wieder an seine Startposition zurück.

26.6 Animationsoptionen

Mit einen Klick auf ▼ rechts am Rand des Listeneintrags oder mit einem Rechtsklick klappt ein Kontextmenü mit zusätzlichen Einstellungen auf, wobei hier Etliches redundant ist. EFFEKTOPTIONEN und ANZEIGEDAUER führen zu unterschiedlichen Registern desselben Dialogfensters. Auf deren Optionen wird in den folgenden Abschnitten noch spezifisch eingegangen. Für animierte Formen existiert das Register TEXTANIMATION hier ebenfalls für den Fall, dass eine Form als Textcontainer dient.

Kapitel 26
Rein in die Folie, raus aus der Folie

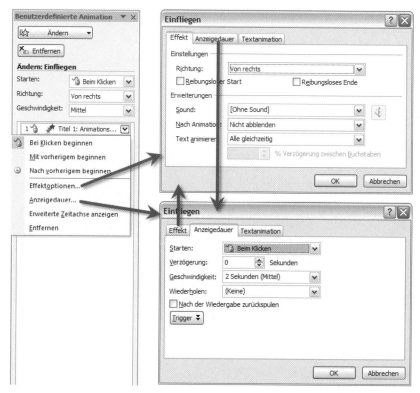

Abb. 26.8: Die beiden Standard-Register des Animationsdialogfensters

26.6.1 Geschwindigkeit der Animation einstellen

Die Optionen oberhalb der Liste sind redundant zu den Einstellungen im Register ANZEIGE-DAUER, dort aber noch besser anpassbar. Allerdings erschließt sich nicht auf den ersten Blick, dass die vorgegebenen Werte für die Animationsdauer (= Geschwindigkeit) und Verzögerung hier durch manuelle Eingabe wesentlich sensibler verändert werden können.

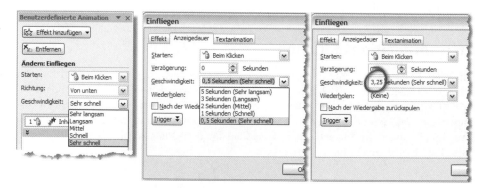

Abb. 26.9: Animationsgeschwindigkeit: auf den ersten Blick redundant (links und Mitte), aber im Dialog frei anpassbar (rechts)

26.6.2 Animationsstart verzögern

Gerade bei komplexen, automatisch ablaufenden Animationen ist es erforderlich, die Starts der einzelnen Phasen aufeinander abzustimmen. Mit der Einstellung VERZÖGERUNG im Register ANIMATIONSDAUER haben Sie direkten Einfluss auf die Startverzögerung, wenn Sie nicht die grafischen Einstellmöglichkeiten der ERWEITERTEN ZEITACHSE nutzen wollen.

26.6.3 Weiche Bewegungen

Bei bewegten Animationen besteht im Register EFFEKT mit REIBUNGSLOSER START und REIBUNGSLOSES ENDE die Option, die Bewegung nicht ruckartig, sondern weich anfahren und sanft bremsen zu lassen.

26.6.4 Animation wiederholen

WIEDERHOLUNGEN können reizvoll und nützlich sein, z. B. wenn es sich um einen der *Einmal-kurz-und-dann-wieder-verschwunden-Effekte* handelt, von denen es in den HERVORHEBUNGEN reichlich gibt. Die Wiederholung erlaubt es Ihnen, daraus einen Dauereffekt zur Hervorhebung bis zum nächsten Mausklick oder bis zum Folienwechsel zu machen. Da dieser Effekt jedoch unruhig ist, sollten Sie ihn nur in besonderen Fällen verwenden; für Ein- und Ausgangs-Animationen ist er ohnehin kaum brauchbar.

26.7 Die Erweiterte Zeitachse

Beim Synchronisieren mehrerer Animationen hilft die ERWEITERTE ZEITACHSE, die Sie über das Kontextmenü einer Animation einblenden. Sie gewährt Ihnen einen ausführlichen Überblick über Kombination von Animationen (Optionen MIT VORHERIGER und NACH VORHERIGER) und deren zeitliche Abstimmung aufeinander. Für längere Animationssequenzen empfiehlt es sich, den Aufgabenbereich aus seiner Standardposition am rechten Bildschirmrand zu lösen: Greifen Sie die Titelleiste des Aufgabenbereichs und schieben Sie den nun frei schwebenden Aufgabenbereich an die obere oder untere Fensterkante. Er verankert sich hier über die volle Bildschirmbreite. Damit verkleinern Sie zwar das Bearbeitungsfenster, doch Sie haben eine breitere Zeitachse.

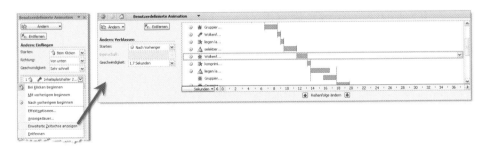

Abb. 26.10: Die ERWEITERTE ZEITACHSE in Bildschirmbreite

Sie können die Zeitbalken der Animationen mit dem Mauszeiger komplett greifen und verschieben oder auch am Rand greifen und die Animationsdauer (damit indirekt die Geschwindigkeit) verändern. Ist die Startoption MIT VORHERIGER eingestellt, lässt sich eine Animation innerhalb der Zeitachse frei bewegen und skalieren. NACH VORHERIGER beschränkt die Möglichkeiten in positiver Richtung.

Abb. 26.11: Arbeiten mit der Zeitachse, den Anzeigedauer-Optionen gegenübergestellt

Alle in der ERWEITERTEN ZEITACHSE vorgenommenen Änderungen werden per Quickhelp neben dem Cursor angezeigt und sofort in den Werten für VERZÖGERUNG und GESCHWINDIGKEIT des ANIMATIONSDAUER-Dialogs fortgeschrieben.

26.8 Gruppen animieren

Gruppierte Formen werden in einem Stück animiert. Anders als bei Texten, SmartArts und Diagrammen gibt es keine Möglichkeit, die Teile einer Gruppe nach und nach erscheinen zu lassen. Ist das gewünscht, müssen Sie die Gruppierung aufheben und jede Form oder Untergruppe separat animieren.

> **Vorsicht**
>
> Werden animierte Formen gruppiert oder eine animierte Gruppe aufgelöst, so werden alle bisher zugewiesenen Animationen gelöscht!

Kapitel 27

Hervorheben

Manchmal ist es gar nicht erwünscht, die Elemente einer Folie erst nach und nach erscheinen zu lassen. Die Zuschauer sollen schon beim Einblenden der Folie den kompletten Inhalt vor Augen haben. Dennoch sollen bestimmte Elemente hervorgehoben werden, wenn über sie gesprochen wird.

27.1 Hervorheben mit Standardanimationen

27.1.1 Beim Folienzeiger abgeschaut

Dazu bieten sich verschiedene Methoden an. Die »klassische« ist die der OHP-Technik entlehnte, bei der ein Zeiger auf das aktuelle Thema hinweist. Ein solcher Zeiger ist auch in PowerPoint leicht zu realisieren. Einer der Pfeile aus den FORMEN wird mit einer zum Hintergrund gut kontrastierenden Farbe versehen und weist auf das aktuelle Element auf der Folie. Ist das Thema erledigt, verschwindet der Pfeil (Option MIT NÄCHSTEM MAUSKLICK AUSBLENDEN) und es erscheint ein gleichartiger beim nächsten Folienelement. Für die Zuschauer vermittelt sich der Eindruck, der Pfeil sei in seine neue Position gesprungen.

Workshop: Springender Marker

1. Zeichnen Sie einen »Pfeil nach rechts« aus den FORMEN | BLOCKPFEILE und positionieren Sie ihn vor dem zu kennzeichnenden Objekt, Textabsatz o. ä.
2. Formatieren Sie diesen Pfeil mit einer Kontrastfarbe zum Hintergrund und beliebigen weiteren Effekten.
3. ANIMATIONEN ▸ *Animationen* BENUTZERDEFINIERTE ANIMATION
4. EFFEKT HINZUFÜGEN ▸ EINGANG ▸ »Erscheinen«
5. Klicken Sie in der Animationsliste auf ▾ zu dieser Animation.
6. EFFEKTOPTIONEN ▸ *Nach Animation* ▾ ▸ »Mit nächstem Mausklick ausblenden«
7. Duplizieren Sie den Pfeil, z. B. mit [Strg]+[D].
8. Platzieren Sie den Pfeil vor dem nächsten zu kennzeichnenden Element.
9. Wiederholen Sie die Schritte 7.. und 8.., bis alle zu kennzeichnenden Elemente mit dem Pfeil ausgestattet sind.

Eleganter wirkt das noch, wenn Sie die Pfadanimationen einsetzen und nur ein Pfeil von einem Objekt zum nächsten gleitet, siehe Kapitel 28.

27.1.2 Auf- und Abblenden

Eine halbtransparente Abdeckung ist vor allem zum Hervorheben von Bildern sinnvoll. Alle zu zeigenden Bilder sind auf der Folie zu sehen, die aktuell nicht interessierenden sind jedoch mit einem Rechteck bedeckt, das mit einer 50 % transparenten weißen Flächenfüllung versehen ist.

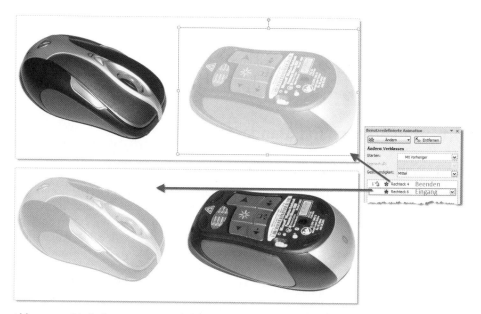

Abb. 27.1: Die halbtransparente Abdeckung wird beim aktuellen Objekt ausgeblendet.

Dazu zeichnen Sie über jedes Objekt ein solches Rechteck oder eine andere Form, die das Bild vollständig bedeckt. Der Trick liegt in der richtigen Kombination der Animationen. Die Abdeckung des zuerst sichtbaren Bildes erhält eine Eingangs-Animation auf Klick, mit ihr zugleich startet eine Beenden-Animation für die Abdeckung des nächsten Bildes. So geht das weiter bis zum letzten Bild auf der Folie.

27.2 Hervorheben mit den »Hervorgehoben«-Animationen

ANIMATIONEN ▸ *Animationen* BENUTZERDEFINIERTE ANIMATION ▸ HERVORGEHOBEN

PowerPoint bietet in den HERVORGEHOBEN-Animationen eine Vielzahl von »Betonungseffekten«, bei denen die Beschreibungen wieder gelegentlich ins Abstruse abgleiten (zum Teil Übersetzungsfehler). Die Optionen zur Anzeigegeschwindigkeit und zu den Textanimationen sind identisch mit jenen der Eingangs- und Ausgangsanimationen; die Optionen im Register EFFEKT werden jeweils ergänzt um spezifische für die jeweilige Art der Hervorhebung.

27.2 Hervorheben mit den »Hervorgehoben«-Animationen

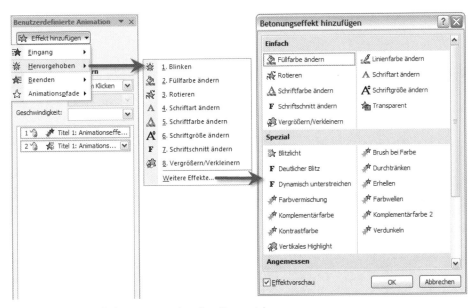

Abb. 27.2: Hervorhebungen zur aktuellen Kennzeichnung

Abb. 27.3: Einige der unterschiedlichen Optionen für die Hervorhebungen

Die Verwendung der Hervorhebungen sei an einem praktischen Beispiel illustriert:

Sie haben eine Aufzählung, die schon komplett sichtbar ist, wenn die Folie eingeblendet wird.

1. Färben Sie den Text mit einer kontrastarmen Farbe gegenüber dem Hintergrund, aber so viel Kontrast, dass er lesbar ist.
2. BENUTZERDEFINIERTE ANIMATION
3. EFFEKT HINZUFÜGEN ▸ HERVORGEHOBEN ▸ A SCHRIFTFARBE ÄNDERN
4. In der Animationsliste: ▾ ▸ EFFEKTOPTIONEN
5. In SCHRIFTFARBE ▾ ▸ Kontrastschrift wählen
6. In FORMATVORLAGE ▾ ▸ Überblendfarben wählen

Kapitel 27
Hervorheben

7. In NACH ANIMATION ▼ ▸ kontrastarme Farbe wie in Schritt 1 wählen
8. OK

Abb. 27.4: Ein Beispiel für den Hervorhebungseffekt »Schriftfarbe ändern«

Wichtig
Beachten Sie, dass vom Umfärben auch die Aufzählungszeichen erfasst werden, selbst wenn sie eigene Farbattribute besitzen oder grafische Symbole sind.

Vorsicht
Die HERVORGEHOBEN-Effekte haben ihre Tücken. So wird beim Schriftschnitt-Wechsel auf »fett« evtl. der Text neu umbrochen. Vergrößern-Effekte scheren sich nicht um den Folienrand. Testen Sie also gründlich aus, ob die Effekte Ihrer Präsentation auch zuträglich sind.

27.2.1 Dauerhaft oder flüchtig?

Manche HERVORGEHOBEN-Effekte bleiben nach der Animation stehen und Sie müssen sie mit einem gegenläufigen Effekt revidieren, bevor das nächste anzuzeigende Objekt oder der nächste anzuzeigende Stichpunkt hervorgehoben wird. Bei den Farbeffekten ist das mit Hilfe der Optionen NACH ANIMATION im Register EFFEKT leicht zu bewerkstelligen. Bei anderen, zum Beispiel den Größenänderungen, müssen Sie einen separaten HERVORGEHOBEN-Effekt für dieses Objekt einrichten.

Die flüchtigen Effekte lassen sich nur im Wiederholungsmodus sinnvoll einsetzen, wenn also im Register ANIMATIONSDAUER die Option WIEDERHOLEN aktiviert ist. Jedoch ist diese Option beim Effekt »Stilbetonung« nicht möglich.

Effekt bleibt	Effekt verschwindet wieder
Druckwelle	Blinken
Dynamisch unterstreichen	Blitzlicht
Erhellen	Brush bei Farbe
Farbvermischung	Deutlicher Blitz
Farbwellen	Durchtränken
Fett anzeigen	Flimmern
Komplementärfarbe1+2	Schimmer
Kontrastfarbe	Schwanken
Mit Farbe zunehmend	Stilbetonung
Rotieren	Vertikales Highlight
Schriftart ändern	Welle
Schriftfarbe ändern	
Schriftgröße ändern	
Schriftschnitt ändern	
Transparent	
Verdunkeln	
Vergrößern/Verkleinern	

Tabelle 27.1: Einteilung der Effekte in dauerhaft und flüchtig

27.2.2 Die eigenartige Hervorhebung »Welle«

Die Hervorhebung »Welle« wartet mit einer versteckten Option auf, die Sie nur auf Umwegen finden:

1. Ordnen Sie einem Text die Hervorhebung »Welle« zu.
2. In der Vorschau erleben Sie eine Animation wie in Abbildung 27.5 unten links.
3. Wechseln Sie in eine andere Folie und kehren Sie wieder zu der eben bearbeiteten Folie zurück.
4. An dem Text sehen Sie nun einen Vektor wie in einer Pfadanimation. Dieser Vektor gibt die Lage und Länge der Amplitude an, nach der sich der Text wellenförmig bewegt.

Sie können die rote Vektorspitze mit dem Mauszeiger greifen und so die Amplitude beliebig verändern. Greifen Sie das grüne Vektorende, lässt sich die Amplitude völlig vom Text trennen und ermöglicht eine besonders »abgehobene« Hervorhebung.

Völlig abartig reagiert diese Hervorhebung, wenn Sie den Vektor rechtsklicken und im Kontextmenü PFADRICHTUNG UMKEHREN wählen.

- Besonderheit der Welle   - Besonderheit der Welle

- Besonderheit der Welle   - Besonderheit der Welle

Abb. 27.5:   Amplitudensteuerung der Hervorhebung »Welle«

27.3 Sound zur Animation

Auch die Zuordnung eines Klangs zur Animation kann der Hervorhebung dienen, um dem Publikum zu signalisieren: »Augen auf, da vorn passiert gerade was!«

Register EFFEKT ▸ Option SOUND ▸ (Klangdatei aus Dateiliste auswählen)

Jedoch sollten Sie darauf verzichten, denn die Aufmerksamkeit des Publikums zu fesseln, ist in erster Linie Aufgabe der Vortragenden, nicht der Technik. Bei automatisch ablaufenden Präsentationen können Geräusche natürlich sinnvoll sein, um die Aufmerksamkeit des Publikums anzuziehen.

Kapitel 28

Auf der Folie bewegen

Um Objekte auf der Folie von einer Stelle an die andere zu bewegen, benutzen Sie die Animationspfade.

ANIMATIONEN ▸ *Animationen* BENUTZERDEFINIERTE ANIMATION ▸ EFFEKT HINZUFÜGEN ▸ ANIMATIONSPFADE

Damit lässt es sich innerhalb der Folie (oder auch hinein/hinaus, sofern einer der Endpunkte des Pfades außerhalb der Folie liegt) beliebig bewegen.

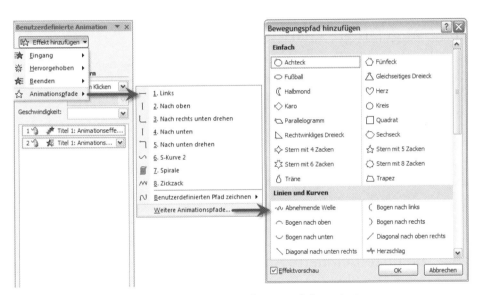

Abb. 28.1: Pfadmenü (links) und Auswahl vorgefertigter Pfade (rechts)

Ein Pfad wird auf der Folie immer als gestrichelte Linie mit einem grünen Dreieck als Start- und einem roten Dreieck als Endpunkt dargestellt. Der Startpunkt befindet sich in der Mitte des Objekts; im Zielpunkt kommt der Mittelpunkt des Objekts zur Ruhe.

Abb. 28.2: Pfad-Animation im Aufgabenbereich und im Bearbeitungsfenster

> **Hinweis**
> Pfade sind nur sichtbar, solange der Aufgabenbereich BENUTZERDEFINIERTE ANIMATION aktiv ist.

28.1 Vorgefertigte Animationspfade

Die vorgefertigten Pfade unter WEITERE PFADE sind kurze gerade Wege, an denen sich ein Objekt von der Start- zur Zielposition bewegt, oder in sich geschlossene Kurven, an denen entlang das Objekt wieder zur Ursprungsposition zurückgelangt.

Sie können die vorgefertigten Pfade wie benutzerdefinierte Pfade nacharbeiten.

Pfade aufbrechen

Die geschlossene Form der vorgefertigten Pfade lässt sich aufbrechen, indem Sie im Kontextmenü des Pfades PFAD ÖFFNEN wählen.

Start- oder Zielpunkt lassen sich auch außerhalb der Folie platzieren, womit Pfadanimationen zu Eingangs- oder Ausgangsanimationen umfunktioniert werden können.

28.2 Benutzerdefinierte Animationspfade

Sie können eigene Pfade kreieren, an denen sich ein Objekt entlang bewegen soll. Dazu wird Ihnen bei Auswahl des Menüpunktes BENUTZERDEFINIERTEN PFAD ZEICHNEN die *Linien*-Auswahl angeboten. Sie können die Pfade wie Bézier-Kurven oder Linienzüge zeichnen, wie in Kapitel 18 beschrieben.

Beginnt der Pfad innerhalb des animierten Objektes, springt er nach Abschluss des Zeichnens automatisch so um, dass der Startpunkt in der Mitte des animierten Objekts steht, dem Bezugspunkt für die Pfadanimation – der Mittelpunkt bewegt sich auf dem Pfad entlang! Diese Automatik erleichtert das Arbeiten gegenüber den Pfadanimationen der Vorversionen erheblich, denn Sie können damit direkt am signifikanten Punkt einer Form (z. B. der Spitze eines Pfeils) den Linienzug beginnen und exakt den Weg zeichnen, den dieser Punkt beschreiben soll. Mit dem Umspringen des Pfades überträgt sich die Relation zwischen signifikantem Punkt und Mittelpunkt so auf die Animation, dass in der Animation der signifikante Punkt den gewünschten Weg beschreibt.

Abb. 28.3: Der Pfadsprung: links Startpunkt beim Zeichnen, rechts in der Pfadanimation

Zeichnen Sie einen Pfad mit Startpunkt außerhalb des animierten Objekts, bleibt der Pfad dort so stehen; das Objekt springt zu Beginn der Animation mit seinem Mittelpunkt auf den Startpunkt.

Justierungshilfe

Ist es nicht möglich, die Zentrierautomatik zu nutzen, müssen Sie den Startpunkt von Hand in die Mitte des Objekts bringen. Da die Mittenmarkierungen der Anfasser beim Schieben des Pfades nicht sichtbar sind, benutzen Sie folgenden Trick als Justierungshilfe:

1. Wählen Sie die Zeichenform LINIE.
2. Bewegen Sie den Mauszeiger in das Objekt hinein; die Andockpunkte leuchten auf!
3. Klicken Sie auf den oberen mittleren Andockpunkt und ziehen Sie den Mauszeiger zum unteren mittleren Andockpunkt, wo Sie die Maustaste loslassen.
4. Wiederholen Sie die Schritte 1. bis 3. für die waagerechte Mittellinie.

Sie können nun den Pfad sauber am Objektmittelpunkt ausrichten und die Hilfslinien anschließend wieder löschen.

Abb. 28.4: Justierungshilfe für Pfad-Startpunkt im Objekt-Mittelpunkt

Workshop: Gleitender Marker

Die in Kapitel 27 beschriebene Methode, mit einem bewegten Pfeil auf aktuelle Elemente oder Texte auf der Folie hinzuweisen, wird mit Pfadanimationen noch verfeinert:

1. Zeichnen Sie einen Pfeil nach rechts aus den FORMEN | BLOCKPFEILE und positionieren Sie ihn vor dem zu kennzeichnenden Objekt, Textabsatz o. ä.
2. Formatieren Sie diesen Pfeil mit einer Kontrastfarbe zum Hintergrund und beliebigen weiteren Effekten.
3. ANIMATIONEN ▸ *Animationen* BENUTZERDEFINIERTE ANIMATION
4. EFFEKT HINZUFÜGEN ▸ EINGANG ▸ ANIMATIONSPFADE ▸ »Nach unten«

5. Dieser Pfeil besitzt sicher nicht die richtige Länge. Greifen Sie deshalb das rote Dreieck des Pfades und schieben Sie es an die gewünschte Position.

6. Effekt hinzufügen ▸ Eingang ▸ Animationspfade ▸ »Nach unten«

7. Der neue Pfad landet mit seinem Startpunkt in der Mitte des Pfeiles. Greifen Sie ihn mit der Maus und verschieben Sie ihn so, dass der Startpunkt mit dem Endpunkt des vorigen Pfades zusammenfällt.

8. Wiederholen Sie die Schritte 5. bis 7., bis der gestückelte Pfad alle zu kennzeichnenden Elemente erreicht hat.

> **Wichtig**
>
> Obwohl die Werkzeuge für Pfade und Bézier-Kurven identisch sind, ist es nicht möglich, eine Bézier-Kurve zum Pfad umzuwandeln. Auch das Nacharbeiten klappt nur mit dem Befehl Punkte bearbeiten aus den Pfadoptionen (Abbildung 28.5 rechts), nicht mit jenem aus den *Zeichentools*.
>
> Es ist auch nicht möglich, einen Pfad zu kopieren und einem anderen Objekt eine Parallelbewegung zuzuweisen. Der Pfad muss komplett neu gezeichnet werden. Da der Referenzpfad sichtbar bleibt, fällt das Nachzeichnen jedoch relativ leicht.

28.3 Spezifische Optionen der Pfadanimation

28.3.1 Pfad verschieben

Bei jedem Pfad können Sie Anfangs- und Endpunkt mit der Maus greifen und frei bewegen, als würden Sie eine gezeichnete Linie bearbeiten. Den gesamten Pfad bewegen Sie, indem Sie ihn zwischen den Endpunkten mit der Maus greifen und bewegen. Das Objekt, dem dieser Pfad zugewiesen ist, bleibt stehen!

Bewegen Sie das Objekt, folgt der Pfad dieser Umsetzung. Mit der Option NICHT GESPERRT trennen Sie Objekt und Pfad total voneinander, so dass beide völlig unabhängig voneinander zu bewegen sind.

	Pfad gesperrt	Pfad nicht gesperrt
Objekt verschieben	Pfad bleibt stehen	Pfad folgt Objekt
Pfad verschieben	Objekt bleibt stehen	Objekt bleibt stehen

Tabelle 28.1: Abhängigkeit der Pfad-Bewegung

28.3.2 Pfadeffekte

> **Tipp**
>
> Um zu den Effekt-Einstellungen für Animationspfade zu gelangen, genügt ein Doppelklick auf den Pfad; Sie müssen nicht über den Aufgabenbereich gehen.

Neben den bei anderen Bewegungsanimationen bekannten weichen Start- und Bremsoptionen und den Einstellungen über das Register ANZEIGEDAUER oder die ERWEITERTE ZEITACHSE gibt es zwei pfadspezifische Optionen, die über verschiedene Stellen verstreut sind.

- Register EFFEKTE ▸ Option AUTOMATISCH UMKEHREN (nicht zu verwechseln mit Register ANZEIGEDAUER ▸ Option NACH WIEDERGABE ZURÜCKSPULEN!) fährt ein animiertes Objekt an seine Ausgangsposition zurück, wenn die Animation beendet ist.
- Diese Funktion darf auch nicht verwechselt werden mit PFADRICHTUNG UMKEHREN aus dem Kontextmenü PFAD im Aufgabenbereich. Diese Funktion sorgt dafür, dass in einem Pfad Start- und Zielpunkt vertauscht werden.

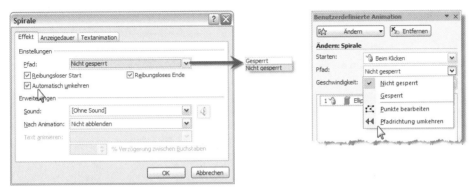

Abb. 28.5: Spezielle Optionen für Animationspfade

> **Tipp**
>
> Die Funktion PFADRICHTUNG UMKEHREN ist besonders dann hilfreich, wenn es auf eine genau definierte Zielposition ankommt. Stellen Sie Ihr Objekt an den Zielpunkt und zeichnen Sie den Pfad rückwärts. Mit PFADRICHTUNG UMKEHREN erreichen Sie, dass das Objekt punktgenau landet.

28.4 Drehbewegungen

Die Funktion, mit denen Objekte um ihre Achse gedreht werden, finden Sie unter

ANIMATIONEN ▸ *Animationen* BENUTZERDEFINIERTE ANIMATION ▸ EFFEKT HINZUFÜGEN ▸ HERVORGEHOBEN ▸ ROTIEREN

Wird dieser Effekt einem Objekt zugewiesen, stellt PowerPoint standardmäßig eine Rotation von 360° im Uhrzeigersinn ein, die Sie im Nachhinein Ihren Bedürfnissen anpassen können (Abbildung 28.6).

Im Feld BENUTZERDEFINIERT können Sie eigene Drehwinkel einstellen. Das Objekt bleibt nach der Animation in dieser Endposition stehen. In den Effektoptionen zu dieser Animation gibt es auch die Option AUTOMATISCH UMKEHREN, mit der das Objekt nach der Animation in seine Ausgangslage zurückgedreht wird.

Kapitel 28
Auf der Folie bewegen

Rotationsachse ist immer der Mittelpunkt des animierten Objekts. Es ist nicht möglich, die Achse zu verlegen. Soll sich das Objekt nicht um seinen Mittelpunkt drehen, so benötigen Sie ein Workaround, wie es im »Workshop Uhr« beschrieben ist.

Abb. 28.6: Rotieren um die eigene Achse

> **Hinweis**
>
> Der HERVORGEHOBEN-Effekt ROTIEREN ist nicht zu verwechseln mit dem EINGANGS- und BEENDEN-Effekt DREHEN! Dort dreht sich das Objekt um eine Achse, die parallel zur Seitenkante der Folie steht, während beim ROTIEREN die Rotationsachse senkrecht auf der Folie steht.

Workshop: Uhr

Eine besondere Faszination kann die Hervorhebung »Rotieren« hervorrufen, wenn sie zum Beispiel für Uhrzeiger eingesetzt wird.

Für einen Uhrzeiger ist das Rotieren um seinen Mittelpunkt nicht die passende Bewegung. Um die Drehachse ans Ende des Zeigers zu verlegen, hilft nur ein Kunstgriff: Der Zeiger erhält einen unsichtbaren Zwilling als Verlängerung, mit dem er gruppiert wird. Dann dreht sich die Gruppe, aber es sieht so aus, als drehe sich der Zeiger um sein Ende.

1. Zeichnen Sie einen Pfeil aus der Formenauswahl *Linien*.
2. FORM FORMATIEREN ▸ Register LINIENFARBE ▸ (Farbe wählen)
3. Register LINIENART ▸ (Stärke und Pfeilspitze einstellen)
4. Duplizieren Sie die Linie mit [Strg]+[D].
5. *Zeichentools* FORMAT ▸ *Anordnen* DREHEN ▸ VERTIKAL KIPPEN
6. Platzieren Sie das Duplikat passgenau als Verlängerung des Originals und gruppieren Sie beide.
7. auf das Duplikat ▸ FORM FORMATIEREN ▸ Register LINIENFARBE»keine«
8. *Animationen* ANIMATIONEN ▸ BENUTZERDEFINIERTE ANIMATION
9. EFFEKT HINZUFÜGEN ▸ HERVORHEBUNGEN ▸ ROTIEREN
10. EFFEKTOPTIONEN ▸ *Betrag:* »Komplette Drehung«, »Im Uhrzeigersinn«

11. ⌄ ANZEIGEDAUER ▸ *Geschwindigkeit:* 60 Sekunden, *Wiederholen:* »Bis zum Ende der Folie«

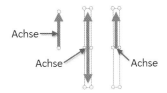

Abb. 28.7: Ist das »Gegengewicht« unsichtbar, scheint sich der Zeiger um sein Ende zu drehen.

12. Erzeugen Sie mit ⟨Strg⟩+⟨D⟩ ein Duplikat des Zeigers und dehnen Sie ihn in die Länge, um den großen Zeiger zu erhalten.
13. ⌄ ANZEIGEDAUER ▸ *Geschwindigkeit:* 5 Sekunden (Umlaufzeiten der Zeiger zueinander = 1:12)
14. Markieren Sie beide Zeiger.
15. *Zeichentools* FORMAT ▸ *Anordnen* AUSRICHTEN ▸ VERTIKAL ZENTRIEREN
16. *Zeichentools* FORMAT ▸ *Anordnen* AUSRICHTEN ▸ HORIZONTAL ZENTRIEREN

Als nächster Schritt ist das Zifferblatt an der Reihe. Die auf den ersten Blick abschreckende Arbeit des korrekten Anordnens der Stunden-Markierungen erleichtert ein Trick.

1. Zeichnen Sie einen Kreis mit einem Durchmesser von etwas mehr als der Länge des gruppierten großen Zeigers.
2. Duplizieren Sie den Kreis mit ⟨Strg⟩+⟨D⟩.
3. *Zeichentools* FORMAT ▸ *Formen einfügen* FORM BEARBEITEN ▸ FORM ÄNDERN ▸ »Stern mit 12 Zacken«
4. Jetzt kommt der Trick: Ziehen Sie die gelbe Raute des Sterns so weit zur Mitte, dass nur Linien erkennbar bleiben.
5. Markieren Sie Kreis und Stern.
6. *Zeichentools* FORMAT ▸ *Anordnen* AUSRICHTEN ▸ VERTIKAL ZENTRIEREN
7. *Zeichentools* FORMAT ▸ *Anordnen* AUSRICHTEN ▸ HORIZONTAL ZENTRIEREN
8. Die durchgehenden Linien als Stundenmarkierungen sind nicht überzeugend; sie müssen auf kurze Linien am Rand reduziert werden:
9. Zeichnen Sie einen weiteren Kreis mit etwas geringerem Durchmesser.
10. 🖱 FORM FORMATIEREN ▸ Register LINIENFARBE ▸ »keine«
11. Register FÜLLUNG ▸ (Farbe wie erster Kreis)
12. Markieren Sie beide Kreise und den Stern.
13. *Zeichentools* FORMAT ▸ *Anordnen* AUSRICHTEN ▸ VERTIKAL ZENTRIEREN
14. *Zeichentools* FORMAT ▸ *Anordnen* AUSRICHTEN ▸ HORIZONTAL ZENTRIEREN

Kapitel 28
Auf der Folie bewegen

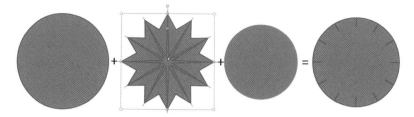

Abb. 28.8: Das Zifferblatt mit entartetem 12er-Stern

Nun sind noch die Zeiger und das Zifferblatt übereinanderzulegen.

1. Markieren Sie beide Zeiger.
2. *Zeichentools* FORMAT ▸ *Anordnen* IN DEN VORDERGRUND
3. Markieren Sie beide Zeiger und alle Teile des Zifferblatts.
4. *Zeichentools* FORMAT ▸ *Anordnen* AUSRICHTEN ▸ VERTIKAL ZENTRIEREN
5. *Zeichentools* FORMAT ▸ *Anordnen* AUSRICHTEN ▸ HORIZONTAL ZENTRIEREN

Die Uhr ist fertig und kann mit ⇧+F5 gestartet werden.

Abb. 28.9: Gestaltungs-Varianten der Uhr

28.5 Countdown

Mit der Uhren-Animation von der Aufgabenstellung her verwandt ist der Countdown, doch sowohl digital als auch analog völlig anders anzugehen.

Workshop: Digitaler Countdown

1. Zeichnen Sie ein Rechteck oder Textfeld.
2. Geben Sie der Form eine undurchsichtige Füllung.
   Tragen Sie eine »0« in die Form ein. *
   Duplizieren Sie die Form mit Strg+D.
   Überschreiben Sie die »0« mit einer »1«.
   Wiederholen Sie diese Schritte, bis Sie die gewünschte Anzahl an Zahlenfeldern beisammen haben.

3. Markieren Sie alle Formen und richten Sie sie deckungsgleich aus:
   - *Zeichentools* FORMAT ▸ *Anordnen* AUSRICHTEN ▸ VERTIKAL ZENTRIEREN
   - *Zeichentools* FORMAT ▸ *Anordnen* AUSRICHTEN ▸ HORIZONTAL ZENTRIEREN
4. *Animationen* ANIMATIONEN ▸ BENUTZERDEFINIERTE ANIMATION ▸ EFFEKT HINZUFÜGEN ▸ EINGANG ▸ »Erscheinen« ▸ STARTEN: »Nach voriger«
5. Tragen Sie in ⌄ ANZEIGEDAUER ▸ VERZÖGERUNG: den gewünschten Abstand zwischen den einzelnen Zahlen ein.

*) Besonders gut geeignet sind Zeichensätze mit so genannten Digitalziffern. Um passende Schriften zu finden, benutzen Sie `http://www.myfonts.com/search` mit dem Suchbegriff »7segment«.

Workshop: Analoger Countdown

1. Zeichnen Sie einen Kreis.
2. Duplizieren Sie den Kreis mit `Strg`+`D`.
3. Bringen Sie beide Kreise zur Deckung.
4. Geben Sie dem oberen Kreis eine zum unteren kontrastierende Farbe.
5. *Animationen* ANIMATIONEN ▸ BENUTZERDEFINIERTE ANIMATION ▸ EFFEKT HINZUFÜGEN ▸ EINGANG oder BEENDEN ▸ »Rad« ▸ SPEICHEN: 1
6. Tragen Sie in ⌄ ANZEIGEDAUER ▸ GESCHWINDIGKEIT: die gewünschte Dauer des Countdowns ein.

Sie können beide Countdown-Varianten miteinander kombinieren, indem Sie mehrere Kreise mit den Zahlen übereinander stapeln und mit der Rad-Animation versehen.

Abb. 28.10: Bekannter analoger Countdown mit Rad-Animation

Andere analoge Countdowns

Eine andere Form analogen Zählens ist ein Zeitstrahl, der im Bild wächst oder schrumpft, entweder als Balken oder als Linie aus Punkten.

Beim Balken reicht eine simple Wischen-Animation, die mit passender Animationsdauer versehen ist.

Eine Punktreihe ist etwas aufwändiger, aber sie gehorcht denselben Regeln wie die digitale Animation: Mehrere Punkte/Kreise werden neben-/übereinander ausgerichtet und mit Erscheinen- oder Verschwinden-Animationen in passendem Abstand zum Auf- oder Abzählen gebracht.

Die wohl dramatischste Form eines Zeitstrahls stellt die abbrennende Lunte dar; wer assoziiert da nicht sofort die Titelsequenz von »Mission: Impossible«? Diesen Effekt mit PowerPoint-Bordmitteln zu erzeugen ist zwar keine unmögliche Mission, wohl aber eine aufwändige:

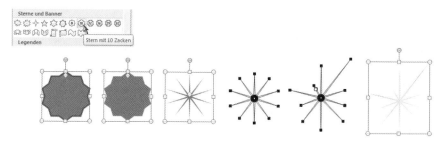

Abb. 28.11: Konstruktion eines Funken

1. Zeichnen Sie die Form »Stern mit 10 Zacken«.
2. *Zeichentools* FORMAT ▸ *Formatarten* FORMKONTUR ▸ KEINE GLIEDERUNG
3. Greifen Sie die gelbe Raute mit der Maus und ziehen Sie sie zur Mitte, so dass ein Stern mit schmalen Strahlen entsteht.
4. *Zeichentools* FORMAT ▸ *Formen einfügen* FORM BEARBEITEN ▸ IN FREIHANDFORM KONVERTIEREN
5. 🖱 PUNKTE BEARBEITEN
6. Ziehen Sie die Strahlen zu einem unregelmäßigen Stern.
7. 🖱 FORM FORMATIEREN ▸ Register FÜLLUNG ▸ GRADUELLE FÜLLUNG ▸ *Voreingestellte Farben:* »Feuer«, *Typ:* »Pfad«

Damit wäre der Funke fertig, der nun animiert werden muss, um zu sprühen:

8. *Animationen* ANIMATIONEN ▸ BENUTZERDEFINIERTE ANIMATION ▸ EFFEKT HINZUFÜGEN ▸ HERVORGEHOBEN ▸ BLITZLICHT
9. ▾ ▸ ANZEIGEDAUER
   - Starten: Mit voriger
   - Geschwindigkeit: 0,1 Sekunden
   - Wiederholen: Bis zum Ende der Folie

10. Markieren Sie den Stern erneut.
11. EFFEKT HINZUFÜGEN ▸ HERVORGEHOBEN ▸ VERTIKALES HIGHLIGHT
12. ⌵ ▸ ANZEIGEDAUER
    - Starten: Mit voriger
    - Geschwindigkeit: 0,3 Sekunden
    - Wiederholen: Bis zum Ende der Folie
    - Register EFFEKT: Farbe: gelb/orange
13. Markieren Sie den Stern erneut.
14. EFFEKT HINZUFÜGEN ▸ HERVORGEHOBEN ▸ SCHWANKEN
15. ⌵ ▸ ANZEIGEDAUER
    - Geschwindigkeit: Sehr schnell
    - Wiederholen: Bis zum Ende der Folie
    - Register EFFEKT: Farbe: gelb/orange

Die Animationen gemeinsam sorgen für den Effekt des Funkenflugs. Für den Glühpunkt der Lunte bedarf es eines winzigen Details:

16. Zeichnen Sie mittig auf den Funken die Form »Stern mit 32 Zacken«, so klein, dass sie den gefüllten Teil des Funken nicht überragt.
17. 🖱 FORM FORMATIEREN ▸ Register FÜLLUNG ▸ GRADUELLE FÜLLUNG ▸ *Farbverlaufsstopps:* Stopp 1: knallrot, Stopp 2: orange
18. *Zeichentools* FORMAT ▸ *Formatarten* FORMEFFEKTE ▸ WEICHE KANTEN ▸ 1 pt
19. *Zeichentools* FORMAT ▸ *Formatarten* FORMEFFEKTE ▸ LEUCHTEN ▸ 1 pt rot
20. Als Zündschnur zeichnen Sie eine graue Linie auf schwarzem Hintergrund, die über die Folienränder hinausragt. Lassen Sie die Linie markiert.
    (In der Datei »Countdown2.ppsx« auf der Buch-CD ist die Linie nicht glatt grau, sondern schräg gestreift, was den Eindruck einer Schnur noch verbessert. Erreicht wurde er mit Hilfe der Muster-Funktion in Word, siehe 20.2.1.)
21. EFFEKT HINZUFÜGEN ▸ BEENDEN ▸ WISCHEN »von links«

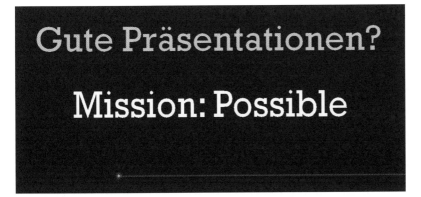

Abb. 28.12: Die Zündschnur aus alten Fernsehtagen – auch zum Countdown zu verwenden

Kapitel 28
Auf der Folie bewegen

22. Platzieren Sie die beiden Sterne auf dem linken Ende der Zündschnur außerhalb der Folie; lassen Sie sie markiert.

23. Effekt hinzufügen ▸ Animationspfade ▸ »rechts«

24. Verlängern Sie beide Pfade, so dass sie dieselbe Länge wie die »Zündschnur« haben.

25. Weisen Sie beiden Pfaden und dem Wischen-Effekt der Zündschnur dieselbe Anzeigedauer zu.

26. Deaktivieren Sie in den Effekten der beiden Pfade die Optionen Reibungsloser Start und Reibungsloses Ende

Kapitel 29

Objektspezifisch animieren

29.1 Text und Textcontainer animieren

29.1.1 Die richtigen Animationstypen und -parameter

Auf Text lassen sich alle Animationseffekte anwenden, obwohl für die »seriöse« Vortragsunterstützung nur wenige wirklich geeignet sind. Achten Sie vor allem auf die richtige Animationsrichtung. Wir sind es gewöhnt, von links nach rechts und von oben nach unten zu lesen. Die Animation muss dieser Erwartung folgen, um gut zu wirken, deshalb sind folgende Animationen und Animationsrichtungen zu bevorzugen:

Eingang		Ausgang (Beenden)	
Animation	Richtung	Animation	Richtung
(kein Pendant)		Abschwächen	(feste Richtung)
Absteigend	(feste Richtung)	Absteigend	(feste Richtung)
Aufsteigend	(feste Richtung)	Aufsteigend	(feste Richtung)
Einfliegen	von rechts, von unten	Hinausfliegen	nach links, nach oben
Erheben	(feste Richtung)	Untergehen	(feste Richtung)
Hineinkriechen	von rechts, von unten	Langsam hinaus	nach links, nach oben
Kurzer Blick	von rechts, von unten	Verkürzt	nach links, nach unten
Verblassen	(keine Richtung)	Verblassen	(keine Richtung)
Verblassender Zoom	(keine Richtung)	Verblassender Zoom	(keine Richtung)
Wischen	von links, von oben	Wischen	nach rechts, nach unten
Zoom	(keine Richtung)	Zoom	(keine Richtung)

Tabelle 29.1: Für Textanimationen gut geeignete Effekte

Das soll nun aber nicht bedeuten, dass die anderen Effekte ungeeignet seien. Für pointierte Blickfänge sind sie durchaus einzusetzen, aber nicht als Standard-Animation für alle Texte.

Kapitel 29
Objektspezifisch animieren

29.1.2 Text nach und nach erscheinen lassen

Um den in der Projektion angezeigten Text dem Vortrag direkt anpassen zu können, gestattet Ihnen PowerPoint, einzelne Absätze nach und nach auf Mausklick in die Folie zu bringen. Nachdem Sie dem kompletten Text im Container eine geeignete Animation zugeordnet haben, finden Sie im Register TEXTANIMATION unter TEXT GRUPPIEREN eine Auswahl, in welchen Portionen der Text angezeigt werden soll.

Für SmartArts steht in den SmartArt-Optionen an gleicher Stelle eine analoge Nach-und-nach-Option zur Verfügung.

> **Empfehlung**
>
> Verwenden Sie keine tiefere Gliederungsebene als die 1. Abschnittsebene, es sei denn, in einer tieferen Ebene erwartet die Zuschauer eine besondere Überraschung. Im Normalfall wirkt das ständige Neueinblenden kleinster Unterpunkte zu unruhig.

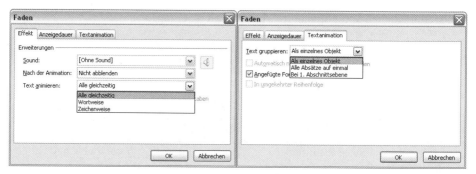

Abb. 29.1: Textoptionen auf zwei Register verteilt

Im Register EFFEKT ist eine zusätzliche Option für Textanimation enthalten: TEXT ANIMIEREN. Dort haben Sie die Wahlmöglichkeit, den Text im Stück (ALLE GLEICHZEITIG), WORTWEISE oder ZEICHENWEISE einzuführen. ALLE GLEICHZEITIG ist die sinnvollste Option, die anderen beiden sind zu unruhig und lenken vom Vortrag ab, besonders dann, wenn Sie auch noch von den dazu angebotenen Verzögerungen Gebrauch machen.

Andere Animationen zwischen Textabsätze schieben

Eine weitere Option für animierten Text verbirgt sich in der Aktionsliste selbst. Haben Sie einer Aufzählung oder einem SmartArt eine Animation zugewiesen, gilt die Animation zunächst für die gesamte Aufzählung. Ist jedoch die Option ABSATZWEISE bzw. SCHRITTWEISE aktiviert, lässt sich diese Animation mit einem Klick auf ⌄ unterhalb der Objektbezeichnung auffalten und die Animation jedes Absatzes der Aufzählung bzw. Teilobjekts des SmartArts einzeln bearbeiten. Diese auf den ersten Blick unter dem Gesichtspunkt der einheitlichen Darstellung wenig sinnvoll erscheinende Möglichkeit ist durchaus ernst zu nehmen: So lassen sich innerhalb einer Aufzählung andere Einblendungen zwischenschieben, zum Beispiel Illustrationen zum jeweiligen Absatz.

Die Reihenfolge der Animation der Absätze/Objekte ist auch innerhalb einer derart aufgelösten Animation nicht zu verändern. Für SmartArts gibt es allerdings einen im Kreativ-Abschnitt beschriebenen Trick, auch hier einzugreifen.

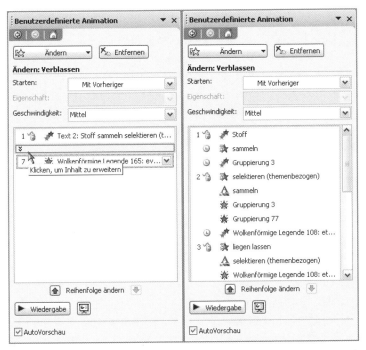

Abb. 29.2: Zwischen die Absätze geschobene andere Animationen (rechts)

29.1.3 Container animieren

Aktivieren Sie im Register TEXTANIMATION die Option ANGEFÜGTE FORM ANIMIEREN, animiert PowerPoint den Textcontainer zusammen mit dem enthaltenen Text. Ist diese Möglichkeit deaktiviert, lassen sich Text und Container gesondert animieren. Ein Anwendungsbeispiel für das Ausschalten der Container-Animation wäre, dass mehrere Formen schon leer auf der Folie »warten« und die zugehörigen Texte nach und nach auf Mausklick in diesen Rahmen erscheinen.

> **Hinweis**
>
> Für Text sind alle Animationen möglich; Formen dagegen unterliegen Einschränkungen, einige Animationen lassen sich ihnen nicht zuweisen. Bei aktiver Option ANGEFÜGTE FORM ANIMIEREN wird diese Einschränkung außer Kraft gesetzt! Das bedeutet, die Form macht alle sonst auf Text beschränkten Animationen mit.

Für **Hervorhebungen** gilt eine andere Regel: Auch hier sind für Formen nicht alle Effekte möglich. Enthält eine Form Text, lassen sich zwar alle Effekte zuweisen, jedoch mit unterschiedlicher Auswirkung:

- Ist der Effekt *auch* für Formen zulässig, bezieht sich bei eingeschalteter Option ANGEFÜGTE FORM ANIMIEREN der Effekt auf Form und Text.

- Ist der Effekt *nicht* für Formen zulässig, bezieht sich bei eingeschalteter Option ANGEFÜGTE FORM ANIMIEREN der Effekt nur auf den Text, die Form verändert sich nicht.

> **Tipp**
>
> Wollen Sie einer Form, die keinen Text enthält, eine »verbotene« Animation zuweisen, schreiben Sie einfach ein Leerzeichen hinein.
>
> Leider funktioniert dieser Trick nur mit reinen Formen, nicht mit SmartArts und nicht mit Diagrammen.

29.1.4 Workshops zur Textanimation

Workshop: Textfeld umdrehen

1. Legen Sie zwei Textfelder an.
2. Weisen Sie dem zuerst sichtbaren Textfeld die BEENDEN-Animation REDUZIEREN zu.
3. Weisen Sie dem zweiten Textfeld die EINGANGS-Animation STRECKEN zu.
4. Markieren Sie in der Animationsliste die zweite Animation und weisen Sie ihr die Startoption NACH VORIGER zu.
5. Legen Sie beide Textfelder passgenau übereinander, indem Sie beide markieren und dann unter START ▸ *Zeichnung* ANORDNEN ▸ AUSRICHTEN nacheinander LINKSBÜNDIG und OBEN AUSRICHTEN betätigen.

Eine Variante dieses Effekts erhalten Sie, wenn Sie

1. den Starteffekt der zweiten Animation auf MIT VORIGER umstellen und
2. in EFFEKTOPTIONEN die Option TEXTANIMATION auf ZEICHENWEISE ohne Verzögerung ändern.

Das ist eine der wenigen Möglichkeiten, die Option ZEICHENWEISE sinnvoll zu nutzen.

Workshop: Ein Text schiebt den anderen hinaus

Ein Text soll ausgetauscht werden, indem der zweite Text einfliegt und beim Auftreffen auf den vorherigen Text diesen hinausstößt.

1. Legen Sie zwei Textfelder an.
2. Weisen Sie dem neuen Textfeld die EINGANGS-Animation EINFLIEGEN mit der Richtung VON RECHTS zu.
3. Weisen Sie dem ersten Textfeld die BEENDEN-Animation HINAUSFLIEGEN mit der Richtung NACH LINKS zu.
4. Markieren Sie in der Animationsliste die zweite Animation und weisen Sie ihr die Startoption MIT VORIGER zu.

5. Legen Sie beide Textfelder passgenau übereinander, indem Sie beide markieren und dann unter START ▸ *Zeichnung* ANORDNEN ▸ AUSRICHTEN nacheinander LINKSBÜNDIG und OBEN AUSRICHTEN betätigen.

6. Öffnen Sie die ERWEITERTE ZEITACHSE.

7. Jetzt heißt es »Probieren geht über studieren«, denn Sie müssen den Balken der zweiten Animation so weit mit dem der ersten überlappen, dass genau der richtige Zeitpunkt für den Start der zweiten getroffen wird.

8. Greifen Sie den Balken der zweiten Animation am rechten Rand und bringen Sie ihn mit dem rechten Ende des oberen Balkens zur Deckung.

Workshop: Schlagworte extrahieren

Für das Herausziehen der Kernbegriffe aus Fließtexten lässt sich mit einer der abgedrehten Animationen ein eindrucksvoller Effekt erzielen, den Sie am besten beurteilen können, wenn Sie sich die Präsentation »Schlagworte_extrahieren.pptx« anschauen. Zum Nachbau gehen Sie wie folgt vor:

1. Geben Sie den kompletten Text in ein Textfeld ein.
2. Markieren Sie das Textfeld (durchgängiger Rahmen).
3. Kopieren Sie das Textfeld mit [Strg]+[C] in die Zwischenablage.
4. Markieren Sie die »überflüssigen« Textteile.
5. *Zeichentools* FORMAT ▸ *WordArt-Formate* ▸ Register TEXTFÜLLUNG
6. Ziehen Sie den Transparent-Regler auf 100%.
7. Fügen Sie das Duplikat des Textfeldes mit [Strg]+[V] aus der Zwischenablage ein.
8. Richten Sie das Duplikat passgenau auf dem Text des Original-Textfeldes aus.
9. Markieren Sie die Textteile, die stehen bleiben sollen.
10. *Zeichentools* FORMAT ▸ *WordArt-Formate* ▸ Register TEXTFÜLLUNG
11. Ziehen Sie den Transparent-Regler auf 100%. (Dieses Verstecken der stehen bleibenden Texte dient zur Verbesserung des Animationseffekts, weil sonst die Schlagwörter sowohl hinausfliegen als auch stehen bleiben würden.)
12. Markieren Sie das Textfeld (durchgängiger Rahmen).
13. ANIMATIONEN ▸ *Animationen* BENUTZERDEFINIERTE ANIMATION ▸ EFFEKT HINZUFÜGEN ▸ BEENDEN ▸ »Spiegeln«

29.1.5 Workarounds für Tabellen-Animation

Tabellenanimationen sind (auch bei der Benutzerdefinierten Animation) immer auf die komplette Tabelle bezogen.

> **Empfehlung**
>
> Sie sollten auf Animationen von Tabellen grundsätzlich verzichten. Meist sind sie ohnehin formatfüllend, so dass eine Animation nach Einblenden der Folie lediglich eine Verzögerung darstellte.

Wenn Sie dennoch Tabellenteile separat animieren möchten, hier ein paar Workarounds:

Variante 1: Überlagernde Textfelder

1. Lassen Sie die Zelle in der Tabelle leer.
2. Zeichnen Sie ein Textfeld über die Zelle und schreiben Sie den Zelleninhalt in das Rechteck.
3. Markieren Sie das Textfeld.
4. ANIMATION ▸ *Animation* BENUTZERDEFINIERTE ANIMATION ▸ EFFEKT HINZUFÜGEN ▸ EINGANG ▸ (Animation auswählen)

Geeignet hierfür sind Animationen, die am Platz erscheinen (Symbole ✦ und ✦), nicht solche, die sich über die Folie bewegen.

Variante 2: Zellen abdecken

1. Füllen Sie die Tabelle wie gewohnt aus.
2. Zeichnen Sie über jede Zelle ein Rechteck.
3. *Zeichentools* FORMAT ▸ *Formenarten* ▸ Register FÜLLUNG ▸ Option HINTERGRUND
4. Register LINIENFARBE ▸ »keine«

Damit wird der Eindruck erzeugt, die Zellen seien leer, man könne durch sie den Hintergrund der Folie sehen.

5. Markieren Sie alle Abdeckungen.
6. ANIMATION ▸ *Animation* BENUTZERDEFINIERTE ANIMATION ▸ EFFEKT HINZUFÜGEN ▸ BEENDEN ▸ (Animation auswählen)

Geeignet hierfür sind Animationen, die am Platz erscheinen (Symbole ✦ und ✦), nicht solche, die sich über die Folie bewegen.

Sie können den Effekt noch verstärken, indem Sie die Tabellenlinien mit sehr schmalen Rechtecken verdecken, denen Sie keine Kontur und die Flächenfüllung »Hintergrund« zuweisen. So entstehen die Zelleninhalte vermeintlich unmittelbar auf dem Hintergrund.

Variante 3: Tabelle zerlegen

Die Tabelle wird in ihre Zellen zerlegt und jede Zelle als einzelner Textcontainer behandelt. Allerdings funktioniert in PowerPoint 2007 die Methode »Gruppierung aufheben« der Vorversionen nicht mehr, sondern es bedarf eines Workarounds:

1. Markieren Sie die Tabelle und kopieren Sie sie mit [Strg]+[C] in die Zwischenablage.
2. Legen Sie eine neue, leere Folie an.
3. Fügen Sie die Tabelle aus der Zwischenablage wieder ein: START ▸ ZWISCHENABLAGE ▸ INHALTE EINFÜGEN ▸ Option EMF
4. Zerlegen Sie das Objekt in seine Bestandteile: START ▸ *Anordnen* ANORDNEN ▸ GRUPPIEREN ▸ GRUPPIERUNG AUFHEBEN

5. Bestätigen Sie die Sicherheitsabfrage; nun wird das EMF-Objekt zunächst in eine PowerPoint-Grafik umgewandelt.
6. Wiederholen Sie Schritt 4.

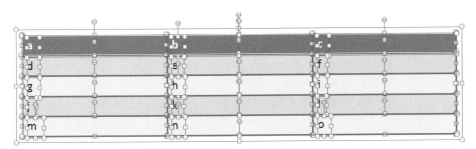

Abb. 29.3: Nach Variante 3 in Einzelteile zerlegte Tabelle

Doch Vorsicht! Dieses Verfahren zerlegt die Tabelle in alle Einzelteile: Zellenhintergrund, Zellenrahmen, Zelleninhalt – alle separiert! Sie müssen diese Teile nun wieder zusammenfügen, indem Sie zusammengehörige Objekte markieren und gruppieren. Dabei können die Tastenkürzel für Gruppierungsfunktionen hilfreich sein:

Funktion	Tastaturbefehl
Gruppieren	Strg + ⇧ + G
Gruppierung aufheben	Strg + ⇧ + H
Gruppierung wiederherstellen	Strg + ⇧ + J

29.1.6 Workarounds zum Ändern der Animations-Reihenfolge innerhalb eines SmartArts

Variante 1: Interne Mobilität nutzen

Zwar lässt sich die Reihenfolge, in der die Teile eines SmartArts animiert werden, nicht direkt beeinflussen, die Mobilität der internen SmartArt-Objekt hilft aber beim Tricksen:

Tauschen Sie einfach die Plätze zweier interner Formen, indem sie sie mit der Maus verschieben. Den Rang in der Animationsreihenfolge behält jede Form bei; Sie müssen also beim Betexten des SmartArts die Animationsreihenfolge zugrunde legen und die Formen in die visuell richtigen Positionen bringen (Abbildung 29.4).

Variante 2: SmartArt zerlegen

Ebenso wie die oben beschriebene Methode zum Zerlegen einer Tabelle funktioniert auch das Zerlegen eines SmartArts. Bringen Sie das komplette SmartArt mit Strg+C in die Zwischenablage und fügen es mit START ▶ ZWISCHENABLAGE ▶ INHALTE EINFÜGEN ▶ Option EMF in eine leere Folie ein, dann zweimal GRUPPIERUNG AUFHEBEN, schon ist das SmartArt in Einzelteile zerlegt – zum Glück nicht so kleinteilig wie die Tabelle, sondern nur aufgeteilt in Formen, Texte und Verbindungslinien.

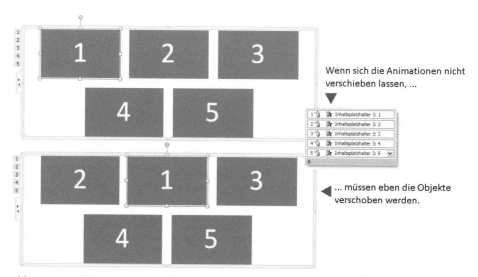

Abb. 29.4: Auf Umwegen die Animationsreihenfolge in SmartArts beeinflussen

29.2 Diagramme animieren

> **Eine Warnung vorab**
>
> Animieren Sie erst ganz zum Schluss, wenn das Diagramm designmäßig »steht«! Jede nachträgliche Veränderung am Diagramm führt zum Rücksetzen der Animationen auf Standardvorgaben.

29.2.1 Die richtigen Animationstypen und -parameter

Diagramm-Animationen sind mit Vorsicht zu genießen, besonders dann, wenn die Datenpunkte, Kategorien und Reihen separat animiert werden.

Immer zutreffend ist die Animation »Wischen«, für Säulen- und Balkendiagramme auch »Kurzer Blick«, da muss nur auf die Richtung geachtet werden, also bei Säulendiagrammen *von unten*, bei Balken- und Liniendiagrammen *von links*. Dieser generelle Richtungs-Hinweis wird schon problematisch, wenn ein Säulen- oder Balkendiagramm negative Werte enthält. Da sieht es besser aus, wenn für die Minus-Graphen die Wischen-Animation *von oben* bzw. *von rechts* abläuft.

29.2.2 Datenpunkte nach und nach erscheinen lassen

Um ein in der Projektion angezeigtes Diagramm dem Vortrag direkt anpassen zu können, gestattet Ihnen PowerPoint, Kategorien, Reihen und einzelne Datenpunkte nach und nach auf Mausklick in die Folie zu bringen. Nachdem Sie dem kompletten Diagramm eine geeignete Animation zugeordnet haben, finden Sie im Register DIAGRAMMANIMATION unter EINFACHES DIAGRAMM GRUPPIEREN eine Auswahl, in welchen Portionen der Text angezeigt werden soll.

Diagramme lassen sich mit dem Register DIAGRAMMANIMATION so animieren, dass sie

- ALS EINZELNES OBJEKT, also komplett,

oder

- NACH DATENREIHEN
- NACH KATEGORIE
- NACH ELEMENTEN IN DER DATENREIHE
- NACH ELEMENTEN IN DER KATEGORIE

nacheinander erscheinen.

Bei jeder dieser Auflösungen schiebt sich ungefragt auch noch der Diagrammhintergrund als erste Animation mit ein. Das ist aber nur selten gewünscht, entweder steht der Hintergrund mit allen Informationen wie Legenden, Achsen und Titeln schon abwartend beim Folienaufruf bereit oder aber mit ihm soll bereits die erste Anzeige des Diagramms erscheinen. Beiden Problemen begegnen Sie auf unterschiedliche Weise:

Diagrammhintergrund soll bereits beim Folienaufruf sichtbar sein

1. Im Aufgabenbereich BENUTZERDEFINIERTE ANIMATION: ▾ ▸ EFFEKTOPTIONEN ▸ Register DIAGRAMMANIMATION
2. Option ANIMATION DURCH ZEICHNEN DES DIAGRAMMHINTERGRUNDS STARTEN ausschalten

Erster Wert soll mit dem Diagrammhintergrund erscheinen

1. Markieren Sie die zweite Teilanimation im Aufgabenbereich BENUTZERDEFINIERTE ANIMATION.
2. Wählen Sie über der Liste unter STARTEN die Option MIT VORIGER.

> **Hinweis**
>
> Sie können die Animation des Diagrammhintergrunds nachträglich herausnehmen, indem Sie in der Animationsliste die erste Animation der aufgeklappten Liste, die jene des Folienhintergrunds ist, löschen.

Andere Animationen dazwischenschieben

Eine weitere Option für animierte Diagramme verbirgt sich in der Aktionsliste selbst. Haben Sie eine Animation zugewiesen, gilt die Animation zunächst für das gesamte Diagramm. Ist jedoch eine der Optionen NACH ... aktiviert, lässt sich diese Animation mit einem Klick auf ▾ unterhalb der Objektbezeichnung auffalten und die Animation jedes Datenpunkts einzeln bearbeiten. Diese auf den ersten Blick unter dem Gesichtspunkt der einheitlichen Darstellung wenig sinnvoll erscheinende Möglichkeit ist durchaus ernst zu nehmen: So lassen sich innerhalb einer Abfolge andere Einblendungen zwischenschieben, zum Beispiel ein Hinweispfeil, der einen besonderen Datenpunkt markieren soll.

> **Hinweis**
>
> Die Reihenfolge der Animation der Datenpunkte ist auch innerhalb einer derart aufgelösten Animation nicht zu verändern.

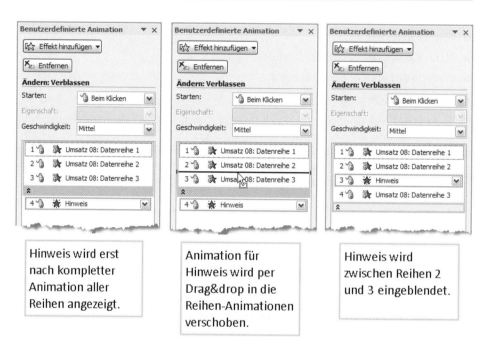

Abb. 29.5: Zwischen die Datenreihen geschobene andere Animation

Animationsrichtung für einzelne Datenpunkte ändern

1. Weisen Sie einem Säulendiagramm mit positiven und negativen Werten die Animation »Wischen | von unten« zu.

2. ▼ ▶ Effektoptionen ▶ Register Diagrammanimation

3. ▼ ▶ Nach Element in Kategorie ▶ Ok

4. Entfalten Sie die Animation in der Animationsliste durch einen Klick auf ⌄.

5. Markieren Sie ggf. in der Animationsliste die erste Animation und drücken Sie [Entf], um die Animation des Diagrammhintergrunds zu entfernen.

6. Markieren Sie mit Hilfe von [Strg] die Animationen der Datenpunkte mit negativen Werten.

7. Weisen Sie die Richtung »von oben« zu.

> **Tipp**
>
> Benutzen Sie für die Animationen von Säulen- und Balkendigrammen, die eine Kontur haben, besser die Eingangsanimation »Kurzer Blick« als »Wischen«. Bei »Wischen« erscheint die Kontur am Kopf erst zum Schluss der Animation, während sich bei »Kurzer Blick« die Säule oder der Balken quasi aus der Nulllinie hervorschiebt und so die Kopfkontur von Beginn an zu sehen ist.

Workshop: Geschwindigkeiten im Liniendiagramm angleichen

Bei Liniendiagrammen kann ein anderer Effekt störend wirken: Die Animationsdauer ist bei allen Abschnitten einer Linie gleich, das bedeutet, dass flache Verbindungen zwischen zwei Datenpunkten langsamer aufgebaut werden als steile, weil die längere steile Verbindung dieselbe Zeit zur Verfügung hat wie die kurze flache.

1. Weisen Sie einem Liniendiagramm die Animation »Wischen | von links« zu.
2. ⌄ ▸ EFFEKTOPTIONEN ▸ Register DIAGRAMMANIMATION
3. ⌄ ▸ NACH ELEMENT IN KATEGORIE ▸ OK
4. Entfalten Sie die Animation in der Animationsliste durch einen Klick auf ⌄ .
5. Markieren Sie ggf. in der Animationsliste die erste Animation und drücken Sie [Entf], um die Animation des Diagrammhintergrunds zu entfernen.
6. Markieren Sie die Animation des Teilstücks Ihrer Kurve, das besonders steil ist.
7. Wählen Sie in GESCHWINDIGKEIT einen langsameren Wert oder stellen Sie in ⌄ ▸ ANZEIGEDAUER einen eigenen Wert ein.

> **Hinweis**
>
> Um trotz unterschiedlicher Parameter die Datenpunkte nicht auf einzelne Klicks, sondern gleichzeitig oder automatisch nacheinander zu animieren, markieren Sie alle Animationen, die nicht auf Klick ablaufen sollen, und weisen ihnen unter *Starten* »Mit voriger« oder »Nach voriger« zu (wie in Abbildung 29.7 links). Die separaten Parameter bleiben erhalten.

Workshop: Mehr Spannung in der Balken-/Säulen-Animation

Die Definition der Geschwindigkeit einer Animation über die Dauer stört auch bei zeitgleich animierten Säulen- und Balkendiagrammen, bei denen sofort erkennbar ist, welche Säule/welcher Balken am längsten werden wird.

Mit Hilfe des Excel-Datenblatts lässt sich die Animationsdauer werteabhängig berechnen, so dass die Balken oder Säulen großer Daten länger benötigen als die kleiner Daten. Alle Säulen oder Balken bewegen sich mit derselben Geschwindigkeit, der aktuelle Wert ist bei allen gleich, bis jene mit geringen Werten »hängen bleiben« und die anderen weiterlaufen. Im TV ist das oft bei der Auswertung von Telefon-Abstimmungen zu sehen. Leider ist dieser Effekt nur mit reichlich Handarbeit zu erzielen.

Kapitel 29
Objektspezifisch animieren

1. Weisen Sie Ihrem Diagramm die Animation WISCHEN und die Richtung VON UNTEN für ein Säulendiagramm oder VON LINKS für ein Balkendiagramm zu.
2. [v] ▸ EFFEKTOPTIONEN ▸ Register DIAGRAMMANIMATION
3. [v] ▸ NACH ELEMENT IN KATEGORIE ▸ OK
4. Markieren Sie ggf. in der Animationsliste die erste Animation und drücken Sie [Entf], um die Animation des Diagrammhintergrunds zu entfernen.
5. Klicken Sie auf die Animation des zweiten Datenpunktes, halten Sie [⇧] gedrückt und klicken Sie auf die Animation des letzten zur Kategorie gehörenden Datenpunktes. Damit sind alle Animationen der Datenpunkte dieser Kategorie markiert, aber nicht der erste, der zum Auslöser für die Animation werden soll.
6. Wählen Sie bei *Starten* MIT VORIGER.
7. [X] Wechseln Sie in das Excel-Datenblatt zum Diagramm.

Für die nun folgenden Aktionen in Excel benötigen Sie evtl. noch ein paar Zwischenschritte: Liegt der Wert des größten Datenpunkts zwischen 5 und 10, so können Sie die Schritte 8. und 9. überspringen; anderenfalls (und das dürfte der häufigere Fall sein) muss der Wert noch in einen für die Animationsdauer brauchbaren Betrag umgerechnet werden.

8. [X] Tragen Sie in eine zusätzliche Spalte des Datenblattes in die Zeile des ersten Wertes folgende Formel ein:
=ABS(B2/(10^GANZZAHL(LOG10(MAX(B$2:B$5))))) für zeilenorientierte Wertereihen
oder
=ABS(B2/(10^GANZZAHL(LOG10(MAX($B2:$D2))))) für spaltenorientierte Wertereihen, *
wobei Sie die Zellenadressen in dieser Formel wie folgt anpassen müssen:
B = erste Spalte der Diagrammwerte,
D = letzte Spalte der Diagrammwerte,
2 = erste Zeile der Diagrammwerte,
5 = letzte Zeile der Diagrammwerte.
9. Kopieren Sie diese Formel für alle Zellen, die zum Bereich des Diagramms gehören.
10. [X] Markieren Sie die zum Datenpunkt gehörende Zelle mit der Animationsdauer.
11. [X] [Strg]+[C]
12. [□] Markieren Sie die Animation des ersten Datenpunktes der Kategorie.
13. [v] ▸ ANZEIGEDAUER ▸ bei *Geschwindigkeit* [Strg]+[V]
14. Wiederholen Sie die Schritte 10 bis 13 so lange, bis allen Datenpunkten die die sich aus dem Wert ergebenden Verzögerungen zugewiesen sind.

*) ● Sie finden diese Formeln in der Musterdatei »Kreative_Diagramm-Animation.pptx«, letzte Folien, auf der CD zum Buch.

Diese Methode wirkt natürlich nur, wenn die Werte einigermaßen dicht beieinander liegen und nicht um mehrere Zehnerpotenzen voneinander entfernt.

29.2
Diagramme animieren

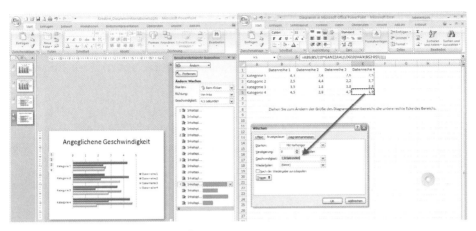

Abb. 29.6: Wert wird zu Animationsdauer

Workshop: Datenpunkte zeitlich überlappend einblenden

Die Standard-Einstellungen für automatisches Erscheinen mehrerer Datenpunkte auf einen Mausklick sehen nur zwei Möglichkeiten vor:

- alle gewählten Datenpunkte zugleich mit der Option MIT VORIGER oder
- ein Datenpunkt nach dem anderen mit der Option NACH VORIGER.

Die Verzögerungseinstellungen in den ANZEIGEDAUER-Optionen ermöglichen aber auch eine Zwischenlösung, die für Säulen- und Balkendiagramme einen interessanten Effekt ergibt:

1. Weisen Sie Ihrem Diagramm eine BENUTZERDEFINIERTE ANIMATION mit der Geschwindigkeit MITTEL zu.
2. ▼ ▸ EFFEKTOPTIONEN ▸ Register DIAGRAMMANIMATION
3. ▼ ▸ NACH ELEMENT IN KATEGORIE ▸ OK
4. Markieren Sie ggf. in der Animationsliste die erste Animation und drücken Sie [Entf], um die Animation des Diagrammhintergrunds zu entfernen.
5. Klicken Sie auf die Animation des zweiten Datenpunktes, halten Sie [⇧] gedrückt und klicken Sie auf die Animation des letzten zur Kategorie gehörenden Datenpunktes. Damit sind alle Animationen der Datenpunkte dieser Kategorie markiert, aber nicht der erste, der zum Auslöser für die Animation werden soll.
6. Wählen Sie bei *Starten* MIT VORIGER.
7. Markieren Sie die Animation des zweiten Datenpunktes der Kategorie.
8. ▼ ▸ ANZEIGEDAUER ▸ (bei *Verzögerung* 0,5 Sekunden eintragen)
9. Wiederholen Sie die Schritte 5. bis 9. so lange mit jeweils erhöhten Verzögerungswerten, bis allen Kategorien Verzögerungen zugewiesen sind.

405

In der Präsentation erscheinen nun auf Mausklick alle Datenpunkte einer Kategorie kurz nacheinander, noch bevor die Animation des vorhergehenden Datenpunktes beendet ist.

Besonders die Schritte 7. und 8. sind sehr aufwendig mit zusammen 4 Klicks und einem manuellen Eintrag pro Datenpunkt. Leichter geht es mit der ERWEITERTEN ZEITACHSE, indem Sie nach Schritt 6. folgendes tun:

6a. ▼ ▶ Erweiterte Zeitachse anzeigen

7. Markieren Sie die Animation des zweiten Datenpunktes der Kategorie.

8. Schieben Sie den Balken der Animation ein Stück nach rechts; ein Quick-Info zeigt Ihnen, um welchen Betrag verzögert wird.

9. Wiederholen Sie die Schritte 5. bis 9. so lange, bis allen Kategorien diese zugewiesen sind.

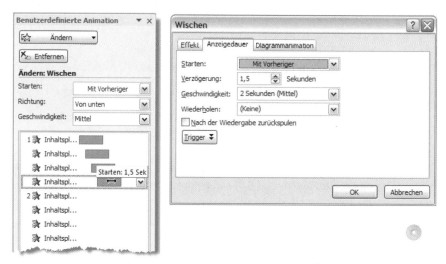

Abb. 29.7: Leichtere Verzögerungsanpassung mit der ERWEITERTEN ZEITACHSE (links)

Workshop: Der verflixte Tortenmittelpunkt

Da gibt es die Animation »Rad«, die sich mit nur einer Speiche für ein Kreisdiagramm geradezu aufdrängt. Beim flachen Kreisdiagramm klappt das auch ganz gut; gegenüber den Vorversionen ist die Rad-Animation nämlich auf den Mittelpunkt des Kreisdiagramms bezogen, die Sektoren bauen sich also mit der Rad-Animation korrekt auf den Kreismittelpunkt bezogen auf. Diese Eigenschaft besitzt jedoch das Tortendiagramm, also die dreidimensionale Form des Kreisdiagramms, nicht!

Abb. 29.8: Das Kreuz der Zeichnungslinien hilft, den Tortenmittelpunkt exakt auf dem Folienmittelpunkt zu platzieren.

Abb. 29.9: Auf mehrere Folien verteilt, funktioniert die Rad-Animation – den Trick bemerkt niemand im Publikum.

1. Schalten Sie in START *Zeichnung* ▸ ANORDNEN ▸ AUSRICHTEN ▸ RASTEREINSTELLUNGEN die Option ZEICHNUNGSLINIEN AUF DEM BILDSCHIRM ANZEIGEN ein.
2. Markieren Sie das komplette Diagramm und schieben Sie es so, dass der Mittelpunkt der Torte mit dem Kreuzungspunkt der Zeichnungslinien zusammentrifft.
3. Duplizieren Sie die Folie ([Strg]+[D] in der Folienübersicht).
4. Wechseln Sie zur oberen (!) Folie.
5. Markieren Sie den Sektor, der zuletzt erscheinen soll.
6. Ordnen Sie in *Diagrammtools* FORMAT ▸ FÜLLEFFEKT dem Sektor KEINE FÜLLUNG zu.
7. Ordnen Sie in *Diagrammtools* FORMAT ▸ FORMKONTUR dem Sektor KEINE GLIEDERUNG zu.

8. Wiederholen Sie die Schritte 3. bis 7., bis für jeden Sektor eine Folie existiert und auf dem letzten Duplikat nur noch der erste Sektor zu sehen ist.
9. Markieren Sie in der Folienübersicht alle Folien dieser Serie.
10. Ordnen Sie den Folien in ANIMATIONEN *Übergang zu dieser Folie* den Übergangseffekt »Rad im Uhrzeigersinn, 1 Speiche« zu.

Workshop: Hervorhebung der besonderen Art

Hintereinander gestapelte Säulendiagramme sehen zwar nett aus, haben aber einen erheblichen Nachteil: Die vorderen Reihen verdecken die hinteren Reihen. Wenn Sie in einer hinteren Reihe einen Datenpunkt besonders betonen wollen, wird das schwierig. Es gibt aber eine Hervorhebung »Transparent«, die zwar eher versteckt denn hervorhebt, aber um die Ecke gedacht, hilft sie beim Hervorheben – nämlich jener Datenpunkte, die damit nicht animiert werden:

1. Legen Sie ein Diagramm des Typs »3D-Säulen«, »3D-Zylinder« oder eines vergleichbaren Typs an.
2. Weisen Sie dem Diagramm die Hervorhebung »Transparent« mit einem Grad von 50 bis 75 % zu.
3. ▾ ▸ EFFEKTOPTIONEN ▸ Register DIAGRAMMANIMATION
4. ▾ ▸ NACH ELEMENT IN KATEGORIE ▸ OK
5. Markieren Sie ggf. in der Animationsliste die erste Animation und drücken Sie [Entf], um die Animation des Diagrammhintergrunds zu entfernen.
6. Suchen Sie in der Animationsliste die Animation der Säule, die »stehen bleiben« soll und drücken Sie [Entf].
7. Markieren Sie in der Animationsliste alle Animationen mit Ausnahme der ersten und weisen Sie ihnen die Startoption MIT VORIGER zu (Abbildung 29.10).

Damit werden in der Präsentation beim Mausklick alle Säulen auf einen Schlag teiltransparent geschaltet, nur der Diagrammhintergrund und die hervorzuhebende Säule bleiben stehen, weil sie »nicht hervorgehoben« werden.

Workshop: Dynamischer Wertevergleich

Diagramme stellen Werte gegenüber, das ist klar. Manchmal werden nur zwei Werte oder Wertegruppen gegenübergestellt, dann ist das Diagramm sehr übersichtlich. Um den Übergang von Wert1 zu Wert2 noch zu verdeutlichen, werden gelegentlich Pfeile ins Diagramm eingebracht, die vom alten Wert auf den neuen Wert weisen, vielleicht sogar animiert.

Das alles sind löbliche Methoden, doch können sie mit ein wenig Zusatzaufwand wesentlich eindrucksvoller gestaltet werden: Gegeben sei ein einfacher Vergleich zweier Werte (vorher – nachher), wie ihn Abbildung 29.11 links zeigt.

29.2 Diagramme animieren

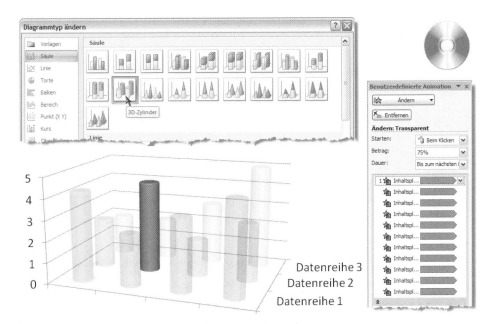

Abb. 29.10: Hervorhebung von hinten durch die kalte Küche

Variante 1: Wert reduziert sich

1. Verlassen Sie den Diagrammmodus.
2. Zeichnen Sie über den ersten Datenpunkt ein exakt gleich großes Rechteck.
3. 🖱 FORM FORMATIEREN ▶ Register FÜLLUNG ▶ EINFARBIGE FÜLLUNG ▶ (wählen Sie dieselbe Farbe aus, die der 2. Datenpunkt hat)
4. Register LINIENFARBE ▶ »keine«

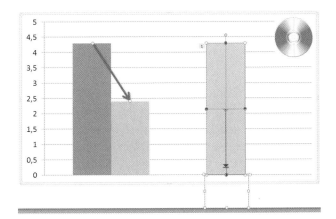

Abb. 29.11: Schrumpfen verdeutlichen mit Pfadanimation

5. ANIMATIONEN ▸ *Animationen* BENUTZERDEFINIERTE ANIMATION ▸ EFFEKT HINZUFÜGEN ▸ ANIMATIONSPFADE ▸ BENUTZERDEFINIERTEN PFAD ZEICHNEN ▸ LINIE

6. Zeichnen Sie einen senkrechten Pfad, der vom oberen Rand des Rechtecks zum oberen Rand des 2. Datenpunktes reicht.

7. Sollte der Pfad sich nicht automatisch auf die Mitte des Rechtecks einstellen, bewegen Sie ihn von Hand dorthin. (Benutzen Sie ggf. die in Kapitel 28 beschriebene Hilfsmethode mit den Verbindungslinien, um die Mitte exakt zu treffen – siehe auch Abbildung 29.11 rechts.)

8. Schieben Sie das Rechteck ein Stück zur Seite, um im Diagramm arbeiten zu können.

9. Zeichnen Sie ein Rechteck unter den 1. Datenpunkt, das mindestens die Breite des Datenpunktes besitzt und von der X-Achse bis zum unteren Folienrand reicht.

10. 🖱 FORM FORMATIEREN ▸ Register FÜLLUNG ▸ HINTERGRUNDFÜLLUNG

11. Register LINIENFARBE ▸ »keine«

12. Zeichnen Sie eine Linie entlang der X-Achse über dem eben gezeichneten Rechteck.

13. 🖱 FORM FORMATIEREN ▸ Register LINIENFARBE ▸ (wie X-Achse)

14. Register LINIENART ▸ (wie X-Achse)

15. Markieren Sie den 2. Datenpunkt.

16. 🖱 FORM FORMATIEREN ▸ Register FÜLLUNG ▸ »keine«

17. Register LINIENFARBE ▸ »keine«

18. Schieben Sie die Rechteck-Dublette des 1. Datenpunkts passgenau über den Graphen des 1. Datenpunkts.

Das Rechteck bewegt sich am Pfad entlang, bis es die Höhe des 2. Datenpunktes erreicht hat; die nach unten geschobenen Teile des Rechtecks verschwinden hinter dem Rechteck unter dem Diagramm. Die alte Höhe bleibt in Form des Graphen zum 1. Datenpunkt weiterhin sichtbar, aber die Entwicklung wurde durch die Bewegung deutlicher vermittelt.

Variante 2: Wert erhöht sich

Bei einer positiven Entwicklung der Werte lässt sich diese Animation noch einfacher einrichten (vgl. Abbildung 29.12).

1. Verlassen Sie den Diagrammmodus.

2. Zeichnen Sie ein Rechteck, das die Höhe vom 1. Datenpunkt zum 2. Datenpunkt ausgleicht.

3. 🖱 FORM FORMATIEREN ▸ Register FÜLLUNG ▸ EINFARBIGE FÜLLUNG ▸ (wählen Sie dieselbe Farbe aus, die der 2. Datenpunkt hat)

4. Register LINIENFARBE ▸ »keine«

5. ANIMATIONEN ▸ *Animationen* BENUTZERDEFINIERTE ANIMATION ▸ EFFEKT HINZUFÜGEN ▸ EINGANG ▸ »Kurzer Blick«

6. Stellen Sie die Animationsrichtung »Von unten« ein.

7. Markieren Sie den 2. Datenpunkt.

8. Form formatieren ▸ Register Füllung ▸ »keine«
9. Register Linienfarbe ▸ »keine«

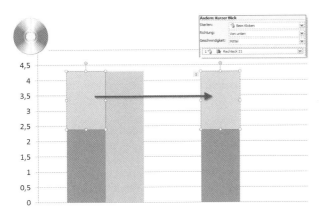

Abb. 29.12: Wachsen verdeutlichen mit Animation »Kurzer Blick«

Hier kriecht scheinbar die Verlängerung aus dem kleineren Graphen zum 1. Datenpunkt hervor und macht aus der einfachen Säule eine gestapelte Säule, in der der Zuwachs auf den Anfangszustand gesetzt wurde.

Beide Varianten lassen sich selbstverständlich auch – bei entsprechend vervielfältigtem Arbeitsaufwand – auf Diagramme mit mehreren Reihen oder Kategorien anwenden.

29.3 Illustrationen animieren

Für Formen sind theoretisch alle Animationsarten geeignet, aber nicht jede Animation passt zu jeder Form. Achten Sie deshalb darauf, ob die gewählte Animation auch stimmig zur Form wirkt.

Die bei anderen Objekten eher deplatziert wirkenden Animationen *Karo, Kasten, Keil, Kreis, Plus, Rad* und *Teilen* wirken bei grafischen Elementen sehr gut, wenn der Animationstyp zur Form passt, also z. B. *Karo* für Rauten und *Kreis* für Ovale.

29.3.1 Beschränkungen umgehen

Von der Grundeinstellung her unterliegen Formen Einschränkungen bei der Wahl der Animationen; einige lassen sich Formen und Bildern nicht zuweisen. Für Text dagegen sind alle Animationen technisch möglich. Daraus lässt sich ein Workaround schaffen, mit dem Sie die komplette Auswahl der Animationen auch für Formen zugänglich machen:

Setzen Sie in die Form einen Text – ein Leerschritt reicht schon aus – und aktivieren Sie in den Effekten, Register Textanimation, die Option Angefügte Form animieren. So macht die Form alle sonst auf Text beschränkten Animationen mit. Anschließend können Sie den Hilfstext wieder löschen; die Animation bleibt der Form zugewiesen. Ein Leerschritt als »Text« sorgt dafür, dass auch beim Nacharbeiten noch die Möglichkeiten der auf Texte beschränkten Animationen offen bleiben, doch mit einem Nachteil: Form und Text werden nacheinander animiert, was bei automatisch gesteuerten Animationen eine Verzögerung bewirkt, bis auch der nicht zu erkennende Leerschritt seine Animation vollendet hat.

Für **Hervorhebungen** gilt eine andere Regel: Auch hier sind für Formen nicht alle Effekte möglich. Enthält eine Form Text, lassen sich zwar alle Effekte zuweisen, jedoch mit unterschiedlicher Auswirkung:

- Ist der Effekt *auch* für Formen zulässig, bezieht sich bei eingeschalteter Option ANGEFÜGTE FORM ANIMIEREN der Effekt auf Form und Text.

- Ist der Effekt *nicht* für Formen zulässig, bezieht sich bei eingeschalteter Option ANGEFÜGTE FORM ANIMIEREN der Effekt nur auf den Text, die Form verändert sich nicht.

29.3.2 Panoramabilder animieren

Statt einzelne Fotos eines Panoramas nacheinander zu zeigen, ist es eindrucksvoller, diese als ein zusammengefügtes Bild zu zeigen. Gute Bildbearbeitungsprogramme und Spezialsoftware erlauben das »nahtlose« Zusammensetzen; manche Digitalkameras haben passende Software dafür bereits im Lieferumfang.

Da beim Einpassen eines Panoramas in eine Folie das Bild zu klein würde, ist es besser, das Bild langsam per Animation durch die Projektion zu schieben.

1. EINFÜGEN ▸ *Illustrationen* GRAFIK ▸ (Auswahl des Panoramafotos)
2. Passen Sie das Bild an die Höhe der Folie an.
3. Richten Sie das Bild so aus, dass der zum Schluss (!) zu sehende Ausschnitt auf der Folie liegt.
4. ANIMATIONEN ▸ *Animationen* BENUTZERDEFINIERTE ANIMATION ▸ EFFEKT HINZUFÜGEN ▸ EINGANG ▸ EINFLIEGEN
5. Stellen Sie die Animationsrichtung so ein, dass das Bild die komplette Folie durchfliegen muss, um zur Endposition zu kommen. (Also in Abbildung 29.13 »von rechts«, weil das rechte Ende zum Schluss zu sehen ist.)

Abb. 29.13: Panoramabild läuft von rechts nach links durch die Folie und zeigt so einen Schwenk von links nach rechts.

6. ANIMATIONSDAUER
7. Stellen Sie die Animationsdauer so ein, dass das Bild mit angemessener Geschwindigkeit durch die Folie gleitet.

Sie müssen bei den Eingangs-Animationen umdenken: Das zuletzt zu sehende Detail ist einzurichten, die Animation bewegt das Bild dorthin.

Soll bereits bei Aufblenden der Folie der erste Teil des Panoramas zu sehen sein, müssen Sie das Bild so einrichten, dass das Startbild zu sehen ist, und mit einer Pfadanimation zum Schlusspunkt schieben.

Ein interessanter Effekt für Panoramen ist der Einsatz in einem Fotoalbum, bei dem mehrere Bilder auf einer Albumseite zu sehen sind, zunächst alle statisch. Auf Mausklick startet dann der Durchlauf des Panoramabildes nicht folienfüllend, sondern in einer der Bildpositionen.

Dazu bedarf es

- einer Pfadanimation, damit das Startbild bereits in der statischen Phase zu sehen ist, und
- abdeckender Rechtecke mit Hintergrundfüllung, die den Weg des Panoramas außerhalb seiner Bildposition verstecken.

 Beispiele für diesen Effekt finden Sie auf der Buch-CD in der Datei »Britzer_Garten .pptx«.

Kapitel 30

Animationen kombinieren

Die Animationseffekte lassen sich über die Startoptionen MIT VORIGER und NACH VORIGER miteinander kombinieren, auch mehrere Effekte auf ein Objekt gleichzeitig anwenden. Dabei ist die zeitliche Koordinierung ein wesentliches Element, das mit der ERWEITERTEN ZEITACHSE vereinfacht werden kann.

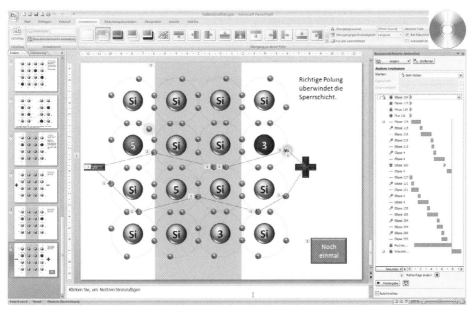

Abb. 30.1: Komplexe, automatisch gesteuerte Pfadanimationen

30.1 Kombinations-Beispiele

Workshop: Rollender Ball

Eine runde Form mit einem Muster, das die Drehung erkennen lässt, erhält die Hervorhebung ROTIEREN, gleichzeitig damit startet eine Bewegung an einem Pfad entlang. Nun müssen nur noch die Animationsgeschwindigkeiten und -richtungen synchronisiert werden, schon rollt der Ball über die Folie. Anstelle eines Balles ist auch ein Geldstück sehr gut für diesen Effekt geeignet.

1. Zeichnen Sie eine schiefe Ebene mit dem Linienwerkzeug.
2. Importieren Sie das Bild mit EINFÜGEN *Illustrationen* ▸ GRAFIK.

3. Weisen Sie dem Bild eine Kreisform zu, um den eckigen Rahmen zu entfernen: *Bildtools* FORMAT ▸ *Bildformatvorlagen* BILDFORM ▸ (Form »Oval« auswählen).
4. Platzieren Sie das Bild an das obere Ende der »schiefen Ebene«.
5. Markieren Sie das Bild.
6. ANIMATIONEN *Animationen* ▸ BENUTZERDEFINIERTE ANIMATION
7. EFFEKT HINZUFÜGEN ▸ ANIMATIONSPFAD ▸ BENUTZERDEFINIERTEN PFAD ZEICHNEN
8. Zeichnen Sie die Linie, an der das Bild entlanglaufen soll. (Bezugspunkt ist der Mittelpunkt des Bildes.)
9. Bessern Sie den Pfad ggf. mit PUNKTE BEARBEITEN nach.
10. EFFEKT HINZUFÜGEN ▸ HERVORGEHOBEN ▸ ROTIEREN
11. Markieren Sie die mit Schritt 10. zugewiesene Animation im Aufgabenbereich und weisen Sie ihr einen Start MIT VORIGER zu.
12. Richten Sie die Anzahl der Rotationen und die Geschwindigkeit so ein, dass lineare Bewegung und Rotation einen Rolleffekt ergeben.

Wollen Sie den Ball in verschiedene Richtungen bewegen und dabei die Richtung der Rotation umkehren, müssen schon mehrere Animationseffekte zeitlich aufeinander abgestimmt werden. Dabei hilft die ERWEITERTE ZEITACHSE.

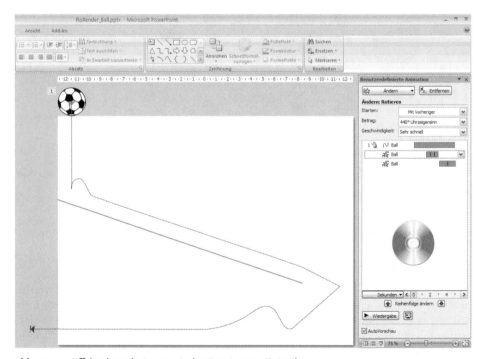

Abb. 30.2: Effekte koordinieren mit der Erweiterten Zeitachse

Workshop: Dynamisch unterstreichen

Eine ganz spezielle Form der Hervorhebung ist die Unterstreichung – nicht die statische, mit dem Textattribut »Unterstrichen« erzielbare, sondern eine während der Präsentation entstehende. Die gibt es zwar auch als Hervorhebung, doch damit auch alle Zuschauer bemerken, dass da etwas unterstrichen wird, soll ein Stift das verdeutlichen.

1. Zeichnen Sie unter den hervorzuhebenden Text Ihrer Folie eine farbige Linie (tunlichst in der Farbe des Stiftes).
2. Konstruieren Sie einen Bleistift, wie in Kapitel 21 beschrieben, und platzieren ihn außerhalb der Folie.
3. ANIMATIONEN *Animationen* ▸ BENUTZERDEFINIERTE ANIMATION
4. EFFEKT HINZUFÜGEN ▸ ANIMATIONSPFAD ▸ BENUTZERDEFINIERTEN PFAD ZEICHNEN
5. Zeichnen Sie einen Animationspfad von der Spitze des Bleistifts zum Beginn des Unterstrichs. (Es wäre auch möglich, den Pfad komplett zum Unterstrich, den Unterstrich entlang und wieder hinaus zu zeichnen, doch wäre dann die Anpassung der beiden Animationen gemäß Schritt 15. wesentlich schwieriger.)
6. Der Startpunkt setzt sich nach dem Zeichnen auf den Mittelpunkt des animierten Objekts, das hat aber für den Effekt keine Bedeutung, denn die Bewegung der Spitze entspricht weiterhin dem gewünschten Pfad.
7. Markieren Sie den Bleistift.
8. EFFEKT HINZUFÜGEN ▸ ANIMATIONSPFAD ▸ BENUTZERDEFINIERTEN PFAD ZEICHNEN
9. Zeichnen Sie einen Animationspfad vom Beginn bis zum Ende des Unterstrichs.
10. Verschieben Sie diesen Pfad so, dass sein Startpunkt auf dem Endpunkt des ersten Pfades liegt.
11. Ordnen Sie der Pfadanimation den Auslöser »Nach voriger« zu.
12. Schalten Sie in den Effektoptionen für diesen Pfad die Optionen REIBUNGSLOSER START und REIBUNGSLOSES ENDE ab, weil sonst kein synchroner Ablauf mit dem Wischen-Effekt des Unterstriches möglich ist.
13. Markieren Sie den Unterstrich.
14. EFFEKT HINZUFÜGEN ▸ EINGANG ▸ »Wischen«
15. Ordnen Sie der Wischen-Animation den Auslöser »Mit voriger«, die Richtung »von links« und die Animationsdauer des zuvor gezeichneten Pfads zu.
16. Markieren Sie den Bleistift.
17. EFFEKT HINZUFÜGEN ▸ ANIMATIONSPFAD ▸ BENUTZERDEFINIERTEN PFAD ZEICHNEN
18. Zeichnen Sie einen Animationspfad vom Ende des Unterstrichs aus der Folie hinaus.
19. Verschieben Sie diesen Pfad so, dass sein Startpunkt auf dem Endpunkt des zweiten Pfades liegt.
20. Ordnen Sie der letzten Pfadanimation den Auslöser »Nach voriger« zu.

Kapitel 30
Animationen kombinieren

Workshop: Den »Kurzen Blick« verlängern

Die Animation mit dem eigenartigen Namen »Kurzer Blick« ist eine sehr nützliche, wenn es darum geht, ein Objekt zwar bewegt ins Bild zu bringen, aber das »Überfahren« bereits vorhandener Elemente auf der Folie zu vermeiden. Das Objekt schiebt sich aus der eigenen Kante heraus ins Bild, als komme es hinter einer Abdeckung in Hintergrundfarbe hervor.

Leider hat der »Kurze Blick« den Nachteil, wirklich sehr kurz zu sein, denn die Bewegungsstrecke ist identisch mit der Objektdimension in Bewegungsrichtung. Eine waagerechte Linie mit »Kurzer Blick« von oben oder von unten erscheinen zu lassen, ist fast identisch mit »Erscheinen«.

Die Bewegungsstrecke lässt sich verlängern, indem Sie das zu animierende Objekt mit einem anderen, unsichtbaren Objekt gruppieren, das damit die Startlinie vom eigentlichen Objekt weg verlegt.

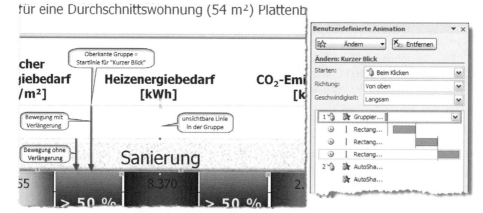

Abb. 30.3: Eine unsichtbare Linie verlegt den Startpunkt für »Kurzer Blick«.

Dieser Trick eignet sich gut, wenn ein Objekt von oben einfliegen, aber nicht mit dem Folientitel kollidieren soll.

30.2 In der Präsentationsansicht scrollen

In diese Situation kommt man immer wieder: Ein darzustellender Prozess oder eine Kalkulation sind so umfangreich, dass sie nicht auf eine Folie passen. Werden sie verkleinert, leidet die Lesbarkeit. Mit erkennbaren Informationen dagegen wird die Darstellung so groß, dass sie die Folie überragt.

Ein möglicher Weg ist die in Kapitel 38 beschriebene Verwendung eines externen Programms, mit dem die Darstellung in der Projektion gescrollt werden kann (z. B. Visio für Prozesse oder Excel für Tabellen). Leider ist die Übersicht damit auch nicht ohne Weiteres gewährleistet.

Aber auch PowerPoint lässt sich zum Scrollen beim Präsentieren »überreden«.

1. Richten Sie die auf erkennbare Größe der Details gebrachte Gesamtdarstellung so aus, dass der Startpunkt beim Aufruf der Folie zu sehen ist.
2. Markieren Sie die Darstellung.
3. ANIMATIONEN ▸ *Animationen* BENUTZERDEFINIERTE ANIMATION ▸ EFFEKT HINZUFÜGEN ▸ ANIMATIONSPFADE
4. Wählen Sie aus den Standardpfaden die passende Richtung aus.
5. Richten Sie die Pfadlänge so ein, dass die Darstellung nur so weit verschoben wird, dass signifikante Reste des bisher gezeigten Ausschnitts sichtbar bleiben, um dem Publikum den Anschluss zu erleichtern.
6. Wiederholen Sie die Schritte 3. bis 5., bis alle notwendigen Bewegungen vorhanden sind, um alle Teile der Darstellung zu zeigen. Achten Sie darauf, dass die Pfade immer am Endpunkt der vorhergehenden Pfadanimation beginnen.

Abb. 30.4: Nur ein Viertel der Abbildung ist zu Beginn sichtbar (links unten), den Rest erschließen auf Mausklick die Pfadanimationen.

Nach diesen Vorbereitungen haben Sie die Wahl, ob Sie die Verschiebungen als Animationsfolge oder als getriggerte Animation (Kapitel 38) nutzen wollen. Die Animationsfolge ist simpel, bei jedem Klick schiebt sich die Darstellung ein Stück weiter, passend zur Entwicklung des Vortrags.

Eine getriggerte Animation ist dann vonnöten, wenn Sie die Darstellung beliebig verschieben möchten, z. B. weil Nachfragen zu bereits gezeigten Teilen kommen können. Dann bleibt es Ihnen nicht erspart, zu *jedem* Pfad ein Pendant anzulegen, das in Gegenrichtung läuft und *für alle* damit entstandenen Pfade je eine Schaltfläche (vorzugsweise aus dem reichhaltigen Sortiment der Blockpfeile) anzulegen, mit denen die Bewegungen ausgelöst werden.

Bei sehr umfangreichen Kalkulationen oder Prozessen sollten Sie deshalb doch zu der in Kapitel 31 beschriebenen Methode des »verfolgbaren« Aufteilens auf mehrere Folien greifen.

Kapitel 31

Von Folie zu Folie

31.1 Folienübergänge

Wenn eine Präsentation mit dem Beamer vorgeführt wird, sehen schlagartige Wechsel unschön aus. Die Folienübergänge dienen dazu, diese Wechsel interessanter und angenehmer zu gestalten.

Unter

ANIMATIONEN ▸ *Übergang zu dieser Folie*

finden Sie eine grafische Vorschau der verfügbaren Folienübergänge.

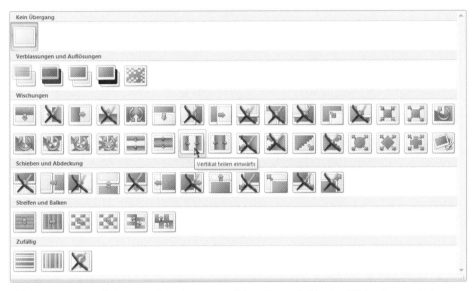

Abb. 31.1: Die verfügbaren Folienübergangseffekte (jene mit falscher Wirkrichtung sind gestrichen) ...

Die Folienübergänge sind durch Icons visualisiert und es erscheint beim Darüberfahren mit dem Mauszeiger eine Quick-Info mit dem Namen, doch es empfiehlt sich, anhand Livevorschau den Übergang richtig einzuschätzen.

Mit Anklicken eines Übergangs-Symbols weisen Sie diesen Übergang unmittelbar der markierten Folie zu. Sind in der Übersichtsleiste oder in der Foliensortierung mehrere Folien markiert, erhalten diese Folien gemeinsam denselben Übergang. Um allen Folien der Präsentation denselben Übergangseffekt zu geben (empfehlenswert der Einheitlichkeit wegen), klicken Sie rechts neben der Übergangsauswahl auf FÜR ALLE ÜBERNEHMEN.

31.1.1 Übergangsrichtung

Wie bei den Animationen ist auch bei Folienübergängen auf die passende Richtung zu achten. Passt sie nicht zu unseren Sehgewohnheiten, verwirrt sie nur. In Abbildung 31.1 sind darum einige Folienübergangsvarianten ausgestrichen, die eine Präsentation eher stören denn bereichern.

31.1.2 Übergangsgeschwindigkeit

Die Geschwindigkeit der Übergänge ist mit der Auswahl ÜBERGANGSGESCHWINDIGKEIT zwar in drei Stufen beeinflussbar, hängt aber auch von der Güte der Grafikkarte ab. Das kann im Negativfall auch dazu führen, dass die Übergänge ruckelig werden. Dazu sollten Sie sich merken, dass die *statischen* Übergänge, bei denen das Bild an seiner endgültigen Position entsteht, für die Grafikkarte leichter zu bewerkstelligen sind als *dynamische*, bei denen sich das Bild zu seinem Platz bewegt. Wenn Ihre Präsentation also auf ressourcenschwachen Rechnern laufen soll, empfiehlt es sich, bewegte Effekte zu vermeiden.

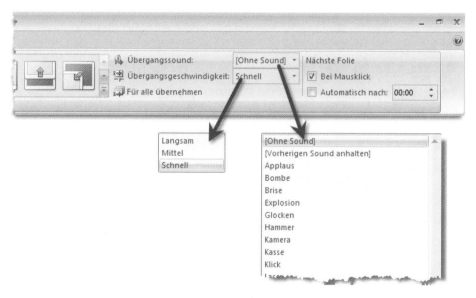

Abb. 31.2: ... und die dazu gehörenden Optionen

31.1.3 Übergangsgeräusche

Ob Sie Folienübergängen ein Geräusch zuordnen, ist Geschmacksfrage. Bei Präsentationen, die nicht zur Vortragsunterstützung dienen, mögen diese Übergangsgeräusche die Aufmerksamkeit fördern; beim Vortrag stören sie eher.

31.1.4 Anmerkungen zu Folienübergängen

 Der Übergang »Schnitt« (Bild rechts) entspricht dem übergangsfreien Folienwechsel; die Einstellungen zur Übergangsgeschwindigkeit bleiben hier wirkungslos. Einsetzbar sind beide für spezielle Situationen, bei denen es darauf ankommt, dass kein Folienwechsel bemerkt wird (vgl. Kapitel 30).

 »Sanft ausblenden« kann immer benutzt werden, wirkt immer gut und ist trotz seiner Schlichtheit auch für besondere Effekte brauchbar, z. B. für »schleichende« Veränderungen von Folie zu Folie.

 Die »Teilen«-Übergänge lassen sich besonders für Start, Ende und Unterbrechungen der Präsentation einsetzen, weil sie einen Vorhangeffekt bewirken.

 Die »Keil«- und »Rad«-Übergänge sind möglichst sparsam zu verwenden, aber sehr gut für das Überblenden zwischen Folien mit Kreisdiagrammen geeignet.

 Übergänge vom Typ »Box« und »...form« sollten Sie nur einsetzen, wenn es darum geht, die Aufmerksamkeit auf das Zentrum der kommenden Folie zu ziehen.

 Der Übergang »Nachrichtenmeldung« ist dermaßen auffällig, dass er nur dann angewendet werden sollte, wenn ein besonderer Höhepunkt folgt.

> **Hinweis**
>
> Die Folie wird nur dann gewechselt, wenn sie keine Animationen enthält oder alle Animationen dieser Folie abgearbeitet sind. Automatische Folienübergänge müssen also gut kalkuliert sein, denn nach Abschluss der letzten Animation setzt schlagartig der Folienwechsel ein, ohne Zeit zu lassen, die zuletzt eingeblendete Information noch aufnehmen zu können.

Zur Abhilfe empfiehlt sich, die Standzeiten anhand eines Probedurchlaufs mittels einer eingebauten »Stoppuhr« festlegen zu lassen.

BILDSCHIRMPRÄSENTATION ▶ *Einrichten* NEUE EINBLENDEZEITEN TESTEN

Die Präsentation startet testweise im manuell gesteuerten Modus; Ihre Aufgabe ist es, die Folien auf sich wirken zu lassen und gefühlsmäßig zu klicken, wenn Sie meinen, dass das nächste animierte Element einzublenden ist und eine Folie lange genug auf dem Bildschirm gestanden hat. Diese Standzeiten werden gespeichert.

Abb. 31.3: Bedienelemente für den Probelauf

Abschließend fragt PowerPoint Sie in einem Dialog, ob diese manuellen Standzeiten als Steuerwerte für die automatisch ablaufende Präsentation zu übernehmen sind.

31.2 Folienübergänge kreativ

Die Folienübergänge von PowerPoint sind zwar reichhaltig, aber recht simpel gestrickt. Vielleicht haben Sie schon Vorträge erlebt mit Folienübergängen, die Sie aus PowerPoint nicht kennen. Da sind dann entweder andere Präsentationsprogramme oder Add-ins für Power-Point zum Einsatz gekommen. Diese Add-ins sind zwar sehr effektvoll, aber auch teuer. Ob sie zum Erfolg Ihres Vortrags beitragen, ist eine andere Frage.

Auch wenn selbst gestaltete Folienübergänge nicht möglich sind, lassen sich in Kombination mit folienweiten Animationen eigene Kreationen verwirklichen. Der Trick bei den meisten »Übergängen« in den nachfolgend geschilderten Workshops besteht darin, ein Abbild der vorherigen Folie im Vordergrund und ein Abbild der folgenden Folie im Hintergrund auf eine Zwischenfolie zu bringen. Der Folienübergang zu und von dieser Folie ist entweder »Kein Übergang«, »Schnitt« oder »Sanft ausblenden«, so dass diese Wechsel vom Publikum überhaupt nicht bemerkt werden.

Workshop: Zwischenfolie erstellen

1. Gehen Sie zu der Folie, von der aus der Übergang erfolgen soll.
2. Wechseln Sie mit [Strg]+[F5] in den Präsentationsmodus.
3. Klicken Sie ggf. alle Animationen durch, bis die Folie den Endzustand vor dem Folienwechsel zeigt.
4. Drücken Sie die Taste mit der Aufschrift »Druck«, »PrintScreen« o. ä.
5. [ESC]
6. Markieren Sie die eben durchgespielte Folie in der Übersichtsleiste.
7. Legen Sie mit [Strg]+[M] eine neue Folie an.
8. Klicken Sie in die neu erzeugte, leere Folie.
9. Wechseln Sie ggf. mit START ▸ *Folien* LAYOUT zum Layout »Leer«.
10. ENTWURF ▸ *Hintergrund* ▸ Register FÜLLUNG ▸ EINFARBIGE FÜLLUNG ▸ FARBE: Schwarz
11. Option HINTERGRUNDGRAFIKEN AUSBLENDEN aktivieren
12. [Strg]+[V] (Die fotografierte Folie wird eingefügt.)
13. ANIMATIONEN ▸ *Übergang zu dieser Folie* KEIN ÜBERGANG
14. ANIMATIONEN ▸ *Übergang zu dieser Folie* NÄCHSTE FOLIE ▸ AUTOMATISCH NACH 00:00
15. Wechseln Sie zur nächsten Folie.
16. ANIMATIONEN ▸ *Übergang zu dieser Folie* KEIN ÜBERGANG
17. Drücken Sie die Taste mit der Aufschrift »Druck«, »PrintScreen« o. ä.
18. [ESC]
19. Gehen Sie zur Zwischenfolie.

20. ⌜Strg⌝+⌜V⌝ (Die fotografierte Folie wird eingefügt.)
21. START ▶ *Zeichnung* ANORDNEN ▶ IN DEN HINTERGRUND

Workshop: Drehender Würfel

1. Erzeugen Sie eine Zwischenfolie mit den Abbildern der vorhergehenden und der folgenden Folie.
2. Ordnen Sie folgende Animationen zu:
   - dem Bild der alten Folie: BEENDEN-Animation »Reduzieren« *quer, mit voriger*
   - dem Bild der neuen Folie: EINGANGS-Animation »Strecken« *quer, mit voriger*
3. Gleichen Sie die Animationsgeschwindigkeiten an.

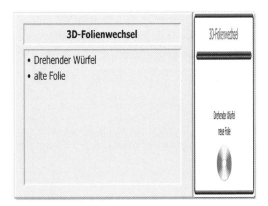

Abb. 31.4: Fake-Folienübergang

Das Synchronisieren der Animationen ist der wesentliche Faktor bei diesen Animationen. Bedienen Sie sich bei komplexen Abläufen unbedingt der ERWEITERTEN ZEITACHSE.

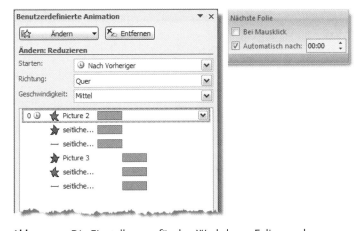

Abb. 31.5: Die Einstellungen für den Workshop »Folie wenden«

Workshop: Folie wenden

1. Erzeugen Sie eine Zwischenfolie mit den Abbildern der vorhergehenden und der folgenden Folie.
2. Zeichnen Sie rechts von der Folie (ins Graue) ein Rechteck in voller Folienhöhe und ungefähr 1 cm Breite, keine Kontur, graduelle Füllung vertikal in zum Foliendesign passenden Tönen.
3. Ordnen Sie folgende Animationen zu:
   - dem Bild der alten Folie: BEENDEN-Animation »Reduzieren« *quer, mit voriger*
   - dem Rechteck: ANIMATIONSPFAD *nach links* bis zur Mitte der Folie, *mit voriger*
   - dem Rechteck: EINGANGS-Animation »Strecken« *quer, mit voriger*
4. Ordnen Sie folgende weiteren Animationen zu:
   - dem Bild der neuen Folie: *Eingangs*-Animation »Strecken« *quer, nach voriger*
   - dem Rechteck: ANIMATIONSPFAD *nach links* aus der Folie hinaus, *mit voriger*
   - dem Rechteck: BEENDEN-Animation »Reduzieren« *quer, mit voriger*
5. Gleichen Sie die Animationsgeschwindigkeiten an.

Workshop: Abrollen

1. Zeichnen Sie rechts von der Folie (ins Graue) ein Rechteck in voller Folienhöhe und ungefähr 1 cm Breite, keine Kontur, graduelle Füllung vertikal in zum Foliendesign passenden Tönen.
2. Ordnen Sie folgende Animationen zu:
   - dem Bild der neuen Folie: EINGANGS-Animation »Wischen« *von links, mit voriger*
   - dem Rechteck: EINGANGS-Animation »Einfliegen« *von links, mit voriger*
3. Gleichen Sie die Animationsgeschwindigkeiten an.

31.3 Informationen von Folie zu Folie »durchreichen«

Der Übersichtlichkeit auf der Folie kommt es entgegen, wenn Inhalte auf mehrere Folien verteilt werden. Nachteil dieser Aufteilung ist, dass das Publikum den Anschluss beim Folienwechsel verlieren kann. Dem vorzubeugen, ist Thema dieses Abschnitts.

Sie verteilen die Informationen auf mehrere Folien, die nacheinander projiziert werden. Das Publikum muss sich dann leider bei jeder Folie neu orientieren, um den Anschluss zu finden; das ist noch schwieriger als beim Scrollen. Sie können Ihrem Publikum allerdings die Orientierung erleichtern, indem Sie die Anschlussinformationen in Ausgangs- und Folgefolie deutlich hervorheben. Am leichtesten fällt die Orientierung, wenn die letzten Informationen der Ausgangsfolie auf der Folgefolie wiederholt werden – möglichst ohne nennenswerte Positionsveränderung.

Workshop: Hervorgehobene Anschlüsse durchschieben

1. Markieren Sie auf der Ausgangsfolie die Anschlussstellen oder -zellen, die in der Folgefolie als Orientierungshilfe wieder auftauchen werden.

2. ANIMATIONEN ▸ *Animationen* BENUTZERDEFINIERTE ANIMATION ▸ EFFEKT HINZUFÜGEN ▸ HERVORHEBUNGEN

3. Wählen Sie einen Effekt aus, sehr gut geeignet für diesen Zweck sind Farbwechsel wie »Füllfarbe ändern«, »Farbvermischung« oder »Komplementärfarbe«.

4. Wechseln Sie zur Folgefolie.

Ideal ist es, wenn die Anschlussstellen auf der Folgefolie in gleicher Höhe positioniert sind wie in der Ausgangsfolie.

5. Markieren Sie die Anschlussstellen und formatieren Sie sie so, dass sie den Anschlussstellen der Ausgangsfolie gleichen.

6. Als Folienübergang sollten Sie den Effekt »Schieben nach ...« benutzen, wobei die Richtung so zu wählen ist, dass die Anschlussstellen der Folgefolie zuerst zu sehen sind.

Workshop: Tabelle teilweise neu befüllen

Bei Tabellen lässt sich noch ein anderer Trick anwenden, sofern die übergeleiteten Zellen ihre Position beibehalten können.

1. Markieren Sie die Ausgangsfolie in der Übersichtsleiste.
2. Duplizieren Sie die Folie mit `Strg`+`D`.
3. Löschen Sie im Duplikat alle Zelleninhalte, die nicht übernommen werden.
4. Markieren Sie die Duplikatfolie in der Übersichtsleiste.
5. Duplizieren Sie die Folie mit `Strg`+`D`.
6. Füllen Sie im zweiten Duplikat die leeren Zellen aus, fügen Sie ggf. Zeilen und Spalten hinzu, aber achten Sie darauf, dass die übernommenen Zellen ihre Position nicht verändern.
7. Ordnen Sie den beiden Duplikatfolien den Folienübergang »Wischungen« von links zu.

Workshop: Anschlussstellen mit Positionswechsel

Leider ist häufig nicht der Idealfall gegeben, und die Anschlussstellen werden auf der Folgefolie an anderer Position benötigt. Hier gibt es für Formen und Zelleninhalte unterschiedliche Vorgehensweisen.

■ Anschlussstellen sind Formen

1. Markieren Sie die Anschlussstellen auf der Ausgangsfolie.
2. Kopieren Sie die Form(en) mit `Strg`+`C` in die Zwischenablage.
3. START ▸ *Folien* NEUE FOLIE (als Zwischenfolie zwischen Ausgangs- und Folgefolie)
4. Fügen Sie die Anschlussform(en) mit `Strg`+`V` aus der Zwischenablage ein.
5. MARKIEREN SIE EINE DER ANSCHLUSSSTELLEN-FORMEN.
6. ANIMATIONEN ▸ *Animationen* BENUTZERDEFINIERTE ANIMATION ▸ EFFEKT HINZUFÜGEN ▸ ANIMATIONSPFADE
7. Wählen Sie aus den Standardpfaden die passende Richtung aus oder zeichnen Sie einen BENUTZERDEFINIERTEN PFAD, der die Anschlussstelle in ihre gewünschte Position bringt.

8. Wiederholen Sie die Schritte 5. und 7. für alle anderen Anschlussstellen.

9. Ordnen Sie den Folienwechseln geeignete Folienübergänge zu (Wischungen, Blenden), die das Ganze harmonisch wirken lassen.

■ **Anschlussstellen sind Zelleninhalte**

1. Markieren Sie auf der Ausgangsfolie den Inhalt einer der Anschlusszellen.
2. Kopieren Sie den Zelleninhalt mit [Strg]+[C] in die Zwischenablage.
3. Zeichnen Sie ein Textfeld über die Zelle.
4. Fügen Sie den kopierten Zelleninhalt mit [Strg]+[V] aus der Zwischenablage ein.
5. Wiederholen Sie die Schritte 1. bis 4. für alle Anschlusszellen.
6. Markieren Sie alle eben angelegten Textfelder.
7. Kopieren Sie die Textfelder mit [Strg]+[C] in die Zwischenablage.
8. START ▶ *Folien* NEUE FOLIE (als Zwischenfolie zwischen Ausgangs- und Folgefolie)
9. Fügen Sie die kopierten Textfelder mit [Strg]+[V] aus der Zwischenablage ein.
10. MARKIEREN SIE EINES DER TEXTFELDER.
11. ANIMATIONEN ▶ *Animationen* BENUTZERDEFINIERTE ANIMATION ▶ EFFEKT HINZUFÜGEN ▶ ANIMATIONSPFADE
12. Wählen Sie aus den Standardpfaden die passende Richtung aus oder zeichnen Sie einen BENUTZERDEFINIERTEN PFAD, der das Textfeld an die gewünschte Position (neue Zellenposition) bringt.
13. Wiederholen Sie die Schritte 10. und 12. für alle anderen Anschlussstellen.
14. Ordnen Sie den Folienwechseln geeignete Folienübergänge zu (Wischungen, Blenden), die das Ganze harmonisch wirken lassen.

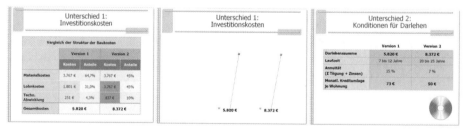

Abb. 31.6: Ergebnisse aus der ersten Folie tauchen exakt an derselben Stelle in der zweiten Folie auf und werden per Pfadanimation an ihren neuen Platz geführt.

Teil VI

Multimedial präsentieren

In diesem Teil:

- 32 **Basiswissen zu »Multimedia«** 431
  Was ist »multimedial« beim Präsentieren?
  Was geht und was geht nicht? Eingebettet
  oder verknüpft?

- 33 **Musik, Sprache, Geräusche präsentieren** 435
  Sound-Dateien oder CD-Titel einfügen, MP3
  einbetten, Sound konfigurieren, CD-Steuerung
  während der Präsentation, Kommentare aufzeichnen

- 34 **Bewegte Bilder präsentieren** 447
  Film in Folie oder Fotoalbum einfügen,
  Film konfigurieren, Filmsteuerung während
  der Präsentation, Videos von DVD wiedergeben,
  Flash-Objekte, animierte GIF-Grafiken

- 35 **Virtuelle Medien »animieren«** 457
  Wiedergabe mit Schaltflächen steuern,
  Film und Form im Zusammenspiel,
  Problem Synchronisation

Kapitel 32

Basiswissen zu »Multimedia«

Der Begriff »Multimedia« wurde in den letzten Jahren zum Synonym für das Vorführen/Abspielen von Audio- und Videoquellen mit technischen Hilfsmitteln jedweder Art reduziert. Im ursprünglichen Sinne ist er umfassender, »multimedial« bezeichnet die Verwendung mehrerer unterschiedlicher Präsentationsmedien in einem Vortrag. In diesem ursprünglichen Sinn beschäftigt sich dieses Buch durchweg mit »Multimedia«, denn PowerPoint ist zum Erstellen aller Visualisierungsmedien geeignet. Die Kapitel 37 und 41 widmen sich speziell dem Umgang mit den »herkömmlichen« Visualisierungsmedien.

Dieses Kapitel hier bedient den neueren, begrenzten Begriff »Multimedia« für elektronisch aufgezeichnete Klänge und Filme, in PowerPoint »Mediaclips« genannt.

Sie sollten diese virtuellen Medien bewusst und sparsam einsetzen, da ja in erster Linie Sie selbst akustisch agieren möchten und das Publikum nicht durch Klänge aus den (meist unzureichenden Lautsprechern) abgelenkt werden soll. Da aber PowerPoint immer öfter auch für selbstlaufende Präsentationen oder Selbstlernsoftware eingesetzt wird, sind Klänge und Filmchen als schmückendes Beiwerk oder aufgezeichnete Kommentare als Vortragsersatz durchaus sinnvoll einzusetzen.

In Übereinstimmung mit der nur fünfzigprozentigen Übersetzung der einschlägigen Termini in PowerPoint (Movie = Film, Sound = Sound) wird im Folgenden für alle Arten von Klängen der Begriff *Sound* verwendet.

32.1 Was geht und was geht nicht?

PowerPoint ist im Gegensatz zu den klassischen Medien im Multimedia-Bereich nicht für den kreativen Einsatz zu verwenden; es gibt nur mit anderer Software erstellte »Mediendateien« Daten – also Filme und Klänge – wieder. Bearbeitungen der Daten, wie zum Beispiel das immer wieder nachgefragte Ein- und Ausblenden von Musik, sind in PowerPoint nicht möglich. Derartige Bearbeitungen müssen Sie vor dem Einfügen mit spezieller Software extern vornehmen.

Sie können mit PowerPoint Multimediadaten der gängigen Formate abspielen. Leider gibt es keine total verbindlichen Standards für die Formate, deshalb ist wesentlich für das Abspielen das Vorhandensein von *Codecs*, das sind Treiber, die die spezifischen *Cod*ierungen und *Dec*odierungen der unterschiedlichen Formate beherrschen. Um festzustellen, welche Codecs auf Ihrem Rechner installiert sind, gehen Sie wie folgt vor:

Kapitel 32
Basiswissen zu »Multimedia«

1.  POWERPOINT-OPTIONEN ▶ RESSOURCEN ▶ INFO ▶ SYSTEMRESSOURCEN
2. Falten Sie den Bereich KOMPONENTEN auf.
3. Falten Sie den Bereich MULTIMEDIA auf.
4. Klicken Sie auf AUDIOCODECS bzw. VIDEOCODES.

Fehlen Codecs für das von Ihnen gewünschte Datenformat, müssen Sie sich die passenden Treiber aus dem Internet herunterladen und installieren.

> **Vorsicht**
>
> In der Windows-Standardinstallation sind nur wenige Codecs enthalten, doch werden mit den Treibern und Hilfsprogrammen für Soundkarten und andere Multimedia-Komponenten weitere Codecs installiert. Damit gibt es keine Standard-Codec-Umgebung, so dass Sie evtl. Probleme haben werden, wenn Sie Präsentationen mit Multimedia-Bestandteilen auf Fremdrechnern vorführen wollen.

Häufig irritiert es bei ersten Experimenten mit Filmdateien, dass Videos, die anstandslos mit dem Mediaplayer abgespielt werden können, auf demselben Rechner in PowerPoint keinen Mucks von sich geben. Ob die Filme im Mediaplayer laufen oder, interessiert Powerpoint leider gar nicht, denn es verwendet für diesen Zweck nicht den Mediaplayer, sondern den in Windows integrierten MCI-Player. Jener verwendet andere Codecs als der Mediaplayer!

In Windows XP können Sie testen, ob das Video mit dem MCI-Player läuft:

▶ Start ▶ AUSFÜHREN ▶ »mplay32« Enter

Abb. 32.1: Der MCI-Player und seine beliebteste Fehlermeldung

32.2 Eingebettet oder verknüpft?

Unter *Einfügen* wird im Multimedia-Bereich sowohl das *Verknüpfen* als auch das *Einbetten* einer Datei verstanden. *Einbetten* lassen sich in PowerPoint nur Audiodateien im WAV-Format, alle anderen Multimedia-Dateiformate werden *verknüpft*. Die Größe der einbettbaren WAV-Dateien ist von der Grundeinstellung her auf 100 KB beschränkt. Alles was darüber hinausgeht, wird ebenfalls verknüpft, sofern Sie nicht die Dateigröße in

 ▶ POWERPOINT-OPTIONEN ▶ ERWEITERT ▶ *Speichern* ▶ Option SOUND MIT DATEIEN VERKNÜPFEN ...

verändern.

> **Wichtig**
>
> Wenn Sie verknüpfte Multimediadaten in einer Präsentation verwenden, die auf anderen Rechnern abgespielt werden sollen, beachten Sie, dass die Dateien *vor dem Verknüpfen* im selben Ordner wie die Präsentationsdatei stehen. PowerPoint kann sich nur absolute Dateipfade merken. Auf dem Zielrechner würde der bei der Verknüpfung gültige Pfad vermutlich nicht wiedergefunden.

> **Urheberrecht**
>
> Beachten Sie das Urheberrecht! Mediendaten, egal ob von CD/DVD oder aus dem Internet, sind urheberrechtlich geschützt. Sie dürfen sie nicht ohne Genehmigung (GEMA) öffentlich aufführen; das Verwenden als Hintergrundmusik für eine Präsentation gehört dazu. Sie riskieren Abmahnungen und Lizenznachforderungen! Lediglich beim Aufführen im rein privaten Kreis sind keine Urheberrechtsverletzungen zu befürchten.

Kapitel 33

Musik, Sprache, Geräusche präsentieren

33.1 Der schnelle Weg zum Sound auf der Folie

Gehen Sie im Bearbeitungsmodus zu der Folie, auf der der Sound abgespielt werden soll.

EINFÜGEN ▸ *Mediaclips* SOUND

Die Schaltfläche SOUND ist geteilt: Die obere Hälfte führt direkt zur Dateiauswahl, unten erscheint eine Auswahlliste

- Sound aus Datei,
- Sound aus Clip Organizer,
- CD Audiospur wiedergeben,
- Sound aufzeichnen (wird im Abschnitt 33.5 ausführlich behandelt).

33.1.1 Sound einfügen

Die aus einer Datei oder dem Clip Organizer eingefügten Dateien werden gleich verwaltet, nur der Weg des Einfügens ist unterschiedlich:

- Sound aus Datei: über einen Dateiauswahl-Dialog,
- Sound aus Clip Organizer: aus dem Aufgabenbereich CLIPART.

Nach Auswahl der Audiodatei werden Sie aufgefordert, das Startverhalten zu bestimmen. Sie können wählen zwischen

- AUTOMATISCH (= Start beim Einblenden der Folie oder – sofern der Sound Bestandteil eines Animationsablaufs wird – sobald die Animationsfolge bei dieser Datei angekommen ist)

und

- WENN DARAUF GEKLICKT WURDE (gemeint ist das auf der Folie sichtbare Symbol für den Sound).

Sie können diese Entscheidung mit den *Soundtools* jederzeit revidieren (siehe Abschnitt 33.3).

Kapitel 33
Musik, Sprache, Geräusche präsentieren

Abb. 33.1: Abfrage beim Einfügen eines Sounds

Ist ein Sound in die Folie eingefügt, erscheint darauf das Symbol für den eingefügten Sound. Ein Doppelklick darauf startet die Wiedergabe im Bearbeitungsmodus. Im Präsentationsmodus genügt ein einfacher Klick.

33.1.2 Musik von CD wiedergeben

Sie können Klänge auch direkt von einer CD wiedergeben, anstatt sie einzufügen. Dazu ist aber erforderlich, dass dieselbe CD im CD-Laufwerk liegt, wenn Sie die Präsentation vorführen, denn auch CD-Audiospuren werden nicht in die Präsentation eingebettet.

CD-Titel einfügen

EINFÜGEN ▶ *Mediaclips* SOUND (untere Hälfte) ▶ CD AUDIOSPUR WIEDERGEBEN

Im nachfolgenden Dialog legen Sie fest, welche/r Titel gespielt werden soll/en und ob evtl. ein bestimmtes Zeitlimit einzuhalten ist.

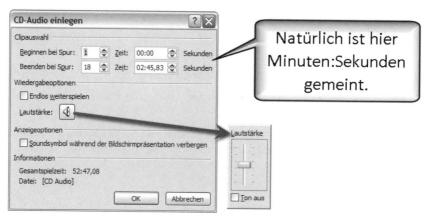

Abb. 33.2: Eingangsabfrage für CD-Spur-Verknüpfung

Grundeinstellung ist die Wiedergabe der gesamten CD, deshalb beginnt die voreingestellte Wiedergabezeit bei 00:00 der ersten Spur und endet mit der Gesamtlänge der letzten Spur.

Sie können nun in den linken Feldern die Startspur und Endespur und ggf. in den rechten Feldern auch noch einen späteren Beginn im ersten gewählten Titel oder einen früheren Abbruch im letzten gewählten Titel vorgeben. Ganz unten im Dialogfenster sehen Sie die Gesamtspielzeit aller oben ausgewählten Titel.

> **Hinweis**
>
> Start und Ende innerhalb einer Audiospur sind abrupt! PowerPoint besitzt keine Blendfunktion für Klänge. Wenn das gewollt ist, müssen Sie Ihre Audiospur von der CD in eine Audiodatei auslesen (*rippen*), mit einem externen Audioprogramm bearbeiten und dann als Sound einfügen.

Haben Sie die Option ENDLOS WEITERSPIELEN aktiviert, wird die Wiedergabe dieser Auswahl ständig wiederholt, bis jemand die [ESC]-Taste drückt.

Nachdem Sie hier Ihre Einstellungen getätigt und auf OK geklickt haben, müssen Sie in einem weiteren Dialog angeben, ob die Wiedergabe automatisch mit dem Einblenden der Folie oder erst später auf Mausklick beginnen soll:

Abb. 33.3: Abfrage beim Verknüpfen einer Audiospur

- AUTOMATISCH (= Start beim Einblenden der Folie oder – sofern die Audiospur Bestandteil eines Animationsablaufs wird – sobald die Animationsfolge dort angekommen ist)

oder

- WENN DARAUF GEKLICKT WURDE (gemeint ist das auf der Folie sichtbare Symbol für die Audiospur).

Sie können alle Entscheidungen, die Sie beim Einfügen treffen, mit den *CD-Audio-Tools* jederzeit revidieren (siehe Abschnitt 33.3 und Kapitel 35).

Ist eine Audiospur in die Folie eingefügt, erscheint darauf das Symbol. Ein Doppelklick darauf startet die Wiedergabe im Bearbeitungsmodus. Im Präsentationsmodus genügt ein einfacher Klick, sofern ein manueller Start vorgesehen ist.

33.1.3 MP3 einfügen

Ein Paradoxon ist es schon, dass MP3-Dateien nicht eingebettet werden, obwohl sie viel kleiner sind als WAV. Ein Trick umgeht diese Hürde.

Wandeln Sie eine MP3-Datei in das RIFF-Wave-Format um, zum Beispiel mit einem Freeware-Konverter wie *CDex*.

Die entstehende Datei ist ebenso klein wie MP3, hat aber die Endung .WAV und wird vom Wave-Codec anerkannt, so dass Sie sie anstandslos einbetten und abspielen können.

Kapitel 33
Musik, Sprache, Geräusche präsentieren

Abb. 33.4: Soundkomprimierung in CDex

33.2 Verknüpfen oder einfügen?

Unter *Einfügen* wird im Multimedia-Bereich sowohl das *Verknüpfen* als auch das *Einbetten* einer Datei verstanden. *Einbetten* lassen sich nur WAV-Dateien in PowerPoint, alle anderen Dateiformate werden *verknüpft*. Die Größe der einbettbaren WAV-Dateien ist auf 100 KB beschränkt. Alles was darüber hinausgeht, wird ebenfalls verknüpft. Sie können dieses Limit verändern:

 ▸ POWERPOINT-OPTIONEN ▸ ERWEITERT ▸ *Speichern* ▸ Option SOUND MIT DATEIEN VERKNÜPFEN

> **Wichtig**
>
> Wenn Sie verknüpfte Klänge in einer Präsentation verwenden, die auf anderen Rechnern abgespielt werden soll, beachten Sie, dass die Dateien *vor dem Verknüpfen* im selben Ordner wie die Präsentationsdatei stehen. PowerPoint kann sich nur absolute Dateipfade merken. Auf dem Zielrechner würde der bei der Verknüpfung gültige Pfad vermutlich nicht wiedergefunden.

Wollen Sie feststellen, ob ein auf der Folie angezeigter Sound verknüpft oder eingebettet ist, gehen Sie wie folgt vor:

1. Markieren Sie das Symbol auf der Folie.
2. ANIMATIONEN ▸ *Animationen* BENUTZERDEFINIERTE ANIMATION ▸ [▼] ▸ EFFEKTOPTIONEN ▸ Register SOUNDEINSTELLUNGEN

Wird dort unter *Informationen* ein Dateipfad angezeigt, so ist die Datei nur verknüpft, nicht eingebettet.

Abb. 33.5: Merkmal für verknüpfte oder eingebettete Klänge

33.3 Sound konfigurieren

Ist das Symbol 🔊 für einen Sound markiert, stehen die Funktionsleisten *Soundtools* und *Bildtools* in der Multifunktionsleiste zur Verfügung.

Abb. 33.6: Funktionsleiste »Soundtools«

Außer in den *Soundtools* sind die Konfigurationseinstellungen redundant und zum Teil erweitert im Aufgabenbereich BENUTZERDEFINIERTE ANIMATION zu finden, denn das Abspielen von Mediendaten wird den Ereignissen einer Animationsreihe gleichgesetzt.

Abb. 33.7: Erweiterte Soundtools in den Animations-Optionen

Die Einbeziehung der Multimedia-Ereignisse in die Animationsreihenfolge bietet Freizügigkeit beim Einspielen von Klängen in der Abfolge einer Folie. Details dazu finden Sie im Kapitel 35.

Die Bildtools machen Sie frei in der Gestaltung des Symbols für den Sound, wobei die am häufigsten benötigte Funktion das Auswechseln des Lautsprecher-Symbols gegen ein anderes Bild sein dürfte; aber auch fast alle anderen der in Teil IV ausführlich beschriebenen Funktionen für Bilder bestehen hier.

Anderes Bild für Sound-Symbol wählen

Bildtools FORMAT ▸ *Anpassen* BILD ÄNDERN

ggf. auch: *Bildtools* FORMAT ▸ *Bildformatvorlagen* BILDFORM

Mit dem Wechseln von Form und Inhalt des Symbols ist es möglich, ein beliebiges Bild als Starter für einen Sound auf der Folie zu verwenden, ohne Hyperlink und Aktionseinstellungen konfigurieren zu müssen.

Kapitel 33
Musik, Sprache, Geräusche präsentieren

Symbol verstecken

(nur zu empfehlen, wenn der Sound automatisch startet)

Soundtools OPTIONEN ▸ *Soundoptionen* Option BEI PRÄSENTATION AUSBL.

Animationseinstellungen ⮟ EFFEKTOPTIONEN ▸ Register SOUNDEINSTELLUNGEN ▸ SYMBOL WÄHREND DER BILDSCHIRMPRÄSENTATION VERBERGEN

Es reicht natürlich auch aus, das Symbol einfach von der Folie in den grauen Bereich zu verlegen.

33.3.1 Start- und Endeverhalten bestimmen

Für jeden eingefügten Sound wird im Aufgabenbereich BENUTZERDEFINIERTE ANIMATION eine eigene Start-Animation eingerichtet. Sie öffnen den Aufgabenbereich mit

ANIMATIONEN ▸ *Animationen* BENUTZERDEFINIERTE ANIMATION

Je nach Wahl gemäß Abbildung 33.1 finden Sie dort

- für AUTOMATISCH eine in Klickreihenfolge startende Animation,
- für WENN DARAUF GEKLICKT WURDE eine getriggerte Animation, wobei das Symbol des Sounds zugleich Trigger ist.

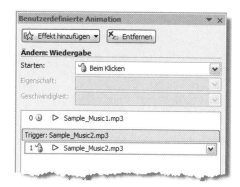

Abb. 33.8: Sample_Music1.mp3 startet nach dem Folienwechsel von selbst, Sample_Music2.mp3 erst, wenn ihr Symbol angeklickt wird.

Auch ein automatisch gestarteter Sound lässt sich erneut starten, indem Sie auf das Symbol klicken.

Wiedergabestart einrichten

Soundtools OPTIONEN ▸ *Soundoptionen* SOUND WIEDERGEBEN ...
Animationseinstellungen ⮟ EFFEKTOPTIONEN ▸ *Wiedergabe starten* ...

Wiedergabe verzögert starten

Animationseinstellungen ⮟ ANZEIGEDAUER ▸ VERZÖGERUNG: ...

Wiedergabe in Endlosschleife

Soundtools OPTIONEN ▸ *Soundoptionen* ENDLOS WEITERSPIELEN

Animationseinstellungen [v] ANZEIGEDAUER ▸ WIEDERHOLEN: ...

Nach Folienwechsel weiterspielen

Soundtools OPTIONEN ▸ *Soundoptionen* SOUND WIEDERGEBEN: »Folienübergreifende Wiedergabe« (kein automatisches Ende einstellbar)

Animationseinstellungen [v] EFFEKTOPTIONEN ▸ *Wiedergabe beenden* NACH ... FOLIEN

Wiedergabe begrenzen

Animationseinstellungen [v] EFFEKTOPTIONEN ▸ *Wiedergabe beenden* ...

33.3.2 Lautstärke einstellen

Sie können beim Erstellen der Präsentation bereits eine bestimmte Lautstärke vorwählen.

Soundtools OPTIONEN ▸ *Soundoptionen* PRÄSENTATIONS-LAUTSTÄRKE (3 Stufen oder lautlos)

Animationseinstellungen [v] EFFEKTOPTIONEN ▸ Register SOUNDEINSTELLUNGEN ▸ LAUTSTÄRKE (frei wählbar über Schieberegler oder Lautlos-Option)

Ob diese vorgewählte Lautstärke dann bei der Vorführung auch zutrifft, ist damit nicht gesichert. Betrachten Sie die Einstellungen zur Lautstärke deshalb als relative Einstellungen, um unterschiedlich laute Klänge innerhalb der Präsentation auf einen gleichen Wert zu bringen. Für die absolute Lautstärke bei der Vorführung ist dann die System-Lautstärkeregelung des Vorführgerätes zuständig.

33.3.3 Soundsteuerung während der Präsentation

Wiedergabe unterbrechen

 auf das Symbol des laufenden Sounds klicken

Wiedergabe fortsetzen

 auf das Symbol des gestoppten Sounds klicken

Wiedergabe abbrechen

 [ESC]

33.4 Musik von CD konfigurieren

Ist das Symbol 🎵 für eine CD-Audiowiedergabe markiert, stehen die Funktionsleisten *CD-Audiotools* und *Bildtools* in der Multifunktionsleiste zur Verfügung.

Kapitel 33
Musik, Sprache, Geräusche präsentieren

Abb. 33.9: Funktionsleiste CD-Audiotools

Außer in den *CD-Audiotools* sind die Konfigurationseinstellungen redundant und zum Teil erweitert im Aufgabenbereich BENUTZERDEFINIERTE ANIMATION zu finden, denn das Abspielen von Mediendaten wird den Ereignissen einer Animationsreihe gleichgesetzt.

Abb. 33.10: Erweiterte CD-Audiotools in den Animations-Optionen

Die Einbeziehung der Multimedia-Ereignisse in die Animationsreihenfolge bietet Freizügigkeit beim Einspielen von Klängen in der Abfolge einer Folie. Details dazu finden Sie in Kapitel 35.

Die Bildtools machen Sie frei in der Gestaltung des Symbols für die CD-Audiospur, wobei die am häufigsten benötigte Funktion das Auswechseln des Standardsymbols gegen ein anderes Bild sein dürfte; aber auch fast alle anderen der in Teil IV ausführlich beschriebenen Funktionen für Bilder bestehen hier.

Anderes Bild für Audiospur-Symbol wählen

Bildtools FORMAT ▸ *Anpassen* BILD ÄNDERN

ggf. auch: *Bildtools* FORMAT ▸ *Bildformatvorlagen* BILDFORM

Mit dem Wechseln von Form und Inhalt des Symbols ist es möglich, ein beliebiges Bild als Starter für eine Audiospur auf der Folie zu haben, ohne Hyperlink und Aktionseinstellungen konfigurieren zu müssen.

Symbol verstecken (nur zu empfehlen, wenn der Sound automatisch startet)

CD-Audiotools OPTIONEN ▸ *Einrichten* Option BEI PRÄSENTATION AUSBL.

Animationseinstellungen ▸ EFFEKTOPTIONEN ▸ Register SOUNDEINSTELLUNGEN ▸ SYMBOL WÄHREND DER BILDSCHIRMPRÄSENTATION VERBERGEN

33.4.1 Start- und Endeverhalten bestimmen

Für jede eingefügte Audiospur wird im Aufgabenbereich BENUTZERDEFINIERTE ANIMATION eine eigene Animation eingerichtet. Sie öffnen den Aufgabenbereich mit

ANIMATIONEN ▸ *Animationen* BENUTZERDEFINIERTE ANIMATION

Je nach Wahl gemäß Abbildung 33.3 finden Sie dort

- für AUTOMATISCH eine in Klickreihenfolge startende Animation,
- für WENN DARAUF GEKLICKT WURDE eine getriggerte Animation, wobei das Symbol der Audiospur zugleich Trigger ist.

Abb. 33.11: CD-Audio 7 startet nach dem Folienwechsel von selbst, CD-Audio 5 erst, wenn das Symbol angeklickt wird.

Wiedergabestart einrichten

CD-Audiotools OPTIONEN ▸ *Einrichten* WIEDERGABE STARTEN (orientiert an Track und Zeit)

Animationseinstellungen ▾ EFFEKTOPTIONEN ▸ *Clip-Wiedergabe starten* ... (orientiert an Abspielposition oder Zeit)

Wiedergabestart zwischen »Automatisch« und »Klick« wechseln

CD-Audiotools OPTIONEN ▸ *Einrichten* SPUR WIEDERGEBEN: ...

Animationseinstellungen ▸ *Clip-Wiedergabe starten* ...

Wiedergabe verzögert starten

Animationseinstellungen ▾ ANZEIGEDAUER ▸ VERZÖGERUNG: ...

Wiedergabe in Endlosschleife

CD-Audiotools OPTIONEN ▸ *Einrichten* ENDLOS WEITERSPIELEN

Animationseinstellungen ▾ ANZEIGEDAUER ▸ WIEDERHOLEN: ...

Nach Folienwechsel weiterspielen

CD-Audiotools OPTIONEN ▸ *Einrichten* SPUR WIEDERGEBEN: »Folienübergreifende Wiedergabe« (kein automatisches Ende einstellbar)

Animationseinstellungen ⏷ EFFEKTOPTIONEN ▸ *Wiedergabe beenden* NACH ... FOLIEN

Wiedergabe begrenzen

CD-Audiotools OPTIONEN ▸ *Einrichten* WIEDERGABE BEENDEN (orientiert an Track und Zeit)

Animationseinstellungen ⏷ EFFEKTOPTIONEN ▸ *Wiedergabe anhalten* ... (orientiert an Klick oder Folienanzahl)

33.4.2 Lautstärke einstellen

Sie können beim Erstellen der Präsentation bereits eine bestimmte Lautstärke vorwählen.

CD-Audiotools OPTIONEN ▸ *Einrichten* PRÄSENTATIONS-LAUTSTÄRKE
(3 Stufen oder lautlos)

Animationseinstellungen ⏷ EFFEKTOPTIONEN ▸ *Register* SOUNDEINSTELLUNGEN ▸ LAUTSTÄRKE (frei wählbar über Schieberegler oder Lautlos-Option)

Ob diese vorgewählte Lautstärke dann bei der Vorführung auch zutrifft, ist damit nicht gesichert. Betrachten Sie die Einstellungen zur Lautstärke deshalb als relative Einstellungen, um unterschiedlich laute Klänge innerhalb der Präsentation auf einen gleichen Wert zu bringen. Für die absolute Lautstärke bei der Vorführung ist dann die System-Lautstärkeregelung des Vorführgerätes zuständig.

33.4.3 CD-Steuerung während der Präsentation

Wiedergabe unterbrechen

 auf das Symbol der laufenden CD klicken

Wiedergabe fortsetzen

 auf das Symbol der gestoppten CD klicken

Wiedergabe abbrechen

33.4.4 Anmerkung zum Audio-CD-Einsatz

Das Problem bei eingefügten CD-Tracks ist die Notwendigkeit, dass die bezogene CD bei der Vorführung im Laufwerk liegen muss. Darum ist das Benutzen gerippter Audiodateien der bessere Weg, zumal Sie bei denen auch die Möglichkeit haben, sie vor dem Einfügen extern zu bearbeiten, vor allem Blenden hinzuzufügen.

Als einziger sinnvoller Einsatz der CD-Audiospur-Einbindung bietet sich eine Hybrid-CD an, auf der sowohl die Audiospuren als auch die Präsentationsdatei nebst weiteren verknüpften Ressourcen gespeichert sind.

33.5 Sprachaufzeichnung

Sie können Ihren Vortrag oder Teile davon, auch Kommentare anderer Menschen, die an der Vorführung nicht teilnehmen werden, per Mikrofon direkt in PowerPoint aufzeichnen und mit der Präsentation zusammen abspielen.

33.5.1 Folienbezogene Aufzeichnung

EINFÜGEN ▸ *Mediaclips* SOUND (untere Hälfte) ▸ SOUND AUFZEICHNEN

Nach Betätigen dieser Funktion wird die Aufnahmebereitschaft durch ein kleines Fenster auf dem Bildschirm angezeigt.

Abb. 33.12: Aufnahmesteuerung

Mit einem Klick auf ● starten Sie die Aufzeichnung. Sprechen Sie Ihren für diese Folie zutreffenden Text und stoppen Sie mit ■, wenn Sie fertig sind oder unterbrechen möchten. Mit ▸ können Sie die Aufzeichnung anhören; nach einem Stopp setzen Sie die Aufnahme mit ● fort.

Ein Klick auf OK beendet die Aufnahme, bettet die Aufnahme in Ihre Präsentation ein und fügt ein Soundsymbol mit Trigger-Start auf Ihrer Folie ein.

Mit dieser Methode können Sie mehrere Kommentare zu einer Folie aufzeichnen, die per Klick auf das jeweilige Symbol gestartet werden.

33.5.2 Präsentationsbezogene Aufzeichnung

Wollen Sie eine selbstlaufende, aber kommentierte Präsentation komplett mit Ihrem Vortrag unterlegen, wählen Sie

BILDSCHIRMPRÄSENTATION ▸ *Einrichten* KOMMENTAR AUFZEICHNEN

Abb. 33.13: Einstellungen zum Aufzeichnen von Präsentationskommentaren

Nachdem Sie die Tonqualität (Radioqualität reicht) gewählt und ggf. einen Speicherort für die externe Ablage einer das Limit übersteigenden aufgezeichneten Datei gewählt haben, startet mit einem Klick auf OK die Präsentation. (Achten Sie darauf, dass keine automatisch gestarteten Klänge in der Datei vorkommen, die dann natürlich vom Mikrofon aufgezeichnet und damit doppelt in der Präsentation auftreten würden.) Sprechen Sie Ihren Text und schalten Sie an den passenden Stellen per Mausklick zur nächsten Animation oder Folie weiter.

Haben Sie die letzte Folie der Präsentation beendet, werden Sie gefragt, ob auch die »Folienanzeigedauern« gespeichert werden sollen. Beantworten Sie diese Frage unbedingt mit einem Klick auf SPEICHERN! Damit wird die Präsentation beim automatischen Ablauf mit Ihrem Kommentar synchronisiert.

Abb. 33.14: Unbedingt mitspeichern, um synchronen Ablauf zu sichern!

Mit Abschluss der Aufzeichnung passieren folgende Änderungen in Ihrer Präsentation:

- Auf jeder Folie erscheint ein Lautsprecher-Symbol. Wenn Sie dieses Symbol löschen, ist auch der Kommentar gelöscht!
- Das Lautsprechersymbol ist von Haus aus mit dem Attribut BEI PRÄSENTATION AUSBLENDEN versehen, so dass es die Präsentation nicht stört.
- Der Aufzeichnung wird eine Animation an der Spitze der Animationsliste mit der Startoption »Nach voriger« zugeordnet, so dass sie sofort nach Öffnen der Folie gestartet wird.
- In ANIMATIONEN *Übergang zu dieser Folie* wird bei *Nächste Folie* die Option AUTOMATISCH NACH auf den in der Aufzeichnung gemessenen Wert gesetzt.
- Die Option GETESTETE EINBLENDEZEITEN VERWENDEN in der Funktionsleiste Bildschirmpräsentation wird gesetzt.
- In BILDSCHIRMPRÄSENTATION EINRICHTEN wird unter *Nächste Folie* das Weiterschalten von MANUELL auf ANZEIGEDAUER VERWENDEN, SOFERN VORHANDEN gesetzt.

Die Aufzeichnung lässt sich auf jeder Folie mit Hilfe der *Soundtools* und der Animationsoptionen konfigurieren, wie in Abschnitt 33.3 beschrieben.

Sie können eine Präsentation mit aufgezeichnetem Kommentar auch ohne den Kommentar laufen lassen. Dazu müssen Sie lediglich die Kommentare abschalten:

BILDSCHIRMPRÄSENTATION ▸ *Einrichten* BILDSCHIRMPRÄSENTATION EINRICHTEN ▸ Option PRÄSENTATION OHNE KOMMENTAR

Kapitel 34

Bewegte Bilder präsentieren

34.1 Der schnelle Weg zum Film auf einer Folie

> **Wichtig**
> PowerPoint selbst ist nicht in der Lage, Videos abzuspielen. Es greift beim Abspielen auf eine Windows-Schnittstelle zurück. Darum ist es kein Verlässlichkeitskriterium, wenn ein Video auf dem *Windows Media Player* oder einem anderen auf dem Computer vorhandenen Programm abgespielt werden kann (vgl. Kapitel 32). Wenn alle Stricke reißen, müssen Sie ein mit Bordmitteln partout nicht lauffähiges Video ersatzweise per Objekteinbindung laufen lassen (siehe Abschnitt 34.3).

Gehen Sie im Bearbeitungsmodus zu der Folie, auf der der Film abgespielt werden soll.

EINFÜGEN ▶ *Mediaclips* FILM

Die Schaltfläche FILM ist geteilt: Die obere Hälfte führt direkt zur Dateiauswahl, unten erscheint eine Auswahlliste

- Film aus Datei,
- Film aus Clip Organizer.

Die aus einer Datei oder dem Clip Organizer eingefügten Filme werden gleich verwaltet, nur der Weg des Einfügens ist unterschiedlich:

- Film aus Datei: über einen Dateiauswahl-Dialog,
- Film aus Clip Organizer: aus dem Aufgabenbereich CLIPART (Dort sind in der Standard-Office-Installation allerdings keine Filme, sondern nur animierte GIF-Dateien, siehe Abschnitt 34.6, zu finden.)

Nach Auswahl der Filmdatei zeigt PowerPoint das Startbild des Films an und fordert Sie auf, das Startverhalten zu bestimmen. Sie können wählen zwischen

- AUTOMATISCH (= Start beim Einblenden der Folie oder – sofern der Film Bestandteil eines Animationsablaufs wird – sobald die Animationsfolge bei diesem Film angekommen ist)

und

- WENN DARAUF GEKLICKT WURDE (gemeint ist das auf der Folie sichtbare Startbild der Filmdatei).

Kapitel 34
Bewegte Bilder präsentieren

Abb. 34.1: Abfrage beim Verknüpfen einer Filmdatei

Sie können diese Entscheidung mit den *Filmtools* jederzeit revidieren (siehe Abschnitt 34.2.1).

Ist ein Film in die Folie eingefügt, bleibt sein Startbild als Standbild stehen, gleichsam als Avatar für den Film. Ein Doppelklick darauf startet die Wiedergabe im Bearbeitungsmodus. Im Präsentationsmodus genügt ein einfacher Klick.

Die Größe des Films auf der Folie richtet sich nach dessen Auflösung. Sie können zwar einen kleinformatigen Film mit Hilfe der Anfasser folienfüllend skalieren, doch ist davon abzuraten, weil dadurch das Bild sehr unscharf werden kann. Besser ist es, den Folienhintergrund schwarz zu färben, ein geeignetes Design zu benutzen, das dem Film einen Rahmen bietet, oder den Film als Bestandteil eines Fotoalbums einzufügen.

Hintergrund ändern

ENTWURF ▶ *Hintergrund* HINTERGRUNDFORMATE

Design-Rahmen

ENTWURF ▶ *Designs*

Abb. 34.2: Kleinformatiger Film im Haemera-Design-Rahmen

Film in Fotoalbum einfügen

1. Erstellen Sie ein Fotoalbum, wie in Kapitel 17 beschrieben. Verwenden Sie dafür ein Layout mit nicht folienfüllenden Bildern.
2. Markieren Sie eines der Bilder.
3. `Entf`
4. Fügen Sie den Film auf dieser Folie ein.
5. Skalieren Sie das Startbild des Films passend zu den anderen Bildern und platzieren Sie es an die Stelle des entfernten Bildes.

34.2 Filme à la carte

> **Hinweis**
>
> Was da auf der Folie im Bearbeitungsmodus angezeigt wird, ist nicht der Film an sich, sondern nur ein Standfoto des ersten Bildes anstelle der bei anderen Mediendaten üblichen Symbole. Die Videodatei wird über diesen Avatar mit der Präsentation verknüpft. Das bedeutet, dass es vom Anklicken des Avatars bis zum Start des Films eine Weile dauern kann, weil der Film erst geladen werden muss.

Kapitel 34
Bewegte Bilder präsentieren

Ist ein Film-Avatar markiert, steht die Funktionsleiste *Filmtools* in der Multifunktionsleiste zur Verfügung.

Abb. 34.3: Funktionsleiste Filmtools

Außer in den *Filmtools* sind die Konfigurationseinstellungen redundant und zum Teil erweitert im Aufgabenbereich BENUTZERDEFINIERTE ANIMATION zu finden, denn das Abspielen von Mediendaten wird den Ereignissen einer Animationsreihe gleichgesetzt.

Abb. 34.4: Filmeinstellungen in den Animations-Optionen

Die Einbeziehung der Multimedia-Ereignisse in die Animationsreihenfolge bietet Freizügigkeit beim Einspielen von Filmen in der Abfolge einer Folie. Details dazu finden Sie in Kapitel 35.

Die *Bildtools* gestatten zwar Änderungen am Erscheinungsbild des Avatars, doch beim Abspielen läuft der Film ganz gewöhnlich im rechteckigen Rahmen ab.

Wollen Sie einen anderen Avatar als das erste Bild des Films in der Folie benutzen, so beachten Sie bitte, dass dieses Bild dieselben Abmessungen wie der Film hat! Ist das Ersatzbild kleiner, wird der Film beim Vorführen verzerrt!

Bildtools FORMAT ▸ *Anpassen* BILD ÄNDERN

Wichtig

Filme laufen immer im Vordergrund. Auch wenn Sie ein anderes Objekt über den Avatar legen, wird der Film in einer zusätzlichen, obersten Ebene abgespielt.

34.2.1 Start- und Endeverhalten bestimmen

Für jeden eingefügten Film werden im Aufgabenbereich BENUTZERDEFINIERTE ANIMATION eine oder zwei eigene Animationen eingerichtet. Sie öffnen den Aufgabenbereich mit

ANIMATIONEN ▶ *Animationen* BENUTZERDEFINIERTE ANIMATION

Je nach Wahl gemäß Abbildung 34.1 finden Sie dort

- für AUTOMATISCH eine in Klickreihenfolge startende Animation und eine Trigger-Animation,
- für WENN DARAUF GEKLICKT WURDE eine getriggerte Animation.

In beiden Fällen fungiert als auslösender Trigger der Avatar. Bei der automatisch startenden Wiedergabe wirkt der Trigger als Stoppfunktion, das heißt, wenn Sie auf den laufenden Film klicken, hält er an. Ein erneuter Klick startet ihn wieder. Für den manuell gestarteten Film gilt das genauso. Der Unterschied ist eben nur der automatische Start; sobald der Film läuft, verhalten sich beide Wiedergabevarianten identisch.

Abb. 34.5: P823027.AVI startet mit dem Folienwechsel von selbst, P8230275.AVI erst, wenn der Avatar des Films angeklickt wird.

Wiedergabestart einrichten

Filmtools OPTIONEN ▶ *Filmoptionen* FILM WIEDERGEBEN ...

Animationseinstellungen [▼] EFFEKTOPTIONEN ▶ *Wiedergabe starten* ... (orientiert an Abspielposition oder Zeit)

Wiedergabe verzögert starten

Animationseinstellungen [▼] ANZEIGEDAUER ▶ VERZÖGERUNG: ...

Wiedergabe in Endlosschleife

Filmtools OPTIONEN ▶ *Filmoptionen* ENDLOS WEITERSPIELEN

Animationseinstellungen [▼] ANZEIGEDAUER ▶ WIEDERHOLEN: ...

Kapitel 34
Bewegte Bilder präsentieren

Nach Folienwechsel weiterspielen

Filmtools OPTIONEN ▸ *Filmoptionen* FILM WIEDERGEBEN: »Folienübergreifende Wiedergabe« (kein automatisches Ende einstellbar)

Animationseinstellungen ▾ EFFEKTOPTIONEN ▸ *Wiedergabe beenden* NACH ... FOLIEN

Die Option »Folienübergreifende Wiedergabe« bewirkt zudem, dass der Film automatisch bei Folienwechsel gestartet wird. Die Attribute »Folienübergreifende Wiedergabe« und »Beim Klicken starten« schließen sich gegenseitig aus.

> **Vorsicht**
> Befindet sich auf einer Folgefolie ebenfalls ein Film, können beide Filme nebeneinander laufen – im Idealfall. Ganz reibungslos läuft das häufig nicht ab, z. B. wird der folienübergreifende Film zwar weitergespielt, aber nicht oder nur teilweise gezeigt, während die Soundspuren beider Filme wiedergegeben werden.

Wiedergabe begrenzen

Animationseinstellungen ▾ Effektoptionen ▸ *Wiedergabe beenden* Nach ... Folien

34.2.2 Lautstärke einstellen

Sie können beim Erstellen der Präsentation bereits eine bestimmte Lautstärke vorwählen.

Filmtools OPTIONEN ▸ *Filmoptionen* PRÄSENTATIONS-LAUTSTÄRKE
(3 Stufen oder lautlos)

Animationseinstellungen ▾ EFFEKTOPTIONEN ▸ Register FILMEINSTELLUNGEN ▸ LAUTSTÄRKE
(frei wählbar über Schieberegler oder Lautlos-Option)

Ob diese vorgewählte Lautstärke dann bei der Vorführung auch zutrifft, ist damit nicht gesichert. Betrachten Sie die Einstellungen zur Lautstärke deshalb als relative Einstellungen, um unterschiedlich laute Klänge innerhalb der Präsentation auf einen gleichen Wert zu bringen. Für die absolute Lautstärke bei der Vorführung ist dann die System-Lautstärkeregelung des Vorführgerätes zuständig.

34.2.3 Filmsteuerung während der Präsentation

Wiedergabe unterbrechen

  in den laufenden Film klicken

Wiedergabe fortsetzen

  in den gestoppten Film klicken

Wiedergabe abbrechen

  außerhalb des Films klicken (nicht bei Vollbild und bei folienübergreifend)

  `ESC`

34.2.4 Abgelaufene Filme

Ein Film lässt sich, auch wenn er automatisch gestartet worden ist, nach Ablauf durch Anklicken erneut starten.

Ist ein Film voll durchgespielt, bleibt sein letztes Bild sichtbar. Sie haben die Wahl, stattdessen wieder den Avatar zeigen zu lassen:

Filmtools OPTIONEN ▸ *Filmoptionen* Option NACH WIEDERGABE ZURÜCKSPULEN

Möchten Sie, dass vom Film nichts mehr auf der Folie verbleibt, nachdem er abgespielt ist, so ist das mit Hilfe einer BEENDEN-Animation oder der Animationseffekte möglich:

ANIMATIONEN *Animationen* ▸ BENUTZERDEFINIERTE ANIMATION ▸ EFFEKT HINZUFÜGEN ▸ BEENDEN ▸ … (gut geeignet »Verblassen«)

Animationseinstellungen ▾ EFFEKTOPTIONEN ▸ *Nach der Animation:* »Nach Animation ausblenden« oder »Mit nächstem Mausklick ausblenden«

Bitte achten Sie darauf, dass die BEENDEN-Animation im Regiezentrum unmittelbar auf die eigentliche Film-Animation folgt und die Startoption »Nach voriger« dafür eingestellt ist.

Eine weitere Möglichkeit, einen Film verschwinden zu lassen, ist eine Form, die den Film bedeckt. Da Filme immer im Vordergrund ablaufen, ist der Film nur während seiner Laufzeit vor der ansonsten abdeckenden Form sichtbar.

Bei einem Filmstart per Mausklick muss in diesem Fall der Trigger auf ein anderes Objekt auf der Folie gelegt werden, denn der verdeckte Avatar lässt sich während der Präsentation nicht anklicken. Als Ersatztrigger ist die abdeckende Form prädestiniert.

Animationseinstellungen ▾ ANIMATIONSDAUER ▸ TRIGGER

34.3 Nicht unterstützte Filmdatei einfügen

EINFÜGEN ▸ *Text* OBJEKT ▸ Option AUS DATEI ERSTELLEN

Ein weiterer Weg besteht darin, dass Sie mit Hilfe der Aktionseinstellungen (Kapitel 38) ein externes Programm starten, das den gewünschten Film zeigt. Dazu muss in den Aktionseinstellungen der komplette Pfad zum ausführenden Programm und der komplette Pfad zur abzuspielenden Datei übergeben werden. Das kann also nur klappen, wenn Sie die Aktionseinstellungen auf dem Computer konfigurieren, auf dem die Präsentation später auch gezeigt wird!

34.4 Videos von DVD wiedergeben

Ähnlich wie die im vorigen Absatz beschriebene indirekte Methode funktioniert auch das Abspielen von Videos von einer DVD. Sie müssen mittels Aktionseinstellungen das Programm zum DVD-Abspielen starten. Üblicherweise ist dieses Programm bereits so eingestellt, dass es das DVD-Laufwerk automatisch ansteuert. Art des Programms und der Pfad dorthin sind jedoch von System zu System unterschiedlich, so dass es auch hier erforderlich ist, die Aktion am Zielgerät zu konfigurieren.

34.5 Flash-Objekte

Wenn ein Shockwave Flash Player installiert ist, lassen sich aus PowerPoint heraus auch Flash-Animationen abspielen.

Sie müssen zunächst die Entwicklertools aktivieren.

 ▸ POWERPOINT-OPTIONEN ▸ HÄUFIG VERWENDET ▸ Option ENTWICKLERREGISTERKARTE ...

Abb. 34.6: Die Steuerelemente für Spezialzwecke

Im Bereich ENTWICKLERTOOLS *Steuerelemente* klicken Sie auf das Symbol ✻ WEITERE STEUERELEMENTE; in der darauf erscheinenden Auswahlliste suchen Sie den Eintrag SHOCKWAVE FLASH OBJECT, klicken ihn an und zeichnen anschließend mit dem Mauscursor ein Rechteck in der Größe der zu zeigenden Animation auf die Folie. Per Doppelklick in diesen Rahmen gelangen Sie zum Visual Basic Editor, in dem Sie im linken unteren Fenster unter MOVIE den kompletten Pfad des gewünschten Flash-Objekts angeben.

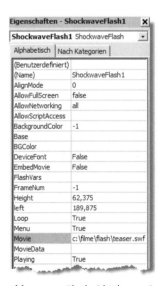

Abb. 34.7: Flash-Objekt per Steuerelement einfügen

Flash-Objekte starten ihren Ablauf beim Folienstart; Sie haben keinen Einfluss darauf. Das bedeutet, dass der Film schon fortgeschritten ist, sofern er erst später im Verlauf einer Animationsreihe in der Folie sichtbar wird!

> **Vorsicht**
>
> Interaktive Flash-Objekte dürfen Sie nie auf volle Foliengröße skalieren, sofern darin keine eingebaute Option zum Beenden existiert! Sie kommen sonst nicht aus dem Flash-Modus heraus. Lassen Sie also mindestens einen schmalen Rahmen, in den Sie klicken können, um wieder in den PowerPoint-Präsentationsmodus zu gelangen.

34.6 Animierte GIF-Grafiken

Eine Sonderform animierter Dateien sind die animierten GIFs. Sie werden als Grafik eingebunden und starten ihren Ablauf, wenn die Folie im Präsentationsmodus geöffnet wird.

EINFÜGEN ▶ *Ilustrationen* GRAFIK AUS DATEI

Animierte GIF-Dateien starten ihren Ablauf sofort beim Folienstart oder wenn sie eingeblendet werden; Sie haben keinen weiteren Einfluss darauf. Das bedeutet, dass die Animation schon fortgeschritten ist, sofern sie erst später im Verlauf einer Animationsreihe in der Folie sichtbar wird!

Sie können animierte GIFs in einer PowerPoint-Datei lediglich skalieren, weitere Einflussnahmen sind nicht möglich.

> **Tipp**
>
> Beim Microsoft Download Center gibt es den kostenlosen *Microsoft GIF Animator*, mit dem Sie eigene bewegte Grafiken herstellen oder vorhandene verändern können. Auch auf dem Freeware- und Shareware-Markt sind diverse einschlägige Programme erhältlich.

Kapitel 35

Virtuelle Medien »animieren«

Es mag auf den ersten Blick verwundern, mit Animationen an Filme oder Audioaufnahmen heranzugehen. Ein über die Folie gleitendes Soundsymbol macht nicht viel her, ein wandernder Film(avatar) noch viel weniger.

Die für diese Objekte einschlägigen »Animationen« sind von anderer Art als jene in Teil V beschriebenen – obwohl auch sie im Zusammenhang mit Filmen interessante Effekte hervorrufen können.

35.1 Wiedergabe mit Schaltflächen steuern

Sound- und Filmwiedergabe verfügen über eigene Animationstypen, die die Auswahl in EFFEKT HINZUFÜGEN und ÄNDERN der BENUTZERDEFINIERTEN ANIMATION ergänzen.

Animationseinstellungen EFFEKT HINZUFÜGEN/ÄNDERN ▶ *Film-Aktionen*

Animationseinstellungen EFFEKT HINZUFÜGEN/ÄNDERN ▶ *Sound-Aktionen*

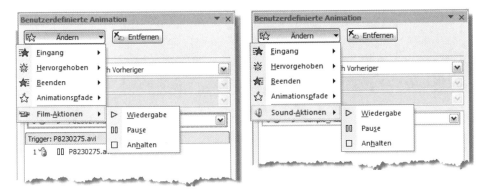

Abb. 35.1: Zusätzliche Aktionstypen für Multimedia

Wenn Sie einen Film einfügen, macht Ihnen PowerPoint schon exemplarisch vor, was Sie mit diesen zusätzlichen »Animationen« anstellen können. Auf einen Trigger gelegt, lassen sich die Abläufe steuern – nun ja, »steuern« ist zu viel gesagt, aber zumindest sind Sie in der Lage, den Ablauf eines Sounds oder Films zu starten, zu unterbrechen und fortzusetzen sowie total abzubrechen.

1. Legen Sie drei Formen als Schaltflächen für die Steuerung des Sounds an.
2. Fügen Sie einen Sound ohne automatischen Start in Ihre Präsentation ein.

3. ANIMATIONEN ▸ *Animationen* BENUTZERDEFINIERTE ANIMATION ▸ EFFEKT HINZUFÜGEN ▸ SOUND-AKTIONEN ▸ (Auswahl WIEDERGABE, PAUSE oder ANHALTEN)

4. ⌄ ANZEIGEDAUER ▸ TRIGGER ▸ EFFEKT STARTEN BEIM KLICK AUF (Auswahl der für Starten/Pause/Anhalten vorgesehenen Schaltfläche)

5. Führen Sie die Schritte 3. und 4. insgesamt dreimal aus, um alle drei Aktionen mit einer Schaltfläche zu belegen.

Für Filme funktioniert das Verfahren ebenso, nur mit dem winzigen Unterschied, dass auch beim handgestarteten Film bereits eine getriggerte Stopp-Aktion angelegt wird, so dass Sie sich dafür Schritt 3 einmal sparen können und lediglich den Trigger vom Bild auf die Schaltfläche ändern müssen.

Abb. 35.2: Film mit Steuerschaltflächen

35.2 Film und Form im animierten Zusammenspiel

35.2.1 Filmflackern vermeiden

Zwei Dinge stören häufig bei präsentierten Filmen:

- das Flackern beim Laden des Films und Ersetzen des Avatars durch den ablaufenden Film und

- das stehen bleibende Bild und die Notwendigkeit, die nächste Folie durch Klick aufzurufen.

Folgende Vorgehensweise hilft gegen beides:

1. Legen Sie eine leere Folie ausschließlich für den Film an.
2. ANIMATIONEN ▸ *Übergang zu dieser Folie* NÄCHSTE FOLIE ▸ Option AUTOMATISCH NACH: 00:10.
3. Fügen Sie auf der Folie einen Film ein und versehen Sie ihn wie folgt mit Eigenschaften:
4. *Filmtools* OPTIONEN ▸ *Filmoptionen* Option WIEDERGABE IM VOLLBILDMODUS
5. Option FILM WIEDERGEBEN: »Folienübergreifende Wiedergabe«
6. ANIMATIONEN ▸ *Animationen* Benutzerdefinierte Animation ▸ ▼ (bei der ersten Animation) ▸ EFFEKTOPTIONEN ▸ NACH DER ANIMATION: »Nach Animation ausblenden«
7. Schieben Sie den Avatar aus der Folie hinaus.

Folgende Effekte spielen hier zusammen:

- Da der Film im Vollbild abgespielt wird, sind Größe und Standort des Avatars unerheblich. Das Flackern spielt sich außerhalb der Folie ab, der Film startet flackerfrei.
- Die nächste Folie wird innerhalb der Laufzeit des Films aufgerufen, bleibt aber hinter dem im Vordergrund laufenden Film unsichtbar.
- Nach Ablauf verschwindet der Film von selbst und gibt den Blick auf die neue Folie frei.

35.2.2 Bilder bei laufendem Film wechseln

Ein publikumswirksamer Effekt ist das Einblenden zum Film gehörender oder damit korrespondierender Standbilder, während der Film weiterläuft. Da ein Film immer im Vordergrund läuft, ist es leider nicht möglich, in den Film hinein ein Standbild einzublenden; der Film darf deshalb nicht folienfüllend laufen und die Bilder müssen auf den freien Flächen erscheinen.

Dazu sind zwei Techniken einsetzbar:

Methode 1: Animation der Bilder

1. Fügen Sie einen Film in eine Folie ein und wählen Sie den automatischen Start.
2. Skalieren Sie den Film so, dass genügend Platz für die zusätzlich anzuzeigenden Bilder bleibt.
3. Fügen Sie die Bilder ein, die zum Film gezeigt werden sollen, platzieren und skalieren Sie sie so, wie sie auf der Folie zu sehen sein sollen.
4. Markieren Sie alle Bilder.
5. ANIMATIONEN ▸ *Animationen* Benutzerdefinierte Animation ▸ EFFEKT HINZUFÜGEN ▸ EINGANG ▸ (Animationstyp auswählen)

Leider ist PowerPoint nicht imstande, die Dauer eines Films zu ermitteln. Deshalb wird in der ERWEITERTEN ZEITACHSE nur der Startzeitpunkt markiert.

Abb. 35.3: Synchronisieren über die Zeitachse

Sie müssen deshalb von Hand ermitteln, wie lange der Film läuft und wann die signifikanten Stellen für das Einblenden eines Bildes kommen. Anhand dieser Zeitplanung können Sie

- entweder in den Einstellungen zur Animationsdauer durch Werteingabe für die Verzögerung

  6. ⌄ ▸ ANZEIGEDAUER ▸ VERZÖGERUNG: (Werteingabe)

- oder mit Hilfe der Zeitskala am unteren Rand und der in den Quickhelps der Zeitbalken anzeigten Werte die Animationszeiten festlegen.

  6. ⌄ ▸ ERWEITERTE ZEITACHSE ANZEIGEN

  7. Verbreitern und ggf. skalieren Sie den Aufgabenbereich BENUTZERDEFINIERTE ANIMATION so, dass die ERWEITERTE ZEITACHSE die Gesamtlänge des Films umfasst.

  8. Verschieben Sie die Zeitbalken der Bilderanimationen so, dass die Bilder zum gewünschten Zeitpunkt eingeblendet werden.

- oder mit

  BILDSCHIRMPRÄSENTATION ▸ *Einrichten* NEUE EINBLENDEZEITEN TESTEN
  ANHAND EINES TESTLAUFES DIE ZEITEN BESTIMMEN, WIE IN KAPITEL 31 BESCHRIEBEN.

Mit derselben Methode können Sie auch bei einem in ein Fotoalbum eingefügten Film die Bilder derselben Albumseite austauschen.

Methode 2: Folienwechsel mit durchlaufendem Film

Ähnlich wie bei dem oben beschriebenen Verfahren lassen sich bei nicht folienfüllender Wiedergabe die einzublendenden Bilder auf mehrere Folien verteilen und die Folienwechsel finden während der Filmwiedergabe zu den passenden Zeitpunkten statt.

Diese Methode eignet sich besonders, wenn die gezeigten Bilder wichtiger sind als der Film, der nur als schmückendes Beiwerk in einem kleinen Fenster durchläuft.

1. Legen Sie alle Folien mit den zu zeigenden Bildern an, evtl. auch mit dem Fotoalbum-Assistenten.
2. Gehen Sie zur ersten Folie und fügen Sie dort den Film ein.
3. *Filmtools* OPTIONEN ▸ *Filmoptionen* FILM WIEDERGEBEN: »Folienübergreifende Wiedergabe«

4. Ermitteln Sie die Lauflänge des Films und die signifikanten Stellen zum Folienwechsel.
5. Animationen ▸ *Übergang zu dieser Folie* Nächste Folie Option Automatisch nach: (Wert eintragen)
6. Wiederholen Sie Schritt 5 für jede Folie.

Auch hier sind die Möglichkeiten zur Festlegung der Wechselzeiten mit der Erweiterten Zeitachse oder dem Verfahren Neue Einblendezeiten testen wie bei der vorstehenden Methode gegeben.

35.3 Problem Synchronisation

Bei all diesen Interaktionen zwischen Film und Animation bedenken Sie bitte, dass die Laufzeit nicht genau vorhersagbar ist. Hardware und auch aktuell (inaktiv) laufende Software beeinflussen die Leistungsfähigkeit des Systems. Deshalb kann eine automatisch ablaufende Präsentation durchaus auch asynchron laufen, selbst wenn sie bei der Erstellung hervorragend synchronisiert wirkte.

Teil VII

Präsentation vorbereiten

In diesem Teil:

- **36 Basiswissen zur Vorbereitung von Präsentationen** 465
  Jeder Vortrag ist eine Premiere, Interaktion mit der Zielgruppe

- **37 Präsentation anpassen** 467
  Gedruckte Visualisierungsmedien, Beamer-Präsentation als Vortragsunterstützung, rechte Maustaste konfigurieren, Start-, Schluss- und Schwarzfolien, Bildschirm-Präsentation ohne Vortrag, Zielgruppenorientierte Präsentation, Troubleshooting für Bildschirm- und Beamer-Präsentationen

- **38 Interaktion vorbereiten** 489
  Der Mauszeiger in der Präsentation, Vortrag unterbrechen, Präsentations-Notizen, in der Präsentation frei navigieren, Interaktion mit dem Trigger, in der Präsentationsansicht scrollen, externe Programme und Dokumente aufrufen

  Workshop: Zusatzinformation einblenden

- **39 Technik vorbereiten** 503
  Der Zwei-Bildschirme-Modus (Dual-Modus), Spickzettel, Raum und Hilfsmittel organisieren, Geräte anschließen

Kapitel 36

Basiswissen zur Vorbereitung einer Präsentation

36.1 Jeder Vortrag ist eine Premiere

Geht es Ihnen auch so, dass Sie gelegentlich in einer Veranstaltung sitzen und glauben, Sie seien »im falschen Film«? Dann liegt es daran, dass sich der Mensch dort vorn nicht hinreichend genug auf die aktuelle Zielgruppe seiner Präsentation eingestellt hat. Orientierung an der Zielgruppe aber ist das A und O der Vortragstechnik! Einem interessierten Fachpublikum können Sie andere und ausführlichere Darstellungen zumuten als Laien oder Entscheidungsträgern. Beachten Sie darum unbedingt die folgenden Hinweise und stellen Sie Ihre Präsentationen jeweils passend zum Anlass um.

Inhalt und Form Ihres Vortrags sollen sich an den Interessen der Teilnehmer orientieren, nicht an Ihren! Wichtig ist, was ankommt, und nicht, was Sie gemeint haben. Deshalb versuchen Sie vorab einzuschätzen, wie Ihr Publikum bei der nächsten Präsentation beschaffen sein wird:

- Wer?
- Welche Vorkenntnisse?
- Wie zu Ihnen bzw. der von Ihnen vertretenen Organisation eingestellt?

Stellen Sie sich, wenn Sie die Zielgruppe eingeschätzt haben, folgende Fragen:

- Was sollen die Teilnehmer der Veranstaltung mit auf den Weg nehmen?
- Welche Interessen und Erwartungen haben die Teilnehmer?
- Mit welchen praktischen Beispielen aus der Erlebniswelt der Teilnehmer kann ich meinen Vortrag anreichern?
- Was habe ich mit den Teilnehmern gemeinsam? (Gemeinsamer Stallgeruch wirkt kommunikationsfördernd.)

Diese Erkenntnisse müssen Einfluss auf Inhalt, Umfang und Form der Präsentation nehmen, nur dann können Sie halbwegs sicher sein, dass Ihre Präsentation auch »ankommt«.

36.2 Interaktion mit der Zielgruppe

Interaktion ist immer dann hilfreich, wenn das Publikum nicht nur konsumieren (Frontalpräsentation), sondern auch selbst an der Veranstaltung mitwirken soll.

Am einfachsten ist es dann, auf eine der klassischen Präsentationsmethoden zurückzugreifen, also am Flipchart oder an der Pinnwand zu arbeiten. Aber es bleibt ein Problem: Wenn

Sie bis dahin mit Notebook und Beamer präsentiert haben, sollte die Projektion abgeschaltet werden, um nicht abzulenken.

PowerPoint selbst bietet im Präsentationsmodus einige Hilfsmittel an, um beim Medienwechsel die störende Projektion zu unterdrücken, aber auch in der Beamerpräsentation selbst können Sie interaktiv agieren.

Dabei sind folgende Varianten zu unterscheiden:

- Eine Reaktion des Auditoriums löst eine Diskussion aus, die unabhängig vom Gezeigten ist.
- Sie wollen während des Vortrags anlässlich eines Hinweises aus dem Publikum gezielt und dauerhaft auf bestimmte Folienelemente hinweisen.
- Eine Reaktion des Auditoriums führt zu einer Folie oder einem anderen Dokument, die zwar nicht aktuell in der Ablaufreihenfolge des Vortrags liegen, deren Vorführung aber einkalkuliert worden ist.
- Eine Reaktion des Auditoriums führt zu einer individuellen, in ihrer Gesamtheit aber absehbaren Abfolge der Animationen innerhalb einer Folie.
- Sie benötigen während der Präsentation den Zugriff auf andere Programme und deren Daten.
- Sie wollen Teile Ihres Vortrags mit anderen Medien als der Beamer-Präsentation visualisieren.

Die Möglichkeiten, auf Reaktionen aus dem Publikum einzugehen, sind also vielfältig, doch die elegantesten bedürfen gut geplanter Vorbereitungen, die in den Kapiteln dieses Teils beschrieben werden. Und auch für den unvorbereiteten Spontanfall gibt es Hilfestellungen, um mal eben auf Kärtchen an der Pinnwand überzugehen.

Apropos Medienwechsel

Das Publikum dankt es Ihnen, wenn es nicht stundenlang mit Folie auf Folie an der Wand konfrontiert wird. Planen Sie deshalb bei längeren Vorträgen unbedingt einige Passagen mit anderen Präsentationsmedien ein.

Kapitel 37

Präsentation anpassen

Mit dem Erstellen der Folien oder sonstigen Visualisierungen allein ist es nicht getan. Einiger Handgriffe bedarf es noch, bevor eine Präsentation ihren Weg in die Öffentlichkeit antritt.

Es gibt verschiedene Möglichkeiten, eine Präsentation vorzuführen. Jede hat ihre spezifischen Einstellmöglichkeiten und Modi in PowerPoint.

37.1 Gedruckte Visualisierungsmedien

37.1.1 Drucker einstellen

> **Vorsicht**
>
> Auch wenn sie Sie noch so einladend anlacht: Klicken Sie nicht auf die Druck-Schaltfläche in der Schnellzugriffsleiste! Die bewirkt nämlich, dass der Drucker wild drauflos druckt – der bekannte Office-Drucker-Bug. Für Drucke aus PowerPoint heraus ist diese Grundeinstellung absurd, denn es gibt keine Situation, in der man die gesamte Präsentation auf einen Schlag, ohne die Gelegenheit, Voreinstellungen oder Optionen zu ändern, auf den nächstbesten Drucker schickt!

Abb. 37.1: Warnung vor der falschen, weil voreiligen Druckfunktion!

Am besten verbannen Sie die Schaltfläche aus der Schnellzugriffsleiste, indem Sie sie rechts anklicken und AUS DER SCHNELLZUGRIFFSLEISTE ENTFERNEN wählen. Wenn Sie es bequem haben möchten, setzen Sie anstelle dieser doofen Schaltfläche deren intelligente Schwester in die Schnellzugriffsleiste ein:

1. Schnellzugriffsleiste: ▸ WEITERE BEFEHLE ...
2. BEFEHLE AUSWÄHLEN ▸ ALLE BEFEHLE.
3. Die Befehle sind alphabetisch sortiert, suchen Sie den Befehl DRUCKEN, er ist dreifach vorhanden, markieren Sie den untersten, jenen mit dem Symbol.
4. HINZUFÜGEN ▸ OK

Kapitel 37
Präsentation anpassen

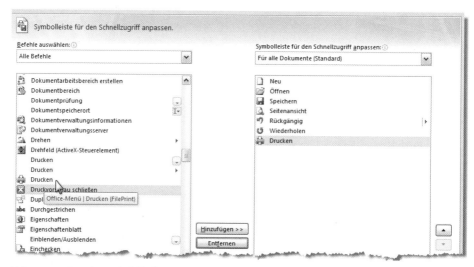

Abb. 37.2: Drucker-Schaltfläche austauschen

Gegenüber den Vorversionen gibt es bei der Gestaltung der Schaltflächen mit der Version 2007 einen gewaltigen Vorteil: Sahen die beiden Icons früher identisch aus, so unterscheiden sie sich heute durch einen winzigen grünen Kuller mit einem weißen Häkchen darin für den Schnelldruck. Kaum zu erkennen, aber versierten Office-Benutzern ein deutliches Signal für: »Maus weg davon!«

Abb. 37.3: Die beiden »unterschiedlichen« Schaltflächensymbole: links Drucken, rechts Schnelldruck

Entweder mit dieser ausgetauschten Schaltfläche oder via

 ▸ DRUCKEN

führt der Weg zu den Druckereinstellungen.

Machen Sie sich vor allem mit den Möglichkeiten Ihres Druckers vertraut, die Sie mit der Schaltfläche EIGENSCHAFTEN erschließen. Auf die verschiedenen Druckmöglichkeiten, die PowerPoint und die meisten Druckertreiber anbieten, wird in diesem und den folgenden Kapiteln an passender Stelle im Kontext eingegangen (Abbildung 37.4).

Wenn Sie sich über die gewählten Optionen nicht sicher sind, können Sie diese mit einem Klick auf die Schaltfläche VORSCHAU auf dem Bildschirm kontrollieren und bei Bedarf mit den Einstellungen in der Druckvorschau-Ansicht noch nachbessern (Abbildung 37.5).

37.1
Gedruckte Visualisierungsmedien

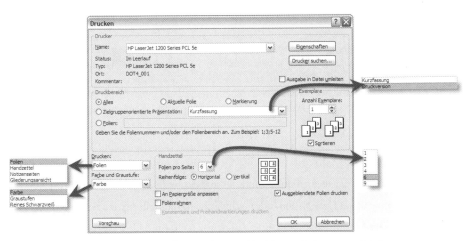

Abb. 37.4: Die Optionen im Drucken-Dialog sind bei PowerPoint unverzichtbar.

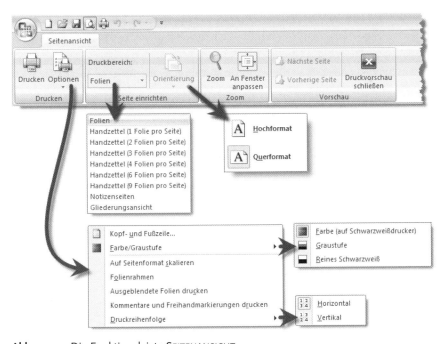

Abb. 37.5: Die Funktionsleiste SEITENANSICHT

Wenn Sie sich über die Wirkung des Ausdrucks auf Schwarzweiß-Druckern nicht genug im Klaren sind und es nicht auf Experimente ankommen lassen wollen, können Sie diese auch virtuell kontrollieren, jedoch nicht in der Seitenansicht, sondern in

ANSICHT ▶ *Farbe/Graustufe* GRAUSTUFE oder REINES SCHWARZWEISS

Kapitel 37
Präsentation anpassen

Abb. 37.6: Die Funktionsleiste GRAUSTUFE, identisch SCHWARZWEISS

Die beiden Funktionsleisten GRAUSTUFEN und SCHWARZWEISS sind fast identisch. Lediglich die Option AUTOMATISCH führt zu unterschiedlichen Ergebnissen.

Die Graustufenansicht hat mehr Funktionen, als auf den ersten Blick zu vermuten ist:

1. optische Kontrolle der Graustufen- oder Schwarzweißdarstellung der Folie,
2. Anpassung der Grauwerte der gesamten Folie, wenn ein Probedruck gezeigt hat, dass die Folie im Ausdruck nicht kontrastreich ist,
3. Anpassung der Grauwerte einzelner Elemente, wenn ein Probedruck gezeigt hat, dass diese im Ausdruck nicht kontrastreich sind,
4. Vorgabe der Anpassungen zu 2. und 3. für die Druckoptionen GRAUSTUFEN und REINES SCHWARZWEISS (Abbildung 37.4, unten links).

Die vierte Funktion ist noch erläuterungsbedürftig: Wenn Sie die Druckoption FARBE wählen und auf einem Schwarzweiß-Drucker drucken, werden Farben als Graustufen oder -raster interpretiert. Diese Standard-Interpretation entspricht der Einstellung AUTOMATISCH in der Funktionsleiste GRAUSTUFEN. Mit Anwahl von GRAUSTUFEN als Druckoption ändern Sie daran nichts, es sei denn, Sie haben in der Funktionsleiste GRAUSTUFEN Folien oder Elementen eine andere Darstellung zugewiesen; dann wird diese Option für diese Folie oder dieses Element für den Ausdruck benutzt.

Ähnlich funktioniert es mit der SCHWARZWEISS-Druckoption, nur dass hier die Stufe AUTOMATISCH beim Drucken noch radikaler durchgreift:

- Der Hintergrund ist weiß, Hintergrundfarben werden unterdrückt,
- Flächenfüllungen sind weiß,
- Text und alle Konturen sind schwarz,
- Schatten sind schwarz mit 50 % Transparenz.

Auch hier können Sie mit den Einstellungen der Funktionsleiste SCHWARZWEISS korrigierend eingreifen, wenn der Ausdruck nicht Ihren Erwartungen entspricht (Abbildung 37.7).

Leider funktioniert dieser Druck-Trick nur mit Text und internen Formen korrekt, nicht mit den in Tabelle 37.1 genannten Objekten. Wenn Sie also problematische Objekte in Ihrer Präsentation haben, müssen Sie tricksen.

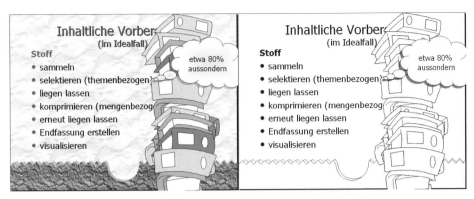

Abb. 37.7: Ausdruck in Graustufen (links) und Reinem Schwarzweiß (rechts)

Objekt	Darstellungsfehler	Abhilfe
WordArt	Tiefenfarbe wird schwarz	keine (kein Fehler, sondern korrekte Umsetzung)
Diagramme	weißer Text bleibt weiß	andere Textfarbe als Weiß verwenden
Diagramme	Datenpunkte bleiben ohne Füllung	Linienfarbe ändern
importierte Vektorgrafik und ClipArt	werden in Grauwerten gedruckt, wodurch davor stehender Text unlesbar werden kann	in PowerPoint-Grafik umwandeln (siehe Kapitel 17)
Formen mit 3D-Effekten	werden in Grauwerten gedruckt, wodurch davor stehender Text unlesbar werden kann	Textfarbe ändern, Textschatten
Fotos	werden in Grauwerten gedruckt, wodurch davor stehender Text unlesbar werden kann	Textfarbe ändern, Textschatten
Aufzählungszeichen	werden in Grauwerten gedruckt	kein Problem

Tabelle 37.1: Darstellungsfehler beim Druckmodus »Reines Schwarzweiß«

37.1.2 Gedruckte Themenkarten und Poster

Das Publikum ist dankbar dafür, wenn gelegentlich ein Medienwechsel stattfindet, und komplexe Entwicklungen oder Prozesse lassen sich häufig an Pinnwänden deutlicher visualisieren als mit der Projektion einer Folie. Sie drucken die Elemente vergrößert auf Karton (150 g/m²) im Format A4 oder gar A3 und nadeln sie dann nacheinander an die Pinnwand.

Für reinen Text in Schwarzweiß verwenden Sie am besten einen Laserdrucker, denn dessen Kontrast ist deutlich besser als bei den meisten Tintenstrahlern.

Beamer-Projektionen und OHP-Folien unterstützen das gerade aktuelle Thema. Es gibt aber Informationen, die während des kompletten Vortrags, während der ganzen Veranstaltung sichtbar sein sollen. Häufig benutzt man dafür handbeschriebene Flipchart-Seiten, doch was spricht dagegen, derartige Aushänge ebenfalls schon vorzubereiten wie die Folien und damit effektvoller und ansehnlicher zu gestalten? Großformatdrucker finden Sie in jedem Copyshop, Sie müssen nur auf die Skalierungseinstellungen achten, damit das Format auch stimmt.

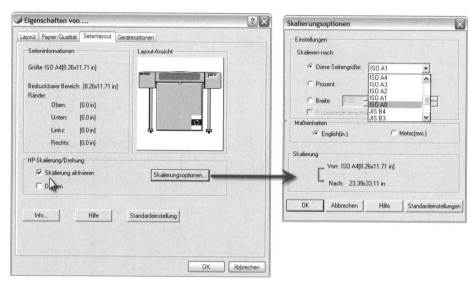

Abb. 37.8: Skalierungseinstellungen am Großformatdrucker

Tipp

Poster im A1-Hochformat eignen sich hervorragend zum Befestigen am Flipchart-Ständer. So lässt sich Vorbereitungsarbeit unmittelbar vor der Veranstaltung vermeiden, wenn Sie vorbereitete Flipchart-Szenarien verwenden wollen.

37.1.3 Folien für den Overheadprojektor

Beim Ausdruck von Overheadfolien lauern die meisten Tücken, besonders bei der Wahl des Druckmediums. Folien für Overheadprojektoren lassen sich wie folgt kategorisieren:

- zur Handbeschriftung,
- für Kopiergeräte und Laserdrucker,
- für Tintenstrahldrucker.

Alle sind unterschiedlich und spezifisch! Ausnahme: Sie können natürlich auf allen Folienarten mit einem OHP-Stift schreiben. Ansonsten aber vertragen die einzelnen Gerätearten nur die jeweils zugehörigen Folien. Am harmlosesten sind die Folgen noch, wenn Sie einen

Tintenstrahler falsch beschicken. Einziger Effekt ist dabei, dass die Tinte nicht trocknet. Kopierer und Laserdrucker sind da wegen der Hitzeentwicklung pingeliger; es ist schon häufig genug vorgekommen, dass eine falsche Folie den Austausch der Selentrommel zur Folge hatte!

Viele Folien, auf jeden Fall jene für Tintenstrahler, haben eine Druckseite, die besonders für diesen Zweck präpariert ist. Achten Sie auf die Hinweise auf der Packung; meist lässt sich die raue Druckseite auch durch Fühlen identifizieren. Bedenken Sie dabei unbedingt, dass manche Drucker das Druckmedium wenden; dann gehört die präparierte Seite nach unten.

Stellen Sie in den Druckeigenschaften Ihres Druckers als Papier »Transparentfolien« oder wie immer diese Folien dort bezeichnet werden ein. (Die Gestalter der Dialogboxen von Druckertreibern sind da äußerst erfinderisch.) Dann wird bei Tintenstrahlern mit höherer Intensität gespritzt, um gute Farbdeckung zu erzielen.

Trockenzeiten beachten

Auf Grund der großen Farbmenge haben von Tintenstrahlern bedruckte Folien eine erhöhte Trockenzeit. Nehmen Sie fertig gedruckte Folien sofort aus dem Drucker und lassen Sie sie mindestens eine Viertelstunde liegen. Sollen sie (was üblich ist) anschließend in Klarsichtfolie verpackt werden, ist eine noch längere Trockenzeit sinnvoll. (Es gibt spezielle, glasklare Hüllen *ohne Weichmacher* für OHP-Folien, z. B. Leitz 4744, Hetzel 277224 oder 3M Flipframe.)

37.1.4 Interaktion auf der gedruckten Folie

Besitzt Ihr Drucker die Option zum spiegelverkehrten Druck, sollten Sie die nutzen. So wird quasi die Unterseite der Folie bedruckt, was zwei Vorteile hat:

- Bei Reflex-Projektoren liegt der Druck unmittelbar auf dem Spiegel auf, wodurch die Projektion etwas schärfer wird.
- Außerdem können Sie im Bedarfsfall mit einem wasserlöslichen OHP-Stift die unbedruckte Oberseite während des Vortrags beschriften; hinterher lassen sich diese Zusätze leicht wieder löschen.

Nun haben wasserlösliche Beschriftungen allerdings auch einen Nachteil: Wenn man beim Beschriften mit dem Handballen auf eine andere Beschriftung kommt, verwischt sie. Abhilfe schafft hier folgender Trick: Kleben Sie mit lösbarem Layout-Kleber (z. B. *Pritt-Kleberoller nonpermanent*) über die in Frage kommenden Folien je eine OHP-Folie zur manuellen Beschriftung, auf der Sie dann mit Permanent-Tinte Ihre handschriftlichen Ergänzungen anbringen. Nach dem Vortrag wird die beschriebene Folie einfach abgerissen.

»Folien-Sandwich«

Häufig werden Folien auch dazu eingesetzt, komplexe Sachverhalte grafisch zu vermitteln. Dabei versuchen die Vortragenden häufig, noch nicht relevante Teile der Folie anfangs abzudecken und erst nach und nach freizugeben. Das wirkt selten professionell und nervt das Auditorium.

Es gibt eine bessere Methode: Zerlegen Sie den Inhalt einer komplexen Folie in mehrere Phasen und drucken Sie jede Phase auf eine separate Folie. Beim Vortrag legen Sie die Folien dann nach und nach übereinander auf. (Zu viele Folien dürfen das natürlich nicht sein, denn auch die klarste Folie schluckt Licht. Bedenken Sie, dass gerade als OHP überall noch Uralt-Technik herumsteht, die lichtschwächer ist als die modernen Geräte.)

Jeder OHP besitzt eine Zentrierhilfe für diesen Zweck, die häufig ein Schattendasein führt. An den Rändern befinden sich kleine, versenkbare Zapfen im Abstand von 8 cm – also genau für eine Aktenlochung ausreichend. In (glasklaren) Schutzhüllen vorgeführte Folien können mit diesem Hilfsmittel exakt übereinander gelegt werden.

37.1.5 Druckprobleme

Auch mit modernster Hardware erlebt man häufig Eigenartiges beim Ausdruck. So haben zum Beispiel manche Laserdrucker Schwierigkeiten, 3D-Grafiken oder WordArt-Objekte korrekt zu drucken. Wenn auch ein Treiber-Update wirkungslos bleibt, weichen Sie besser auf einen anderen Drucker aus. Tintenstrahler sind da häufig besser geeignet als Laserdrucker.

Farbdruck ist ein Thema für sich. Die Darstellung von Farbe am Bildschirm und mit dem Drucker erfolgt in konträrer Technik. Diesen Unterschied kennen wir schon seit Goethes Farbenlehre, die sich computertypisch in der RGB- und CMYK-Technik niederschlägt. Bildschirmfarben mischen sich additiv aus Rot, Grün und Blau, Druckerfarben dagegen subtraktiv aus Cyan, Magenta und Gelb (yellow), ergänzt um Schwarz (carbon). Daraus folgt, dass die am Bildschirm sichtbare Farbe mit aufwendigen Algorithmen in Druckfarbe umgerechnet werden muss. Und das geht häufig schief!

Sie können böse Enttäuschungen beim Druck vermeiden, wenn Sie sich vorher über die Farbtechnik Ihres Druckers Klarheit verschaffen. Zur Kontrolle, wie die Bildschirmfarben in Druckfarben umgesetzt werden, finden Sie auf der Buch-CD im Ordner zu diesem Kapitel eine Datei `Farbwabe.ppt`, die eine Grafik enthält, welche der Farbauswahlwabe entspricht. Deren Ausdruck mit der Wabe auf dem Bildschirm verglichen, vermeidet allzu große Überraschungen beim Druck.

37.2 Beamer-Präsentation als Vortragsunterstützung

BILDSCHIRMPRÄSENTATION ▸ *Einrichten* BILDSCHIRMPRÄSENTATION EINRICHTEN ▸ *Art der Präsentation* Option PRÄSENTATION DURCH EINEN REDNER

oder

 ▸ *Art der Präsentation* Option PRÄSENTATION DURCH EINEN REDNER

In diesem Modus stehen alle Möglichkeiten der Bedienung zur Verfügung. Um während der Präsentation weiterzuschalten, also

- entweder innerhalb einer Folie die nächste Animation zu starten
- oder zur nächsten Folie zu wechseln

bietet PowerPoint eine Vielzahl von Bedienelementen an, wie Tabelle 37.2 zeigt. Sie gelten allerdings nicht im Kiosk-Modus, denn in diesem Fall ist nur eine Bedienung über Schaltflächen möglich.

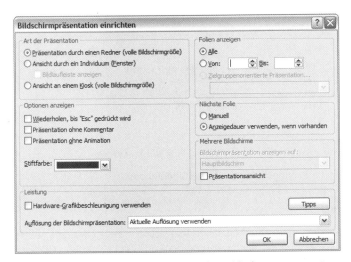

Abb. 37.9: Der Dialog zum Einrichten der Bildschirmpräsentation

Vorwärts schalten	Rückwärts schalten
linke Maustaste *	rechte Maustaste *
Scrollrad abwärts	Scrollrad aufwärts
→	←
↓	↑
Bild ↓	Bild ↑
N	P
Leertaste	Backspace
Enter	
*) Maustasten nur im Modus »Präsentation durch einen Redner«; die Funktion der rechten Maustaste hängt von ihrer Konfiguration ab.	

Tabelle 37.2: Schaltfunktionen der Bildschirmpräsentation

37.2.1 Rechte Maustaste konfigurieren

Die rechte Maustaste kann während der Präsentation unterschiedliche Aufgaben erfüllen, die jedoch vorher festgelegt sein müssen.

 POWERPOINT-OPTIONEN ▸ ERWEITERT ▸ *Bildschirmpräsentation* Option MENÜ BEIM KLICKEN DER RECHTEN MAUSTASTE ANZEIGEN

- Ist diese Option gesetzt, funktioniert die rechte Maustaste auch in der Bildschirmpräsentation im üblichen Kontextmodus.
- Ist diese Option abgeschaltet, sorgt ein Klick mit der rechten Maustaste für einen Rücksprung zur vorigen Folie.

Kapitel 37
Präsentation anpassen

Abb. 37.10: Konfiguration der Bedienungshilfen im Präsentationsmodus

Ersatz für das Kontextmenü

Wenn Sie sich dafür entscheiden, die rechte Maustaste als Rücktaste zu verwenden, sollten Sie eine andere Option aktivieren, um dennoch während der Vorführung schnellen Zugang zur Foliennavigation zu behalten:

> POWERPOINT-OPTIONEN ▶ ERWEITERT ▶ *Bildschirmpräsentation* Option POPUP-SYMBOLLEISTE ANZEIGEN

Abb. 37.11: Die Popup-Symbolleiste im Vorführmodus (von links: zurück, Stift-Funktionen, Bildschirm-Funktionen, vorwärts)

37.2.2 Die Startfolie

Die erste Folie einer Präsentation sollte immer eine Titelfolie sein. Was aber, wenn die Präsentation nicht gleich zu Beginn der Veranstaltung starten soll, sondern erst nach einer Begrüßung, Vorstellung, Anmoderation? Dann sollte die Titelfolie nicht die ganze Zeit über zu sehen sein, sondern erst, wenn der Vortrag tatsächlich beginnt. Und da erlebt man dann immer diese unprofessionellen Leerläufe, in denen der Referent erst mal PowerPoint startet, die Datei aufruft und dann mit [F5] oder noch schlimmer über die Funktionsleiste BILDSCHIRMPRÄSENTATION startet – selbstverständlich alles bei laufender Projektion. Das Publikum ist immer begeistert von Einblicken in die Ordnerstruktur des Speichersticks.

Dieselbe Situation tritt natürlich auch dann auf, wenn mehrere Präsentationen hintereinander laufen sollen. Da kann die Zeit der Zwischenmoderation zum Programmstart genutzt werden, aber das muss ja nicht das Publikum als Slapstick im Hintergrund miterleben.

Gefühlte 90 % der Beamer-Präsentationen starten nach diesem Muster. Ich möchte Sie, die Sie dieses Buch erworben haben, um besser zu präsentieren, künftig anders zu verfahren bitten:

Setzen Sie vor die erste Folie Ihrer Präsentation eine Schwarzfolie.

1. START ▶ *Folien* NEUE FOLIE (Layout »Leer«)
2. ENTWURF ▶ *Hintergrund* HINTERGRUNDFORMATE ▶ (glattes Schwarz)

3. ENTWURF ▸ *Hintergrund* Option HINTERGRUNDGRAFIKEN AUSBLENDEN aktivieren
4. Ordnen Sie der Titelfolie einen »öffnenden« Folienübergang zu.
5. Speichern Sie die Präsentation als »PowerPoint-Bildschirmpräsentation (*.ppsx)« (siehe Abbildung 37.12).

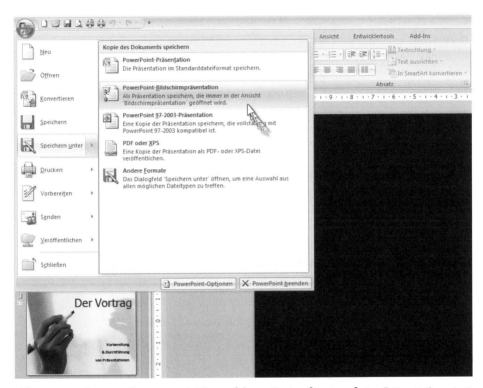

Abb. 37.12: Selbststart als .ppsx und Schwarzfolie zu Beginn für stressfreien Präsentationsstart

Damit erzielen Sie folgende Effekte:

- Sie können die Präsentation schon vor der Veranstaltung starten.
- Beim Doppelklick auf die Datei im Explorer wird das Bearbeitungsfenster übergangen, eine als PowerPoint-Bildschirmpräsentation mit der Dateiendung *.ppsx* gespeicherte Präsentation öffnet sich sofort im Präsentationsmodus. (Wollen Sie die Referentenansicht nutzen oder eine Zielgruppenorientierte Präsentation vorführen, geht das natürlich nicht!)

Ein Nachteil dieser Methode sei nicht verschwiegen: Wenn Sie immer so vorgehen und im Explorer die Ansicht »Miniaturansicht« gewählt haben, kommen all Ihre PowerPoint-Präsentationen als schwarze Rechtecke daher, denn in der Miniaturansicht zeigt der Explorer immer die erste Folie einer PowerPoint-Datei an.

Sie können das wie folgt austricksen:

1. Markieren Sie in der Übersichtsleiste die Titelfolie oder eine andere Folie mit einem aussagekräftigen Bild und duplizieren sie mit [Strg]+[D].

2. Markieren Sie das Duplikat.
3. a) ANIMATIONEN ▶ *Übergang zu dieser Folie* NÄCHSTE FOLIE ▶ Option AUTOMATISCH NACH: 00:00
   oder
   b) FOLIE AUSBLENDEN.
4. Setzen Sie die so erzeugte Folie an den Beginn der Präsentation.

Bei Variante 3a wird beim Start zwar ganz kurz die Startfolie aufblinken, aber gleich danach ist duster. Bei 3b wird die neue erste Folie zum Präsentationsstart völlig ignoriert. Den Explorer dagegen scheren interne Steuerungseinstellungen der Datei nicht, er findet als erste Folie die Dublette vor und zeigt sie in der Miniaturansicht an.

37.2.3 Die Schlussfolie

Wenn es nach den Entwicklern von PowerPoint geht, endet jede Präsentation mit einer Schwarzfolie mit der Aufschrift »*Ende der Bildschirmpräsentation. Zum Beenden klicken.*« So jedenfalls ist es voreingestellt, die Schwarzfolie mit dem dümmlichen Text ist programmintern vorgegeben.

Da Sie sich mit solch einer Schlussfolie nach einem bis dahin brillanten und exzellent visualisierten Vortrag noch einen dicken Minuspunkt einhandeln können, sollten Sie diese interne Schwarzfolie aus Ihren Präsentationen verbannen.

▶ POWERPOINT-OPTIONEN ▶ ERWEITERT ▶ *Bildschirmpräsentation* Option MIT SCHWARZER FOLIE BEENDEN deaktivieren ▶ OK

Diese Option ist nachhaltig und gilt für alle neu angelegten Präsentationen.

Aber was für eine Schlussfolie soll es denn sonst sein?

Ganz ohne Schlussfolie geht natürlich auch nicht. Ich empfehle als Schlussfolie ein Motiv aus der Präsentation mit einem kurzen Gruß, ein zum Thema passendes Zitat o. ä. Der Standardsatz »Ich danke Ihnen für Ihre Aufmerksamkeit.« ist nur noch zu toppen mit: »Ende der Bildschirmpräsentation. Zum Beenden klicken.« Den Dank sprechen Sie bitte persönlich aus.

Abb. 37.13: Beispiel einer Schlussfolie (Das Luther-Zitat für Priesterseminare passt auch für profane Vortragsschulungen.)

37.3 Bildschirm-Präsentation zum Betrachten ohne Vortrag

BILDSCHIRMPRÄSENTATION ▸ *Einrichten* BILDSCHIRMPRÄSENTATION EINRICHTEN ▸ *Art der Präsentation* Option ANSICHT DURCH EIN INDIVIDUUM

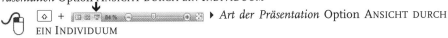 ▸ *Art der Präsentation* Option ANSICHT DURCH EIN INDIVIDUUM

Hier stehen dem Betrachter zum Weiterschalten nur die Tastatur, für Interaktionen vorbereitete Schaltflächen und das Scrollrad der Maus zur Verfügung; aktivieren Sie die Option BILDLAUFLEISTE ANZEIGEN, so erweitern sich die Steuermöglichkeiten noch um das Verschieben der Bildlaufleiste wie im Bearbeitungsmodus.

Über der Präsentationsansicht wird die Titelleiste von PowerPoint eingeblendet. Wenn vom Betrachter dort auf ✖ geklickt wird, beendet das nicht nur die Präsentation, sondern schließt auch gleich PowerPoint!

Eine weitere Mausfunktion ist aktiv im Modus »Ansicht durch ein Individuum«: Die rechte Maustaste erzeugt ein Kontextmenü mit vom üblichen Präsentations-Kontextmenü abweichenden Funktionen, das Abbildung 37.14 rechts zeigt. Das Mittelfeld dieses Kontextmenüs funktioniert allerdings abhängig von den Sicherheitseinstellungen der Präsentation (Kapitel 43). Haben Sie dort das Bearbeiten nur mit Passwort erlaubt, landet der Betrachter nach dem Anklicken von FOLIEN BEARBEITEN zwar im Bearbeitungsmodus, doch kann dort nichts verändert werden.

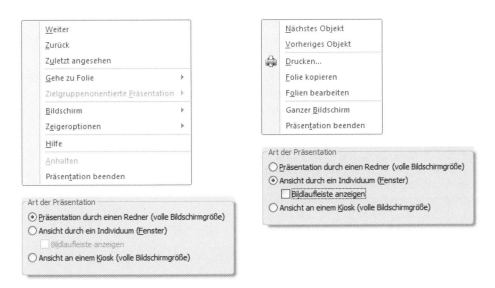

Abb. 37.14: Unterschiedliche Kontextmenüs in den Präsentationsmodi

Kapitel 37
Präsentation anpassen

37.3.1 Bedingt steuerbare Präsentation an Messeständen, Ausstellungen etc.

BILDSCHIRMPRÄSENTATION ▸ *Einrichten* BILDSCHIRMPRÄSENTATION EINRICHTEN ▸ *Art der Präsentation* Option ANSICHT AN EINEM KIOSK

oder

 ▸ *Art der Präsentation* Option ANSICHT DURCH EIN INDIVIDUUM

Eine Präsentation im »Kiosk-Modus« lässt sich ausschließlich über Mausklicks auf Aktionsflächen (siehe Kapitel 38) weiterschalten; wird fünf Minuten lang keine Maustaste betätigt, springt die Präsentation auf die erste Folie zurück.

Bei dieser Form der Präsentation darf/sollte natürlich auf der Schlussfolie für das Interesse gedankt werden.

37.3.2 Bedienungsfrei laufende Präsentation

Für bloße Werbe- oder Informationszwecke kann eine Präsentation auch ohne Bedienung ablaufen. Dazu müssen Sie alle Folienübergänge und Animationen so einstellen, dass sie nicht auf einen Mausklick warten, sondern nach einer bestimmten Zeit selbst weiterschalten, also alle Animationen müssen entweder MIT VORIGER oder NACH VORIGER starten.

Das automatische Weiterschalten der Folien erledigt diese Einstellung:

ANIMATIONEN ▸ *Übergang zu dieser Folie* NÄCHSTE FOLIE ▸ Option BEI MAUSKLICK deaktivieren, Option AUTOMATISCH NACH aktivieren und die Verweilzeit in AUTOMATISCH NACH einstellen

Die Standzeit einer Folie sollte länger sein als die Summe aller Animationen auf der Folie, sonst wird sofort nach der letzten Animation weitergeschaltet. Sie können die passende Standzeit bequem auf folgende Art einstellen:

BILDSCHIRMPRÄSENTATION ▸ *Einrichten* NEUE EINBLENDEZEITEN TESTEN

Die Präsentation startet testweise im manuell gesteuerten Modus; Ihre Aufgabe ist es, die Folien auf sich wirken zu lassen und gefühlsmäßig zu klicken, wenn Sie meinen, dass das nächste animierte Element einzublenden ist und eine Folie lange genug auf dem Bildschirm gestanden hat. Diese Standzeiten werden gespeichert.

Abb. 37.15: Bedienelemente für den Probelauf

In einem nach dem Ende der Präsentation eingeblendeten Dialogfester können Sie diese manuellen Standzeiten als Steuerwerte für die automatisch ablaufende Präsentation übernehmen.

37.4 Nicht alle Folien zeigen

Manchmal wollen Sie vielleicht nicht alle Folien vorführen. Dann können Sie die ungewollten vorher für die Präsentation verstecken.

37.4.1 Einzelne Folien ausblenden

BILDSCHIRMPRÄSENTATION ▶ *Einrichten* FOLIE AUSBLENDEN

 (in der Foliensortierung und in der Übersichtsleiste)
FOLIE AUSBLENDEN

Damit Sie diese Entscheidung bei Bedarf während des Vortrags noch revidieren können, enthält das Kontextmenü des Präsentationsmodus unter GEHE ZU auch die Option AUSGEBLENDETE FOLIE, wenn es vor einer solchen aufgerufen wird. Noch einfacher geht es mit der Taste [H].

Auch beim Drucken lässt sich die Entscheidung über ausgeblendete Folien noch revidieren, allerdings nur en bloc mit der Option AUSGEBLENDETE FOLIEN DRUCKEN im DRUCKEN-Dialogfenster.

Wollen Sie die ausgeblendeten Folien wieder einblenden, betätigen Sie dieselbe Funktion noch einmal. (Die Funktionsbezeichnung wird nicht angepasst, wenn eine Folie ausgeblendet ist, sie lautet immer FOLIE AUSBLENDEN.)

37.4.2 Zielgruppenorientierte Präsentation

Häufig kommt es vor, dass ein Vortrag wächst und mit ihm der zugehörige Foliensatz. Andererseits will man aber zielgruppenorientiert auch nur Ausschnitte des Gesamt-Repertoires vorführen. Es wäre sehr aufwendig, aus der Gesamt-Präsentation die Folien herauszukopieren, die man für den Teil-Vortrag benötigt; aber auch das einzelne Ausblenden von Folien ist noch zu mühsam.

Als probate Lösung hierfür bietet PowerPoint die ZIELGRUPPENORIENTIERTE BILDSCHIRMPRÄSENTATION. Damit lassen sich unterschiedliche Konfigurationen Ihrer Präsentation von vornherein festlegen. Sie sind dabei nicht einmal an die Reihenfolge gebunden, in der die Folien in der Gesamt-Präsentation stehen.

BILDSCHIRMPRÄSENTATION ▶ *Bildschirmpräsentation starten* BENUTZERDEFINIERTE PRÄSENTATION ▶ ZIELGRUPPENORIENTIERTE PRÄSENTATION …

Nach Anklicken von NEU im Einstiegsdialog vergeben Sie einen Namen für die Präsentationsvariante und transferieren aus der linken Gesamtübersicht aller Folien jene ins rechte Zielgruppenfenster, die Sie in Ihrer Präsentation zeigen möchten.

> **Hinweis**
>
> Nicht nur die Auswahl, sondern mit Hilfe der Pfeiltasten rechts lässt sich auch die Reihenfolge der Folien verändern.
>
> Es ist auch möglich, einzelne Folien mehrfach in der zielgruppenorientierten Präsentation zu zeigen, z. B. wenn Rückgriffe auf Übersichten o. ä. erforderlich werden.

Abb. 37.16: Variationen des Präsentationsablaufs festlegen

Zielgruppenorientierte Präsentation vorführen

1. BILDSCHIRMPRÄSENTATION ▸ *Bildschirmpräsentation starten* BENUTZERDEFINIERTE PRÄSENTATION
2. Wählen Sie aus der Liste mit einem Mausklick die benötigte Variante aus.

Eine Sparversion der Zielgruppenorientierung finden Sie ebenfalls im Dialog BILDSCHIRMPRÄSENTATION EINRICHTEN: Dort lässt sich ein Bereich zusammenhängender Folien bestimmen, der vorgeführt wird. An dieser Stelle gibt es auch einen redundanten Aufruf der ZIELGRUPPENORIENTIERTEN PRÄSENTATION.

Abb. 37.17: Auswahl für selektive Präsentation.

> **Hinweis**
>
> Ausgeblendete Folien bleiben sowohl in der zielgruppenorientierten Präsentation wie auch bei der blockweisen Auswahl ausgeblendet!

37.4.3 Zielgruppenorientierte Schleife

Sie können auch Teile einer Präsentation als ZIELGRUPPENORIENTIERTE PRÄSENTATION einrichten, die nicht standardmäßig, sondern ereignisbedingt gezeigt werden sollen. Sie stellen zum Beispiel fest, dass das Publikum besonderes Interesse zu einem Sachverhalt zeigt, der im »Standard-Vortrag« nur oberflächlich erläutert wird, Wenn Sie darauf vorbereitet sind, haben Sie dazu noch ein paar detaillierte Folien in petto, die Sie in diesem Fall zusätzlich aufrufen können.

1. Markieren Sie in der Übersicht die Zusatzfolien.
2. 🖱 FOLIE AUSBLENDEN
3. BILDSCHIRMPRÄSENTATION ▸ *Bildschirmpräsentation starten* BENUTZERDEFINIERTE PRÄSENTATION ▸ NEU
4. Wählen Sie aus der Liste mit einem Mausklick die eben ausgeblendeten Folien aus und benennen Sie die Zielgruppenorientierte Präsentation.
5. Wechseln Sie zu der Folie, von der aus die Zusatzfolien aufgerufen werden sollen.
6. Zeichnen Sie eine Form als Schaltfläche auf die Folie.
7. EINFÜGEN ▸ *Hyperlinks* AKTION ▸ HYPERLINK ZU ▸ ZIELGRUPPENORIENTIERTE PRÄSENTATION ...
8. Wählen Sie die benötigte Zielgruppenorientierte Präsentation aus.
9. Aktivieren Sie die Option ANZEIGEN UND ZURÜCK.

Beim Anklicken der Schaltfläche wird die zielgruppenorientierte Präsentationsschleife gestartet; ist sie beendet, kehren Sie wieder zur Ausgangsfolie zurück. Haben Sie die Option ANZEIGEN UND ZURÜCK nicht gesetzt, endet die komplette Präsentation mit dem Ende der Zielgruppenorientierten Präsentation.

37.4.4 Zielgruppenorientierte Präsentation drucken

Auch die Druckoptionen haben eine Möglichkeit, zielgruppenorientierte Präsentationen zu drucken. Das ist von Vorteil, wenn Sie Präsentationen mit Schwarzfolien oder komplexen Animationen drucken wollen, bei denen der 1:1-Druck der Präsentation eigenartig bis unlesbar wirkt. Eine Zielgruppenorientierte Präsentation mit dem Namen »Druckversion« filtert ungewünschte Folien beim Druck aus.

Zielgruppenorientierte Präsentation mit Schwarzfolienunterdrückung

Diese ist ganz einfach zu bewerkstelligen: Nehmen Sie alle Schwarzfolien beim Definieren der Zielgruppenorientierten Präsentation aus, übertragen Sie nur die tatsächlich zu druckenden Folien in die rechte Liste.

Wollen Sie diese Präsentation drucken, wählen Sie in den Druckoptionen die Zielgruppenorientierte Präsentation »Druckversion«.

Zielgruppenorientierte Präsentation für Animationsphasen

Bis zur Version 2000 verfügte PowerPoint über eine Druckoption FOLIEN MIT ANIMATION. Diese bewirkte, dass die Animationsphasen jeder Folie separat gedruckt wurden. Das war angesichts der damals beschränkten Animationsoptionen durchaus probat. Mit den erweiterten Animationen seit Version 2002 war das nicht mehr leistbar, weshalb diese Option entfiel.

Sie können diesem Manko mit der Zielgruppenorientierten Präsentation und ein wenig Vorbereitungsarbeit abhelfen.

1. Legen Sie zu den komplex animierten Folien zusätzliche Folien an, die Zwischen- und Endstände der Animationen statisch festhalten. Schon Screenshots der laufenden Animationen erfüllen diesen Zweck; mit händischem Anlegen der Dubletten können Sie aber noch weiteren Einfluss auf deren Gestaltung nehmen.
2. Markieren Sie all diese Dubletten in der Übersichtsleiste oder in der Foliensortierung.
3. FOLIE AUSBLENDEN
4. Legen Sie eine Zielgruppenorientierte Präsentation »Druckversion« an, bei der die Foliendubletten, aber nicht die animierten Folien, die zu diesen Dubletten gehören, in die rechte Liste übernommen werden.

Beim Vorführen dieser Präsentation bedarf es keiner besonderen Einstellung; die statischen Zusatzfolien werden beim Ablauf der Präsentation übersprungen.

Wollen Sie diese Präsentation drucken, wählen Sie in den Druckoptionen die Zielgruppenorientierte Präsentation »Druckversion« und aktivieren Sie die Option AUSGEBLENDETE FOLIEN DRUCKEN.

37.5 Troubleshooting für Bildschirm- und Beamer-Präsentationen

Es kann immer wieder vorkommen, dass Bildschirm- und Beamerpräsentationen sich anders verhalten, als Sie das gewünscht haben. Ein häufiges Problem ist die mangelnde Zusammenarbeit mit der Hardware.

37.5.1 Die Projektionsauflösung

Ideal ist es, wenn die Auflösung der Präsentation der Auflösung des Präsentationsmediums entspricht.

Das ist aber, wie jedes Ideal, so gut wie nie der Fall.

Bei der Einstellung der Foliengröße orientiert sich PowerPoint immer noch an Printmedien, also Papier und OHP-Folie mit ihren DIN- oder ASA-Abmessungen. Diese Abmessungen sind für Bildschirm- und Beamerpräsentationen völlig unerheblich. Hier geht es nicht um Maße in cm oder Zoll, sondern um Abmessungen Pixel mal Pixel.

absolute Auflösung	relative Auflösung
Gesamtzahl der Bildpunkte (Pixel) z. B. bei Digitalkameras	Pixel pro Längeneinheit (meist Zoll): Pixel per inch – ppi Dots per inch – dpi
Pixel pro Zeile x Pixel pro Spalte z. B. bei Bildschirmen	Linien pro Längeneinheit (meist Zoll), z. B. bei Druckern und Scannern: Lines per inch – lpi

Tabelle 37.3: Medienabhängige Auflösungsmaße

Abb. 37.18: Medienabhängige Bildformate

Abbildung 37.18 zeigt, dass bereits Bilder mit 3 MP (also von einer schon lange nicht mehr »aktuellen« Digital-Kamera) die Formate der üblichen Ausgabemedien übertreffen. Auch Ihre PowerPoint-Präsentation ist für einen Beamer vermutlich schon zu feinpixelig. Auf Ihrem 21-Zöller am Arbeitsplatz sehen Sie die Folie in einer Auflösung von 1.600 x 1.200 px. Das Notebook, mit dem Sie auf Reisen gehen, hat vielleicht einen 17-Zoll-Bildschirm mit 1.280 x 1.024 px; PowerPoint und die Grafikkarte des Notebooks passen die Präsentationsdarstellung brav diesem Bildschirm an.

Die Beamer, die Sie in Vortrags- und Schulungseinrichtungen vorfinden, bringen es auf 1.024 x 768 px, oft sogar nur 800 x 600. PowerPoint und die Grafikkarte Ihres Notebooks – nein, sie passen nichts an, sondern warten auf Ihre Anweisungen, was für ein Signal denn auf den zweiten Ausgang der Grafikkarte gelangen soll.

Hierfür existieren zwei Einstellmöglichkeiten:

Das Notebook ist mit entsprechenden Treibern des Grafikkartenherstellers ausgerüstet, die eine Justierung des externen Grafiksignals erlauben. Das ist von Hersteller zu Hersteller und von Kartenversion zu Kartenversion unterschiedlich.

Aber auch PowerPoint bietet Einstellungen dafür an:

BILDSCHIRMPRÄSENTATION ▸ *Bildschirme* AUFLÖSUNG

Kapitel 37
Präsentation anpassen

oder

BILDSCHIRMPRÄSENTATION ▶ *Einrichten* BILDSCHIRMPRÄSENTATION EINRICHTEN ▶ *Leistung* AUFLÖSUNG DER BILDSCHIRMPRÄSENTATION

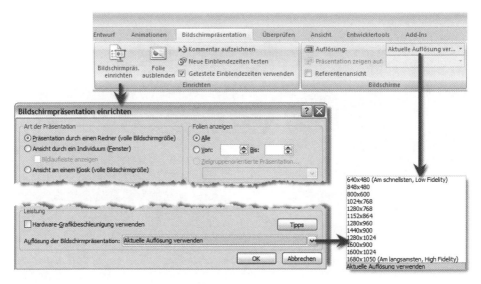

Abb. 37.19: Einstellungen zur Auflösung der Präsentation

Wenn Sie die Grundeinstellung »Aktuelle Auflösung verwenden« beibehalten, verlagern Sie die Umrechnungsarbeit auf den Beamer, und dessen Algorithmen sind meist schlechter als die internen. Also passen Sie die Auflösung bereits in PowerPoint an, um ein besseres Projektionsergebnis zu erzielen.

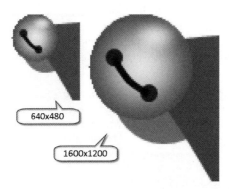

Abb. 37.20: Verpixelung unterschiedlicher Auflösungen

37.5.2 Farbtiefe verringern

Auf dem Windows-Desktop!
EIGENSCHAFTEN ▶ Register EINSTELLUNGEN ▶ FARBQUALITÄT

37.5.3 Grafikbeschleunigung nutzen oder nicht nutzen

BILDSCHIRMPRÄSENTATION ▶ *Einrichten* BILDSCHIRMPRÄSENTATION EINRICHTEN ▶ *Leistung* Option HARDWARE-GRAFIKBESCHLEUNIGUNG VERWENDEN

Die Schaltfläche TIPPS in diesem Bereich ist völlig deplatziert, denn sie ruft nur die allgemeine Hilfe auf. Die Schaltfläche [?] dagegen führt direkt zum einschlägigen Hilfetext für diesen Dialog; die Hinweise zur Grafikbeschleunigung finden Sie am Ende des Hilfetextes.

37.5.4 Grafikbeschleunigung verstellen

Auf dem Windows-Desktop!
EIGENSCHAFTEN ▶ Register EINSTELLUNGEN ▶ ERWEITERT ▶ Register PROBLEMBEHANDLUNG ▶ HARDWAREBESCHLEUNIGUNG

Häufig hilft ein Abschalten oder Reduzieren der Grafikbeschleunigung!

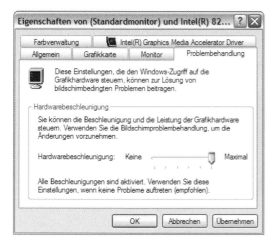

Abb. 37.21: Zugriff auf die Hardwarebeschleunigung

Kapitel 38

Interaktion vorbereiten

Wollen Sie das Publikum aktiv an der Präsentation mitwirken lassen, ist das mit den Mitteln der simplen Folie-folgt-auf-Folie-Präsentation nicht oder zumindest nicht elegant zu bewältigen. Die einfachste und flexibelste Methode ist das Ausweichen auf andere Medien wie Flipchart oder Pinnwand. Ein wichtiges Hilfsmittel zum Bewerkstelligen solcher Herausforderungen bei der Beamer-Präsentation ist der Einsatz der Maus während des Präsentationsmodus.

Der Mauszeiger in der Präsentation

Der Mauszeiger kann während der Bildschirmpräsentation als »Zeigestock« oder auch zum Anklicken bestimmter, dafür eingerichteter Elemente eingesetzt werden, sofern er nicht stillgelegt ist. Über die Präsenz des Mauszeigers bestimmen Sie im Kontextmenü der Bildschirmpräsentation:

 ← ↓ ⌨ → ▸ PFEILOPTIONEN ▸ »Automatisch«, »Sichtbar« oder »Ausgeblendet«

 ZEIGEROPTIONEN ▸ PFEILOPTIONEN ▸ »Automatisch«, »Sichtbar« oder »Ausgeblendet«

»Sichtbar« und »Ausgeblendet« sind selbsterklärend, bei »Automatisch« erscheint der Mauszeiger erst, wenn Sie die Maus (oder die Maussteuerung am Presenter) bewegen, anderenfalls hält er sich diskret zurück.

38.1 Unterbrechungen des Vortrags

Geplante Unterbrechungen können mannigfaltige Ursache haben, zum Beispiel dass Sie an einer bestimmten Stelle eine Diskussion oder Umfrage beim Publikum vorgesehen haben oder dass ein Teil des Themas mit anderen Medien vorgestellt werden soll, anhand eines Modells etwa oder durch Skizzen auf einem Flipchart.

38.1.1 Dunkel schalten für Medien- oder Methodenwechsel

Um das wesentliche Geschehen in den Fokus des Publikums zu stellen, sollten die visuellen Einflüsse im Podiumsbereich auf das aktuelle Thema eingegrenzt werden, das heißt, nicht benötigte Pinnwände sind zur Seite zu stellen oder umzudrehen, nicht aktuelle Flipchart-Anschriften sind umzublättern und eine nicht aktuelle Beamer-Präsentation ist auszublenden.

Wenn die Stelle der Unterbrechung der PowerPoint-Präsentation schon vorher bekannt ist, können Sie »Schwarzfolien« an diesen Stellen einsetzen:

Kapitel 38
Interaktion vorbereiten

1. START ▸ *Folien* NEUE FOLIE (Layout »Leer«)
2. ENTWURF ▸ *Hintergrund* HINTERGRUNDFORMATE ▸ (glattes Schwarz)
3. ENTWURF ▸ *Hintergrund* Option HINTERGRUNDGRAFIKEN AUSBLENDEN aktivieren

Abbildung 38.1 zeigt einen Ausschnitt aus einer PowerPoint-Präsentation mit zwei Schwarzfolien, die die Projektion scheinbar abschalten, während an anderen Medien vorgetragen wird. Anschließend ist man mit einem Klick wieder bei den projizierten Folien.

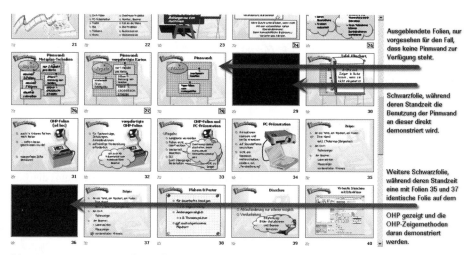

Abb. 38.1: Einsatz von Schwarzfolien

38.1.2 Unvorbereitet unterbrechen

Wenn Sie auf eine Unterbrechung bei der Gestaltung der Präsentation nicht vorbereitet waren, ist das auch kein Drama. Sie können auf in PowerPoint eingebaute Hilfen zurückgreifen, um die Projektion auszublenden.

Bildschirm dunkel schalten (im Präsentationsmodus)

 BILDSCHIRM/PRÄSENTATION AUSBLENDEN

 [B]

Ein weiterer Druck auf [B] oder auf [ESC] lässt die Präsentation wieder erscheinen.

> **Hinweis**
>
> Moderne Fernbedienungen für Notebooks verfügen über eine »Black-Screen-Taste«, mit der diese PowerPoint-Funktion ausgelöst werden kann.

Diese Verdunkelung betrifft aber nicht nur den Beamer, auch Ihr Monitor wird dunkel. Mehr Hinweise zu den ungeplanten Unterbrechungen finden Sie in Kapitel 42.

38.2 Präsentations-Notizen ermöglichen

Die früher in diesem Kontext vorhandene Funktion *Besprechungsnotizen* ist seit Version 2003 ersatzlos unter Hinweis auf das Programm *OneNote* entfallen. Die Foliennotizen sind während der Präsentation nicht änderbar, auch nicht in der Referentenansicht (Kapitel 42). Wenn Sie damit rechnen, dass während der Veranstaltung Notizen erforderlich werden, bietet sich folgender Workaround an:

Workaround: Besprechungsnotizen

Legen Sie auf dem Folienmaster eine Interaktive Schaltfläche an, die zu einer versteckten Folie mit einem bearbeitbaren Textfeld führt, in dem Sie Ihre Notizen während der Veranstaltung für alle sichtbar eintragen können.

Die dafür benötigte Technik findet sich nicht in den üblichen Funktionsleisten, sondern muss erst eingerichtet werden:

 ▸ POWERPOINT-OPTIONEN ▸ Register HÄUFIG VERWENDET ▸ Option ENTWICKLUNGS-REGISTERKARTE IN DER MULTIFUNKTIONSLEISTE ANZEIGEN

Bei Aktivierung dieser Option erweitert sich die Multifunktionsleiste um das Register ENTWICKLERTOOLS. Darin finden Sie Werkzeuge zum Anlegen spezieller Objekte, u. a. von Textfeldern mit Scrollbar.

1. ENTWICKLERTOOLS ▸ *Steuerelemente* [abl] TEXTFELD
2. LEGEN SIE EINE NEUE FOLIE AM SCHLUSS DER PRÄSENTATION AN.
3. Zeichnen Sie mit diesem Werkzeug den Rahmen für das Textfeld auf die Folie.
4. 🖱 EIGENSCHAFTEN
5. In der daraufhin erscheinenden, umfänglichen Einstellungsliste müssen Sie für den angestrebten Zweck mindestens folgende Änderungen vornehmen, um Zeilenumbrüche zuzulassen und den Rollbalken anzuzeigen:
   - Feld MULTILINE: true
   - Feld SCROLLBARS: 2 – fmScrollBarsVertical

   Weitere Anpassungen der Parameter bleiben dem persönlichen Geschmack vorbehalten.
6. Schließen Sie die Einstellungen mit einem Klick auf ✖.

Im Präsentationsmodus steht dieses Textfeld auf der Folie als bearbeitbares Feld zur Verfügung, das heißt, Sie können Text während der Präsentation eintragen. Die Änderungen werden in der Präsentation gespeichert.

7. Zeichnen Sie auf der Folie die Schaltfläche »zuletzt angesehene Folie« 📎.
8. Klicken Sie die Folie in der Übersichtsleiste links an.
9. 🖱 FOLIE AUSBLENDEN

Jetzt muss noch der Folienmaster um eine Schaltfläche ergänzt werden, mit der Sie die Notizenfolie von jeder beliebigen Folie aus erreichen können.

10. ⇧ +

11. Zeichnen Sie auf die Masterfolie die interaktive Schaltfläche »Letzte Folie« ▶|.

12. MASTERANSICHT SCHLIESSEN

Während der Präsentation reicht ein Klick auf die allgegenwärtige Schaltfläche ▶|, um zur Notizfolie zu springen und den Text zu ergänzen; danach geht es mit einem Klick auf ↶ wieder auf die Ausgangsfolie zurück.

38.3 In der Präsentation frei navigieren

Für nichtserielle Abläufe von Präsentationen, also wenn zum Beispiel auf Hinweise aus dem Publikum durch Wechseln auf andere Folien oder Dokumente eingegangen werden soll, hilft Ihnen der Foliennavigator des Präsentationskontextmenüs. Wenn Sie die genaue Nummer der benötigten Folie im Kopf oder auf einem Spickzettel haben, können Sie diese auch eingeben und mit ⎡Enter⎦ bestätigen, dann springt die Präsentation dorthin.

Mehr Komfort bei vorhersehbaren Sprüngen bieten *Hyperlinks* und *Aktionen*, die mittels Klick auf beliebige Folienelemente ausgelöst werden.

38.3.1 Interaktive Schaltflächen

Jedes Folienelement lässt sich per Hyperlink mit anderen Folien oder externen Dokumenten verknüpfen, so dass Sie die Wahl haben, entweder mit Klick in den freien Raum die nächste Folie anzusteuern oder mit Klick auf eine Schaltfläche die »Extratour« einzuschieben.

Besonders prädestiniert dafür sind natürlich die *Interaktiven Schaltflächen* aus den *Formen*, weil ihnen bereits Standard-Symbole und -Ziele sowie der optische Effekt des »Eingedrücktwerdens« zu Eigen sind. Nicht nur die freien, auch die schon zugeordneten Hyperlinks lassen sich individuell verändern.

Start ▸ Zeichnen ▸ ▽ ▸ *Interaktive Schaltflächen*

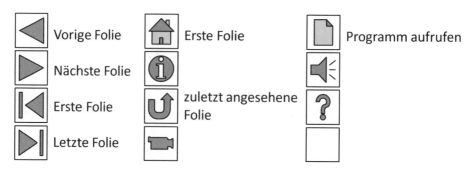

Abb. 38.2: Bereits vorinstallierte Hyperlinks der Interaktiven Schaltflächen

Eine Besonderheit stellt der Hyperlink ZULETZT GEZEIGTE FOLIE dar. Hier wird ständig registriert, von wo aus die Folie angesteuert wurde. Damit ist ein Instrument gegeben, mit dem Sie direkt auf eine andere Folie springen können, weil sich die Diskussion so ergibt, und dann wieder zurück zu der Folie, an der Sie den normalen Ablauf unterbrochen haben.

> **Tipp**
> Schaltflächen, die Sie durchgängig auf allen Folien mit identischen Funktionen benötigen, können Sie auch in der Masterfolie platzieren.

Das vermeintliche Eindrücken, wenn eine Interaktive Schaltfläche angeklickt wird, ist eine Eigenschaft, die dieser Form ständig erhalten bleibt, selbst wenn mit

Zeichentools FORMAT ▸ *Formen einfügen* FORM BEARBEITEN ▸ FORM ÄNDERN

eine beliebige andere Form zugewiesen wurde. Sie können aber jede beliebige andere Form als Schaltfläche verwenden und auch den Eindrückeffekt beim Anklicken erhalten:

EINFÜGEN ▸ *Hyperlinks* AKTION ▸ Option BEIM KLICKEN MARKIEREN

38.3.2 Hyperlinks und Aktionen

Sie machen ein beliebiges Folienelement mittels

EINFÜGEN ▸ *Hyperlinks* HYPERLINK oder AKTION

zur Schaltfläche.

Die Unterschiede zwischen Hyperlink und Aktion sind marginal, aber in einigen Punkten spezifisch, wie Tabelle 38.1 zeigt.

Ziel	Aktion	Hyperlink
andere Folie in dieser Präsentation (auch ausgeblendete)	●	●
Zielgruppenorientierte Präsentation starten	●	●
aus Zielgruppenorientierter Präsentation zurückspringen	●	
Makro starten	●	
in andere Präsentation verzweigen	●	●
anderes Programm starten	●	
Dokument eines anderen Programms aufrufen	●	●
Webseite aufrufen	●	●
E-Mail erzeugen		●
Präsentation beenden	●	

Tabelle 38.1: Unterschiede zwischen Aktion und Hyperlink

Sie können Aktionen und Hyperlinks Texten oder Formen zuweisen, auch Formen in SmartArts.

Weisen Sie einem Text eine Aktion zu, wird er als Hyperlink umgefärbt und unterstrichen. Die Farbänderung können Sie vermeiden, indem Sie nicht dem Text, sondern dem kompletten Container die Aktion zuweisen. Die Unterstreichung allerdings bleibt erhalten.

> **Tipp**
>
> Um weder Unterstreichung noch Umfärbung des Textes zu erzielen, bleibt nur als Workaround, eine transparente Form über das Textelement zu legen und diesem die gewünschte Aktion zuzuordnen. Transparent bedeutet hier, dass Sie der Form einen der drei möglichen Tranzparenz-Effekte zuweisen (Füllfarbe, Farbverlauf oder Oberflächeneffekt) und nicht die Oprtion »Keine Füllung« verwenden. »Keine Füllung« bedeutet, dass die Form nicht anklickbar ist!

In den AKTIONSEINSTELLUNGEN haben Sie die Wahl zwischen zwei Registern: Die Aktion MAUSKLICK benötigt einen Mausklick auf das so ausgestaltete Objekt, während bei MOUSEOVER schon das bloße Berühren des Objektes mit dem darüberfahrenden Mauszeiger ausreicht, um die Aktion zu starten.

> **Wichtig**
>
> Beim MOUSEOVER muss sich der Mauszeiger *in das Objekt hinein* bewegen, um die eingestellte Aktion auszuführen. Ein die Folie füllendes Objekt ist also für diesen Zweck ungeeignet.

38.3.3 In der aktuellen Präsentation navigieren

Egal ob Sie einen Hyperlink anlegen oder eine Aktion, PowerPoint navigiert mit Hyperlinks. Dennoch sind die Aktionseinstellungen eher zu empfehlen, weil damit alle Ziele außer dem Einfügen einer E-Mail-Adresse zu erreichen sind, während die direkte Hyperlink-Einrichtung einiger Funktionen mehr entbehrt.

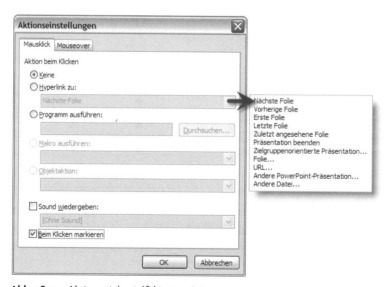

Abb. 38.3: Aktionsziele vielfältigster Art

Die Aktionsziele

- Nächste Folie,
- Vorherige Folie,
- Erste Folie,
- Letzte Folie und
- Zuletzt angesehene Folie

entsprechen den voreingestellten Zielen der *Interaktiven Schaltflächen* gleicher Namen.

Es ist einfacher, wenn Sie eine Interaktive Schaltfläche mit dem gewünschten Ziel einrichten und dann mit

Zeichentools FORMAT ▸ *Formen einfügen* FORM BEARBEITEN ▸ FORM ÄNDERN

dieser Schaltfläche eine andere Form geben, als erst die gewünschte Form zu zeichnen und dann die Einstellungen vorzunehmen.

> **Wichtig**
>
> Ein direkt über HYPERLINK eingerichtetes Ziel »Nächste Folie« unterscheidet sich vom gleichnamigen Ziel einer AKTION, sofern diese nächste Folie ausgeblendet ist! Das Hyperlink-Ziel ist die *ausgeblendete* Folie, das Aktionsziel ist die *nächstfolgende nicht ausgeblendete* Folie.
>
> Dies ist der einzige Unterschied bei den internen Navigationszielen zwischen beiden Methoden.

Eine x-beliebige andere Folie als Ziel richten Sie ein, wenn Sie in den Aktionseinstellungen FOLIE ... oder in den Hyperlinkeinstellungen die Schaltfläche TEXTMARKE anklicken und aus der Übersicht die gewünschte Folie aussuchen.

Die Rückkehr

Um von einem Ausflug zu einer anderen Folie schnell und einfach auf die ursprüngliche Folie zurückzukehren, sollten Sie auf solchen Sonderfolien eine Interaktive Schaltfläche »Zuletzt angesehene Folie« einbauen. In einer solchen Schaltfläche wird beim Öffnen der Folie die Adresse der zuletzt geöffneten Folie gespeichert.

Haben Sie keine solche Schaltfläche eingerichtet, findet sich im Kontextmenü des Präsentationsmodus ein dazu passender Befehl:

 ZULETZT ANGESEHEN oder ⬅ 🖉 ➡ ZULETZT ANGESEHEN

38.3.4 Thematische Schleife mit automatischer Rückkehr

Manchmal stellt man während des Vortrags fest, dass das Publikum an einem bestimmten Thema, das im »Standard-Vortrag« nur oberflächlich erläutert wird, besonderes Interesse hat. Wenn Sie darauf vorbereitet sind, haben Sie dazu noch ein paar detaillierte Folien in petto, die Sie in diesem Fall zusätzlich aufrufen können.

1. Markieren Sie in der Übersicht die Zusatzfolien.
2. 🖱 FOLIE AUSBLENDEN
3. BILDSCHIRMPRÄSENTATION ▸ *Bildschirmpräsentation starten* BENUTZERDEFINIERTE PRÄSENTATION ▸ ZIELGRUPPENORIENTIERTE PRÄSENTATION ... ▸ NEU
4. Wählen Sie aus der Liste mit einem Mausklick die eben ausgeblendeten Folien aus und benennen Sie die Zielgruppenorientierte Präsentation.
5. Wechseln Sie zu der Folie, von der aus die Zusatzfolien aufgerufen werden sollen.
6. Zeichnen Sie eine Form als Schaltfläche auf die Folie.
7. EINFÜGEN ▸ *Hyperlinks* AKTION ▸ HYPERLINK ZU ▸ ZIELGRUPPENORIENTIERTE PRÄSENTATION ...
8. Wählen Sie die benötigte Zielgruppenorientierte Präsentation aus.
9. Aktivieren Sie die Option ANZEIGEN UND ZURÜCK.

Beim Anklicken der Schaltfläche wird die »Zielgruppenorientierte Präsentationsschleife« gestartet; ist sie beendet, kehren Sie wieder zur Ausgangsfolie zurück.

38.3.5 Zu anderen Präsentationen wechseln

Oft werden Teile einer anderen Präsentation in der aktuellen Präsentation benötigt oder mehrere Präsentationen sollen nacheinander ablaufen, ohne zwischendurch neu gestartet werden zu müssen. In diesen Fällen helfen ebenfalls Verlinkungen der Präsentationen untereinander.

1. Zeichnen Sie auf der Folie, von der aus die andere Präsentation angesprungen werden soll, eine Form als Schaltfläche.
2. EINFÜGEN ▸ *Hyperlinks* AKTION ▸ Hyperlink zu ▸ Andere PowerPoint-Präsentation ...
3. Wählen Sie die Präsentation aus.
4. Wählen Sie im darauf erscheinenden Dialog jene Folie der aufzurufenden Datei aus, bei der diese Datei gestartet werden soll.

Die aufgerufene Datei läuft bis zu ihrem Schluss durch. An deren Ende landet die Präsentation dann wieder auf der Folie der aufrufenden Datei, von der aus sie verlinkt wurde.

Vorzeitig abbrechen und zur aufrufenden Datei zurückkehren können Sie mit `ESC`.

38.4 Interaktion mit Trigger

Die Trigger-Funktion ist gedacht für Alternativen im Ablauf von Animationen auf *einer* Folie. Sie rechnen zum Beispiel ganz sicher mit einer Zwischenfrage, für die Sie eine zusätzliche Texteinblendung vorgesehen haben. Wenn diese Zwischenfrage aber nicht kommt, kann diese Einblendung übersprungen werden. Mit der Trigger-Funktion schaffen Sie sich diese Möglichkeit.

Oder aber Sie wollen bestimmte Informationen auf einer Folie nicht sequenziell, sondern auf Zuruf aus dem Publikum erscheinen lassen.

38.4 Interaktion mit Trigger

> **Hinweis**
>
> Die Konfiguration eines Triggers läuft logisch umgekehrt zu der einer Aktionseinstellung: Wird dort dem Auslöser eine Aktion zugeordnet, ordnen Sie hier einer Animation den Auslöser zu!

Trigger einrichten

 (Kontextmenü der Animation im Aufgabenbereich BENUTZERDEFINIERTE ANIMATION)
Register ANZEIGEDAUER ▶ TRIGGER ▶ Option EFFEKT STARTEN BEIM KLICKEN AUF:

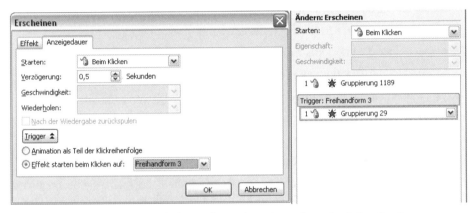

Abb. 38.4: Trigger-Zuordnung (links) und geänderte Darstellung der Animation im Regiezentrum außerhalb der Klickreihenfolge (rechts)

Sie müssen zuerst eine Animation einrichten und dieser dann einen Trigger zuweisen. So nehmen Sie diese Animation aus der normalen Klickreihenfolge heraus, sie wird nur dann gestartet, wenn Sie (nach der erwarteten Zwischenfrage) auf das zum Auslöser erklärte Objekt geklickt haben. Das kann jedes beliebige Folienelement sein; am unauffälligsten und immer präsent ist die Titelzeile.

Elemente mit getriggerten Animationen werden im Hauptfenster mit dem Symbol markiert. Im Präsentationsmodus nimmt der Mauszeiger die Form an, wenn ein Trigger berührt wird.

> **Tipp**
>
> Der Trigger kann auch das animierte Element selbst sein!
>
> Es ist durchaus möglich, ein selbst getriggertes Element durch das Triggern verschwinden zu lassen.

Workshop: Zusatzinformation nur bei Bedarf einblenden

Auf einer Folie werden Informationen gezeigt, zu denen vertiefende Informationen in tabellarischer Form vorliegen, aber nur auf Anforderung eingeblendet werden sollen. Es soll aber auch die Möglichkeit geschaffen werden, die eingeblendete Tabelle nach Betrachten wieder auszublenden.

1. Stellen Sie die Folie mit den Basisinformationen fertig.
2. Zeichnen Sie ggf. eine Form als Schaltfläche, sofern auf der Folie kein anderes dafür geeignetes Objekt vorhanden ist.
3. Legen Sie die Tabelle an und formatieren Sie sie.
4. Markieren Sie die Tabelle.
5. ANIMATIONEN ▸ *Animationen* BENUTZERDEFINIERTE ANIMATION ▸ EFFEKT HINZUFÜGEN ▸ EINGANG ▸ (Effektauswahl)
6. Markieren Sie die Tabelle erneut, um ihr die zweite Animation zuzuweisen.
7. EFFEKT HINZUFÜGEN ▸ BEENDEN ▸ (Effektauswahl)
8. Markieren Sie die EINGANGS-Animation (grünes Symbol).
9. ANZEIGEDAUER ▸ TRIGGER ▸ Option EFFEKT STARTEN BEI KLICK AUF:
10. (Wählen Sie die zum Einblenden vorgesehene Schaltfläche aus.) ▸ OK
11. Markieren Sie die BEENDEN-Animation (rotes Symbol).
12. ANZEIGEDAUER ▸ TRIGGER ▸ Option EFFEKT STARTEN BEI KLICK AUF:
13. (Wählen Sie die Tabelle selbst als Trigger aus.) ▸ OK

Ein Klick auf die Schaltfläche befördert die Tabelle auf die Folie, sofern sie benötigt wird; sobald sie entbehrlich wird, genügt ein Klick auf die Tabelle selbst, um sie wieder verschwinden zu lassen.

Komplexe Trigger-Animationen

Gut ausgeklügelte Trigger-Aktionen lassen sehr komplexe Darstellungen und Variationen auf einer Folie zu. Im Beispiel in Abbildung 38.5 sehen Sie eine Verzweigung in einem Ablaufplan, deren Antwortalternativen als Trigger für das Erscheinen der folgenden Pfade fungieren. Zugleich wird der nicht gewählte Antwortbutton ausgeblendet und die Entscheidung damit manifestiert.

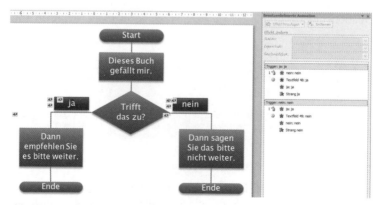

Abb. 38.5: Beispiel für komplexe Triggeranimation

38.5 Programmübergreifend agieren

Wenn Sie aus der Präsentation heraus auf andere Anwendungen und deren Dateien zugreifen möchten, zum Beispiel auf ein PDF-Dokument, dieses jedoch nicht im normalen Ablauf, sondern gezielt nur bei Bedarf, so ist die simpelste Möglichkeit, dieses Dokument noch vor dem Start der Präsentation zu öffnen und während der Präsentation im Hintergrund warten zu lassen. Im Bedarfsfall können Sie von der Bildschirmpräsentation mit [Alt]+[↹] zu diesem Dokument umschalten und nachher ebenso wieder zurück zur Präsentation.

38.5.1 Externe Programme und Dokumente aufrufen

Eleganter geht es natürlich mit einer Schaltfläche auf der Folie.

EINFÜGEN ▸ *Hyperlinks* HYPERLINK ▸ DATEI ODER WEBSEITE

EINFÜGEN ▸ *Hyperlinks* AKTION ▸ Option PROGRAMM AUSFÜHREN

EINFÜGEN ▸ *Hyperlinks* AKTION ▸ Option HYPERLINK ZU ▸ DATEI ...

Klicken Sie während der Präsentation eine Schaltfläche HYPERLINK ZU EINER DATEI an, wird diese mit der *im Explorer zugewiesenen* Anwendung geöffnet.

Wollen Sie eine Datei mit einer anderen als der Standardanwendung öffnen, ist etwas mehr Aufwand erforderlich.

Als Hyperlink:

1. Weisen Sie dem Feld ADRESSE zunächst die zu öffnende Datei zu.
2. Markieren Sie im Feld ADRESSE den Pfad- und Dateinamen und verschieben Sie ihn mit [Strg]+[X] in die Zwischenablage.
3. Wählen Sie nun das zugehörige Programm aus.
4. Klicken Sie in das Feld ADRESSE, betätigen Sie die [Ende]-Taste, fügen Sie dann einen Leerschritt und ein Anführungszeichen ein; holen Sie aus der Zwischenablage den Dateipfad mit [Strg]+[V] und schließen Sie die Zeile mit einem Anführungszeichen ab.

Als Aktion:

1. Weisen Sie dem Feld PROGRAMM AUSFÜHREN zunächst die zu öffnende Datei zu (in der Dateiauswahlbox den Dateityp ALLE *.* auswählen).
2. Markieren Sie im Feld PROGRAMM AUSFÜHREN den Pfad- und Dateinamen und verschieben Sie ihn mit [Strg]+[X] in die Zwischenablage.
3. Klicken Sie noch einmal auf DURCHSUCHEN und wählen Sie das zugehörige Programm aus.
4. Klicken Sie in das Feld PROGRAMM AUSFÜHREN, betätigen Sie die [Ende]-Taste, fügen Sie dann einen Leerschritt und ein Anführungszeichen ein; holen Sie aus der Zwischenablage den Dateipfad mit [Strg]+[V] und schließen Sie die Zeile mit einem Anführungszeichen ab.

Achtung

Manche Programme (z. B. alle MS-Office-Komponenten) verlangen zwingend den Dateinamen in Anführungszeichen. Bei anderen Programmen dagegen führen Anführungszeichen zur Fehlermeldung, dass die Datei nicht geöffnet werden kann.

Wichtig

Per Hyperlink verknüpfte Dokumente und Programme müssen natürlich beim Vorführen zur Verfügung stehen. PowerPoint kennt keine relative Adressierung, deshalb wird eine verlinkte Datei exakt an dem in der Adresse stehenden Pfad erwartet. Also sollten Sie die Verknüpfung immer auf dem Vorführgerät einrichten oder die Funktion »Verpacken für CD« (Kapitel 43) verwenden.

38.5.2 Objekte aufrufen

Eine andere Möglichkeit, verlaufsabhängig zusätzliche Informationen einzublenden, bietet die OLE-Option ALS SYMBOL ANZEIGEN unter EINFÜGEN ▶ Text OBJEKT. Dabei wird nicht der Inhalt des eingebundenen Objekts auf die Folie übertragen, sondern nur eine Schaltfläche angelegt. Dieser Schaltfläche müssen Sie in den AKTIONSEINSTELLUNGEN eine der drei OBJEKTAKTIONEN (BEARBEITEN, ÖFFNEN, DRUCKEN) zuordnen, dann öffnet sich beim Anklicken die Datei mit ihrer Standard-Anwendung.

38.5.3 Internetseite aufrufen

Die Aktionseinstellungen lassen Sie auch auf weit entfernte Daten zugreifen, wenn Sie als Ziel eine URL auswählen: Damit wird aus der Präsentation heraus eine Verbindung zum Internet hergestellt.

Wichtig

Beachten Sie bitte, dass einer PowerPoint-Präsentation intern nur 64 kB zur Verfügung stehen, um Link-Informationen zu speichern. Werden mehr Links benötigt, teilen Sie die Präsentation in mehrere auf.

38.5.4 Überzogene Sicherheit beim Aufrufen

Abb. 38.6: Paranoides Office: Die eigene Festplatte soll nicht sicher sein!

Das Office-Sicherheitskonzept soll Sie und vor allem Ihren Computer vor schädlichen Auswirkungen durch so genannte Malware schützen, also vor Software, die Viren, Würmer etc. enthält. Manchmal schießt dieses Schutzkonzept aber auch über das Ziel hinaus und warnt beim Aufruf eines Hyperlinks, dass eine Datei von einem nicht vertrauenswürdigen Ort geöffnet werden soll, obwohl die Datei auf der eigenen Festplatte liegt. Zu allem Überfluss belässt man nicht nur diesen Bug, auch das Nachbessern wird noch verkompliziert. In der Microsoft Knowledge Base findet sich ein ins Deutsche geradebrechter Artikel, der kaum verständlich ist; hier drei les- und umsetzbare Tipps zur Abhilfe.

1. Möglichkeit: Vertrauensstellungscenter (selten hilfreich)

 ▸ POWERPOINT-OPTIONEN ▸ VERTRAUENSSTELLUNGSCENTER ▸ EINSTELLUNGEN FÜR DAS VERTRAUENSSTELLUNGSCENTER ▸ NEUEN SPEICHERORT HINZUFÜGEN

Tragen Sie dort den Pfad zu dem Ordner ein, in dem die zu öffnenden Dateien liegen.

2. Möglichkeit: Ordneroptionen (gelegentlich hilfreich)

1. 🖱 auf dem Desktop: Doppelklick auf das Arbeitsplatz-Icon
2. EXTRAS ▸ OPTIONEN ▸ Register DATEITYPEN
3. Suchen und markieren Sie die Dateinamenserweiterung (z. B. PDF).
4. ERWEITERT ▸ Option ÖFFNEN NACH DEM DOWNLOAD BESTÄTIGEN deaktivieren

Abb. 38.7: Eventuell ist diese Option schuld an der Misere.

3. Möglichkeit: Registry (beim Autor wirksam)

1. Auf dem Desktop: `Start` oder 🪟 ▸ AUSFÜHREN
2. Geben Sie "regedit" ein ▸ `Enter`
3. Starten Sie mit `Strg`+`F` die Suchfunktion.
4. Geben Sie
   "HKEY_CURRENT_USER\Software\Microsoft\Office\12.0\Common" oder
   "HKEY_CURRENT_USER\Software\Policies\Microsoft\Office\12.0\Common"
   ein.

Kapitel 38
Interaktion vorbereiten

5. WEITERSUCHEN
6. Wenn der Schlüssel angezeigt wird: BEARBEITEN ▶ NEU ▶ SCHLÜSSEL
7. Überschreiben Sie »Neuer Schlüssel #1« mit Security ▶ [Enter]
8. 🖱 (auf den Schlüssel) ▶ NEU ▶ DWORD-WERT
9. Überschreiben Sie »Neuer Wert #1« mit DisableHyperlinkWarning ▶ [Enter]
10. 🖱 Doppelklick auf DisableHyperlinkWarning
11. Tragen Sie bei WERT: 1 ein ▶ OK
12. Schließen Sie die Registry mit einem Klick auf ✕.

Die Syntax dieser Option ist zwar ein wenig um die Ecke gedacht (WAHR, um abzuschalten), aber Informatiker denken nun mal so.

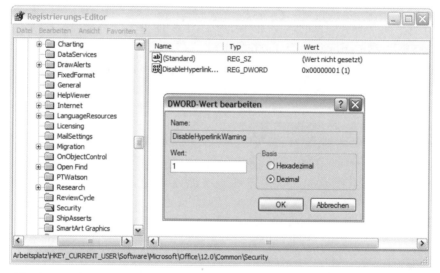

Abb. 38.8: Eingriff an der Registry, um das mimosige Sicherheitskonzept zu überwinden

Kapitel 39

Technik vorbereiten

39.1 Übersicht bewahren

Wenn Sie nicht zu den Menschen mit fotografischem Gedächtnis gehören, werden Sie für Ihre Präsentation eine Erinnerungsstütze benötigen, um einen längeren (oder auch einen kürzeren, aber noch sehr frischen) Vortrag im Griff zu behalten. Dazu sind einige Möglichkeiten gegeben; die eleganteste Lösung ist natürlich, überhaupt keine (sichtbare) Gedächtnishilfe zu verwenden. Dazu bedarf es keiner extremen Gehirnleistung – in vielen Fällen ist die Präsentation an sich schon roter Faden genug.

Sie sehen auf dem Monitor dieselben Folien wie das Publikum, also Stichworte, Geschäftsgrafik, Illustrationen.

Der Unterschied zwischen dem Publikum und Ihnen ist der, dass Sie das alles schon kennen und um die Hintergründe der visualisierten Fakten wissen. Das reicht häufig als Stichwort aus, um mit Ihrem Fachwissen die verbindenden Worte, Details und Hintergrundinformationen frei formulieren zu können.

Ist der Inhalt der Folien nicht ausreichend als Orientierungshilfe, lassen sich im Notizenbereich Hinweise auf notwendige Klicks bei animierten Folien festhalten oder ergänzende Stichworte zu Randthemen notieren, die nicht unmittelbar auf die Folie gehören. Diese Notizen sehen Sie beim Projizieren der Folien im Präsentationsmodus nicht, aber PowerPoint hält als Schmankerl einen besonderen Modus vor, mit dem Sie auf dem Monitor mehr sehen, als der Beamer an die Wand strahlt.

39.1.1 Der Zwei-Bildschirme-Modus (Dual-Modus)

Für die *Referentenansicht* (oder auch *Präsentationsansicht*, so der abweichende Name im Dialog BILDSCHIRMPRÄSENTATION EINRICHTEN) müssen bestimmte technische Voraussetzungen gegeben sein; die bringt aber quasi jedes Notebook mit.

BILDSCHIRMPRÄSENTATION ▸ *Bildschirme* Option REFERENTENANSICHT
oder
BILDSCHIRMPRÄSENTATION ▸ *Einrichten* BILDSCHIRMPRÄSENTATION EINRICHTEN ▸ *Mehrere Bildschirme* Option PRÄSENTATIONSANSICHT

Ist die Option REFERENTENANSICHT oder PRÄSENTATIONSANSICHT nicht ansprechbar, unterstützt Ihr Computer diese Funktion leider nicht.

Kapitel 39
Technik vorbereiten

> **Wichtig**
>
> Ein Beamer oder Zweitbildschirm muss angeschlossen sein, wenn Sie die Referenten-/Präsentationsansicht wählen; bei fehlendem Beamer oder Zweitbildschirm macht PowerPoint diese Aktion ebenfalls nicht mit!

Abb. 39.1: PowerPoint prüft, ob zwei Monitore unterstützt werden.

Wenn Sie die Referenten-/Präsentationsansicht wählen, wird PowerPoint zuerst einen Test vornehmen. Diese Funktion ist sehr gut mit einem Assistenten unterstützt, der Sie sogar in die Systemsteuerung Ihres Computers umleitet, um die erforderlichen Einstellungen vorzunehmen.

Abb. 39.2: Notwendige Einstellungen in der Systemsteuerung von Windows (links) und in den Eigenschaften der Bildschirmpräsentation (rechts) für den Dual-Modus

Wichtig ist, dass Sie in der Auswahl BILDSCHIRMPRÄSENTATION ANZEIGEN AUF den Zweitbildschirm (= Beamer) wählen; andernfalls zeigt der Beamer die ergänzte Darstellung.

Nachdem die Bildschirm-Ausgangs-Zuordnung erledigt ist, haben Sie auf dem Notebook-Monitor eine andere Ansicht als in der Projektion. Sie sehen zusätzlich zur aktuellen Folie nicht nur Ihre Notizen, sondern verkleinert die Folgefolien – auch ausgeblendete, erkennbar an der blassen Darstellung und diagonalem Strich. Unter dem Hauptfenster liegen die Navigationsschaltflächen.

Diese erweiterte Ansicht bezahlen Sie leider beim Einsatz älterer Presenter-Typen mit dem Verlust der Fernbedienbarkeit Ihrer Präsentation. In der Referenten-/Präsentationsansicht klappt nicht bei allen Fernbedienungen die Interpretation der Presenter-Kommandos.

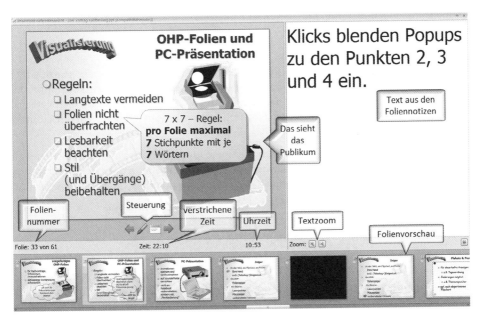

Abb. 39.3: So sieht nur der/die Vortragende die Präsentation.

Denken Sie nach dem Ende der Präsentation daran, die Bildschirmeinstellungen wieder zurückzunehmen, denn das wird leider nicht automatisch unterstützt.

 (auf dem Windows-Desktop) ▸ EIGENSCHAFTEN ▸ Register EINSTELLUNGEN

39.1.2 Spickzettel

Wenn die Referentenansicht nicht möglich ist oder Sie mit anderen Medien als dem Präsentationsmodus von PowerPoint präsentieren, müssen Sie auf das klassische »papierne Gedächtnis« zurückgreifen. Aber machen Sie das bitte nicht zu »klassisch«, indem Sie eine komplette Rede auf A4 ausdrucken, denn das hat diverse Nachteile:

- Die Rede ist ein toter Vortrag. Da vorn steht jemand, der etwas vorliest. Das hätte man auch selbst lesen können. Nur durch freies Sprechen gewinnt ein Vortrag an Leben.
- Wenn Sie dieselbe Rede mehrmals vortragen (vorlesen), was beim Fachvortrag im Gegensatz zur politischen Rede durchaus üblich ist, wird dieser Akt von Mal zu Mal unspannender für Sie. Ihre Gedanken wandern, weg vom Thema, weg vom Publikum. In Ihrem Kopf wird eine Direktverbindung von den Augen zur Zunge geschaltet; Sie nehmen selbst gar nicht mehr wahr, was Sie da von sich geben, vom Feedback aus dem Publikum ganz zu schweigen.
- Das Umblättern eines Blattes Papier ist immer eine Störung des Vortrags, für Sie wie auch für das Publikum. Besonders dann, wenn die Blätter aneinandergeheftet sind und nicht einfach zur Seite geschoben werden können.

Deshalb sind folgende Empfehlungen für die Spickzettel essenziell:

Stichworte statt Langtext

So müssen Sie jedes Mal, wenn Sie den Vortrag halten, die Stichworte in ganze Sätze umwandeln. Dieses Erfordernis zwingt Sie dazu, sich auf das Thema zu konzentrieren; jeder Ihrer Vorträge muss im Detail »neu erfunden« werden. Sie nehmen das Stichwort auf, formulieren im Geiste den zugehörigen Satz und haben die Augen frei für den Blickkontakt zum Publikum.

Für Spickzettel gelten also dieselben Grundsätze wie für Folien und für an die Pinnwand zu heftende Karten. Deshalb ist ein einfacher Weg zum Spickzettel ein Ausdruck der Folien rsp. Pinnwandkarten auf kleinformatige Kärtchen oder als Manuskript *mit Stichworten*.

Für alles hält PowerPoint die passenden Druck- und Exportoptionen vor.

Kleinformatige Spickzettel (Moderatorenkärtchen)

Ideal sind die Formate A6 oder 1/3 A4, sie lassen sich gut in der Hand halten und leicht ablegen. Noch besser ist es natürlich, wenn Sie sie überhaupt nicht in der Hand halten, sondern an einer unauffälligen, für Sie aber gut einsehbaren Stelle deponieren und im Vorbeigehen einen Blick darauf werfen. Der Wechsel zum nächsten Kärtchen geht dann mit einer beiläufig wischenden Bewegung vonstatten.

Ausdruck der Folien auf Kärtchen

Die Druckeinstellungen von PowerPoint gestatten es Ihnen, bis zu neun Folien auf eine Seite zu drucken, was für diesen Zweck ein bisschen zu klein geraten dürfte. Vier Folien pro Seite kommen den Bedürfnissen schon näher.

In der Druckvorschau gewinnen Sie gleich den richtigen Eindruck vom Resultat, deshalb rufen Sie zum Drucken nicht die Druckeinstellungen auf, sondern:

 ▸ Drucken ▸ Seitenansicht

In der Funktionsleiste Seitenansicht finden Sie unter Druckbereich die benötigten Ausdruckvarianten; für die Karten gehen Sie wie folgt vor:

1. Druckbereich »Handzettel 4 Folien pro Seite«
2. Orientierung »Querformat«
3. ggf. »Graustufe« oder »Schwarzweißdruck«
4. Drucken

Damit geben Sie noch keinen Druckbefehl, sondern rufen den Druckdialog auf, in dem Sie noch einen anderen Drucker wählen oder zu druckende Folienmenge verändern können (vgl. Kapitel 36), bevor Sie dann mit OK den Druckauftrag abschicken (Abbildung 39.4).

39.1
Übersicht bewahren

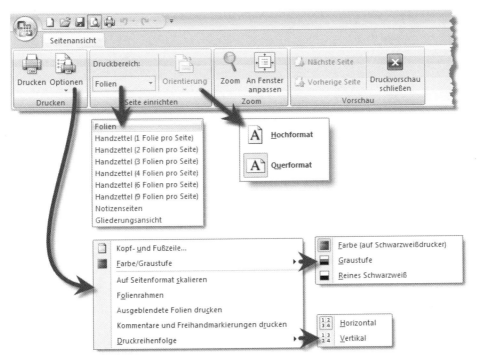

Abb. 39.4: Die Funktionsleiste SEITENANSICHT

Folien mit Notizen drucken

Wollen Sie auch Ihre Foliennotizen auf den Karten lesen, bietet Ihnen PowerPoint einen weiteren Druckmodus an: die NOTIZENSEITEN. Leider gibt es hier keine Möglichkeit, mehrere Folien auf eine Seite zu drucken, PowerPoint sieht eine Seite A4 mit verkleinerter Folie oben und Notizen unten vor. Der Handzettel-Master lässt nur marginale Anpassungen zu.

ANSICHT ▸ *Präsentationsansichten* NOTIZENMASTER

Mit Hilfe des Druckertreibers können Sie evtl. dafür sorgen, dass zwei dieser Seiten auf einer Seite verkleinert abgedruckt werden.

1. Im Druckdialog: EIGENSCHAFTEN
2. Suchen Sie in den Optionen des Druckers einen passenden Modus.

Mit A5 sind diese Karten noch recht groß, besser wäre 1/3 A4 mit Folie links und Notizen rechts, doch diesen Druckmodus kennt PowerPoint nicht – aber Word!

1. ▸ VERÖFFENTLICHEN ▸ HANDZETTEL IN MICROSOFT WORD ERSTELLEN
2. Option NOTIZEN NEBEN DEN FOLIEN

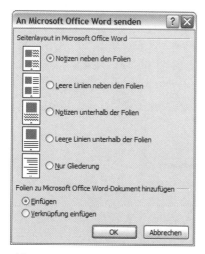

Abb. 39.5: Handzettel-Export nach Word

Auch wenn das Symbol in der Optionenwahl anders aussieht, baut Word damit eine Tabelle von 3 Spalten mal 3 Zeilen pro Seite auf, in der

- die erste Spalte die Foliennummer,
- die zweite Spalte die verkleinerte Folie und
- die dritte Spalte die Notizen

abbildet. Mit ein wenig Tabellenformatierung können Sie diese Seiten so zurichten, dass sich daraus Karten im Format 1/3 A4 schneiden lassen.

Stichwortlisten

Können Sie auf das Abbild der Folien auf Ihren Spickzetteln verzichten, dann bietet sich ein Ausdruck der bloßen Texte an.

Dazu verwenden Sie entweder die oben erwähnte Export-Methode nach Word mit der Option NUR GLIEDERUNG oder aber einen speziellen Druckmodus »Gliederungsansicht«, in den Druckeinstellungen unten links oder in der Druckvorschau anwählbar.

 ▸ DRUCKEN (links) ▸ *Drucken:* ▾ ▸ »Gliederungsansicht«

oder

 ▸ DRUCKEN (links) ▸ VORSCHAU ▸ *Druckbereich:* »Gliederungsansicht«

Beiden Verfahren gemein ist, dass nur Texte aus Platzhaltern gedruckt werden; Text in Formen bleibt unberücksichtigt.

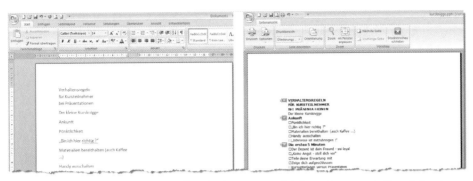

Abb. 39.6: Unterschiedliche Wege, die Gliederung zum Spickzettel zu verarbeiten, links als Word-Export, rechts Druckmodus »Gliederungsansicht«

39.2 Raum und Hilfsmittel organisieren

Vortrag und Visualisierung sollen aus einer Richtung auf das Publikum einwirken, so wird die Synchronität von Gehörtem und Gesehenem am leichtesten hergestellt.

Achten Sie deshalb darauf, dass Sie sich beim Vortragen in derselben Blickrichtung befinden wie die Projektionsfläche.

Ein Tisch oder gar Pult zwischen Präsentator und Publikum schafft Distanz. Verzichten Sie deshalb darauf und platzieren Sie Ihre Hilfsmittel auf einem Tisch an der Seite oder hinter sich.

Die Sitzordnung ist von entscheidender Bedeutung für die Kommunikation der Teilnehmer untereinander. Ist Gruppendynamik erwünscht, verbietet sich eine Auditoriums- oder Schulmöblierung, die offene Runde in U-Form ist angesagt. Das ist natürlich nur für Veranstaltungen in kleinerem Rahmen möglich; da aber sollten Sie dies realisieren.

Kapitel 39
Technik vorbereiten

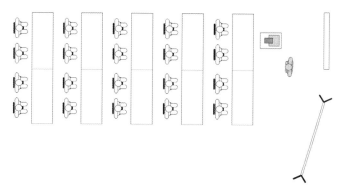

Abb. 39.7: Kommunikationshindernd: die Schulbestuhlung

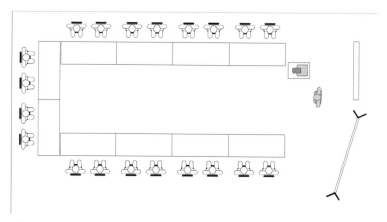

Abb. 39.8: Kommunikationsfördernd: die U-Form

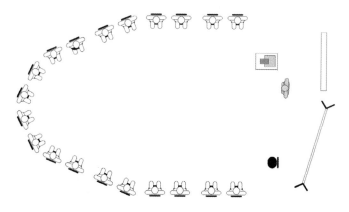

Abb. 39.9: Die tischlose Sitzordnung verhindert Aktenbearbeitung während der Veranstaltung.

Prüfen Sie vor Beginn einer Veranstaltung das Vorhandensein aller Hilfsmittel anhand folgender Checkliste:

Flipchart
- ☐ Block ausreichend?
- ☐ Füße fest?
- ☐ Klebeband zum Abnehmen und Aufhängen?
- ☐ genügend Stifte?

Pinnwände
- ☐ ausreichend Fläche?
- ☐ Reserve?
- ☐ Packpapier-Bespannung?
- ☐ genügend Nadeln?
- ☐ Nadeln auf Pinnwand platzieren oder Nadelkissen bestücken
- ☐ genügend Karten?
- ☐ genügend Stifte?

OHP
- ☐ ausreichende Lichtstärke?
- ☐ Ersatzlampe einsatzbereit?
- ☐ Folienrolle?
  - ☐ alternativ: Einzelfolien bereit halten
- ☐ genügend Stifte?
- ☐ sofern Muster aus dem Publikum bearbeitet werden sollen: Kopierfolien bereithalten
- ☐ Wo ist der nächste Kopierer?
  - ☐ PIN notwendig?

Beamer-Präsentation
- ☐ alle Kabel vorhanden?
- ☐ mit Beamer-Fernbedienung vertraut machen
- ☐ Stromanschluss für Notebook vorhanden?
- ☐ ausreichende Lichtstärke?
  - ☐ ggf. Teilverdunkelung
- ☐ ausreichende Bildgröße und Bildlage?
  - ☐ Zoomfunktion und Trapezausgleich benutzen, sofern vorhanden
- ☐ Monitor vom Referentenstandort gut ablesbar?

39.3 Geräte anschließen

39.3.1 Notebook und Beamer verbinden

Der technische Aufwand bedarf auch einiger Vorbereitungen. Sie sollten sich vor allem mit der Bedienung des Beamers vertraut machen. Der Anschluss des Beamers an den PC bereitet wenig Probleme. Verwenden Sie ein Notebook oder einen Laptop, so verfügen diese über einen zusätzlichen Bildschirm-Anschluss, an den Sie den Beamer anschließen. Am Beamer finden Sie meist mehrere Eingänge, für eine Präsentation vom Computer finden Sie am richtigen Eingang Hinweise wie »PC In«, »Computer In« oder »RGB In«.

> **Hinweis**
>
> Mittlerweile hat sich als Standard-Kennzeichnung für diese »VGA-Buchsen« die Farbe Blau durchgesetzt, sowohl am Notebook als auch am Beamer.

Abb. 39.10: Anschlussbuchsen zur Verbindung von Notebook und Beamer: links VGA, rechts DVI.

Aktuelle Beamer verfügen über weitere Anschlussmöglichkeiten, neuester Standard ist DVI, mit dem eine erweiterte Kommunikation zwischen Beamer und Notebook möglich ist.

Windows XP und Vista erkennen den Beamer auch noch nachträglich, selbst wenn während der Veranstaltung mal eben schnell auf ein anderes Notebook umgestöpselt wird.

Moderne Beamer können auch mittels *Wireless LAN* oder *Bluetooth* mit dem Computer kommunizieren. Das Notebook muss dazu mit der passenden Sendefunktion ausgestattet sein, entweder bereits integriert oder nachrüstbar als USB- oder PCMCIA-Modul.

Mit der Verbindung allein ist es nicht getan; der Grafikkarte muss manuell mitgeteilt werden, dass sie sowohl den Monitor als auch den Ausgang mit Signalen beschicken soll. Dazu dient eine Sondertaste am Notebook, meist eine der F-Tasten in Zusammenarbeit mit der Fn-Taste. Die Fn-Taste ist gemeinsam mit der F-Taste, die zusätzlich ein Symbol ▢▐ oder ähnlich trägt, zu drücken. Das weitere Vorgehen ist von Modell zu Modell unterschiedlich, aber meist stellt sich der gewünschte Effekt nach ein- bis mehrfachem Druck dieser Tastenkombination ein. Bitte haben Sie etwas Geduld dabei, denn das Umstellen innerhalb des Notebooks und das Erkennen des Signals durch den Beamer brauchen ein paar Zehntelsekunden.

> **Tipp**
>
> Wenn genügend Zeit ist, lassen Sie die Präsentation einmal komplett im Schnelldurchgang durchlaufen. PowerPoint speichert dabei alle Folien nebst verknüpften Objekten im Hauptspeicher, was beim erneuten Durchlauf die Ladezeiten verkürzt.

39.3.2 Standortfragen

Die nächste wichtige Vorbereitung ist der Standpunkt des Beamers. Da gibt es leider mehrere einander behindernde Einflussgrößen. Zum Beispiel die Lichtstärke: Moderne Geräte machen da keine Probleme, mit älteren (unter 1000 ANSI-Lumen) können Sie aber schon Schwierigkeiten bekommen, wenn Sie in einem nicht genügend abgedunkelten Raum arbeiten. Der Beamer darf dann nicht zu weit von der Projektionsfläche entfernt stehen.

Weiter zu beachten ist die Zoom-Fähigkeit des Beamers. Der Bildschirm sollte nicht zu weit vom Referenten entfernt stehen, damit jener noch die Anzeigen gut erkennen kann. (Schließlich sollen Sie Ihrem Publikum ja nicht den Rücken zuwenden, was Sie aber tun müssten, um sich an der projizierten Präsentation zu orientieren.) Dem Vernehmen nach soll es möglich sein, eine störungsfreie Verbindung zwischen PC und Beamer mit einem bis zu 7,5 m langen Kabel herzustellen – allerdings ist mir noch bei keinem Veranstalter so ein Kabel begegnet; 2 m ist das Maximum. Das bedeutet, dass der Beamer maximal 5 m von der Projektionsfläche entfernt stehen kann (Referent 1 m vor Projektionsfläche, Notebook 2 m vom Referenten, Beamer 2 m vom Notebook). Für größere Säle ist das manchmal zu wenig, das Bild ist zu klein, um aus den letzten Reihen noch gesehen zu werden.

Tipp

Mit *Wireless LAN* oder *Bluetooth* sind größere Entfernungen der Geräte voneinander möglich.

Schließlich ist dann noch die Bildverzerrung zu beachten. Wie auch beim Overheadprojektor strahlt das Bild schräg nach oben, was zu einer Trapezform führt. Diese darf nicht zu stark sein. Abhilfe lässt sich schaffen durch eine schräge Projektionsfläche oder durch Aufstellen des Beamers auf einem hohen Projektionstisch. Dabei müssen Sie beachten, dass der Tisch nicht einigen Teilnehmern die Sicht nimmt. Neuere Beamer haben einen eingebauten Parallaxenausgleich, der mit den Begriffen »Trapez« oder »Keystone« bezeichnet wird.

Vorsicht

Bei starkem Trapezausgleich werden Teile der Darstellung verzerrt.

Wichtig

Achten Sie beim Installieren von Deckenbeamern unbedingt darauf, dass diese kopfüber hängen, weil die Geräte auf eine Projektion schräg nach oben kalibriert sind; schräg nach unten verzerrt noch mehr.

39.3.3 Strom kommt aus der Steckdose ... aus welcher Steckdose?

Vergewissern Sie sich bei Vorführungen in fremden Veranstaltungsräumen, dass auch die Stromversorgung in ausreichender Anzahl und Nähe vorhanden ist. Profi-Referenten erkennen Sie daran, dass sie immer ein Verlängerungskabel mit Dreier-Verteilung im Gepäck haben, weil Veranstalter gelegentlich vergessen, dass ein mitgebrachtes Notebook bei längeren Vorträgen ebenfalls einen Stromanschluss benötigt. Wenn jedoch auch keine Steckdose

Kapitel 39
Technik vorbereiten

in der Nähe ist und der Overheadprojektor über ein sehr langes Kabel seine Betriebsspannung von sonst wo bezieht, ist guter Rat gefragt.

Workshop: »Zuleitungs-Retter«

Die Zuleitung einer Dreifachsteckdose wird nicht wie üblich mit einem Netzstecker, sondern mit einem *Kaltgerätestecker* versehen.

Vorsicht

Das ist eine Arbeit für Fachleute, weil sie einen Eingriff in 240V-Bauteile erfordert!

An diesen Kaltgerätestecker lässt sich ein beliebiges Computer-Zuleitungskabel anschließen, das für die Spannungszuführung sorgt; zusammengesteckt sind beide ein teilbares Verlängerungskabel mit Dreier-Verteiler. Viele Overheadprojektoren (die in Vortragsräumen schon an der Stelle stehen, wo Strombedarf besteht) besitzen kein fest montiertes, sondern ebenfalls ein gestecktes Kabel (1). Hier lässt sich die Verteilerkonstruktion einschleifen: Das OHP-Kabel wird vom Gerät abgezogen (2) und speist die Spannung in die Verteilersteckdose (3), an welche der OHP mit dem mitgebrachten kurzen Anschlusskabel angeschlossen wird (4); für Notebook und Beamer sind die beiden weiteren Dosen der Dreifachsteckdose frei (5).

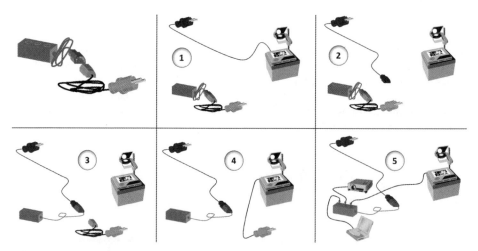

Abb. 39.11: Trickreiches Verteilerkabel

Teil VIII

Präsentation vorführen und publizieren

In diesem Teil:

- **40 Basiswissen zum Vortrag** 517
  Zuwendung, das Rednerpult, der vortragende Mensch, der Klick von fern

- **41 Mit den klassischen Mitteln präsentieren**............ 523
  Tafel, Flipchart, Pinnwand, Overheadprojektor, Zeigen

- **42 Beamer-Präsentation steuern**............................ 527
  Tastatur, Kontextmenü, Zwei-Bildschirme-Modus, Unterbrechungen

- **43 Präsentation weitergeben** 537
  Präsentation versenden, überarbeiten, vergleichen, im Netz veröffentlichen, auf CD brennen, versteckte Informationen, Passwortschutz, Versionskompatibilität, Der PowerPoint-Viewer, Präsentation in andere Dateiformate überführen, Drucksachen, Barrierefreiheit

- **44 Das war's – war's das?**...................................... 555

Kapitel 40

Basiswissen zum Vortrag

Der Vortrag ist das Zusammenspiel zwischen Vortragenden, Publikum und unterstützender Technik. Ein Vortrag kann nur dann gelingen, wenn diese Kombination harmoniert! *Sie* interagieren mit dem Publikum *und* mit der Technik, wenn Sie vorn stehen und Ihren Vortrag halten; das Publikum ist aber der Technik wehrlos ausgeliefert und Sie müssen seine Reaktionen auf die Technik berücksichtigen.

Auf der Buch-CD finden Sie ein PDF-Script »Der Vortrag«, in dem weitere Fragen in diesem Zusammenhang erörtert werden.

40.1 Zuwendung

Der Begriff »Zuwendung« ist für Präsentationen und Vorträge in seiner doppelten Bedeutung wichtig. Dadurch, dass Sie sich dem Publikum physisch zuwenden, können Sie permanent Reaktionen aufnehmen, die Sie bei Ihrer Präsentation berücksichtigen, wodurch das Publikum auch psychische Zuwendung fühlt.

Achten Sie deshalb darauf, dass Sie

- möglichst viel Blickkontakt mit den Teilnehmern halten,
- den Blick immer wieder über alle Personen schweifen lassen,
- sich möglichst selten und dann auch nur kurz vom Publikum abwenden.

40.2 Das Rednerpult

Eine gute Präsentation kann auf ein Pult verzichten! Von guten Präsentatorinnen und Präsentatoren werden Pulte und andere Möbel zwischen sich und dem Publikum eher als hinderlich angesehen. Sie sind dem Publikum wesentlich präsenter, wenn Sie sich nicht hinter einem Pult, Rednertisch oder so verstecken. Unsichere Redner dagegen benutzen das Pult gern als »Deckung« und Halt, das ist deutlich auch an den Händen zu erkennen, die sich an die Pultkanten klammern.

Am besten bewegen Sie sich

- auf einem Podium seitwärts, um auch den Flanken des Publikums nahe zu sein,
- bei einer U-Formation in den Teilnehmerkreis hinein, aber nur so weit, wie es die persönliche Distanz erlaubt.

Sie erreichen damit auch, dass Sie nicht immer denselben Leuten die Sicht auf die Visualisierungen nehmen.

Achten Sie beim Bewegen darauf, nicht durch den Projektionskegel zu laufen: Sie würden geblendet und Referenten-Schattenspiele wirken selten seriös.

40.3 Ich soll ...

Von Referenten wird erwartet, dass sie zu dem stehen, was sie vortragen. Das ist nicht immer der Fall. Vielfach ist man verpflichtet, ein bestimmtes Thema »zu verkaufen«, obwohl man selbst anderer Meinung ist, aber niemand ist frei von solchen Zwängen. Die Loyalität gegenüber dem Auftraggeber gebietet es, dass Sie Ihre persönliche Meinung hintanstellen. Und das durchgängig, vom ersten bis zum letzten Wort Ihres Vortrags.

Beginnen Sie nie einen Vortrag mit den Worten »Ich soll ...«! Diese beiden Worte sagen dem Publikum: »Leute, ihr könnt eigentlich gleich gehen, ich reiße hier sowieso nur eine Nullnummer runter, weil ich die Kohle brauche.«

Sie müssen beim Präsentieren jederzeit den Eindruck vermitteln, dass das *Ihr* Thema ist, das Sie da vertreten. Mit »Ich soll ...« treten Sie einen Meter neben sich und gehören nicht mehr dazu. Das Publikum nimmt Ihren Vortrag nicht für voll, Sie haben Ihre Authentizität verloren.

Also beginnen Sie mit »Ich möchte ...« oder »Ich freue mich, dass ...«

> **Merke:**
> Der erste Satz eines Vortrags kann Wecker oder Valium sein.

40.4 Der vortragende Mensch

Alles wird statistisch erfasst, auch Vorträge. Einige dieser Zahlen sind aufschlussreich und überraschend. So bemerkt das Publikum lediglich bis zu 30 % Ihrer Aufgeregtheit. Also kein Grund, Lampenfieber des Lampenfiebers wegen zu haben.

Erschreckend ist die Statistik der »Wirkungsfaktoren«: Der Inhalt eines Vortrags spricht durchschnittlich nur 7 % der Aufmerksamkeit an, aber zu 38 % die Sprache und gar zu 55 % die äußere Erscheinung des/der Vortragenden. Es ist also an Ihnen, den Vortrag zum Gelingen zu bringen, und nun ist auch klar, warum es Leute gibt, die das Telefonbuch vorlesen und damit Menschen in ihren Bann ziehen können.

Der Mensch dort vorn ist der wichtigste Faktor. Diese Erkenntnis verknüpft mit dem Verständnis der visuellen Wahrnehmung schafft es, auch ein schwaches Thema »über die Haltungsnote« zum Erfolg zu führen.

Darum beachten Sie bitte folgende Tipps zur persönlichen Einstellung auf den Vortrag:

- Ermitteln Sie, was für ein **Präsentationstyp** Sie sind. Sie müssen auch in der Form Ihrer Präsentation authentisch wirken! Hier eine Auswahl an Präsentationstypen, die nicht abschließend und nicht absolut sind, jeder von uns ist eine Mischung und sollte versuchen, diese Mischung in der Präsentation richtig und betont einzusetzen:
    - sprachbetont,
    - visuell betont,
    - starker Einsatz von Körpersprache,
    - zurückhaltend,
    - aggressiv (muss nicht negativ sein),

- dialogorientiert,
- seriös,
- unterhaltend.

- Mit verbalem Inhalt konforme **Körpersprache** schafft Lebendigkeit, fördert die Atmosphäre, zeugt von Natürlichkeit und Selbstbewusstsein.
  - Halten Sie Ihre **Hände** immer über der Gürtellinie; im Gürtel eingehakte Daumen wirken provokant, auf dem Rücken verschränkte Arme nachdenklich, fordernd.
  - Vermeiden Sie einstudierte **Posen**, baumelnde oder vor der Brust verschränkte Arme.
  - **Stehen** Sie, das schafft Präsenz, aber stehen Sie locker, nicht verkrampft.
  - Setzen Sie sich, wenn Sie **gleiche Augenhöhe** schaffen wollen, also dem Publikum Gelegenheit zum aktiven Mitwirken signalisieren.
- **Kleidung** soll korrekt, aber dezent sein, zum Typ und Anlass passen, aber keine gequälte Eleganz zeigen.
- **Sprechen** Sie frei, deutlich, betont, mit angemessener Lautstärke.
  - Holen Sie nicht vorher kräftig Luft und versuchen dann, mit dem **Luftvorrat** möglichst weit zu kommen. Sie verkrampfen dabei und müssen kurz vor dem Ende des Satzes doch noch auffällig nach Luft schnappen.
  - Reden Sie mit **Pausen** an den Stellen, an denen Satzzeichen stehen müssten; Sie geben dem Publikum Gelegenheit, der Struktur Ihres Gesprochenen zu folgen, und können in diesen Pausen kurz und unauffällig Luft holen – der Luftvorrat reicht ganz sicher bis zum nächsten Komma.
  - Unterdrücken Sie keine **Dialektfärbung** Ihrer Sprache. Gesprochenes Schriftdeutsch wirkt gestelzt; dialektgefärbtes Hochdeutsch dagegen lebendig.

40.5 Der ferne Klick

Sie navigieren mit den Maustasten oder diversen Tasten an der Tastatur zwischen den Folien. Maustasten? Tastatur? Das bedeutet, Sie sind immer irgendwie in der Nähe des Notebooks bzw. PC festgenagelt oder müssen zu jedem Folienwechsel oder gar jeder Animationsphase hinlaufen.

Professioneller wirkt es, wenn Sie eine drahtlose Maus benutzen; Sie sind dann völlig frei in Ihrer Bewegung, können ggf. auch aus dem Auditorium heraus schalten. Die üblichen Funk- und Infrarotmäuse liegen für diesen Zweck schlecht in der Hand. Sinnvoller sind ergonomisch geformte Fernbedienungen, so genannte *Cordless Presenter* (Abbildung 40.1).

Eine nette neue Variante des Presenters ist die Kombination von Microsoft in Abbildung 40.2; einerseits vollwertige Fünftastenmaus mit Scrollrad, andererseits Presenter – *andererseits* im Wortsinne: Die Mausunterseite verfügt über ein Paneel mit Steuertasten für vorwärts und rückwärts, eine Taste zum Ausblenden, eine für den Laserpointer und Tasten zur Lautstärkeregelung. Das für beide Funktionen gut in der Hand liegende Gerät spart Gepäck; das ist ein Vorteil, den man als »reisender Referent« zu schätzen weiß. Außerdem lässt sich die Funktion blitzartig umschalten, so dass Sie ohne Umstände vom Präsentieren ins Arbeiten wechseln können. (Mit etwas Übung ist es zu schaffen, im Maus-Modus am Hosenbein zu arbeiten, wenn es gilt, mal eben einen Trigger anzuklicken.)

Kapitel 40
Basiswissen zum Vortrag

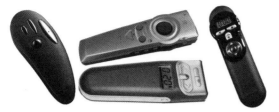

Abb. 40.1: Funk-Fernbedienungen: links mit Trackball, Mitte oben mit »Gnubbel«, Mitte mit Kreuzring zur Maussteuerung; Mitte unten nur für seriellen Folienaufruf

Abb. 40.2: Maus und Presenter in einem Gerät

Die Geräte sind teilweise mit Extras ausgestattet, z.B. Speicher im Empfängermodul oder eingebaute Timer, die Sie daran erinnern, zum Ende zu kommen. Ein Laserpointer ist inzwischen obligatorisch bei allen einschlägigen Presentern.

Preiswertere Geräte arbeiten nicht mit Funk, sondern mit Infrarotlicht. Das erkaufen Sie sich aber mit der Unbequemlichkeit, bei Schalten auf den Empfänger zielen zu müssen; auch in Sachen Ergonomie sind diese Geräte nicht mit den Funk-Presentern zu vergleichen.

Abb. 40.3: Preiswerte Mini-Fernbedienung auf Infrarot-Basis; die Knöpfe können per Software frei belegt werden.

Als Notlösung kommt die Benutzung der Infrarot-Fernsteuerung des Beamers infrage, die bei DVI- und Funkverbindungen oder über eine zusätzliche Verbindung per USB-Kabel zum Notebook durchgeschleift werden kann. Damit können die Cursortasten der Beamer-Fernbedienung zur Präsentationssteuerung verwendet werden.

Empfehlung

Folgende Funktionen sollte eine ideale Fernbedienung enthalten:

- funkbetrieben (Bluetooth oder W-LAN)
- Trackball oder andere Mauszeigersteuerung, wenn interaktiv gearbeitet werden soll (Trackball ist gegenüber »Steuergnubbel« vorzuziehen, weil schneller, aber übungsbedüftig)
- Tasten zum Schwarzschalten und zur Simulation der Taste [H], um versteckte Folien aufzurufen
- eingebauter Laserpointer
- ergonomische Form
- gut bedienbare Tasten

Alle diese Forderungen erfüllt keine der derzeit (Mitte 2008) am Markt erhältlichen Fernbedienungen. Sie müssen für sich entscheiden, auf welche Features Sie verzichten können.

> **Hinweis**
>
> In der Referenten-/Präsentationsansicht (siehe Kapitel 42) klappt nicht bei allen Fernbedienungen die Interpretation der Presenter-Kommandos.

Tipp zum Microsoft Presenter 3000

Falls Sie den in Abbildung 40.1 rechts abgebildeten Presenter verwenden und sich schon immer darüber geärgert haben, dass er keine »Black Screen«-Taste zum Unterbrechen besitzt, tun Sie den Entwicklern des Geräts unrecht. Es gibt diese Taste – und nicht nur die, nur haben die Anleitungsschreiber sie schlichtweg unterschlagen. In Abbildung 40.4 sehen Sie, welche verborgenen Funktionen der Schaltring während der Präsentation besitzt.

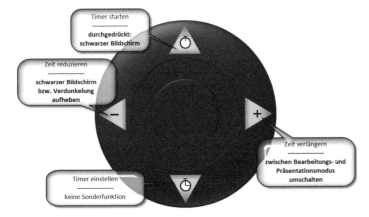

Abb. 40.4: In der Bedienungsanleitung verschwiegene Funktionen des MS-Presenter 3000

Kapitel 41

Mit den klassischen Mitteln präsentieren

41.1 An Tafel und Flipchart

Wandtafel, Whiteboard und Flipchart dienen zur schnellen (und unvorbereiteten) Erfassung und Darstellung von Sachverhalten, die sich aus der Situation oder Zurufen aus dem Publikum ergeben. Vorteil des Flipcharts gegenüber den Tafeln ist die Möglichkeit, das Blatt abzureißen und für den Rest der Veranstaltung präsent zu halten. Tagesordnung, Themenspeicher u. ä. sind so über die ganze Veranstaltung für alle sichtbar.

> **Tipp**
>
> Wenn der Flipchart-Block unperforiert ist, reißt das Papier schlecht, es kann sogar dazu kommen, dass das Blatt zerreißt. Sie begegnen dem, indem Sie die Spitze einer Pinnnadel an der Klemmvorrichtung über das Papier ziehen und dann mit einem Ruck abreißen. Benutzen Sie bitte kein Teppichmesser, denn Sie wollen ja nur ein Blatt abreißen!

Um den Fokus des Publikums nicht abzulenken, sollten Sie Flipchart-Blätter umblättern und Tafelanschriebe abwischen, die nicht mehr zum aktuellen Thema gehören.

41.2 An der Pinnwand

Mit vorbereiteten Themenkarten können Sie die Schlagworte Ihres Vortrags schrittweise visualisieren. Großer Vorteil gegenüber der ähnlich funktionierenden Beamer-Präsentation mit animierten Folieninhalten ist die inhaltliche Flexibilität: Sie können nicht vorbereitete Fakten, die zum Beispiel vom Auditorium eingebracht werden, jederzeit handschriftlich auf einer weiteren Karte notieren und dazuhängen.

Regeln für vorbereitete Themenkarten

- Diese Technik kann nur für kleine und mittelgroße Teilnehmergruppen (bis 25) eingesetzt werden, weil sonst der Betrachtungsabstand zu groß wird, um die Karten gut erkennen zu können.
- Die Schriftgröße muss mindestens 1" (72 pt) betragen.

> **Tipp**
>
> Nadeln durch die Karte und die Pinnwandkaschierung zu stechen, ist nicht so einfach. Da Pinnwände aus leichten Materialien gebaut sind, kippen sie nach hinten weg, wenn Sie mit die Nadel dagegen drücken und sie nicht gleich durch die beiden Schichten dringt. Es fehlt die dritte Hand zum Stabilisieren der Pinnwand.
>
> Zwei Abhilfemethoden haben sich bewährt: Entweder rammen Sie die Nadel »mit Schmackes« durch Karte und Kaschierung, so dass die Tafel gemäß Impulsgesetz gar nicht dazu kommt, auszuweichen, oder Sie treten dezent mit Ihrem Fuß auf den Fuß der Tafel.
>
> Üben Sie das Annadeln in einer lockeren Bewegung aus der Hüfte heraus, um sich vom Publikum nur kurz und im Profil abwenden müssen. Dem Publikum den Rücken zuzuwenden, während Sie an der Pinnwand werkeln, gilt als Präsentationstodsünde.

Kartenabfrage und Brainstorming

Um interaktiv mit dem Publikum zu arbeiten, werden die Methoden der Kartenabfrage und des Brainstormings verwendet. Beide haben ihre Vor- und Nachteile, die Tabelle 41.1 zeigt.

Kartenabfrage	Brainstorming
Teilnehmer füllen Karten selbst aus	Moderator füllt Karten auf Zuruf aus
paralleles Erfassen	sequenzielles Erfassen
Anonymität der Nennungen führt zu hoher Beteiligung	rege Teilnehmer können zurückhaltende dominieren

Tabelle 41.1: Gegenüberstellung von Kartenabfrage und Brainstorming

Regeln für handschriftlich ausgefüllte Karten

- Deutlich schreiben!
- Für jeden Aspekt soll eine Karte verwendet werden.
- Auf die üblichen 1/3-A4-Karten passen nicht mehr als
  - 7 Wörter
  - in 3 Zeilen.

Um den Fokus des Publikums nicht abzulenken, sollten Sie Pinnwände wegräumen, die nicht mehr zum aktuellen Thema gehören.

41.3 Mit dem Overheadprojektor

Wenn Folien und Gerät gut vorbereitet sind, gibt es während der Präsentation nichts weiter zu beachten, außer dass die Folien immer gerade aufgelegt werden.

Legen Sie Ihre Folien selbst auf! Der »assistierende Folienwechsler« wirkt antiquiert, unprofessionell und hierarchiebetont. Sollten – wie häufig auf Podien anzutreffen – OHP und Rednerpult weit voneinander entfernt stehen, dann verzichten Sie auf das Pult.

Um den Fokus des Publikums nicht abzulenken, sollten Sie den OHP abschalten, wenn nichts zum aktuellen Thema aufliegt.

41.4 Zeigen

Etwas so Simples wie das Zeigen auf wichtige Teile der Präsentation ist dennoch wichtig für den Gesamteindruck.

Die Natur hat uns mit hervorragenden Zeigeinstrumenten ausgestattet: den Händen. Sie sind jedwedem Zeigeinstrument vorzuziehen, denn wenn Sie mit der Hand auf etwas zeigen, sind Sie dem Gegenstand der Betrachtung nahe und stellen damit einen audiovisuellen Fokus für das Publikum her. Mit einem Zeigestock gewinnen Sie zu viel Abstand, außerdem wirkt die falsche Verwendung von Zeigestöcken häufig erheiternd oder bedrohlich auf das Publikum. Dass Sie beim Zeigen mit der Hand Teile der Tafel oder Pinnwand mit Ihrem Körper verdecken, ist unerheblich, denn Gegenstand der Betrachtung soll das Element sein, auf das Sie zeigen.

Der einzig sinnvolle Einsatz von Zeigestöcken ist dann gegeben, wenn das Umfeld des Gezeigten partout nicht verdeckt werden darf, zum Beispiel bei Landkarten, oder wenn Sie an einem großflächigen Modell präsentieren.

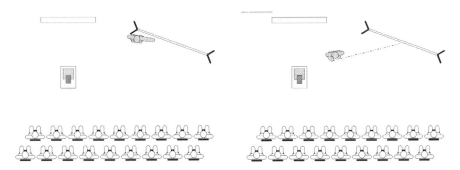

Abb. 41.1: Zeigen an der Tafel mit der Hand (links) oder mit Zeigestock/Laserpointer (rechts)

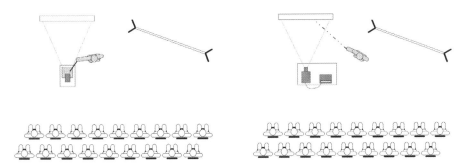

Abb. 41.2: Zeigen am OHP mit Folienzeiger (links) und bei der Beamer-Projektion mit Laserpointer (rechts)

Kommen Sie beim OHP-Einsatz bitte nicht auf die Idee, mit einem Zeigestock auf der Projektion etwas zeigen zu wollen, sondern zeigen Sie mit einem »OHP-Zeiger« auf die relevanten Punkte auf der Folie. Der »Zeiger« kann bei einem Stichpunkt auf der Folie liegen bleiben und das aktuelle Thema kennzeichnen, bis es abgehandelt ist. Als »Zeiger« kommt jedes schmale Schreibgerät in Betracht; Spezialzeiger sind entbehrlich.

Und wo wir gerade beim Thema »Zeigen« sind, auch wenn sie nicht »klassisch« ist: Bei der Beamer-Präsentation bleibt es nicht aus, dass Sie sich zum Zeigen zur Projektion umwenden müssen; als einzig sinnvolles Gerät kommt der Laserpointer in Betracht, der auch in allen Presentern und Beamer-Fernbedienungen integriert ist.

Ein Zeigen mit dem Mauszeiger ist weniger sinnvoll, denn erstens ist der Mauszeiger zu klein und unauffällig und zweitens zeigt er zur falschen Seite.

Zwar werden mit den meisten Mäusen und Presentern Mauszeigersätze mitgeliefert, auf die Sie umschalten können, darunter auch einige größere und nach rechts gerichtete, jedoch müssen Sie dabei ein Manko hinnehmen. Wenn Sie mit einem solchen Präsentationsmauszeiger etwas anklicken wollen, sei es, um ein Programm zu starten, zu triggern oder im Kontextmenü etwas aufzurufen, müssen Sie gedanklich einen Versatz berechnen. Für den Computer ist der Mauszeiger eine *quadratische Fläche* und sensitiv reagiert er auf die *linke obere Ecke* des Quadrats – egal was für ein Bildchen darauf ist. Sie klicken beim Präsentationsmauszeiger also mit der für Sie nicht sichtbaren Ecke.

Besser sind deshalb vorbereitete Hervorhebungen in der Präsentation, wie in diesem Buch bereits mehrfach erwähnt, oder der Einsatz einer Zusatzsoftware, die unabhängig vom Präsentationsprogramm Hinweispfeile, Spots, Markierungen etc. einblenden kann.

Kapitel 42

Beamer-Präsentation steuern

Ein wichtiger Aspekt gleich vorneweg

Sie müssen natürlich den Bildschirmschoner abschalten, bevor Sie Ihre Präsentation starten, sonst kann es Ihnen passieren, dass bei einer längeren Diskussion zu einer stehenbleibenden Folie die Wartezeit abläuft und der Bildschirmschoner einsetzt. Noch eklatanter ist es, wenn die nicht ausgeschaltete Energiesparfunktion plötzlich das Notebook herunterfährt.

42.1 Präsentation starten

Es gibt mehrere Möglichkeiten, eine Präsentation zu starten. Wenn Sie sicher sind, dass während Ihres Vortrags kein Eingriff im Bearbeitungsmodus nötig ist, Sie auch keine Zielgruppenorientierte Präsentation aufrufen wollen, klicken Sie die Präsentationsdatei im Windows-Explorer mit der rechten Maustaste an und wählen im Kontextmenü EINBLENDEN. Damit startet die Präsentation unter Umgehung des Bearbeitungsmodus direkt.

Abb. 42.1: Präsentation aus dem Explorer direkt starten

Wichtig

Beim Betätigen von ESC landen Sie bei dieser Methode nicht wie gewohnt im Bearbeitungsmodus, sondern beenden die Präsentation!

In allen anderen Fällen starten Sie die Datei ganz normal im Bearbeitungsmodus, nehmen die erforderlichen Einstellungen – zum Beispiel Auswahl der Zielgruppen-Variante – vor und starten dann mit einer der beiden folgenden Methoden:

Bildschirmpräsentation aus PowerPoint heraus von Beginn an starten

BILDSCHIRMPRÄSENTATION ▸ *Bildschirmpräsentation starten* VON BEGINN AN

oder

ANSICHT ▸ *Präsentationsansichten* BILDSCHIRMPRÄSENTATION

 F5

Bildschirmpräsentation aus PowerPoint heraus von der aktuellen/markierten Folie an starten

BILDSCHIRMPRÄSENTATION ▸ *Bildschirmpräsentation starten* AUS AKTUELLER FOLIE

⌨ ⇧ + F5

🖱

oder (im Aufgabenbereich BENUTZERDEFINIERTE ANIMATION)

42.2 Präsentation steuern

Es gibt diverse Möglichkeiten zum Steuern einer Präsentation, die hier als tabellarische Übersichten vorangestellt sind. Auf Details wird im folgenden Text noch eingegangen.

Steuermedium	Vorteile	Nachteile
Maussteuerung und Tasten am Notebook	bereits vorhanden; funktionieren problemlos	kein Bewegungsspielraum
Maus oder Trackball (evtl. mit Mauskabel-Verlängerung)	bereits vorhanden; funktioniert problemlos	kaum Bewegungsspielraum
Funkmaus	preiswert; mehr Bewegungsspielraum	nicht ergonomisch; schlechte Pfeilsteuerung; (nur zum Weiterschalten geeignet)
Infrarot-Maus	preiswert; größerer Bewegungsspielraum	genaues Zielen auf Empfänger nötig; nicht ergonomisch
Infrarot-Fernbedienung	preiswert; größerer Bewegungsspielraum	genaues Zielen auf Empfänger nötig; nicht ergonomisch; Pfeil nur über Cursortasten steuerbar (keine flüssige Bewegung), wenn überhaupt
Infrarot-Fernbedienung des Beamers auf Notebook durchgeschleift	bei neueren Beamern im Lieferumfang; volle Bewegungsfreiheit; Laser-Pointer häufig integriert	USB- oder Funkverbindung am Notebook erforderlich
Präsentations-Funk-Steuerung (Presenter)	volle Bewegungsfreiheit; Laser-Pointer meist integriert	tlw. teuer; Pfeilsteuerung nur bei einigen Modellen

Tabelle 42.1: Übersicht über Steuerungsmethoden

42.2.1 Mit Tasten steuern

In der folgenden Tabelle bedeutet »vorwärts schalten« das Aufrufen der nächsten Animation bzw. den Wechsel zur nächsten Folie, wenn keine Animation (mehr) abzuarbeiten ist. »Rückwärts schalten« steht für das Zurücknehmen der letzten Animation bzw. den Wechsel zur vorangegangenen Folie.

Vorwärts schalten	Rückwärts schalten
linke Maustaste	rechte Maustaste *
Scrollrad abwärts	Scrollrad aufwärts
→	←
↓	↑
Bild↓	Bild↑
N	P
Leertaste	Backspace
Enter	
*) Die Funktion der rechten Maustaste hängt von ihrer Konfiguration ab (vgl. Kapitel 37).	

Tabelle 42.2: Schalten der Bildschirmpräsentation

Direktsprung zu einer bestimmten Folie

»Schnelle Sprünge« innerhalb der Präsentation erreichen Sie mit

- Pos1 zur ersten Folie
- Ende zur letzten Folie
- Foliennummer, gefolgt von Enter zur Folie mit der eingegebenen Nummer

Versteckte Folien zeigen

Um ausgeblendete Folien bei Bedarf während des Vortrags doch zeigen zu können, gibt es verschiedene Wege:

- Das Kontextmenü des Präsentationsmodus enthält unter GEHE ZU auch die Option AUSGEBLENDETE FOLIE, wenn es unmittelbar vor einer solchen aufgerufen wird.
- Betätigen Sie die Taste H, wenn Sie unmittelbar vor der ausgeblendeten Folie stehen.
- Wissen Sie die Foliennummer, geht es auch mit Eingabe der Nummer, gefolgt von Enter zur ausgeblendeten Folie.
- Haben Sie die Referenten-/Präsentationsansicht aktiviert, können Sie in der Folienvorschau mit der Maus auf eine ausgeblendete Folie klicken, um sie dennoch zu zeigen.
- Bereits in der Vorbereitung können Sie sich Hyperlinks zu ausgeblendeten Folien legen (siehe Kapitel 38) und während der Präsentation benutzen.

Kapitel 42
Beamer-Präsentation steuern

> **Wichtig**
>
> Auf eine ausgeblendete, aber durch gezielte Anwahl angezeigte Folie *unmittelbar folgende, ebenfalls ausgeblendete Folien* werden beim einfachen Mausklick geöffnet; das geht so weiter, bis diese Strecke der ausgeblendeten Folien abgearbeitet ist.

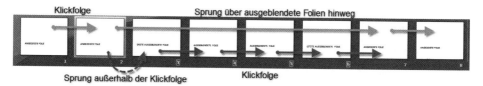

Abb. 42.2: Schematische Darstellung der Berücksichtigung ausgeblendeter Folien

Übersicht der Tastenfunktionen

Falls Sie mal nicht weiter wissen, hilft ein Druck auf [F1], die daraufhin eingeblendete Hilfe zum Präsentationsmodus zeigt Ihnen alle Tastenfunktionen auf einen Blick.

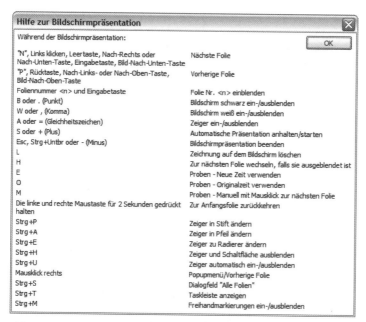

Abb. 42.3: Tastenfunktionen im Präsentationsmodus

42.3 Steuern per Kontextmenü

Ist die rechte Maustaste nicht als Rücksprungtaste geschaltet, steht Ihnen mit einem rechten Mausklick das Kontextmenü des Präsentationsmodus zur Verfügung.

Aber auch die Popup-Symbolleiste, die bei Mausbewegung in der unteren linken Ecke des Bildschirms zunächst sehr dezent sichtbar wird, gewährt Ihnen Zugriff auf die Steuerung. Sobald Sie eine der vier Schaltflächen mit dem Mauszeiger berühren, wird sie deutlich sichtbar und lässt sich anklicken.

Mit GEHE ZU FOLIE wird Ihnen der komplette Folienbestand mit Nummer und Titel angezeigt, um direkt angesteuert zu werden. (Hier zeigt sich wieder einmal die Nützlichkeit von Folientiteln!)

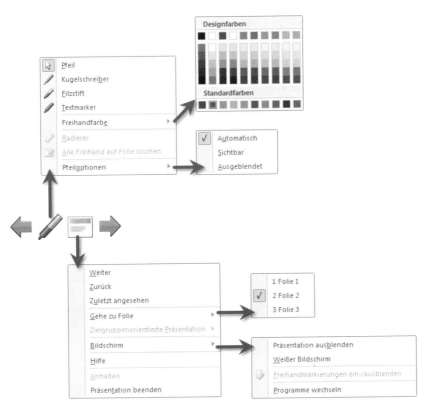

Abb. 42.4: Präsentation per Kontextmenü steuern

Wollen Sie nach einem direkten Sprung zu der Folie, von der aus Sie »abgesprungen« sind, zurückkehren, so reicht im Kontextmenü ein Klick auf ZULETZT ANGESEHEN.

42.4 Der Zwei-Bildschirme-Modus

Haben Sie sich Notizen zu den einzelnen Folien gemacht? Dann wird es Sie sicher ärgern, dass Sie diese Notizen während der Präsentation nicht sehen. Das muss aber nicht sein, denn PowerPoint beherrscht die Fähigkeit, auf zwei *unterschiedlichen* Bildschirmen zu arbeiten – sofern die technischen Voraussetzungen gegeben sind. Die bringt aber quasi jedes Notebook mit.

BILDSCHIRMPRÄSENTATION ▸ *Bildschirme* Option REFERENTENANSICHT

BILDSCHIRMPRÄSENTATION ▸ *Einrichten* BILDSCHIRMPRÄSENTATION EINRICHTEN ▸ *Mehrere Bildschirme* Option PRÄSENTATIONSANSICHT

Sofern die technischen Gegebenheiten zutreffen, kann die Grafikkarte für diese Ansicht eingerichtet werden. Details zum Einstellen der Referentenansicht (im Dialog BILDSCHIRMPRÄSENTATION EINRICHTEN auch Präsentationsansicht genannt) sind in Kapitel 39 ausführlich beschrieben.

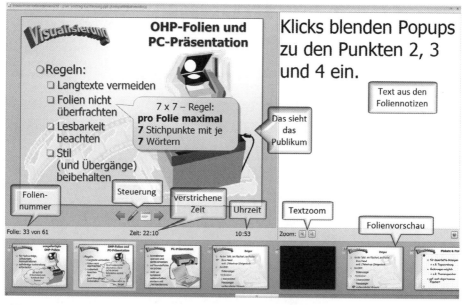

Abb. 42.5: So sieht nur der/die Vortragende die Präsentation.

Als Ergebnis sehen Sie auf dem Bildschirm des Notebooks nicht nur das an den Beamer übertragene Bild, sondern zusätzlich

- Ihre Notizen mit skalierbarer Schrift,
- Bedienelemente wie bei der Popup-Symbolleiste,
- Foliennummer, verstrichene Zeit und aktuelle Uhrzeit,
- die umliegenden Folien, die beim Anklicken angesprungen werden.

> **Hinweis**
>
> In der Referentenansicht können Sie unbemerkt vom Publikum über die Windows-Taskleiste andere Anwendungen starten, weil im Gegensatz zum normalen Präsentationsmodus hier nicht alle anderen Tasks unterdrückt werden.

> **Hinweis**
>
> Denken Sie nach dem Ende der Präsentation daran, die Bildschirmeinstellungen wieder zurückzunehmen, denn das wird leider nicht automatisch unterstützt.

42.5 Präsentation unterbrechen

Um wegen einer entstandenen Diskussion die Präsentation auszublenden, lässt sich die

Projektion dunkel schalten

 BILDSCHIRM ▸ PRÄSENTATION AUSBLENDEN

 [B]

Ein weiterer Druck auf [B] oder auf [ESC] lässt die Präsentation wieder erscheinen.

> **Hinweis**
>
> Moderne Fernbedienungen für Notebooks verfügen über eine »Black-Screen-Taste«, mit der diese PowerPoint-Funktion ausgelöst werden kann.

Abb. 42.6: Projektion per Fernbedienung abschalten

Diese Verdunkelung betrifft nicht nur den Beamer, auch Ihr Monitor wird dunkel. Es sei denn, Sie benutzen die Referentenansicht! Da wird nur das eingeblendete Bild schwarz, das auch zum Beamer gesendet wird. Der Rest der Referentenansicht, also Steuerung, Notizen und Vorschau, bleiben sichtbar.

> **Hinweis für Versionsumsteiger**
>
> Die in den Versionen 2002 und 2003 in der Präsentationsansicht vorhandene Schaltfläche für Bildschirmverdunkelung fehlt in der Referentenansicht der Version 2007.

Kapitel 42
Beamer-Präsentation steuern

Alternative Verdunkelung

Wollen Sie nur das an die Wand gestrahlte Bild ohne Referentenansicht unterdrücken, helfen die von den Beamerherstellern angebotenen Methoden weiter, indem die Projektion des Beamers separat abgeschaltet wird mit Funktionen wie »Mute« oder »Blank«. (Machen Sie sich also bitte auch mit der Fernbedienung des verwendeten Beamers vertraut.)

Die Standby-Taste am Beamer, mit der die Projektion abgeschaltet werden kann, ist weniger zu empfehlen, denn das Wiederanlaufen aus dem Standby-Modus dauert zu lange.

Ungeeignet ist die auf Notebooks vorhandene Möglichkeit, das Bildschirmsignal des externen Anschlusses abzuschalten. Die meisten Beamer erzeugen nämlich eine wie auch immer geartete Fehlermeldung, wenn sie kein Signal erhalten, und strahlen diese auf die Wand.

> **Tipp**
> Die einfachste Methode ist ein Stück gefalteter Karton (Pinnwand-Karte), das Sie über das Objektiv stülpen.

Abb. 42.7: Präsentation abblenden mit einfachsten Mitteln

42.6 Markierungen und Notizen während des Vortrags

42.6.1 Kritzeleien auf der virtuellen Folie

Für dauerhafte Markierungen lässt sich der Mauszeiger mit Hilfe des Präsentationskontextmenüs zum Zeichenstift umwandeln.

Zum Stift umwandeln

ZEIGEROPTIONEN ▸ KUGELSCHREIBER, FILZSTIFT, TEXTMARKER

🖱 ← ✏ 🗔 ⇒ ▸ KUGELSCHREIBER, FILZSTIFT, TEXTMARKER

Zurück zum Mauszeiger

ZEIGEROPTIONEN ▸ PFEIL oder 🖱 ← ✏ 🗔 ⇒ ▸ PFEIL

42.6 Markierungen und Notizen während des Vortrags

Mit den Stiften lassen sich Markierungen auf der präsentierten Folie anbringen. (Notizen können Sie damit auch machen, wenn Sie eine sehr ruhige Maushand besitzen.)

Diese Freihandskizzen werden als Formen in die Folie übernommen. Wollen Sie Ihre Notizen erhalten, müssen Sie dazu in den PowerPoint-Optionen einen Schalter aktiviert haben:

 POWERPOINT-OPTIONEN ▸ Register ERWEITERT ▸ *Bildschirmpräsentation* Option BEIM BEENDEN AUFFORDERUNG ZUM BEIBEHALTEN DER FREIHANDANMERKUNGEN ANZEIGEN

Ist diese Option eingestellt, werden Sie am Schluss der Präsentation gefragt, ob die Skizzen mit der Präsentation gespeichert werden sollen.

> **Wichtig**
>
> Der »Radiergummi« und der Löschbefehl aus dem Präsentationskontextmenü beziehen sich nur auf die aktuell eingebrachten Skizzen. Alle älteren lassen sich nur im Bearbeitungsmodus mit den *Freihandtools* wieder entfernen.

Zum Nacharbeiten dieser Notizen gibt es in Präsentationen mit derartigen Zusätzen eine zusätzliche Funktionsleiste *Freihandtools* mit sehr beschränkten Bearbeitungsmöglichkeiten.

Abb. 42.8: Die Freihandtools

Sie können damit die Skizzen nur grafisch bearbeiten; das war's dann auch schon. Vermutlich ist hier ein Feature nicht rechtzeitig zum Release fertig geworden – ein Eindruck, den auch die vorhandenen, aber nicht funktionierenden Werkzeuge im Bereich *Stifte* bestätigen.

42.6.2 Notizen

Die früher in diesem Kontext vorhandene Funktion *Besprechungsnotizen* ist seit Version 2003 ersatzlos unter Hinweis auf das Programm *OneNote* entfallen. Die Foliennotizen sind während der Präsentation nicht änderbar, auch nicht in der Referentenansicht. Wenn Sie damit rechnen, dass während der Veranstaltung Notizen erforderlich werden, bietet sich ein Workaround an, dessen Vorbereitung in Kapitel 38 ausführlich beschrieben ist.

> **Zum Schluss noch »back to the roots«**
>
> Sofern nicht das Plenum die Notizen mitbekommen *muss*, reicht natürlich auch ein Schmierzettel oder ein Pinnwand-Kärtchen zum Notieren.

Kapitel 43

Präsentation weitergeben

43.1 Präsentation überarbeiten

Viele Präsentationsvorbereitungen sind keine Einzelleistung, sondern werden im Team erbracht. Version 2007 bleibt bei den Workflow-Funktionen hinter den Versionen 2002 und 2003 zurück. Alle Beteiligten können zwar ändern und Kommentare anbringen, die frühere Vergleichsfunktion fehlt aber, es werden nur die Kommentare angezeigt.

43.1.1 Präsentation versenden

Wie Sie eine Präsentation zum Bearbeiten versenden, spielt für PowerPoint keine Rolle. Es gibt aber eine nette E-Mail-Schnittstelle, die Ihnen das Versenden erleichtert:

SENDEN ▶ E-MAIL

Voraussetzung ist, dass eine Verbindung zu Ihrem Mailserver steht. PowerPoint öffnet ein Outlook-Fenster zum Mail-Verfassen, in dem bereits die PowerPoint-Datei als Attachement eingefügt ist; Sie müssen nur noch den Empfänger eintragen.

Präsentation kommentieren

Sie können auf den Folien einer zugesandten Präsentation Kommentare anbringen:

ÜBERPRÜFEN ▶ *Kommentare* NEUER KOMMENTAR

Die Kommentare werden mitgespeichert und können von anderer Stelle begutachtet werden.

43.1.2 Präsentationen vergleichen

Um zwei Präsentationen inhaltlich zu vergleichen, bleibt Ihnen keine andere Wahl, als beide Versionen zu öffnen und nebeneinander in zwei Fenstern zu betrachten.

1. Öffnen Sie die Ursprungsdatei.
2. Öffnen Sie die bearbeitete Datei.
3. ANSICHT ▶ *Fenster* ALLE ANORDNEN
4. ÜBERPRÜFEN ▶ *Kommentare* MARKUP ANZEIGEN

»Markup« ist einer der vielen Übersetzungsausrutscher, gemeint ist »Kommentar«.

Bei gesetzter Option MARKUP ANZEIGEN wird zunächst nur ein Symbol auf der Folie angezeigt. Die Beschriftung des Symbols besteht aus dem Anfangsbuchstaben des Office-Namens des Bearbeiters und einer laufenden Nummer. Klicken Sie auf dieses Symbol, wird der Kommentar angezeigt mit dem Namen des Bearbeiters und dem Bearbeitungsdatum.

Kapitel 43
Präsentation weitergeben

Alle Veränderungen zwischen den Bearbeitungsständen müssen Sie per Augenschein selbst herausfinden.

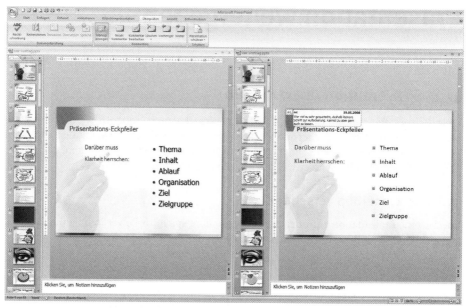

Abb. 43.1: Vergleich zweier Bearbeitungsstände

43.1.3 Weitere Bearbeitungs-Funktionen

Es sind zwar Workflow-Funktionen gegenüber den Vorversionen entfallen, es sind jedoch auch einige neue Features in diesem Bereich hinzugekommen, die Sie unter

 ▸ VORBEREITEN

finden. Die meisten davon stellen auf Microsofts *Information Rights Management (IRM)* ab, das die Workflow-Funktionen aber nicht ersetzen kann, weil es dazu besonderer Server-Einrichtungen bedarf. Die technischen Voraussetzungen und das Verfahren für die Rechtevergabe beschreibt Microsoft ausführlich in der Online-Information, die aufgerufen wird, wenn Sie den Link ERFAHREN SIE MEHR ÜBER DIESES FEATURE in der Downloadaufforderung anklicken.

- Mit DIGITALE SIGNATUR HINZUFÜGEN markieren Sie eine zu verschickende Präsentation als authentisch.

- Mit ALS ABGESCHLOSSEN KENNZEICHNEN wird eine Präsentation für die Empfänger als fertig gekennzeichnet und mit einem Schreibschutz belegt.

- BERECHTIGUNGEN EINSCHRÄNKEN korrespondiert mit PRÄSENTATION SCHÜTZEN in der Funktionsleiste ÜBERPRÜFEN. Solange kein IRM eingerichtet ist, passiert in diesem Bereich überhaupt nichts.

43.2 Präsentationen im Netz veröffentlichen

PowerPoint erlaubt die direkte Publikation in Netzwerken; Sie finden die Funktionen dazu in

 ▸ Veröffentlichen

43.2.1 Folien veröffentlichen

Jede Folie der Präsentation wird als separate Präsentationsdatei gespeichert. Der Sinn ist eine Folienbibliothek, auf die verschiedene Autorinnen und Autoren innerhalb einer Arbeitsgruppe zurückgreifen können.

Vor dem Speichern können Sie im Dialog auswählen,

- welche Folien so publiziert werden sollen und
- in den Feldern Dateiname und Beschreibung weiterführende Bemerkungen eintragen, die in den Dateieigenschaften unter »Kommentar« erscheinen.

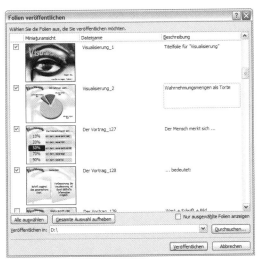
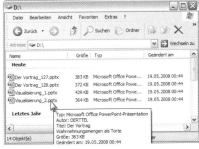

Abb. 43.2: Folienauswahl und Ergebnis

> **Anmerkung**
>
> Als Folienbibliothek ist das zwar ein guter Ansatz, ersetzt Ihnen aber in einem größeren Unternehmen oder Institut keine echte Foliendatenbank wie z. B. *Cumulus*. Allein das Fehlen eines Indizierungssystems erschwert die Handhabung eines größeren Bestandes enorm.

43.2.2 Dokumentenverwaltungsserver

Beim Dokumentenverwaltungsserver handelt es sich um eine Variante des Befehls SPEICHERN UNTER, die ein FTP-Upload einleitet, wenn Sie mit DOKUMENTARBEITSBEREICH ERSTELLEN einen Speicherort eingerichtet haben. Der besondere Effekt dabei ist, dass diese Kopie automatisch mit dem Original auf Ihrem Computer synchronisiert wird.

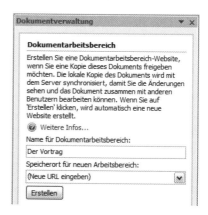

Abb. 43.3: Einrichten eines Web-Bereichs für Ihre Präsentationen

43.3 Schutzmechanismen

43.3.1 Versteckte Informationen entfernen

Es ist schon erstaunlich, welche zusätzlichen Daten ein Office-Dokument speichert, darunter auch persönliche Angaben, die Sie bei Weitergabe einer Präsentation vielleicht ungern mitschicken.

Mit dem *Dokumentinspektor* können Sie solche Angaben in einer Präsentation aufspüren und per Rundumschlag entfernen lassen.

 VORBEREITEN ▶ DOKUMENT PRÜFEN

Im Optionendialog (Abbildung 43.4 links) wählen Sie, worauf geprüft werden soll. Nach der Prüfung zeigt Ihnen der Dokumentinspektor alle vom Prüfraster erfassten Daten an und gibt Ihnen die Möglichkeit, alle oder bestimmte Kategorien von Angaben auf einen Schlag zu entfernen.

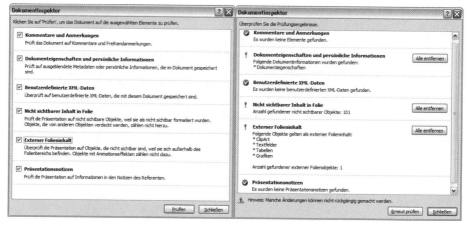

Abb. 43.4: Der Dokumentinspektor, links Optionen, rechts Ergebnis

> **Hinweis**
>
> In einer leeren Präsentation ist in den Eigenschaften bereits mindestens Ihr Autorenname erfasst.

Geht es nur um das Entfernen der Verwaltungsdaten, so lässt sich das auch einfacher bewerkstelligen.

SPEICHERN UNTER ▸ EXTRAS ▸ ALLGEMEINE OPTIONEN ▸ Option BEIM SPEICHERN AUTOMATISCH ERSTELLTE INFORMATIONEN AUS DIESER DATEI ENTFERNEN

43.3.2 Passwortschutz

Beim Versand von Präsentationsdateien wird häufig Wert darauf gelegt, dass Außenstehende die Datei/en nicht ansehen oder ändern dürfen.

> **Wichtig**
>
> Lange Zeit kannte PowerPoint-intern keine Schutzmechanismen, bis zur Version 2000 waren die Anwender auf Add-Ins anderer Anbieter angewiesen. Erst mit Office 2002 wurde der für Word und Excel schon länger existierende Passwortschutz auch für PowerPoint übernommen. Durch ein Passwort geschützte Präsentationsdateien lassen sich darum mit den Versionen 2000 und 97 nicht öffnen! Auch nicht, wenn man das Passwort kennt!

> **Vorsicht**
>
> Der Office-Passwortschutz ist kein wirklicher Schutz! Mit nur geringer krimineller Energie lässt er sich aushebeln. Wenn Sie also wirklich schützenswerte Daten in Ihren Dokumenten haben, sollten Sie sie mit Spezialprogrammen codieren!

SPEICHERN UNTER ▸ EXTRAS ▸ ALLGEMEINE OPTIONEN

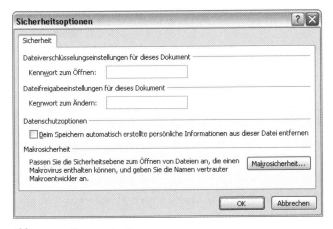

Abb. 43.5: Passwort setzen

Je nach Art des Schutzes (Öffnen oder Ändern) lassen sich geschützte Präsentationsdateien ohne Passwort entweder überhaupt nicht oder nur als schreibgeschützte Kopie öffnen.

Abb. 43.6: Passwortabfrage

Wichtig

Es gibt keine selektive Beschränkung bestimmter Bearbeitungen. Ist eine Präsentation zur Bearbeitung freigegeben, lässt sich daran *alles* verändern. Der häufig geäußerte Wunsch, aus Gründen der *Corporate Identity* den Master zu schützen, aber inhaltliche Bearbeitungen freizugeben, lässt sich nicht erfüllen.

43.3.3 Präsentation verschlüsseln

PowerPoint enthält einen zusätzlichen Schutzmechanismus, mit dem das Dokument verschlüsselt werden kann.

 VORBEREITEN ▸ DOKUMENT VERSCHLÜSSELN

Nach zweimaliger Eingabe eines Kennwortes wird die Datei verschlüsselt und lässt sich nicht so einfach hacken wie eine nur mit Zugriffspasswort versehene Datei.

43.3.4 Berechtigungen für vertrauliche Dateien

 VORBEREITEN ▸ BERECHTIGUNGEN EINSCHRÄNKEN

Die Vergabe von (Informations-)Rechten (Information Rights Management, IRM) erlaubt es, Zugriffsberechtigungen für Präsentationen festzulegen. Damit soll verhindert werden, dass vertrauliche Informationen von nicht autorisierten Personen gedruckt, weitergeleitet oder kopiert werden. Diese Berechtigungen bzw. Beschränkungen werden direkt in der Datei gespeichert.

Sie können

- verhindern, dass zur Einsicht autorisierte Empfänger die Präsentation an nicht autorisierte Empfänger weiterleiten, Kopien anfertigen oder Änderungen vornehmen,
- verhindern, dass eingeschränkte Inhalte per Screenshot mit den Windows-Standardfunktionen kopiert werden (mit Screenshot-Programmen dennoch möglich!)
- Inhalte schützen, unabhängig davon, wohin die Datei gesendet wird,
- die Gültigkeit begrenzen, so dass Inhalte in Dokumenten nach Ablauf einer Frist nicht mehr angezeigt werden können,

- die Einhaltung von Unternehmensrichtlinien erzwingen, die die Verwendung und Verbreitung von Daten innerhalb des Unternehmens steuern.

Sie können damit *nicht* verhindern, dass

- Daten durch Spyware, Trojaner, Viren, Würmer u. ä. gelöscht, gestohlen oder übertragen und
- eingeschränkte Inhalte per Screenshot mit Fremdprogrammen kopiert

werden!

Vorsicht
Die in den beiden letzten Punkten genannten Beschränkungen des Schutzes zeigen, dass Sie sich nicht sonderlich darauf verlassen sollten.

Die technischen Voraussetzungen und das Verfahren für die Rechtevergabe beschreibt Microsoft ausführlich in der Online-Information, die aufgerufen wird, wenn Sie den Link ERFAHREN SIE MEHR ÜBER DIESES FEATURE in der Downloadaufforderung anklicken.

Abb. 43.7: Downloadangebot für das Information Rights Management

43.3.5 Abschließen

Eine nicht sehr bekannte Möglichkeit des Bearbeitungsschutzes besteht darin, eine Präsentation als »Abgeschlossen« zu kennzeichnen.

 ▸ VORBEREITEN ▸ ALS ABGESCHLOSSEN KENNZEICHNEN

In der Statusleiste wird dieser Zustand mit dem Symbol 📄 dokumentiert.

Eine abgeschlossene Präsentation ist nicht mehr zu bearbeiten!

Tipp
Öffnen Sie eine abgeschlossene Präsentation doch mal mit PowerPoint 2003 (natürlich mit *Compatibility Pack*); Sie werden sich wundern. Version 2003 kennt dieses Feature von 2007 natürlich nicht und schert sich auch nicht darum.

43.4 Versionskompatibilität

Alle PowerPoint-Versionen seit 97 werden noch aktiv eingesetzt, besonders in Großfirmen und Behörden finden sich meist ältere Versionen. Deshalb ist der Austausch von Präsentationen davon abhängig, über die Konfiguration des Empfängers Bescheid zu wissen.

Die Dateien der Versionen 97 bis 2003 sind untereinander vom Dateiformat her kompatibel, jedoch können die älteren Versionen die Funktionen der neueren notabene nicht verstehen. Von Version zu Version sind Details oder gar ganze Funktionsblöcke verändert worden, was auch dazu führt, dass Funktionen in mit einer älteren Version erstellten Präsentation von den neueren Versionen falsch interpretiert werden.

43.4.1 Aufwärtskompatibilität der Vorversionen zur Version 2007 herstellen

Das Dateiformat von Office 2007 ist gegenüber den Vorgängerversionen total verändert worden, so dass Sie im 2007-Format gespeicherte Dokumente auch nicht mit den Vorversionen öffnen können.

Um den Austausch von Dokumenten zwischen Version 2007 und den Vorversionen zu gewährleisten, hat Microsoft ein Add-In für ältere Office-Versionen, das »Microsoft Office Compatibility Pack für Dateiformate von Word, Excel und PowerPoint 2007«, entwickelt, welches Sie im Microsoft Download Center frei abrufen können (siehe Link-Liste auf CD). Damit ausgestattet können Office-Versionen ab 2000 die Dateiformate von Office 2007 öffnen, bearbeiten und speichern. Für die Version 97 gibt es keine Möglichkeit, Dateien im XML-Format zu öffnen.

Für Empfänger mit Office 97 oder nicht mit dem File Format Converter ausgestattete Vorversionen muss die Datei im kompatiblen Format gespeichert werden:

 SPEICHERN UNTER ▸ POWERPOINT 97-2003-PRÄSENTATIONEN

> **Wichtig**
>
> Beachten Sie, dass abwärtskompatibel gespeicherte Präsentationen mehr Speicherplatz benötigen können.
>
> Beim Speichern im kompatiblen Format gehen einige Effekte verloren.

Version 2007 verfügt über eine Kontrollfunktion, mit der Präsentationsinhalte auf ihre Kompatibilität geprüft werden können:

 VORBEREITEN ▸ KOMPATIBILITÄTSPRÜFUNG AUSFÜHREN

Abb. 43.8: Ergebnis der Kompatibilitätsprüfung

43.4.2 Alte Dateiversionen ins XML-Format umwandeln

 Konvertieren

Wenn Sie eine unter den Vorversionen erstellte Präsentation mit PowerPoint 2007 unkonvertiert öffnen, wird zur internen Bearbeitung ein Teil der Inhalte automatisch konvertiert; Diagramme bleiben allerdings im alten Format als Objekt erhalten, was zu einem Dialog beim Bearbeitungsversuch führt, mit dem Sie

- das aktuelle Diagramm konvertieren (Schaltfläche Konvertieren),
- alle Diagramme in dieser Präsentation konvertieren (Schaltfläche Alle konvertieren) oder
- auf eine Konvertierung verzichten und das Diagramm mit den Diagramm-Werkzeugen der Vorversionen bearbeiten (Schaltfläche Vorhandenes bearbeiten)

können.

43.4.3 Versions-Kompatibilität der Inhalte

WordArt

Alle Vorversionen ⇨ 2007: WordArt-Objekte der Vorversionen werden von Version 2007 einwandfrei übernommen und lassen sich weiter bearbeiten.

2007 ⇨ Vorversionen: Die Vorversionen erkennen WordArt-Objekte in Dateien, die im kompatiblen Format gespeichert wurden, als Grafik, die sich nicht bearbeiten und nicht in ein PowerPoint-Objekt umwandeln lässt.

Diagramme, SmartArts, Schematische Darstellungen, Organigramme

Alle Vorversionen ⇨ **2007:** Versuchen Sie mit Version 2007 ein Diagramm der Vorversionen zu bearbeiten, wird ein Dialog zur Frage der weiteren Diagrammbehandlung geöffnet. Sie können damit die Konvertierung einzeln oder auf einen Schlag für alle Diagramme in der Präsentation nachholen. VORHANDENES BEARBEITEN schaltet in einen Bearbeitungsmodus mit den Diagramm-Werkzeugen der Vorversionen.

Abb. 43.9: Variationen zur Diagramm-Konvertierung

2002 und 2003 ⇨ **2007:** Schematische Darstellungen der Versionen 2003 und 2002 können von Version 2007 gelesen und entweder in SmartArts oder in Grafiken konvertiert werden. Eine entsprechende Abfrage sehen Sie, wenn Sie die Schematische Darstellung doppelklicken.

Bis 2000 ⇨ **2007:** In Version 2007 ist ein Bearbeitungsmodul enthalten, das die OrgChart-Engine emuliert, wenn Sie ein Organigramm dieser Versionen doppelklicken.

2007 ⇨ **Vorversionen:** Im Kompatibilitäts-Speichermodus werden SmartArts in Grafiken umgewandelt, die mit den Vorversionen nicht bearbeitbar sind. Öffnen Sie eine konvertierte Datei wieder mit PowerPoint 2007, sind die SmartArt-Fähigkeiten erhalten geblieben.

Grafik

Bis 2000 ⇨ **2007:** Seit Version 2002 lassen sich auch importierte Bitmap-Grafiken drehen und spiegeln wie Vektorgrafiken, was in den Vorversionen nicht möglich war. Daraus resultiert ein vermeintlicher Kompatibilitätsfehler: Zwar waren die einschlägigen Werkzeuge in den Vorversionen nicht auf Bitmaps anwendbar, doch beim Skalieren über den Nullpunkt hinaus wurden auch in diesen Versionen bereits Bitmaps gespiegelt – es wurde nur nicht so dargestellt. So können Grafiken, die in der alten Version korrekt dargestellt wurden, in XP plötzlich seitenverkehrt sein oder auf dem Kopf stehen. Auf den Dokumentenseiten von Microsoft gibt es eine Beschreibung, wie diesem Problem abgeholfen werden kann (auf Englisch), einfacher ist es jedoch meist, solche Fehler manuell zu korrigieren.

3D-Grafik

Alle Vorversionen ⇨ **2007:** PowerPoint 2007 setzt nahezu alle 3D-Grafiken der Vorversionen richtig um, es sei denn, sie enthalten **extrudierte Linien!** Auf den ersten Blick scheinen sie zu fehlen, aber sie sind noch vorhanden, nur werden sie farblos dargestellt. Markieren Sie eine solche nicht angezeigte Linie (ggf. über den AUSWAHLBEREICH) und weisen sie ihr mit

Zeichentools FORMAT ▸ *Formenarten* FORMKONTUR

eine Farbe zu, dann wird sie wieder angezeigt.

43.5 Der PowerPoint-Projektor »Viewer«

 Der Viewer ist in der Lage, Präsentationen aller PowerPoint-Versionen seit 97 wiederzugeben. Sie können ihn kostenlos aus dem Microsoft Download Center beziehen und dürfen ihn lizenzfrei verbreiten. Es gibt aktuell zwei Versionen: 2003 und 2007. Die Versionsbezeichnung weist darauf hin, dass mit dem Viewer 2003 keine Präsentationen im XML-Format der Version 2007 geöffnet werden können. Ansonsten ist die Bedienung identisch.

Leider bestehen ein paar Einschränkungen, der Viewer unterstützt einige Funktionen nicht:

- Dateien mit IRM-Funktionen werden vom Viewer nicht wiedergegeben.
- Makros und verlinkte Programme werden nicht ausgeführt.
- Verknüpfte Objekte werden nicht geöffnet.

Der Viewer läuft nicht auf dem Betriebssystem Microsoft Windows NT!

43.6 Auf CD brennen

Wenn Sie mit OLE verknüpfte Dateien in Ihrer Präsentation verwenden oder nicht sicher sind, ob besondere Schriften Ihrer Präsentation auf dem Zielrechner installiert sind, benutzen Sie den Assistenten zum Erstellen einer Präsentations-CD:

VERÖFFENTLICHEN ▶ VERPACKEN FÜR CD

In den Optionen lässt sich auch der Viewer (siehe Abschnitt 43.10) erfassen, mit dem alle ab Version 97 erstellten Präsentationen abspielbar sind, auch wenn am Ziel kein PowerPoint installiert ist. Ebenfalls in den Optionen lässt sich einstellen, ob die verpackte/n Präsentation/en automatisch gestartet werden soll/en.

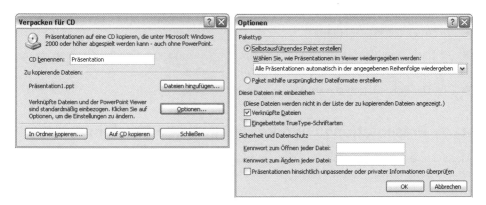

Abb. 43.10: Die Verpack-Funktion

Die beiden Schaltflächen IN ORDNER KOPIEREN ... und AUF CD KOPIEREN entscheiden darüber, wo das fertige Paket landet. IN ORDNER KOPIEREN benutzen Sie zum Archivieren oder für eine Präsentation vom Stick; AUF CD KOPIEREN dagegen leitet nach dem Aufbereiten sofort den Brennvorgang ein.

> **Hinweis**
>
> »Auf CD brennen« bedeutet nicht, dass damit eine CD erzeugt wird, die Sie mit einem DVD-Spieler auf dem Fernseher betrachten können, es wird eine reine Daten-CD erzeugt.
>
> Wollen Sie eine Präsentation auf dem Fernsehgerät vorführen, müssen Sie aus der Präsentation erst einmal eine TV-fähige Version erstellen. Dazu bedarf es einer besonderen Software, z. B. Camtasia von Techsmith. (Eine Trial-Version können Sie bei www.techsmith.com herunterladen, siehe Link-Liste auf der Buch-CD.)

Autorun-CD erstellen

Um eine CD beim Einlegen in das Laufwerk automatisch starten zu lassen, benötigen Sie eine Datei `autorun.inf`, eine Art Batch-Datei, die den PowerPoint-Viewer startet. Diese Datei enthält in der Regel nur zwei Zeilen:

```
[autorun]
open=pptview.exe "presname.pptx"
```

(`presname.pptx` steht für den Namen der Datei.)

Sie können auch mehrere Präsentationen hintereinander starten, indem Sie deren Namen in eine Liste mit dem Namen `playlist.txt` speichern, jeder Dateiname in einer eigenen Zeile. Die Befehlszeile in der `autorun.inf` sieht dann so aus:

```
[autorun]
open=pptview.exe /l "playlist.txt"
```

Außer dem Schalter /l können Sie weitere Schalter im Aufruf verwenden:

- /s Start ohne Startbild
- /p Druck der Präsentation
- /d Nach Durchlauf der Präsentation wird das Dialogfenster DATEI ▸ ÖFFNEN gezeigt, damit Sie eine weitere Präsentation aufrufen können.
- /n# Die Präsentation startet mit der Folie Nummer #.

43.7 Präsentation in andere Dateiformate überführen

Der SPEICHERN-Dialog bietet einige Möglichkeiten des Exports von PowerPoint-Dateien in andere Dateiformate. Auf die wichtigsten sei hier im Detail eingegangen.

43.7.1 PDF

Eine beliebte Methode zur Weitergabe von Präsentationen ist die Umwandlung in PDF-Dateien. Dieses Dateiformat ist unabhängig von Ressourcen auf dem Zielrechner, kann allerdings bestenfalls einen Teil der Animationen wiedergeben. Für Multimedia-Präsentationen ist es also ungeeignet.

Um PDF zu erzeugen, benötigen Sie das PDF/XPS-Add-In für MS Office, das Sie bei Microsoft herunterladen können. Die Dateiformate im SPEICHERN-Dialog erweitern sich um die zusätzlichen Formate und der Bereich SPEICHERN UNTER im Office-Menü wird um die Variante »PDF oder XMS« angereichert.

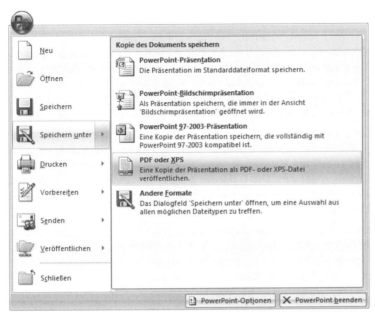

Abb. 43.11: Zusätzliche Speicherformate durch Add-in

43.7.2 Grafik

Sie können einzelne Folien oder die komplette Präsentation auch als Grafiken speichern, z. B. *.JPG, *.BMP, *.TIF.

 SPEICHERN UNTER ▶ (Grafik-Dateityp auswählen)

 F12 ▶ (Grafik-Dateityp auswählen)

Die Qualität aus PowerPoint exportierter Grafik ist oft nicht so, wie sich die Anwender das wünschen. Als Workaround hat sich bewährt, die zu exportierenden Grafiken zunächst im EMF-Format zu speichern, das ist ein verlustfreies Vektorformat, welches auch Grafikbearbeitungsdateien lesen können. Mit einem solchen Programm ist die exportierte Datei zu öffnen und dann erst bei selbst festgelegten Einstellungen für Größe, Auflösung und Qualität ins gewünschte Zielformat zu speichern.

43.7.3 HTML

Eine Variante »transportabler« Präsentationen bietet das Speichern der Präsentation im HTML-Format. Dieses für die Darstellung im Internet entwickelte Verfahren lässt sich neben seinem eigentlichen Zweck auch dazu verwenden, Präsentationen ohne PowerPoint vorzuführen, schränkt allerdings Ihre Möglichkeiten gravierend ein.

 SPEICHERN UNTER ▸ DATEITYP: »Webseite« ▸ VERÖFFENTLICHEN

Mit dem Assistenten, der damit gestartet wird, ist die Herstellung einer Internet-Präsentation überaus einfach. Dabei lassen sich auch Schaltflächen für die Navigation einfügen.

Am Beginn des HTML-Assistenten haben Sie die Auswahl zwischen zwei grundsätzlichen Darstellungen: dem Standard- und dem Browser-Frame-Format. Für eine Vortragsunterstützung im HTML-Format ist die *Standard*-Darstellung die richtige, weil sie den vollen Bildschirm für die Präsentation nutzt und lediglich die Navigationsschaltflächen hinzufügt. Das Frame-Format ist hilfreicher für Präsentationen, die tatsächlich ins Internet gestellt werden, weil mit der linken Leiste einzelne Seiten direkt angesprungen werden können.

Achten Sie beim Konfigurieren des Assistenten darauf, dass Sie kein zu großes Bildformat wählen, also am besten 640 x 480 einstellen, denn Sie wissen nicht, welche Auflösung der Computer des Internet-Users bzw. der Beamer am Präsentationsort unterstützt. Zu 800 x 600 reicht es aber bei allen Geräten. Die Differenz dient der Unterbringung der Navigationsschaltflächen. Sind Präsentationsformat und Anzeigeformat identisch, wird der untere Teil des Bildes abgeschnitten!

Benutzen Sie eine HTML-Präsentation als Vortragsunterstützung, starten Sie sie mit einem Doppelklick auf PPFRAME.HTM oder INDEX.HTM; der Anzeigemodus des Browsers muss im ANSICHT-Menü auf VOLLBILD [F11] gestellt werden, dann haben Sie fast den gesamten Bildschirm zur Verfügung abzüglich einer schmalen Navigationsleiste am oberen Rand.

Eine besondere Option genießen die Folien-Notizen, wenn Sie die Frame-Darstellung benutzen: Sie werden dann unter dem Folien-Frame direkt eingeblendet. Damit können Sie evtl. ausführlichere Texte dort unterbringen.

Abb. 43.12: Optionen für HTML-Präsentationen

43.7.4 DOC (MS Word)

Um eine ausführliche Vortragsdokumentation zu erstellen, der eine Präsentation zugrunde liegt, bietet PowerPoint einen Export nach Word an.

 Veröffentlichen ▶ Handzettel in MS Word erstellen

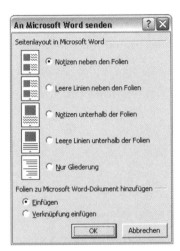

Abb. 43.13: Folienexport an Word

Die Blattaufteilungen haben ihre Entsprechungen in den Ausdrucken für Handouts mit mehreren Folien pro Seite oder Folien mit Notizen. Dabei ist es Ihnen überlassen, ob Sie die Notizen übernehmen oder andere Kommentare eintragen möchten. Manuelle Nacharbeit bei der Aufteilung der Seiten ist zwar erforderlich, aber dennoch ein erheblicher Fortschritt gegenüber den üblichen abgelichteten Folien.

Nach einem Klick auf OK wird Word gestartet und ein Textdokument mit den gewünschten Inhalten der Präsentation erstellt.

> **Vorsicht**
>
> Allerdings ist diese Methode mit Vorsicht zu genießen, wenn Sie in Ihrer Präsentation einen Bitmap-Hintergrund verwenden! In PowerPoint wird dieser Hintergrund nur einmal im Master gespeichert und dann in jede Folie »eingespiegelt«, doch der Export nach Word macht daraus eine Bitmap pro Folie. So kann eine Präsentation von eigentlich ganz passabler Größe als Word-Dokumentation plötzlich sehr groß werden, bis hin zum Absturz!
>
> Abhilfe ist hier nur möglich, indem Sie statt des Einfügens die Option Verknüpfung verwenden. Dann muss allerdings gewährleistet sein, dass die übernommene Präsentation immer am selben Speicherort verfügbar ist.

Kapitel 43
Präsentation weitergeben

Bei der Option NUR GLIEDERUNG werden keine Grafikelemente übernommen, sondern nur der reine Text. Diese Option hat ihre Entsprechung im DATEI-Menü:

 SPEICHERN UNTER ▶ Dateityp: Gliederung/RTF (*.RTF)

43.7.5 Open-Document-Format

Im Zuge der Öffnung für nicht Microsoft-basierte Dateiformate soll das für 2009 angekündigte Service Pack 2 für Office 2007 einen zusätzlichen Dateiexport in das Open-Document-Format (ODF) enthalten, das das Austauschen von Office-Dateien mit anderen Programmen, z. B. *OpenOffice.org* verbessern wird.

43.8 Drucksachen

 ▶ DRUCKEN

PowerPoint bietet Ihnen im DRUCKEN-Dialog unter *Drucken* an, folgende Drucksachen zu erstellen:

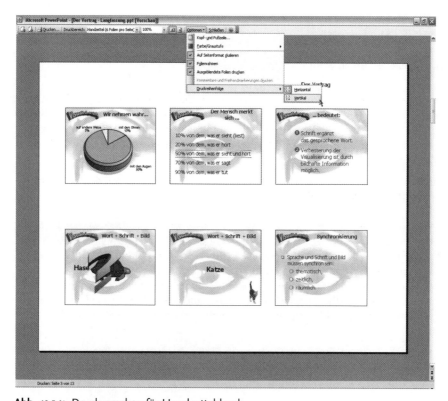

Abb. 43.14: Druckvorschau für Handzetteldruck

43.8.1 Notizseiten

Notizen sind ein Hilfsmittel für Ihren Vortrag: Sie können jeder Folie Notizen hinzufügen, z.B. mit Stichworten zum Vortrag. Ausgedruckt wird als Notizseiten-Druck die Folie auf einer halben Seite und darunter Ihre Notizen.

Mit dieser Option können Sie auch eine Dokumentation Ihres Vortrags erstellen, indem Sie dort keine persönlichen Notizen, sondern ausführlichere Texte aus Ihrem Vortrag einsetzen. Diese Form ist wesentlich besser und publikumsfreundlicher als die von PowerPoint vorgesehenen Handzettel.

43.8.2 Handzettel

Derer gibt es verschiedene mit unterschiedlich vielen Folien auf einer A4-Seite. Sie sollen dazu dienen, den Teilnehmern ein papiersparendes »Handout« des Vortrags mitzugeben.

43.9 Barrierefreiheit

Das Stichwort »Barrierefreiheit« ist heute in aller Munde, und das ist gut so! Menschen mit Behinderungen begegnen allerorten Barrieren der unterschiedlichsten Art. Auch bei der Produktion virtueller Medien gibt es zahlreiche Vorgaben und Empfehlungen, die eingehalten werden sollen, um gerade sehbehinderten Menschen den Inhalt der Dokumente zu erschließen.

Der Barrierefreiheit sind aber auch Grenzen gesetzt, und im Bereich der Visualisierung für Vorträge ist es geradezu »augenfällig«, dass diese auf das Sehen abgestimmten Vortragshilfen so gut wie keinen Ansatzpunkt für eine barrierefreie, sprich: sehbehindertengerechte, Aufbereitung bieten. Lediglich bei den vom »Betrachter« selbst gesteuerten Präsentationen sind einige wenige Ansatzpunkte gegeben.

43.9.1 Bilder (Fotos, Grafiken) mit Alternativtexten versehen

Dabei muss nicht jede Illustration, die nur als Blickfänger dient, mit einer ausführlichen Beschreibung versehen werden. Hier reicht es, »Illustration«, »Logo« o. ä. einzufügen; wichtig ist nur, dass bei Objekten, die keinen Text enthalten, überhaupt ein Alternativtext angegeben ist, weil sonst die Interpretertechnik dem »Betrachter« keine Hinweise auf das »unerkannte Objekt« geben kann. Bei eingefügten Bildern setzt PowerPoint schon von sich aus den Dateinamen als Alternativtext ein.

Sie finden die Möglichkeit zum Eintragen von Alternativtext sinnigerweise im Bereich *Größe* (bei den Bildtools *Schriftgrad* genannt, um auch die Nichtbehinderten zu verwirren).

Zeichentools FORMAT ▸ *Größe* ▸ Register ALTERNATIVTEXT
Bildtools FORMAT ▸ *Schriftgrad* ▸ Register ALTERNATIVTEXT

Kapitel 43
Präsentation weitergeben

Abb. 43.15: Eingabe von Alternativtext

43.9.2 Gesprochene Kommentare hinzufügen

Hilfreich ist natürlich auch die Möglichkeit, gesprochene Kommentare (siehe Kapitel 33) in die Folien aufzunehmen, allerdings ist es notwendig, die aufrufende Schaltfläche mit einem erläuternden Alternativtext zu versehen, damit diese Option erkannt wird.

Kapitel 44

Das war's – war's das?

Buch fertig geschrieben – aus die Maus!

Buch zu Ende gelesen – das war's!

Nicht ganz; wie zu vielen Themen gibt es auch zu PowerPoint die Möglichkeit, Erfahrungen auszutauschen, und wenn Sie sich in die entsprechenden Foren hineinwagen, werden Sie auch auf meine Kollegen oder mich stoßen, die wir uns zur Gruppe »PPT-User« zusammengefunden haben. PPT-User, das ist pures Understatement, hier sind Praktikerinnen und Praktiker zugange, die sich intensiv mit den Möglichkeiten dieses Programms und den Zusammenhangthemen beschäftigt haben: Trainer, Grafiker, Programmierer, Berater etc.

Besuchen Sie uns doch einfach auf unserer Seite www.ppt-user.de. Dort finden Sie unter anderem aktuelle Hinweise, Tutorials, Musterdateien und die Möglichkeit, einen kostenlosen *Newsletter* zu beziehen. Von dieser Seite aus gelangen Sie per Link auch zu den Newsgroups und Foren, die Hilfestellung zu PowerPoint-Problemen bieten.

Oder Sie besuchen uns persönlich bei den PowerPoint-Anwendertagen (www.anwendertage.de), die alle Jahre wieder im Oktober stattfinden und *das Event* für Vortragende im deutschsprachigen Raum darstellen.

Um Ihnen das Aufsuchen der empfohlenen Informationsseiten zu erleichtern, enthält die Buch-CD im Ordner »Sonstiges« ein Dokument Links.html, in dem diese Seiten und auch jene zum Download der angesprochenen Zusatz-Programme anklickbar enthalten sind.

Ansonsten bleibt mir nur, Ihnen künftig viel (mehr) Freude beim Präsentieren zu wünschen und zu hoffen, dass Sie den einen oder anderen Hinweis aus diesem Buch beherzigen werden – auch diesen abschließenden eines berühmten Kollegen:

Eine gute Rede hat einen guten Anfang und ein gutes Ende,
beide sollten möglichst dicht beieinander liegen.

Mark Twain

Anhang A

Hilfreiches Keyboard

A.1 Kombinierter Maus-Tastatur-Einsatz

PowerPoint setzt in einigen Fällen die Funktionstasten [⇧], [Strg] und [Alt] für besondere Aktionen im Zusammenhang mit der Maus ein. Hier eine Übersicht:

Mit [Alt] wird für jede Mausbewegung das Fangraster ausgeschaltet.

Bewegungen mit den Pfeil-Tasten [←], [→], [↑], [←] werden durch gleichzeitiges Drücken von [Strg] pixelgenau. (Tipp: Zoom verwenden, denn es gelten die angezeigten Pixel!)

Aktion	🖱 solo	mit [⇧]	mit [Strg]
Linien zeichnen	freie Neigung	15°-Neigungsraster	
Flächen zeichnen	Startpunkt = Ecke	regelmäßige Figuren	Startpunkt = Mittelpunkt
verschieben	frei beweglich	nur waagerecht oder senkrecht	Objekt duplizieren
Linien skalieren	frei beweglich	Neigungswinkel bleibt erhalten	
Flächen skalieren	frei beweglich, Bezugspunkt gegenüber Mauszeiger	proportional	Bezugspunkt = Mittelpunkt
drehen	frei beweglich	15°-Neigungsraster	

[⇧] und [Strg] können auch gemeinsam eingesetzt werden, die Sonderfunktionen beider wirken sich auf die Aktion aus, also z. B. Flächen skalieren proportional *und* auf den Mittelpunkt bezogen.

Anhang A
Hilfreiches Keyboard

⇧ und Strg in Zusammenarbeit mit einem Mausklick auf etliche Schaltflächen bewirkt etwas anderes als der Mausklick solo:

Schaltfläche	🖱 solo	mit ⇧	mit Strg
💾	Speichern	Speichern unter	Speichern unter
↓ ▫▫▫	Normalansicht	Masteransicht	
↓ ▫▫▫	Foliensortierung	Handzettelmaster	
↓ ▫▫▫	Bildschirm-präsentation starten	Bildschirm-präsentation einrichten	Bildschirm-präsentation im 25%-Fenster starten

A.2 Die wichtigsten Shortcuts

Markieren und Navigieren	
Strg+⇧+→	im Text: bis zum Wortende
Strg+⇧+←	im Text: bis zum Wortanfang
F2	zwischen Form- und Textbearbeitung umschalten
Strg+A	in einem Textfeld oder Platzhalter: kompletten Text markieren in der Normalansicht: alle Objekte markieren in der Foliensortierung und Übersichtsleiste: alle Folien markieren
⇥	Objekt eine Ebene über dem markierten markieren
⇧+⇥	Objekt eine Ebene unter dem markierten markieren
Strg+Enter	im Text: Wechsel zum nächsten Platzhalter
Folien- und Dateimanagement	
Strg+M	neue Folie mit selbem Layout (außer Titelfolie)
Strg+Enter	aus einem Textplatzhalter heraus: neue Folie mit selbem Layout (außer Titelfolie)
Strg+⇧+D	in der Foliensortierung und Übersichtsleiste: Folie kopieren
Strg+N	neue Datei anlegen

`Strg`+`O` `Strg`+`F12`	Datei öffnen
`Strg`+`S`	Datei speichern
`F12`	Datei speichern unter
`Strg`+`F4`	Datei schließen
`Strg`+`F6`	zwischen mehreren offenen Dateien wechseln
Ansichten	
`Strg`+`F1`	Multifunktionsleiste ein-/ausblenden
`Strg`+`F2`	Seitenansicht
`Alt`+`F9`	Zeichnungslinien ein-/ausblenden
`⇧`+`F9`	Raster ein-/ausblenden
`Strg`+`F9`	Fenster minimieren
`Alt`+`F5`	Fenster verkleinern
`Alt`+`F10`	Vollbildfenster
`F10`	Hotkeys anzeigen
Bearbeiten	
`Strg`+`Z`	rückgängig
`Strg`+`C`	kopieren (in die Zwischenablage)
`Strg`+`X`	ausschneiden (in die Zwischenablage)
`Strg`+`V`	einfügen (aus der Zwischenablage)
`⇧`+`F10`	Kontextmenü
Textbearbeitung	
`Strg`+`Leertaste` `Strg`+`⇧`+`Z`	manuelle Formatierungen auf Masterstandard zurücksetzen
`Strg`+`T`	Schriftartdialogfenster aufrufen
`Strg`+`⇧`+`F`	fett
`Strg`+`⇧`+`I`, `Strg`+`⇧`+`K`	kursiv
`Strg`+`⇧`+`U`	unterstrichen
`Strg`+`L`	linksbündig
`Strg`+`R`	rechtsbündig
`Strg`+`E`	zentriert

Anhang A
Hilfreiches Keyboard

Strg + J	Blocksatz
Alt + ⇧ + ↑	Absatz mit vorigem tauschen
Alt + ⇧ + ↓	Absatz mit nächstem tauschen
Alt + ⇧ + →	Absatz einrücken
Alt + ⇧ + ←	Einrückung eine Ebene zurück
F7	Rechtschreibprüfung

Präsentationsmodus und Viewer

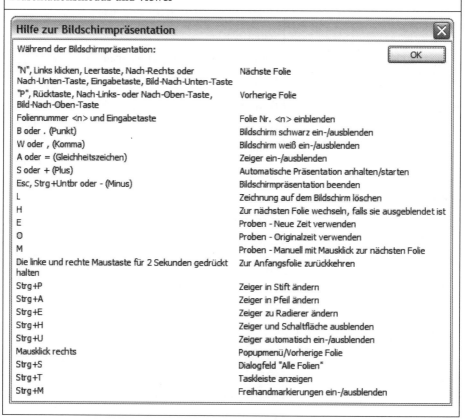

Anhang B

Retten und Reparieren

Präsentation lässt sich nicht mehr öffnen

Manchmal kommt es leider vor, dass ein Computer abstürzt, während man gerade mit PowerPoint arbeitet, und die Präsentation sich nach der Reanimation des PC nicht mehr öffnen lässt. PowerPoint bietet Ihnen zwar an, eine zwischengespeicherte Rettungsdatei zu aktivieren, aber auch das ist nicht immer von Erfolg gekrönt. Vielleicht helfen Ihnen diese Hinweise:

Folien neu einlesen

1. ▶ NEU ▶ LEERE PRÄSENTATION
2. START ▶ *Folien* FOLIE HINZUFÜGEN (untere Hälfte) ▶ FOLIEN WIEDERVERWENDEN

Suchen Sie nun in der Dateiauswahl Ihre öffnungsunwillige Präsentation; häufig schafft es PowerPoint auf diesem Wege, wenigstens einige der Folien einzulesen.

> **Tipp**
>
> Sie können auch versuchen, ein fremdes Präsentationsprogramm zu benutzen. Es soll schon vorgekommen sein, dass die Konvertierungsfilter anderer Hersteller (z. B. StarOffice rsp. OpenOffice, Corel Presentations, Astound) defekte PowerPoint-Dateien besser wiederherstellen konnten als PowerPoint selbst.

Office-Diagnose

Wenn PowerPoint bestimmte Funktionen verweigert oder sich seltsam benimmt, lässt sich das oft mit der internen Diagnosefunktion beheben:

 ▶ POWERPOINT-OPTIONEN ▶ RESSOURCEN ▶ DIAGNOSE

Fehlender Drucker

Auch wenn Sie Ihre Präsentation nicht ausdrucken, sondern nur als Bildschirmpräsentation vorführen möchten, benötigt PowerPoint Zugriff auf einen Druckertreiber; anderenfalls kann es zu seltsamen Formatierungen kommen.

Selbst wenn Sie keinen physischen Drucker angeschlossen haben, können Sie dennoch einen beliebigen Drucker mit den Windows-Standardtreibern anmelden.

1. *Start* ▶ EINSTELLUNGEN ▶ DRUCKER UND FAXGERÄTE ▶ DRUCKER HINZUFÜGEN ▶ WEITER
2. Aktivieren Sie die Option LOKALER DRUCKER, DER AN DEN COMPUTER ANGESCHLOSSEN IST.

Anhang B
Retten und Reparieren

3. Deaktivieren Sie unbedingt die Option PLUG&PLAY-DRUCKER AUTOMATISCH ERMITTELN UND INSTALLIEREN! ▸ WEITER
4. Der Anschluss im nächsten Dialog ist unerheblich, deshalb ▸ WEITER
5. Markieren Sie in der Liste einen x-beliebigen Drucker, ▸ WEITER
6. Option STANDARDDRUCKER aktivieren, ▸ WEITER
7. Option DRUCKER NICHT FREIGEBEN aktivieren, ▸ Weiter
8. Keine Testseite drucken lassen ▸ WEITER
9. FERTIGSTELLEN

Alternative zum fiktiven Drucker

Installieren Sie das PDF/XPS-AddIn, das dieselbe Funktion erfüllt wie ein Druckertreiber.

Wenn PowerPoint nicht starten will ...

... sind häufig Add-Ins schuld.

Starten Sie PowerPoint im abgesicherten Modus, indem Sie [Strg] festhalten, während PowerPoint startet.

 ▸ POWERPOINT-OPTIONEN ▸ ADD-INS

Hier können Sie prüfen, welche Add-Ins vorhanden sind. Legen Sie verdächtige Add-Ins still und versuchen Sie danach einen normalen Start. Setzen Sie diese Aktion ggf. so lange fort, bis Sie den Übeltäter gefunden haben.

Troubleshooting Programmaufruf

Sollte der Doppelklick im Explorer zu einem anderen als den oben genannten Ergebnissen führen, sind die Vorgaben für bestimmte Dateiendungen Ihres Windows-Explorers verstellt. Sie können sie durch die Neuinstallation von PowerPoint reparieren oder durch manuelle Zuweisung. Hierzu wählen Sie im Explorer-Menü

EXTRAS ▸ ORDNEROPTIONEN ▸ Register DATEITYPEN

und markieren dort die Dateiendung, bei der der Aufruf nicht klappt.

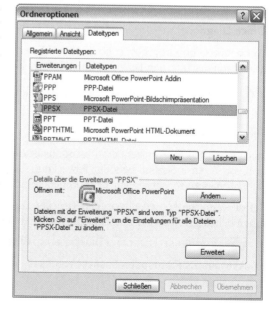

Abb. B.1: Dateityp zum Korrigieren suchen

Klicken Sie auf ERWEITERT, um sich die Aktionsmöglichkeiten des Kontextmenüs anzeigen zu lassen. Hier können Sie sowohl die Folgen des Doppelklicks als auch das Kontextmenü zu den Dateitypen beeinflussen, indem Sie neue Aktionen einfügen, vorgegebene Aktionen löschen oder die Befehlszeilen der Aktionen verändern.

Abb. B.2: Mögliche Aktionen für das Kontextmenü; die Doppelklick-Aktion ist fett dargestellt.

Zum Verändern klicken Sie auf BEARBEITEN und Sie gelangen zum Einstelldialogfenster.

Unter ANWENDUNG FÜR DIESEN VORGANG müssen folgende Programmaufrufe stehen, um die unterschiedlichen Dateitypen bzw. Aktionen korrekt auszuführen:

Vorgang	Befehlszeile
Öffnen	`"C:\Programme\Microsoft Office\OFFICE12\POWERPNT.EXE" "%1"`
Einblenden (Vorführen)	`"C:\Programme\Microsoft Office\OFFICE12\POWERPNT.EXE" /s "%1"`
Neu	`"C:\Programme\Microsoft Office\OFFICE12\POWERPNT.EXE" /n "%1"`
Drucken	`"C:\Programme\Microsoft Office\OFFICE12\POWERPNT.EXE" /p "%1"`

Abb. B.3: Befehlszeilen-Argumente für PowerPoint im Windows-Explorer

Die Pfade können auf Ihrem System anders lauten. Die Anführungszeichen gehören mit zur Programmzeile! Fehlen sie, findet PowerPoint die mit dem Platzhalter "%1" bezeichnete Datei nicht. Die Aufrufargumente /s, /n und /p sind entscheidend dafür, in welchem Modus PowerPoint gestartet wird.

Anhang B
Retten und Reparieren

Werksseitige Fehlerbeseitigung

Bekanntermaßen reift Software wie eine Banane beim Endverbraucher. Bei Freigabe der Software ist diese trotz mehrerer Testphasen nicht fehlerfrei. Mit vielen Fehlern lässt sich leben, zum Beispiel mit den krüppeligen Übersetzungen, die seit der Frühzeit des Softwareimports immer wieder zu ärgerlicher Heiterkeit beitragen: »Drücken schlappe Scheibe in Getriebe A:«; für schwerwiegendere Fehler benutzt Microsoft ein gestuftes Erneuerungsmodell:

Die umfassendste Aktualisierung ist das **Software Release**. Neu auf den Markt kommende Software hat die Release-Nummer 0, ab und zu werden Aktualisierungspakete geschnürt, die dann als Release Nr. 1, 2 ff ins Netz gestellt werden. Aktuelles (August 2008) Release für Microsoft Office 2007 ist »SR1«. Ob Ihre Office-Installation aktuell ist, lässt sich mit dem Update-Check feststellen:

 POWERPOINT-OPTIONEN ▸ Register RESSOURCEN ▸ AUF UPDATES ÜBERPRÜFEN

Bugfixes werden in unregelmäßigen Abständen von Microsoft ins Netz gestellt. Wenn Sie in Windows die automatische Aktualisierung eingeschaltet haben, werden Sie über Bugfixes informiert.

Benachrichtigung für Softwareaktualisierung einschalten

`Start` EINSTELLUNGEN ▸ SYSTEMSTEUERUNG ▸ SICHERHEITSCENTER

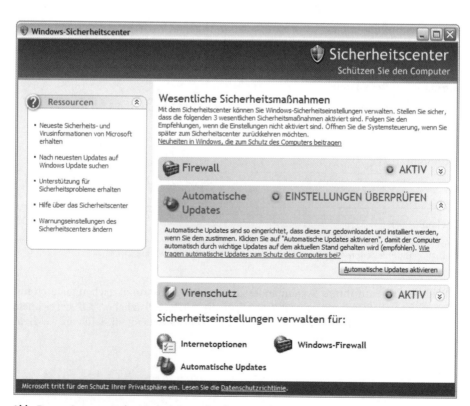

Abb. B.4: Automatische Update-Benachrichtigung aktivieren

Anhang B
Retten und Reparieren

Hotfixes sind Fehlerbeseitigungspatches, die von Microsoft aus unerfindlichen Gründen einer besonderen Behandlung unterworfen werden. Sie werden nicht publiziert; als Nutzer erfahren Sie nur davon, wenn Sie in die einschlägigen Foren schauen. Um an den Patch zu gelangen, müssen Sie ein kompliziertes Verfahren absolvieren:

1. Wählen Sie die Microsoft-Website, auf der das Hotfix beschrieben wird. (Für zwei wichtige Hotfixes finden Sie die URL in der Datei »Hotfixes.xms« auf der Buch-CD im Ordner »Sonstiges«.)

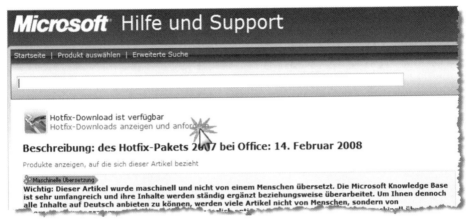

Abb. B.5: Typische Hotfix-Seite von Microsoft

2. ⌕ HOTFIX-DOWNLOADS ANZEIGEN UND ANFORDERN
3. Sie werden aufgefordert, Ihre Mailadresse anzugeben. Geben Sie sie doppelt ein und schicken Sie diese Anforderung ab.
4. Sie erhalten eine Mail von Microsoft mit einer weiteren URL und einem Passwort zugesandt.
5. ⌕ (auf die angegebene URL) ZIEL SPEICHERN
6. Wählen Sie den Zielordner und bestätigen Sie den Download.
7. Suchen Sie den Zielordner auf und doppelklicken Sie die ausführbare Datei (Standardaufbau des Dateinamens ist »*Nummer_interneKennung*_zip.exe«).
8. Geben Sie nach Aufforderung das per Mail übermittelte Passwort ein.
9. Warten Sie, bis die eigentliche Patch-Datei entpackt ist.
10. Doppelklicken Sie die Patch-Datei (Standardaufbau des Dateinamens ist »*Produktkennung-Nummer_interneKennung*.exe«).
11. Der Patch wird ausgeführt; evtl. müssen Sie Ihren Computer neu starten, damit er wirksam wird.

> **Wichtig**
> Heben Sie die Patch-Datei gut auf, falls nach einer Reparatur oder Neuinstallation der Fehler wieder auftritt.

Übersicht Pixelgrafikformate

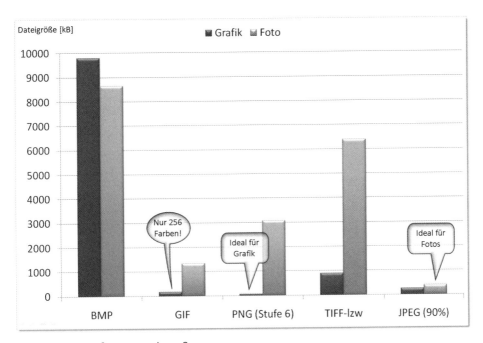

Abb. C.1: Dateiformate und -größen

Microsoft Bitmap (.BMP)

Für jeden Bildpunkt wird eine Farbinformation gespeichert, aktueller Standard 32 Bit/px = Millionen von Farben.

Verlustfreie Speicherung, aber sehr große Dateien, weil unkomprimiert.

Mit der Dateiendung .ICO erkennt Windows dieses Bitmap-Format als Symbol für die Darstellung im Explorer. Intern ist die Codierung identisch. Da Icons sehr klein sind, ist die fehlende Komprimierung hinnehmbar. Für größere Bilder ist das Format quasi unbrauchbar.

Anhang C
Übersicht Pixelgrafikformate

Bitmap Run Length Expression (.BMP, .RLE)

Komprimiertes BMP-Format, gleiche Farben werden linear komprimiert[1].

Verlustfreie Speicherung, aber große Dateien, weil nur gering komprimiert.

ZSoft Paintbrush File Format (.PCX)

Komprimierung mit aufwendigeren Algorithmen, heute nicht mehr aktuell.

Verlustfreie Speicherung, starke Einsparungen bei Dateigröße.

Graphics Interchange Format (.GIF)

Für grafische Darstellungen im Internet entwickelt; Komprimierung mit aufwändigeren Algorithmen, allerdings auf 256 Farben beschränkt. Im Bild vorhandene Farben werden auf 256 reduziert. Das kann verlustfrei sein, wenn nicht mehr als 256 unterschiedliche Farbtöne im Bild enthalten sind. GIF stellt aus den vorhandenen Farben eine spezifische Farbpalette zusammen.

Verlustfreie Speicherung, starke Einsparungen bei Dateigröße.

In GIF ist es möglich, eine Farbe zur transparenten Farbe zu erklären. Diese Farbe wird beim Einfügen einer Grafik in ein anderes Dokument nicht angezeigt.

Eine Abart ist das animierte GIF; hierbei liegen mehrere Grafiken übereinander, die in geeigneten Betrachtungsprogrammen (Webbrowser, IrfanView, PowerPoint) in Ebenen-Abfolge angezeigt werden und so den Eindruck von Bewegung vermitteln.

Portable Network Grafik Format (.PNG)

Weiterentwicklung des GIF-Formats mit 32-Bit-Farbtiefe.

Verlustfreie Speicherung, starke Einsparungen bei Dateigröße.

Die Komprimierungsrate kann eingestellt werden. Auswirkung starker Komprimierung ist lediglich ein verzögerter Aufbau des Bildes bei unzureichender Grafik-Hardware; Verluste treten bei keiner der Kompressionsstufen auf.

In PNG ist es möglich, eine Farbe zur transparenten Farbe zu erklären. Diese Farbe wird beim Einfügen einer Grafik in ein anderes Dokument nicht angezeigt.

---

[1] Verlustfreie Kompression
Gleiche Partien eines Bildes werden nur einmal gespeichert und beim Bildaufbau an den entsprechenden Stellen wiederholt dargestellt. Das kann im einfachsten Fall eine Strecke gleichfarbiger Pixel sein wie beim RLE oder auch komplexe Bildinhalte. Je aufwendiger und »intelligenter« der Pack-Algorithmus, desto stärker die Einsparung an Speicherplatz.

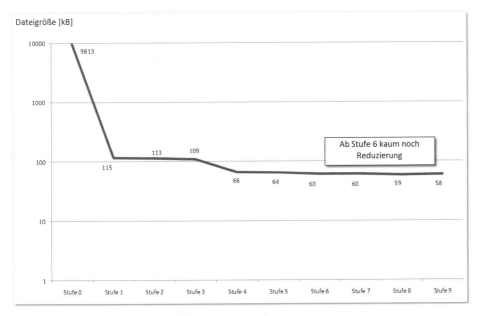

Abb. C.2: PNG-Kompressionsstufen und Dateigrößen

Tag Image File Format (.TIF, .TIFF)

Standardformat für die Druckvorstufe mit einstellbarer Komprimierung nach unterschiedlichen Algorithmen, auch Komprimierungsmethoden anderer Formate.

Eine TIFF-Spezialität sind mehrseitige Bilder in einer Datei.

Verlustfreie Speicherung, vom Algorithmus abhängige, sehr unterschiedliche Einsparungen bei Dateigröße.

Vorsicht: Nicht jedes Druckprogramm versteht alle Varianten von TIFF; fast universell einsetzbar sind LZW und Packbits. Im Zweifelsfall vorher mit der Druckerei abstimmen!

Joint Photographic Experts Group Format (.JPG, .JPEG)

Speziell für hoch komprimierte Speicherung von Fotos entwickelt, nicht verlustfrei! Je nach Komprimierungsgrad werden mehr oder weniger »Stichproben« des Bildes gespeichert und die fehlenden Bereiche beim Bildaufbau interpoliert.

Vorsicht: Beim Öffnen und erneuten Abspeichern werden neue Stichproben genommen und die Qualität weiter gemindert; die fehlerhaften Flächen werden als »Artefakte« bezeichnet.

Verlustbehaftete Speicherung, sehr starke Einsparungen bei der Dateigröße abhängig von der Kompressionsrate.

Für Darstellungen im Web sind 65 % bis 70 % Qualität empfehlenswert, für zu druckende Fotos 90 %.

Anhang C
Übersicht Pixelgrafikformate

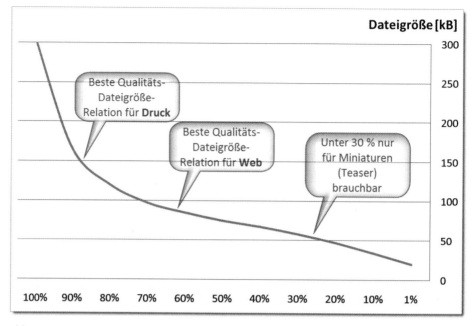

Abb. C.3: JPG-Qualitäten und Dateigrößen

Anhang D

Die CD zum Buch

Die Muster und Beispiele auf der CD dürfen Sie als Erwerber/in dieses Buches frei für eigene Präsentationen verwenden.

Die Video-Tutorials wurden mit »Camtasia 5« erstellt.

Die PDF- und XPS-Dateien wurden mit dem PDF/XPS-Add-in zu Office 2007 aus Word 2007 exportiert.

Dateien	Beschreibung und Hinweis auf Textstelle im Buch	zu Kapitel
Ordner Texturen		
div. Grafikdateien	Bilddateien, zur Flächen- und Hintergrundfüllung	3.5 20.3.4
Ordner Kapitel_01-04(Folien&Design)		
Designvergleich.pdf	Beispiele	2.4
diverse *.potx	PowerPoint-Vorlagen	3.6
Ordner Kapitel_05-10(Text)		
Wie_viele_Schriften_braucht_der_Mensch.pdf	Aufsatz über Schrift	5.1
Unterordner **Aufzaehlungszeichen**	Grafiken, die als Aufzählungszeichen importiert werden können	5.3.1
Tiefenfarbe.pptx	Beispiele	8.7.4 21.1.4
SmartArt-Metamorphose.pptx	Tutorial	10.2
Organigramme mit OrgChart.pdf	Anleitung zum OrgChart-Modul	10.3.2
Ordner Kapitel_11-15(Zahlen)		
Temperatur-Graphen.pptx	Beispiele zu illustrierten Diagrammen	11.4
Diagramme_mit_MS_Chart.pdf	Anleitung für Diagramme ohne Excel 2007	12

Anhang D
Die CD zum Buch

Dateien	Beschreibung und Hinweis auf Textstelle im Buch	zu Kapitel
Synopse.pptx	Synoptisches Balkendiagramm	14.4.2
Ordner Kapitel_16-23(Bilder)		
Metamorphose_einer_Folie.pptx	Tutorial zum Illustrieren	16
Grafikkurs.pdf	Kursscript	17.3
Freistellen_begrenzen.pptx	Tutorial	17.4.3
Freistellen(Vektor).avi	Video-Tutorial	17.4.3
symmetrisch_zeichnen.avi	Video-Tutorial zum Bézierwerkzeug	18.2.2
Bezier.avi, Bezier.pptx	Video-Tutorial und Beispiel zum Bézierwerkzeug	18.3
Layertechnik.ppsx	Demonstration der Zeichnungsebenen	19.5
Durchdringung.pptx	Tutorial zum Nutzen der Zeichnungsebenen	19.5
Escher.pptx	Tutorial zum Überwinden der Zeichnungsebenen	19.5
Weiche_Kanten.ppsx	Tutorial	20.4.4
Farbverlauf2003.pptx	Beispiel zu Farbverlauf	20.5.1
Baukloetze.ppsx	Tutorial zu Bild 21.1	21
Modellbau-Illustrationen.ppt	Tutorial für div. Grafik-Effekte	21
3D-Fuellung.avi, Kronkorken.avi,	Video-Tutorials zu 3D-Effekten	21.5
Bier.pptx, Bleistifte.pptx, Lippen.pptx, Pinocchio.pptx (mit Pinocchio.avi), Rolodex.pptx, Vom_Kreis_zur_Kugel.pptx	Tutorials zu 3D-Effekten	21.5
Edelsteine.pptx, Kugel+Kegel.pptx, Pinnadeln.pptx, Saeulen.pptx, Schachmatt.pptx	Beispiele zu 3D-Effekten	21.5
Ordner Kapitel_24-30(Animation)		
Animationsrichtungen.ppsx	Beispiele	24.1
Uebersicht_Animationen.pdf	Liste zusammengehörender Eingangs- und Beenden-Animationen	26.5

Anhang D
Die CD zum Buch

Dateien	Beschreibung und Hinweis auf Textstelle im Buch	zu Kapitel
Uebersicht_Hervorgehoben.pdf	Liste aller Hervorgehoben-Effekte	27.2
Text_hervorheben.ppsx	Tutorial	27.1.1
Bleistifte.ppsx	Beispiele zu Pfadanimation	28.2 30.1
Uhren.ppsx	Beispiel zu Rotation	28.4
Countdown1.ppsx	Beispiel	28.5
Countdown2.ppsx	Beispiel zu kombinierten Animationen	28.5
Textanimation_fuer_Formen.pptx	Beispiel	29.1.3
kombinierte_Textanimationen.pptx	Beispiele	29.1.5
Schlagworte_extrahieren.pptx	Beispiele zu Textanimation	29.1.5
SmartArt-Animationsreihenfolge.pptx	Workaround	29.1.7
Dynamische_Saeulendiagramme.pptx	Beispiele	29.2.2
Hervorhebungen_bei_Diagrammen.pptx	Beispiel	29.2.2
Kreative_Diagramm-Animationen.pptx	Beispiele	29.2.2
Torten-Animation.pptx	Beispiel	29.2.2
komplexe_Pfadanimation.pptx	Beispiel	30
Lampe_schalten.ppsx	Tutorial zu kombinierten Animationen	30.1
Rollender_Ball.pptx	Beispiel zu kombinierten Animationen	30.1
Durchschieben.ppsx	Beispiel zum Handling überformatiger Objekte	30.2.1
Folienuebergaenge_kreativ.pptx	Beispiele	31.6
Tabellenwerte_durchreichen.ppsx	Beispiele	31.7
Ordner Kapitel_31-35(Multimedia)		
Film_im_Fotoalbum.pptx	Beispiel	34
Film_steuern.pptx	Beispiel	35
Ordner Kapitel_36-39(Vorbereiten)		
Farbwabe.pptx	Palette zur Farbdrucker-Kalibrierung	37.1.5

Anhang D
Die CD zum Buch

Dateien	Beschreibung und Hinweis auf Textstelle im Buch	zu Kapitel
Handy.pptx	Hilfreiche Startfolie	37.2.2
komplexer_Trigger.pptx	Beispiel	38.4
Revolver.pptx	Beispiel zum Trigger	38.4
Ordner Kapitel_40-44(Vorführen)		
Der Vortrag.pdf	Seminar-Unterlage zum Präsentationstraining	40
Kursknigge.pptx	Nettes Ergebnis einer Kursübung	
Ordner Sonstiges		
Britzer_Garten.ppsx	Fotoalbum, Panoramabild animieren, Hyperlinks	16.1 29.3.2 38.3
Links.html und Unterordner Links-Dateien	Verknüpfungen zu im Buch erwähnten Webseiten	44
Hotfixes.xms	Verknüpfungen zu wichtigen Patches	1.8.2 4.2.6 20.1.1 Anhang B
Telepathie.ppsx	Ein Klassiker im neuen Gewand	
Nur_keine_Pruefungsangst.ppsx	Nettes Ergebnis einer Kursübung	
Ordner PowerPoint-Viewer		
PowerPointViewer.exe	Installationsdatei für den PowerPoint-Viewer 2007	43.5
Ordner Acrobat		
AdbeRdr810_de_DE.exe	Installationsdatei für den Acrobat Reader 8, mit dem die PDF-Dateien auf der CD gelesen werden können	

Stichwortverzeichnis

Numerisch
2D-Modus 181
35-mm-Dias 59
3D
    Diagramm 191, 227
    Drehung 323
3D-Effekte
    für ClipArts 346
    Schrift 148
    Text 148
3D-Format 320
3x3-Regel 50
7x7-Regel 102, 125

A
Ablaufplan 187
Absatz
    Abstand 120
    Abstandsunterdrückung 121
Abschrägung 320
    Diagramm- 228
    Schrift 150
Abstand
    Absatz 120
    der Datenpunkte 219
    Zeichen 118
    Zeilen 120
Abstandsbreite 219
Abstandstiefe 219
Achsen 206
    Beschriftung 222
    Optionen 216
Add-Ins 562
Aktionseinstellungen 492, 494
Akzidenzsatz 98
Alternativtext 553
Alterspyramide 236
Andockpunkte 186
Anfasser 84, 297
Animation 355
    ändern 367
    Angefügte Form 395
    Arten 365
    auslösen 368
    benutzerdefiniert 365
    Beschleunigen 373
    Beschränkungen umgehen 412
    Bremsen 373
    Container 395
    Dauer 371
    Diagramm 400
    Geschwindigkeit 371
    Geschwindigkeit für Datenpunkte 403
    Gruppierung 374
    Hervorgehoben 375
    Illustrationen 411
    im Master 74
    mit Geräusch unterlegen 380
    Nach Animation 370
    Panoramabild 412
    Pfad- 365, 381
    Reibungslos 373
    Richtung 355
    Richtung für Datenpunkte 402
    SmartArt 399
    sortieren 369
    Text 393
    Textcontainer 395
    Tortendiagramm 406
    Typen 365
    Vorschau 368
    wiederholen 373
    Zeitachse 373
    zerlegen 394, 402
    zurückspulen 371
    zuweisen 367
    zwischenschieben 394, 401
Animationspfad
    aufbrechen 382
    justieren 383
    sperren 384
    Sprung zum Mittelpunkt 383
    umkehren 385
Animationsschema 361
Anpassen 45

Anschließen, Geräte 512
Ansicht
    durch ein Individuum 479
    Foliensortierung 79
    Gliederung 129
    Graustufen 470
    schwarzweiß 469
Ansichtsgröße 44
Anzeigedauer 371
Arbeitsblatt 241
Archivordner 351
Audioclip 435
Audiospur 436
Aufgabenbereich 36
Auflösung 484, 550
Aufzählungen 121
Aufzählungszeichen 102, 121
    in SmartArts 182
    selbst gestalten 144
ausrichten 85, 288
Auswahlbereich 81
AutoFormen Siehe Formen
AutoKorrektur 116
Autorun 548
Autostart 548

B

Barrierefreiheit 553
Beamer anschließen 512
Beleuchtung 327
    Diagramme 228
    Schrift 150
benennen
    Folienelemente 82
    Formen 284
    Gruppen 82
Benutzerdefinierte Animation 365
Berechtigungen 538, 542
Beschneiden 266
Beschränkungen 542
Besprechungsnotizen 491
Bézier-Kurven 274, 382
Bild 245
    austauschen 267
    einfärben 263
    rahmen 268
Bildeffekte 267
Bilderstapeldiagramm 237
Bildform 268
Bildgröße 485

Bildschirmauflösung 26
Bildschirmpräsentation
    einrichten 479
    Kontextmenü 475
    Probleme 487
    starten 527
Bildschirmschoner 527
Bildschirmverdunkelung 533
Bildtools 262
Bildverzerrung 513
Bindestrich
    geschützter 105
    versteckter 106
Bitmapgrafik 274, 567
    drehen 282, 546
Blank.potx 76
Bleistift 334
Bluetooth 512
BMP 567
Branding 53
Bugfix 564
Bullet Point 103

C

CD
    brennen 128, 547
    Musikwiedergabe 436
    rippen 437
    -Track 436
Checkliste 511
Clip Organizer 249
ClipArt 247
    einfügen 253
    Katalog 248
Codec 431
Compatibility Pack 32, 102, 544
Container 111, 116, 347
    animieren 395
Corporate Design 52, 55, 76

D

Dateiendungen 32, 562
Dateigröße 259
Dateipfad 72, 433, 438, 500
Daten
    aktualisieren 203
    auswählen 203
    bearbeiten 203
Datenanalyse 225

Datenblatt 223
    bearbeiten 204
Datenflussplan 187
Datenpunkt 209
    formatieren 215
Datenreihe 205
    formatieren 215
Datenschutz 540
Datenstreuung 197
Datentabelle 223
Design 55
    SmartArt 180
    Textdesign 109
    wechseln 66
Desktop Publishing 97
Deutung 249
Diagnose 561
Diagramm 191, 201
    3D 227
    Achsen 206
    animieren 400
    bearbeiten 208
    beschriften 220
    Bestandteile 209
    Bezugslinie 232
    Bilderstapel- 237
    Design 207
    eigene Typen 234
    Flächenfüllung 213
    formatieren 208
    Formatvorlagen 207
    Formeffekte 228
    Fülleffekte 237
    importieren 203
    in Grafik konvertieren 229
    Kurve 225
    Layout 207
    Linie glätten 225
    Sekundärachse 217
    Spalten-Zeilen-Orientierung 205
    synoptisch 236
    Teile bewegen 212
    -tiefe 219
    -tools 209
    Typ 191, 202, 207
    Typen mischen 208
    umdrehen 206
    verknüpfen 203
    -vorlagen 234

zweite Werteachse 217
Dialoge 25
Digitale Signatur 538
Direktsprung zu Folie 529
Diskussion 466
Dokumentarbeitsbereich 540
Dokumentation 551
Dokumentenverwaltungsserver 540
Dokumentinspektor 540
Doppellinie 142, 301
Downloadadressen 555
Drehachsen 323
drehen 298
    Achsenbeschriftung 222
    Flächenfüllung 313
    Folienelemente 83
    Text 298
    Text mit Container 348
drehen im Raum 323
    Text 148
Drehpunkt 297
Drehsinn 298
drucken 467
    Animationsphasen 483
    ausgeblendete Folien 481
    Einstellungen 468
    Farben 474
    Großformat 59, 472
    Handout 553
    Handzettel 553
    Karten 471
    Notizen 553
    Optionen 468
    Poster 59, 471
    Schaltfläche tauschen 468
    schwarzweiß 469
Drucker
    fiktiver 561
    -treiber 468, 561
Druckprobleme 474
Druckvorschau 468
Dual-Modus 503, 532
duplizieren
    Folien 79
    Formen 286
    mehrfach 286
Durchdringung 295
DVD 453, 548
DVI-Buchse 512

E

Ebenen 87, 293
Effekte 56, 58
    starten 497
Effektoption 371
Einbetten 89, 90
    Audiodateien 432
Einblendezeit 423, 480
Eindrück-Effekt 493
Einfügen 89
    Aktion 492
    aus Gliederung 108
    ClipArt 253
    Diagramm 201
    Film 447
    Grafik 253
    Hyperlink 492
    Inhalte 92
    Objekt 90
    SmartArt 176
    Sound 435
    Tabelle 155
Einzüge 124
    in SmartArt 181
Elemente 38, 80
Energiesparfunktion 527
Entwicklertools 126, 454
Erinnerungsstütze 503
Erweiterte Zeitachse 373, 415
Excel 91, 201, 241
Explorer-Einstellungen 563
exportieren
    als Grafik 351, 549
    nach Word 551
    Open-Document-Format 552
    Präsentation 548
extrudieren 148, 321

F

Fadenkreuz 292
Fangfunktion 85, 291
    ausschalten 292
Farbdruck 474
Farbe
    Design- 56
    Flächen- 309
    Linien- 300
    Schrift 142
    Tiefen- 326
    transparente 264

Farbschema 109
    in SmartArt 180, 184
Farbverlauf 319
    bei Tabellen 166
    durchgehend für Tabelle 168
    Flächen 309
    Linien 302
    Schrift 137
fasen 321
    Schrift 150
    Zellenrahmen 170
Fehlerbeseitigung 564
Fettdruck 132
Figuren 340
Film 447
Filmtools 450
Flächen
    zeichnen 272
Flächen Siehe auch Formen
Flächenfüllung 309
    austauschen 316
    bei Diagrammen 213
    Hintergrund 313
    Muster 314
    transparent 315
Flackern 458
Flash 454
Fließtext 109, 126
Flipchart 472, 523
Fluchtpunkt 325
Flussdiagramm 187
Fokus 509
Folien 38
    ausblenden 481
    ausgeblendete wieder einblenden 481
    ausgeblendete zeigen 529
    austauschen 80
    Design 55
    Format 49, 58
    Hintergrund 61
    Hüllen 473
    kopieren 80
    Layout 60, 107, 121, 155, 177, 201
    markieren 79
    Master 64
    Master erzeugen 66
    Nächste Folie 495
    Navigation 492, 531
    Notizen 550
    Nummer 72

OHP- 472
Rahmen 83, 285
Schlussfolie 478
Schwarzfolie 476, 489
sortieren 79, 481
Sortierung 79
Startfolie 476
Titelfolie 476
Trockenzeit 473
Übergänge 421
übernehmen 79
veröffentlichen 539
verstecken 481
weiterschalten 474
wiederverwenden 80
zuletzt angesehene 495
zuletzt gezeigte 492
zurücksetzen 56
Folienbibliothek 539
Folienelemente 38, 80
    benennen 82
    drehen 83
    skalieren 83
    verstecken 83
Foliensortierung 79
Folienübergreifende Informationen 426
Format
    -code 221
    Datenpunkt 215
    Datenreihen 215
    Diagramm 208
    Folie 49, 58
    Grafik- 567
    kompatibles Datei- 544
    Negativwert 216
    -pinsel 89
    übertragen 40, 89
    XML 545
Format-Dialog 35, 40, 88
    für Diagramme 208
    für Schrift 137
formatieren 40, 131
Formatvorlagen 64
Formeffekte 305
    bei Diagrammen 228
Formeleditor 112
Formeltools 113
Formen 38, 111
    ändern 279
    in SmartArt 182

    Proportionen ändern 299
    Siehe auch Flächen
Fotoalbum 255
    Vorlagen 259
Fotos 245
Freihandtools 535
freistellen 264
Fremdprogramm ausführen 499
Füllfarbe 309
    Zellen 164
Funktionsleiste 34
Fußzeile 73

G

Geräte anschließen 512
Gestik 519
GIF
    .GIF 568
    animiert 179
Gitternetzlinien 169
Gliederung 42, 129, 142
Gliederungsebenen 124
Gothic 97
Grafik
    aus Datei 253
    aus der Zwischenablage 254
    Dateiformate 250
    einfügen 253
    im Diagramm 224
    in SmartArt 179
    komprimieren 259
    konvertieren 280
    Übergrößen 418
Grafikbeschleunigung 487
Grafikformate 351
Grafikrahmen 268
Graustufen 57, 470
Großformatdrucker 59
Grotesk 97
gruppieren 286, 294, 374
    Platzhalter 287
Gruppierung aufheben 108

H

Handout 553
Handzettel 553
Hervorhebung 365, 375
    bei Säulendiagramm 408
    Text 395

Hilfslinien 292
Hintergrund 68, 87, 294
    als Flächenfüllung 313
    Folie 61
    Tabelle 168
Hints 100
Hotfix 45, 86, 298, 565
HTML 549
Hyperlink 128, 240, 492

I

Illustration 245
    von Diagrammen 193
Import
    Gliederung 108
    Tabelle 157, 162
    Text 106
Indikator 225
Information Rights Management 542
Informationen, versteckte 540
Inhalte einfügen 92
    Tabelle 163, 240
    Text 108
Inhaltslayout 60
Interaktion 465
Internet 500
Internet-Präsentation 550
Interpolationen 224
IRM 542

J

.JPG, .JPEG 569
Justierungshilfe 383

K

Kacheln 312
Kanten, weiche 306
Kantenglättung 100
Kategorie 205
Kegel 330
Kegelstumpf 331
Kerning 119
Keystone 513
Kiosk-Modus 480
kippen 84, 298
Klang 435
Kommentar 537, 554
    aufzeichnen 445

Kompatibilität 544
    3D-Effekte 329
    Diagramme 226
    Organigramme 176
    Schematische Darstellung 176
    SmartArts 176
    WordArt 153
Kompatibilitätsmodus 32
Kompatibilitätsprüfung 544
Komprimierung 568
Konnotation 249
Kontextmenü 35
    im Präsentationsmodus 475, 479, 531
Kontrast 57
Kontur 42, 303
    Schrift 141
konvertieren 93
    Grafik 280
kopieren
    Folien 79
    Folienelemente 83
    Formen 286
Körpersprache 519
Kreisdiagramm 228, 232
Kronkorken 332
Kugel 336
kursiv 132
Kurve
    Diagramm- 225
    zeichnen 273
Kurzer Blick 418

L

Lampenfieber 518
Lautstärke 441, 444, 452
Layer 87, 293
Layout 60, 64
Leere Präsentation 76
Leerschritt, geschützter 105
Leuchten 305
    Diagramme 228
    Schrift 143
Linien
    Enden 272, 300, 304
    Farbe 300
    gemustert 301, 391
    Stärke 142, 300
    Typ 300
    zeichnen 272

Linienzug 273, 382
Livevorschau 43
Lizenz 251
Logos 52

M
markieren 38
    Folien 79
    Folienelemente 80
    Formen 283
    Platzhalter 118
    Tabelle 157
    Text 117
    Zellen 157
Markup 537
Master 61, 64, 111, 114, 131, 133, 493
Master Siehe auch Folienmaster
Mausklick 494
Mauskontakt 494
Mauszeiger 489
    für Projektion 526
MCI-Player 432
Mediaclip 431
Mediaplayer 432
Medien 431
Medienwechsel 466
Mengentext 126
Messestand 480
Microsoft Design Gallery 249
Microsoft Download Center 251
Microsoft GIF Animator 455
Mimik 519
Minisymbolleiste 36, 137
Monitor-Ansicht 503, 532
Mouseover 494
MP3 437
Multiduplikat 286
Multifunktionsleiste 25, 34
Multimedia 431

N
NATO-Diagramm 237
Notebook anschließen 512
Notizen 532, 550
    drucken 553
    während des Vortrags 535
Notizenbereich 32, 33
Notizkärtchen 506
Nullwert 224

Nummerierung 122
    Folien 72
    in SmartArts 182

O
Oberfläche 327
    Schrift 150
Oberflächenbeschaffenheit 327
Object Linking and Embedding 89
Objekt 38, 80
    verknüpfen und einbetten 89
Objektaktion 500
Objekte Siehe auch Folienelemente
ODF 552
Office-Diagnose 561
Office-Themes 77
OLE 89
Ordneroptionen 562
Organigramm 184
    aus Formen 185
Overheadfolien 472
Overhead-Projektor 524

P
Paletten 55
Panoramabild 412
Parallaxe 513
Passwort 541
Patch 565
PDF 548
Perspektive 324
    Schrift 148
Pfeil 272, 375, 383
Pinnnadel 524
    virtuell 339
Pinnwand 523
Pixelgrafik 567
Platzhalter 60, 75, 114, 131
    Format 64
    für Diagramm 201
    für Objekte 89
    für SmartArt 176
    für Tabellen 155
    Grafik- 253
    markieren 118
Playlist 548
.PNG 568
Polygon 273
Popup-Symbolleiste 476, 531

positionieren
  Formen 285
Präsentation 38
  Ansicht 503, 532
  exportieren 548
  kommentieren 537
  konvertieren 544
  leere 76
  Medium 49
  ohne Vortrag 479
  selbstlaufend 431, 480
  starten 527
  steuern 529
  Typ 518
  vergleichen 537
  veröffentlichen 539
  verpacken 547
  verschlüsseln 542
  versenden 537
  Vorlagen 55
  wechseln 496
  zielgruppenorientiert 481, 495
Presenter 519
Programm ausführen 499
Projektionskegel 517
Proportionen, innere 299
Pult 509, 517
Punkte bearbeiten 274, 382
Pyramide 330

Q
Quellanwendung 92, 241

R
Radiergummi 535
Rahmen 84, 303
Raster 86, 291, 298
Rechtschreibprüfung 115
Rednerpult 509, 517
Referentenansicht 477, 503, 532
Register 40
Reihenachsenüberlappung 219
Release-Nummer 564
Rettung 561
RIFF-Wave-Format 437
Rohreffekt 214
roter Faden 503
RTF 552
Rücktaste 476

S
Säulen 333
Schach 341
Schaltflächen 27, 34
  für Mediaclips 457
  interaktiv 492
Schatten 317
  Diagramm- 228
  Schrift 145
  Tabelle 170
  Text 145
Scheitelpunkt 275
Schlussfolie 478
Schnelldruck 467
Schnellzugriffsleiste 28, 45, 467
Schrift 97
  3D-Effekte 148
  Abschrägung 150
  Attribute 132
  Design- 133
  Double-Byte- 133
  drehen im Raum 148
  Farbe 135, 142
  Größe 134
  Kontur 141
  Schatten 145
  skalieren 134
  Spiegelung 147
  Stil 132
  Textkörper 133
  Textur 139
  Tiefe 148
  transparent 136, 139, 152
  Überschrift 133
  Umriss 141
  Unicode- 133
Schriftart 56, 97, 109, 133
  ändern 58
  ersetzen 133
Schriftzug verformen 147
Schwarzfolie 476, 489
  nicht drucken 483
Sekundärachse 217
Selbstlernsoftware 431
Serifen 97
Signatur, digitale 538
Silbentrennung 106
Sitzordnung 509
skalieren 84, 298

3D-Formen 329
Achsen 218, 232
SmartArt 104, 175, 176
    Animationsreihenfolge 399
    Design 180
    Farbschema 180
    mit Grafik 179
    nach und nach erscheinen lassen 394
    Textbereich 177
Smarttag 37
Software Release 564
Sound 435
    beim Folienübergang 422
    zur Animation 380
Soundsymbol
    verstecken 440, 442
    wechseln 439, 442
Soundtools 439
Spalten 157
    einfügen 159
    löschen 159
    verteilen 164
Spaltensatz 128
Speicherplatz 259
Sperren 118
Spickzettel 505
spiegeln 85, 298, 299
Spiegelung 317
    Schrift 147
Sprachaufzeichnung 445
Sprache 519
Standardformatierung
    Flächen 318
    Linien 307
Standby 534
Standzeit 423, 480
Stapel 87, 293
Start 42
Startfolie 476
Startmenü 32
Statusleiste 47
Stoppposition 139
Stromversorgung 513
Style-Guide 54, 99
Symmetrie 277
Synchronisation 461
Systemsteuerung 504

T

Tabelle 91, 155

    aus Word importieren 162
    Größenprobleme 163
    Rahmenlinien 163
    Text ausrichten 171
    Zahlen- 239
    zeichnen 161
Tabelleneffekte 170
Tabellentools 160
Tabsprung 156
Tangentenpunkt 275
Täuschung 231
Teil-Vortrag 481
Text 111
    3D-Effekte 150
    Abschrägung 150
    animieren 393
    ausrichten 125
    drehen 125
    drehen im Raum 148
    eingeben 105
    Farbe 142
    importieren 106
    in Formen 347
    in Zelle ausrichten 171
    markieren 117
    nach und nach erscheinen lassen 394
    Position in Zelle 171
    Schatten 145
    Spalten 128
    Spiegelung 147
    Tiefe 148
    transformieren 147
    umbrechen 134
    verformen 147
Textbereich 177
Textcontainer 111, 116, 347
    animieren 395
Textdesign 109
Texteffekte 144
Textfeld 111, 126
Textfolie 105
Textmarke 495
Textur 140
    Schrift 139
    Zellen 167
Themes 77
Thermometer-Diagramm 198
Tiefe 323
    Schrift 148
Tiefenfarbe 150

.TIF, .TIFF 569
Titelfolie 60, 476
Tonqualität 446
Tortendiagramm 228, 232
    animieren 406
Transparenz 264
    bei 3D-Effekten 328
    Flächen 315
    Schrift 139, 152
Trapezausgleich 513
Trend 225
Trennfuge 106
Trigger 369, 496
Typographie 97

U

Überblenden 376
Überfrachtung 194, 234
Überlappung 219
Übersetzungsfehler 42, 142
Übersichtsbereich 32, 33
unsichtbare Formen 284
Unterbrechung 489, 533
Unterschneidung 119
unterstreichen 132
Untertiteltext 134
Urheberrecht 251, 433
USB-Kabel 520

V

Vektorgrafik 271
Verbindung Beamer/PC 512
Verbindungen 186
Verknüpfung 91, 240
    Mediaclips 432
    reparieren 204
    zu einer Datei 499
Verpacken auf CD 547
verschieben
    Folien 79
    Folienelemente 83
    Formen 285
verstecken
    Folienelemente 83
    Formen 284, 285
verteilen 288
VGA-Buchse 512
Video von DVD 453
Viewer 547

Vordergrund 87, 294
Vorlagen 55
    Diagramm- 234

W

Wandtafel 523
WAV 432, 438
Webseiten zu PowerPoint 555
Weiche Kanten 306
Welle 379
Werte importieren 240
Wertevergleich, dynamisch 408
Windows Media Player 447
Windows Metafile 249
Windows NT 547
Wireless LAN 512
Wirkungsfaktoren 518
WMF 249
Word 91, 162
WordArt 136
    -Formate 144
Workaround
    Besprechungsnotizen 491
    Durchgehende Farbverläufe 168
    Freistellen begrenzen 264
    Gemusterte Linie 301
    Gestreifte Linie 302
    Hyperlink ohne Unterstrich 494
    Muster-Füllung 314
    SmartArt-Animation 399
    Tabellenanimation 397
Workflow 538
Workshop
    3D für leere Konturen 335
    3D-Effekte für ClipArts 346
    3D-Körper 330
    Andockpunkte 187
    Anschlüsse durchschieben 426
    Anschlussstellen 427
    Bilder bei laufendem Film wechseln 459
    Bilderstapeldiagramme 237
    Bit 332
    Bleistift 334
    Blick durchs Schlüsselloch 314
    Countdown 388
    Datenpunkte zeitlich überlappend 405
    Den »Kurzen Blick« verlängern 418
    Diagramm entfrachten 234
    Diagramm-Geschwindigkeiten angleichen 403

Dynamisch unterstreichen 417
Dynamischer Wertevergleich 408
Ebenen austricksen 296
Escher 296
Figuren 340, 344
Fluchtpunkte 325
Fluffige Konturen 307
Gleitender Marker 383
Hervorhebungen bei Diagrammen 408
Kegelstumpf zum Glas 331
Kombinierte Textanimation 367
Kronkorken 332
Kugel 336
Kugel aus Bild 338
Leuchtender Stern 305
Panoramabild animieren 412
Pinnnadeln 339
Plastisches Bild einer Spule 310
Rollender Ball 415
Rolodex 335
Säulen 333
Schach 341
Schlagworte extrahieren 397
Spezialformen 280
Springender Marker 375
Symmetrisch zeichnen 277
Synoptische Balkendiagramme 236
Tabelle neu befüllen 427
Text hinausschieben 396
Textfeld umdrehen 396
Tortendiagramm animieren 406
Uhr 386
Zusatzinformationen einblenden 497

X
XML 32, 63, 545

Z
Zahlendarstellung 221
Zahlentabelle 239
Zeichenabstand 118
Zeichenstift 534
Zeichenwerkzeuge 271
zeichnen
    Ebenen 293
    Flächen 272
    Kurve 273
    Linien 272
    Linienzug 273
    Polygon 273
    symmetrisch 277
Zeichnungsebenen 87
Zeichnungslinien 87, 292
zeigen 525
Zeigestock 525
Zeilen
    Abstand 120
    einfügen 159
    löschen 159
    Tabellen- 157
    verteilen 164
Zeitachse 373, 415
Zellen 157
    einfügen 159
    Füllfarbe 161, 164
    Größe 158
    löschen 159
    Rahmen 161, 169
    teilen 158, 164
    verbinden 159, 164
Ziehpunkte 297
Zielgruppe 465
Zielgruppenorientierte Präsentation 481, 495
    drucken 483
Zoom 45, 292
    Beamer 513
Zorro 50
Zuschneiden 266
Zwei-Bildschirme-Modus 503, 532

Thomas Gäßner

Word
GE-PACKT

- **Effektiv arbeiten mit allen Versionen ab Word 97**
- **Serienbriefe, Etiketten, wissenschaftliche Dokumente u.v.m.**
- **Alle Tastenkombinationen und Befehlsvarianten**

Word GE-PACKT – die praktische Referenz

In dieser kompakten Referenz findet der fortgeschrittene Word-Anwender komprimiertes Wissen in zahlreichen übersichtlichen Tabellen und Darstellungen zusammengefasst. Jedes Thema ist auf das Wesentliche reduziert und wird so erläutert, dass sich dieses Buch hervorragend zum Nachschlagen bei der täglichen Arbeit eignet. Der Autor stellt alle Ausführungsvarianten über Tastenkombinationen, Symbole, Menüoptionen und Mausaktionen parallel dar, so dass Sie schnell die für Sie effektivsten Bearbeitungstechniken finden.

Sie werden überrascht sein, was Word alles kann und wie schnell Sie mit dem Programm arbeiten können, wenn Sie alle Raffinessen nutzen, die Ihnen die Software bietet. Sie werden neue und effektive Bearbeitungsmöglichkeiten kennen lernen. Zusätzlich finden Sie in diesem Buch zahlreiche übersichtliche Tabellen zu allen Tastenkombinationen in Word.

Alle Befehle sind versionsübergreifend erörtert. Mit diesem Werk ist das zeitraubende Suchen für immer vorbei!

Probekapitel und Infos erhalten Sie unter: **www.mitp.de**

ISBN 978-3-8266-1520-7

Thomas Gäßner

Microsoft Office

Excel

Die professionelle Referenz

- Von Excel 97 bis 2007: Effektives Arbeiten mit Formeln, Funktionen, Listen
- Praktische Tipps, Lösungen und Anwendungsbausteine
- Tastenkombinationen und Befehlsvarianten

Mit diesem Buch erhält der ambitionierte Excel-Anwender komprimiertes Wissen in zahlreichen übersichtlichen Tabellen und Darstellungen zusammengefasst. Auf Doppelseiten werden alle Informationen zu einer Aufgabe oder Funktion mit Beispiel und allen Befehlsvarianten erläutert. Durch eine parallele Darstellung verschiedener Ausführungsvarianten über Tastenkombinationen, Symbole, Menüoptionen oder Mausaktionen werden Ihnen Zusammenhänge deutlich gemacht. Diese helfen Ihnen, die für Sie effektivsten Möglichkeiten und Bearbeitungstechniken schnell zu finden.

Alle Befehle sind versionsübergreifend ab Excel 97 erörtert. Um den Umstieg von den Vorgängerversionen auf 2007 zu erleichtern, zeigen Ihnen zusätzlich Befehlsvergleiche, wie und wo Sie Befehle älterer Versionen in Excel 2007 wiederfinden.

Zahlreiche übersichtliche Tabellen zu allen Tastenkombinationen in Excel und ein Kapitel mit häufig verwendbaren Anwendungsbausteinen runden diese Referenz ab.

Dieses Buch wendet sich an alle, die Excel zwar schon kennen, ihr Wissen jedoch einerseits vertiefen und erweitern sowie andererseits den umfassenden Funktionsumfang von Excel gerne effektiver nutzen möchten. Es kann nicht nur als Nachschlagewerk während der Arbeit mit Excel benutzt werden – es eignet sich auch hervorragend zum Schmökern! Der Autor zeigt Ihnen unzählige Tipps und Tricks, meist in Form von Beispielen, die Sie nur noch an Ihre eigenen Bedürfnisse anpassen müssen.

Probekapitel und Infos erhalten Sie unter: **www.mitp.de**

ISBN 978-3-8266-1791-1

HAROLD KERZNER

PROJEKT MANAGEMENT

Ein systemorientierter Ansatz zur Planung und Steuerung

- Planung, Zeitmanagement, Leistungs- und Kostenkontrolle
- Konfliktsteuerung, Risiko- und Qualitätsmanagement
- Zahlreiche Fallstudien, Multiple-Choice- und Diskussionsfragen

In diesem außergewöhnlichen, praxiserprobten und umfassenden Standardwerk von Harold Kerzner, der weltweit bekannten und geschätzten Autorität auf diesem Gebiet, finden Sie Expertenwissen zu allen relevanten Aspekten des Projektmanagements.

Alle Themen, die für Sie als Projektmanager eine Rolle spielen, werden von Harold Kerzner behandelt: Planung, Leistungs- und Kostenkontrolle, Managementaufgaben, Besetzung des Projektteams, Konflikt- und Zeitmanagement sowie Risiko- und Qualitätsmanagement. Sie bekommen Einblick in die vielen sozialen, finanziellen und zeitlichen Faktoren, die den Erfolg von Projekten entscheidend bestimmen, sowie in die kritischen Erfolgsfaktoren für die Vorhersage des Projekterfolgs und erfahren, welche Methode die Effizienz Ihrer Projektarbeit steigert.

Harold Kerzner schöpft aus langjähriger Erfahrung und kann so anhand von Fallstudien für jeden Kernbereich typische Beispiele aufzeigen. Aus der konkreten Erfahrungspraxis befinden sich in diesem Buch mehr als 25 Fallstudien, über 125 Multiple-Choice-Fragen und fast 400 Diskussionsfragen, die alle wichtigen Industriezweige betreffen und die Prinzipien des Projektmanagements auf anschauliche Art begreifbar machen.

Probekapitel und Infos erhalten Sie unter: **www.mitp.de**

ISBN 978-3-8266-1666-2